W0206168

HEINRICH LINDLAR

WÖRTERBUCH DER MUSIK

HEINRICH LINDLAR

WÖRTERBUCH DER MUSIK

BECHTERMÜNZ VERLAG

Lizenzausgabe mit freundlicher Genehmigung
des Insel Verlages für
Bechtermünz Verlag im Weltbild Verlag GmbH,
Augsburg 1997
© by Insel Verlag, Frankfurt am Main 1989
Alle Rechte vorbehalten durch Insel Verlag
Umschlagmotiv: Georg Lehmacher
Umschlaggestaltung: Georg Lehmacher, Friedberg
Gesamtherstellung: Ebner Ulm
Printed in Germany
ISBN 3-86047-785-4

Wörterbuch der Musik

Vorwort

Nie wurde so viel und so vielerlei an Musik produziert und konsumiert wie heute. Angebot und Nachfrage sind ins Unermeßliche gestiegen, Musikbetrieb und Medienwirtschaft konkurrieren kräftig nebeneinander fort: Konzertwesen, Rockshow, ›Jugend musiziert‹, Oper, Musical, Tanztheater, Hausmusik einerseits, Hör- und Bildfunk, Schallplatte und Kassettenrecorder, Computer, Synthesizer andererseits.
Konkurrenz oder Alternative, eines hat die Mehrung beider Bereiche mit sich gebracht: ein allgemeines Mehr an Wissenwollen über Darstellungs- und Begriffswelt der Musik, ein Mehr an Bedarf nach Sachinformation über Musik aller Art, europäische und außereuropäische, ›funktionale‹ oder ›absolute‹ Musik, in Selbstausübung oder aber in Elektronik.
Hier Beistand zu bieten, wurde vorliegendes Sachwörterbuch der Musik konzipiert, ein Nachschlagebuch zu Praxis und Theorie der Musik in ihrem lebendigen Verbund von Gegenwart und Geschichte, ein Leitbuch für Laien und Professionelle, für Lernende und Lehrende, kurz für alle, denen Musik ein Teil ihres Selbst, ihrer eigensten Erlebniswelt ist.

Was aus der Fülle des Stoffes unverzichtbar schien, wurde in annähernd dreitausend Stichwörtern von A bis Z vereint, auf den neuesten Stand gebracht, so knapp wie nötig, dabei so verständlich wie möglich abgefaßt. Zur Erhellung der vielerlei wechselseitigen Zusammenhänge, etwa zwischen musiktheoretischen und ästhetischen oder stilkundlichen, instrumentalen und sozialen Bereichen, sollten Querverweise allseits verfolgt und Hinweise auf weiterführende Fachliteratur (einschließlich deren Bildmöglichkeiten und Notenbeispielen) zur Vertiefung angenommen werden. Des Entdeckens dürfte kein Ende sein.
Für unentwegten Zuspruch im Entstehen dieses Wörterbuchs für Kenner und Liebhaber der Musik habe ich Frau Renate Laux zu danken sowie Herrn Dr. Manuel Gervink vom Institut für Musikwissenschaft an der Universität zu Köln für seine umsichtige abschließende Redaktion des Manuskriptganzen.
Annähernd dreitausend Sachwörter der Musik, Schlüssel im Umgang mit Musik, mögen sie zur Erschließung dem Benutzer allenthalben dienlich sein.

Bonn – Bad Godesberg *Heinrich Lindlar*

Allgemeine Abkürzungen

A

Abk.	Abkürzung
AT	Altes Testament
Aufl.	Auflage
Ausg.	Ausgabe
ausgew.	ausgewählt

B

Bar.	Bariton
B.c.	Basso continuo
Bd., Bde.	Band, Bände
Begr.	Begriff
bes.	besonders
Bez. (f.)	Bezeichnung (für)
BRD	Bundesrepublik Deutschland
bzw.	beziehungsweise

C

ca.	circa
Cemb.	Cembalo
C.f.	Cantus firmus
Ch.	Chor

D

DDR	Deutsche Demokratische Republik (*s. S. 331)
Dgt.	Dirigent
d.h.	das heißt
Dtl., dt.	Deutschland, deutsch
Diss.	Dissertation
dzt.	derzeit

E

EA	Erstaufführung
Ed.	Edition
ev.	evangelisch

F

f.	für
f., ff.	folgend, folgende
Faks.	Faksimile
Fg.	Fagott
Fl.	Flöte
Frankr., frz.	Frankreich, französisch
FS	Festschrift

G

GA	Gesamtausgabe
Gb.	Generalbaß
gegr.	gegründet
gem.	gemischt
ges.	gesammelt
Ges.	Gesellschaft
ggfs.	gegebenenfalls
Ggs., ggs.	Gegensatz, gegensätzlich
Git.	Gitarre
gregor.	gregorianisch
griech.	griechisch

H

H.	Heft
Hdb.	Handbuch
hebr.	hebräisch

Hg., hg.	Herausgeber, herausgegeben
hist.	historisch
Hs., hs.	Handschrift, handschriftlich
Hz	Hertz

I

i.e.S.	im engeren Sinne
Ind., ind.	Indien, indisch
Inst.	Institut
Instr., instr.	Instrument, instrumental
internat.	international
It., it.	Italien, italienisch
i.w.S.	im weiteren Sinne

J

jap.	japanisch
Jb.	Jahrbuch
Jg.	Jahrgang
Jh.	Jahrhundert
Jt.	Jahrtausend

K

kath.	katholisch
Kb.	Kontrabaß
Klar.	Klarinette
klass.	klassisch
Klav.	Klavier
KM, km.	Kirchenmusik, kirchenmusikalisch
Kons.	Konservatorium
Kpm.	Kapellmeister
Kzt.	Konzert

L

lat.	lateinisch
Lfg.	Lieferung
Lit.	Literatur
liturg.	liturgisch
lyr.	lyrisch

M

MA, ma.	Mittelalter, mittelalterlich
Man.	Manual
mdl.	mündlich
Mel.	Melodie
mex.	mexikanisch
Mf	Musikforschung
MG, mg.	Musikgeschichte, musikgeschichtlich
mhd.	mittelhochdeutsch
Monogr.	Monographie
Ms	Manuskript
MW, mw.	Musikwissenschaft, musikwissenschaftlich

N

NA	Neuausgabe
Nachdr.	Nachdruck
nat.	national
n. Chr.	nach Christus
ndt.	niederdeutsch
Nld., nld.	Niederlande, niederländisch
NT	Neues Testament

O

Ob.	Oboe
od.	oder
o. J.	ohne Jahr
op.	opus (Werk)
Orch.	Orchester
Org.	Orgel
Östr., östr.	Österreich, österreichisch

P

Part.	Partitur
Pk.	Pauke
poln.	polnisch
port.	portugiesisch
Pos.	Posaune
prot.	protestantisch
Ps(s).	Psalm(en)

R

rev.	revidiert
röm.-kath.	römisch-katholisch

S

S.	Seite
skand.	skandinavisch
Slg.	Sammlung, Sammlungen
s. o.	siehe oben
sog.	sogenannt
Span., span.	Spanien, spanisch
St., st.	Stimme, -stimmig
Str.	Streicher
SU	Sowjetunion
s. u.	siehe unten
Suppl.	Supplement
svw.	soviel wie
Syn., syn.	Synonym, synonym

T

Tl.	Teil
Trp.	Trompete
tschech.	tschechisch
Tsd.	Tausend

U

u.	und
UA	Uraufführung
u. a.	und andere(s), unter anderem
u. a. m.	und andere mehr
u. ä.	und ähnlich(es)
ung.	ungarisch
Univ.	Universität
u. ö.	und öfter
usw.	und so weiter

V

v.	von, vom, vor
v. a.	vor allem
Va.	Viola
Vc.	Violoncello
v. Chr.	vor Christus
Veröff.	Veröffentlichung
versch.	verschiedene(s)
Verz.	Verzeichnis
vgl.	vergleiche
Vl.	Violine

W

Wiss., wiss.	Wissenschaft, wissenschaftlich
WoO	Werk ohne Opuszahl

Z

z.	zu, zum, zur
z. B.	zum Beispiel
zeitgen.	zeitgenössisch
Zs(s).	Zeitschrift(en)
z. T.	zum Teil
zw.	zwischen
z. Zt.	zur Zeit

Wörterbuch der Musik

A

A, a, Tonname, it. la (→ Solmisation), 6. Stufe der Grundtonleiter auf → C; einfach erhöht *ais*, doppelt *aisis*, entsprechend erniedrigt *as*, *asas* (→ Alteration); Tonart- u. Akkordkürzel f. → A-Dur bzw. → a-Moll (→ Quintenzirkel). Das → eingestrichene *a* (= a^{1}) wird als → Stimmton verwendet. *A* gilt auch als Kürzel f. → Alt (Altus), → Antiphon.

a battuta (it. = im Takt), in → Partituren od. Einzelstimmen Hinweis z. Wiederaufnahme strenger → Takt- bzw. → Tempo-Ordnung.

Abblasen, Ankündigung des Stundenwechsels durch Turmbläser v. Kirch-, Rathaus- od. Schloßtürmen usw.; in Mitteleuropa seit dem MA eingeführt, im 20. Jh. an historischen Plätzen neubelebt. → Anblasen.

a-b-c-dieren, Verwendung v. Tonbuchstaben des Alphabets z. Absingen v. → Noten; seit dem 19. Jh. abgelöst durch → Tonika-Do u. a. Methoden.

Abendmusik, Aufführung geistl. Musik, ursprüngl. im Anschluß an Nachmittagsgottesdienste der vier Adventssonntage; Ausgangs- u. Schwerpunkt in Dtl. im 17.-18. Jh. Marienkirche Lübeck (Tunder, Buxtehude), zunächst mit → Orgelmusik, später auch mit → Oratorien; im 20. Jh. erneuert durch Lichtwark u. a.

Abgesang → Barform, Meistersang.

Abkürzungen, Noten- u. Wort-A. in der Niederschrift von Musik; im Notenbild als Abbreviaturen (v. it. breviare = abkürzen) f. Wiederholungen v. Einzeltönen, Akkordbrechungen od. rhythmischen Figuren, als Wortabk. f. → Vortragsbez., Instr. u. a. m.

Absolute Musik, Begriff aus dem Umfeld der Ästhetik und Philosophie des dt. Idealismus des 19. Jhs. (→ Musikästhetik, Musikphilosophie), gemeint als eine v. außermusikal., z. B. dichterischen od. malerischen Bezugsmöglichkeiten ›losgelöste‹ Tonkunst; nach Hegel die Kunst ›reinen Tönens‹, nach Schopenhauer eine Musik, die ›ihre Zwecke ganz aus eigenen Mitteln erreicht‹, nach Hanslick die ›absolute, reine Musik‹ als ›tönend bewegte Form‹ (*Vom Musikalisch-Schönen*, 1854); musikhist. zu verstehen aus der Abwehr gegenüber der → Programm-Musik der → Neudeutschen Schule um Liszt durch Verfechter des romatischen → Klassizismus um Brahms; im 20. Jh. bei Busoni als ›Junge Klassizität‹ im *Entwurf einer neuen Ästhetik der Tonkunst* (1907), bei Strawinsky als → Neoklassik in der *Musikalischen Poetik* (dt. 1949). Unter Entstehungs-, Aufführungs- u. Wirkungsaspekten nur bedingt anwendbar, da auch ›reine‹ Instrumentalmusik nach Geist u. Form vielfältig zweckbestimmt sein kann. → Autonome Musik, Programmusik, Funktionale Musik. (C. Dahlhaus, *Die Idee der absoluten Musik*, 1978)

Absolutes Gehör, die Fähigkeit, Töne, Akkorde, Tonarten musikal. absolut, d. h. losgelöst v. Zusammenhängen benennen (passives a. G.) od. wiedergeben (aktives a. G.) zu können. Das a. G. basiert auf dem Speicherungs- u. Abrufvermögen v. Gehörvorgängen einschl. Zusammenhängen zw. Ton, Klang u. Klangfarbwerten. Es funktioniert u. a. in der Eigen-Stimmlage des Hörenden, am sichersten im Raum der → eingestrichenen → Oktave. Etwa 6-8 % der musikal. Begabten, mehrheitlich die männl. Personen, besitzen das a. G. Es ist der allgem. musikal. Entwicklung förderlich, nicht aber deren Voraussetzung; ggs. z. relativen Gehör, das Tonhöhen in Relationen ortet, d. h. im Zusammenhang z. B. eines Intervallverhältnisses. Bedeutende Musiker (Schumann, Wagner) besaßen das a. G. nicht. Den ›absolut‹ Hörenden irritieren Abweichungen eines Instr., z. B. Konzertpianisten als Partner eines Orchesters, das den → Stimmton hochgetrieben hat. → Hören, Gehörbildung. (A. Wellek, *Das absolute Gehör u. seine Typen*, ²1970)

Abstrich, Strichrichtung des → Bogens beim Streichinstrumentenspiel, v. → Frosch z. Spitze, Aufstrich in Gegenrichtung.

a cappella (it. = nach Art der Kapellchöre), Musik f. unbegleiteten Chorgesang (→ Palestrinastil) im → Cäcilianismus des 19. Jhs. u. in der Chormusikbewegung des 20. Jhs. im Sinne ›reiner‹ geistl. u. weltl. → Chormusik.

accelerando (it.), Abk. acc., allmählich beschleunigend (Vortragsbez.).

Accentus (lat. ad cantus = Zugesang, Betonung), → Sprechgesang liturg. Lesungen im Lektionston der → Psalmen (Psalmton) u. → Evangelien: laufender Wiederholungston (→ Reperkussionston) in mittlerer → Stimmlage, mit Eingangs-, Mittelabschnitts- u. Schlußformeln als Interpunktion des rezitierten Textes. Ggs. → Concentus.

Acciaccatura (it. = Quetschung), sehr kurz gespielte → Vorschläge vor Hauptnoten.

accompagnato (it. = begleitet), v. Instrumentalstimmen begleitetes Gesangsrezitativ. → Rezitativ.

Achtfuß, → Orgelregister, entsprechend der 8 → Fuß hohen Pfeife auf dem Grundton C.

Actus (lat. svw. Vorgang), musikal. Feierlichkeit, bei Bach z. B. *Actus tragicus*. → Sepolcro, Tombeau, Epitaph.

Adagio (it. = langsam), Tempo- u. Satzbez.; Instrumentalstück v. getragenem od. pathetischem Charakter; in Ballettkompositionen auch Teile des → Pas de deux.

à deux mains (frz. = zu zwei Händen), zweihändiges Klavierspiel, → à quatre mains.

Adjuvantchor (v. lat. adjuvare = helfen), Laien-Hilfschor bei ländl. → Kantoreien.

ad libitum (lat. = nach Belieben), Abk. ad lib., Vortrags- od. Besetzungshinweis.

a due (it. = zu zweit), zweifach zu besetzen bzw. zweistimmig zu singen od. zu spielen. – **a due corde** (it. = mit 2 Saiten), Klavierspiel bei halber → Dämpfung.

A-Dur, → Tonart, → Parallele zu → fis-Moll.

Aerophone (griech. = Luftklinger), Instrumente mit schwingender Luft als Primärmittel der Tonerzeugung. → Blasinstr., Harmonika.

Affektenlehre (v. lat. afficere = erregen), Theorie von den Ausdruckscharakteren u. Wirkungsgraden der Musik; nach altgriech. Philosophie (Platon) Lehre von der Nachahmung menschl. Affekte in der Musik (Gefühle, Empfindungen, Leidenschaften) u. deren Auswirkung auf den Hörer; in der Affektentypik (Kuhnau) u. → Figurenlehre (Rameau) des 17.-18. Jhs. von fundamentaler Bedeutung bis Bach u. Händel; seit Empfindsamkeit u. → Sturm u. Drang in der Vorklassik (→ Empfindsamer Stil) abgelöst durch Ausdrucksästhetik (Schubart) u. die Entwicklung musikal. Individualcharaktere in der → Romantik.

Afrikanische Musik, Sammelbez. f. Musik

des afrik. Kontinents, ausgenommen arab.-islam. Regionen, verschiedenartigsten Entwicklungsstufen zugehörig, fast ausschließl. umgangsmäßig überliefert, mehrheitl. Ritualmusik; rhythmisch differenziert, auch in mehrschichtigen Abläufen, melodisch kurzgliedrig u. engintervallig, weitgehend → pentatonisch, beim Einzel- und Gruppensingen partiell mehrstimmig; → Schlagzeug-, Holzblas-, Blechblas-, Saiten-Instr.; Vorliebe für Klanggeräuschbildungen. Parallelen zu asiatischen, indoamerikan. u. früheurop. Musikkulturen. Verlust ursprünglicher a. M. unter zunehmenden Einflüssen v. a. aus Europa. (J. H. Kwabana Nketia, *Die Musik Afrikas*, 1979). → Ägyptische Musik.

Afro-amerikanische Musik, Verschmelzungsformen ursprüngl. schwarzafrikan. mit Elementen europ. Volks- u. Kunstmusik. → Jazz.

Afro-Cuban-Jazz, Mischung afro-amerikan. Jazzelemente u. Instr. mit kuban.-lateinamerikan. Schlaginstr. (→ Bongos, Conga). → Lateinamerikan. Musik.

Agende (lat. agenda = das zu Tuende), Zusammenstellung der Gottesdiensthandlungen des ev. Ritus (F. Blume, *Geschichte der ev. Kirchenmusik*, ^{2}1965).

Agnus Dei (lat. = Lamm Gottes), Bittgebet z. Abschluß der → Messe, syr. Herkunft (7. Jh.). → Requiem.

Agogik (v. griech. agogé = Führung), Differenzierung des Tempos durch den Interpreten im Sinne des Spannungsverlaufs einer Komposition; → rubato.

Agogo, 2 miteinander verbundene trichterförmige, mit Stäbchen anzuschlagende Metallglocken der afro-brasilian. Volksmusik.

Agréments (frz. = Vergnügen) → Verzierungen.

Ägyptische Musik, in Bild, Schrift u. Instrumentenfunden aus dreitausend Jahren vorchristl. Zeit bezeugt, v. magisch-kultischer Frühstufe z. höfischen Repräsentationsmusik; vokale u. instrumentale Musik, Solisten u. Ensembles, Einzel-, Paar- u. Gruppentänzer; Leitung durch → Cheironomen u. → Choreographen; → Harfen, → Lauten, Doppeloboen (→ Aulos), Längsflöten, Trompeten (im Grabmal Tutanchamuns 1322 v. Chr., aus Gold und Silber). Besaitung bei Harfen u. Lauten lassen auf engintervallige Skalenbildung schließen, Grifflöcher bei Blasinstr. auf weitintervallige Melodiebildung, teilgestopfte Flöten auf → Bordunklänge. In christl. Zeit überlagern sich ägypt. Elemente mit koptischen, türkischen u. arab.-islam. Einflüssen, im 19. u. 20. Jh. auch mit westeurop. Importen (Kairo 1871, Verdis *Aida*, z. Eröffnung des Suezkanals; Kairo 1985, Grundsteinlegung eines Kulturzentrums f. Oper, Ballett, Film auf der Nilinsel Gesira).

Aida-Trompete, f. Verdis Oper *Aida*, Kairo 1871, gefertigte Fanfarentrompete mit ein od. drei Ventilen; Stimmungen in C, B, H, As.

Air, Vokal- od. Instrumentalstück liedhafter Art (→ Ayre); in Frankr. u. Engl. seit dem 16. Jh. als Gesellschaftslied; Tanzlied od. Tanzstück in → homophoner Satzbildung; aus der frz. Opern-, Ballett- u. Tanzsuite in die Solo- u. Orchestersuiten der Bach-Händel-Zeit übernommen. → Suite.

ais, aisis, Tonnamen, → a.

ais-Moll, → Tonart, → Parallele zu → Cis-Dur.

Akademie, seit der it. Renaissance im 16. Jh. nach antikem Vorbild (Platon) gegr. Vereinigungen u. Einrichtungen z. Förderung v. Kunst u. Wissenschaft (→ Camerata Fiorentina), seit dem 17. Jh. Sammelname f. Aufführungen v. Opern (Paris, London) od. Oratorien u. Konzerten (→ Berliner Singakademie, seit 1781), im 19. Jh. Bez. f. → Konservatorien u. → Musikhochschulen. Akadem. Grade (→ Musikwissenschaft): Magister Artium, Dr. phil. (habil.), Professor; akadem.-pädagog. Berufe: Musikschullehrer, → Schulmusiker, Musikhochschullehrer. – Akademische Musik im 19. Jh. abwertend f. klassizistische Musik. → Klassizismus.

Akklamationen (lat. acclamatio = Zuruf), Begrüßungs- u. Zustimmungsrufe im Versammlungsritus der griech.-röm. Antike, als Huldigungs- od. Bittrufe in die christl. Liturgie übernommen (→ Alleluja, Amen, Kyrie); auch im → Synagogen-Gottesdienst, bei ma. Bischofswahlen u. in der → Rappresentazione sacra des it. 17.-18. Jhs.

Akkolade (frz. accoler = umarmen), senkrechte Klammer vor Liniensystemen. → Partitur, Klavierauszug.

Akkompagnement (frz.; it. accompagnamento), Begleitung solistischer Vokal- u. Instrumentalkompositionen durch Akkordinstrumente, → Orgel, Cembalo (→ Generalbaß), → Klavier. → Obligates Akkompagnement.

Akkord (v. lat. accordare = übereinstimmen), Zusammenklang v. wenigstens 3 Tönen (→ Dreiklang), deren Verhältnisse zueinander ihrer Bestimmung u. Wertung nach durch → Akustik, → Harmonielehre u. → Hörpsychologie definiert werden. → Generalbaß, Konsonanz/Dissonanz, Septakkord, Nonenakkord, Tristanakkord, Mystischer Akkord, Quartenakkord.

Akkordeon (frz.), → Handharmonika mit → Tastaturen, niederdt. ›Schifferklavier‹. → Harmonika.

Akt, nach Handlung bzw. Schauplatz meist in sich geschlossener Teil eines Bühnenwerkes, seit den Dramen der Antike überwiegend 5 Akte, in den Opernwerken der Klassik u. Romantik eher 3 Akte (Mozarts *Zauberflöte* in zwei Akten; Wagners *Rheingold* als einaktiges Vorspiel zum *Ring des Nibelungen*), in der Moderne vielfach Einakter (z. B. Strauss, *Salome*; Puccini, *Gianni Schicchi*). → Actus.

Akustik (v. griech. akoustikós = hörbar), als Lehre v. Schall Teilgebiet der physikal. A. → Schall, Schallanalyse, Schalldruck, Schallenergie, Frequenz, Interferenz, Schwingung, Wellen); Grundlage der musikal. A. mit den Gebieten der Schallerzeugung u. -verarbeitung durch Musikinstr. u. elektroakustische Medien (→ Elektroakustik, Elektronische Musik, Elektronische Musikinstrumente), Schallausbreitung (→ Raumakustik), Schallaufnahme u. -verarbeitung (→ Gehörorgan, Hören), → Hörpsychologie, Psychoakustik u. Psychophysik (Zusammenhänge zw. Hörreiz u. Hörempfindung) sowie → Tonsysteme. (M. Rieländer, *Reallexikon der Akustik*, 1982; E. Zwicker, *Psychoakustik*, 1982)

Akzent (v. lat. ad cantus = Zugesang), Hervorhebungen in der Taktgliederung (→ Takt), als → Accentus auch Vortragsmanier der Barockmusik. → Verzierungen.

Akzidentien (lat. accidere = sich ereignen), zusätzl. → Versetzungszeichen.

Albertibässe, Akkordbrechungen im Klaviersatz, gleichförmig sich wiederholender Baßunterbau zu einer Oberstimmenmelodie, benannt nach dem venezian. Sonaten- u. Liedkomponisten D. Alberti (1717-1740).

Albumblatt, kurzes → Charakterstück f. Klav., ursprüngl. in Stammbüchern der Romantik (Schubert); bei Schumann, Grieg, Skrjabin, Reger, Busoni auch zu Slg. zusammengefaßt.

Aleatorik (v. lat. alea = Würfel), in den 1950er Jahren bei Boulez, Cage, Stockhausen u. a. aufgekommenes Kompositionsverfahren, das die Satztechniken der → Seriellen Musik abzulösen suchte durch wechselnde Formierungen der v. Komponisten vorgelegten Teilstücke z. immer neuen Kombinationen od. auch Erweiterungen, einschl. Pausenelementen durch die Interpreten (Boulez, *3. Klaviersonate*; Stockhausen, *Klavierstück XI*; Cage, *Music for prepared piano*). → Offene Form.

Aliquote, (v. lat. aliquoties = mehrmals), die in einem Klang vereinigten Teiltöne ohne den Grundton (→ Obertöne); *Aliquotregister*, Einzelregister der → Orgel z. Verstärkung eines bestimmten Teiltones, vornehmlich → Terz, Quinte, Septime od. → None. → Gemischte Stimmen, Mixtur.

Aliquotsaiten (v. lat. aliquot = einige), freischwingende resonanzverstärkende Saiten bei Streichinstr., unterhalb der Spielsaiten angebracht, bei deren Anstreichen sie in Schwingung geraten. → Viola d'amore, Baryton.

alla breve (it.), 2/2- od. 4/2-Takt mit halber Note als Zähl- u. Schlageinheit, seit dem 16. Jh. praktiziert, → Tempo, Takt.

allargando (it.), im → Tempo breiter, in der → Dynamik gleichzeitig auch stärker werdend.

alla tedesca (it.), nach Art eines → Deutschen Tanzes.

alla zingarese (it.), nach Art der → Zigeunermusik.

Allegro (it. = heiter, lustig), ursprüngl. als Affektbedeutung, seit Mozart als Tempobezeichnung (schneller als → Andante, langsamer als → Presto), seither auch Satzbezeichnung, in → Sonate u. → Sinfonie meist Kopfsatz, im Ballett Teilstück der traditionellen → Exercise. – *Allegretto* = ziemlich lebhaft.

Alleluja, Halleluja (hebr. = Preiset Jahwe), eine z. Lob Gottes anrufende Abschlußformel alttestamentarischer → Psalmen, als → Akklamation ins Griech. u. Lat. übernommen, seit dem 14. Jh. in der christl. → Messe-Liturgie zw. → Epistel u. → Evangelium gesungen, in der vorösterl. Fastenzeit u. in Totenmessen (→ Requiem) durch den → Tractus ersetzt; ursprüngl. ein Wechselgesang (→ Responsorium, Antiphon) auf dem Schlußvokal a mit → Melismen ausgeschmückt (→ Jubilus); aus Gründen der Intonationsschwierigkeit u. Länge der → Vokalisen für den Gemeindegesang mit Texten unterlegt (→ Sequenzen). – Das Chor-Halleluja aus Händels *Messias* (1742) diente zeitweise als engl. → Anthem im Sinne einer nationalkirchl. Hymne. → Nationalhymnen.

Allemande (frz. = deutsch), geradtaktiger Schreittanz dt. Ursprungs, seit dem 16. Jh. in it., frz., engl., nld. → Tabulaturen, seit dem 17. Jh. an Stelle der → Pavane; Eingangssatz der Instrumentalsuiten (→ Suite), stilistischer Höhepunkt bei J. S. Bach. Dagegen → Deutscher Tanz.

Allgemeiner Deutscher Musikverein (ADMV), 1861 in Weimar gegr., trat auf Jahresfesten f. zeitgen. dt. Chor- u. Orchestermusik ein, 1937 aufgelöst (→ Reichsmusikkammer), nach 1945 in überregionalen Chor- u. anderen Dachverbänden (→ Musikrat).

Allintervallreihe, mit allen 11 möglichen → Intervallen ausgestattete → Reihe einer aus den 12 Halbtonstufen der chromatischen Skala gebildeten Tonfolge; eine A. liegt der Oper *Die Soldaten* (1965) von B. A. Zimmermann zugrunde, auch der *Lyrischen Suite* (1925) von Alban Berg.

all'ottava (it. = in der Oktave), abgek. 8va od. 8, über den Noten stehende Höherversetzung, unter den Noten Tieferversetzung eines musikal. Teilstücks jeweils um eine → Oktave.

Alma redemptoris mater (lat. = Erhabene Mutter des Erlösers), → Marianische Antiphon, seit dem 12. Jh. nachweisbar (Reichenau), Anrufung der Fürbitte Mariens, ursprüngl. z. Fest Mariae Himmelfahrt, seit dem 14. Jh. z. Advents- u. Weihnachtszeit auf eine im → lydischen → Kirchenton stehende → gregorian. Melodie; als mehrstimmige Motette auf den lat. Text bei Palestrina u. Lassus im 16. Jh., bei Fortner u. a. im 20. Jh.

Alpenmusik → Alphorn, Alpsegen, Hackbrett, Jodeln, Kuhreigen, Ländler, Tyrolienne.

Alphorn, in den Alpenländern Europas, Asiens u. Südamerikas, in der Zentralschweiz bis heute gebräuchl. Hirtenhorn; Holztrompete, aus den Hälften eines bis zu 4 m langen ausgehöhlten Baumstammes zusammengefügt, bast- od. waidenumwickelt, mit einem auf dem Boden aufliegenden, nach oben abgebogenen Schallbecher; das grifflochlose A. bringt nur → Naturtöne hervor, v. durchdringendem Klang, geeignet f. Signale, einfache Lied- u. Tanzweisen. Anklänge an schweizerische Alphornweisen im 19. Jh. in Rossinis *Wilhelm Tell*, Wagners *Tristan und Isolde* u. Brahms' *1. Sinfonie* (Finalsatz).

Alpsegen, alpenländische, auf vorchristl. Beschwörungsrufe zurückgehende Nachtgebetsrufe, in der Schweiz bis ins 20. Jh. bezeugt. → Kuhreigen, Alphorn.

al segno (it. = bis z. Zeichen), Anweisung z. Wiederholung eines Tonstücks od. Teilstücks bis z. eingetragenen Zeichenvermerk.

Alt, Alto, Altus (v. lat. altus = hoch), Stimmlagenbez. f. Knaben- u. Frauenstimmen, höher als → Tenor, tiefer als → Sopran, im 16.-18. Jh. meist v. → Falsettisten gesungen; bei Instrumentenfamilien ist das Altinstr. eine Quarte od. Quinte tiefer als das Sopraninstr. gestimmt. → Altflöte, Althorn, Altklarinette, Altposaune, Altsaxophon, Viola alta.

Alta musica (v. lat. altus = hoch), hohe, helle u. klangstarke Musik bzw. deren Ensembles als Blasmusikkapellen (→ Schalmeien, Hörner, Posaunen) f. Freiluftveranstaltungen, Umzüge, Reitturniere, Volkstänze usw. (Triumphzug Maximilians I., Innsbruck 1516, Holzschnittreihe v. H. B. Grien); in Frankr. seit dem 17. Jh. als *Haute musique* Bez. f. Hof-, Militär- u. Jagdmusik, ggs. z. *Basse musique* als Kammermusik der leiseren → Flöten, Streicher, Lauten, Harfen.

Alteration (lat. alteratio = Änderung), Wertverdoppelung v. Dreiertakt-Noten in der → Mensuralmusik; chromatische Veränderung v. einzelnen od. mehreren Tönen eines Zusammenklangs (*Alterierte Akkorde*): bei Hochalterierung chromat. Aufwärtsbewegung (z. B. c-e-g zu c-e-gis), bei Tiefalterierung chromat. Abwärtsbewegung (z. B. c-e-g zu c-e-ges), bei Doppelalterierung parallele od. entgegengesetzte Veränderung v. 2 Tönen eines Akkords (z. B. c-e-g zu c-es-ges od. zu c-es-gis), bei → Disalteration als Leittonspaltung Veränderung eines Tones zugleich in den oberen u. den unteren Leitton (z. B. f-a-c zu f-a-ces-cis, aufgelöst zu f-b-b-d); die A. wird durch ein vor der Note stehendes → Versetzungszeichen angezeigt; die Verwendung alterierter Akkorde setzte im 18. Jh. mit Einführung der → Temperierten Stimmung ein; die Entwicklung führte im 19. Jh. über die *Alterationsharmonik* der romantischen Musik (→ Modulation, Rükkung) verstärkt zu Dissonanz- u. Leittonspannungen (→ Leittonwechselklang, Tristanakkord, Mystischer Akkord, Quartenakkord) u. weiter zur freitonalen Musik des 20. Jhs. (→ Atonalität).

Alternatim (lat. = wechselweise), in der → Kirchenmusik Wechselgesang zw. Vorsänger u. Chor od. zw. 2 Chorgruppen (→ Antiphon, Responsorium), später auch zw. Vokal- u. Instrumentalpartnern.

alternativo (it. = abwechselnd), Spielanweisung bei paarweisen Tanzsätzen, den 1. nach dem 2. Satz zu wiederholen, auch Bezeichnung für → Trio.

Altflöte, Instr. der Block- u. Querflötenfamilien, Alt-Blockflöte in F, Alt-Querflöte in G, F, Es.

Althorn, Ventil-Signalhorn mit trompetenartig gewundener Röhre, Stimmung in Es u. F; seit den 1820er Jahren in der österr., seit den 1830er Jahren in der bayer. u. preuß., später auch in der russ. Armeemusik. → Flügelhorn, Kornett, Militärmusik.

Altinstrumente, die zw. Sopran u. Tenor liegenden Instr. einer Stimmfamilie. → Alt.

Altklarinette, → Klarinette in F u. Es, mit leicht geneigtem → Schnabel u. nach oben gebogenem, meist metallenem → Schallstück; das 75-90 cm lange, kraftvoll klingende Instr. steht in der Nachfolge des → Bassetthorns, in die Konzertmusik ging es im späten 19. Jh. ein (Strauss).

Altposaune, kleine Zug- od. Ventilposaune in F u. Es, 1500-1800 führendes Melodieinstr. der Posaunenfamilie, in der → Militärmusik des 19.-20. Jhs. v. → Althorn verdrängt, in → Posaunenchören erhalten; vereinzelt in sinfonischer Musik verwendet.

Altsaxophon, → Saxophon in F u. Es, Tonumfang A-g^1, seiner Klangfarbe wegen bevorzugtes Soloinstrument der Saxophonfamilie. (→ Jazz).

Altschlüssel, auf der Mittellinie des Fünfliniensystems stehender Notenschlüssel, durch Besetzung dieser Linie mit der Note c auch C-Schlüssel genannt; gilt f. Altstimme (→ Alt), → Viola (Bratschenschlüssel) u. → Zugposaune. → Schlüssel, Notenschrift.

Altslawischer Kirchengesang, seit dem 9. Jh. aus dem röm. u. byzantin. Ritus ins Kirchenslawische übertragen, in Böhmen in glagolitischer Schrift nach römischem Ritus bis heute erhalten (Janáček, *Glagolitische Messe*, 1926); in Bulgarien (Kloster Ochrid), Serbien, Rumänien, Rußland in kyrill. Schrift nach byzantin. Ritus in Klosterreservaten überliefert. → Byzantinischer Gesang.

Amati, Bez. f. → Violinen aus den Werkstätten der → Geigenbauerfamilie gleichen Namens (Cremona, 16.-17. Jh.), v. kleinerem u. lieblicherem Ton als die Violinen der nachf. Werkstätten v. → Guarneri u. → Stradivari.

Ambitus (lat.), Umfang einer Melodie nach ihrem höchsten u. tiefsten Ton, v. Bedeutung z. Bestimmung v. → Kirchentonarten, auch Hinweis auf den Einzelstimmumfang eines Chorsatzes, auf Stimmlage u. Umfang eines Sololiedes (Ausgaben: hoch, mittel, tief) u. auf den Tonumfang eines Instrumentes.

Amboß, Schlaginstr. bestimmter od. unbestimmter Tonhöhe, in Opern verwendet (Wagner, *Das Rheingold*; Verdi, *Troubadour*; Orff, *Antigonae*), in Konzertwerken als hammergeschlagene Stahlplatte od. Metallröhren auf Resonanzkästen.

Ambrosianischer Gesang, Sammelbez. f. die nach dem Kirchenvater Ambrosius (Mailand, 4. Jh.) benannten Hymnen, Antiphon-Messen u. Vesper-Gesänge in der Mailänder Kirchenprovinz, einschl. Schweizer Tessin; der Ambrosian. Lobgesang *Te Deum laudamus* geht nicht auf Ambrosius od. seinen Schüler Augustinus zurück; mit byzant. u. syr. Melodienstrukturen v. Einfluß auf die Bildung des Gregorianischen Gesangs (→ Gregorianik).

Amen (hebr. = so sei es), Abschlußformel in der → Liturgie der christl. Konfessionen, als Gemeindegesang aus der Synagoge übernommen; als Symbol der Bekräftigung auch zu einem mehrstimmigen, meist fugierten Satzteil ausgeweitet, z. B. als Gloria- od. Credo-Abschluß in → Messekompositionen.

Amerikanische Musik → US-Amerikanische Musik, Lateinamerikanische Musik, Indianische Musik.

Amerikanische Orgel (Cottage Organ), → Harmonium mit orgelähnlichem leisem Klang, hervorgerufen durch kleine gebogene, mittels Saug- statt Druckluft in Schwingung versetzte Zungen; seit den 1830er Jahren in Nordamerika z. Kirchen- u. Hausmusik verwendet.

a mezza voce (it. = mit halber Stimme), mit verhaltener Stimme zu singen.

AMMRE, Abk. f. Anstalt f. mechan.-musikal. Rechte. → GEMA.

a-Moll, → Tonart, → Parallele zu → C-Dur.

Amorschall, Waldhorn mit Klappen u. kugelförmigem, abdeckbarem Schallstück, um 1760 v. Kölbel in St. Petersburg erfunden, v. Einfluß auf die Entwicklung der Klappen-Signalhörner des 19. Jhs.; der Name A. deutet auf → Liebesfuß als Bez. f. Schallstücke bei Holzblasinstr. des 18. Jhs.; → Oboe d'amore.

Amplitude (lat. = Weite), der größtmögl. Wert periodisch sich ändernder physikal. Größen bei Schwingungsvorgängen; je größer die Schwingungsweite (Elongation), desto lauter der (→ Sinus-)Ton; je kleiner die Anzahl der Schwingungen (→ Frequenz), desto tiefer der Ton; die A. läßt sich am → Oszillographen bemessen. → Schwingung.

Amusie (griech.), Unmusikalität. → Hören.

Analyse (griech. = Auflösung), als Musik-Analyse die Darlegung der Bestandteile des Ganzen einer Komposition, einschl. ihrer zeit- u./od. personal-stilistischen, musik-ästhetischen u. sozioterminierten Positionen u. Funktionen. → Schall-A. u. → Parameter-A. liefern frequenz- u. informationstheoretische, physikalisch-mathematische Daten (EDV). Formverläufe (Riemann), Symbolwerte (Kretzschmar, Schering), Spannungsverläufe (Kurth, Mersmann), Stilkriterien (Adler, Bücken) u. Semiotik standen im 20. Jh. nacheinander im Mittelpunkt musikanalytischer Methoden. Analysen an eigenen od. fremden Tonschöpfungen durch Komponisten v. Wagner bis Webern nehmen in der Geschichte der A. Sonderstellungen ein. (C. Dahlhaus, *Analyse und Werturteil*, 1970.)

Anblasen, Begrüßung u. Meldung ankommender Personen od. Abordnungen durch Turmbläser, Hoftrompeter, Heeresmusiker; seit der Antike bezeugt. → Abblasen, Turmmusik, Posaunenchöre.

ancora (it. = noch einmal), → Wiederholungszeichen.

Andante (it. = gehend), Tempovorschrift u./od. Satzbez.

Andantino (it.), Tempoangabe f. bewegteres Andante, Satzbez. f. kurzes Andante.

Anemochord, → Äolsharfe mit Bälgen, Klaviatur u. Registerzügen, fünfoktavig, mit dreichörigem Saitenbezug, ätherisch klingend, nur f. langsame Musikstücke brauchbar; 1789 in Paris v. J.J. Schnell konstruiert, Wiederbelebungsversuche (Paris 1851) als *Piano éolien* scheiterten trotz Förderung durch Salonvirtuosen (Herz, Kalkbrenner).

Angelica, engl. Baßlaute (→ Theorbe) im 17.-18.Jh. mit 17 diatonisch gestimmten Saiten, 8 davon über dem → Griffbrett.

Angewandte Musik, seit den 1920er Jahren aufgetretene Begriffsbez. f. → funktionale Musik v. sozialem Nützlichkeitseffekt. → Politisches Lied (Eisler), → Filmmusik (Schostakowitsch).

Angklung, javan. Rasselinstrument (→ Rassel), in Oktaven abgestimmte Bambusröhren, in ein Bambusgitter gehängt, an dessen untere Querleiste die Stäbe beim Schütteln tönend anschlagen; v. Grotesktänzern auf Java auch in Gruppen benutzt, v. Orff im Instrumentarium zu *Prometheus* (1968) verwertet.

Anglaise, Sammelbez. f. schnelle, geradtaktige Reihentänze engl. Herkunft, im 18.Jh. als Française über Frankreich nach Deutschland gelangt (Bach, *3. Frz. Suite*). → Ecossaise, Hornpipe.

Anglikanische Kirchenmusik, seit dem 16.Jh. nach Loslösung der anglikan. v. der röm. Kirche unter Heinrich VIII.; Hauptträger: Königl. Kapelle, Kathedralen, Universitäten; → Anthem, Service in der A.K. in alten u. neuen Formen; *Anglican chant* als vierstimmiger Chorgesang mit → gregorianisierenden Melodien auf Psalmtexte. – Herausragende A.K. v. Byrd im 16., Purcell im 17., Händel im 18., Vaughan Williams u. Britten im 20.Jh.

Anhall, einschwingender Schallvorgang, in kleinen Räumen kurz, in großen lang. → Schall, Raumakustik.

anhemitonisch (griech.), halbtonlos. → Pentatonik.

animato (it. = beseelt), Vortragsbez. im Zusammenhang z.B. mit → Allegro.

Anlage, Sammelbez. f. elektroakustische Wiedergabesysteme f. → elektron. Musikinstr., mit → Mikrophonen auch f. akust. Instr. (einschl. Gesang), ausgerüstet mit → Mischpulten u. → Lautsprechern. → High Fidelity, Rückkopplung, Verzerrer.

Ansatz, Stellung u. Spannung der Lippen beim Blasinstrumentenspiel, auch Einstellungsart der Stimmorgane, bes. der Stimmlippen beim Singen, v. Hauchen bis z. → Glottisschlag. → Kehlkopf.

Ansatzrohr, Teile des Stimmapparates oberhalb des → Kehlkopfes mit Schlund, Mundhöhle, Nasen-Rachen-Raum. → Stimme.

Anschlag, Art der Tongebung beim Spiel

v. Tasteninstr., bes. beim Klavierspiel; Bewegungsvorgang der Finger im Zusammenhang mit Hand-, Arm- u. Körperhaltung, wird unterschiedl. getätigt u. gelehrt, bewirkt → Lautstärke, → Artikulation, → Phrasierung u. weitere Komponenten der künstlerischen → Interpretation. → Klavierpädagogik.

Anthem (engl., v. lat. antiphona, griech. antiphonos = gegentönend), Chormusik hymnischen Charakters in der → anglikan. KM, ursprüngl. auf bibl. Texte in engl. Sprache; *Full Anthem*, motettenartig in vierstimmigem homophon-polyphonem Mischsatz (→ Motette); *Verse Anthem*, kantatenartig im Wechsel v. Gesangssoli (Vokalquartett), Gegenchören u. Instrumentalpartien (→ Kantate); Hochblüte im 16.-18. Jh., Verflachung (melodisch u. textlich) im 19. Jh., Neubelebung im 20. Jh.; als *National Anthem* Verbreitung auch in Nordamerika. In England gilt die → Nationalhymne als National Anthem.

Antike Musik → Griechische Musik.

Antiphon (griech. = Gegengesang), Wechselgesang zw. Vorsänger u. Gemeindechor (→ Responsorium), aus der griech.-röm. Antike u. der Synagogenpraxis in die christl. Liturgie übernommen, seit dem 4. Jh. bis z. Kirchenmusikreform des 16. Jhs. in verschiedenartigen Formen entwickelt, in → Psalmen u. → Hymnen, in der → Messe wie in → Vesper u. → Offizium. Mit der benediktinischen Choralreform (Solesmes 1900) wurde der Gebrauch der A. neu bestimmt; heute findet sie sich auch als selbständiges kirchenmusikal. Gesangsstück.

Antiphonale, Antiphonar, mittelalterl. Sammelbücher v. Antiphonen.

Antiphonie (griech. = Gegenstimmigkeit), in der Antike Bez. f. stimmlagebedingte Oktavparallelen im Zusammensingen v. Männern u. Knaben od. Frauen, auch Bez. f. das Intervall der Oktave, im frühen MA Bez. f. einstimmigen antiphonalen u. responsorialen Gesang. → Antiphon, Responsorium.

Antizipation (lat. = Vorwegnahme), die Vorausnahme einer Melodienote bzw. eines od. mehrerer Töne eines Akkordes auf die voraufgehende unbetonte Taktzeit, in der Gesangspraxis des 17. Jhs. Vorausnahme einer als → Vorschlag an die nachfolgende Hauptnote gebundenen Textsilbe. Ggs. z. → Vorhalt erscheint die A. als → Durchgang.

Äoline, um 1820 erfundenes Windharmonium, dessen Metallzungen durch Windzufuhr eines mit dem Knie bedienten Blasebalgs in Schwingung versetzt wurden; im → Harmonium Bez. eines zartklingenden Registers, in der → Orgel ein im 19. Jh. erfundenes Streichregister.

äolisch (griech.), nach dem Stamm der Äolier benannte, im 16. Jh. eingeführte → Kirchentonart, Vorläufer des heutigen → Moll.

Äolsharfe (v. griech. áiolos = Gottheit des Windes), Saiteninstrument, das durch Windzug z. Erklingen kommt: sechs u. mehr gleichgestimmte Darmsaiten gleicher Länge, aber verschiedener Dicke u. Spannung über 2 Stege auf einen recht- od. dreieckigen Resonanzkörper mit od. ohne Schallöcher gespannt, längsseits mit klappbaren Windfangdeckeln versehen; je nach Stärke des durch die Seitenflügel lenkbaren Windzuges ertönen die Saiten mit verschiedenen bis in die 3. Oktave reichenden → Obertönen ihres gemeinsamen

→ Grundtons in ätherisch zarten Klanggebilden; aus Frühkulturen bezeugt, in der Antike vielfach belegt, seit dem 16. Jh. neubelebt bis in die dt. u. engl. Romantik des 19. Jhs.; Herder, Goethe, Kerner, Mörike reflektierten den naturpoetischen Reiz der Ä. in Sinngedichten, die Brahms, Wolf u. a. vertonten.

Aphonie (griech.), Stimmlosigkeit durch Störungen organischer od. nervlicher Art. → Kehlkopf, Phonasthenie.

a piacere (it.), nach Belieben; Vortrags- u. Tempobez.

Apollon (griech.), in der griech. Antike Gottheit des Lichtes u. der Harmonie, Anführer der → Musen, Schutzpatron der Festspiele zu Delphi u. Sparta, Erfinder des Saitenspiels (→ Kithara); in der Philosophie des 19. Jhs. (Schelling, Nietzsche) Gegenbild des rauschhaften Dionysos; in vielen Musikwerken verherrlicht (Mozart, *Apollo et Hyacinthus*, 1767; Strawinsky, *Apollon Musagète*, 1928); Stammwort f. mehrere mechanische Musikinstr. des 19. Jhs.

appassionato (it. = leidenschaftlich), Vortragsbez.; *Sonata appassionata*, Titel zu Beethovens Klaviersonate f-Moll op. 57 (Wien 1803/04) v. dem Verleger Cranz anläßlich einer posthumen Ausgabe der Sonate f. Klav. zu 4 Händen (Hamburg 1838); als ergänzende Satz- od. Vortragsbez. findet sich a. bei Beethoven in den Klav.-Sonaten op. 106 u. 111.

Applikatur (lat. applicare = zufügen), → Fingersatz beim Instrumentenspiel.

Appoggiatura (it. appoggiare = unterstützen), → Verzierung durch → Vorschlag, meist mit harmoniefremden Tönen.

a prima vista (it. = auf den ersten Blick), Vomblattspiel od. -singen ohne vorheriges Proben; wichtig f. → Korrepetitoren u. Klavierpädagogen.

Äquale (lat. aequalis = gleich), Stimmen od. Instrumente in gleicher Lage, im Orgelbau die der menschl. Stimme entsprechende 8-Fuß-Äquallage; Komposition f. Stimmen gleicher Lage od. f. gleiche Instrumente, meist als kurze Trauermusik für Posaunen (Beethoven, Bruckner).

à quatre mains (frz. = zu vier Händen), vierhändiges Spiel an 1 Klav. od. an 2 Klav. → à deux mains.

Arabeske (v. frz. arabesque = Rankenornament in arab. Manier), im 19. Jh. aufgekommene Bez. f. reich figurierte mehrteilige Musikstücke, f. Klavier z. B. v. Schumann u. Debussy. → Charakterstück.

Arabisch-islamische Musik, umfaßt Musik der Kulturkreise des islam. Reiches, in seiner größten Ausdehnung (7.-16. Jh.) v. Bagdad bis Cordoba: in Persien u. Mesopotamien (→ Persische Musik), Syrien u. Ägypten (→ Syrischer Kirchengesang, Ägyptische Musik), Südspanien mit Nordwestafrika (→ Span. Musik); alle arab.-islam. Musik primär melodisch bestimmt, mit dem → Maqam als Melodienmodell u. versmetrisch abgeleiteten Rhythmusmodellen; Melodie- u. Skalenbildungen kennen, an → Tetrachorden orientiert, Dreiviertel-, Halb- u. Ganztonschritte; das Koransingen folgt freirhythmisch-melismatischen Rezitationsformeln (Koran-Kantillation, Muezzin-Gebetsrufe, Strophen-Hymnodik mit Chorrefrains, Derwischmusik), das Instrumentarium, weitgehend persischen Ursprungs, ist nach städtischen, ländlichen u. nomadischen Typen zu gliedern; → Ud u. → Rabab stellten das vornehmste Zupf- u. verbreitetste Streichinstrument dar, beide v. Bedeutung

f. die Entwicklung der → Laute u. → Viola in Europa; ferner Schilfflöten, Schalmeien, Vasen- u. Rahmentrommeln, sämtl. solistisch, nicht chorisch-orchestral gespielt; der Dichter-Sänger-Instrumentalist in Personalunion galt als das Ideal des meist hochgebildeten Musiker-Virtuosen (H. H. Touma, *Die Musik der Araber*, 1975).

Arbeiterchöre, seit den 1880er Jahren in Arbeiterbildungsvereinen gegr. Chorvereinigungen, seit 1908 im *Deutschen Arbeiter-Sängerbund* (DAS) zusammengeschlossen, stärkster Verband in der 1926 gegr. *Internationale der Arbeitersänger* (1933 aufgelöst od. ›gleichgeschaltet‹). An die sozialistische Tradition der 1920er Jahre knüpfen in der BRD Einzelchöre an, ggs. z. Gesamtverband des → Deutschen Sängerbundes (DSB). Eisler, Dessau, Gerster, Lendvai, Tiessen u. a. schrieben f. Arbeiterchöre *Proletarische Oratorien* u. Kampflieder.

Arbeitermusikbewegung, Laienmusiziergruppen f. Volksmusikinstr., in Dtl. seit den 1920er Jahren organisiert, u. a. im *Arbeiter-Mandolinistenbund*, in *Roten Sinfonieorchestern* (Berlin, Hamburg, Leipzig), unter Anschluß an Sportgemeinschaften, Agitprop-Abteilungen u. die *Interessengemeinschaft für Arbeiterkultur*. Reichsbanner u. Rotfrontkämpferbund hielten eigene Blas- u. Schalmeienkapellen (1933 aufgelöst, nach 1945 nicht neu belebt).

Arbeitslied, aus Frühkulturen aller Erdteile belegte Gruppenlieder zu rhythmisch gleichförmigen Bewegungsabläufen im Kollektiv bäuerlicher u. handwerklicher Tätigkeiten wie Hacken, Dreschen, Spinnen; in manufakturellen Wirtschaftsformen weitergebildet (→ Shanty, Worksong), rhythmisch-energetisch leistungsfördernd, auch umweltkritisch bewußtseinsbildend (→ Plantation-Song); im weiteren Sinne → Volkslieder aus vorindustrieller Zeit mit Textbezügen zu Berufsgruppen (Handwerkerlieder, Jägerlieder, Fischerlieder, Erntelieder u. a.).

Arbeitsmusik, Sammelbez. f. Begleitmusik zu Arbeitsabläufen im Industriebereich, über Lautsprecher verbreitet, nach Arbeitsprozessen programmiert, überwiegend Arrangements aus der kommerzialisierten → Unterhaltungsmusik. (G. Last *Musik in der Fertigung*, 1966).

arco, coll'arco (it. = mit Bogen), Spielanweisung f. Streichinstr. nach voraufgegangenem → pizzicato.

Argentinische Musik → Lateinamerikan. Musik.

Arie (it. aria = Luft), seit dem 17. Jh. Form des Sologesangs mit Instrumentalbegleitung in → Oper, Oratorium u. Kantate, im 18. Jh. auch als Konzert-A. (Mozart); im 16.-18. Jh. liedartiges, oft improvisiert u. variiert vorgetragenes Spielstück; als Vokalform seit dem frühen 17. Jh. (Monteverdi) das melodische Gegenstück z. voraufgehenden deklamatorischen → Rezitativ, bis ins 18. Jh. vorwiegend in dreiteiliger Form als → Da-Capo- oder Reprisen-A.; zunehmend mit → Koloraturen versehen (→ Bravourarie); seit Gluck u. Mozart zu erweiterten, dem dramatischen Geschehen dienlicheren Formen geführt, wozu zw. Arie u. Rezitativ auch ein überleitendes *Arioso* treten u. das Rezitativ nicht nur v. Cembalo gestützt, sondern orchestral begleitet werden konnte (→ Recitativo accompagnato); dramatisiert (Beethoven, *Fidelio*), verschmolzen die drei Teile der A. in der dt. romantischen Oper z. kantatenhaften Soloszene, bei Wagner der →

Barform unterworfen, bei Verdi rezitativisch-dramatisch durchkomponiert, während die dt. Oper des 20. Jhs. musikal.-dramatische Szenen (Berg, *Wozzeck*) neben absolut-musikal. Formen (Hindemith, *Cardillac*) entwickelt hat.

Arietta (it.), kleinere, vielfach zwei- (statt drei-)teilige, im Charakter schlichtere Form der → Arie.

Armeemärsche, seit dem 17. Jh. aufgekommene → Militärmusik. → Marsch.

Arpeggiato, Arpeggio (it. = harfenartig, v. arpa = Harfe), in gebrochenen Akkorden zu spielen, Spielart bei → Tasten-, → Zupf- u. → Streichinstr.: Brechung der Töne eines → Akkordes in kurzer, meist von unten nach oben gerichteter Aufeinanderfolge; eine in der Spielpraxis des → Generalbasses häufige modifizierte → Verzierung, in der Begleitung von Gesangsrezitativen (→ Rezitativ) meist improvisiert, in der Klavier- u. Orchestermusik des 19.-20. Jhs. ausgeschrieben notiert.

Arpeggione (v. it. arpa = Harfe), mit Griffbünden (→ Bund) versehenes gitarrenähnliches, sechssaitiges, wie ein → Violoncello zu spielendes Streichinstr. Stimmung E a d g h e^1. Für das 1823 von Staufer in Wien erfundene A. (*Guitarre d'amour*) schrieb Schubert 1824 eine Duosonate mit Klav., die nach dem baldigen Verschwinden des Bastardinstruments als *Arpeggione-Sonate* (D 821) f. Violoncello bzw. Bratsche u. Klavier ins Konzertrepertoire eingegangen ist. V. Schuster, ihr erster Interpret, hinterließ eine Schule für A.

Arpicordo (it. = Harfensaiter), Bez. f. ein im Umriß einer liegenden Harfe ähnelndes → Spinett, auch Bez. f. ein Cembaloregister mit Harfenklang. → Cembalo, Harfe.

Arrangement (frz. = Einrichtung), Bearbeitung eines Musikstückes zu einer anderen als der originalen Besetzung (z. B. → Klavierauszug), verbreitet in der → Salonmusik des 19. Jhs.; im → Jazz als → Head- u. Skeleton-A.

Ars antiqua (lat. = alte Kunst), Sammelbez. f. die v. der Pariser → Notre-Dame-Schule ausgehende Musik im 13. Jh. mit Ausbildung der → Mensuralnotation u. der mehrstimmigen → Motette. Gegenbegriff zu → Ars nova.

Ars inveniendi (v. lat. invenire = finden), Erfindungs-Kunst in der Musiklehre des Barock. → Figurenlehre, Rhetorik, Nachahmung, Invention.

Ars musica (lat. = Musikkunst), Lehre u. Praxis der Musik des MA, im Rahmen der *Sieben freien Künste* (*Septem artes liberales*) an den Universitäten entwickelt, wobei Musik zu den mathematischen Fächern des *Quadrivimus* zählte (Arithmetik, Geometrie, Musik, Astronomie), aber auch auf die sprachl. Fächer des *Triviums* bezogen wurde (Grammatik, Rhetorik, Dialektik); die auf mathematische wie auf sprachl. Musikauffassung gerichtete Grundeinstellung hatte Folgewirkungen auf Musik u. Musikästhetik der Neuzeit, z. B. in der → Figurenlehre des Barock od. auf den → Konstruktivismus der Musik des 20. Jhs.

Ars nova (lat. = neue Kunst), Kompositionsstil des 14.-15. Jhs., nach der gleichnamigen Schrift des Philippe de Vitry (um 1320), als Epochenbenennung (Riemann) der Musik zw. → Trecento und → Niederld. Schule gebräuchlich; Haupterrungenschaften gegenüber der → Ars antiqua: verfeinerte → Mensuralnotation, Gleichstellung v. drei- u. zweizeitigen Notenwerten, Notierung der Synkopenbildung;

Hauptformen: → Isorhythmische Motette, Ballata, Rondeau, Virelai; erste mehrstimmige zyklische Vertonungen des → Ordinarium Missae seit Machaut. (H. Besseler, *Die Musik des Mittelalters und der Renaissance*, 1937, Nachdruck 1979).

Arsis-Thesis (griech. = Hebung-Senkung), in der altgriech. → Metrik Kürze u. Länge der Silben, entsprechend Heben u. Senken des Fußes od. der Stimme; in der Musiklehre seit dem 16. Jh. Arsis als unbetonte, leichte Taktzeit, Thesis als betonte, schwere Taktzeit; beim → Dirigieren als Aufwärts- u. als Niederschlag. → Takt.

Artes liberales (lat. = freie Künste) → Ars musica.

Artikulation (v. lat. articulus = Teil, Gelenk), von der Sprachlehre in die Musiklehre übertragener, im 17.-18. Jh. entwikkelter Begriff, bezogen 1. auf die Lautformung beim Sprechen u. Singen, 2. auf die Verbindungsarten der Einzeltöne beim Instrumentalspiel (Bindung, Trennung, Betonung). A. dient auch als Mittel der → Phrasierung u. Präzisierung des Ausdrucks einer Komposition. → legato, portato, tenuto, staccato.

as, asas, Tonnamen, → a; as = Abk. f. Alt-Saxophon → Saxophon.

ASCAP, Abk. f. American Society of Composers, Authors and Publishers; Verwertungsges., vergleichbar der → GEMA.

As-Dur, → Tonart, → Parallele zu → f-Moll.

as-Moll, → Tonart, → Parallele zu → Ces-Dur.

assai (it. = sehr, viel, genug), zusätzl. Tempo- od. Vortragsbez., z. B. → Vivace a.

Ästhetik, → Musikästhetik.

a tempo (it. = im Zeitmaß), Anweisung zur Wiederaufnahme des durch → ritardando od. → accelerando unterbrochen gewesenen Hauptzeitmaßes.

Ätherophon, um 1920 v. Lev Theremin nach dem Prinzip des hochfrequenten Schwingsummers konstruiertes erstes elektroakustisches Musikinstrument (Thereminovox), in den 1920er Jahren durch verbesserte → Elektrophone abgelöst.

Äthiopische Musik, Ritualmusik äthiopischer Volksstämme neben → Koptischer Musik.

Atonale Musik, Atonalität, seit den 1910er Jahren aufgekommener ursprüngl. polemisch als Gegenbegriff zu → Tonalität verwendeter Sammelbegriff, umfaßte in der ersten Phase der → Neuen Musik (etwa 1910-1925) die ›ungebundene‹ Atonalität des musikal. → Expressionismus in funktions- u. grundtonfreien Akkordfortschreitungen u. in Melodiebildungen, die sich im Gefolge der romant. Harmonik entwickelten (→ Alteration, Bitonalität, Polytonalität), nachfolgend (etwa 1925-1950) die in der ›gebundenen‹ Atonalität der Dodekaphonie (→ Zwölftontechnik) organisierte Reihentechnik (→ Reihe); beide Entwicklungsstufen geprägt durch Musik u. Musiklehre der → Neuen Wiener Schule (Schönberg, Berg, Webern); Webern gilt als Wegbereiter einer dritten Phase (etwa 1950-1975), des → Serialismus u. der → Aleatorik (neben → Elektronischer Musik), mit Messiaen, Boulez, Stockhausen u. a.; seither neotonale ›Neue Ausdrucksmusik‹, in Dtl. z. B. bei A. Reimann, W. Rihm; Entstehung, Verlauf u. Auswirkung der A. M. sind eines der Hauptphänomene der Musikgeschichte des 20. Jhs. – Lit.: Dokumentar. Schriften der Komponisten Schönberg,

Webern, Hauer, Strawinsky, Bartók, Krenek, Adorno, Stockhausen, Henze, Schnebel u. a.; Gesamtdarstellungen v. H. H. Stuckenschmidt (*Neue Musik*, 1951, Neuausg. 1981), H. Danuser (*Die Musik des 20. Jahrhunderts*, 1984), C. Dahlhaus (*Schönberg und andere*, 1978); Lehrbücher v. J. Rufer, H. Eimert u. a.

a tre (it. = zu dritt), Anweisung, eine Instrumentalstimme dreifach zu besetzen; in Werktiteln Hinweis auf → Triosonate.

attacca (v. it. attaccare = anknüpfen), Spielanweisung, einen nachfolgenden Satz od. Satzteil unmittelbar anzuschließen.

Aubade (v. frz. aube = Morgendämmerung), Bez. f. Morgenständchen, ggs. zu → Serenade als Abendständchen.

Aube (frz. = Morgendämmerung), aus der → Troubadourlyrik des 13. Jhs. im dt. → Minnesang als Tagelied übernommene Bez. f. das Abschiedslied eines Liebespaares in erster Morgenfrühe.

Auffassungsdissonanz, in der → Funktionsharmonik Mehrklänge, die für sich genommen konsonant sind, im Zusammenhang gehört jedoch dissonant empfunden werden.

Aufführungspraxis, die Darstellungswirklichkeit od. -möglichkeit schriftl. fixierter, zeitgen. od. histor. Vokal- u. Instrumentalmusik; zum Aufgaben- u. Erforschungsbereich der A. gehören u. a. Besetzungs- u. Ausführungsfragen; zur A. aller Musik gehören Wirkungsfaktoren, z. B. raumakustischer od. instrumentenbaulich bedingter Art, die bei historisch noch so textgetreuer Annäherung f. die Aufführungswirklichkeit der jeweiligen Werke nicht wiederhergestellt werden können, also der jeweiligen Aufführungsgegenwart überantwortet sind. (R. Haas, *Aufführungspraxis der Musik*, 1931; J. Mertin, *Alte Musik, Wege zur Aufführungspraxis*, 1978; J. Meyer, *Akustik u. musikal. Aufführungspraxis*, 1972.)

Aufführungsrecht, auf Musik u. Text bezogenes Autorenrecht, vom Urheber an die → GEMA z. Wahrung v. Rechten an Konzert-, Bühnen-, Rundfunk-, Schallplatten-, Film- u. Fernseh-Aufführungen übertragen, auch an Bühnenverleih od. -verlag übertragbar, eingeschränkt bei nichtgewerbl. Aufführungen; bedingt anwendbar auf musikwissenschaftl. → Editionen. → Urheberrecht.

Aufklärung, rationalistisch, naturwissenschaftlich-empiristisch u. humanistisch bestimmte Geisteshaltung des 18. Jhs. → Affektenlehre, Nachahmung, Galanter und Empfindsamer Stil, Mannheimer Schule, Melodram, Singspiel, Collegium musicum. (P. Rummenhöller, *Die musikalische Vorklassik*, 1983).

Auflösung, Fortschreitung eines alterierten → Akkordes (→ Alteration) in einen Zielakkord. → Ganzschluß, Halbschluß, Trugschluß.

Auflösungszeichen, hebt → Vor- od. → Versetzungszeichen mit dem Zeichen ♮ auf.

Aufsatz, resonanzgebender → Schallbecher bei → Lingualpfeifen der → Orgel.

Auftakt, der Einsatz eines od. mehrerer Töne eines Motivs od. Themas auf dem einem Volltakt voraufgehenden unbetonten Taktteil, der seinerseits durch einen verkürzten Schlußtakt z. Volltakt ergänzt werden kann; beim → Dirigieren der den Einsatz der Musik vorbereitende Taktschlag. → Takt.

Augenmusik, durch gewisse Notationsentsprechungen symbolisch sichtbar gemachte

Textaussage; z. B. Stimmkreuzungen zu ›Kreuzigung‹ in Bachs Passionen. → Symbol.

Augmentation (v. lat. augmentatio = Vermehrung), Vergrößerung der Notenwerte, z. B. eines Fugenthemas, ggs. z. seiner Verkleinerung (→ Diminution); Verlängerung einer Note um die Hälfte ihres Wertes, angezeigt durch einen nachgestellten Punkt; in der → Mensuralmusik durch Bruchzahlen angezeigte Vergrößerung von Notenwerten.

Aulodie (griech.), vom → Aulos begleiteter Gesang in der griech. Antike.

Aulos (griech. = Röhre), wichtigstes Blasinstr. der griech. Antike, Doppelröhre aus Schilf, Holz od. Knochen (vereinzelt auch Metall), → Doppelrohrblatt als Mundstück, 4-15 Grifflöcher, Überblasloch, Längen 27-53 cm, Stimmgruppen v. drei → Oktaven Gesamtumfang (Diskant-, Alt-, Tenor-, Baß-Aulos); aus Funden (Athen, Pompeji) u. v. Abbildungen bekannt; v. scharfem weittragendem Klang, vornehml. bei Freiluftaufführungen als Begleit- u. Solo-Instrument verwendet (Delphische Spiele), einziges Begleitinstrument zu den Sprechsingstimmen der Aufführungen altgriech. Dramen; Auletinnen traten bei Gastmählern u. → Dionysien auf (Korinth). → Griechische Musik.

a una corda (it. = mit einer Saite), Klavierspiel bei voller → Dämpfung.

Aurresku (bask. = Vorderhand), baskischer Tanz, v. → Einhandflöte u. Trommel begleitet, sechsteiliger Paartanz, mit gravitätischem Beginn (→ Fandango) u. lebhaftem Abschluß.

Ausdruck, Sinn- u. Empfindungsgehalt einer Musik, v. Gefühlen, Stimmungen, Textgehalt usw. bestimmt, abhängig v. Wandel der Stilepochen u. ihrer Darstellungsmittel. → Musikästhetik, Affektenlehre, Figurenlehre, Programmusik.

Ausdruckstanz, Gegenbegriff z. → Klassischen Tanz, umschrieben als Freier Tanz, Deutscher Tanz, German Dance, choreographisch, solistisch od. schulisch vertreten durch Laban, Mary Wigman, Milloss, Yvonne Georgi, Dore Hoyer, Kreutzberg, Pina Bausch u. a., in Amerika durch Isadora Duncan u. Martha Graham; Parallelerscheinung z. → Expressionismus der Neuen Musik seit Strawinskys *Le Sacre du Printemps* (Paris 1913).

Ausgaben, → Editionen, Editionspraxis.

Ausgleichsvorgänge, Veränderungen akustischer Größen, die den Lautstärkeeindruck beeinflussen, f. das Richtungs- u. Entfernungshören v. Bedeutung. → Akustik, Schwingung, Frequenzspektrum, Dämpfung.

Auslösung, Vorrichtung in der Klaviermechanik. → Klavier.

Aussetzen, vollständige Notierung der Akkorde über einem unbezifferten od. bezifferten Baß (→ Generalbaß), in der → Aufführungspraxis des 17.-18. Jhs. meist improvisiert.

Australische Musik, in Reservaten bis heute erhaltene älteste Primitivmusik, Ritualgesänge (Murmelgesänge), ganztönig od. unter indonesischem Einfluß pentatonisch, in freier Rhythmisierung, v. Schwirrhölzern u. Schlagstäben, auch v. borduntönigen Holztrompeten begleitet. → Bordun.

Ausweichung, vorübergehender Tonartwechsel. → Modulation.

Authentische Tonarten (griech. authentikós = echt), die Grundtonarten des 1., 3.,

5. u. 7. → Kirchentones, im Ggs. z. den abgeleiteten → plagalen Tonarten, die ein → Tetrachord tiefer liegen, z. B. → dorisch als primäre authentische, hypodorisch als abgeleitete plagale Tonart.

Authentischer Schluß, in der Harmonielehre die → Kadenz in der Klangfolge Dominante – Tonika. → Ganzschluß, Halbschluß, Plagalschluß.

Auto sacramental (span.-portug. auto = Aktion, Handlung, sacramental = heilig, öffentliche dramatisch-musikal. Aufführung geistlicher Art an kirchlichen Festtagen (Karfreitag, Fronleichnam), meist mit Prozessionen verbunden, in ihren Ursprungsländern Spanien u. Portugal seit dem 16. Jh. verbreitet.

Autograph (griech. autós = selbst, gráphein = schreiben), Eigenschrift des Autors im Ggs. zu Kopie u. Notendruck; v. Bedeutung bei Fragen nach Echtheit, Interpretation u. Datierung eines Werkes; seit dem 18. Jh. Sammel- u. Archivobjekte. → Urtextausgabe, Edition.

Automaten → Mechanische Musikinstrumente.

Autonome Musik (griech. autós = selbst, nómos = Gesetz), Musikkategorie, deren Existenz ausschließl. auf musikeigenen Gesetzen beruht (od. beruhen soll), also abstrakt-zweckfreie, textl. od. sonstwie programmatisch od. sozio-funktional usw. ungebundene instrumentale Kunstmusik, in der europ. MG seit etwa 1750 angesetzt (Bachs *Kunst der Fuge*), im Hinblick auf affirmative Funktionen auch der autonomen Musik könnte diese als ›real-utopisch‹ (Ernst Bloch) bezeichnet werden. → Absolute Musik, Angewandte Musik, Funktionale Musik, Hermeneutik, Programmusik.

Avantgarde (frz. = Vorhut), Synonym f. jeweils neueste Gruppenbildungen in Literatur, Bildender Kunst od. Musik: → Dadaismus, → Futurismus, → Neue Wiener Schule in der 1. Hälfte des 20. Jhs., → Serielle Musik, → Aleatorik, → Elektronische Musik seit Mitte des 20. Jhs. (H. Danuser, *Die Musik des 20. Jahrhunderts*, 1984)

Ave Maria (lat. = Gegrüßet seist du, Maria), zweiteiliges Gebet (*Englischer Gruß* u. Bittgebet), erster Teil in der Ostkirche seit dem 6. Jh., beide Teile in der röm.-kath. Kirche seit dem 15. Jh.; → gregorian. Melodien des A. M. seit dem 10. Jh. im Marien-Offizium, mehrstimmige Vertonungen seit dem 14. Jh., auch in nichtliturgischen Musikbereichen (z. B. *Rosenkranzsonaten* f. Violine solo v. Biber, 1674; Desdemonas Nachtgebet in Verdis *Otello*, 1887). → Marianische Antiphonen.

AWA, Abk. f. Anstalt zur Wahrung der Aufführungsrechte auf dem Gebiet der Musik; f. die DDR u. Berlin (Ost) seit 1951 im Gegenseitigkeitsvertrag mit der → GEMA.

Awwâda, Schilfflöte der Berber in Marokko, 6 Grifflöcher f. diatonische Melodiebildungen, verbreitet als Begleitinstrument zu Tanzliedern.

Ayre (engl.), Bez. f. das englischsprachige, meist lautenbegl. strophische Sololied. → Air.

Azione sacra (it. = Geistliche Handlung), szen. Passion in it. Sprache, als → Sepolcro u. → Rappresentazione sacra für Soli, Chor, Orchester z. Karfreitagsliturgie, im 18. Jh. auch auf alttestamentarische u. geistlich-allegorische Stoffe; Neubelebungen im 20. Jh. u. a. durch den Wiener → *Concentus Musicus*.

Azione teatrale (it. = theatral. Handlung), Festspiel f. Soli, Chor, Ballett, Orchester, im → Barock an europ. Höfen zu Huldigungsgelegenheiten, Vermählungen, Geburtstagen (Mozart, *Ascanio in Alba*, Mailand 1771).

B

B, b, Tonname, die erniedrigte 7. Stufe der Grundtonleiter auf → C; Tonart- u. Akkordkürzel f. → B-Dur bzw. b-Moll (→ Quintenzirkel); ♭ vor einer Note Versetzungszeichen (→ Vorzeichen) der Erniedrigung um einen → Halbton; in der Buchstabennotation des MA war B der 2. Ton der von A ausgehenden Grundskala abcdefg; seit dem 11. Jh. wurde unterschieden zw. *B durum* bzw. *quadratum* f. die Erhöhung von B nach → H (Zeichen ♮), *B molle* od. *rotundum* f. die Erniedrigung von H nach B (Zeichen ♭); die Zeichen ♭ u. ♮ dienten später als Erniedrigungs- u. Erhöhungszeichen f. Noten aller Stufen u. Tonarten. B als Großbuchstabe auch Abk. f. → Bass(us).

Babylonische Musik, Musik der Sumerer u. Assyrer des 4.-1. Jhs. v. Chr. in Mesopotamien, keilschrifttextl. u. instrumentenfundlich lückenhaft belegt; Schlaginstrumente, auch mit fixierten Tonhöhen (Quint-Quart-System), Flöten u. Trompeten, Harfen; zeitweise wechselseitige Einflüsse zw. → ägypt. u. assyrischer Hofmusik. (H. Hartmann, *Die Musik der sumerischen Kultur*, 1960).

B-A-C-H, vielverwendetes musikal. Motiv, vor J. S. Bach z. B. bei Sweelinck, bei Bach in seiner *Kunst der Fuge*, nach Bach als Huldigungszitat v. a. in Orgel- u. Klavierfugen, z. B. bei Schumann, Liszt, Reger, Busoni, Hindemith, David, Krenek, Pepping, Fortner, Schilling, auch in zahlr. Orchester- u. Kammermusikwerken des 19.-20. Jhs.

Bachbogen, zu Beginn des 20. Jhs. v. A. Schering u. A. Schweitzer zwecks angebl. werkgerechten Spiels drei- bis vierstimmiger Stellen in Bachs Sonaten u. Partiten f. Vl. solo geforderter, zunächst v. E. Hahnemann »rekonstruierter«, dann als »Polyphonbogen« bis in die 1950er Jahre (O. Büchner) weiterentwickelter → Bogen mit gewölbter Bogenstange u. nachgiebiger Haarbespannung; hist. durch Bogenfunde, Bilddarstellung od. Beschreibung nicht belegbar.

Bachtrompete → Clarino.

Background (engl. = Hintergrund), begleitender od. auskomponierter B. eines → Jazz-Ensembles zum Wechselspiel solistischer → Improvisationen.

Badinerie, Badinage (frz. = Spaß), rascher tänzerischer Satz im Zweiertakt, im 18. Jh. auch in die → Suite aufgenommen.

Bagatelle (v. it. bagatella = Kleinigkeit), kurzes, meist 2- od. 3teiliges Instrumentalstück, vielfach zu Reihen gebündelt, im 18. Jh. z. B. bei Couperin, im 19.-20. Jh. vornehml. als → Charakterstück f. Klav. (Beethoven, op. 33, 119, 126; Bartók, op. 6) od. f. Kammermusik (Dvořák, Webern, Françaix, Ligeti).

Bagpipe (engl.), svw. → Dudelsack.

Balafon, afrikan.-lateinamerikan. Schlaginstrument (→ Marimba), Nebenform des → Xylophon.

Balalaika, russ. Zupfinstr., neben → Domra u. → Gusli das in der SU verbreitetste Volksinstr., kirgisisch-tartarischen Ursprungs; Begleitinstr. zu Gesang u. Tanz;

Tannenholzkorpus in dreieckiger Form mit ausgebauchtem Boden u. leichtgewölbter schallochverzierter Decke; der lange, in eine Wirbelplatte auslaufende Hals trägt → Bünde in diatonischer Folge; zwei der meist drei Darm- od. Stahl-Saiten sind auf den selben Ton, die 3. Saite eine Quarte höher gestimmt, sie werden mit → Plektrum od. mit der Hand angeschlagen; seit Ende des 19. Jhs. wird die B. in sechs Größen gebaut u. zu B.-Kapellen zusammengestellt, auch außerhalb Rußlands.

Balginstrumente, → Dudelsack, → Orgel, → Akkordeon u. a., geben die durch Blasebalg angesogene od. ausgestoßene Luft durch Druck an einen Resonanzkörper ab; beim Orgelspiel waren bis z. Ablösung des Schöpfbalgs mit Luftmagazin durch elektr. betriebene Windmotoren noch zu Beginn des 20. Jhs. Bälgetreter (→ Kalkant) erforderlich; Faltenbälge wurden f. → Harmonikainstrumente entwickelt.

Ballad Opera, engl. Gattungstyp des → Singspiels, im 18. Jh. (*Beggar's Opera*, London 1728) als Parodie der it. → Opera seria (Händel) mit Travestie der virtuosen → Arie; Einbeziehung v. → Volksliedern, gesprochenem Dialog, Volkstänzen, in kleiner Orchesterbesetzung; sozialkritische statt heroischer Thematik; die freie Übertragung des Urtextes der *Bettleroper* (J. Gay, 1728) durch Brecht mit der Musik v. Weill gelangte 1928 in Berlin als *Dreigroschenoper* zu einer zeit- u. bühnengeschichtl. ähnlich bedeutsamen Erstaufführung; das musikal. Arrangement der Londoner Urfassung durch den Berliner J. Ch. Pepusch liegt einer v. Britten geschaffenen Version zugrunde (Cambridge 1948); die im Verfolg der *Beggar's Opera* entstandene Ballad Opera *The devil to pray* von Ch. Coffey löste mit ihrer dt. Erstaufführung als *Der Teufel ist los* (1743) die Entwicklung des dt. Singspiels der bürgerl. → Aufklärung aus.

Ballade (v. lat. ballare = tanzen), als *Ballata* ursprüngl. Volkstanzlied der Romanen, im 12. Jh. Kunstliedform der → Troubadoure, seit dem 14. Jh. mit 2-3stimmiger Instrumentalbegleitung; parallel z. höfischen franz. Ballade entwickelte sich seit dem 14. Jh. die volksläufige engl. *Ballad* der fahrenden Sänger u. Spielleute in moritatenartig vielstrophiger Form; Klavier- u. Orchesterballaden mit Singstimme entstanden im deutschsprachigen Bereich seit der Frühklassik, mit Schwerpunkt in der Romantik (Schubert, Loewe, Schumann, Brahms, Wolf), als Klavierballade z. B. bei Chopin, Brahms, als Orchesterballade u. a. bei Dukas, Fauré, Respighi. (H. Winck, *Die deutsche Ballade von Bürger bis Brecht*, ^{2}1972).

Ballet de cour (frz. = Hofballett), ursprüngl. karnevalist. Maskenfeste am frz. Königshof, Blütezeit im 16.-17. Jh., anfängl. unter Mitwirkung von männl. Mitgliedern der höf. Gesellschaft als Pantomimen u. Tänzer (Louis XIV. als Protagonist); im 17. Jh. allegorische »Gesamtkunstwerke« aus Dichtung, Vokal- u. Instrumental-Musik mit abschließendem Grand Ballet; Rahmenform: → Ouvertüre, → Entrées, Apotheose.

Ballet du XXe Siècle (frz. = Ballett des 20. Jhs.), 1960 v. M. Béjart in Brüssel gegr. u. bis 1980 geleitete Ballettkompanie, Schwerpunkt experimentelle Choreographie auf zeitgen. Kompositionen, z. B. Strawinsky, *Le Sacre du Printemps*, *A la recherche de Don Juan* (nach Schönberg, Berg, Webern), *Messe pour le temps pré-*

sent (nach Pierre Henry), als ›Spectacle total‹ auch zu Beethovens *Neunter Sinfonie* im Cirque Royal od. zu Offenbachs *Les Contes d'Hoffmann* im Théâtre de la Monnaie; Gastspielreisen in West- u. Osteuropa, bei den Bayreuther Festspielen (Bacchanal in Wieland Wagners *Tannhäuser*-Inszenierung, 1961), erfolgreich auch in der SU.

Ballets Russes, 1909 von S. Diaghilew gegr. u. v. ihm als Manager u. Mentor bis zu seinem Tod (1929) geleitete Ballettkompanie, nach den Pariser *Saisons Russes* (1908-14) ganz in Frankr. stationiert; setzte neue Maßstäbe u. Perspektiven f. das internat. Tanztheater durch Perfektion des Ballettistischen (Nijinski, Karsavina) im Dienst v. »Gesamtkunstwerken« aus Choreographie (Fokine, Massine, Nijinski, Balanchine), Musik (Strawinsky, Prokofjew), Malerei (Bakst, Benois, Gontscharova).

Ballett (v. lat.-it. ballare = tanzen), Synonym f. Bühnentanz, Bühnentanztruppe, Bühnentanzmusik; Wurzel des Bühnentanzes: Pantomimen der antiken Dramen, Volksschauspiele des MA, Intermedien u. Maskenspiele der it. Renaissance (Commedia dell'Arte); frühe Höhepunkte der Entwicklung: → Ballet de cour, Comédie-Ballet u. Opéra-Ballet am Versailler Hof (Lully als Komponist). Die 1661 gegr. *Académie royale de danse* wurde z. Ausgangspunkt der Berufsausbildung f. Bühnentänzer, seit den 1680er Jahren auch Tänzerinnen, das Französische z. Fachsprache in Schrift u. Lehre; im 18. Jh. entwickelte sich das Handlungsballett (J. G. Noverre), als Schäferspiel z. B. mit den *Geschöpfen des Prometheus* v. Beethoven (Wien 1801); naturpoetische, psychologische, phantastische u. exotische Thematik beherrschte das Ballett der Romantik (*Giselle* von Adam, Paris u. Berlin 1841; *Coppélia* v. Delibes, Paris 1870); Kopenhagen (Bournonville) u. St. Petersburg (Petipa) bildeten Zentren des techn. virtuosen Spitzentanzes im weiteren 19. u. frühen 20. Jh., während das B. in Paris u. Wien z. → Divertissement absank; Tschaikowskys Handlungsballette (*Dornröschen*, *Nußknacker*, *Schwanensee*, St. Petersburg 1890, 1892, 1895) in der Choreographie v. Petipa stellen den Reifestil des romantisch-klassizistischen Balletts dar; die → *Ballets Russes* v. Diaghilew gaben einer Erneuerung des Balletts im Sinne von → Gesamtkunstwerken aus Tanz, Musik, Malerei u. Dichtung Impulse seit Strawinskys *Feuervogel*, *Petruschka*, *Le Sacre du Printemps* (Paris 1910, 1911, 1913); Dichter wie d' Annunzio, Hofmannsthal, Cocteau, Maler wie Picasso, Matisse, Benois schufen gemeinsam mit Komponisten wie Debussy, Ravel, de Falla, Prokofjew in Zusammenarbeit mit Choreographen wie Massine, Balanchine Standard-Ballette des 20. Jhs. in West- u. Osteuropa u. in den USA. → Ausdruckstanz, Modern Dance, Jazz Dance.

Balletto (it. = Tänzchen), Tanz od. Tanzfolge, um 1600 insbes. als mehrstimmiges zweiteiliges Tanzlied in gerader Taktart u. raschem Tempo (Gastoldi, Vecchi, Haßler).

Band (engl.), Musikkapelle, ursprüngl. Vokal-, dann Instrumental-Ensemble, insbes. Blechbläser (Brass Band) u. Militärmusikkapellen; im → Jazz Instrumentalgruppen verschiedener Art. → Big Band;

Bandleader, Leiter einer Jazzband.

Banda (it. = Kapelle), selbständige Blaskapelle od. eine Bläsergruppe im Orchester; *Banda turca* → Janitscharenmusik. → Harmoniemusik.

Bandoneon, → Harmonikainstrument, um 1850 v. H. Band, Krefeld, aus der → Konzertina entwickelte → Handharmonika; baßseits Einzeltöne; Akkordbildung durch Drücken v. Knöpfen, Anordnung der 88 bis 200 Töne → chromatisch od. → diatonisch; v. vier- od. achteckiger Form, auf die Knie gestützt zu spielen. Mit B.-Stücken v. M. Kagel (1960) fand das B. auch Eingang in das Instrumentarium der → Avantgarde.

Bandura (russ. Panskaja; griech. Pandoura), lautenartiges Zupfinstr., ovaler Korpus, Flachdecke mit Schalloch, kurzer Hals mit Griffbrett u. Wirbelkasten für 6-8 Griffsaiten, mit → Plektrum zu spielen; bis zu 40 weitere Saiten, freischwingend über die Decke gespannt (→ Bordunsaiten); weitverbreitet in der russ. u. poln. Ukraine.

Bandurria, mandolinenartiges span. Zupfinstr., Diskant- → Cister mit 6 doppelten Saiten (bei Drahtsaiten als *B. sonora*) u. 12-14 → Bünden; Quartstimmung; mit Muschel- → Plektrum zu spielen; seit dem 14. Jh. belegt, in Span. bis heute verbreitet.

Banjo, Zupfinstr. westafrikan. Ursprungs, Gitarrenhals, einseitig fellbezogener Holz- od. Metallrahmen, 4-9 Darm- od. Stahlsaiten als Akkordsaiten, mit den Fingern angerissen, 1 Melodiesaite, seitl. am Hals angebracht, mit dem Daumen zu spielen; als Plektrum-B. viersaitig in Violinstimmung (Tenor-B.), durch Farbige im 19. Jh. in die Südstaaten Nordamerikas gelangt, Hauptinstr. der → Rhythm section des → Ragtime, v. der Jazz-Gitarre abgelöst.

Bänkelsang, der nach dem Bänkel als erhöhtem Standplatz z. Vortrag v. Moritaten und Schauer- → Balladen benannte Gesang fahrender Markt- u. Straßensänger, im 17.-20. Jh. in ganz Europa verbreitet, meist als Einzel- od. Paargesang, begleitet mit → Drehorgel od. Bauernharfe, → Gitarre, → Zieh- od. → Mundharmonika; vielstrophige, auch zeitkrit. Texte, oft als Fliegende Blätter feilgeboten, Handlungsabläufe auf Bildtafeln mit Zeigestock verfolgt; die Liedmelodien parodierten bekannte Modelle, im Leierton od. dialogischen Sprechgesang vorgetragen, seit dem späten 18. Jh. vereinzelt in die Kunstdichtung eingegangen; erlebte im 20. Jh. v. Wedekind über Brecht bis Biermann, in Kabarett u. Liedermacherszene eine Neuentwicklung. – K. Rihm *Moritat, Bänkelsang, Protesthaltung*, 1975.

Bar → Barform.

Barbitos (griech.), der altgriech. → Lyra ähnliches Saiteninstr. z. Begleitung dionysischer Gesänge (→ Dionysos); im 16.-17. Jh. tiefklingende Saiteninstr. wie → Theorbe od. → Violone.

Barde (keltisch), frühzeitl. Sänger-Dichter (Götter- u. Heldensagen), die sich auf der → Harfe (→ Crwth) selbst begleiteten, in Irland u. Schottland bis ins 18. Jh. bezeugt; Jahreswettbewerb (→ Eisteddfod) f. Bardensänger seit 1819 in Wales.

Bärenreiter-Verlag, dt. Musikverlag, 1923 v. Karl Vötterle (1903-75) gegr., Sitz Kassel-Wilhelmshöhe, Filialen in Basel, London, New York u. Paris/Tours; der dt. Jugend-, Sing-, Chor- u. ev. Kirchenmusik-Bewegung verbunden, nach 1945 internat. ausgeweitet auf hist., zeitgen. Musik u. Musikwissenschaft (GA; Zss.; → MGG).

Barform, seit dem 19. Jh. Bez. f. dreiteilige Strophenliedform aus metrisch-melodisch gleichem → Stollen u. Gegenstollen als »Aufgesang« mit abweichendem »Abgesang« (AAB), bei variierter Wiederholung des Stollens als vierteiliger Reprisenbar (AABA'); zu unterscheiden v. dem Bar in → Minne- u. → Meistersang, aufgereiht in Strophen ungerader Anzahl; Barformen in Wagners Musikdramen (*Die Meistersinger von Nürnberg*, München 1868) und in Orch.- u. Klavierliedern der dt. Romantik.

Bariolage (frz., v. lat. bariolagium = Abwechslung), violintechn. Spielverfahren, im meist raschen Wechsel höherer Töne auf der niederen, niedere auf der höheren → Saite zu spielen, od. einen der Töne der drei leeren Saiten d, a', e' im Wechsel v. leerer Saite u. Tonposition auf der nächstunteren Saite, um so einen seit dem Barock (Corelli, Vivaldi, Bach) beliebten Klangfarbwechsel zu erzielen.

Bariton (griech. = tiefer Ton), Stimmlage zw. → Baß u. → Tenor, in Opern als Lyrischer od. Spiel-B. (B-as^1), Lyr.-dramat. Kavalier-B. (A-g^1) u. Charakter- od. Helden-B. (G-fis^1), bei Mozart z. B. Papageno als Spiel-B., Don Giovanni als Kavalier-B., Figaro als Charakter-B.; entsprechend der Singstimmlage tritt B. auch als Beiname f. Musikinstr. auf (B.-Oboe, B.-Saxophon usw.), ohne Beiname als Bez. f. Blechblasinstr. der Tubenfamilie; → Tuba, Baryton.

Baritonschlüssel → Schlüssel, Bariton.

Barkarole (v. it. barca = Barke, Boot), venezian. Gondellied in wiegendem 6/8-Takt, seit dem 18. Jh. in die Kunstmusik eingegangen, seit dem 19. Jh. als → Charakterstück in die Klaviermusik (Chopin, Mendelssohn-Bartholdy, Bartók), auch im Klavier- u. Chorlied der dt. Romantik vertreten (Schubert, Schumann, Brahms); als Genrestück mit Saloneinschlag bei Offenbach (*Hoffmanns Erzählungen*, Paris 1881) u. J. Strauß (*Eine Nacht in Venedig*, Berlin 1883).

Barock (v. frz. baroque, it. barocco = schiefrunde Perle), im Sinne v. verschroben, exaltiert, exotisch um 1750 als Schlagwort aufgekommen, in Aufklärung u. Klassik abwertend gemeint, Ende des 19. Jhs. als Kontrastbegriff z. Renaissance in Literatur- u. Kunstwissenschaft aufgewertet, im 20. Jh. neben der Epochenbez. → Generalbaßzeitalter (Riemann) in die MW übernommen. Das musikal. Barock läßt drei Phasen erkennen: Früh-B. v. ca. 1580 bis 1620, Hoch-B. v. ca. 1620-1680, Spät-B. bis 1750. → Dur-Moll-Tonalität, → Generalbaßpraxis, → Temperierte Stimmung prägten die Satztechnik v. Homophonie (→ Choral) u. → Kontrapunktik (→ Fuge) des B., → Monodie u. konzertierender Stil durchwirkten alle Werkgattungen: im Vokalbereich → Oper, → Oratorium, → Kantate, → Motette, → Madrigal, Sololied (→ Lied), im Instrumentalbereich → Concerto grosso, Solokonzert (→ Konzert), → Suite, Solosonate (→ Sonate). Nationale Schulen entfalteten sich in It. v. Venedig (Monteverdi) über Rom (Corelli) bis Neapel (A. Scarlatti), in Frankr. mit Paris/Versailles als Zentren (Lully, Couperin, Rameau), in Engl. mit London als Mittelpunkt (Purcell, Händel), in Dtl. mit Wien (Biber, Fux), Dresden (Schütz), Leipzig (Bach) u. zahlr. Residenzen als Schwerpunkten. Kirchen-, Konzert- u. Theaterstil kristallisierten u. schematisierten → Affekten- u. → Figurenlehre; gesellschaftsbezogen führte die

Entwicklung in Musikleben u. Musiklehre v. der kirchl. u. höfischen z. bürgerl. Musikkultur. Breite Wiederbelebung der Musik des B. brachten seit den 1920er Jahren kontrovers geführte → Aufführungspraxis hist. Musik, quellenkritisch revidierte Gesamtausgaben (Bach, Schütz, Händel, Purcell, Monteverdi). → Neobarock als Stilkomponente im Spektrum der Musik des 20. Jhs. – R. Haas, *Die Musik des Barocks*, 1932, 1973; W. Braun, *Die Musik des 17. Jhs.*, 1981; C. Dahlhaus (Hg.), *Die Musik des 18. Jhs.*, 1985; R. Dammann, *Der Musikbegriff im dt. Barock*, 1967.

Barré (frz. barre = Schranke), beim Gitarre-, Laute-, Gambespiel Bildung eines → Sattels durch Querlegen eines Fingers über mehrere Saiten zwecks Ermöglichung des Akkordspiels auch in höherer Lage. → Capotasto.

Baryton (v. it. Viola di bordone), Streichinstr. der Violenfamilie (→ Viola bastarda) in Größe u. Stimmung der Tenor- → Gambe (A D G c e a d^1), wie diese mit 6-7 Griffsaiten aus Darm u. 9-28 Resonanzsaiten aus Metall (teils diatonisch, teils chromatisch gestimmt), die unter Steg u. Griffbrett zum Wirbelkasten laufen u. am rückseits offenen Griffbretthals z. Melodiebegleitung gezupft werden können; f. das im 17.-18. Jh. v. a. in Östr. verbreitete Instr. schrieb J. Haydn im Auftrag seines ungar. Dienstherrn N. J. Fürst Esterházy in den 1760-70er Jahren zahlr., heute mit dem B. wiederentdeckte Solostücke u. Trios f. B., → Viola u. → Violoncello.

Baskische Trommel → Schellentrommel, Tambourin.

Baß (v. lat. bassus = niedrig; griech.-lat. basis = Grundlage), tiefe → Stimmlagen, in der Vokalmusik seit dem 15. Jh. abgeleitet v. → Contratenor bassus, seit dem 16. Jh. als *basso cantante* f. hohen Baß (E-f^1), als *basso profondo* f. tiefen Baß (C-f^1), im Opernbereich seit dem 17. Jh. B.-Buffo als Spielbaß (z. B. Osmin in Mozarts *Entführung aus dem Serail*), Seriöser Baß als Charakterbaß (z. B. Wotan in Wagners *Ring des Nibelungen*); in der Instrumentalmusik tiefste Stimmlage der Einzelfamilien, z. B. Kontrafagott, B.-Posaune, Kontrabaß, B.-Klarinette, B.-Saxophon; in Tonsatz u. Theorie seit dem 16. Jh. als *basso seguente*, ursprüngl. beim begleitenden Orgelspiel, im 17.-18. Jh. z. → Generalbaß entwickelt: als → basso continuo (B. c. Cont.) eigenstimmig konzertierend (*basso concertante*) od. stimmfüllend (*basso ripieno*). Seit Rameaus *Traité de l'harmonie*, Paris 1722, wurde der B.c. z. *basse fondamentale*, im 19. Jh. z. harmoniestützenden Grundbaß umfunktioniert. → Ostinato, Murkybässe, Alvertibässe.

Basse danse (frz. = tiefer [bodennaher] Tanz), im 14.-15. Jh. in Frankr., It., Dtl. u. den Ndl. verbreiteter geradtaktiger Schreittanz, dessen dreiteiliges Grundmuster zu einem nachfolgend ungeradtaktigen Springtanz (Recoupe) umgewandelt wurde; auch instrumental variiert u. zu → Chansons umgewertet; B. d. mit Recoupe od. → Tourdion gelten als Vorläufer der Tanzpaare → Pavane mit → Galliarde (Renaissance) bzw. → Allemande mit → Courante (Barock).

Basse musique, → Alta musica.

Bassetthorn, → Altklarinette in F, erstmals um 1770 gebaut, ursprüngl. mit halbmondförmiger, später mit verdeckt geknickter, heute mit gerader Röhre bei leicht abgewinkeltem Mundstück u. saxophonartig aufgebogener metallener Schallstürze.

Mozart verwendete das dunkel tönende B. im *Requiem* (1791), in den *Maurerischen Trauermusiken* (1785) (→ *Freimaurermusik*) u. in *La clemenza di Tito* (1791), Mendelssohn in 2 *Konzertstücken* op. 113/114 f. Klar., B. u. Klav., Strauss in *Elektra* (1909) u. *Rosenkavalier* (1911).

Baßgeige, → Kontrabaß.

Basso continuo (v. lat. continens = zusammenhängend), durchlaufender → Baß; → Generalbaß.

Basso ostinato, → Ostinato.

Basson (frz.), Bassone (it.), Bassoon (engl.) → Fagott.

Baßschlüssel → Schlüssel.

Battaglia (it. = Kampf, Schlacht), frz. bataille, engl. battle, tonmalerische Schilderungen histor., mytholog. od. allegor. Kampfszenen: aus der Antike mit einer → Aulosmusik vom Kampf → Apollons mit dem Drachen bezeugt (vgl. Paminos Kampf mit der Schlange in Mozarts *Zauberflöte*, Siegfrieds Kampf mit dem Lindwurm in Wagners *Siegfried*); als Genrestücke im Sinne der → Nachahmungsästhetik in → Renaissance und → Barock (Jannequins Chanson *La guerre* (1515), Monteverdis *Madrigali guerrieri* (1638), Kuhnaus *Kampf zwischen David und Goliath* (Bibl. Sonate f. Cembalo, 1700); als orchestrale Schlachtengemälde im Sinne der → Programmusik des 19.-20. Jhs. Beethovens *Schlacht bei Vittoria* (1815), Liszts *Hunnenschlacht* (1875), Tschaikowskys *Ouvertüre 1812* (1860), Bartóks → Sinfonische Dichtung *Kossuth* (1904) u. noch Schostakowitschs Leningrader (Belagerungs-) *Sinfonie Nr. 8* (1941/42); allegor. Szenen zu Kampf u. Wettstreit der Geschlechter v. Monteverdis *Combattimento di Tancredi e Clorinda* (1624) bis zu Strawinskys *Le Sacre du Printemps* (1913) u. *Agon* (1957).

Battement (v. frz. battre = schlagen), → Verzierungsart, Wechsel von Note zu Note. → Mordent, Triller, Vibrato.

Batterie (v. frz. battre = schlagen), Gruppe der → Schlagzeuginstrumente, speziell in Sinfonieorchestern u. Jazz-Ensembles; auch Bez. f. Trommelwirbel, im Klavierspiel f. staccatierte gebrochene Akkorde.

Battuta (it. = Schlag), → Takt; → a battuta; *battuta di tre*, *ritmo di tre*; 3 od. mehr aufeinanderfolgende Takte als rhythmische Einheit (Beethoven, 9. Sinfonie, Scherzo).

Bayreuther Festspiele, 1872 v. Richard Wagner gegr. Sommerfestspiele im B. Festspielhaus, ausschließl. seinen Bühnenwerken vorbehalten, erstmals 1876 mit dem *Ring des Nibelungen*, 1882 mit Uraufführung des *Parsifal*, seither alljährlich, nach R. Wagners Tod 1883-1906 unter Leitung seiner Witwe Cosima, 1906-1930 seines Sohnes Siegfried, 1930-1944 v. dessen Witwe Winifred, 1951-1966 v. R. Wagners Enkelsöhnen Wieland u. Wolfgang, nach Wielands Tod v. Wolfgang Wagner allein fortgeführt.

B.c., Abk. f. → Basso continuo.

B-Dur, → Tonart, → Parallele zu → g-Moll.

Bearbeitung, in der Musik Veränderung an Form u. Klanggestalt (→ Instrumentation) einer Komposition, nach Verfahren u. Ergebnis nicht eindeutig abgrenzbar als → Variation, → Fantasie, → Paraphrase, → Kontrafaktur, → Parodie, → Quodlibet, → Potpourri, → Travestie, → Zitat, → Collage, → Plagiat, → Arrangement (Jazz), → Klavierauszug, Orchestersuiten aus

Opern- u. Ballettwerken. Von autorisierten Kompositionen, die seit 1902 unter → Urheberrecht stehen, sind B. und deren Verbreitung, auch Ergänzung v. Fragmenten (z. B. Puccini, *Turandot*; Berg, *Lulu*; Bartók, *Bratschenkonzert*), ohne Einwilligung des Autors bzw. ohne Genehmigung seiner Erben z. Zt. bis 70 Jahre nach seinem Tod nicht gestattet. – Wissenschaftl. B. suchen den → Urtext einer Komposition, ggfs. quellenkritisch revidiert od. ergänzt, (wieder-)herzustellen.

Beat (engl. = Schlag), Grundschlag der → Rhythm section im → Jazz; auch Synonym f. → Beatmusik.

Beatles, prominenteste engl. Rockgruppe der 1960er Jahre, J. Lennon (1940-1980), Rhythmusgitarre, P. McCartney, Baßgitarre, G. Harrison, Sologitarre, R. Starr alias Starkey, Schlagzeug; die Gruppe, v. der engl. Königin nobilitiert, löste sich 1970 (1974) auf. → Rolling Stones, Beatmusik, Rock'n'Roll.

Beatmusik, Anfang der 1960er Jahre in Engl. aufgekommene, auf → Rhythm and Blues basierende, ursprüngl. mit Sologit., Rhythmusgit., Baßgit. u. Schlagzeug besetzte populäre → Unterhaltungsmusik (→ Popmusik, Beatles, Rolling Stones), seit den 1970er Jahren in die aus den USA kommende instrumental u. vokal erweiterte → Rockmusik übergegangen.

Be-bop, Anfang der 1940er Jahre v. schwarzen Musikern in den USA gegen den → Swing entwickelte rhythmisch-melodisch unkonventionellere Stilrichtung des → Jazz mit solistisch-improvisatorisch gesteigerten Anforderungen (Gitarre, Baß); Hauptvertreter Parker, Gillespie, Monk.

Bebung, spezifisches → Vibrato beim Klavichordspiel, erzielt durch wechselnden Fingerdruck auf der angeschlagenen Taste, charakteristisch f. den → Empfindsamen Stil Mitte des 18. Jhs. → Klavichord.

Becher, Schalltrichter, erweitertes Ende der Röhre bei Holzblasinstr. (→ Oboe, Klarinette, Fagott), auch Aufsatz bei → Zungenpfeifen der → Orgel.

Bechstein, Synonym f. die v. der durch Carl B. 1853 in Berlin gegr. Firma gebauten Klavierinstr., vornehml. B.-Flügel, die neben → Steinway-, Bösendorfer- u. a. Konzertflügeln zu den Spitzeninstrumenten ihrer Art zählen. → Klavier, Flügel.

Becken, Schlaginstr., tellerartiges bronzenes Scheibenpaar v. 30-50 cm Durchmesser, in der Mitte ausgebuckelt u. f. Halteriemen durchbohrt, die Ränder beider Scheiben (nicht fixierte Tonhöhe) werden durch Vorbeireißen od. Gegeneinanderschlagen, aufgehängte Einzelscheiben durch → Schlegel od. Besen in rauschende od. zischende Schwingung versetzt; aus China über Vorderasien nach Griechenland gelangt, im MA als → Cymbala verbreitet; im 18. Jh. mit der türkischen → Janitscharenmusik in Opern-, Ballett- u. Militärorch., seit dem 19. Jh. auch in Sinfonieorch. vertreten.

Begleitstimme, einer Melodie beigefügte harmonische Stützstimme, z. B. in Terzen u. Sexten mitgehend. → Begleitung.

Begleitung, Zuordnung weiterer Stimmen (einschl. grundierender Rhythmen) zu einer melodieführenden Hauptstimme zwecks klangl. Stützung, Bestätigung, Hervorhebung u. Ausdeutung; v. begleitendem Händeklatschen od. Fußstampfen zu Arbeits- od. Ritualgesängen der Frühkulturen bis zu Primitivformen instrumentaler B. des Gemeinschafts- od. Einzelvortrags

v. Liedern; Mehrklang-B. zum Liedgesang bahnte sich im 12. Jh. mit → Bordunklängen der Baßlaute, des Portativs, der Bauernleier (→ Drehleier) u. des → Dudelsacks an; seit dem 17. Jh. entstand B. im eigentl. Sinne durch die stützende od. füllende Funktion einer Baßlinienstimme u. deren akkordische Aussetzung als Bezifferter Baß (→ Bezifferung) (z. B. durch → Laute od. → Cembalo) z. jeweils führenden Vokal- od. Instrumental-Melodie einer Oberstimme (→ Monodie, Generalbaß); v. der Generalbaßpraxis führte die Entwicklung Mitte des 18. Jhs. z. ausgeschriebenen → *Obligaten Accompagnement* der Wiener → Klassik u. ihrem motivisch-thematischen Anteil auch der Mittelstimmen am Klang- u. Satzgeschehen; im Lied- u. Chorsatz, auch im Klavier-, Streichquartett- u. Sinfoniesatz u. im Solokonzert der Klassik erreichte der Stimmsatz Verdichtungen mitgestaltender B.; im 19. Jh. intensivierte sich die B. im Klavier- u. Orchesterlied, in Wagners Musikdrama wie in → Sinfonie u. → Sinfonischer Dichtung über die Abgrenzungen v. Führung u. Begleitung hinaus, sodaß für die Kunstmusik im 20. Jh. andere Stimm- u. Spannungsverhältnisse bestimmend wurden (→ Atonalität); gleichwohl blieb das Prinzip B. von Bedeutung (→ Neoklassik). Eine Gesamtdarstellung der Stil-, Aufführungs- u. Wirkungsgeschichte der B. steht noch aus.

Belajeff, russ. Musikverlag, → C. F. Peters (D. Eberlein, *Der Musikverlag M. P. B. 1885-1985, 1985)*.

Belcanto (it. = schöner Gesang), in der it. u. it. beeinflußten Oper auf lyrisches Ebenmaß der Stimmführung zielende Gesangstechnik, im 17. Jh. als *buon canto* im Dienste des Bühnengeschehens, im 18. u. 19. Jh. zunehmend als virtuoser Ziergesang (→ Koloratur) Mittel der oft improvisierten Selbstdarstellung der Kehlkopffertigkeit (→ Rouladen) v. → Primadonnen u. → Kastraten, im 19. (Verdi) u. 20. Jh. (Puccini, Strauss) Synthese v. Schön- u. Ausdrucksgesang; f. Ausbildung u. Praxis des B. wird seit dem 18. Jh. die B.-Lehre v. Tosi angewandt, dt. v. Agricola als *Anleitung zur Singekunst*, 1757.

Belgische Musik → Franko-flämische Schule.

Benedictus (v. lat. benedicere = lobpreisen), zweiter Teil des → Sanctus der → Messe, im 7. Jh. aus der gallikan. in die röm. Liturgie übernommen, seit 1978 mit dem ersten Teil des Sanctus zu verbinden. → Laudes.

Berceuse (v. frz. berceau = Wiege), Wiegenlied im 6/8-Takt, als Volks- u. Kunstlied wie als lyrisches Instrumentalstück meist f. Klav. (Chopin, Debussy, Strawinsky u. a.). → Siciliano.

Bergamasca, nach der it. Stadt Bergamo benannter geradtaktiger Tanz, wandelte sich im 19. Jh. zu einem lebhaften Tanz im 6/8-Takt; Debussy schrieb mit Blick auf die »Schelmenstadt« Bergamo eine Suite *Bergamasque* f. Klav. (1905).

Bergerette (v. frz. bergère = Schäferin), frz. Tanzliedchen in Refrainform od. tripeltaktiges Instrumentaltänzchen, seit dem 18. Jh. als Ariette (Brunette).

Bergreihen, Bergmannslieder, seit dem 16. Jh. im sächsischen Erzgebirge (Joachimsthal, Zwickau) belegt, Slg. geistl. u. weltl. Texte in mehrstimmigen Chorsätzen v. M. Franck (1602, NA 1958).

Berliner Liederschulen, Gruppierungen in Berlin wirkender Komponisten, die sich f.

Klavierlieder im Volkston einsetzten (Preußischer Liederstil): ca. 1750-1780 C. Ph. Em. Bach, C. H. Graun, ca. 1780-1810 J. A. P. Schulz (*Der Mond ist aufgegangen*, Text M. Claudius), J. R. Zumsteeg (Balladen), J. Fr. Reichardt (Liederspiele), 1810-1840 C. F. Zelter, W. Berger, F. Mendelssohn-Bartholdy.

Berliner Philharmoniker, Berliner Philharmonisches Orchester, 1882 gegr. Orch. seit 1887 unter H. v. Bülow, 1895-1922 unter A. Nikisch zu einem der führenden Sinfonieorch. Europas herangebildet, unter W. Furtwängler (1922-1945, 1947-1954) im klassisch-romantischen Repertoire zu Weltruhm geführt; nach 1945 zunächst unter S. Celibidache neuformiert, erhielt 1955, nach Furtwänglers Tod, H. v. Karajan die Leitung auf Lebenszeit übertragen u. entwickelte die Qualitäten der B. Ph. (seit 1963 im Konzerthaus-Neubau von Scharoun) zum Spitzenorchester Europas, auch in der Darstellung ausgewählter Werke der Moderne; auf Weltreisen wie an Festspielplätzen (Salzburg, hier auch unter Einbeziehung v. Opernwerken), am internat. Schallplattenmarkt u. in Fernsehproduktionen anhaltend erfolgreich. – P. Muck (Hg.), *Einhundert Jahre Berliner Philharmonisches Orchester*, 3 Bde., 1983.

Berliner Schule, Komponisten am Hof Friedrichs II. v. Preußen, Mitte des 18. Jhs. unter Führung v. C. Ph. Em. Bach, J. J. Quantz, F. Benda, C. H. Graun; Schwerpunkte: kontrapunktisch gehaltene Kammer- u. Konzertmusik. → Galanter u. Empfindsamer Stil, Mannheimer Schule, Klassik.

Berliner Singakademie, älteste Chorvereinigung in Berlin, 1791 als *Singakademie zu Berlin* v. Ch. F. Fasch gegr., 1800-1832 v. C. F. Zelter geleitet; seit 1827 in dem v. Schinkel errichteten Gebäude, in dem 1829, nach Vorarbeiten Zelters, unter Mendelssohn-Bartholdy Bachs *Matthäus-Passion* erstmals seit dessen Tod wiederaufgeführt u. damit die Bach-Renaissance des 19.-20. Jhs. eingeleitet wurde; herausragende Leiter der B. S. waren im 20. Jh. G. Schünemann u. M. Lange. 1963 wurde in Berlin (Ost) eine B. S. neuer Art gegr., Leitung seit 1975 D. Knothe. – W. Bollert (Hg.), *175 Jahre Sing-Akademie zu Berlin*, 1966.

Berliner Staatskapelle, 1740-1918 Königlich-Preußisches Hofopernorch., 1918-1945 Preußische Staatskapelle, 1939-1945 unter Leitung v. H. v. Karajan, seit 1949 Orch. der Dt. Staatsoper Berlin (Ost), renommiert auch als Konzert-Orch.

Besetzung, Art u. Anzahl der vorgesehenen Vokal- u./od. Instrumentalstimmen einer Komposition, bis ins 17. Jh. je nach Aufführungsanlaß, Raum u. a. Gegebenheiten variabel (→ Aufführungspraxis); in der Vokalmusik Möglichkeit v. solistischer u. chorischer B. → Männer-, Frauen-, Gemischter Chor.

Bezifferung, Zahlen u. → Zeichen in der Musiknotation. → Generalbaß, Notenschrift.

Bibelregal, tragbare Kleinorgel im zusammenklappbaren Format eines Buches (Bibel). → Regal.

Bicinium (lat. = Zwiegesang), zweistimmige Vokal- od. Instrumentalstücke, auch in gemischter Besetzung, im 15.-16. Jh. v. a. in Dtl. verbreitet; ursprüngl. Teilstücke aus vielstimmigen Werken (→ Messe, Motette), zunehmend als selbständige kontrapunktische Sätze auf geistl. od. weltl. Texte erbauender Art. Slg. v. Rhaw (1545), C.

Othmayr (1547), M. Praetorius (1610, *Musae Sioniae*); im 17. Jh. entwickelte sich das B. zu Duetten mit → Generalbaßbegl. als Frühform des dt. Sololiedes; im 20. Jh. Neubelebung durch Schulgesang- u. → Jugendmusikbewegung.

Biedermeier, aus der dt. Literaturkritik des → Realismus der 1850er Jahre stammender Begriff, ursprüngl. Parodien philiströs-schwärmerischer *Gedichte des schwäbischen Schulmeisters Gottfried Biedermeier* (1855-57), R. Schumann prägte in den 1830er Jahren das Wort »Stübchenromantik« (Ges. Schriften, 1854); um 1900 wurde B. im Kunstgewerbe (Möbel, Dekor) zu einer Kategorie der klassizist. Romantik aufgewertet (→ Klassizismus), seit den 1920er Jahren vereinzelt auch in die musikhist. Stilkritik übernommen (E. Bücken); kontroverse Neudiskussion seit den 1950er Jahren in Östr. (G. Knepler), seit den 1970er Jahren in Dtl. (C. Dahlhaus) u. der Schweiz (E. Lichtenhahn). → Albumblatt, Liedertafel, Lieder ohne Worte, Salonmusik, Singspiel, Trivialmusik.

Big Band (engl. = große Band), Jazzensemble, seit dem → Swing der 1930er Jahre mit mehrfacher Besetzung v. Trp. u. Pos. (→ Brass section), sowie Klar. u. Saxophon (→ Reed section); die → Rhytm section mit Klav., Git., Baß, Schlagzeug blieb unverändert; bekannte B.B.-Leader waren Duke Ellington, Count Basie, Woody Herman (f. den Strawinsky 1944 *Ebony Concerto* als Jazzporträt schrieb) u. der Klarinettist B. Goodman als *King of Swing* (f. den Bartók 1940 *Contrasts* f. Klar., Vl. u. Klav. komponierte).

Bin, Blasinstr. ind. Schlangenbeschwörer, mit Melodie- u. → Bordun-Pfeife, Rohrblatt in der → Windkapsel.

binaurales Hören (v. lat. binis = je zwei, u. auris = Ohr), über Kopfhörer erzielbare Zerlegung eines akustischen Signals in zwei; hebt Konsonanzempfindung auf. → Akustik, Konsonanz, Richtungshören, Stereophonie.

Birne, bei → Klarinetten das verdickte Zwischenstück zw. Mundstück u. Mittelteil, in unterschiedl. Länge austauschbar zwecks versch. Grundtoneinstimmung.

bis (lat. = zweimal), Anweisung z. Wiederholung eines → Taktes od. einer Taktgruppe; bei Opern- u. Konzertaufführungen auch Aufforderungszuruf z. Wiederholung eines (Teil-)Stückes.

Bitonalität (griech. bis = zwei, tónos = Spannung [einer Saite]), Gleichzeitigkeit u. Gleichberechtigung zweier verschiedener Tonarten in einer Klangstruktur; Stilmittel des → Im- u. → Expressionismus, z. B. in R. Strauss' Sinfon. Dichtung *Also sprach Zarathustra* (1896, nach Nietzsche) C-Dur plus h-Moll, od. in I. Strawinskys Ballett *Petruschka* (1911) C-Dur plus Fis-Dur. → Polytonalität.

Biwa (japan.), japan. Baßlaute, verwandt der chines. → Pipa, birnenförmiger → Korpus, flache Decke mit 2 kl. Schallöchern, kurzer Hals mit 2-4 Griffbünden (→ Bünde), abgewinkelter Wirbelkasten mit seitenständigen langen → Wirbeln für 4-6 Saiten, mit Stäbchen zu spielen, als Solo- u. Ensembleinstr. gebräuchlich.

Black-bottom (engl. = schwarzer Boden), vom → Ragtime abgeleiteter geradtaktiger synkopierter amerikan. Gesellschaftstanz der 1920-30er Jahre.

Bläsermusik, f. kleinere Besetzungen, im Ggs. zu → Blasmusik f. größere Besetzungen; klass. Quintettbesetzung: → Flöte, Oboe, Klarinette, Horn, Fagott.

Blasinstrumente, Familie v. Rohrinstr., deren Luftsäule, durch Blasvorgänge z. Eigenschwingung gebracht (→ Aerophone), der Tonerzeugung dient. → Horn, Tuba, Zink, Trompete, Posaune; → Okarina, Blockfl., Querpfeife, Querfl.; → Rohrblattinstr.: mit doppeltem Rohrblatt → Oboen (Oboe d'amore, Englisch Horn, Heckelphon), Fagott/Kontrafagott, Krummhorn, Dudelsack; mit einfachem Rohrblatt → Klarinette, Bassetthorn, Saxophon.

Blaskapelle, Orch. in Blechbläserbesetzung (Blechmusik) od. in Blech- u. Holzbläserbesetzung mit Schlagzeug. → Harmoniemusik.

Blasmusik, f. → Blas- od. Militärkapellen, meist zu Freiluft-Veranstaltungen (Schützenfeste, Standort-, Platz- u. Kurkonzerte usw.). → Marsch, Potpourri, Arrangement.

Blasquinte, → Überblasen eines Rohrinstr., annähernd als → Quinte über der → Oktave des → Grundtons.

Blechblasinstrumente (Kurzbez. Blech), Metallinstr. mit Kesselmundstück, weitmensuriert mit konisch gebohrtem Schallrohr (→ Bügelhörner), engmensuriert mit zylindrisch gebohrtem Schallrohr (→ Trompete, Posaune, Waldhorn). → Mensur.

Blindennotenschrift, 1839 v. L. Braille an der 1785 in Paris gegr. ältesten europ. Blindenanstalt eingeführte → Notenschrift; basiert auf den Kombinationen v. 6 erhaben gestanzten Punkten eines oberen Vierpunktfeldes f. die 7 Töne der Grundtonreihe, entsprechend den Buchstabennoten c-d-e-f-g-a-h-(-c), u. einer senkrecht koordinierten unteren Zweipunktreihe f. die jeweiligen Notenwerte, wozu weitere abtastbare Zeichen treten (Versetzungen, Akkorde, Taktangaben, Pausen usw.); auf ein oder zwei Liniensystemen notierbare Musik läßt sich taktweise mit 2 Händen dechiffrieren u. instrumental realisieren (z.B. Stücke f. Vl. solo od. f. Klav. zu 4 Händen); vielstimmige → Partituren erschließen sich erblindeten Musikern nur bei äußerster Konzentration eines spezifischen Erinnerungs- u. Kombinationsvermögens u. nur annähernd ggfs. gestützt durch wiederholtes Abhören elektroakust. Tonaufzeichnungen. Die seit 1938 systematisierte B. wurde 1954 in Paris auf einer internat. Braille-Konferenz revidiert. In Dtl. leihen Blindenbibliotheken in Marburg, Hamburg, Leipzig Musikwerke in B. aus. Zu den bekanntesten blinden Musikern zählten F. Landino (Florenz, 14. Jh.), K. Paumann (Nürnberg, 15Jh.); f. die als Kind erblindete Wiener Pianistin u. Komponistin M. Th. Paradis (1759-1824) schrieb Mozart das Klavierkonzert B-Dur KV 456 (1784), sie selber benutzte z. Komponieren ein v. J. Riedinger erfundenes Notensetzbrett. Berühmte blinde Virtuosen ihres Faches waren im 19. Jh. der Flötist F. L. Dulon, im 20. Jh. der Organist u. Cembalist Helmut Walcha. – H. J. Moser, *Blinde Musiker aus 7 Jahrhunderten*, 1956.

Blockflöte, Schnabelflöte, it. flauto dolce, frz. flûte à bec, flûte douce, engl. recorder, in Ägypten seit dem 3. Jt. v. Chr. belegt, in Europa seit dem 11. Jh. bekannt; Längsflöte mit Blockmundstück auf konisch gebohrtem, nach unten sich verjüngendem Rohr; das durch einen Block abgeschlossene Schnabelmundstück läßt durch eine Kernspalte den Luftstrom ein, der sich an der Kante des Rohraufschnitts bricht u. die Luftsäule im Rohr in Schwingung versetzt;

das Rohr hat 7 Grifflöcher, auf der Rückseite ein Überblasloch, für tiefere Lagen mit Hilfsklappen; der obertonarme weiche Ton ist leicht ansprechend, neigt z. → Überblasen u. entfaltet sich vornehml. in leisen u. mittleren Stärkegraden; heute in 4 Größen u. Stimmungen hergestellt: Sopran in C (Tonumfang v. c^2-c^4), Alt in F (f^1-g^3), Tenor in C (c^1-c^3), Baß in F (f-b^1); M. Praetorius (*Syntagma musicum*, 1615) kannte 9 Stimmen der B.-Familie; Spielanweisungen finden sich im 16. Jh. bei Agricola u. Ganussi, im 18. Jh. bei Hotteterre (NA). Mitte des 18. Jhs. v. der → Querfl. abgelöst, wurde die B. seit Beginn des 20. Jh. im Zuge der Wiederbelebung hist. Musik neuentdeckt (A. Dolmetsch, Engl.; P. Harlan, Dtl.), seit den 1950er Jahren punktuell auch v. der → Avantgarde verwendet. – H.-M. Linde, *Handbuch des Blockflötenspiels*, 1962; H. Alker, *Blockflöten-Bibliographie*, 2 Bde., 1985.

Blues notes (engl. = blaue Noten), in der 7stufigen Bluesskala afrikan. Ursprungs auftretende u. der europ. Dur-Moll-Tonalität der → Temperierten Stimmung fremde Zwischenstufen, z. B. zw. Groß- u. Kleinterz (→ Terz) od. übermäßiger u. verminderter → Septime; charakteristisch f. authentische Intonation v. → Jazz- u. → Rockmusik. → Blues.

Blues (v. engl.-amerikan. to feel blue = traurig sein), schwermütige Gesänge der Schwarzen in Nordamerika seit dem 19. Jh. ausgehend v. den Südstaaten, im Ggs. z. → Spiritual auf weltl. Texte v. Lebens- u. Liebesleid; als *Country-B.* v. fahrenden Sängern mit Gitarrenbegl. vorgetragen, als *City-B.* seit den 1920er Jahren meist v. Frauenchören in den Großstädten der Nordstaaten; der ursprüngl. improvisiert gesungene u. getextete B. wurde seit den 1860er Jahren in die Spielpraxis des → Jazz übernommen u. seit den 1920er Jahren zu einer B.-Formel stilisiert (Bessie Smith als *Kaiserin des Blues*): dem Vokalschema folgend dreiteilig A-A^1-B mit je dreimal vier Takten; Nebenformen führten in den 1940er Jahren zu Umwertungen im → Boogie-Woogie; seit den 1960er Jahren unter weißen Musikern Hinwendung z. »authentischen« B. In den 1920er Jahren auch Bez. f. langs. geradtaktigen Gesellschaftstanz.

Blüthner, Klavier od. Konzertflügel der v. J. F. Blüthner (1824-1910) 1853 in Leipzig gegr. Klavierbaufirma, mit verbesserter Repetitionsmechanik u. mitschwingenden → Aliquotsaiten als 4. Saiten im → Diskant; → Klavier.

b-Moll, → Tonart, → Parallele zu → Des-Dur.

Boehmflöte, von dem Münchner Flötisten Theobald Boehm in den 1840er Jahren nach akustischen Kriterien verbesserte → Querfl. (Grifflöcher, Klappen, Mundstück).

Bogen, 1. *Haltebogen* über od. unter Noten gleicher Tonhöhe als Zeichen ihres Gesamtwerts, Legatobogen über od. unter Noten verschiedener Tonhöhe u. -dauern als Zeichen ihrer Sinneinheit (→ Phrasierung, → Artikulation); 2. *Streichbogen*, z. Tonerzeugung über die Saiten v. Streichinstr. geführt, im MA aus arab. Ländern nach Europa gelangt, bis ins 18. Jh. in verschiedenen Formen entwickelt, seit Mitte des 18. Jh. durch die Pariser Bogenmacherfamilie Tourte standardisiert: leicht konkav gebogene, 71-75 cm lange, ca. 60 g schwere Holzstange (Pernambuk), zw. deren Enden (Spitze u. → Frosch mit Spannschraube) bis zu 250 Roßhaare gespannt sind, die zwecks besserer Haftung des ca. 9mm breiten Haarbezugs mit → Kolophonium bestrichen werden; Bogenführung u. → Stricharten (rechte Hand) sind neben der Grifftechnik (linke Hand) entscheidend für Ablauf u. Qualität des Streichinstr.-Spiels in Tongebung, Artikulation u. Ausdruck.

Bolero, span.-andalusischer Einzel- u. Paartanz in mäßig-langsamem 3/4-Takt in → Triolen, dem → Fandango, der → Seguidilla u. der → Polonaise verwandt, scharf akzentuiert, v. Gesang u. Kastagnettenspiel der Ausführenden, auch v. Gitarren- u. Tamburinspiel u. v. Zurufen der Zuschauer begleitet; berühmte B.s in der Kunstmusik schrieben Chopin (f. Klav., 1833), Ravel (f. Orch., 1928).

Bolschoi-Ballett, Moskauer Ballettensemble, führend neben dem Leningrader → Kirow-Ballett, dem 1825 gegr. Großen (= Bolschoi) Akademischen Theater angegliedert, nach 1917 neuorganisiert, während des 2. Weltkrieges nach Kuibyschew evakuiert, repräsentativ f. die sowjet-russ. tanzdramatische Ballett-Ästhetik (1927 *Roter Mohn*; 1968 *Spartakus*; 1985 Neugestaltung v. Schostakowitschs *Goldenem Zeitalter*). Seit 1965 erfolgreich auch auf Reisen in Westeuropa u. den USA.

Bombardon (frz. = Donnerbüchse), Baßtuba mit 3 u. 4 Ventilen, um 1835 aus der → Ophikleïde entwickelt, in → Blasmusiken vertreten. (→ Pommer).

Bonang, japan. Gongspiel verschiedener Größen u. Stimmungen. → Gamelan, Indones. Musik.

Bongos, kuban.-südamerikan., paarig verbundene, unten offene Einfelltrommeln verschiedener Größe, ca. 16 u. 20 cm im Durchmesser, mit Handballen od. Fingern geschlagen; in Tanzmusik (→ Cha-cha-cha) u. → Jazz, vereinzelt auch in der Konzertmusik verwendet.

Boogie-Woogie (engl. amerikan.), Klavierstil des → Blues mit rollenden Baßfiguren (walking bass) in punktierten Achteln gegenüber Melodieformeln in → Off-beat-Manier; in den 1920er Jahren v. schwarzen Musikern entwickelt, in den 30er Jahren in den → Swing-Jazz der weißen Musiker übernommen.

Boosey and Hawkes, englisches, aus zwei Firmen des 19. Jhs. stammendes Unternehmen, Hauptsitz London, führend einerseits im Blasinstrumentenbau, andererseits in der Herausgabe zeitgenöss. Komponisten (Mahler, Strauss, Strawinsky, Bartók, Britten, Maxwell Davies); dt. Niederlassung seit 1950 in Bonn. – Ernst Roth, *Musik als Kunst und Ware*, 1966.

Bordun (v. it. bordone = Brummbaß), 1. mitklingender Baßton z. B. v. frei schwingenden Baßsaiten der → Theorbe od. v. Baßpfeifen des → Dudelsacks, 2. tiefes, engmensuriertes Gedacktregister in der → Orgel, 3. altengl. Bez. (burden) f. tragende Baßstimmen. → Falsobordone, Fauxbourdon, Faburden.

Bösendorfer, Klavier od. Konzertflügel (8 Oktaven Umfang) der 1828 v. dem Wiener Instrumentenbauer Ignaz B. (1796-1859) gegr.en östr. Firma gleichen Namens, deren durch leichten → Anschlag u. Kantabilität ausgezeichnete Fabrikate z. Weltspitzenklasse zählen. Die nach dem Tod des Gründers v. seinem Sohn Ludwig B. weitergeführte, 1909 an Carl Huttenstrasser verkaufte Firma wurde 1966 v. der Kimball International Inc. (USA) erworben u. in eine Aktien-Ges. umgewandelt. 1986 stellte B. einen Computer-Flügel (B. 290 SE Imperial) mit Speicherungs- bzw. Reproduktionsmöglichkeit v. Werkeinspielungen über Digital-Diskette vor. Der Konzertsaal B. war zw. 1871 u. 1914 der meistfrequentierte Musiksaal in Wien. Ein 1953 gestifteter B.-Ring f. herausragende Pianisten ging erstmals an W. Backhaus.

Bossa Nova (portug.), Stilmischung v. → Samba u. → Cool Jazz der 1960er Jahre in Brasilien und den USA.

Bosse (Gustav Bosse Verlag), 1912 in Regensburg gegr. Musikverlag, vornehml. z. Pflege dt. Musik u. dt. Musikschrifttums, nach dem 2. Weltkrieg erweitert auf Jugend-, Schul- u. Kirchenmusik, Forschung u. Pädagogik (*Neue Musikzeitung*, seit 1972), seit 1957 in Fusion z. → Bärenreiter-Verlag. – E. Valtentin (Hg.), *50 Jahre G. B. V.*, 1963; B. Bosse u. H. Hopf, *70 Jahre G. B. V.*, 1981.

Boston, Waltz B., Valse Boston, langs. → Walzer, nach der nordamerikan. Stadt B. benannt, um 1870 als Gesellschaftstanz aufgekommen, seit dem 1. Weltkrieg nach Europa gelangt; zur meist mollhaltigen Melodie im Dreivierteltakt kontrastiert eine ostinate Begleitfigur im Zweiertakt; vereinzelt auch in die Konzertmusik eingegangen (Hindemith).

Boston Symphony Orchestra, 1881 gegr., unter Leitung des exilruss. Dirigenten S. Kussewitzky (1924-49), des Franzosen Ch. Münch (1949-62), des Österreichers E. Leinsdorf (1962-68), des Deutschen W. Steinberg (1969-72) u. seither des Japaners S. Ozawa zu einem der führenden Orchester der USA entwickelt; seit Kussewitzky erfolgreich auch mit Auftragskompositionen an Strawinsky, Prokofjew, Hindemith, Honegger u. v. a.

Bote & Bock, 1838 in Berlin gegr. dt. Musikverlag mit Musikalienhandlung, trat f. das zeitgen. dt., frz. it. Opernschaffen ein, im 19.-20. Jh. f. Reger, Mahler, Strauss, Wolf, im weiteren 20. Jh. f. Blacher, v. Einem, Klebe, Reimann, Isang Yun u. a. – H. Kunz, *Festschrift Bote & Bock*, 1963, 1988.

Bourrée (v. frz. bourrer = schlagen), altfrz. reigenartiger Tanz aus der Auvergne, geradtaktig, zweiteilig, im 16. Jh. bei Hofe eingeführt, bis z. Mitte des 18. Jhs. in ganz Europa verbreitet, auch in Oper, Ballett (Lully) u. → Suite vertreten, bei Bach, Händel u. a. mit → Double; Ende des 19. Jhs. in der frz. Musikfolklore neu vertreten.

Brabançonne (frz. = die Brabantische), belg. Nationalhymne des Unabhängigkeitsjahres 1830 (*Après des siècles d'esclavage*), Text v. Déchet, 1866 neugefaßt v. Rogier, vertont v. F. van Campenhout (1779-1848).

Brandenburgische Konzerte, 6 v. J. S. Bach um 1721 in Köthen geschriebene kammerorchestrale Konzerte verschiedenster Besetzung, Varianten des → Concerto-Grosso-Typs, benannt nach dem Widmungsträger Chr. Ludwig Markgraf v. Brandenburg.

Branle (v. frz. branler = schütteln), frz. Reihentanz des 16.-17. Jhs., langsamer geradtaktiger *B. simple*, schnellerer tripeltaktiger *B. gay*, beschleunigterer tripeltaktiger *B. de Poitou* (Bourgogne, Champagne); in zeitgen. → Lautentabulaturen (Arbeau, Attaignant, Praetorius) auch in vier- u. fünfstimmigen Instrumentalsätzen erhalten; v. Strawinsky zu Interludien in seinem Ballett *Agon* (1957) verwertet.

Brasilianische Musik → lateinamerikan. Musik.

Brass section (engl.), Gruppe der Blechblasinstr., in einer → Big Band Trp. u. Pos.; ggs. zu → Reed section.

Bratsche → Viola; *Bratschenschlüssel* → Schlüssel.

Bravourarie, technisch u. ausdrucksmäßig anspruchsvolle Einzelarie, in Oper u. Konzert, meist f. Sopran; z. B. »Martern aller Arten«, Arie der Konstanze in Mozarts *Entführung aus dem Serail* (1792).

Break (engl. = Unterbrechung), instrumental od. vokal improvisierte Solokadenz im → Jazz.

Breitkopf & Härtel, dt. Musikverlag, 1719 in Leipzig mit (älterer) Druckerei gegr. v. B. Ch. Breitkopf (1695-1777), dessen Sohn J. G. Immanuel Breitkopf den Notendruck verbesserte u. dessen Enkel Ch. G. Breitkopf 1794 G. Ch. Härtel (1763-1827) in die Firma B. & H. aufnahm (seit 1796 Alleininhaber); im 19. u. 20. Jh. mit Klassiker-Gesamtausgaben zu einem der führenden Verlage ausgebaut; in Leipzig seit 1952 als VEB (Volkseigener Betrieb), in Wiesbaden seit 1947 als Gesellschaft, beide Häuser unter Fortsetzung der Verlags-Tradition, erweitert um Werke zeitgenöss. Komponisten u. Musikforscher. – R. Elvers, *B. & H. 1719-1969*, 1968.

Brevier (v. lat. breviarium = Auszug), liturg. Gebetbuch der röm.-kath. Kirche, latein. Texte des → Offiziums, im MA auch mit Choralnoten (→ Horen, → Laudes, → Vesper); Quelle f. Cantiones u. → Sequenzen; seit 1970 Kurzfassung in Landessprachen.

Brevis (lat. = kurz), Notenwert der → Mensuralnotation, aus dem schwarzen → Punctus hervorgegangen, nach Einführung der »weißen« Notation seit dem 15. Jh. in hohler quadratischer Form, heute als Doppelganze gewertet; Ggs. → Longa; → Notenschrift.

Brio, con brio (v. it. = Munterkeit, Feuer), mit Feuer u. Schwung (Vortragsbez.).

Broadwood, Klavierinstr. der engl. Firma Broadwood & Sons, 1728 durch den Schweizer B. Tschudi in London gegr., 1782 v. dessen Erbe John Broadwood übernommen, der mit seinen Söhnen den Bau v. → Hammerklavieren mit [engl.] Stoßmechanik u. Forte/Piano-Pedalen vorantrieb; Beethoven bevorzugte den B.-Flügel des kräftigen Tons wegen; Br.'s zählen seither zu den führenden Klav.-Instr.; → Klavier.

Brockhaus, dt. Musikverlag, 1893 in Leipzig durch Max Brockhaus (1867-1957) gegr.; Verlagsschwerpunkte: dt. Opern, Lieder, Gesänge (Pfitzner, Humperdinck, d'Albert, S. Wagner); nach Kriegszerstörung des Verlagshauses (1943) seit 1949 Sitz in Lörrach, seit 1976 in Bonn (Joachim v. Roebel).

Broderies (frz. = Stickereien), umspielende → Verzierungen einer Melodie.

Bruitismus (v. frz. bruit = Lärm), von L. Russolo (*L'arte dei rumori*, 1913) begr. musikal. Spielart des it. → Futurismus; Nachwirkungen auf → Musique concrète u. → Elektronische Musik.

Bruststimme, tiefere Lagen der Sing- u. Sprechstimme.

Brustwerk, Registerwerk kleinerer → Lingualpfeifen, im Orgelbau des 16.-17. Jhs. unter dem → Hauptwerk plaziert; → Orgel.

Buchstaben-Tonschrift, seit der griech. Antike verwendete Buchstabenreihen z. Aufzeichnung vokaler u. instrumentaler Musik, seit dem MA (Boethius, Guido von Arezzo) lat. Buchstaben alphabetisch auf den Oktavraum begrenzt (A bis a') u. bis heute für Notennamen bzw. Tonhöhen beibehalten, seit der → Dur-Moll-Tonalität (17. Jh.) auch auf Tonarten- u. Akkordbez. übertragen (a-Moll, A-Dur usw.). → Notenschrift, Tabulatur.

Bucina (lat.), 3 m lange, kreisrund gebogene Röhre aus Metall, in der röm. Antike Signalhorn der Soldaten, Jäger, Hirten, Schiffer (Tierhorn mit Metallbeschlägen). → Busine, Posaune.

Buffo (v. it. buffone = Possenreißer), in der → Oper (Opera buffa) Sängerdarsteller komischer Partien, nach Stimmlagen unterschieden, als Baß-Buffo od. Spielbaß (Stimmumfang E-f') z. B. Leporello in Mozarts *Don Giovanni*, als Spielbariton (B-as'), z. B. Papageno in Mozarts *Zauberflöte*, als Tenor-Buffo od. Spieltenor (c-h'), z. B. Basilio/Don Curzio in Mozarts *Le Nozze di Figaro*; in der Operette auch als Tanz-Buffo. Entsprechende weibl. Stimmfächer: → Soubrette, Spielalt.

Bugaku → Gagaku, Japan. Musik.

Bügelhörner (v. frz. bugle = Signalhorn), Gruppe v. Blechblasinstr., im 19. Jh. entwickelt, mit weitem konisch gebohrtem Schallrohr, Ventilen u. Kesselmundstück; Trompeten-, Tuba- u. a. Formen, in hoher Lage als → Flügelhorn, in mittl. als Alt- u. Tenorhorn, in tiefer als → Tuba, → Helikon, → Sousaphon; vornehml. in Blas- u. Militärmusikkapellen.

Bühnenmusik, die zu einem Bühnenwerk gehörende Musik, in Oper od. Operette, die sichtbar od. unsichtbar auf der Bühne gespielte Musik (z. B. in Mozarts *Don Giovanni*), im Schauspiel als *Inzidenzmusik* alle unmittelbar dem Handlungsablauf zugeordnete Musik; als *Schauspielmusik* eine die Einzelakte od. -szenen umrahmende Musik, als Ouvertüre u. Zwischenaktmusik (z. B. Beethovens Musik zu Goethes *Egmont*).

Bulgarische Musik → Byzantinischer Gesang, Bulgar. Rhythmus, Gadulka, Gaita.

Bulgarischer Rhythmus, asymmetrische Rhythmusform in der bulgar. u. turkmen. Volksmusik, vorwiegend 5-7-9/8-Takte als Bauelemente (z. B. in Bartóks *Mikrokosmos* f. Klav., 1940).

Bumbaß, seit dem 17. Jh. in Mitteleuropa bekanntes primitives kombiniertes Streich- u. Schlaginstr. der Bettelmusikanten, schellenbekrönte Stange, über die eine Darm- od. Drahtsaite gespannt ist, zw. Stange u. Saite sitzende Schweinsblase od. Blechtrommel als Resonanzkörper u. Steg, mit gezacktem od. roßhaarbezogenem Holzstock traktiert, Stange taktschlagartig auf den Boden gestampft; als Klanggeräusch-Instr. wurde der B. vereinzelt auch v. → Dadaisten aufgegriffen.

Bund, Bünde, schmale Querleisten (Holz, Metall) auf Griffbrettern v. Saiteninstr. (Laute, Gitarre, Mandoline, Balalaika, Gambe); dienen auch der Griffsicherheit.

Burleske (v. it. burla = Posse, Scherz), heiteres → Charakterstück, meist f. Klav., im 18. Jh. z. B. bei Couperin u. Bach, im 19. Jh. bei Schumann, im 20. Jh. bei Reger, Bartók; R. Strauss schrieb eine *B. f. Klav. u. Orch.* (1885). → Humoreske.

Burletta (it. = Späßchen), heiter-komisches singspielartiges Bühnenstück mit Liedern auf allgemein bekannte Melodien. → Opera buffa, Opéra-comique, Singspiel, Musical.

Busine (v. lat. → bucina), Signalinstr. sarazen.-arab. Herkunft, Vorläufer v. →

Trompete u. → Posaune, im MA bei Turnieren u. Feldzügen gebräuchlich.

Buxheimer Orgelbuch, wichtige Quelle dt. Orgelmusik aus dem 15. Jh., vorwiegend Liedbearbeitungen, benannt nach dem Kartäuserkloster Buxheim bei Memmingen, dem Aufbewahrungsort der Hs. bis 1883, heute in der Bayer. Staatsbibl. München. → Liederhandschriften.

BWV = Bach-Werke-Verzeichnis, *Thematisch-systematisches Verzeichnis der musikalischen Werke von J. S. Bach*, hg. v. W. Schmieder, 1950, ^{6}1976.

Byzantinischer Gesang, einstimmige unbegleitete Vokalmusik der byzant. oström. Kirche, in welcher Instr.-Musik einschl. Orgel untersagt ist; Gesänge auf Bibeltexte u. rhythmisierte religiöse Gesangsdichtungen des 6.-9. Jhs. u. späterer Zeit; basiert wie der weström. → Gregorian. Choral auf dem System der authentischen u. 4 plagalen → Modi (Oktoechos); wurde in der neugriech. Kirchenmusik im Sinne der antiken diatonischen, chromatischen u. enharmonischen → Tongeschlechter reformiert.

C

C, c, Tonname, it. do, lat. ut (→ Solmisation), 1. Stufe der Grundtonleiter auf C; einfach erhöht *cis*, doppelt *cisis*, entsprechend erniedrigt *ces*, *ceses* (→ Alteration); Tonart- u. Akkordkürzel f. → C-Dur bzw. → c-moll (→ Quintenzirkel). Auch Abk. f. → Cantus. Nicht abgeleitet v. Tonbuchstaben C sind die Taktbez. C = 4/4, 2/2, 4/2 (→ alla breve), die der → Mensuralnotation entstammen; C am Beginn eines Liniensystems gilt als → C-Schlüssel; als Großbuchstabe mit beigefügter Zahl steht C f. → Cent.

Cabaza (portug. = Kürbis), Rhythmusinstr. der lateinamerikan. Tanz- u. Liedfolklore: ausgehöhlter, netzartig mit Perlenschnüren überzogener Kürbis, linkshändig an einem aufgesteckten Holzgriff zu drehen, rechtshändig z. Erzielung klappernder Klanggeräusche rhythmisiert zu schlagen od. zu streicheln.

Cabrette (frz. v. cabri = Zicklein), → Dudelsack mit Ziegenblasebalg u. je einer Spiel- u. Bordunpfeife, hervorgegangen aus der span. Chabreta; neben → Musette u. → Cornemuse → Begleitinstr. zu Volkstanzliedern.

Caccia (it. = Jagd), kanonartige zwei- bis dreistimmige Vokalkomposition mit imitierender Instrumentalbaßstimme, ursprüngl. auf jagdbezogene Texte florentinischer Herkunft, seit dem 17. Jh. auch als selbständiger Instrumentalsatz. → Kanon, Chasse, Catch; → Oboe da caccia.

Cachucha (span. = Mütze), andalusischer Solotanz in langsamem 3/4-Takt mit Gitarren- u./od. Kastagnettenbegl.; seit dem 19. Jh. auch als Bühnentanz, durch Fanny Elßler in J. Corallis *Le diable boiteux* (Paris 1832) europaweit bekannt geworden.

Cäcilianismus, eine seit den 1860er Jahren organisierte kirchenmusikal. Reformbewegung, vorbereitet durch die Wiederentdeckung Palestrinas seit der Frühromantik (Hoffmann, Thibaut), Hinwendung z. altklassischen A-cappella-Musik, Ablehnung v. Orchestermessen; v. Bayern u. Östr. ausgehend (Witt, Haberl), fand die Bewegung in dem 1868 gegr. *Allgemeinen Cäcilienverein* (ACV), Sitz Regensburg, ihre Plattform in den heute etwa 12.000 im ACV zusammengeschlossenen Kirchenchören in Dtl., Östr. u. der Schweiz; die puristischen Tendenzen der Alt-Cäcilianer (Rheinberger) wurden seit etwa 1900 durch neue, wissenschaftl. fundiertere Forschungsbeiträge (Benediktinische Choralbewegung; → Editio Vaticana) u. kompositorisch kreativere Kräfte überwunden (beispielhaft schon mit Anton Bruckner), zeitoffene Impulse der Jung-Cäcilianer seit den 1920er Jahren in Dtl. auch durch die Chor- u. Orgelbewegung; Publikationsorgan: Kirchenmusikalisches Jahrbuch (Hg. G. Massenkeil).

Cakewalk (engl. = Kuchentanz), grotesker Schreittanz im 2/4-Takt, synkopiert wie der → Ragtime, in der 2. Hälfte des 19. Jhs. in den Südstaaten der USA bei Farbigen aufgekommen, um 1900 z. Gesellschaftstanz avanciert; Debussy übernahm den Tanztyp in seinen Klavierzyklus *Children's Corner* (1908).

calando (v. it. calare = herablassen), langsam nachlassend in Tempo u. Tonstärke.

Call-and-Response-Pattern (engl. = Ruf- und Antwort-Muster), responsoriales Prinzip des afro-amerikan. → Blues, Spiritual, Jazz.

calmando, calmato (v. it. calmare = beruhigen), beruhigend, ruhig (Vortragsbez.).

Calore, con calore (v. it. calore = Wärme), mit Wärme (Vortragsbez.).

Calypso, um 1900 aufgekommenes lateinamerikan. Tanzlied satirischen Charakters mit span.-frz.-afrikan. Mischtexten, v. Rhythmusinstr. im Zweiertakt begleitet, als Modetanz gemäßigteren Tempos nach 1945 auch in Europa verbreitet (Belafonte, *Bananaboat Song*).

Cambiata (v. it. cambiare = wechseln) → Wechselnote.

Camerata Fiorentina (it. = Florentinische Kameradschaft), Vereinigung von Gelehrten u. Dichter-Musikern in Florenz seit den 1570er Jahren, unter ihnen der Philosoph V. Galilei (Sohn des Astronomen), der Dichter Rinuccini u. die Komponisten Peri, Caccini, Gagliano. Gegen die Vokalpolyphonie der → Niederländischen Schule u. deren Textunverständlichkeit gerichtet, forderten sie im Sinne des Sprechgesangs in Drama u. Epos der griechischen Antike den Primat des Wortes über die Musik. → *Monodie* als Stilprinzip, → *Dramma per musica* als Bühnengattung wurden zu bleibenden Errungenschaften f. die Entwicklung v. → Oper, → Oratorium u. → Kantate seit dem 17. Jh. (Monteverdi). – W. Osthoff, *Theatergesang und darstellende Musik in der italien. Renaissance*, 1969.

Campanelli (it. = Glöckchen), → Glokkenspiel, Carillon; *La campanella*, Werktitel bei Paganini (Vl.-Kzt. Nr. 2) u. Liszt (Paganini-Etüde Nr. 3).

Canarie (frz.), v. den Kanar. Inseln stammender rascher, auf dem 1. Viertel punktierter Paartanz, seit dem 17. Jh. auch in Klav.- u. Orch.-Suiten (Couperin, Bach). → Gigue.

Cancan (v. frz. cancaner = schnattern), galoppartiger Schnelltanz im 2/4-Takt, in den 1830er Jahren aus Frz.-Algerien nach Paris gelangt, in Operette u. Cabaret als akrobatisch-erotischer Schautanz (Offenbach, *Orphée aux Enfers*, 1858; Moulin-Rouge-Plakate v. Toulouse-Lautrec); *Can-can*, → Musical v. Cole Porter (New York 1953).

cancrizans (v. lat. cancer =) → Krebs.

Cante chico (span.), kleiner, leichter Gesang. → Flamenco.

Canti carnascialeschi (it.), Karnevalsgesänge, Florenz 15. Jh., rhythmisierte Strophenlieder mit Refrains, satirische u. derb-erotische Textvorlagen der Fürsten Medici u. ihres Ratssekretärs Macchiavelli in Vertonungen v. H. Isaac, A. Agricola u. a., unter Savonarolas Einfluß mit geistl. Texten versehen u. f. Bußprozessionen umgewertet. → Frottola, Villanella.

Cantica (lat.), Gesänge des AT u. NT, aus der synagogalen in die christl. Liturgie übernommen. → Magnificat.

Cantilena (lat., svw. Gesangsweise), Bez. f. liturg. Gesänge (→ Sequenz, Tropus), auch f. Volkslieder, seit dem 16. Jh. Sammelbez. f. mehrstimmige Vokalsätze. → Kantilene, Kantillation.

Cantiones sacrae (lat. =) Geistl. Gesänge, Sammelbez. f. mehrstimmige, lat. od. dt. textierte Vokalwerke, zyklisch od. einzeln; gattungsgleich mit → Motette.

Cantus (lat. = Gesangsweise), im MA Bez. f. die führende Stimme in mehrstimmigen Vokalsätzen (→ Cantus firmus, Tenor), seit dem 15. Jh. gleichbedeutend mit → Diskant bzw. → Sopran.

Cantus choralis (lat.), Bez. f. einstimmigen unbegleiteten liturgischen Gesang, gleichbedeutend mit *Cantus planus*, ggs. zu *Cantus figuralis*. → Gregorianischer Gesang.

Cantus firmus (lat. = feststehender Gesang), Abk.: c. f., im 13.-16. Jh. Bez. f. die überlieferten Weisen des → Gregorian. Gesangs, seit dem 17. Jh. f. die Melodie eines mehrstimmigen Vokalsatzes, v. Bedeutung auch f. weltl. Chor- od. Orchesterkompositionen im 19.-20. Jh. (c. f.-Variationenwerke v. Beethoven, Brahms, Reger, Hindemith).

Cantus mesurabilis (lat. = meßbarer Gesang), → Mensuralmusik.

Canzone, Canzonetta → Kanzone, Kanzonette.

Capella → a cappella, Kapelle.

Capella Coloniensis, seit 1954 v. Westdt. Rundfunk Köln aufgebautes Ensemble z. urtextgetreuen Wiedergabe histor. Instrumental- u. Vokal-Musik u. a. des 18. Jhs. auf originalen bzw. originalgetreu rekonstruierten Instrumenten in hist. Stimmbesetzung.

Capotasto (it. = Haupttaste), verschiebbarer → Sattel z. Spielerleichterung bei Saiteninstr. mit Griffbrett u. Bünden. → Barré.

Capriccio (v. lat. capra = Ziege), launisches musikal. → Charakterstück freier Form; in der Klaviermusik im 17. Jh. f. Orgel (Frescobaldi), im 18. Jh. f. Cembalo (Bach), im 19.-20. Jh. f. Hammerklavier (Beethoven, *Rondo a Capriccio*, drittseits *Die Wuth über den verlorenen Groschen* zubenannt), Reger u. a.; in der it. Violinmusik virtuose etüdenhafte Stücke (Tartini, Paganini, *Capricci*, 1810); in der Orchestermusik seit dem 19.-20. Jh. v. a. bei russ. Komponisten progr.-musikal. Etüden, z. B. v. Tschaikowsky (*C. italien*, 1880), Rimsky-Korsakow (*C. espagnol*, 1887), Rachmaninow (*C. bohémien*, 1894), Strawinsky (*Capriccio* f. Klav. u. Orch., 1929); *Capriccio* auch Name eines ›Konversationsstücks für Musik‹ (1942) v. Strauss (Einakter über Vor-, Nach- od. Gleichrangigkeit v. Dichtung u./od. Musik in der Oper).

Carillon (frz. = Glockenläuten), Bez. f. Turmglockenspiele, Orchester-Glockenspiele aus Metallröhren, Musikstücke f. Glockenspiele (Mozart), Musikstücke, die Glocken od. Glockenspiele imitieren (Liszt, Klavieretüde *La campanella*, Bizet,

Orch.-Suite *L'Arlésienne*), → Orgelregister; C.-Wettspiele in Belgien u. den Niederlanden.

Carmagnole (frz.), in den 1790er Jahren entstandenes Revolutionslied in raschem $^6/_8$-Takt, Refrain: *Dansons la Carmagnole, vive le son du canon!*, wurde bis z. Verbot durch Napoleon als Reigenlied auch zu Hinrichtungen gesungen u. von Militärkapellen gespielt; Vf. unbekannt, Benennung mutmaßlich nach einem ausgelassenen, aus der piemontesischen Stadt Carmagnola stammenden Tanz od. nach der v. dort nach Paris importierten Arbeiterweste der Revolutionäre.

Carmen (lat. = Liedgedicht), in der röm. Antike Bez. f. jedes Lied mit Gesang, im MA. f. die in mehrstimmigen Liedsätzen den Liedtext singende Stimme, seit dem 15. Jh. Bez. f. liedverarbeitende Vokal- od. Instrumentalsätze (Isaac, *Missa carminum*, 1515).

Carmina Burana (lat. = Beurener Lieder), Benediktbeurer Liederhandschrift aus dem 13. Jh., seit 1803 in der Bayer. Staatsbibl. München, kirchenlat., mittelhochdt. u. altfrz. textierte, vereinzelt mit Neumennotation versehene, überwiegend anonym gehaltene moralisch-satirische Gedichte, Liebes-, Natur- u. Trinklieder, Kreuzfahrtgesänge u. Mysterienspiele; eine Auswahl der weltl. Gesänge liegen dem gleichnamigen szen.-orator. Spiel v. Carl Orff zugrunde (1937), der Text eines Weihnachtsspiels seinem *Ludus de nato Infante mirificus* (1960).

Carol (engl. = Rundgesang), ma. Umzugslieder auf geistl. (vornehml. weihnachtliche), historische, jahreszeitliche u. a. Texte f. Solostimmen, z. B. Falsett, Tenor, Baß als ›Vorsänger‹ u. Refrainchöre, meist mit instrumentaler Begleitung, z. B. → Blockflöte, Fidel, Psalterium u. Handpauken; Blütezeit 14.-15. Jh., seit dem 19. Jh. in Sammeldrukken, auch in stilgerechten Neufassungen, z. B. v. Vaughan Williams (*The Sussex Carols*); gattungsverwandt mit → Virelai, Ballata, Lauda, Colindà.

Cassa (it. = Kiste), → Trommel.

Cassation → Kassation.

Catch (engl. = fangen), kanonartiger Rundgesang f. Männerstimmen auf zweideutige bis obszöne Texte, überliefert in Sammlungen (Playford, *The musicall banquett*, 1651; Hilton, *Catch the catch can*, 1652). → Glee.

Cavata (v. it. cavare = herausziehen), arioser Abschluß eines → Rezitativs vor Arien in Oper, Oratorium u. Kantate.

Cavatina → Kavatine.

CD, Abk. f. → Compact Disc.

C-Dur → Tonart, → Parallele zu → a-Moll.

Celesta (v. lat. caelestis = himmlisch), Klavierinstr. mit tonhöhenmäßig abgestimmten, hängend aufgereihten u. mit hölzernen Resonatoren verbundenen Stimmplättchen, Tonumfang 3-5 Oktaven (c-c^5; 1 Oktave unter dem Klang notiert); beim Drücken der Tasten werden die Klangplättchen durch filzgepolsterte Metallstäbe angeschlagen, die erzeugten hellen, irisierenden Klänge u. ihr ätherischer Nachhall können durch Pedal gedämpft werden; das 1868 von Mustel in Paris erbaute Instr. fand rasch Eingang ins Orchester, z. B. bei Tschaikowsky f. die Traumszenen des *Nußknacker*-Balletts, bei Strauss f. die Szene der Überreichung der Silbernen Rose des *Rosenkavaliers*, bei Bartók in den Zauberszenen des Tanzdramas *Der holzgeschnitzte Prinz* u. in der *Musik für Saiteninstrumente, Schlagzeug und Celesta*.

Cello, Kurzform f. → Violoncello.

Cembalo (it., Kurzform v. Clavicembalo = Tastenzymbel), frz. Clavecin, engl. Harpsichord, Tasteninstr. in Flügelgrundrißform mit Zupfmechanik u. parallel zu den Tasten liegenden Metallsaiten; die über einen mit Stimmstocksteg versehenen Resonanzboden gespannten Saiten werden durch Feder-, Leder- od. Kunststoff-Kiele angezupft, dergestalt, daß beim Niederdrücken einer Taste der in einem auf dem Hinterende des angehobenen Tastenhebels stehenden Springer (Docken) beweglich angebrachte Federkiel die zugehörige Saite anreißt u. gleichzeitig einen Dämpferfilz abhebt, beim Loslassen fällt der Springer mit Kiel in die Erstposition zurück, womit auch der Dämpferfilz sich wieder auf die Saiten legt u. deren Schwingungen wegnimmt; die Klaviatur umfaßt 4 ½ bis 5 Oktaven mit 56 bis 61 Tasten, deren Tonumfang, ggfs. durch eingebaute 16-, 8- u. 4-Fuß-Register um je eine obere u. untere Oktave erweitert, in → Temperierter Stimmung von ^{2}F-f^3 reichen kann; Klangveränderungen, Verstärkungen od. Färbungen sind mittels Mehrfach-Klaviaturen f. das Gravicembalo (Ober- u. Unter- → Manual, terrassenartig angeordnet u. mittels Koppel verbindbar) durch mehrere nach Klangcharakter od. Tonlage unterschiedl. Register u. einen Lautenzug (Leder- od. Filzstreifendämpfung in Stegnähe der Saiten) zu erzielen; das seit dem späten 14. Jh., zunächst neben → Virginal, → Klavichord u. → Laute entwickelte C. hatte seine Blütezeit als Generalbaß- u. Soloinstrument zwischen 1600 u. 1750, gleichberechtigt neben → Orgel u. Klavichord; Zentren des C.-Baus waren Antwerpen (Ruckers, Dulcken), Paris (Blanchet, Hensch), London (Tschudi, Broadwood), Florenz (Cristofori), Leipzig (Müller), Straßburg (Tagnin), Hamburg (Hass); seit der 2. Hälfte des 18. Jhs. v. → Hammerklavier verdrängt, setzte seit dem 19. Jh., durch den → Historismus mitgetragen, eine Wiederentdeckung des C. ein, in Frankr. durch die Fa. Pleyel, in Dtl. durch Neupert u. a.; Cembalisten wie die Polin Wanda Landowska, der Amerikaner Kirkpatrick, die Deutschen Fritz Neumeyer (Instrumentensammlung) u. Edith Picht-Axenfeld, der Niederländer Leonhardt u. a. trugen z. Wiederbelebung des C. für das Musikleben im 20. Jh. bei. – H. Neupert, Das Cembalo, ^{4}1966; Eta Harisch-Schneider, Die Kunst des Cembalospiels, ^{4}1979.

Cembalomusik ist aus Frühdrucken des 16. Jhs. als Musik f. Klavier- u. Zupfinstr. überliefert; frz., it., span., engl., nld., dt. u. poln. Drucke enthalten außer Liedvariationen u. Tanzsuiten → Fantasien, Toccaten, Präludien, Grounds; Hauptquelle z. → Figuration bilden im späten 16. u. frühen 17. Jh. die aus dem Umkreis Byrd, Gibbons, Bull stammenden engl. Virginalbücher *My Ladye Nevells Booke* (1591), *Fitzwilliam Virginal Book* (1609-1619) (→ Virginal); Sammeldrucke der dt. → Koloristen des 17. Jhs. stehen in der Nachfolge v. Pachelbel, Frescobaldi, Sweelinck; v. Variations- u. Fugenwerken Frobergers u. Kriegers, dessen *Anmuthige Clavier-Übung* (1698) auch frz. Einflüsse zeigt, führt die dt. Entwicklungslinie über Kuhnau (*Biblische Historien*, 1700) zu Händel (*Lessons pour le clavecin*, London 1720) u.

J. S. Bach als Großmeister des 18. Jhs. mit *Frz.* u. *Engl. Suiten*, *Partiten*, *Chromatischer Fantasie u. Fuge* (um 1720), *Das Wohltemperierte Clavier* (je 24 Präludien u. Fugen in 2 Bdn., 1722, 1742), *Italien. Concert* (1735), *Goldbergvariationen* (1742); Hauptrepräsentanten der frz. Clavecinmusik sind im 18. Jh. Fr. Couperin u. J.-Ph. Rameau; im Übergang z. Frühklassik stehen die *Essercizi* des Italo-Spaniers D. Scarlatti mit über 500 virtuosen Charakterstücken in zweiteiliger Sonatenform; die Klaviermusik der Wiener Klassik, bis Beethoven meist f. »Cembalo oder Pianoforte« angekündigt, entschied im Rivalitätskampf f. den neuen, klanglich ausdrucksfähigeren Klaviertyp; mit den seit der 2. Hälfte des 19. Jhs. veranstalteten GA der C. des 17.-18. Jhs. wurde im 20. Jh. das Interesse am Cembalo neu geweckt; zeitgen. Komponisten wandten sich auch experimenteller Musik f. Cembalo zu, unter ihnen de Falla, Matin, Martinů, Fortner, Henze, Ligeti. – W. Oehlmann u. Christiane Bernsdorff-Engelbrecht, *Reclams Klaviermusikführer*, Bd. 1, 1968; K. Wolters u. F. Goebels, *Handbuch der Klavierliteratur I*, 1967.

Cent (v. lat. centum = 100), Abk. C, Maßeinheit v. Intervallverhältnissen: 100 C = Halbtondistanz der → Temperierten Stimmung; eingeführt z. Bestimmung von Mikro- od. Makro-Intervallen nichttemperierter, vornehmlich außereuropäischer Tonsysteme.

Cento (lat. = Flickwerk), Aufreihung vorgegebener Melodien od. Melodieteile zu neuen (Schein-) Einheiten. → Quodlibet, Pasticcio.

ces, ceses, Tonnamen, → c.

Ces-Dur, → Tonart, → Parallele zu → as-Moll.

Cha-Cha-Cha, in den 1950er Jahren aus dem kuban. → Mambo entwickelter Tanz in langsamem 4/4-Takt mit drei raschen Schritten (lautmalerisch: cha-cha-cha) auf dem 1. Taktteil, zu eigenen Rhythmusmodellen der Begleitinstr. → Guiro, Cabaza, Maracas. → Turniertanz.

Chaconne, Ciaconna (frz., it.), aus Spanien stammender Tanz in langsamem 3/4-Takt, seit dem 17. Jh. in das frz. Ballett übernommen, als Instrumentalstück f. Laute, Gitarre, Cembalo, Orgel Variationsform über einen 4- od. 8-taktigen → Basso ostinato, meist in Moll, seit dem 18. Jh. als Finalsatz in Suiten u. Sonaten, auch im 19. u. 20. Jh. vorkommend, z. B. als Finalsatz der 4. Sinfonie v. Brahms u. der Sonaten f. Violine solo v. Reger u. Bartók. Von der → Passacaglia allenfalls zu unterscheiden durch bewegteres Tempo und Wanderung des Ostinato-Themas durch andere Stimmen.

Chalumeau (frz., v. lat. calamus = Rohr, dt. Lehnwort → Schalmei), seit dem MA bekanntes → Rohrblattinstr., Vorläufer der → Klarinette, noch im 18. Jh. bei Vivaldi u. Gluck, in den 1960er Jahren rekonstruiert f. Ensembles z. Pflege historischer Musik; auch Bez. f. ein Zungenstimmenregister in der → Orgel.

Chanson (frz., v. lat. cantio = Gesang), frz. weltl. Lieder unterschiedl. Formtypik, im MA v. der unbegleiteten → Monodie der *Chansons de geste* (Heldenepen) u. → Trouvèreslieder bis zu mehrstimmigen, gemischt polyphon-homophonen Vokalsätzen des Programm-Ch.; seit dem 17. Jh. Strophenlied galant-frivolen od. satirischen Inhalts, im 20. Jh. auch Cabaret-Couplet. → Vaudeville, Schlager, Song. – W. Neef, *Das Chanson*, 1972.

Chansonette, frz. f. Spottliedchen, auch Chansonsängerin. → Chanson.

Chanterelle (frz., svw. Sing-Saite), z. B. bei der Violine die E-Saite (it. = cantino).

Charakterstück, kurzes, meist 2-teiliges Tonstück, einzeln od. zyklisch, meist f. Klav., bedingt programmusikalischen Inhalts, im 18. Jh. z. B. bei C. Ph. Em. Bach (*Fantaisis*), im 19. Jh. bei Beethoven (→ *Bagatellen*), Schubert (*Moments musicaux*), Mendelssohn (*Lieder ohne Worte*), Field u. Chopin (*Nocturnes*), Schumann (*Kinderszenen*), Brahms (*Intermezzi*), im 20. Jh. z. B. bei Reger (*Träume am Kamin*), Bartók (*Im Freien*).

Charivari (frz., svw. Durcheinander), ›Katzenmusik‹ vermummter Personen auf Lärminstr.

Charleston, nach der Stadt Ch. (South Carolina, USA) benannter Paartanz mit exzentrischen Schritten auf synkopierte Rhythmen im Allabreve-Takt. (→ Cakewalk, Ragtime); ursprüngl. v. Farbigen getanzt, seit den 1920er Jahren als virtuoser Showtanz (Josephine Baker) nach Europa gelangt, in langsamerem Tempo als Gesellschaftstanz mit Ch.-›Knick‹ (Füße bei nach innen gekehrten Spitzen mit den Fersen nach außen abgeknickt).

Charleston-Maschine, Beckenpaar auf pedalisierten Ständern, Rhythmusinstr. im Jazz- u. Tanzorch.

Chasse (frz. = Jagd), in der frz. Chormusik dreistimmiger → Kanon, seit dem 16. Jh. jagdschilderndes Vokal- od. Instrumentalstück. → Catch.

Chazozrah (v. hebr. = eng), Metalltrompete mit langem, engem Rohr, paarweise in der altjüdischen Kultmusik gebraucht, im AT erwähnt. → Jüdische Musik.

Cheironomie (griech. svw. Handzeichen), aus altägyptischen Bildzeichnungen überlieferte, in der ind.-asiat. Pantomimik bis heute gepflogene, aus der griech.-röm. in die griech.-byzant. Chorpraxis gelangte Hand- u. Finger-Zeichengebung z. Angabe v. rhythmisch-melodischen Abläufen im Chorgesang; in der heutigen Aufführungspraxis des → Gregorianischen Chorals ein um 1900 entwickeltes System des Dirigierens des auswendig singenden Chores mittels Handzeichen.

Cheng, Shêng (chin.) → Mundorgel.

Chiavette (Verkleinerungsform v. it. chiava = Schlüssel), Schlüsselversetzung im Fünfliniensystem z. Vermeidung oberer od. unterer Hilfslinien. → Schlüssel.

Chicago-Stil, in Chicago seit Beginn der 1920er Jahre v. weißen Musikern entwikkelter Jazzstil, zeitlich zw. → Dixieland u. → Swing, stärker solistisch als chorisch-improvisatorisch, in der Tongebung eher weich als aggressiv, harmonisch geglättet, mit Gitarre statt Banjo, mit Baßsaxophon u./od. Kontrabaß statt Posaune.

Chicago Symphony Orchestra, eines der führenden nordamerikan. Sinfonieorch., 1891 v. Th. Thomas gegr. u. bis 1905 geleitet, unter den europäischen Chefdirigenten nach 1945 waren R. Kubelik, J. Martinon, G. Solti, C. M. Giulini; unter Solti kam das Orchester erstmals auch auf Europatournee, heute ist ihm ein Jugend-Studienorch. angeschlossen.

Chilenische Musik → Lateinamerikanische Musik.

Chinesische Musik, als Zeugnis einer der ältesten Hochkulturen bis ins 3. Jt. v. Chr. datiert; basiert auf pentatonischen Melodiesystemen, seit dem 9. Jh. v. Chr. zu sieben- bzw. zwölftönigen Gebrauchsskalen erweitert; einstimmig, vokal (vibratolos) u. instrumental (scharfkonturiert); rhythmisch-metrisch an Sternenbahnen und Sinngedichten orientierte Tonkunst bis ins 2. Jt. n. Chr. herauf ein Hauptmerkmal aller chines. Musik; seit Konfuzius (5. Jh. v. Chr.) reflektiert Ch. M. kosmische, spirituelle u. seelische Ordnungskonstellationen; die v. it. Musiktheoretikern um 1600 unter harmonikalen Aspekten errechnete → Temperierte Stimmung führten chines. Musiker-Mathematiker unter melisch-kosmologischen Aspekten kurz vorher schon ein; Symbolcharaktere tragen auch die nach Materialkategorien eingeteilten chin. Musikinstrumente: Metall f. Becken, Hand- und Hängeglocken, Stein f. Klingsteine, Erde f. Gefäßflöten, Bambus f. Rohrflöten, Holz u. Fell f. Stabspiele u. Trommeln, Seide f. Wölbzithern; seit dem Buddhismus (5. Jh. n. Chr.) fächerten sich Ritual- u. Hofmusik (letztere auch mit Frauenprimaten), Musik- u. Tanztheater, Pantomime u. Marionettenspiel entwickelten sich mit akrobatischen u. possenreißerischen Zügen zu volksläufigen Gattungen; die ›Peking-Oper‹, Paradebeispiel des neueren chines. Musiktheaters, führte die Vielfachform über Maos Kulturrevolution der 1960er Jahre als klass. gewordenes chines. ›Gesamtkunstwerk‹ in die Gegenwart fort; inwieweit europäische Importe von Sinfonik, Oper, Ballett, Unterhaltungsmusik Änderungen mit sich bringen, bleibt vorerst offen.

Chitarra battente (it. = Schlaggitarre), in Südit. seit dem 16. Jh. verbreitete Gitarrenart mit gewölbtem Boden, hohen Zargen, 5 zwei- bis dreichörigen Metallsaiten. → Gitarre.

Chitarrone (it., Vergrößerungsform v. Chitarra), Baßlaute mit 2 Wirbelkästen für 5-8 neben dem Griffbrett geführten Bordunsaiten, die 6 doppelchörigen Griffbrettsaiten in der Stimmung G-c-d-f-g-a (nach M. Praetorius, *Syntagma musicum*, 1619); volltönendes Fundament- u. Generalbaß-Instrument des 16.-18. Jhs., auch solistisch verwendet. → Theorbe, Laute.

Chladni-Figuren, Chladnische Klangfiguren, nach dem dt. Physiker E. F. F. Chladni (1756-1827, Begründer der experimentellen Akustik) benannte Schwingungsstrukturen auf pulverbestreuten, seitlich mit Violinbogen bestrichenen und so in Schwingung versetzten Metallplatten; heute auch zu Untersuchungen der Abstrahlungseigenschaften von Musikinstrumenten herangezogen. → Akustik.

Chor (v. griech. choros = Sänger- od. Tänzergruppe im antiken Drama), seit der italien. Renaissance Bez. f. Vokal- od. Instrumentalgruppen, als Gattungsbez. auch f. Chorkompositionen; im Vokalbereich unterschieden nach Stimmenbesetzung (Männer-, Frauen-, Mädchen-, Knaben- u. Gemischter Chor), auch nach Gemeinschaftsfunktionen (Kirchen-, Schul-, Arbeiter-Ch.) od. Berufsfunktionen (Opern-, Rundfunk-Ch.); als Doppelchor aus 2 mehrstimmigen Chören bestehend; im Instrumentalbereich unterschieden nach Gattungen (z. B. Blechbläserchor) od. nach Familien (z. B. Oboenchor). → Chormusik, Chorbuch, Chorführer, Chorleiter, Chorknabe.

Choral (v. lat. choralis = chorisch), als → Gregorian. Ch. einstimmiger lat. Gesang der röm.-kath. Liturgie, als ev. Kirchenlied ein- od. mehrstimmiges volkssprachiges Gemeindelied. – O. Ursprung, *Die katholische Kirchenmusik*, 1931; F. Blume, *Die evangelische Kirchenmusik*, 1931.

Choralausgaben, Veröffentlichungen Gregorian. Gesänge seit dem 16. Jh. (Konzil v. Trient): *Editio Medicaea* (Druckprivileg der Neufassung v. 1870 bei Pustet in Regensburg), 1903 gefolgt v. der choralgeschichtl. revidierten *Editio Vaticana*, nach 1965 (2. Vatikan. Konzil) durch Neufassungen ergänzt (*Graduale*, 1974).

Choralbearbeitung, Sammelbez. f. Bearbeitungen kirchl. Choräle, vokal als Choral-Messe, -Motette, -Kantate, -Passion, instrumental als Choral-Fuge, -Ricercare, -Partita, -Variation, -konzert u. Orgelchoral. → Choral.

Choralbuch, Slg. ev. Kirchenchoräle in Melodien mit vierstimmigem → Kantionalsatz od. → Generalbaß, auch mit Orgel- od. Bläserbegleitung; älteste Slg.: *Choral Gesang-Buch*, 1692, hg. v. D. Speer. → Gesangbuch.

Choraldialekt, gallikan. u. german. Frühform des → Gregorian. Chorals; in der german. Form z. B. im *Antiphonarium* der Schweizer Benediktiner überliefert (NA 1943).

Choralfantasie, satztechnisch freie Bearbeitung v. Choralmelodien, meist nach Einzelzeilen, v. a. für Orgel. → Orgelmusik, Versett.

Choralfuge, instrumentale, vorwiegend f. Orgel geschriebene Bearbeitungen v. Choralmelodien als → Cantus firmus in → Fuge, Ricercare od. Fughette.

choraliter, einstimmig vorgetragener → Gregorian. Choral od. ev. Kirchenchoral, ggs. zu mehrstimmiger Ausführung.

Choralkantate, seit dem 16. Jh. entwickelte Kantatenart, ursprüngl. mit Choraltext u. -Melodie in allen Sätzen, seit dem 18. Jh. (Höhepunkt bei J. S. Bach) erweitert um textl. u. musikal. freie Abschnitte mit → Rezitativ, Arie, Arioso f. Solostimme(n) u./od. Soloinstrumente.

Choralkonzert, Instrumentalbearbeitung v. Chorälen, mit Abschnitten in wechselnder Solobesetzung, im 17. Jh. unter it. Einfluß, z. B. bei H. Schütz (*Kleine geistl. Konzerte*, 1636, 1639).

Choralmotette, aus dem Choralkonzert des 17. Jh. hervorgegangene konzertane → Motette mit Choralmelodien in polyphoner od. homophoner Verarbeitung.

Choralnotation, aus den → Neumen entwickelte → Notenschrift für die Melodien des → Gregorian. Chorals: Melodieverlauf bei freiem Rhythmus auf Linien, Notenverteilung auf Tonsilben; seit dem 12. Jh. in bis heute gebräuchl. röm. Quadratnotation od. in dt. (got.) → Hufnagelschrift. → Mensuralnotation, Solmisation.

Choralpartita, zykl. Zusammenstellung versch. Choräle. → Partita.

Choralpassion, bibl. Leidensgeschichte Christi, vorgetragen im Rezitativton des → Gregorian. Chorals, ggs. zur orator. → Passion.

Choralvariation, Variationszyklus über Choralmelodien, meist f. Orgel, im 17.-18. Jh. v. Pachelbel, Scheidt, Buxtehude, J. S. Bach, im 19.-20. Jh. v. Mendelssohn, Brahms, Reger, J. N. David u. a.

Choralvorspiel, den Chorgesang der Gemeinde vorbereitendes, auf der Orgel vorgetragenes improvisiertes od. dem Choral strenger folgendes → Präludium, formgebender Höhepunkt bei J. S. Bach, im 19. Jh. z. → Kantionalsatz vereinfacht, im 20. Jh. neubelebt (Pepping, J. N. David u. a.).

Chorbuch, erhöht aufgestelltes großformatiges Pultbuch f. Kapellchöre, ggs. zu → Choral- od. → Gesangbuch; im 13.-18. Jh.

z. Absingen des einstimmigen → Gregorian. Chorals, seit dem 15. Jh. auch z. Singen mehrstimmiger geistl. Chormusik, linksseitig f. → Diskant u. → Tenor, rechtsseitig f. → Altus u. → Bassus, seit dem 17. Jh. abgelöst v. Einzelstimmbüchern, im 20. Jh. v. → Partituren.

Chordometer (v. griech.-lat. chorda = Saite, metron = Maß), Meßinstr. mit winkelschenkliger Öffnung z. Ermittlung der Dicke, Schwingungs- u. Konsistenzqualität einer Saite. → Saiteninstrumente.

Chordophone (v. griech. chorda = Saite, phone = Stimme) → Saiteninstrumente.

Choreographie (v. griech. choreia = Reigen, graphein = schreiben), Mehrfachbez. f. Tanzschrift, Tanzinszenierung od. Tanzlibretto; Tanzschriften: Arbeau, *Orchésographie*, 1588; Taubert, *Rechtschaffener Tanzmeister*, 1717; Saint-Léon, *Sténochorégraphie*, 1852; v. Laban, *Schrifttanz*, 1928 (an westeurop. u. engl.-amerikan. Tanz- u. Ballettschulen eingeführt). Choreographien bedeutender Ballette bzw. Choreographen seit Ende des 19. Jhs. tanzschriftl., seit Mitte des 20. Jhs. auch videotechnisch festgehalten. → Ballett.

Chorführer (griech. koryphaios), im altgriech. Drama Anführer einer Sänger- u. Sprechergruppe, im neuzeitl. Chorgesang Leiter einer Stimmgruppe, entsprechend dem → Stimmführer v. Orchestergruppen (Streicher, Bläser usw.).

chörig, bei → Tasteninstr. Saitenzahl je Ton, z. B. beim Klavier in der Baßlage dreichörig; bei Zupfinstr. die Gruppe gleichgestimmter Saiten, z. B. bei der → Mandoline doppelchörig.

Chorknabe → Kapellknabe.

Chorleiter → Kapellmeister, Dirigent.

Chorlied, mehrstimmig ausgesetztes u. chorisch besetztes → Lied.

Chormusik, Kompositionen f. Chöre aller Art (→ Chor), erste Blütezeit in der Vokalpolyphonie des 15.-16. Jhs. (→ Messe, Motette, Madrigal), seit dem 17. Jh. in gemischt besetzten Chor-Orchester-Werken (→ Oratorium, Passion, Kantate, auch Oper), seit dem 19. Jh. erneut in → A-Cappella-Chorwerken (Mendelssohn, Brahms u. a.), im späteren 20. Jh. auch in Chorwerken sprechgesanglich, phonetisch u. rhythmisch-metrisch experimenteller Art. – E. Valentin, *Handbuch der Chormusik*, 2 Bde., 1953, 1958.

Chororgel, im Chorraum einer Kirche ausgestelltes kleineres Orgelwerk (→ Positiv) z. Begleitung liturg. Gesänge, in neuerer Zeit über elektr. Traktur v. Spieltisch der Hauptorgel aus anzuspielen (z. B. im Dom zu Fulda).

Chorovod, altruss. Reigentanz; auch in Ballettwerke des 20. Jhs. einbezogen, bei Strawinsky z. B. in *L'oiseau de Feu* (1910) u. *Le sacre du Printemps* (1913).

Chorton (Kapellton), v. → Kammerton der Instrumentalmusik abweichende tiefere Stimmung der Chor- u. Orgelmusik. → Stimmton, Normalton, Opernton.

Chorus, im → Jazz das den Improvisationen zugrundeliegende Form-, Harmonie- u. Rhythmusschema, im → Free Jazz durch offene Formen abgelöst; in der Tanz- u. Unterhaltungsmusik svw. Refrain.

Chromatik (v. griech. chroma = Farbe), »Umfärbung« eines Tones im diaton. System durch Versetzung um einen Halbton nach oben od. unten, z. B. c zu cis od. ces als Hoch- od. Tiefalteration (→ Alteration), kann auf Abkehr v. der Ursprungstonart hindeuten (→ Modulation) od. diese verwischen; als drittes Tongeschlecht war Chromatik neben → Diatonik u. → Enharmonik Teil der altgriech. Musiklehre. Nach der diaton. Musik des MA bildete sich seit dem 15. Jh. in der Ausdrucksmusik des it. → Madrigals eine auch theoretisch abgestützte Chromatik (Glareanus, *Dodekachordon*, 1547); Zarlino, *Istitutioni harmoniche*, 1558); seit dem 18. Jh. entwickelte sich mit der → Temperierten Stimmung eine chromatikträchtige → Funktionsharmonik, die sich im 19. Jh. bis Anfang des 20. Jh. z. vollchromat. → Alterationsharmonik ausweitete (v. Wagners → Tristanakkord Mitte des 19. Jhs. bis zu Skrjabins → Mystischem Akkord um 1910) und sich im weiteren 20. Jh. in der → Atonalität auflöste (Schönbergs *Emanzipation der Dissonanz*).

Chromdioxydband, zu hochwertigerer Tonwiedergabe mit Chromdioxyd beschichtetes Magnetband (→ Tonband) statt wie bis in die 1960er Jahre üblich, mit Eisendioxyd-Kristallen. → Tonbandgerät, Kassettenrecorder.

Chromonica, chromat. Mundharmonika, durch Tonschieber von C- nach Cis-Dur z. chromat. Skala zu öffnen; Milhaud u. Tscherepnin schrieben Konzertwerke f. Chromonica u. Orch. (1942, 1953).

Chrotta → Rotta, Crwth.

Cimbalom (Czimbal, Zimbal, Zimbalon, v. griech. kymbalon), ungar. Saiteninstr., trapezförmig auf vier Beinen stehend, 35-38-saitig (chromat. v. E-e^3 gestimmt), mit 2 Klöppeln u. Pedaldämpfung zu spielen; charakteristisch f. ungar. Zigeunerkapellen (→ Zigeunermusik, Zigeunertonleiter). Liszt schätzte das für rasche rhythmische Figurationen bes. geeignete Instr. u. übernahm typische Wendungen in seine Klavierkompositionen (*Ungarische Rhapsodien*); in den 1880er Jahren erhielt das C. durch den Budapester Instr.-Bauer J. V. Schunde seine seitherige Gestalt; C.-spiel wird seit den 1930er Jahren an der Franz-Liszt-Hochschule in Budapest gelehrt (Diplom f. Konzert- u. Unterhaltungsmusik). Angeregt v. dem ungar. C.-Virtuosen Aladar Rácz (1886-1956) schrieben Bartók (*Rhapsodie* f. Vl. u. C., 1928), Kodály (*Háry János*, 1926), Kurtág (*Duo* f. Vl. u. C., 1971) u. a. ungar. Komponisten, auch Strawinsky (*Renard*, 1916; *Ragtime* f. 11 Instr., 1918; *Les Noces*, 1923) Werke mit C. → Hackbrett.

Cinelli (v. it. cina = China) → Becken.

cis, cisis, Tonnamen → c.

CISAC, Abk. f. *Confédération Internationale des Sociétés d'Auteurs et Compositeurs*, 1926 mit Sitz in Paris gegr. internat. Urheberrechtsschutzgesellschaft, der auch die dt. → GEMA angehört.

Cis-Dur, → Tonart, → Parallele zu → ais-Moll.

cis-Moll, → Tonart, → Parallele zu → E-Dur.

Cister (altdt. Cistole, Sister, it. citole, engl. Cittern), seit dem frühen MA bezeugtes, v. der Zupffidel abstammendes, bis ins 18. Jh. über ganz Europa verbreitetes Zupfinstr. mit birnenförmigem Korpus u. nach unten sich verjüngenden Zargen, nach oben sich verjüngendem Hals, der in einer Wirbelplatte endet, in verschiedenen Größen u. Stimmungen gebaut, mit 4-10 doppelchörigen Metallsaiten bespannt, die v. Wirbelkasten über ein mit → Bünden versehenes Griffbrett, die schallochbesetzte flache Decke u. einen Steg zum unteren Zargenrand verlaufen, wo sie mit Haltenägeln befestigt sind; die klangstarke C. konkurrierte bis ins 18. Jh. mit der → Laute, wurde jedoch seit dem 19. Jh. durch die volkstümlichere → Gitarre u. → Mandoline verdrängt.

Clairon (frz., v. lat. clarus = hell), trompetenartiges, klappenloses Signalhorn in C u. B, aus dem engl. Infanterie- bzw. hannover. Jägerhorn entwickelt, seit den 1820er Jahren in die Musikkorps der frz. Armee übernommen. Auch Bez. eines Zungenregisters v. durchdringendem Klang in der Orgel. → Clarino, Bügelhörner.

Clarino, Clarin (it., v. lat. clarus = klar, hell), im 17.-18. Jh. Mehrfachbez. 1. f. die hohe Lage der Natur-Trompete v. 8. bis zum 17. Oberton (Clarinregister), 2. f. die mit engem Mundstück angeblasenen meist solistischen Trompetenpartien in der Clarinolage, 3. f. hohe ventillose Natur-Trompeten, 4. f. ein Diskantregister im Rohrwerk der Orgel, 5. seit dem 19. Jh. f. das hohe Register der Klarinette. Die zur Wiedergabe der Clarinpartien der Bachzeit seit den 1950-60er Jahren v. Steinkopf u. Fink rekonstruierten Naturtrompeten in Posthornform u. mit Überblaslöchern werden umgangssprachlich als Clarin-Trompeten bezeichnet, die für Clarinpassagen benutzten neuzeitlichen kurzen Ventiltrompeten (hoch-B, hoch-A) umgangssprachl. irreführend als Bach-Trompeten.

Clarsach (engl.-gälisch), kelt. Rahmenharfe in breit-gedrungener Kastenform mit Saitenträger u. gebogener Vorderstange, in Irland seit dem 9. Jh. bezeugt, seit dem 19. Jh. in Schottland neubelebt.

Clausula (lat. claudere = schließen) → Klausel.

Clavecin, frz. Bez. f. → Cembalo; *Clavecinisten*, f. die Gesch. der Cembalomusik bedeutsame frz. Komponisten, im 17.-18. Jh. z. B. Chambonnières, L. u. F. Couperin, J.-Ph. Rameau.

Claves (span., v. lat. clavis = Schlüssel), Schlaginstr. afro-kuban. Herkunft, zwei runde Schlagstäbchen aus Hartholz v. hellem Klang, in der lateinamerikan. Tanzmusik u. im Jazz benutzt, auch ins → Orff-Instrumentarium übernommen.

Clavis (lat. = Schlüssel, Mehrzahl Claves; engl. clef, key; frz. clef, clé; it. chiave), um 1400 aufgekommene Bez. f. Orgeltaste (auf der zur »Aufschlüsselung« des dazugehörigen Tones der betreffende Tonbuchstabe geschrieben stand), abgeleitet davon die Bez. Tastatur u. Tasteninstr. f. Klaviatur u. Klavierinstr. (Orgel, Cembalo, Clavichord, Virginal u. a.); im 15.-18. Jh. auch Bez. f. → Versetzungszeichen (Akzidentien); seit dem 11. Jh. (Guido von Arezzo) Tonbuchstabe (z. B. C, F, G), der am Beginn des Notenliniensystems den Schlüssel zu Tonlage u. Tonrelation gibt. → Schlüssel.

Cleveland Orchestra, 1918 mit Sitz in Cleveland (Ohio) gegr. amerikan. Sinfonieorchester, bis 1933 unter Leitung von N. Sokolow, bis 1943 v. A. Rodzinski, 1943-46 v. E. Leinsdorf, dann, bis zu seinem Tod i. J. 1970, v. G. Szell, der das C. O. zu einem der führenden Orch. der USA entwickelte, nach ihm, 1972-84, weitergeführt v. L. Maazel, seither v. Chr. von Dohnányi, in den USA mit Uraufführungen amerikan. Komponisten, in Europa auf Tourneen erfolgreich (1986: 16 Städte in 8 Ländern); seit 1971 mit angeschlossenem Chor zahlreiche Schallplattenaufnahmen.

Cluster (engl. = Klumpen, Traube), »Tontrauben« in engintervalligen Schichtungen (Sekunden u. Mikrointervalle), seit den 1910er Jahren eingeführt durch den amerikan. Komponisten Henry Cowell (1897-1965); nach Lage, Dichte, Breite, Intensität hörpsychologisch zw. Klang u. Geräusch empfunden, wurden stationäre u. mobile C.-Strukturen seit den 1960er Jahren f. → Klang(farb)-Kompositionen v. Bedeutung, z. B. bei Ligeti, *Atmosphères* f. Orch. (1961) od. K. Penderecki *Lukaspassion* (1965).

c-Moll, → Tonart, → Parallele zu → Es-Dur.

Cobla (katalan. = Paar, v. lat. copula), altspan.-katalan. Tanzkapelle, f. Aufführungen im Freien, in den 1840er Jahren (J. Ventura) mit Tenorschalmeien als stimmführendem Instr.-Paar, neben Einhandflöte mit Trommel, je 2 Diskantschalmeien, Kornett, Tenorhörnern, Posaune u. Kontrabaß.

Coda → Koda.

col legno (it. = mit dem Holz [des Bogens], Anweisung beim Streichinstrumentenspiel, die Saite(n) mit dem Holz der Bogenstange zu schlagen (c. l. battuto) od. zu streichen (c. l. tratto).

Colascione (v. it. colla = Hals), Langhalslaute oriental. Ursprungs (→ Dutar), im 16.-18. Jh. in (Süd-)Italien verbreitet, mit langem Hals über kurzem Korpus u. 3 mehrchörigen Metallsaiten, mit → Plektrum anzureißen.

col basso (it. = mit dem Baß) → coll'ottava.

Colindă (rum., v. lat. calendae = Ausruftage), Umzugslieder rumän. Bauern u. Hirten z. Weihnachts- u. Neujahrszeit, vorchristl. Ursprungs, chorisch u. solistisch vorgetragen, dreiteilige, kirchentonale polymetrische Melodiebildungen, durch Refrains verbunden, ältere Modelle in syllabischer Textdeklamation u. fester Metrik, jüngere in melismatischem Textvortrag in → Tempo rubato. B. Bartók verarbeitete C.-Weisen z. B. in zwei Zyklen *Rumän. Weihnachtslieder* f. Klav. (1915) u. in der *Cantata profona* = *Die Zauberhirsche* (1930). → Carols.

colla destra, colla sinistra (it. = mit der rechten bzw. linken [Hand]), Anweisung beim Klavier-, Orgel- u. Cembalospiel; Abk. c. d. bzw. c. s.

colla parte (it. = mit dem [Haupt]-Part), Anweisung an die Instrumental- od. Vokal-Begleitung, dem Hauptpart in flexibler Anpassung zu folgen. → colla voce.

colla voce (it. = zusammen mit der [Sing]-Stimme), Anweisung in Vokalsätzen, die Singstimme(n) durch Instrumente zu verdoppeln (→ colla parte).

Collage (frz. = ankleben), aus der Bildkunst der 1910er Jahre (Picasso, Braque, Gris) um 1950 in die Musik übernommene Bez. f. eine Kompositionstechnik bzw. deren Produkte einer Verbindung vorgegebener heterogener Klangmaterialien zu ausnotierter Musik od. (in der → Musique concrète u. → Elektron. Musik) zu Tonbandmontagen, v. a. als Zitate-Collagen mit Fragmenten allgemein bekannter Tonstücke (→ Zitat), vielfach als Mittel zu → Travestie u. Zeitkritik, z. B. bei B. A. Zimmermann (*Die Soldaten*, nach Lenz, 1965) od. M. Kagel (*Ludwig van*, 1970), A. Schnittke, *(K)ein Sommernachtstraum*, 1985. C. ist nicht immer abgrenzbar gegenüber anderen Techniken bzw. Aufführungspraktiken der 1960-80er Jahre. → Aleatorik.

coll'arco (it. = mit dem Bogen), Anweisung f. Streichinstr., nach gezupftem (→ pizzicato)-Spiel die Saite(n) wieder mit dem Bogen anzustreichen.

Collegium Aureum (lat. = Goldenes Kollegium), Anfang der 1960er Jahre gegr.

Ensemble z. »authentischen« Aufführung v. Barockmusik auf hist. od. hist. getreu rekonstruierten Instrumenten. → Capella Coloniensis.

Collegium musicum (lat.), Vereinigung v. Musikliebhabern od. Berufsmusikern z. Pflege v. a. hist. Musik f. Kammerorch. od. andere Gruppierungen; aus dem student. u. bürgerl. C. m. des 18. Jhs. hervorgegangen, im 20. Jh. v. a. im Universitätsbereich wiederbelebt, auch als *C. m. vocale.*

coll'ottava (it. = mit der Oktave), Anweisung, eine Stimme in der oberen Oktave mitzuspielen, entsprechend *coll'ottava basso* in der unteren Oktave.

Color (lat. = Farbe, Zier), Bez. 1. f. farbige Noten (→ Notenschrift, 14.-17. Jh.), 2. f. Wiederholungen v. Melodie- od. Rhythmusfolgen im Stimmtausch (→ Isorhythmische Motette, 13.-15. Jh.). → Augenmusik.

Columbia, 1889 gegr. amerikan. Schallplattenfirma u. ihre engl. Tochtergesellschaft, 1931 mit der Gramophone Comp. Ltd. in London verbunden (*His Master's Voice* u. a. Labels); ihre 1925 in Berlin als Electrola GmbH gegr. dt. Tochterges. (seit 1952 Sitz in Köln) steht seit 1971 als EMI Electrola unter der Obergesellschaft v. Electric and Musical Industries Ltd. und ist seit 1980 als THORN EMI Ltd. mit dem Londoner Elektronikkonzern THORN fusioniert.

Combo (v. engl. combination = Zusammenstellung), kleines Jazz-Ensemble. → Jazz, Band.

Comedian Harmonists, 1927 in Berlin gegr., 1933 als »entartet« verbotenes Gesangssextett mit Ari Leschnikow (1. Tenor), Erich Abraham Collin (2. Tenor), Roman Cykowski (Bariton), Robert Biberti (Baß), Harry Frommermann (Buffo) u. Erwin Bootz (Begleitung, auch Arrangement); das Repertoire der C. H. umfaßte Volkslieder u. Adaptionen aus Musical, Oper u. Operette, vielfach in ironisierender Manier; Neupressungen aus den etwa 100 Schallplattentiteln seit den 1970er Jahren wieder im Handel.

Comédie-Ballet, frz. Bühnenwerkgattung im → Ballet de cour, Komödie mit gesprochenem Dialog u. Gesangs- od. Musikeinlagen, im 17. Jh. in Zusammenarbeit v. Molière u. Lully eingeführt (*Le Bourgeois gentilhomme*, 1670), im 18. Jh. v. Nachwirkung auf die → Opéra-comique.

come sopra (it. =) wie oben, spiel- od. satztechn. Hinweis.

Comes (lat. = Begleiter), in der → Fuge der dem → Dux (= Führer) in anderer Stimme u. auf anderer Tonstufe folgende 2. Einsatz des Themas.

Commedia per musica (c. in musica), um 1700 in Neapel aufgekommene Bez. f. → Opera buffa (A. Scarlatti, Pergolesi), eine musikal. Abzweigung der Commedia dell'arte.

commodo, comodo (it. =) bequem, auch in Verbindung mit anderen Vortragsbez., z. B. Andante c. = gemächlich gehend.

Communio (lat. = Gemeinschaft), liturg. Gesang z. Kommunion (Abendmahlsempfang) in der röm.-kath. Meßfeier, als abschließende → Antiphon des → Proprium Missae seit dem frühen MA bezeugt, bis z. 10. Jh. (u. seit der Liturgiereform v. 1965 wieder) mit nachfolgend ausgewählten → Psalmen; seit dem 13. Jh. auch mehrstimmig, im 15. Jh. z. B. Postcommunio *Vos, qui secuti estis* v. Dufay.

Compact Disc (engl. = Kompaktschallplatte), Abk. CD → Schallplatte.

Complainte, Plainte (frz. = Klage), ma. Klagelieder auf vielstrophige geistl. u. weltl. Texte über Tod u. Leiden; provenzalischen Ursprungs. → Planctus, Lamento, Elegie.

Computermusik (engl., v. lat. computare = berechnen), die mittels eines nach musikal. Regelformeln programmierten Elektronenrechners (Computer) entstehende Musik-Basispartitur als Grundlage z. vokal/instrumentalen Aufführung, v. a. in Verbindung mit Synthesizer-Produktion, seit Ende der 1970er Jahre verfeinert mit digitalem Sound Processor. → Synthesizer.

con affetto, affettuoso (it. = mit Leidenschaft), Vortragsbez. → Affektenlehre.

con brio (it. = mit Feuer), Vortragsbez.

con dolore (it. = mit Schmerz klagend), Vortragsbez.

con forza (it. = mit Kraft), Vortragsbez.

con fuoco (it. = mit Feuer), Vortragsbez.

con leggierezza (it. = mit Leichtigkeit), Vortragsbez.

con licenza (it. = mit Freiheit), Vortragsbez. → Improvisation, rubato.

con sordino (it. = mit Dämpfer); Spielanweisung bei Streich-, Blas- u. Schlagzeug-Instr. → Dämpfer.

Concentus (lat. = Zusammenklang), seit dem 16. Jh. gebräuchl. Sammelbez. f. → Gregorian. Gesänge des → Proprium Missae mit melod. Ausgestaltungen (→ Antiphon, Introitus), im Ggs. zu → Accentus als Bez. f. rezitierende liturg. Gesänge; → Lektionston der → Psalmen u. → Evangelien. Heute vereinzelt auch Bez. f. Ensembles in der urtextgetr. Pflege hist.-vorklass. Instrumental- u. Vokalmusik, z. B. der 1952 in Wien von N. Harnoncourt gegr. → Concentus Musicus (Kammer- u. Orch.-Konzerte; Barockopern).

Concentus Musicus → Concentus, Consort, Collegium musicum.

Concertante (it.), Kurzform f. → Sinfonia concertante, frz. Symphonie concertante; auch Bez. f. Solostimme(n) im → Concerto grosso.

Concertgebouworkest, 1888 mit Einweihung des Amsterdamer Concertgebouw (1985 renoviert), nach diesem benanntes, bis 1895 v. W. Kes geleitetes nld. Orchester; 1895-1945 unter W. Mengelberg zu einem der führenden europ. Sinfonieorchester entwickelt (1908 erstmalig USA-Tournee, 1912 Mahlerfestwochen, Brucknerzyklen); auf Mengelberg folgten 1945-59 E. van Beinum, 1964-85 B. Haitink als Chefdirigenten, weitere ständige Dirigenten der 1960-70er Jahre: E. Jochum, C. Davis, C. Kondraschin; Komponisten wie Mahler, Strauss, Hindemith, Strawinsky dirigierten das C. mit Ur- u. Erstaufführungen eigener Werke.

Concertino (it., svw. kleines Konzert), im → Concerto grosso des Hoch- u. Spätbarock seit Corelli u. in der → Sinfonia concertante des 18. Jhs. Besetzungsbez. f. 2-4 Soloinstr. (ursprüngl. Streicher, bei Mozart auch Bläser od. Bläser/Streicher), im Ggs. u. Wechsel zum → Ripieno (= Tutti) des voll (= grosso) besetzten Orchesters; im 19. Jh. kurzes Konzertstück freier Form f. Soloinstr. mit (Kammer-)Orchester; im 20. Jh. wurde der Form- u. Gattungstyp des C. u. a. von Strawinsky u. Bartók wieder aufgenommen.

Concerto (it., v. lat. consortio = Vereinigung, bzw. v. concertare = wetteifern), Bez. f. ein dem mehrchörigen Klang- u. Bauprinzip des Barock folgendes vokales od. instrumentales od. vokal-instrumental gemischt besetztes Musikwerk, erstmals in der → Venezian. Schule um 1600 (Gabrieli, Monteverdi) u. bei ihrem dt. Schüler H. Schütz (*Kleine geistliche Konzerte*, 1636); bis Ende des 17. Jhs. als Stilprinzip in Werkgattungen wie → Concerto grosso, → Triosonate, Solo- u. → Choral-Motette mit Höhepunkten um 1700-1750 bei Corelli, Händel, Vivaldi, in eigenständigeren Abwandlungen bei J.S. Bach (*Brandenburgische Konzerte*, Doppelchor-*Motetten*, *Matthäus-* u. *Johannes-Passion*). → Konzert.

Concerto grosso (it. = großes Konzert), einer der Hauptformtypen der Instrumentalmusik des europ. Barock, aus dem mehrchörigen Concerto-Prinzip der → Venezian. Schule (A. u. G. Gabrieli) zu differenziertem wechselseitigem Klanggruppenspiel zw. Ripieno- (= Grosso-)Besetzung u. Solo- (= Concertino-)Stimmen entwickelt, bei Corelli (*Concerti grossi*, 1714) u. noch bei Händel in Streicherbesetzung, bei Bach in wechselnden Besetzungen u. Satztechniken (*Brandenburgische Konzerte*, 1721); über die Konzertgattungen der → Sinfonia concertante u. des Solokonzerts verlief die Formentwicklung seit der 2. Hälfte des 18. Jhs. auf die → Sinfonie, im 19. Jh. auf die → Sinfonische Dichtung hinaus; seit den 1920er Jahren wurde die C. g.-Technik vielfach neubelebt (Strawinsky, Hindemith, Martinů, Krenek u. a.). → Neobarock.

Concerts spirituels (frz. = geistliche Konzerte), 1725 in Paris gegr. erste öffentliche, gegen Eintrittsgeld zugängliche Konzertreihen, ursprüngl. mit geistl. Werken (Motetten) in der Karwoche, seit 1740 bis zur Frz. Revolution 1789 an theater-, opern- u. ballettfreien Sonn- u. Festtagen v. a. als Orchesterkonzerte; 1805-1828 neuaufgenommen, seither v. den Konzerten des Pariser Conservatoire abgelöst; Vorbild f. die Gründung öffentl. Oratorien- u. Sinfoniekonzerte in Leipzig (seit 1749), Berlin (1783), Wien (1819).

Concours → Musikwettbewerbe.

Conductus (v. lat. conducere = gleiten), ma. Liedform, auf lat. geistl., zunehmend auch weltl. Texte, gesungen zunächst z. Geleit v. Personen bei Fest- u. Spielveranstaltungen, seit 1200 (→ Notre-Dame-Schule) in mehrstimmigen Sätzen mit frei erfundenen Ausgangsmelodien, bei gleicher Rhythmisierung des gleichen Textes in allen Stimmen, an den Vers- u. Strophenenden melodisch ausgeziert. → Melisma.

Congatrommel (span.-amerikan. conga = Kreis), ausgebaucht-kegelförmige, nach unten konisch sich verjüngende Trommel von etwa 75 cm Höhe, oben mit Fell bespannt (Durchmesser etwa 25 cm), mit gespreizten Fingern beider Hände od. mit beiden Handballen in der Mitte od. am Rand geschlagen, v. dunklem tiefem Klang; afro-kuban. Herkunft, ist die C. als Einzelinstr. od. als Satz von 2 od. 3 Trommeln in lateinamerikan. Tanz- u. Jazz-Ensembles vertreten; nach der C. ist auch ein rascher geradtaktiger synkopenreicher kuban. Tanz benannt.

Consort (engl., v. lat. consortium = Gemeinschaft, Vereinigung), in der engl. Kammermusik des 16.-18. Jhs. Bez. f. ein Ensemble v. 4-6 Spielern mit Instr. der gleichen Familie (→ Gamben od. → Blockflöten usw.) als *Whole Consort*, mit Spielern u./od. Sängern verschiedener Instr.-Familien od. Stimmgruppen als *Broken Con-*

sort. Consortmusik, v. a. Lied- u. Tanz-Variationen u. Fantasien (→ Fancy), in engl. Sammeldrucken des 16.-18. Jhs. erhalten. Als C. bezeichnen sich auch im 20. Jh. wieder Instr.- od. Vokal-Ensembles zur Pflege hist. Kammermusik, in Engl. z. B. Deller Consort, in den Niederlanden Leonhardt Consort. → Collegium Musicum, Concentus, Capella.

Continuo (it. = fortlaufend), verkürzt f. basso continuo, Abk. B. c. → Generalbaß, Akkompagnement, Rezitativ, Baß.

Contralto, Contr'alto (it. = »Gegenalt«), verkürzt aus Contratenor altus, im 15.-18. Jh. die hohe Männerstimme (v. lat. altus = hoch), bei Frauenstimmen Bez. f. den tiefen, dem → Tenor nahezu gleichhohen → Alt; in It., Frankr., Engl. Bez. f. den weibl. Alt höherer wie tieferer Lage. → Alt, Contratenor, Tenor. Seit 1855 auch Bez. f. einen von dem frz. Geigenbauer J.-B. Vuillaume geschaffenen vergrößerten Bratschentyp.

Contrapàs (span.-katalan. = Gegenschritt), Sprungtanz, wechselnd in gerad- u. ungeradtaktigen Metren, während der Karwoche in Kirchen als C. largo eintönigen Melodien auf Texte aus der Passionsgeschichte Christi aufgeführt.

Contratenor, Contra (it. = Gegentenor), im zunächst 2-3-stimmigen Satz des 14.-15. Jhs., eine zwischen → Diskant u. → Tenor liegende »harmonisierende« Gegenstimme z. Tenor, diesen oft auch kreuzend, im Übergang z. Vierstimmigkeit seit dem 15. Jh. auf einen C. altus als »hohen« C. (→ Alt) u. einen C. bassus als »tiefen« C. (→ Baß) verteilt; in Engl. hat sich C. als Stimmlagenbez. f. Männeralt erhalten.

Contredanse (frz. = Gegentanz), im 17. Jh. in Frankr. u. den Nld. aus dem engl. → Country dance entstandener lebhafter Reihentanz in geradtaktigen Achterperioden mit Wiederholung u. anschließendem Trio-Zwischenteil: die *C. française* als Rundtanz, wie die → Rounds des engl. Vorläufers u. der späteren frz. → Cotillon u. → Quadrille; die *C. anglaise* in Langreihen wie die Longways des engl. Vorläufers, wobei das durch Lautveränderung v. country (= ländlich) zu contre (= gegen) als das Gegenüber der aufgereihten Paartänzer genommen wurde; als Contretanz, Kontertanz od. Kontratanz bis ins 19. Jh. auch in den dt.-sprachigen Ländern verbreitet, im 18. Jh. neben → Menuett u. → Deutschem Tanz, im frühen 19. Jh. neben → Ländler, Walzer u. Galopp; Haydn, Mozart, Beethoven schrieben zahlreiche Kontratänze f. die höfische wie f. die bürgerl. Gesellschaft. Im Finale des 1. Aktes seiner Oper *Don Giovanni* (Prag 1787) komponierte Mozart eine (auch ständekritisch zu sehende) dreischichtige synchrone Tanzszene mit drei Instr.-Gruppen auf der Bühne aus Menuett (Ottavio mit Donna Anna), Kontratanz (Don Giovanni mit Zerlina) u. Deutschem Tanz (Leporello mit Masetto); Beethoven verwendete Themen seiner Kontratänze auch in Ballett- u. Konzert-Werken (Finale der 3. Sinfonie; *Eroica-Variationen* f. Klav.; *Geschöpfe des Prometheus*).

Cool Jazz (engl. = kühler Jazz), Jazzstil, Ende der 1940er Jahre v. weißen Musikern als Reaktion auf den stärker v. farbigen Musikern entwickelten → Be-bop: Verzicht auf → Hot-Intonationen, → Drive Tones, → Vibrato, → Off-Beat-Rhythmik zugunsten linear kontrapunktischer Strukturen in der Mittellage, erweiterter Harmonik (= Poly-bis Antonalität, seltener auch Dodekaphonie), rhythmisch-dynamisch zurückhaltender Legatospielweise. Auf der europ. Jazzszene (Miles Davis; Tristano-Schule) inzwischen weitergeführt. → Modern Bop, Third Stream.

Coperto (it. = bedeckt), Timpano coperto, Spielanweisung, die Pauke mit Filz, Leder, Tuch od. mit den Fingern zu dämpfen. → Dämpfer.

Copla (span., v. lat. copula = Bindeglied), kunstvolle Dichtungsart rhythmisch-metrisch variabler Strophenbindungen, im MA f. höfische spanische Vokalmusik v. Bedeutung, im 20. Jh. noch in der Verstechnik v. F. García Lorca.

Copula (lat. = Bindeglied), ursprüngliche Bez. f. die Schlußbildung v. der vorletzten auf die letzte Textsilbe mehrstimmiger Kompositionen des MA, z. B. z. abschließenden Einklang in der → Prime od. → Oktave im → Organum der Pariser → Notre-Dame-Schule (13. Jh.).

Copyright (engl. = Vervielfältigungsrecht), intern. gebräuchlicher Hinweis auf den Inhaber des Urheberrechts bei Druckerzeugnissen auf der Rückseite des Titelblattes bzw. auf der ersten Notenseite unten, mit dem Zeichen © u. nachfolgender Angabe von Name, Ort, Erscheinungsjahr; ursprüngl. das Verlags- u. Urheberrecht in Engl. u. den USA: brit. seit der *C Act 1956* f. die Dauer bis 50 Jahre nach dem Tod des Rechtsinhabers; amerikan. seit der *C Act 1978* f. vor 1978 entstandene Werke eine Schutzfrist v. 28 Jahren, auf Antrag bis um 47, d. h. auf insgesamt 75 Jahre zu verlängern. → Urheberrecht, STAGMA.

Cor (frz. =) → Horn. (→ Waldhorn, Jagdhorn, Bassetthorn, Bügelhörner, Englisch Horn).

Corda (it. =) Saite; bei Streichinstr.: *c. vuota* = leere Saite, *sopra una c.* = auf einer Saite, d. h. ohne Saitenwechsel zu spielen; beim Klavier: *una c.* bzw. *due corde* = mit einer bzw. mit zwei Saiten, d. h. mit Pedalverschiebung, *tutte le corde* = mit vollem Saitenchor zu spielen. → Pedal, Klavier.

Cordophone → Saiteninstrumente.

Cornamusa, Cornemuse → Sackpfeifen.

Cornet à Pistons → Kornett.

Cornophone (v. lat. cornu = Horn, griech. phonein = klingen), Bez. f. eine in den 1880er Jahren v. dem Pariser Instrumentenbauer Fontaine-Besson gebaute Gruppe v. Blechblasinstr. mit Kesselmundstück u. drei Ventilen; Grundstimmungen: f. Sopran in B, Alt in F od. Es, Tenor u. Baß in C od. Es, Kontrabaß in F od. Es; in Frankr. anstelle der → Wagner-Tuben in R. Wagners *Ring des Nibelungen* benutzt. → Tuba.

Cornu (it.-lat. =) Horn, halbkreisförmig gebogenes Metallhorn mit Querstange, die beim Blasen über die Schulter zu legen ist; Signalhorn vermutl. etruskischer Herkunft; in der röm. Antike beim Heer verwendet. → Bucina, Busine, Posaune.

Coro spezzato (it. = geteilter Chor), mehrchorige Satzweise der → Venezianischen Schule (Willaert, A. u. G. Gabrieli, Merulo, Croce u. a.), klangräumlich gefördert durch die in der Kirche San Marco oberhalb des Hauptaltars einander gegenüberliegenden Emporen z. Aufstellung v. Sängern u./od. Posaunen-Chören, die, abwechselnd od. vereint, in sich vollständige Sätze vielstimmiger Werke aufführten, anfänglich v. a. Psalmvertonungen (A. Willaert, *Salmi Spezzati*, 1550); v. Bedeutung f. die → Mehrchörigkeit z. B. bei H.

Schütz u. J. S. Bach u. noch bei Strawinsky (*Canticum Sacrum*, f. San Marco in Venedig, 1956).

Corona (lat. = Krone) in der ma. Vokalmusik Atemzeichen am Versende. → Fermate.

Corps de ballet (frz. = Ballettkorps), Gesamtheit der Tänzerinnen u. Tänzer eines Ballettensembles, im Ggs. zu den Solotänzern. → Ballett.

Corrente (it. = laufend, fließend) → Courante.

Cotillon (frz. = Unterrock), Gesellschaftstanz im 18. Jh., v. vier über Kreuz aufgestellten Paaren aufgeführt, abgeleitet von der → Contredanse française, die ihrerseits auf den engl. → Country dance zurückgeführt wird; der C. entwickelte sich im 19. Jh. über die Vierpaar-Aufstellung hinaus durch Einlagen neuerer Tänze (Walzer, Galopp, Polka, Mazurka) zum Finaltanz bei Ballveranstaltungen.

Cottage Organ (engl. = Hüttenorgel), → Amerikan. Orgel.

Coulade, coulé (frz. v. couler = schleifen), → Verzierung in der frz. Vokalmusik des 17.-18. Jhs.; Ausfüllung eines größeren Intervalls durch auf- bzw. absteigende Melodie- → Schleifer.

Countertenor (engl. = Gegentenor), in der Vokalmusik des 17.-18. Jhs. die höchste Männerstimmlage (f-f^2), in anglikan. Kirchenchören bis heute vertreten; noch Mozart komponierte für C., z. B. die Partie des Idamante in *Idomeneo* (München 1781); im 20. Jh. wird der C. zur urtexttreuen Aufführung der Vokalmusik des 16.-18. Jhs. erneut eingesetzt. → Contratenor, Consort.

Country and Western (engl. Land und Westen), ein in den 1940er Jahren aufgekommener Mischstil ländlicher Vokalmusik aus dem Mittelwesten der USA, melodisch-harmonisch einfache Songs mit Begleitung von → Mundharmonika, Banjo, Gitarre, Fidel; durch C. W.-Musiker wie J. Cash u. a. nach dem 2. Weltkrieg auch in Europa popularisiert. → Country-Rock.

Country-Blues (engl. =) ländlicher Blues, bluesartige Songs auch weißer Landbevölkerung in den USA. → Blues, Country-Rock.

Country dance (engl. = ländlicher Tanz), engl. Paartänze des 16.-18. Jhs.: Reihentänze (Longways), Rundtänze (Rounds) u. Karreetänze (Squares); auf dem Kontinent übernommen u. abgewandelt zu → Contretanz (Kontratanz), → Cotillon u. → Quadrille; in umfangreichen Sammlungen überliefert (J. Playford, *Dancing Master*, 1650 u. a.); im Verfolg neofolkloristischer Strömungen im 20. Jh. in England, Schottland u. den USA vielfach wiederbelebt.

Country Music (engl. = Landmusik) → Country and Western.

Country-Rock (engl. = ländlicher Rock), im Anschluß an die → Country and Western-Musik in den 1960er Jahren verbreiteter volksmusikartiger Rockstil. → Rockmusik.

Couplet (frz. = Strophe, v. lat. copula = Verbindung), im ma. Lied Verspaare mit → Refrain (→ Copla), im → Rondeau des 17.-18. Jhs. der solistisch vorgetragene, strophisch wechselnde Teil gegenüber dem chorisch gesungenen in fester Form wiederkehrenden Refrain; instrumental abgewandelt z. B. in der → Gavotte en Rondeau des 18. Jhs. od. im → Rondo der klassischen → Sonate; im 19.-20. Jh. das pointierte Lied mit Vorstrophe u. Refrain auf gleichbleibender bekannter Melodie, meist zeitkritischen od. frivolen Inhalts, als Einlage in → Opéra-comique u. → Operette, → Singspiel u. Musical. → Chanson.

Courante (v. frz. courir = laufen), frz. Tanz des 16.-18. Jhs., aus dem → Branle courant entstanden, ursprüngl. ein tripeltaktiger Springtanz mit Auftakt im Ggs. zur → Basse dance, seit dem 17. Jh. als langsamer Paartanz mit Gleichschritten in die Diagonale, Bestand der → Suite v. Lully im 17. Jh. bis zu F. Couperin u. Rameau im 18. Jh.; auch in den dt. Solo- u. Ensemblesuiten fand die C. mit dem einleitenden Kontrastpaar Allemande-C. ihren festen Platz, v. M. Praetorius' *Terpsichore* (1612) bis zu J.S. Bachs *Französischer Suite Nr. 1* (1722); in Bachs weiteren Frz. Suiten u. Partiten (1731) erscheint jedoch nicht die in gemessenem 6/4- od. 3/2-Takt gehende eher kontrapunktische frz. C., sondern die im 6/8- od. 3/4-Takt verlaufende eher homophonische it. Corrente, die sich seit den Kammersonaten Corellis als zweiter Formtyp der C. behauptete, seit Mitte des 18. Jhs. aber mit der Gattung der Tanzsuite des Barock (bis zunächst auf Menuett u. Gavotte) v. → Sonaten-Zyklus der → Klassik abgelöst wurde.

cps (Abk. f. engl. *cycle per second*), im engl. Sprachraum gebräuchliche → Frequenzeinheit, 1:1 im Verhältnis zu → Hertz.

Cream (engl. = Sahne), eine Dreiergruppe der brit. Rockszene, 1969 aufgelöst; v. Bedeutung f. den virtuosen Standard freier Improvisation in der → Rockmusik.

Credo (lat. = ich glaube), als Anfangswort Synonym f. das lat., aus dem 4. Jh. stammende christologische Glaubensbekenntnis, seither Teil des byzantin. u. röm. Tauf- u. Firmungsritus, in sechs im Wechselgesang (→ Antiphon) vorgetragenen Choralweisen (→ Gregorian. Choral) überliefert; seit dem 15. Jh. fester Bestandteil der Messeliturgie als 3. Satz des → Ordinarium Missae, seit dem 14. Jh. in zyklischen mehrstimmigen Messekompositionen (*Messe von Tournai*; Mauchaut, *Messe de Notre Dame*). Der Beginn des C., *Credo in unum Deum*, wird gregorian. intoniert u. anschließend chorisch auskomponiert; symbolhaltige Textausdeutungen der Messekompositionen des 16.-20. Jhs. führten bei Schwerpunkten auf dem Credosatz (meist mit Schlußfuge) zu *Credo-Messen*, gipfelnd etwa in Bachs *h-Moll-Messe* (1724), Beethovens *Missa solemnis* (1823) od. Bruckners *e-Moll-Messe* (1866) u. noch wieder in der *Mass* v. Strawinsky (1948). C.-Gesänge wurden im ev. Gottesdienst in Luthers *Formula Missae* (1523) noch beibehalten, jedoch seit dem dt. C.-Lied *Wir glauben all an einen Gott* (1524) durch dieses ersetzt, die *Dt. Messe* auf Kyrie u. Gloria reduziert (wie z.B. in Bachs *Missae Breve*), der vollständige lat. Text hinwieder auch v. protestant. dt. Komponisten vertont, im 20. Jh. von Hindemith, Pepping, Thomas u.a. → Messe. – I. (O. Ursprung, *Die katholische Kirchenmusik*, 1931; F. Blume, *Die evangelische Kirchenmusik*, 1932, ^{2}1965.)

Creole Jazz (engl.), eine v. Kreolen (Einwanderer roman. Herkunft) innerhalb des → New Orleans-Jazz entwickelte, auch auf lateinamerikan. u. südwesteurop. Einflüsse zurückgehende Jazzvariante.

crescendo (it. = wachsend), Abk. cresc., an Tonstärke zunehmend, Element des musikal. Vortrags, in der Gesangskunst seit dem frühen 17., in der Instrumentalmusik seit dem 18. Jh. belegt (→ Mannheimer Schule), bei Mozart satztechnisch differenziert, v. Beethoven u. Berlioz über Liszt u. Wagner bis zu Strauss klangfarblich ausgeweitet. (Extremfall eines Orchester-Crescendos: Ravels *Bolero*, 1928.) → Crescendowalze, Schwellwerk, Schwellton.

Crescendowalze, Einrichtung der → Orgel, durch eine mit dem Fuß od. mit Balanciertritt zu bedienende Walze (Roll- od. Registerschweller) die gleich- od. ähnlich klingenden → Register od. Teilwerke nach Lautstärkegraden an- od. abschwellen zu lassen; Erfindung aus der 2. Hälfte des 19. Jhs. v. Bedeutung zur Realisierung der Klangstrukturen der spätromantischen Orgelmusik (Liszt, Reger); nach der historist. Orgelbewegung der 1920er Jahre inzwischen unter Stil-, Interpretations- u. Rezeptions-Aspekten neugewertet. → Orgelmusik

Croche (frz. = Haken), Achtelnote, double c. = Sechzehntel-, triple c. = Zweiunddreißigstel-, quadruple c. = Vierundsechzigstelnote; engl. = Crotchet. → Notenschrift.

Crotales (frz., v. griech. krótalon), Cymbales antiques, Zimbeln, kleine metallene → Beckenpaare mit Flachrand u. Mittelwölbung (mit Öffnung f. Halteriemen), gegeneinanderschlagend od. einander streifend zu spielen, einzeln auch mit Schlegel; seit Berlioz' *Roméo et Juliette* (1839), nach pompejanischen Vorbildern, seither im Orch.-Instrumentarium v. a. in der Ballettmusik bei Debussy (*Prélude à l'Après-midi d'un Faune*, 1894), Ravel (*Daphnis et Chloë*, 1912), Strawinsky (*Les Noces*, 1923). → Krotala, Cymbala, Cimbalom.

Crwth (altirisch), leierartiges Saiteninstr., seit dem 4. Jh. belegt; Grundform: viereckiger od. ovalartiger flacher Korpus mit zwei aufsteigenden Armen, oben durch ein Querjoch miteinander verbunden, von dem aus 3-4 Saiten über ein bundfreies Griffbrett (2 weitere als Baß- od. Bordunsaiten neben ihm her) u. einen Flachsteg zum unteren Zargenrand gespannt waren; die Saiten wurden gezupft, seit etwa dem 12. Jh. auch mit → Bogen gestrichen; der C., einst das Begleitinstr. der keltischen → Barden, fand sich in Irland, Wales u. der Bretagne bis ins 19. Jh. → Irische Harfe.

Csárdás (ungar. = Dorfschenke), magyarischer Werbetanz ländl. Ursprungs, aus Elementen des → Hajdútánc u. → Vérbunkos entwickelt, Mitte des 19. Jhs. zum »Nationaltanz« avanciert; zweiteilige Grundform: einleitend langsam-pathetischer, sporenklirrend rhythmisierter kurzer Rundtanz der Männer (*lassú*), gefolgt von einem wirbelnden Tanz der Paare (*friss, friska, györs*); ²⁄₂-Takte in geschlossener Periodisierung synkopierter Themen (→ Synkope) mit melodischen u. finalen Floskeln; seit den 1830er Jahren setzte in Ungarn eine Csárdás-Welle ein, auch v. Zigeunerkapellen mitgetragen (→ Zigeunermusik); stilisiert ging der Cs. seit Liszt in die Klaviermusik ein (*Csárdás macabre*, 1852; *Csárdás obstiné, 1854); dem Cs. in Kontrastform u. Charakter verwandt ist die ungar.* → *Rhapsodie (Bartók, Rhapsodie für Klavier und Orchester op. 1*, 1904); Cs.-Sammeldrucke erschienen seit 1850 bei Rózsavölgyi in Budapest (seit 1949 *Editio Musica*).

C-Schlüssel, aus dem Ton-Buchstaben → C entstandener Notenschlüssel (→ Schlüssel), jeweils nach der Note bezeichnet, auf deren Linie des Fünfliniensystems das eingestrichene c^1 notiert steht (→ Tonnamen, Tonhöhe): auf der 5. Linie v. unten *Bari-*

tonschlüssel, auf der 4. *Tenor-*, auf der 3. *Alt-*, auf der 2. *Mezzosopran-*, auf der 1. *Sopranschlüssel*, womit für die jeweiligen Stimmhöhenlagen weniger Hilfslinien benötigt werden; gegenwärtig sind C-Schlüssel im Gebrauch f. → Viola u. → Altposaune als »Bratschenschlüssel«, f. → Violoncello, → Fagott u. Tenorposaune als »Tenorschlüssel«.

Cuëca, chilen. Werbetanzlied, aus der → Zambacuëca entwickelt, in synkopierten $\frac{6}{8}$-Takten (→ Synkope) beginnend, zu raschen pantomimischen Wendungen des tücherschwenkenden Tanzpaares sich steigernd; in Argentinien als → Samba, im Bolivien u. Peru, dem Ursprungsland der Cuëca, als Marinera getanzt. → Chilen. Musik, Lateinamerikan. Musik.

Cuivres (v. frz. cuivre = Kupfer), Sammelbez. f. Blechblasinstrumente; Vortragsanweisung *cuivré* = schmetternd, in Notenstimmen f. → Waldhörner.

Cymbala (lat., Mehrzahl v. Cymbalum, v. griech. Kymbala), im MA Bez. f. → Schellen, → Becken, Glöckchen, v. a. → Glokkenspiele, bis zu acht in Reihen od. Rahmen aufgehängte, nach Größen abgestimmte Glöckchen, mit Stäbchen od. Hämmerchen anzuschlagen; auch Bez. f. ein Mixturregister der → Orgel zur Imitation des Zimbelsternklanges. → Zimbelspiel.

Cymbales antiques (frz.) → Crotales.

Czákan, Csákan (ungar.), »Stockpfeife«, in Spazierstöcke eingeschraubte, herausnehmbare → Schnabelflöte, mit 6 Grifflöchern u. mehreren Klappen, Stimmungen in As u. Es, zweieinhalb Oktaven Stimmumfang; im 19. Jh. v. Wien aus am Balkan verbreitet, bes. in Ungarn.

Czimbal → Cimbalom, Hackbrett.

D

D, d, Tonname, it. re (→ Solmisation), 2. Stufe der Grundtonleiter auf → C; einfach erhöht *dis*, doppelt *disis*, entsprechend erniedrigt *des, deses* (→ Alteration); Tonart- u. Akkordkürzel f. → D-Dur bzw. → d-Moll (→ Quintenzirkel); D auch Abk. f. → Dissonanz, *D* f. → Dominante. D mit Zahl = Siglum des v. O. E. Deutsch hg. themat. Verz. der Werke Schuberts (1951), → Deutsch-Verzeichnis.

da capo (it. = vom Kopf an), Abk. d. c., Anweisung, ein Tonstück von Beginn an zu wiederholen, d. c. al segno = von Beginn an bis zu einem bestimmten Zeichen (𝄋 od. 𝄐 → Fermate), d. c. al fine = von Anfang bis Ende od. bis zu einem mit Fine angegebenen Abschluß; angewandt v. a. in symmetrisch angelegten Tonstücken.

Da-Capo-Arie, dreiteilige Standardform der it. Opernarie (→ Arie) mit variierter Wiederholung des 1. nach dem 2. Teil: A-B-A'. Die fünfgliedrigen A-Teile enden in → Koloraturen, der kürzere B-Teil konstrastiert tonartlich, thematisch u. instrumentatorisch zu den Eckteilen, die ihrerseits im ersten A-Teil bei Dur-Arien zur Dominante, bei Moll-Arien zur parallelen Dur-Tonart modulieren, während der zweite A-Teil zur Tonika zurückkehrt, wobei die Sänger(innen) mit improvisierten → Verzierungen brillieren; auch in → Oratorien u. → Kantaten.

Dadaismus (von dem Lallwort da-da abgeleitet), eine ursprünglich literarische Protestbewegung antibürgerlicher pazifistischer Avantgardisten während des 1. Weltkrieges in Zürich (H. Ball, H. Arp u. a. im *Cabaret Voltaire*). Parallelerscheinungen zeigten sich seit 1910 in der Pariser École d'Arcueil (E. Satie u. a. im *Cabaret Chat-Noir*). Fortsetzungen seit den 1920er Jahren in den USA, angeführt v. J. Cage, mündeten in den 1950er Jahren in einen Neodadaismus, z. B. bei M. Kagel, G. Ligeti, D. Schnebel.

Dâira (pers. = Kreis), Schellentrommel pers. Ursprungs mit rundem od. achteckigem Rahmen, an dessen Innenrand Schellen od. Metallringe angebracht sind; verbreitet in arab. Ländern u. am Balkan.

Dalcroze-Methode → Rhythmische Erziehung.

Dämpfer (it. sordino), Vorrichtung z. Abschwächung der Lautstärke eines Tones od. z. Änderung seiner Klangfarbe: beim → Hammerklavier des 18. Jhs. mittels Filzstreifenauflage, beim Konzertflügel des 19.-20. Jhs. durch Pedalverschiebung (→ Pedal), bei Zupfinstr. (Harfe, Laute, Gitarre usw.) durch Auflegen v. Hand od. Fingern auf die Saiten, bei fellbespannten Schlagzeuginstr. (Pauken, Trommeln usw.) auch durch Auflegen eines Filz-, Leder- od. anderen Tuches od. eines schwammüberzogenen Schlegels auf die Membran (→ étouffé), bei Blechblasinstr. (Kesselmundstück bei Trompeten, Tuben u. a.) durch Stopfen der Stürze mit der rechten Hand (v. a. bei Hörnern) bzw. durch Einsetzen v. Leichtmetall od. Holzkegeln in das Schallstück, bei Streichinstr. durch Aufsetzen eines Holz- od. Metallkamms mit zwei od. mehr gespaltenen Zinken auf den → Steg.

Dämpfung, bei Musikinstr. die Schwingungsabnahme u. Lautstärkeverringerung durch → Dämpfer als Verringerung der Schallabstrahlung u. Veränderung v. Klang u. Klangfarbe (Dämpfungsmaß → Dezibel).

Dänische Musik, in germanischer Frühzeit mittelbar durch Funde v. → Luren belegt, im MA durch mdl. überlieferte Bardengesänge neben geistl. Gesängen (→ Hymnen, Sequenzen), in der Folgezeit, bis ins 19. Jh., v. Einflüssen v. a. dt. Musik u. v. Musikern in dän. Diensten bestimmt. Eigenständige dän. Musik schrieben im 19. Jh. N. W. Gade (*Holbergiana*, 1884), im 20. Jh. der Gade-Schüler C. A. Nielsen (Sinfonien), gefolgt z. B. v. K. Riisager (*Lady from the sea*, 1960); jüngere unter Einfluß der europ. Avantgarde, z. B. N. V. Bentzon (geb. 1919; Oper *Faust III*, 1964), P. Nørgård (geb. 1932).

Danza tedesca (it. =), Deutscher Tanz. → Allemande.

Darabukka (arab.), Handtrommel aus Ton; viel verwendet in der Volks- u. Kunstmusik arabischer Länder.

Darmstädter Ferienkurse, Internationale Ferienkurse für Neue Musik des 1946 gegr. Internationalen Musikinstituts Darmstadt, Informationszentrum f. zeitgen. Musik; allsommerlich stattfindende Arbeitswochen mit Seminaren (Komposition, Interpretation), Wettbewerben (Kranichsteiner Musikpreis) und Konzerten f. zeitgen. avantgardistische Musik; Direktion bis 1961 W. Steinecke, 1962-1980 E. Thomas, seither F. Hommel. Publikationsorgan: *Darmstädter Beiträge zur Neuen Musik* (1958 ff.); Institutsbibliothek mit internationaler Ausleihe.

Dauer, in der Musik die zeitl. Ausdehnung eines → Tones od. einer → Pause; Notenwerte in Taktwerten angezeigt; seit den 1950er Jahren in der → Seriellen Musik reihentechn. behandelt, in der → Elektronischen Musik auf eine mathematische Kategorie reduziert; in der Notenschrift seither f. die Ausführenden graphisch auch durch *Dauernstrich* (J. Cage) verdeutlicht.

Davidsbündler, eine von R. Schumann erdichtete, gegen die »Philister« gerichtete Gemeinschaft fortschrittlich gesonnener Komponisten, unter ihnen die Phantasiegestalten des feurigen Florestan, des lyrischen Eusebius u. des kraftvoll-besonnenen Meister Raro; als musikal. Charaktere auch in Schumanns *Davidsbündlertänzen* f. Klavier (1837).

D-Dur, → Tonart, → Parallele zu → h-Moll

De profundis (lat. = aus den Tiefen), Anfangsworte des 130. Psalms (Vulgata 129); zahlr. mehrstimmige vokale od. vokal-instrumentale Vertonungen.

de tempore (lat. = der Zeit nach), der Kirchenjahreszeit entsprechend wechselnde liturgische Gesänge des → Proprium; Ggs. → Offizium.

Décachorde (frz., v. griech. dekachordos = zehnsaitig), Gitarrentyp in ovaler Grundrißform mit 6 Melodie- plus 4 → Bordunsaiten, die in zwei übereinander angebrachten Wirbelkästen enden; um 1685 v. dem Versailler Lautenbauer Caron konstruiert.

Decca, The Decca Record Co. Ltd., bei Austritt aus der brit. Decca Ltd. (Electro- und Phonoindustrie, seit 1929), 1962 gegr. engl. Schallplattenfirma; Tochtergesellschaft in der BRD: Telefunken-Decca. → Schallplatte.

decrescendo (it. = abnehmend; Abk. decresc., decr.), Vortragsbez. zum Abschwächen der Lautstärke; Ggs. → crescendo.

deficiendo (it. = mangelnd), nachlassend an Tempo u. Tonstärke (Vortragsbez.)

Dekachord (griech. = Zehnsaiter), ma. Bez. f. das zehnsaitige → Psalterium.

Deklamation (v. lat. declamare = laut reden, vortragen), seit der griech.-röm. Antike Bez. f. kunstvoll gehobene Sprechweise beim Vortrag v. Dichtungen u. Reden, in der Vokalmusik nach Wort- u. Sinnakzenten artikuliert u. ausdrucksvoll phrasiert, in der Instrumentalmusik sinnentsprechend das rhythmisch-melodisch deklamatorische → Espressivo. → Sprechgesang, Musikalische Prosa.

Démancher (frz. = übergreifen), Kreuzen der Hände beim Spiel auf einem Klavierinstr.; Lagenwechsel der linken Hand auf dem Griffbrett beim Spiel auf einem Streich- od. Zupfinstr.

Denkmälerausgaben, quellenkritische wissenschaftl. Publikationsreihen stil- u. gattungsgeschichtl. bedeutender Werke europäischer Musik, Schwerpunkte 16.-18. Jh., im Ggs. zu → Gesamtausgaben der Werke einzelner Komponisten. In Dtl. seit Ende des 19. Jhs. gefördert.

des, deses, Tonnamen, → d.

Des-Dur, → Tonart, → Parallele zu → b-Moll.

détaché (frz. = getrennt, abgestoßen), Bogenstrichart bei Saiteninstr., seit dem 17. Jh. angewandte, straff abgesetzte, fortlaufend zw. Ab- und Aufstrich wechselnde Bogenführung, je Bogenstrich für einen Ton, *grand d.* = → Staccato mit ganzem Bogen je Note, *petit d.* = mit der Bogenspitze, *d. sec* = »trockener« kurzer Bogenstrich (→ martellato).

detonieren (v. frz. détonner = verstimmen), beim Chor- od. Einzelsingen unrein einstimmen od. während des Vortrags absinken od. hochtreiben, stimmphysiologisch, musikalisch-akustisch od. psychologisch bedingt. *Detonation*, in Vokal- u. Instrumentalmusik Unreinheit der Tongebung. *Distonation* (H. v. Bülow zugeschriebene Wortprägung), das forcierte Hochtreiben v. a. der → Leittöne.

Deutsche Grammophon Gesellschaft, Abk. DGG, Schallplattenfirma, 1898 in Hannover gegr., Sitz seit 1956 Hamburg; mit Philips u. Polydor Beteiligungsges. der → Polygram.

Deutsche Musik, – H. J. Moser, *Gesch. der dt. Musik*, 3 Bde., 1920-24, Neuaufl. 1968; L. Schiedermair, *Dt. Musik im europ. Raum*, 1954; H. Mersmann, *Dt. Musik des 20. Jhs. im Spiegel des Weltgeschehens*, 1958. Umfassendes Lit.-Verz. in → MGG Bd. 3, 1954. → German. Musik.

Deutsche Orchestervereinigung e.V., 1952 in Berlin gegr. gewerkschaftl. organisierte berufl. Vereinigung der Kulturorch. der Länder u. Städte sowie der Orch. u. Chöre der Rundfunkanstalten, Sitz Hamburg; Zs. *Das Orchester*.

Deutscher Komponisten-Verband e. V., 1854 in München gegr., Sitz Berlin.

Deutscher Musikalienwirtschafts-Verband, Gesamtverb. dt. Musikfachgeschäfte, Sitz Bonn. → Musikalien.

Deutscher Musikrat, Sektion der BRD im Internat. → Musikrat, Sitz Bonn.

Deutscher Musikverleger-Verband (DMV), hervorgegangen aus dem 1829 in Leipzig gegr. Verein der deutschen Musikalienhändler (F. Hofmeister), 1934 als Reichsverband der Deutschen Musikalienhändler der → Reichsmusikkammer (Präs. R. Strauss) unterstellt, 1938 aufgelöst u. als Fachschaft der RMK (unter P. Raabe) eingegliedert, 1949 in Detmold neu gegr., Sitz seit 1952 Bonn; trat f. Grundlegung u. mehrfache Novellierung des Verlags- u. → Urheberrechts ein. Publikationsorgane: *Musikhandel und Musikpflege* (1898-1918), *Musikalienhandel* (seit 1918), *Musikhandel* (seit 1948).

Deutscher Sängerbund e. V. (DSB), 1862 in Coburg gegr., 1933, nach »Gleichschaltung« des *Deutschen Arbeiter-Sängerbunds* (→ Arbeiterchöre), *Allgem. DSB*, 1945 aufgelöst, 1949 in Göppingen als DSB neu gegr., Sitz Köln, gegenwärtig Dachverband v. 18 Einzelbünden mit 15.000 vereinigten Männer-, Frauen-, Jugend- u.a. Chören, veranstaltet in mehrjährigen Abständen Sängerbundfeste u. Chortage z. Pflege zeitgen. Chormusik.

Deutscher Tanz, im 15.-18. Jh. reigenartiger geradtaktiger Schreittanz (→ Allemande), Vordersatz eines raschen ungeradtaktigen Dreh- u. Sprungtanzes, letzterer seit dem 18. Jh. v. a. in Süddtl. u. Östr. als Deutscher (→ Ländler) verbreitet; in Serien komponiert (Haydn, Mozart, Beethoven u. a.).

Deutscher Verlag für Musik, 1954 in Leipzig gegr. Verlag f. Musik-Noten u. -Bücher (VEB = Volkseigener Betrieb): *Neue Bach-Ausgabe*, *Hallische Händel-Ausgabe*, *Konversationshefte Beethovens*, *Briefe Wagners* (Wagner-Stiftung Bayreuth), *Musikgeschichte in Bildern* (16 Bde. seit 1961), *Handbuch der europäischen Volksmusikinstrumente* (seit 1968), Lexika, Lehrbücher, zeitgen. Komponisten.

Deutsches Musikarchiv (DMA), 1970 in Berlin gegr. Außenabt. der Dt. Bibliothek Frankfurt/M., zentrale Sammelarchivierungs- u. Benutzungsstelle aller seit 1973 in der BRD erschienenen Musiknoten u. Schallplatten (einschl. der Vorbestände der 1961 in Berlin gegr. Dt. Musikphonothek).

Deutsches Volksliedarchiv, 1914 in Freiburg/Br. durch J. Meier gegr., seit 1953 dem Land Baden-Württemberg unterstellt, zentrales Archiv z. Sammlung, Erforschung u. Edierung deutschspr. Volkslieder (Handschriften- u. Flugblattsammlung, ca. 300.000 Liedvarianten, ca. 30.000 Fachschriften u. a. m.). Publikationen: *Landschaftl. Volkslieder mit ihren Weisen* (seit 1924; bis 1985 43 Hefte), *Jahrbuch für Volksmusikforschung* (seit 1928), *Deutsche Volkslieder mit ihren Melodien, Balladen* (seit 1935). → Volkslied.

Deutschlandlied, 1841 v. H. Hoffmann v. Fallersleben auf Helgoland gedichteter dreistrophiger Liedertext (*Deutschland über alles*), seit den 1850er Jahren verbreitet auf die Melodie der altöstr. Kaiserhymne, 1797 v. J. Haydn komponiert; während im Wilhelminischen Reich (1871-1918) die Preußenhymne z. → Nationalhymne erhoben war (*Heil dir im Siegerkranz*, Text v. Harries, Melodie nach dem altengl. National-Anthem v. 1743 *God save the King*), wurde das D. am 11.8.1922 z. Nationalhymne erklärt, 1933-45 im Verbund mit dem Kampflied der SA (Sturm-Abteilung der NSDAP) *Die Straße frei*, Text v. H. Wessel, auf eine volksläufige Melodie aus dem 19. Jh.; nach dem 2. Weltkrieg entstand 1949 eine Staatshymne der DDR (*Auferstanden aus Ruinen*, Text J. R. Becher, Melodie H. Eisler). In der BRD wurde 1951 eine neue Hymne diskutiert (Text A. Heuss, Musik H. Reutter); seit 1952 wird die 3. Strophe des Fallersleben-Textes, *Einigkeit und Recht und Freiheit*, als Nationalhymne gesungen.

Deutsch-Verzeichnis nach O. E. Deutsch (1883-1967) benanntes, mit D u. durchlaufender Zahlenreihe versehenes Werkverzeichnis zu *Franz Schubert: Thematisches Verzeichnis seiner Werke* (urspr. in engl. Sprache, 1951).

Devisen-Arie (v. lat. devisa = Wahlspruch), Sonderform der → Arie, in der venezian. Oper des 17. Jhs. entwickelt; Kopfmotiv als Eingangsmotto (Devise) zunächst v. der Singstimme allein vorgetragen, nach instrumentalem Zwischenspiel wiederholt bzw. fortgesetzt, z. Abschluß abgewandelt wiederholt; diente der dramatischen Affektsteigerung ähnlich der leitmotivischen Arienszene in der dt. Oper seit Beethoven. → Musikdrama.

Dezett (v. lat. decem = zehn), Kammermusikwerk für 10 solistisch verwendete Instr., auch Ensemble v. 10 Instrumentalisten.

Dezibel, Abk. dB, nach dem engl. Erfinder A. G. Bell (1847-1922) benanntes logarithmisches Maß bei Feststellung der Schallintensität im Vergleich v. Intensität u. Lautstärkeempfindung. → Schalldruck.

Dezime (v. lat. decimus = der Zehnte), → Intervall v. 10 diaton. Stufen: große D. = Oktav plus gr. Terz (c-e^1), kl. D. = Oktav plus kl. Terz (c-es^1), übermäßige D. = c-eis^1, verminderte D. = c-eses^1.

Diabolus in musica (lat. = Der Teufel in der Musik), ma. Bez. f. den → Tritonus aus 3 Ganztönen, z. B. mi-fa (= h-f), der sowohl in der Aufeinanderfolge wie als Zusammenklang zu meiden war, gemäß dem Merkspruch *Mi contra Fa, diabolus in musica*. → Solmisation.

Dialog (v. griech. diálogos = Zwiegespräch), Wechselgesang, solistisch od. chorisch, vokal, instrumental, od. vokal-instrumental, ursprüngl. im Synagogengesang u. in der Gregorianik (Responsorium, Antiphon), im 13.-15. Jh. im Minnesang u. Mysterienspiel, seit dem 16. Jh. in Kantaten, Passionen, als gesprochener Dialog seit dem 18. Jh. in der it. Opera buffa, der frz. Opéra-comique, der engl. Ballad Opera, dem dt. Singspiel, im 19. u. 20. Jh. auch in Operette u. Musical.

Diápason (griech. = durch alle [Töne der Tonleiter]), in der altgriech. u. ma. Musiklehre die alle Töne umfassende Oktave, in der neueren Musikpraxis → Stimmton u. Tonhöhe, auch → Mensur bei Orgel, Saiten- u. Blasinstr.

Diaphonie → Discantus, Organum.

Diastema (griech. = Abstand), Intervall, Tonhöhe. *Diastematik*, Tonhöhenstruktur, in der Satztechnik der → Seriellen Musik gebräuchlich.

Diatonik (v. griech. diátonos = durch Ganztöne verlaufend), Grundlage der europ. Tonordnung als Abfolge v. Ganz- u. Halbtönen, in der Antike im Rahmen des → Tetrachords, im MA im → Hexachord, seither in der Oktave mit 5 Ganz- und 2 Halbtönen (→ Kirchentöne, Dur, Moll). Mit Ausbreitung der funktionsharmonischen → Chromatik und der → Enharmonik in der Musik des 19. Jhs. verlor die D. in der 1. Hälfte des 20. Jhs. ihre Vormachtstellung an die → Atonalität, während zur gleichen Zeit der → Neoklassizismus die D. zum Stilprinzip erhob u. seit den 1970er Jahren sich eine Durchdringung v. diatonischer mit enharmonisch-chromatischer Ordnung als Neuorientierung abzeichnet.

Dies irae (lat. = Tag des Zornes), ma. → Sequenz über das Jüngste Gericht (mit abschl. Bittgebet um Gnade), im 13. Jh. als Umformung eines vielstrophigen Reimgebetes entstanden, it. Franziskanern zugeschrieben, seit dem 14. Jh. in die röm. Totenmesse aufgenommen (→ Requiem), verblieb als gregorianische Choralweise neben 4 weiteren Sequenzen 1570 bis 1970 im *Missale Romanum*. Im Liturgiegebrauch im 16.-18. Jh. als Alternativ-Komposition, seither als eigenständige oratorische Kirchen- od. Konzertmusik, z. B. Mozarts *Requiem* (in seinem Todesjahr 1791), im 19. Jh. unter affektiver Ausdeutung des mittellateinischen bildkräftigen Textes der 17 Strophen (Zwei- u. Dreizeiler in Reimpaaren), z. B. bei Berlioz, Dvořák, Verdi (*Messa da Requiem*, 1874), aber auch im 20. Jh., z. B. bei Ligeti (1965) u. Strawinsky (*Requiem Canticles*, 1966). Sie alle wahrten einen Bezug zu der altüberlieferten Sequenz-Melodie, auch da, wo der ma. Text mit neuen geistl. od. weltl. Texten verbunden wurde (Britten, *War Requiem*, 1962) od. wo die D. i.-Melodie (meist als Viernotenmotiv der beiden Eingangsworte) ohne Textbezug mottoartig in eine Instrumentalkomposition übernommen wurde, z. B. in die *Symphonie fantastique* (1830) v. Berlioz, den *Totentanz* (1849) v. Liszt, die *2. Symphonie* (1894) v. Mahler, *Fantasie und Fuge* (1924) v. J. N. David, *Abraxas*-Finale (1948) v. W. Egk.

Dièse (frz.), díësis (it.), sharp (engl.) → Kreuz, Versetzungszeichen, v. griech. → díësis = Abtrennung.

Díësis (griech. = Abtrennung), Kleinintervall der altgriech. Musiklehre, in der neueren Musiktheorie → Leittonintervall, in der Akustik zw. gr. u. kl. D. unterschieden (Quotient zw. Oktav u. 4 kl. bzw. 3 gr. Terzen). → Enharmonik.

Diferencia (span. = Verschiedenheit), in der span. Lautenmusik Bez. f. → Variation. → Glosa, Tiento.

Differenzton → Kombinationston.

Diffusität (v. lat. diffusitas = Streuung),

die durch Reflexionen erzielte Schall-Verteilung des sprachl. od. vokal-instrumentalen → Nachhalls in einem Raum. Emporen, Nischen, Hängedecken, neuerdings auch Reflektoren, Diffusoren fördern die Klarheit der Wiedergabe. → Raumakustik, Echo.

Digitalgeräte, in der Musikelektronik Magnetband, Schallplatte, Lochkarte (→ Synthesizer), deren Signal »digitalisiert«, d. h. in kleinste Stufen aufgeteilt wird, kleiner als die Hörschwellen und somit optimal innerhalb der Wahrnehmungsgrenzen. – *Digital*, vom engl. digit = »Zählfinger« (lat. digitus = Finger), aus Datenverarbeitung u. Informationstheorie entlehnte Kennzeichnung v. Regelungsvorgängen in Kleinstufen.

Dilettant (it. diletto = Vergnügen), im 18. Jh. in positiver (→ Kenner und Liebhaber), seit dem spieltechn. virtuoseren 19. Jh. eher in negativer Bedeutung.

diminuendo (Abk. dim., dimin.), abnehmend an Tonstärke. → decrescendo.

Diminution (lat. diminutio = Verkleinerung), in der → Mensuralnotation die Reduktion auf ein Drittel od. die Hälfte des notierten Wertes (Ggs. → Augmentation); in der Gesangs- u. Spielpraxis → Verzierung (→ Kolorierung) einer Melodie, meist als improvisierte Umspielung der Gerüstnoten. → Zigeunermusik, Jazz.

Dionysos, Naturgottheit der mittelmeerischen Antike, seit dem 8. Jh. v. Chr. aus Kleinasien in den attisch-griech. Kult aufgenommen, hier als Sohn v. Zeus u. Semele als Gottheit des Rhythmus v. Zeugung u. Tod, auch der Vegetation, des Weines u. des Rausches (Bacchos); *Dionysien* waren nächtliche, nur Frauen zugängige, dem Schutz → Apollons anbefohlene Mysterien, v. Rhythmusinstr. (Becken, Schellen, Tamburin, Bárbitos) u. Melodieinstr. (→ Aulos) begleitete Chor-Tänze, auf die Pindar (5. Jh. v. Chr.) den → Dithyrámbos zurückführte; in der Naturphilosophie des 19. Jhs. neu gewertet (Bachofen, Kreutzer), mit Nietzsches Schrift *Die Geburt der Tragödie aus dem Geiste der Musik* (1872) polemisch in das Begriffspaar dionysisch – apollinisch gerückt; seit Wagner blieb das Dionysische ein Element der spätromant. Musik bis zu A. Bergs Konzertarie *Der Wein/Le vin* (1929) nach Baudelaire/George, während das Apollinische z. Stilelement des → Neoklassizismus wurde.

Dirge (engl.-lat. v. dírige = leite), im 16. Jh. aufgekommene Bez. vokaler Musik zu Begräbnisfeierlichkeiten, auch f. Totenklagen allgemein; das Wort D. geht zurück auf den Anfang des Totenoffiziums (*Dirige, Domine, Deus meus*); *Dirge-Canons* im 20. Jh. in Strawinskys vokalem Spätwerk (*Cantata*, 1952; *In memoriam Dylan Thomas*, 1954). → Sepolcro, Threnodie, Lamento, Elegie.

Dirigent, Dirigieren (v. lat. dirigere = leiten), seit dem frühen 19. Jh. übliche Bez. f. Berufsstand u. Funktion des Leiters eines Orchesters (bei Konzert- u. Bühnenwerken) od. eines Chores (bei Chor- bzw. Chor-Orchesterwerken) in Nachfolge des Cembalisten od. des → Konzertmeisters bei früh- u. vorklassischer Konzertmusik bzw. des → Regens chori od. Maestro di cappella (→ Kapellmeister) bei älterer Chormusik; der neuzeitl. D. leitet Proben u. Aufführungen v. Werken größerer Besetzung, zunehmend spezialisiert auf Sinfonie, Oratorium od. Oper/Ballett; Kammerorch.-Werke werden vom Konzertmeister-Geiger od. auch vom Solisten angeführt, Kammerchöre vom Chorleiter/Chordirektor; Chorleiter dirigieren traditionell mittels rhythmisch-dynamischer Zeichen- u. Akzentgebung beider Hände (→ Cheironomie), Orchester-, Oratorien-, Opern-, Ballettdirigenten in der Regel mittels genormter Schlagfiguren mit Taktstock in der rechten Hand (noch zu Beethovens Zeit mit Notenrolle od. Violinbogen) u. mittels rhythmisch-agogischer Zeichen- u. Akzentgebung der linken Hand; im Dirigieren soll größtmöglicher Einklang instrumentaler u./od. vokaler mit stilistisch-ausdrucksmäßigen Komponenten des jeweiligen Musikwerkes durch den Klangkörper zur Darstellung gelangen (→ Interpretation). – Die Entwicklungsgeschichte bedeutender Orchester im 19. u. 20. Jh. ist auch die ihrer großen Dirigenten, z. B. die des Meininger Hoforchesters unter Hans v. Bülow, des → Gewandhausorchesters in Leipzig unter Arthur Nikisch, des → Berliner Philharmonischen Orchesters unter Wilhelm Furtwängler u. Herbert v. Karajan, der → Wiener Philharmoniker unter Karl Böhm od. Arturo Toscanini, Leonard Bernstein u. a.; dies gilt vereinzelt auch f. Rundfunk-Sinfonieorchester, z. B. das des Bayerischen Rundfunks München unter Rafael Kubelik; daraus resultieren Erkenntnisse zur → Vergleichenden Interpretation, f. das klassisch-romantische Repertoire wie f. Orchestermusik des 20. Jhs. (mit vielfach neuartiger Zeichengebung), auch im Reflex v. Wiederholungsaufführungen, Schallplatteneinspielungen, Tonbandaufnahmen; Komponisten als dirigierende Interpreten eigener Werke nehmen unter deutschen Tonsetzer-Kapellmeistern (v. Weber, Mendelssohn, Wagner, Liszt über Mahler, Strauss, Reger, Pfitzner bis Hindemith, Egk, Henze) eine Sonderstellung in der Gesch. des Dirigierens ein. Musikhochschulen bieten Ausbildungsklassen f. Dirigenten u. Chorleiter in gefächerten theoretischen u. praktischen Studiengängen an; der »geborene« Dirigent od. Chorleiter setzt sich (herausragende musikpraktische, künstlerische u. Führungsqualitäten vorausgesetzt) durch, auch aus anderen Musikberufen kommend (Orchestermusiker, Korrepetitoren, Schul- u. Kirchenmusiker usw.) – Ansermet – Kehr – Kubelik, *Der Dirigent*, 1965; H. C. Schonberg, *Die großen Dirigenten*, dt. 1970.

Dirty tones (engl. = schmutzige Töne), in der afro-amerikan. Volksmusik u. im → Jazz bewußt unreine Intonation mit Geräuschanteilen als Ausdrucks- u. Klangfarbenspezifikum. → Growl.

dis, disis, Tonnamen, → D.

Disalteration (v. lat. disalteratio = Auseinander-Änderung), → chromat. Veränderung eines → Leittons in den oberen u. unteren Leitton eines Akkords. → Alteration.

Discantus (lat. = Auseinandergesang), mehrdeutiger Terminus der ma. Musik, v. a. die Stimmführung im → Organum u. → Conductus betreffend. → Kontrapunkt, Diskant.

Discjockey, Schallplattenansager, Kommentator u. Animator in Diskotheken im Sinne v. Vergnügungslokalen, überwiegend v. jugendlichen Anhängern der Popszene frequentiert, (→ Discosound). Kommerzgesteuert u. nicht ohne Einfluß auf den einschlägigen Schallplattenumsatz, seit den 1960er Jahren aus den USA kommend auch in Dtl. verbreitet.

Discosound (engl.), Trivialtrend in der

Popmusik der 1970er-1980er Jahre, in Disco- u. Videotheken praktiziert.

Diskant (v. lat. discantus = Auseinandergesang), die oberste Stimme eines mehrstimmigen Vokalsatzes des 15.-17. Jhs. (→ Sopran), v. Kapellknaben als Diskantisten gesungen; auch Bez. f. das jeweils höchste Instrument der in Chören gebauten Instrumentenfamilien, z. B. D.-Gambe. – *Diskantschlüssel* → Schlüssel.

Diskantlied → Kantilenensatz.

Diskordatur → Scordatura.

Diskothek, Sammlung bzw. Sammelstelle v. Schallplatten unterschiedlichster Zielrichtungen, z. B. nach Werkgattungen, Stilepochen, Interpreten, Frühgesch. der Schallplatte, auch in *Diskographien* erfaßt, erstmals v. R. D. Darrell in *The gramophone shop encyclopedia of recorded music* (1936, Nachdr. 1970), in der BRD seit den 1950er Jahren, z. B. im *Bielefelder Schallplattenkatalog*, seit 1972 in der *Deutschen Bibliographie, Schallplattenverzeichnis* (Dt. Musikarchiv Berlin). → Schallplatte, Phonothek.

dis-Moll, → Tonart, → Parallele zu → Fis-Dur.

Disposition (lat. dispositio = Anordnung), Aufbauplan einer → Orgel nach Registern, Manualen, Teilwerken, Spielhilfen, Traktur- u. Ladensystem usw., unterschiedlich nach Stilepochen v. Orgelbauer u. Organisten gemeinsam erstellt.

Dissonanz → Konsonanz/Dissonanz.

Distinktion (lat. distinctio = Unterscheidung, Einschnitt), den Textzäsuren folgende Melodiegliederung im → Gregorian. Choral, durch D.-Striche verdeutlicht.

Dithyrambos (griech.), ekstatisches flötenbegleitetes Chorlied des Dionysoskultes (→ Dionysos), seit dem 7. Jh. v. Chr. belegt, Vorläufer zur attisch-griech. Tragödie.

Dítonus (lat., v. griech. = Zweiton), in der ma. Musiklehre die aus zwei Ganztönen gebildete große → Terz. → Intervall.

Divertimento (it. = Vergnügen, Unterhaltung), suitenartig vielsätziges Instrumentalstück unterhaltsamen Charakters, f. Streicher od. Bläser od. gemischt f. beide; Tafel- od. Freiluftmusik, ähnlich der → Serenade u. → Kassation, Mitte bis Ende des 18. Jhs. an den Höfen Mitteleuropas verbreitet, z. B. in Wien u. Salzburg durch Haydn u. Mozart, vereinzelt auch im 20. Jh. vertreten (Bartók, *Divertimento für Streicher*, 1939). Auch Bez. f. themat. freie Zwischenspiele in der → Fuge.

Divertissement (frz. = Zerstreuung), Tanz- u. Gesangseinlagen in der frz. Opern- u. Ballettmusik seit dem 17. Jh. (Lully), in der → Opéra-comique bis ins 19. Jh., auch als selbständige parodistische Bühnenstücke (Offenbach, *Bouffes Parisiennes*), v. hier seit dem 19. Jh. im Kölner Karneval als *Kölsche Divertissementcher* (mit Transvestitenballett).

divísi (it. = geteilt), Abk. div., Hinweis in Orchesterstimmen f. Streicher, mehrstimmige Stellen auf verschiedene Pulte aufgeteilt zu spielen.

Division (engl. = Teilung), improvisierte Verzierung vorgegebener Melodien od. Variation über → Grounds, vornehml. in der engl. Virginal- u. Gambenmusik des 16.-17. Jhs.; Sammel- u. Lehrwerke: J. u. H. Playford, *The Division Violin*, 2 Bde., 1685, 1695; Chr. Simpson, *The Division-violist*, 1659.

Dixieland-Jazz, Ende des 19. Jhs. in den USA aufgekommener Jazzstil, v. weißen Musikern eingeführt (Jack Laine, Schlagzeug), Übernahme des → Ragtime farbiger Musiker in der Besetzung mit Klar., Trp., Pos., Klav., Schlagzeug. Erste Schallplatten mit Jazzmusik gehen auf die *Original Dixieland Jazz Band* zurück (New York 1917). In Europa meist durch Amateur-Ensembles als *Happy Jazz* gepflegt. → Jazz, New Orleans-Jazz.

d-Moll, → Tonart, → Parallele zu → F-Dur.

do, Tonsilbenbez. f. die 1. Tonstufe der → Solmisation (lat. → ut); in romanischen Sprachen Bez. f. den Ton → C.

Doblinger, östr. Musikverlag, hervorgegangen aus der 1857 v. Ludwig D. (1816-1876) erworbenen Wiener Musikalienleihanstalt Mainzer, seit 1876 v. B. Herzmansky zum Musikhaus *Ludwig Doblinger K. G.* ausgebaut (Verlag, Handlung, Antiquariat); neben Edition der Wiener Operette (J. Strauß, Lehár u. a.) Erstverlag v. Bruckner, Mahler u. a. östr. Komponisten, unter B. Herzmansky jr. seit 1914 weiterhin gefördert, seit 1955 unter Chr. Wolf Verlagsschwerpunkt, begleitet v. Sammeldrucken zur Musik aus Renaissance u. Barock (*Thesauri Musici*) u. Erstdrucken zur Wiener Frühklassik (*Diletto musicale*). – H. Vogg, *100 Jahre Musikverlag Doblinger*, 1976.

Docke, als Springer auf dem Tastenende des → Cembalos befestigtes Holzpflöckchen mit beweglichem Anreißkiel.

Dodekaphonie → Zwölftontechnik.

Doina, rumän. Volkstanzlied v. klagendem, abschließend heiterem Charakter, im dorischen od. äolischen → Kirchenton, mit kleinintervalligen melodischen Auszierungen, v. Einfluß auf die Kunstmusik.

dolce (it. = zart), lieblich, zart; dolcissimo = sehr zart (Vortragsbez.).

Dolcian (v. it. dolce = zart), → Orgelregister, Labialstimmen v. hellem Flötenklang.

Dolzflöte (v. it. dolce = zart) quer angeblasene → Blockflöte in Spätrenaissance u. Frühbarock.

Dominante (v. lat. dominare = herrschen), die 5. Stufe einer Dur- od. Moll-Skala, auch der auf ihr errichtete Dreiklang (Kürzel D), im Ggs. z. Unter- (Sub-)Dominante (S) der 4. Stufe Gegenpol z. → Tonika (T) der 1. Stufe, in der Dreiklangsfolge IV.-V.-I. Stufe kadenzbildend (→ Kadenz), insbesondere als spannungssteigernder, auflösungsbedürftiger Dominant- → Septakkord (D^7). Vor J.-Ph. Rameau u. seinem *Traité de l'harmonie* (1722) wurden die 5. Stufe einer authentischen u. die 4. Stufe einer plagalen → Kirchentonart als D. bezeichnet, desgleichen der → Reperkussionston des → Gregorian. Chorals. Seit H. Riemanns *Handbuch der Harmonielehre* (1887) wurden auch Zwischen- u. Doppel- (= Wechsel-)Dominanten sowie Dominantenparallelen (Dp) funktionstheoretisch systematisiert (M. Reger, *Beiträge zur Modulationslehre*, 1903). Spätestens seit Debussy (*Préludes* f. Klav., 1910 u. 1913) wurden der Dominantakkord u. seine Umkehrungen zu funktionsfreien Klangfarbwerten »umfunktioniert«. → Septakkord, Nonenakkord.

Domra, russ. Langhalslaute mit 3 Saiten in Quartstimmung, Vorläufer der → Balalaika, wie diese in versch. Größen, auch zu Orchestern zusammengestellt.

Donaueschinger Musiktage, 1921 gegr., allsommerlich veranstaltetes Wochenende f. zeitgen. Kammermusik, 1926 in dieser Form eingestellt, 1950 neu konstituiert unter Federführung der Musikabteilung des

Südwestfunks Baden-Baden (H. Strobel, seit 1976 J. Häusler) f. → experimentelle zeitgen. Musik aller Art u. Besetzung. – M. Rieple, *Musik in Donaueschingen*, 1959.

Donemus, 1947 gegr. nld. Stiftung z. Förderung zeitgen. nld. Komponisten, Abk. v. *Documentatie in Nederland voor Muziek*. Sitz Amsterdam.

Donkosakenchor, 1920 gegr. Männerchor ehem. Weißarmisten, seit 1923 unter Sergej Jaroff (1896-1985) auf Konzerttourneen durch Westeuropa u. die USA, seit 1940 hier seßhaft, seit 1945 (regeneriert) erneut auf Reisen, mit breit gestreutem Repertoire altruss. u. euro-amerikan. weltl. u. geistl. Chormusik.

Doppelalteration, chromat. Veränderung zweier Töne zu einem Einklang. → Alteration.

Doppel-♭♭, → Versetzungszeichen; Erniedrigung eines Tones um zwei Halbtöne, z. B. c zu ceses.

Doppelchor, ein aus zwei selbständigen Klanggruppen bestehender Chor. Die Teilchöre treten entweder im Wechsel auf (→ Antiphon) od. gleichzeitig, ggfs. räumlich getrennt (→ coro spezzato um 1600 an San Marco in Venedig), Beispiele im 17.-18. Jh. bei Monteverdi bis Bach, im 19.-20. Jh. bei Berlioz bis Hindemith. → Chor, Mehrchörigkeit.

Doppeldominante, Dominante der Dominante, z. B. d = Doppeldominante (über g als → Zwischendominante) über c als Grundton. → Dominante.

Doppelflöte, Flöte aus nur einem Stück Holz mit doppelter Bohrung od. 2. Flöte in festem Verbund bzw. in Abstand voneinander (→ Aulos). Auch → Orgelregister mit doppelten Labien, v. a. im Orgelbau des 19. Jhs. → Doppelgedackt.

Doppelfuge, → Fuge mit zwei kontrastierenden Themen, nacheinander od. v. Beginn an gleichzeitig miteinander verarbeitet, z. B. in Mozarts *Requiem* (Kyrie) od. in Strawinskys *Psalmensinfonie* (Exaudi).

Doppelgedackt, → Orgelregister gedackter Pfeifen mit zwei einander gegenüberliegenden Labien.

Doppelgriff, das gleichzeitige Greifen von zwei Tönen auf zwei Saiten beim Spiel eines Streichinstr., bei drei od. vier Tönen als drei- od. vierstimmiger D. bezeichnet; Beispiele f. Violine solo in Bibers *Mysteriensonaten* (um 1674), Bachs *Sonaten u. Partiten* (um 1720), Regers *Sonaten, Präludien u. Fugen* (1900-1915). → Bariolage, Scordatura.

Doppelkanon, mit zwei Melodien gleichzeitig einsetzender u. kanonartig fortgeführter → Kanon.

Doppelkonzert, f. zwei Soloinstr. mit Orchester (Bach, Mozart, Brahms u. a.). → Sinfonia concertante, Konzert.

Doppelkreuz (×) → Versetzungszeichen; Erhöhung eines Tones um zwei Halbtöne, z. B. cis zu cisis (→ C).

Doppelleittonklang, erzielt durch Aufspaltung eines Dreiklangtones in seinen unteren u. oberen → Leitton. → Leittonwechselklang.

Doppelorchester, in Anlehnung an die vokale Doppelchörigkeit (→ Doppelchor) auf Instrumentalgruppen übertragene Formierungen zweier od. mehrerer Orchester od. Teilorchester, in gleich großer od. in großer neben kleinerer Besetzung, instrumental gleich od. kontrastierend.

Doppelpunkt, Notationszeichen zweier nacheinander stehender → Punkte hinter Noten, deren Wert durch den 2. Punkt um drei Viertel verlängert wird, übereinander stehend am (Teil)-Schluß eines Musikstükkes als Zeichen der → Wiederholung.

Doppelrohrblatt, aus zwei aufeinandergepaßten Zucker- od. Schilfrohrblättchen bestehendes Anblasröhrchen bei Holzblasinstr. wie Oboe od. Fagott (it. = doppioni). → Rohrblattinstrumente.

Doppelschlag, (it. gruppetto = Knötchen; frz. = doublé; engl. = turn), Umspielung einer Note mit Ober- u. Untersekund (Zeichen: ∾), od. mit Unter- u. Obersekund (Zeichen: *ms*), chromatische Veränderungen werden über u./od. unter das Zeichen gesetzt, dieses über die Hauptnote, wenn anders der D. nicht in kleinereren Noten ausgeschrieben ist. Im Anteil am Längenwert der Hauptnote richtet sich die Ausführung des D. agogisch nach dem Charakter des jeweiligen Musikstückes (u. seines Interpreten). Wesen u. Bedeutung des D. reichen von reiner Figuration, z.B. in einer Klaviersonate v. Mozart, bis z. Espressivo, z.B. in Mahlers 9. Sinfonie. → Verzierungen.

Doppelter Kontrapunkt, Austauschbarkeit zweier Stimmen, meist im Oktavabstand vorgenommen, z. B. in einem Fugenverlauf (Bach, *Kunst der Fuge*, Contrapunctus 9). → Kontrapunkt, Fuge, Doppelfuge.

Doppeltriller, auf Tasten- (seltener Saiten-) Instrumenten als gleichzeitig klingender → Triller aus je zwei Akkordtönen (meist im Terz- od. Sextabstand) mit einer Hand ausgeführt.

Doppelvorschlag, zwei einem Hauptton vorangestellte, auf dessen Schlag auszuführende Töne, deren erster Ton beliebig ist, ausgenommen Ober- od. Untersekund des Hauptones, die (wahlweise) zweiter Vorschlagston sein müssen. → Vorschlag, Verzierungen.

Doppelzunge, Blastechnik bei Flöten u. Blechblasinstr., rasche Folge v. Artikulationssilben, etwa bei Querflöte »tiri« od. »diri«, bei Trompete »dik-ke« u. a., unterbricht kurz den Luftstrom u. erleichtert tremoloartige Wiederholung desselben Tones. → Flatterzunge, Tremolo.

doppio movimento (it. = doppelte Bewegung), doppelt so schnell wie bisher (Tempoanweisung).

Doppler-Effekt, nach dem öster. Physiker Chr. Doppler (1803-1853) benanntes Phänomen zunehmender Frequenzänderung einer sich nähernden Schallquelle in der Wahrnehmung des Hörers (wie umgekehrt abnehmend), bedingt durch Ab- bzw. Zunahme der den Hörer jeweils erreichenden Schwingungen in der Zeiteinheit.

dorisch (griech.), in der griech. Antike die dem Volksstamm der Dorier typologisch zugeschriebene (fallende) Oktavskala e^1-e (in der ma. Musiktheorie irrtüml. als → phrygisch bezeichnet); zu dem auf d stehenden → Kirchenton v. dem späteren → Moll unterschieden durch Fehlen des → Leittones von der 7. zur 8. Stufe, ferner durch eine große statt der kl. (Moll)-Sexte. Beispiele dorischer Melodien: im → Gregorian. Gesang die Sequenz *Dies irae*, im ev. Choral *Wir glauben all an einen Gott*.

Double (frz. = doppelt), in der Vokal- u. Instrumentalmusik des 17.-18. Jhs. die melodisch veränderte Wiederholung eines Satzes, z.B. in Bachs *4. Orch.-Ouvertüre h-Moll* der auf die *Polonaise* folgende *Double*; seit der Frühklassik durch den Terminus Variation abgelöst.

Double time (engl. = doppelte Zeit), im → Jazz Abschnitte der Verdoppelung des Metrums f. einzelne Stimmen bei unverändertem Grundschlag f. das Ensemble.

Doxologie (griech. = Lobpreisung), → antiphonale Schlußstandards zu Gebetstexten, aus der synagogalen in die frühchristl. Liturgie übernommen (→ Byzantin. Gesang). *Kleine D.* auf die Schlußworte, in den reform. Kirchen die Schlußwendung des → Pater noster (2. Jh.). *Große D.*, das *Gloria in excelsis Deo* des *Offizium missale* (bis ins 12. Jh. Bischofsmessen vorbehalten), wie auch der Schlußkanon z. Eucharistiefeier auf die Schlußworte; J. S. Bach vertonte die Kleine D. z. Abschluß seines *Magnificat* (1722) symbolisierend in → Triolen. → Akklamation.

Drame lyrique (frz. = Lyrisches Drama), Typ der frz. → Literaturoper in der 2. Hälfte des 19. Jhs. zw. romantischem Realismus u. Symbolismus, v. Gounods *Faust* nach Goethe (1859) bis zu Debussys *Pelléas et Mélisande* nach Maeterlinck (1902), psychologisierend abgehoben gegen die veräußerlichte → Grand' Opéra u. die verflachte → Opéra-comique.

Dramma giocoso (it. = heiteres Schauspiel), it. Operntyp des 18. Jhs., Verschmelzung v. kom. u. trag. Elementen, Werkbez. noch bei Mozart f. *Don Giovanni* (Prag 1787).

Dramma per musica (it. = Schauspiel f. Musik), im 17.- 18. Jh. Bez. f. it. Opern auf ernste Stoffe, v. Monteverdis *Poppea* (1642) bis zu Glucks *Telemaco* (1765); im 18. Jh. durch die → Opera seria abgelöst.

Dreher, rascher Paardrehtanz, meist in dreiertaktigen Achterperioden, im 18. Jh. v. a. in Östr. und Süddtl. verbreitet. → Deutscher Tanz, → Ländler.

Drehleier, Radleier, Bauern- u. Bettlerleier, kombiniertes Streich- u. Tasteninstrument ma. frz. Ursprungs, nicht der Instrumentenfamilie der → Leier zugehörig; Saiteninstrument mit gitarrenartigem Korpus, einem aus dessen Decke herausragenden roßhaarbeflochtenen Scheibenrand, das, durch eine im unteren Ende der Zarge steckende Kurbel angedreht, über sämtliche Saiten streicht, während 1-2 mittels Tangententasten verkürzte Melodiesaiten erklingen u. 2 od. 4 in Quarten gestimmte → Bordunsaiten mitschwingen; als ursprüngl. Volksinstr. in der Ära Rousseaus im 18. Jh. f. Schäferspiele neu belebt.

Drehorgel, *Leierkasten*, mechan. Musikinstr., das im 18. Jh. v. a. in Frankr. als Kleinorgel (Seriette) z. Singanleitung der Käfigvögel diente; im 19. Jh. zur fahrbaren Drehorgel vergrößert, mit → Zungen- od. Gedacktpfeifen, die beim Drehen einer Kurbel (od. bei elektr. Anschluß) mit Wind versorgt werden, der die Pfeifenventile öffnet u. bei gleichzeitigem Antrieb einer Stift- od. Lochwalze (heute Lochstreifen) die entsprechenden Pfeifen zum Erklingen bringt. Die D. war bei Straßenmusikanten u. Bänkelsängern in ganz Europa verbreitet, in Großform als Karussell- od. Schauorgel, mit drehbaren Glockenspielen u. Figuren ausgestattet, bis heute in Belgien u. den Nld. beliebt. – H. Zeraschi, *Drehorgeln*, 1979.

Dreiertakt, Einheit v. drei, auf dem ersten Taktschlag betonten Zeitwerten, $\frac{3}{2}$, $\frac{3}{4}$, $\frac{3}{8}$ als einfacher, $\frac{6}{2}$, $\frac{6}{4}$, $\frac{6}{8}$, $\frac{9}{8}$ als zusammengesetzter D. Aus dem Tripeltakt der → Mensuralmusik hervorgegangen. Berühmte Tanzarten im D. → Walzer (mit Nebenakzent auf dem 2. Schlag) u. → Mazurka (mit Akzentverschiebungen).

dreigestrichen, Bez. f. die Töne des Oktavraumes v. c^3-h^3 (c'''-h'''); → gestrichen.

Dreiklang, → Akkord-Zusammenklang v. Grundton, Terz, Quint, als Dur-D. mit gr.

Terz, als Moll-D. mit kl. Terz, als verminderter D. mit kl. Terz u. verminderter Quint, als übermäßiger D. mit gr. Terz u. übermäßiger Quint, nach Lage u. Stellung des Spitzen- od. Baßtones variabel (→ Umkehrungen); seit dem 16. Jh. (Zarlino, *Istitutioni harmoniche*, 1558) Schlußbildungen mit vollständigen D., seit dem 18. Jh. (Rameau, *Traité de l'harmonie*, 1722) Dreiklänge formkonstitutiv f. die Dur-Moll-tonale Musik; in der atonalen → Zwölftontechnik (Schönberg u. a.) des 20. Jhs. gemieden. → Dualismus, Tonsystem, Konsonanz/Dissonanz.

Dreimasken Verlag, 1910 in München als Bühnen- u. Musikverlag gegr., seit 1970 als Dreimasken-Dreiklang-Verlag ausschließl. mit Aufführungsrechten an Bühnenwerken des Musik- u. Sprechtheaters.

Dreistimmigkeit, polyphoner od. homophoner Vokal- od. Instrumentalsatz f. drei Stimmen, als leichtbeweglich u. durchhörbar ideal f. polyphone Schreibweise. D. entwickelte sich seit dem ma. → Organum u. findet sich in → Tricinien, Villanellen, Kanzonetten des 16. Jhs. wie im → Neobarock des 20. Jhs. In der instrumentalen Kammermusik war D. formkonstitutiv f. die → Trisonate des 18. Jhs. u. das → Klaviertrio des 19.-20. Jhs.

Dresdner Kreuzchor, Knabenchor, im 12. Jh. hervorgegangen aus einer der Kreuzkirche angeschlossenen Schule z. Ausbildung v. Kapell- u. Lektorenknaben (Capella sanctae crucis; Kruzianer), seit der Reformation im 16. Jh. erweitert, 1548 in die Hofkapelle eingegliedert, 1720-1817 auch dem Hofopernchor zugeordnet, seither v. a. der Pflege hist. → A-cappella-Musik (Schwerpunkt Bach) verpflichtet, seit 1920 auch auf Deutschland- u. Auslandsreisen beachtet. Kreuzkantoren im 20. Jh.: O. Richter (1906-1930), R. Mauersberger (1930-1971), seither M. Flämig. – G. Schmiedel, *Der Kreuzchor zu Dresden*, 1979.

Dresdner Philharmonie, 1970 aus dem Dresdner Gewerbehausorch. hervorgegangenes Sinfonieorchester, seit 1915 Dresdner Philharmon. Orch., seit 1923 D. Ph. genannt, 1934-1942 unter P. van Kempen (Dresdner Musiksommer, Zwinger-Serenaden, Zeitgen. Musiktage), 1947-1964 Wiederaufbauphase, 1950 verstaatlicht, seit 1954 im neuerbauten Kulturpalast domiziliert, seit 1903 erfolgreich auf Auslandsreisen, auch unter Gastdirigenten (E. Kleiber, C. Schuricht, F. Busch). – D. Härtwig, *Die Dresdner Philharmonie, 1870-1970*, 1970.

Dresdner Staatskapelle, Staatskapelle Dresden, Sinfonie- u. Opernorch., hervorgegangen aus der Kapelle der Hofkantorei (im 17. Jh. zeitweilig unter H. Schütz) u. dem Orch. der Hofoper (im 18. Jh. unter J. A. Hasse), im 19. Jh. unter C. M. v. Weber u. R. Wagner als Königl. Musikal. Kapelle, 1872-1914 unter E. v. Schuch (Uraufführungen v. R. Strauss), als Sächsische Staatskapelle unter Fr. Busch (1922-1933) u. K. Böhm (1933-1943) mit weiteren Urauff. von R. Strauss, Busoni, Hindemith, Weill, seit 1945 als Dresdner Staatskapelle neuformiert unter J. Keilberth, seit 1985 (Wiedererrichtung des hist. Semper-Baus) im Opernhaus domiziliert. Die D. St. zählt zu den renommiertesten Klangkörpern ihrer Art in Europa. – K. Laux, *Die Dresdner Staatskapelle*, 1964.

Drive (engl. = Triebkraft), im → Jazz erwirkt durch geringfügig vorgezogene rhythm. Phrasierungen (→ Off-Beat) bei konstantem Grundschlag.

Drums (engl. = Trommeln), im → Jazz das → Schlagzeug (drum-set), im allgem. kl. u. gr. Trommel, 2 Becken, 2-3 Tomtoms, fallweise vermehrt um weitere Rhythmusinstr. v. a. afro-amerikan. Ursprungs, aber auch neuzeitl. Bauart.

Dualismus, ein seit 1866 von dem dt. Physiker A. J. v. Oettingen (1836-1920) eingeführter Begriff, der den Dur- u. Moll- → Dreiklang als spiegelbildlich identisch aus dem 4., 5., 6. → Partialton der aufsteigenden Untertonreihe (Moll) zu erklären suchte, was am Fehlen eines Nachweises der realen Existenz der → Untertöne scheiterte, die musiktheoretische Diskussion um das Konzept eines dualen Harmoniesystems jedoch weiterhin beschäftigte. – *Kontrast-Dualismus* prägt die zweithematige Hauptsatzform der klass. → Sonate, auch die Paarigkeit der Tanzsätze der barocken → Suite.

Duda (v. russ. duditj = blasen), russ.-poln. Doppelschalmei mit 1 Mundstück. → Aulos.

Dudelsack (v. russ. duditj = blasen, pfeifen), russ. dudka, poln. dudey, türk. düdük; engl. sackbut, bagpipe, frz. cornemuse, it. cornamusa, → Balginstrument (Luftspeicherung) mit 1 Melodie- u. 2 Bordunpfeifen, asiatischen Ursprungs, seit dem MA über Europa verbreitet, im dt. Sprachraum als Sackpfeife.

due (it. = zwei; a due = zu zweien), Anweisung f. zweifach besetzte Instr., z. B. Streich- u. Blasinstr., ein u. dieselbe (auf einem System notierte) Stimme zu spielen.

due volte (it. =) zweimal [zu singen od. zu spielen]. → da capo.

Duett (v. it. due = zwei), Lied, Arie usw. f. zwei Singstimmen mit Klavier- od. Orchester- od. anderer Instrumentalbegleitung, v. a. an lyrischen od. dramatischen Höhepunkten in Oper, Oratorium u. Kantate, hier im 17.-18. Jh. insbes. als dialogisierendes Kammer-Duett (Händel, Steffani), während sich das it. Opern-Duett von Monteverdis *Poppea* (1642) bis zu Puccinis *Tosca* (1900) als Alternativ- od. Simultan-Duett entwickelte. Das Instrumental-Duett hebt sich, durchgängig → Duo genannt, v. Vokal-Duett ab. *Duettino*, Verkleinerung v. Duett = kl. Duett.

Duff, arab. Rahmentrommel in vier- od. achteckiger Form, mit Schnarrsaiten u. Schellen.

Dulcimer (engl.) seit dem MA in Westeuropa bekanntes Saiteninstr. in Art des → Psalteriums u. späteren → Hackbretts. → Cimbalom.

Dulzaina (span.), in Nordspanien verbreitetes schalmeienartiges Blasinstr., v. Trommeln begleitet zu Tanzliedern gespielt.

Dulzian (v. lat. dulcis = süß), im 13.-16. Jh. Blasinstr. mit Doppelrohrblatt, ohne Windkapsel u. Lippenstütze, mit 7-8 Grifflöchern u. Daumenloch, noch ohne Klappen (J. Tinctoris, *De inventione et usu musicae*, 1486, dt. 1917), im 16.-18. Jh. aus einem Holzblock gefertigte Frühform des → Fagotts mit konischer Innenbohrung, u-förmigem Anblasrohr aus Metall, 6-8 Grifflöchern (teilweise mit Klappen) u. 1-2 Daumenlöchern. → Dolcian.

Dumka (Verkleinerung v. ukrain. duma = Volkslied), in Osteuropa verbreiteter balladenartiger Liedtyp schwermütigen u. ausbrechenden Charakters in kirchentonal eingefärbtem Moll, seit dem frühen 19. Jh.

in die Kunstmusik eingegangen (Beethoven, Liszt, Dvořák).

Dump (engl. = Trübsinn), Solostück f. Laute od. Cembalo; Variationen od. Phantasie (→ Fancy) im Zweiertakt, Hauptvorkommen England 16. Jh., dem frz. → Tombeau verwandt.

Duo (lat. = zwei), Musikstück f. 2 Melodieinstr., v. a. als Violin-Duo, seit dem 18. Jh. in Frankr., im 18.-19. Jh. auch in Dtl. (Beethoven, *Duett mit zwei obligaten Augengläsern* f. Viola u. Violoncello), seit Mitte des 19. Jhs. erweitert als Bez. v. Duos f. Klav. zu 4 Händen od. f. 2 Klav. u. allgemein v. Kompositionen f. ein Melodieinstrument mit Klav. (Duo-Sonaten f. Viol. u. Klav., f. Violonc. u. Klav. usw.). Die Frühform des Violin-Duos als Vortrags- u. Lehrstück griff Bartók mit *44 Duos für zwei Violinen* (1931) wieder auf. – Neuzeitl. auch Bez. f. Zweier-Ensemble, z. B. Klavier- od. Gesangsduo.

Duodezime (lat. duodecima = 12), die → Oktave der → Quinte einer diaton. Skala (12. Stufe), entspricht nach Erscheinungsform u. Veränderungsmöglichkeit der Quinte. → Tonsystem, überblasen.

Duole (v. lat. duo = zwei), im Dreiertakt eine Folge von zwei statt drei Noten gleicher Form bei gleichem Zeitwert. → Hemiole.

Duplex longa (lat. = doppelte Länge [einer Note]); → Maxima, Longa, Mensuralnotation.

Duplum (lat. = das Doppelte), im ma. → Organum die über dem Tenor liegende Gegenstimme; bei unterschiedlicher Textierung der Stimmen-Motetus. → Motette.

Dur (v. lat. durus = hart), im dur-Moll-tonalen System das »harte« Tongeschlecht, abgeleitet von dem ♭ durum (= h) ders. Stufe des ma. → Hexachords g-e. Die Durskala ist durch gr. Terz, gr. Sext u. gr. Sept ausgewiesen (→ Dreiklang, Moll). Nach der theoretischen Fundierung des Dur-Moll-Systems im 16. Jh. (Zarlino, *Istitutioni harmoniche*, 1558; Glareanus, *Dodekachordon*, 1547) festigte Rameau im 18. Jh. die Funktionsharmonik von Dur u. Moll (*Traité de l'harmonie*, 1722), die im 20. Jh. neben nichttemperierten u. atonalen Systemen steht.

Durchbrochene Arbeit, satztechnisches Verfahren der Verteilung eines Themas od. Motivs über verschiedene Stimmen u./od. Instr., in der klassisch-romant. Instrumentalmusik v. Haydn (*Streichquartett op. 33*, um 1780) bis Mahler (*Lied von der Erde*, 1910); in der Schönbergschule des 20. Jhs. → Klangfarbenmelodie.

Durchführung, in der → Fuge die Exposition des Themenmaterials (Dux u. Comes), in der Sonatenhauptsatzform (→ Sonate) Mittelteil zwischen Exposition u. Reprise, seit Beethoven Schwerpunkt der erweiterten Sonate/Sinfonie.

Durchgang, harmoniefremde Töne od. Akkorde, auf unbetontem Taktteil nicht als dissonant empfunden; im Kontrapunkt 17.-18. Jhs. als Transitus (lat. = D.) od. als Comissura (lat. = Verbindung) stufenweise Auflösungen in akkordeigene Töne. → Wechselnote, Vorschlag.

durchkomponiert, in Lied u. Ballade die strophenübergreifende Vertonung, in der Oper die szenisch übergreifende themat.-motivische Vertonung (z. B. Wagners musikdramatische → Leitmotivtechnik).

Dutar, pers.-turkistan. Langhalslaute mit 2-5 Saiten, auch mit Resonanzsaiten.

Dux (lat. = Führer), das eine → Fuge eröffnende Thema in seiner Grundgestalt, auch die einen → Kanon eröffnende Stimme.

Dynamik (v. griech. dynamis = Kraft), Anwendung v. Tonstärkegraden, in Relation zum jeweiligen Klangkörper, Werk u. Werkinterpreten; in Abstufungsgraden seit der → Mannheimer Schule Mitte des 18. Jhs. durch Kürzel od. graphische Zeichen dem Notentext beigefügt (z. B. → p = leise, → crescendo-decrescendo = zunehmend-abnehmend), im 19. Jh. differenziert, im 20. Jh. neben Tondauer, Tonhöhe u. Klangfarbe als gleichwertiger Faktor eingeführt. → Parameter, Serielle Musik, Elektronische Musik.

E

E, e, Tonname, it. mi (→ Solmisation), 3. Stufe der Grundtonleiter auf → C; einfach erhöht *eis*, doppelt *eisis*, entsprechend erniedrigt *es, eses* (→ Alteration); Tonart- u. Akkordkürzel f. → E-Dur bzw. → e-Moll (→ Quintenzirkel).

East-Coast-Jazz (engl. = Ost-Küsten-Jazz), in den Ostküstenstaaten Nordamerikas v. schwarzen Musikern gespielter → Jazz im Ggs. zu dem vorwiegend v. weißen Musikern v. a. in Kalifornien gespielten West-Coast-Jazz.

Echo (griech. eche = Schall), reflektierter → Schall, v. direkten Schall um 1/20 sec. u. mehr zeitlich getrennt wahrnehmbar; raumakustisch diffuse Reflexionen erzeugen »Flatterechos«, überlagerte Reflexionen → Hall (Nachhall); musikalisch günstig werden → Nachhallzeiten um 2 Sekunden empfunden.

Echoeffekte können mittels elektronischer Instrumente u. elektro-akustischer Anlagen erzeugt u. manipuliert werden (Hallspiralen, Wanderecho, Mehrfachechos usw.); echoähnliche Effekte wurden in Vokal- u. Instrumentalkompositionen seit der Spätrenaissance bis zur Frühklassik durch Terrassendynamik, gestaffelte Klanggruppen u. durch Echowerke mit eigenem Manual in Orgeln erzielt (letztere in Bruckner-Sinfonien imitiert); als reale Wiederholung findet sich das Echo in Bühnenmusiken seit Beginn der Operngeschichte.

Echos → Oktoëchos, Byzantinischer Gesang.

Ecossaise (frz. = schottisch), → Country-dance aus Schottland, um 1700 als Anglaise in Frankr. v. ¾-Takt z. raschen ²⁄₄-Takt umgewandelt, um 1800 als Modetanz bis Osteuropa verbreitet; Ecossaisen f. Klav. schrieben Beethoven, Weber, Schubert, Chopin u. a.

Editio Medicaea, in der Medicaeischen Offizin zu Rom um 1615 gedruckte, melodisch reformierte Gregorian. Choralausgabe, 1903 durch die → Editio Vaticana abgelöst.

Editio Vaticana, die in der Vatikanischen Offizin zu Rom 1905-1923 gedruckte Ausgabe der gregorian. Melodien, verbindlich f. die Liturgie der röm.-kath. Kirche. In der Authentizität nicht unumstritten; nach dem 2. Vatikan. Konzil seit 1971 ergänzt.

Edition (lat. editio =) Ausgabe musikal., literar. od. wissenschaftl. Werke in Serien od. Reihen, auch Allgemeinbez. f. Verlag z. B. → Universal Edition.

Editionspraxis, nach internat. erarbeiteten Merkmalen wissenschaftlicher Textkritik ausgebildet: Quellenvergleich und -auswahl, Verbesserung unzweifelhafter Fehler, womöglich Ergänzungen (im Notenstich abgehoben vom Originaltext), Revisionsbericht (einschl. aufführungsprakt. Fragen), zusätzl. Faksimile-Editionen u. Interpretations-Editionen (Urtextausgaben mit didaktischer Zielsetzung); Gesamt- u. Denkmälerausgaben älterer Musik (13.-17. Jh.) sind einer mehrschichtigeren Editionstechnik unterworfen als solche neuerer Musik (18.-20. Jh.), diese wiederum anderen als Editionen in → Graphischer Musiknotation, z. B. → elektron. Musik seit Mitte des 20. Jhs.

E-Dur, → Tonart, → Parallele zu → cis-Moll.

Effektgeräte, in der elektron. Unterhaltungsmusik z. B. Compressor u. → Ringmodulator. → Elektron. Musikinstrumente.

E-Gitarre → Elektrogitarre.

eingestrichen, Bez. f. die Töne des Oktavraumes v. c^1-h^1 (c'-h'); → gestrichen.

Einhandflöte, kl. Schnabelfl. mit 3 Grifflöchern f. Zeige-, Mittelfinger u. Daumen, mit der linken Hand zu halten u. zu spielen, während die rechte Hand eine kl. am linken Unterarm befestigte Trommel schlägt. Seit dem 13. Jh. v. Baskenland u. der Provence her bis ins 17. Jh. durch Spielleute über Mitteleuropa verbreitet, in Randgebieten bis heute als Volksinstr. anzutreffen.

Einheitspartitur, Aufzeichnung aller Stimmen eines Ensembles nach ihrem realen Klang, einheitlich im Violinschlüssel oder in C mit Oktavversetzungen; bei Verlegern aus Finanz-, bei Spielern → transponierender Instrumente aus Umschulungsgründen abgelehnt.

Einklang → Unisono.

Einsatz, Beginn od. Wiederbeginn einer vokalen od. instrumentalen Stimmlinie, bei Ensembleaufführungen v. Dirigenten durch Hand- od. andere Zeichen angegeben; im einstimmig notierten → Kanon Einsatzzeichen f. die jeweils einfallende 2., 3. usw. Stimme; im Gesangsvortrag die harte, gehauchte od. andere Art des Beginnens (→ Ansatz).

Einschwingvorgang, bei der Klangerzeugung das Anwachsen der Schwingungsbewegung bis zur vollen Schwingungsweite, abhängig v. Klangcharakter einer Stimme od. eines (nichtelektron.) Musikinstruments, wobei die Einschwingzeit v. Tonstärke u. -lage abhängig ist u. bis zu 0,5 sec. dauern kann.

eis, eisis, Tonnamen, → e.

Eisteddfod (v. walis. eistedd = sitzen), in Wales jährl. veranstaltete Wettbewerbe f. → Barden, kelt. Ursprünge, im 19. Jh. um Chor u. Tanz erweitert, seit 1947 in Llangollen auch f. ausländ. Teilnehmer.

Eitzsches Tonwortsystem, v. dem Akustiker u. Chorerzieher C. A. Eitz (1848-1924) eingeführte Methode der → Solmisation, die auf der Grundlage einer 22tönigen Oktave eine bessere Intonation erzielen soll, war im preuß. (Musik-)Schulwesen der 1920er Jahre verbreitet; die Tonsilben zur Grundtonleiter auf C lauten bei Eitz: bi-to-gu-su-la-fe-mi-bi.

Ekloge (griech. = Ausgewählte), lyrisches mehrteiliges instrumentales → Charakterstück, in Anlehnung an die strophischen Hirtengesänge der griech. Antike; von dem böhmischen Musikpädagogen J. W. Tomaschek seit 1807 in die Klaviermusik eingeführt.

ekmelisch (griech. = außermelodisch), Töne der → Obertonreihe, die wie die Naturseptime mit solchen der temperierten Tonleiter (→ Temperatur) differieren.

Electrola → EMI Electrola GmbH.

Electronic Rock → Rockmusik, die mit elektro-akustischen Geräten operiert, seit den 1970er Jahren von der engl. Rockgruppe *Pink Floyd* auch in Dtl. übernommen, experimentell bei Schulze u. Dauner.

Elegie (v. griech. élegos = Klagelied), Gedichtform der griech. Antike, Zweizeiler (= Distichon aus Hexameter u. Pentameter) trauernd-tiefsinnigen Inhalts, in der röm. Antike vornehmlich Liebesklagen (Catull), seit der Renaissance auch Totenklagen; im 17.-18. Jh. tauchen Elegien bei den frz. Clavecinisten als Plainte od. Tombeau auf, im Klavierlied des 18. Jhs. bei Vertretern des → Empfindsamen Stils, im 19. Jh. als Charakterstücke in Kammer- u. Orchestermusik, im 20. Jh. komponierten Bartók *2 Elegia* f. Klav. (1908/09), Strawinsky *Elegy* f. Viola (1944) u. *Elegy for J. F. K.* f. Bar. u. Klav. (1964), H. W. Henze eine Oper *Elegie für junge Liebende*, Textbuch J. W. Auden u. Ch. Kallmann (1961).

Elektroakustik, physikal. Lehre der Umwandlung v. Schallwellen in elektrische Signale u. deren Übertragung, Speicherung usw. mit elektron. Mitteln (Elektronenröhre [seit 1910], Transistoren, Computer, → Synthesizer); zu Übertragungsketten v. Umwandler bis zum Lautsprecher zusammenzuschalten. → Elektronische Musikinstrumente.

Elektrobaß (E-Baß), gitarrenartiges Instr. der Pop-Szene, 4 Metallsaiten in Quartstimmung (E – A – D – G), mit → Plektrum gespielt, resonanzkörperlos, Saitenschwingungen magnetisch abzunehmen, klangdynamisch über Pedale u. Verstärker regulierbar; mit 2 → E-Gitarren als Melodie- u. Akkordinstrumenten zu einer Gruppe vereint.

Elektrochord, 1936 v. O. Vierling konstruiertes elektroakustisches Klav., elektromagnetische Abnahme der Schwingungen an verschiedenen Stellen der Metallsaiten zu veränderter Klangfarbenerzeugung (Drehknopfregler, Lautsprecherübertragung). – O. Vierling, *Das elektroakustische Klavier*, 1936.

Elektrogitarre (E-Gitarre), elektrisch verstärkte Git., mit od. ohne Resonanzkörper, spieltechnisch wie der Elektrobaß gehandhabt, vermehrt um Filter, Vorverstärker, Vibrato- u. Hallgerät im Gitarrenkorpus. → Gitarre.

Elektroklavier (E-Klavier), elektron. Musikinstr. mit Klaviatur (→ Elektronenorgel, Synthesizer).

Elektronenorgel (E-Orgel), orgelähnlich mit Manualen, Effekt-Registern u. Pedalen ausgestattetes, Orgelpfeifenklang imitierendes, trag- od. versetzbares elektron. Instr., ursprüngl. als (Kirchen-) Orgelersatz gedacht, heute überwiegend in der Unterhaltungsmusik verwendet. – M. Rieländer, *Die elektronische Orgel*, 1972.

Elektronische Musik, in den frühen 1950er Jahren durch H. Eimert, ursprüngl. in Zusammenarbeit mit K. Stockhausen (WDR Köln) eingeführte Bez. f. elektron. erzeugte (→ Generatoren), tonbandfixierte, über Lautsprecher reproduzierte Klangmaterialien, in der 1. Phase der → seriellen Musik ausschl. im Tonstudio produzierte Kompositionen (»Meta-Musik«); seit der postseriellen Musik Sammelbez. f. elektron. Klangverarbeitung aller Art, insbes. auch durch Zuspielung in Kompositionen instrumental u./od. vokal tradierter Art, bis hin zu Live-Elektronik innerhalb der Unterhaltungsmusik (→ Pop-, Rockmusik), → Musique concrète, Computermusik.-Studios f. E. M. seit den 1960er Jahren an zahlr. Rundfunkstationen in aller Welt, in Dtl. auch in Kooperation mit Musikhochschulen. – H. Eimert, H. U. Humpert, *Das Lexikon der elektronischen Musik*, ²1977.

Elektronische Musikinstrumente (Elektrophone), Mehrfachbez. f. Instr. mit elektron. Schwingungserzeugung (→ Generatoren) u. f. elektrifizierte Instrumente (Tonabnehmer). → Trautonium, Ondes Martenot, Synthesizer, Elektronenorgel.

Elektronium, elektron. Instr. mit 6 Oktaven, 16 Klangfarbenregistern, kompositorisch v. H. Degen u. a. bedacht.

Elektrophone, Sammelbez. f. → elektronische u. elektrifizierte Musikinstrumente.

Elévation (frz. = Emporhebung), in der Vokal- u. Orgelmusik seit dem 16. Jh. in Frankr. kurze Kompositionen meditativer Art, in der → Messe bei Emporhebung v. Hostie u. Kelch vorgetragen. Slg. vokaler E. auf den Hymnentext *O salutaris hostia* v. Brossard, Paris 1695. – Im akadem. → Ballett Bez. f. die Fähigkeit eines Tänzers, im Emporschnellen Bewegungen ausführen zu können.

e-Moll, → Tonart, → Parallele zu → G-Dur.

EMI Electrola GmbH, Schallplattenfirma, als Electrola GmbH 1925 in Berlin v. der engl. Gramophone Comp. Ltd. gegr., seit 1931 Teil der Electric and Musical Industries Ltd. (EMI), Sitz seit 1952 in Köln, 1972 umbenannt in EMI Electrola GmbH. → Columbia, Polygram.

Empfindsamer Stil, Empfindsamkeit (Wortschöpfung Lessings), musikal.-literar. Stilrichtung Mitte bis Ende des 18. Jhs., als *Abbildung der Herzensempfindungen* (Chr. G. Krause, *Abhandlung von der musikalischen Poesie*, Berlin 1751) in Clavichord- u. Kammermusik (C. Ph. E. Bach) u. im Sololied (Reichardt); als bürgerl. »Empfindseligkeit« (Hamann), parallel zum antibürgerl. »Sturm und Drang« (Klinger), v. Einfluß auf Stilverschmelzungen bei Beethoven u. den Frühromantikern.

E-Musik, Kurzbez. f. »ernste« Musik (Classic), im Ggs. zu U-Musik f. → Unterhaltungsmusik; Anwendungsgrenzen fließend.

Enge Lage → Lage.

Engführung, Stimmverdichtung im Schlußabschnitt einer → Fuge; Beantwortung (→ Comes) des → Themas (→ Dux).

Englisch Horn, Alt-Oboe in F, Anfang des 18. Jhs. aus der → Oboe da caccia entwikkelt, Stimmumfang es-b³, eine Quinte tiefer klingend als notiert (→ transponierende Instr.), in den 1820er Jahren in Paris mit abgebogenem Mundstück u. Zusatzklappen neu konstruiert; im Klang kraftvoll u. dunkel timbriert, wurde das E. H. im Klangfarbenspektrum des romant. Orchesters zw. den Doppelrohrblattinstr. Oboe u. Fagott (Wagner, *Tristan und Isolde*; Dvořák, *Aus der Neuen Welt*). Auch in der Kammermusik des 20. Jhs. wird es eingesetzt, v. Strawinsky z. B. in der *Cantata* (1952).

Englische Musik, Denkmälerausg. aus Renaissance u. Barock: *Musica Britannica* 1965 ff. – P. M. Young, *A History of British Music*, 1967; A. Robertson, D. Stevens (Hg.), *Gesch. der Musik, Bd. 2, Renaissance und Barock*, 1964.

English Waltz, langsamer, melodiös leicht sentimentaler Walzer im ¾-Takt, dem → Boston verwandt, seit 1920 Standard bei Tanzturnieren. → Gesellschaftstanz.

Enharmonik (v. griech. enarmónios = in der Harmonie), in der griech. Antike das neben → Diatonik u. → Chromatik dritte → Tongeschlecht, entstanden aus der Teilung einer reinen Quart abwärts in eine gr. Terz u. zwei enharmonische Intervalle, die beide zusammen einen Halbton ergeben; seit dem MA bedeutet E. das Verhältnis zweier Töne, gebildet durch Erhöhung bzw. Erniedrigung zweier benachbarter Stammtöne. → Temperierte Stimmung.

Enharmonische Verwechslung, aus Gründen besserer Lesbarkeit vorgenommene Vertauschung zweier gleichklingender Töne, z. B. *des* statt *cis* od. umgekehrt; *enharmonische Umdeutung*, aus Modulationsgründen vorgenommene andere Schreibweise des gleiches Tones, z. B. gis in E-Dur zu as in Es-Dur. In der → Atonalität u. → Zwölftontechnik ist E. irrelevant.

Ensalada (span. = Salat), svw. → Potpourri; Quodlibet.

Ensemble (frz. = zusammen), solistisch bzw. einzeln besetzte Instrumental- od. Vokalgruppe, in Bühnenkompositionen, z. B. in Mozart-Opern, oft als Finale; auch die Gesamtheit der Bühnenmitglieder an einem Opernhaus.

Entr'acte, Entreakt (frz. = Zwischenakt), selbständige od. überleitende Musik- od. Tanzeinlagen zw. den Aufzügen eines Bühnenwerkes (Oper, Ballett). → Intermezzo, Divertissement, Entremés.

Entrée (frz. = Eintritt, Beginn), im → Ballett marschartiger Aufzug der Tänzer zu Beginn einer Aufführung u. einzelner Szenen; auch in die (Konzert-) → Suite übernommen.

Entremés (span. = Zwischenspiel), burleske Einakter-Einlage zw. Einzelakten in der span. Oper des 17. Jhs., entsprechend den → Intermedien der it. Oper → Sainette.

Envelope-Generator (engl. = Hüllkurven-Generator), erzeugt u. steuert als Modul des → Synthesizers Spannungsverläufe; v. Einfluß auf dynamische Prozesse.

Enzyklopädie (v. griech. enkyklios u. paideia = umfassende Bildung), vielbändige lexikal. Darstellung eines Gebietes aus Wissenschaft, Kunst usw. Bedeutende Musik-Enzyklopädien: → Musiklexikon.

Epilog (griech. epilogos = Nachwort), instrumentaler u./od. vokaler Zusatz-Schlußteil, im Sonatensatz als → Koda mit Rückbezug auf die Hauptthemen od. mit neuem Themenmaterial.

Episches Musiktheater, Sonderform der → Zeitoper, nach dem 1. Weltkrieg in Anlehnung an Brechts Dramaturgie entwickelt, mit argumentierendem Erzähler, Songs u. kl. Orchester; Prototyp Brecht/Weills Adaption der *Beggar's Opera* (London 1728) zur *Dreigroschenoper* (1928); vorgeprägt in Strawinskys *Histoire du Soldat* (1918), abgewandelt bei Krenek, Dessau.

Epistel (lat. epistula = Brief), in der → Messe im Epistel- od. Rezitationston vorgetragene Lesung v. Apostelbriefen u. a. Bibeltexten; seit 1970, nach dem 2. Vatikanum, auch in Landessprachen.

Epistelsonate → Kirchensonate.

Epitaph (griech.-lat. = [Grab-]Aufschrift). → Tombeau.

Epos (griech. = Gedicht-Erzählung), mehrteilige Heldendichtung in Strophen-

u. Versform, in der Antike zur → Kithara vorgetragen (Homer, *Ilias*, *Odyssee*), im MA zur → Lyra (*Nibelungenlied*). → Ballade, Rhapsodie.

Equalizer (engl. = Ausgleicher), in der elektron. Musik verwendeter → Filter zur Steuerung v. Raumakustik u. Klangfarbe. → Effektgeräte.

Érard, Klaviere, Harfen, Cembali der v. S. Érard (1757-1831) 1777 gegr. Werkstätten der gleichnamigen frz. Instrumentenbaufirma, heute Gaveau-É., Sitz Paris; die Mechanik der É.-Klaviere begünstigt *jeu perlé* (Chopin, Liszt, Cortot); die um 1810 konstruierte Doppelpedal-Harfe der Fa. Érard (→ Harfe) wurde im Prinzip bis heute beibehalten.

Erato, → Muse der Liebeslyrik.

Eroica, Beethovens 3. Sinfonie Es-Dur op. 55, ursprüngl. zum Gedenken Napoleons I. komponiert, Widmung 1806 abgewandelt in *Sinfonia eroica*.

Erzlaute, it. arciliuto, Baßlaute mit 2 Wirbelkästen f. Griff- u. Bordunsaiten, im 16. Jh. in It. entwickelt. → Theorbe, Chitarrone.

es, eses, Tonnamen, → e.

Es-Dur, → Tonart, → Parallele zu → c-Moll.

Es-Moll, → Tonart, → Parallele zu → Ges-Dur.

espressivo, Abk. espr., (it. =) ausdrucksvoll, *con espressione*, Abk. c. espr., mit Ausdruck; Vortragsbez.

Estampie (v. altfrz. estampir = stampfen), schreittanzartiges Instrumentalstück des 12.-14. Jhs., in fortschreitender Wiederholungsform mit mehrreimigen Schlußwendungen, meist auf der → Vielle vorgetragen, vereinzelt mit Text überliefert (*Kalenda maya* v. Reimbaut de Vaqueiras, 12. Jh.), v. a. in Spanien u. der Provence verbreitet.

Ethoslehre (griech. éthos = Gesittung), Grundsatzanschauung der griech. Antike v. der Einwirkung der Musik als aufbauender u. heilender Kraft auf Sinne, Gemüt u. Geist des Menschen; in der musikal. E. bei Platon u. Aristoteles galten die drei Tongeschlechter → Diatonik als mannhaft, → Chromatik als weibhaft, → Enharmonik als gotthaft-erhaben, die Tonarten des → Dorischen als ernst, des → Phrygischen als leidenschaftlich; in Abwandlungen lebte die antike E. in der Tonarten- u. Rhythmuslehre des MA wie auch in der musikal. → Affektenlehre der Renaissance u. des Barock fort. → Tonartencharakter. – H. Albert, *Die Lehre vom Ethos in der griechischen Musik*, 1899, Nachdr. 1968.

étouffé (frz. = gedämpft), Anweisung beim Spiel v. Schlag- u. Zupfinstr. (Pauken, Becken, Tamtam; Harfe, Gitarre), den Ton bzw. die Schwingung gleich nach dem Schlag bzw. Anzupfen zu ersticken. → Dämpfer.

Etüde (frz. Étude = Studium), Instrumentalstück freier Form f. Soloinstr., in jüngerer Zeit auch f. Orch., als Gattungsname erstmals 1801 bei Anton Reicha; ursprüngl. als Übungsstück f. Unterrichtszwecke v. a. f. Klav.: D. G. Türk, *Handstücke*, 1789; J. B. Cramer, 84 Etüden, in: *Pianoforteschule*, 1815; M. Clementi, *Gradus ad Parnassum*, 1817; C. Czerny, *Die Kunst der Fingerfertigkeit* (um 1830); neben der Lehr-E. bildete sich die Konzert.-E. heran, im 19. Jh. z. B. bei Chopin, Liszt, Schumann, im 20. Jh. bei Debussy, Skrjabin, Strawinsky, Bartók, Messiaen u. a.; Parallelentwicklung der Violin-E. führte im 19. Jh. v. Fiorillo, Kreutzer, Rode, Bériot zu den *24 Capricci per Violino solo* (1820) v. Paganini; Violoncello-E. v. Dotzauer, Grützmacher, Popper, Simandl. u. a.; E. f. Klav. u. Orch. v. D. Milhaud u. F. Martin; Orch.-E. v. Strawinsky, Blacher, Henze. → Exercise.

Euphonium (griech. = das Wohlklingende), veraltet f. → Kornett, Baryton.

Eurhythmie (griech. eu = gut, rhythmós = Bewegung), in der antiken Kunst- u. Musiklehre Gleichmaß u. Ausgewogenheit, in der Lehre des Anthroposophen R. Steiner (1861-1925) Bewegungskunst als gestisch umgewandelte Sprach- u. Musik-Rhythmik (R. Steiner, *Die Entstehung und Entwicklung der Eurythmie*, 1965).

Europa-Hymne, laut Erklärung des Europarates seit 1971 die *Hymne an die Freude* nach Schillers Hymne *Freude, schöner Götterfunken* im Finalsatz von Beethovens 9. Sinfonie op. 125 (1824). → Hymne, Nationalhymne.

Euterpe, unter den 9 Musen der griech. Mythologie die des Flötenspiels u. lyrischen Gesangs, dargestellt mit Doppelflöte (→ Aulos).

Evangelist, in → Passionen u. → Oratorien der den Evangelientext vortragende Sänger od. Rezitator. → Evangelium.

Evangelium (griech. euangélion = gute Botschaft), Sammelbez. f. die im *Neuen Testament* vereinten Berichte zur Heilsgeschichte Christi v. Matthäus, Markus, Lukas u. Johannes; in der Meßliturgie Abschluß des Lesegottesdienstes (→ Messe), v. einem Geistlichen lat. od. (seit dem 2. Vatikan. Konzil, 1971) in der Landessprache auf dem Evangelienton vorgetragen (→ Lektionston), in der ev. Gottesdienstordnung (Luthers *Deutsche Messe*, 1524) auf verschiedenen Lesetönen f. den → Evangelisten, Christus u. die anderen Personen; mehrstimmige Vertonungen des E. seit dem 14. Jh. in → Motette, Kantate, Oratorium, v. a. in → Passionen, z. B. in J. S. Bachs *Johannes-* u. *Matthäus*-Passion (1723, 1729), Pendereckis *Lukas-Passion* (1966).

Evergreen (engl. = immergrün), → Schlager mit Text u./od. Melodie v. anhaltender od. periodisch wiederkehrender Popularität.

Exequien (v. lat. exsequiae = Totengeleit), Ritenfolge der christl. Totenliturgie, kirchenmusikal. ausgestaltet im → *Requiem* (Mozart, Verdi u. a.).

Exercise (frz. = Studie), Formen des akadem. Ballett-Trainings, frz. Ursprungs, seit dem 18. Jh. reglementiert, abgewandelt auch im → Modern Dance.

Exotische Musik, außereurop. Musik heutiger od. älterer Kulturkreise, seit dem 18. Jh. mit Einzelelementen in die europ. Kunstmusik eingegangen (Ballett), im 20. Jh. systematisch bei Bartók, Messiaen u. a., mit Reizelementen (Rhythmusinstr.) auch in der Unterhaltungsmusik.

Experimentelle Musik, in der westeurop. Musikszene der 1950-80er Jahre → Elektronische Musik, Musique concrète, Aleatorik, auch Absurdes (Musik-)Theater, Neodadaismus u. weitere Wort-Ton-Tanz-Experimente; programmatisch dokumentiert in den Schriften der Komponisten Cage, Boulez, Stockhausen, Ligeti.

Exposition (lat. expositio = Aufstellung), Eingangsaufstellung eines od. mehrerer Themen in → Fuge u. → Sonatenhauptsatz.

Expression (v. lat. expressio = Auspressung), → Register im → Harmonium, mit Kniehebel zu bedienen, beeinflußt je nach ab- od. zunehmender Geschwindigkeit des Pedaltretens das Ab- od. Zunehmen der Stärkegrade der Tongebung.

Expressionismus (v. lat. expressio = Auspressung, Ausdruck), Eingangsphase der → Neuen Musik in den ersten Jahrzehnten des 20. Jhs., parallel zu Malerei u. Dichtung; Stilmittel: → Polyrhythmik (Bartók, *Allegro barbaro*, 1911; Strawinsky, *Le Sacre du Printemps*, 1913); → Bitonalität, → Atonalität, Quartenharmonik (Schönberg, *George-Lieder*, 1908/09, → Quartenakkord), Panchromatik (Berg, *Wozzeck*, 1925), → Vierteltonmusik (Hába, *Die Mutter*, 1929), → Futurismus, → Bruitismus (Erweiterung des Rhythmus- u. Geräusch-Instrumentariums), → Jazz. Mit Einsetzen der → Zwölftontechnik (Dodekaphonie) der Schönbergschule u. der → Neoklassik als zweiter Phase der Neuen Musik wurde der E. seit Mitte der 1920er Jahre insgesamt abgelöst, nach einer 3. Phase (ca. 1945-1975) setzten erweiternde Rückgriffe auf Elemente des E. ein, jetzt als neotonale → Neue Ausdrucksmusik. – H. H. Stuckenschmidt, *Neue Musik* (Neuaufl. 1981); H. Mersmann, *Deutsche Musik des XX. Jahrhunderts im Spiegel des Weltgeschehens*, 1958; H. Danuser, *Die Musik des 20. Jahrhunderts*, 1984.

Extemporieren (v. lat. ex temporalis = aus dem Augenblick), improvisierend musizieren. → Improvisation.

Extravaganza (engl.-it.), aus den Minstrelshows (Negermilieu aus »weißer« Sicht) hervorgegangenes, aufwendiges Schaustück mit Musik in Zirkus u. Variété, in den USA seit Mitte des 19. Jhs. verbreitet, Vorform des → Musical.

F

F, f, Tonname, it. fa (→ Solmisation), 4. Stufe der Grundtonleiter auf → C; einfach erhöht *fis*, doppelt *fisis*, entsprechend erniedrigt *fes*, *feses* (→ Alteration); Tonart- u. Akkordkürzel f. → F-Dur bzw. → f-Moll (→ Quintenzirkel).

fa, Tonsilbenbez. f. die 4. Tonstufe der → Solmisation; in romanischen Sprachen Bez. f. den Ton → f.

Faburden (engl., v. lat.-it. → falso bordone), in der engl. Musik des 15.-16. Jhs. eine in Terzen u. Quinten improvisierte Unterstimme zu einem → cantus firmus als Mittelstimme u. einer in Quartparallelen zu dieser verlaufenden Oberstimme. → Fauxbourdon.

Fado (port. = Schicksal), ein in Portugal seit dem frühen 19. Jh. verbreitetes zweiteiliges, gitarrebegleitetes Tanzlied schwermütigen Charakters.

Fagott (v. it. fagotto = Bündel), tiefstes → Holzblasinstr.: 259 cm lange, in 3 nebeneinanderliegende, durch ein U-förmig gebogenes Unterstück miteinander verbundene Teilstücke zerlegte Röhre; dem Flügelstück der F.-Röhre ist ein S-förmiges Metallanblasröhrchen mit → Doppelrohrblatt aufgesetzt; Stimmumfang 4 Oktaven (^{1}B–es^{2}) mit registerweise sich änderndem Klangcharakter, volltönende Baß-, lyrische Mittel- u. leicht näselnde Diskantlage. Im 17.-18. Jh. als → Generalbaßinstrument, seit Bach u. Vivaldi auch solistisch, seit Mozart auch in Solokonzerten verwendet. Seit dem 19. Jh. mit Klappensystem, gehört das F., ergänzt um das *Kontrafagott* (doppelte Rohrlänge), zum unverzichtbaren Instrumentarium des neuzeitl. Orch. – G. Joppig, *Oboe und Fagott*, 1981.

Fagottgeige, im 17.-18. Jh. verbreitete → Bratsche in Vc.-Stimmung, übersponnene Saiten zur Erzeugung eines fagottartigen Klangs. → Fagott.

Falsett (v. lat. falso = falsch), männl. Kopfstimme; Falsettisten wurden in der geistl. Chormusik des 16.-17. Jhs. als *Alti naturali* (im Ggs. zu → Kastraten als *Alti artificiali*) f. die zweitoberste Stimme (heute Alt) eingesetzt, in der Oper seit dem 17. Jh. auch zu komischer Wirkung. Altus-Sänger (→ Alt) heute wieder f. Aufführungen historischer Chormusik ausgebildet.

Falsobordone, it. f. → Fauxbourdon; ggs. zu → Faburden.

Fancy (engl. = Fantasie), Hauptform der engl. Instrumentalmusik im 16.-17. Jh., aus freien Zwischenspielen bei → Motetten-Aufführungen entwickelt, imitatorisch-homophoner Mischstil, zunehmend mit Tanz- u. Liedvariationen durchsetzt; bevorzugt v. Violenconsorts, Virginalisten, Lautenisten u. Organisten; Kompositions- u. Spielpraxis in Sammelwerken beschrieben (Th. Morley, *A Plaine and Easie Introduction to Practicall Musicke*, 1597, Nachdruck 1963).

Fandango (span. fandanguero = Liebhaber), Werbetanzlied von Paaren im Kollektiv aufgeführt, bewegter Dreiertakt, von Git. u. Kastagnetten od. Schalmei u. Tamburin begleitet, durch improvisierte instrumentale Zwischenspiele v. Strophe zu Strophe rhythmisch u. dynamisch gesteigert. Ein asturischer F. findet sich in Mozarts Oper *Le nozze di Figaro* (1786), auch in den Cembalosonaten (um 1750) v. D. Scarlatti; F.-Themen verarbeiteten Rimsky-Korssakow (*Rhapsodie espagnole*), Albéniz (*Iberia*), de Falla (*Der Dreispitz*). *Fandanguillo* = kl. F., auch improvisiertes Gitarrenlied.

Fanfare (frz.), 1. einwindige, lange u. ventillose Naturtrp. in Es (Heroldstrompete), in Spielmannszügen u. Militärmusikkapellen in Frankr. Synonym f. → Harmoniemusik; 2. Trompetensignal aus Dreiklangstönen od. kurzes Musikstück f. Trp. bzw. Hörner u. Pauken, f. Solotrp. z. B. in Beethovens *Leonoren-Ouvertüren* u. *Fidelio* (1813), f. Ventiltrp. in Verdis *Aida* (1871), f. 12 Trp. in Janáčeks *Sinfonietta* (1926). → Aida-Trp.

Fantasie (griech. = Erscheinung, Einbildung), Musikstück v. freier, improvisiert wirkender Gestaltung, im 15.-16. Jh. v. a. f. Laute u. Git. in Span., Frankr. u. It. verbreitet, im 16. Jh. in Engl. als → Fancy f. Violen u. Virginal, im 17. Jh. in It. f. Orgel (Frescobaldi, Froberger), im 18. Jh. in Dtl. f. Orgel u. Cembalo (J. S. Bach, *Chromatische Fantasie und Fuge*), im → Empfindsamen Stil bei C. Ph. E. Bach (*Freie Fantasien* f. Clavichord), bei Mozart (*Klavier-Fantasien*) bereits in die Nähe klass. Formtypen gerückt, in Beethovens Klaviersonaten als Gestaltungsmittel gegenwärtig (z. B. op. 27,1 u. 2, Es-Dur u. cis-Moll); im 19. Jh. wird das Phantastische zu einem Wesenselement romant. Musik: in der Klaviermusik v. Schuberts *Wandererfantasie* über Schumanns *C-Dur-Phantasie* op. 17, Chopins *Préludes* op. 28 u. 45 bis zu Debussys *Préludes*, in der Orchestermusik v. Berlioz' *Symphonie fantastique* (1830) über die Paraphrasen der → Symphonischen Dichtungen v. Liszt bis Strauss bis in die osteurop. Spätromantik (Smetana, Dvořák, Rimsky-Korssakow); im 20. Jh. stehen Regers *Orgel-Fantasien*, Schönbergs *Phantasie f. Vl. mit Klav.*,

Fortners *Phantasie über B-A-C-H unter neobarockem Aspekt.*

Farandole (provenzal.), südfrz. Kettenpaartanz in lebhaftem $^{6}/_{8}$-Takt, v. einem Vortänzer angeführt, in schlangenförmigen Bewegungsabläufen auf Straßen u. Plätzen getanzt, durch Pfeifen u. Tamburine rhythmisch geschärft. Eine F. wurde v. Bizet in die Bühnenmusik zu Daudets *L'Arlésienne* (1872) übernommen.

Farbenhören, frz. *Audition colorée*, die wiederkehrende Assoziation v. Farben beim Hören bestimmter Töne, Tonhöhen, Tonarten, Harmonien, Instrumentalklänge; physikal., physiolog. u. psycholog. ungeklärt. → Synästhesie, Klangfarbe, Toncharakter.

Farbenklavier, Clavecin oculaire, v. L.-B. Castel um 1720 konstruiertes Klav. zur Umsetzung v. Tönen in zugeordnete Farben; v. Skrjabin für seine Sinfonische Dichtung *Prométhée, le Poème du feu* (1910) gefordert (New York 1916, mit dem 1912 v. dem Engländer A. W. Rimington gebauten *Clavier à lumières* [synchrone Leinwandprojektion]). Nicht identisch mit dem 1925 v. dem Ungarn A. Lászlo frei v. Klang-Farb-Fixationen konstruierten Farblichtklavier. – A. Lászlo, *Die Farblichtmusik*, 1925.

Farbenmusik basiert auf vorgestellten Verbindungen optischer und akustischer Wahrnehmungen; in der Antike u. im MA als Welten- od. Sphärenmusik umschrieben (→ Musica mundana); im Barock stellte A. Kircher in *Musurgia universalis* (1650) eine vergleichende Skala v. Farben u. Klängen auf, die in Newtons Lehre v. der *Farbenharmonie* (1704) systematisiert u. mit L.-B. Castels Clavecin oculaire (1720) demonstriert wurde; in der Musikästhetik der Romantik spekulativ diskutiert (Schubart, Hoffmann), im 20. Jh. v. Skrjabin erneut gefordert (→ Farbenklavier), v. Kandinsky aufgegriffen mit einer Bühnenkomposition *Der gelbe Klang* (1912, Uraufführung Berlin 1984), seit den 1960er Jahren abgewandelt in der audiovisuellen Elektronik (→ Multimedia) praktiziert (D. Schönbach, J. A. Riedl). Beleuchtungseffekte v. → Lichtorgeln zu Filmen der 1920er Jahre sind wie solche in den psychedelischen Popshows der 1970-80er Jahre als Trivialisierung zu klassifizieren, hingegen sind noch Schönbergs *Begleitmusik zu einer Lichtspielszene* (1924) od. Bergs Musik zu Filmpassagen seines Opernfragments *Lulu* (1935) auf dem Hintergrund spätromantischer → Synästhesie zu sehen.

Farbiges Rauschen, hervorgerufen durch Frequenzschwankungen eines → Geräusches, eingegrenzt durch → Filter. → Weißes Rauschen.

Farce (frz., v. lat. farcire = füllen), im frühen MA textl. Einschübe in Gregorianische Melodien (→ Tropen); seit dem 14. Jh. possenhafte → Intermezzi in → Mysterienspielen, seit dem 17. Jh. in Musikdramen (Monteverdi; *Poppea*, 1742), seit dem 18. Jh. auch selbständige heitere Operneinakter (Pergolesi, *La serva padrona*, 1724). → Opera buffa.

Farruca, asturisch-zigeunerischer Tanz improvisatorisch-dramatischen Charakters, gitarre- u. kastagnettenbegleitet; bei de Falla in das Tanzspiel *Der Dreispitz* (1919) übernommen.

Fauxbourdon (frz. = falscher Baß; it. → Falso bordone; engl. → Faburden), in der frz. Vokalmusik des 15. Jhs. (Dufay) improvisierte parallele Baßstimmenführung zur vorgegebenen Mittel- u. Oberstimme, im Ggs. z. engl. Faburden mit improvisierter Mittelstimme in Quintenparallelen, was beides zur Entwicklung des homophon-akkordischen Satzes, v. a. z. vierst. Falso bordone der it. Renaissance beitrug.

F-Dur, → Tonart, → Parallele zu → d-Moll.

Feedback (engl. =) Rückkopplung; auch Name einer v. J. G. Fritsch in den 1970er Jahren in Köln gegr. Gruppe u. Zeitung f. → experimentelle Musik.

Feldmusik, Sammelbez. f. Standardstücke (→ Fanfare, → Partita) der Hoftrompeter des 15.-18. Jhs., im 18. Jh. um Holzbläser erweitert Bez. f. *Feldstücke* (Freiluftmusik) wie → Kassation, Serenade, Divertimento (z. B. bei J. Haydn).

Fermate (v. it. fermata = Halt), Zeichen 𝄐 über einer Note, das deren Zeitwert bis aufs Doppelte verlängert; im → Kanon abschnitt- bzw. abschlußbildend, in Solokonzerten od. Konzertarien Haltezeichen f. die Orchesterstimmen auf dem Dominant-Quartsextakkord (seit C. Ph. E. Bach) mit nachfolgendem Einsatz einer → Kadenz des Solisten. 𝄐 über einer Pause in Partituren als Zeichen einer → Generalpause für sämtl. Stimmen.

Fernsehoper, f. Fernsehzwecke geschriebenes od. umgeschriebenes szenisch-musikal. Werk, mediengerecht im Stil einer → Kammeroper mit kl. Personenzahl u. kurzer Dauer bei vielfältigen Bildmöglichkeiten; seit den 1950er Jahren in den USA (NBC) mit Studioaufnahmen erprobt, seit den 1960er Jahren mit Originalkompositionen z. B. von E. Krenek (*Ausgerechnet und verspielt*, 1962), H. Sutermeister (*Das Gespenst von Canterville*, 1964), B. Britten (*Owen Wingrave*, 1971), D. Müller-Siemens (*Genoveva*, 1978); seither zunehmend abgelöst durch Fernsehadaptionen von Opern aus dem Bühnenrepertoire u. Übertragungen v. Festspielplätzen (Salzburg, Bayreuth, Scala di Milano, Metropolitan Opera House New York). → Funkoper.

Fernwerk, das v. → Hauptwerk in größerer Entfernung aufgestellte Nebenwerk einer → Orgel, dient u. a. der Erzielung v. Echowirkungen; auch Name eines → Orgelregisters.

feroce (it. =) wild, ungestüm.

fes, feses, Tonnamen → f.

Festa teatrale (it.), musiktheatral. Festlichkeit an Fürstenhöfen im 17.-18. Jh., v. a. in It. u. Östr., → Gesamtkunstwerke v. → Intermedien, Tanz-Allegorien, Roßballetten.

Festival, Festspiele → Musikfestspiele.

Fibonacci-Reihe, nach dem it. Mathematiker Leonardo Fibonacci (13. Jh.) benannte Reihe, in der jede neue Zahl die Summe der letztvorigen ergibt: 1, 1, 2, 3, 5, 8, 13, 21 usw. (Konstruktionsprinzip in Werken v. B. Bartók).

Fidel, Fiedel, althochdt. fidula, isld. fidla, im 10.-15. Jh. verbreitete Familie bogengestrichener Saiteninstr., 4-6saitig in Terz-Quart-Stimmung, seit dem 13. Jh. mit ovalem Korpus, Boden u. Decke (diese mit c- od. f-förmigen Schallschlitzen) leicht gewölbt, Zargen, gerader Hals mit Griffbünden, Wirbelkasten an der Brust bzw. linken Schulter od. auf bzw. zw. den Knien zu spielen, um 1500 in der Familie der → Viola da Gamba, Viola da braccio u. Lira aufgegangen; im 20. Jh. im Zug der dt. Jugendmusikbewegung wiederbelebt. → Rabab, Gusla. (K. Lechner, *Die Kunst des Fidelspiels*, 1968.)

Fieramente, fiero (it. =) stolz, heftig; Vortragsbez.

Figuralmusik (v. lat. *musica figuarlis*), kontrapunktisch ausgestaltete mehrstimmige Musik des 14.-16. Jhs., im Ggs. z. einstimmigen → Gregorianischen Choral; im 17.-18. Jh. Auszierung einer (Choral-)Melodie → Figuration, Figurenlehre.

Figuration (lat. figuratio = Gestaltung, Einbildung), formelhafte Auszierung einer Melodie od. Harmonie in Akkordbrechungen, in der Klaviermusik des 19. Jhs. oft mit eingewobener Melodie (Chopin, Liszt). → Verzierung, Kolorierung.

Figurenlehre, in der Musiklehre des Barock die Ausschmückung des Stimmensatzes, ursprüngl. im Dienste der Textausdeutung (→ Rhetorik), im 18. Jh. entsprechend auch in der Instrumentalmusik in musikalisch-symbolischer Wortnachahmung, Höhepunkte bei J. S. Bach. → Affektenlehre.

Filmmusik, programmatische od. psychologisierende filmbegleitende Musik (→ Funktionale Musik): zu Stummfilmen der 1910-20er Jahre, v. Pianisten und Schlagzeugbands, auch v. Orgelspielern (→ Kinoorgel) improvisierte od. nach vorgegebenen Mustern arrangierte Hintergrundmusik, seit Mitte der 1920er Jahre zunehmend Auftragskompositionen für Spezialorch. (E. Meisel, *Panzerkreuzer Potemkin*, 1925; P. Hindemith, *Kater Felix*, 1927); mit Aufkommen des Tonfilms Ende der 1920er Jahre durch synchrone Studioaufnahmen v. originaler F. abgelöst (W. Zeller, *Melodie der Welt*, 1929); US-amerikanische u. sowjet-russ., auch frz., it., engl., dt. (Bühnen-)Komponisten schrieben herausragende F., z. B. Schostakowitsch, Prokofjew, Copland, Bernstein, Honegger, Auric, Petrassi, Walton, Eisler, Dessau, Korngold, Egk, Zillig, Henze; auch Komponisten der Unterhaltungsmusik waren mit F. für originale od. arrangierte Operetten-, Tanzrevue- u. a. Filmgenres erfolgreich, z. B. Jary, Grothe, Eisbrenner, Kreuder; seit den 1960er Jahren wird, nicht nur zu Filmen aus Forschung u. Technik, auch → Elektron. Musik u. → Musique concrète verwendet bzw. Visualisierung v. Musik angestrebt (»Musikfilm«).

Filter, elektroakustische Geräte (Moduln), mit denen bestimmte Frequenzbereiche v. Klangspektren durchgelassen od. unterdrückt werden können, tiefe Frequenzen mit Hochpaß, hohe mit Tiefpaß, Kombinationen v. hoch u. tief mit Bandpaß; Rauschfilter zur Unterdrückung geräuschartiger Störsignale in hohen Frequenzen; f. Studioaufnahmen als Klangfarbenmodulatoren v. Bedeutung. → Synthesizer.

Finale (it. = endgültig), 1. Abschluß eines Opern-, Operetten-, Musical-Aktes, musikal.-dramatisch in der it. Oper des 18.-19. Jhs. zu Höhepunkten mit Arien- u. Chor-Ensembles entwickelt (Mozart, *Le Nozze di Figaro*, 1786); 2. Schlußsatz einer mehrsätzigen Komposition, z. B. der viersätzigen klassischen Sinfonie od. des dreisätzigen Solokonzertes, vornehml. als Rondo-Finale, im 19. Jh. zunehmend als themat. retrospektiv krönendes Finale in erweiterter Sonatensatzform, z. B. bei Bruckner, od. als Chorfinale mit großem Orchester, z. B. bei Beethoven u. Mahler.

Finalis (lat. finis = Ende), der Schlußton einer Melodie, seit dem MA (→ Kirchentöne) tonartbestimmend (→ Tonika). *Con-*

finalis in der ma. Musik Bez. f. den Quintton (→ Dominante).

Fine (it. = Ende), markiert den Abschluß einer Wiederholung in einem (Teil-)Stück od. am Ende eines Stückes. → da capo, Fermate.

Fingersatz (Applikatur), it. digettiatura, frz. doigté, engl. fingering: in Ziffern notiertes Hilfsmittel zum spieltechnisch-interpretatorisch zweckmäßigsten Tastenanschlag (Klavier, Cembalo, Orgel) bzw. Tönegreifen (Streich- u. Blasinstr.), v. Komponisten od. Herausg. eingezeichnet: im Klavier-F. seit Bach für beide Hände die Ziffern 1 (Daumen) bis 5, im Streichinstr.-F. 1 bis 4 (Zeigefinger bis. kl. Finger; leere Saiten mit 0), im Blasinstr.-F. auf beide Hände aufgeteilt, im Zupfinstr.-F. mit Griffschrift (→ Tabulatur).

Finnische Musik, Lit.: I. Krohn (Hg.), *Finnische Volksmelodien*, 5 Bde., 1893-1933; R. Richards, *The Music of Finland*, 1968.

Fiorituren (v. it. fiore = Blüte) → Verzierungen, Flores.

fis, fisis, Tonnamen → f.

Fis-Dur, → Tonart, → Parallele zu → dis-Moll.

fis-Moll, → Tonart, → Parallele zu → A-Dur.

Fistelstimme (v. lat.-it. fistula = Röhre), hauchige männl. Kopfstimme, zu komischen Wirkungen bisweilen in musikal. Bühnenwerken gewünscht. → Falsett.

Fistula (lat.-it. = Röhre, Pfeife), allgem. f. Orgelpfeife, mit Zusatz auch f. Orgelregister (z.B. *F. pastoralis*) u. → Querpfeife, (*F. militaris* als Schweizerpfeife).

Fitzwilliam Virginal Book, handschriftl. Sammlung engl. → Virginalmusik des 16.-17. Jhs. (297 Einzelstücke v. Byrd, Bull, Gibbons u.a.), benannt nach dem ehem. Besitzer des Foliobandes, Viscont Fitzwilliam of Meryon (1745-1816); wichtigste, heute in der Univ. Cambridge befindl. Quelle f. die Variationstechnik in der → Virginalmusik um 1600.

Flabiol (provenzal.), katalan. Fluviol, → Einhandflöte, Flageolett.

Flageolett (v. frz. flageot = Flöte), kl. Blockfl., Tonlage etwa eine Quinte über der Sopranblockfl., in frz. u. engl. Bauvarianten des 16.-19. Jhs. als *Flauto piccolo*, u.a. in Mozarts Oper *Die Entführung aus dem Serail* (1782) vorgeschrieben, in der Orch.- u. Kammermusik des 18. Jhs. als Piffaro (nicht zu verwechseln mit der → Pikkolofl. in der Orch.- u. Militärmusik des 19.-20. Jhs.) auch Bez. f. ein hohes Orgelregister im 2- od. 1-Fuß, seit dem 16. Jh. in frz. Orgelwerken.

Flageolettöne, pfeifartige hohle Töne auf Saiteninstr. (Streichinstr., Harfe, Gitarre), auf Teilschwingungen beruhend, erzeugt durch schwaches Auflegen des Fingers an den Hauptteilungspunkten der Gesamtsaite (»natürl. F.«) od. der durch festen Zeigefingeraufsatz verkürzten u. mit dem kl. Finger der Griffhand (Quartgriff) leicht berührten Saite (»künstl. F.«), auch in Doppelgriffen auf benachbarten Saiten ausführbar (Paganini, *Capricen* f. Viol. solo); notiert durch 0 über der Note od. (beim künstl. F.) durch rhombische Noten für die Berührungsstelle über dem gegriffenen Grundton.

Flamenco, Cante Flamenco, südspan. Tanzliedform, als *Cante jondo* v. schwermütiger, als *Cante chico* v. leichterer Art, mdl. seit dem 16. Jh., schriftl. seit dem 19. Jh. überliefert, im Rezitationston mit melodischen Schlußwendungen strophisch vorgetragen, spaniolisch-zigeunerisch, auch wohl arab.-ind. Einschlags, Wiederholung rhythm.-melod. Wortsequenzen durch Kastagnettenspiel des Einzeltänzers od. Tanzpaares u. durch Händeklatschen od. Füßestampfen der Umstehenden akzentuiert, abgelöst durch kurze improvis. Zwischenspiele des begleitenden Gitarristen; zahlr. Mischformen, unter ihnen die bei nächtl. Karfreitagsprozessionen aufgeführte Saëta, finden sich in Andalusien u. Asturien als → Seguidilla, → Malagueña, → Tango. In die span. Konzertmusik fand der F. Eingang bei de Falla, Albéniz, Granados, Turina; Flamenco-Wettbewerbe (Cante jondo) finden auf Anregung von M. de Falla und F. García Lorca seit 1922 in Granada statt.

flat (engl. = flach, matt), Abk. fl., engl. f. das Erniedrigungszeichen ♭, z. B. C fl. = Ces; mit Zusatz major od. minor = Dur bzw. Moll, z. B. E fl. maj. = Es-Dur; double flat = Doppel-B; auch Bez. f. Absinken, Ermatten von Singstimmen.

Flatterzunge, Tremolo bei Blasinstr. (Querfl., Blockfl., Klar. Saxophon; Trp., Flügelhorn, Pos.), erzeugt durch rollendes Zungen-R.; bereits im 16. Jh. erwähnt (M. Agricola), seit R. Strauss im modernen Orchester verlangt.

flautando, flautato (it. = flötend), bei Streichinstr. nahe am od. auf dem Griffbrett zu spielen, wodurch obertonarme, flötenartig klingende Töne entstehen. → Sulla tastiera.

Flauto (it.), Sammelbez. f. → Flöte: F. dolce → Blockfl., Fl. traverso → Querfl., Fl. piccolo → Flageolett (18. Jh.), Pikkolofl. (19.-20. Jh.).

Flexa (lat. die Gebogene), zweitönige → Neune, in der → Psalmodie melod. Formel des Absinkens der Stimme um eine Sekunde od. Terz, hier auch Bez. f. Kurzpause.

Flexaton (engl. to flex a tone = einen Ton biegen), Schüttelinstr., beiderseits mit kl. Holzklöppeln versehene Stahlzunge, im Jazz seit den 1920er Jahren verwendet, vereinzelt auch in Bühnenwerken u. Orch.-Musik gefordert.

Flores, Fiorituri (lat., it. = Blume), → Verzierungen in der ma. Vokalmusik als Bebung, Umspielung, Verbindung v. Tönen. → Diminution, Kolorierung.

Flöte (it. flauto, frz. flûte, engl. flute), Sammelbez. f. Blasinstr., deren Tonbildung durch Anblasen einer Kante (Schneide) entsteht, wodurch die Luftsäule des Blasrohres in Resonanzschwingungen versetzt wird, während Tonhöhenveränderungen durch → Überblasen od. durch rohrverkürzendes Schließen bzw. Öffnen v. Grifflöchern hervorgebracht werden können; nach Bauart zu unterscheiden sind Kernspaltfl. (→ Querfl.), Schnabelfl. (Blockfl.). Kerb- u. Gefäßfl. (→ Okarina), nach Spielhaltung Längs- u. Querfl.; Längsfl. sind gedoppelt (→ Aulos) od. gereiht (→ Panfl.) aus Frühkulturen belegt (→ Ägypt. Musik), Querfl. seit dem 8. Jh. v. Chr. (→ Chines. Musik); Längs- u. Querfl. in Europa seit dem 10. Jh. n. Chr. bezeugt; als Fl. schlechthin galten hier bis ins 18. Jh. die der Blockflötenfamilie; seit Mitte des 18. Jhs. hält die Querfl. die Führung in der Holzbläsergruppe inne (→ Pikkolofl.); die Blockfl. hat im 20. Jh. eine Neubelebung erfahren. Als *Flötenchor* werden die Register der Labialpfeifen der Orgel bezeichnet, als *Flötenwerk* Kleinorgeln mit Flötenstimmen.

Flötenuhr, ein durch Uhrwerk betriebenes

mechan. Musikinstr., dessen Pfeifenventile mittels einer rotierenden Stiftwalze geöffnet werden, auf die ein kl. Musikstück übertragen ist; seit dem 16. Jh. bekannt, bes. beliebt in der 2. Hälfte des 18. Jhs. (Rokoko, Frühklassik); C. Ph. Em. Bach, J. Haydn, Mozart, Beethoven u. a. schrieben Stücke für F.

Flügel, Klavierinstr., deren Gehäuse im Grundriß der Schwinge eines (rechten) Vogelflügels ähnelt, baulich bedingt durch die in Richtung der Tasten von links (Baß) nach rechts (Diskant) verjüngt verlaufende Besaitung; in Flügelform gebaut werden → Cembalo (Kielflügel) u. Konzertflügel (→ Fortepiano), dieser ist als Kleinflügel ca. 1,30 m lang, als Stutzflügel ca. 1,65-1,80 m, als Konzert- od. Liszt-Flügel ca. 2,50-2,90 m; auch auf Bauarten v. a. für Salons des Biedermeier mit aufrecht stehenden Saitenzügen wurde der Name Flügel übertragen. → Giraffenflügel.

Flügelhorn, trompetenartiges Sopraninstr. der → Bügelhörnerfamilie, meist in B-Stimmung (e-b^2), eine gr. Sekund über dem realen Klang notiert.

Fluviol (Flaviol) → Einhandfl., Flageolett.

Fluxus (lat. = fließend), um 1960 v. George Maciunas geprägter Begriff f. experimentelle Wandlungs-Aktionen einer Gruppe vorwiegend US-amerikan. Avantgardisten der Musik (Cage), Bildenden Kunst u. Literatur. → Happening.

f-Moll, → Tonart, → Parallele zu → As-Dur.

Folía, Follía (portug. = Tollheit, Narretei), in Portugal u. Spanien im 15.-17. Jh. verbreiteter Tanz aus dem Umfeld der possenreißerischen → Moresca u. der Tanzliedeinlagen zu → Intermedien (Lope de Vega); das Foliamodell umfaßt 8 od. 16 Takte mit einer wiederkehrenden Baßlinie als Grundlage eines Gerüstsatzes u. dessen Variierung, ähnl. dem → Passamezzo u. der → Romanesca, in der Lautenmusik z. B. bei Ortiz u. Cabezón; die in der Oberstimme an der → Sarabande orientierte Rhythmisierung im ¾- od. 3/2-Takt erhielt die F. im 17. Jh. (G. Taubert, *Der rechtschaffene Tanzmeister*, 1717); Variationsfolgen der *Folies d'Espagne* komponierten M. Marais f. Gambe, B. Pasquini f. Cembalo, A. Corelli f. Violine, letztere wurden in der Folgezeit als Vorlagen aufgegriffen, z. B. von J. S. Bach, D. Scarlatti, A. Vivaldi, L. Cherubini, Fr. Liszt (*Spanische Rhapsodie*, 1863), C. Nielsen (*Maskarade*, 1906), S. Rachmaninow (*Variationen über ein Thema von Corelli*, 1932).

Folklore (engl. = Kunde, Lehre des Volkes), um 1850 v. W. J. Thomas in London eingeführter Begriff als Gesamtheit v. Geschichte u. Gegenwart einer Volkskultur; musikal. F. manifestiert sich als → Volkslied, Volksmusik, Volkstanz.

Folklorismus, musikal. der kompositorische Bezug zu Volksmusikmodellen od. -elementen, im 19. Jh. vielfach als Nachahmung od. Anverwandlung (z. B. bei Liszt od. Brahms), im 20. Jh. als Stilprinzip in der Neuen Musik (z. B. bei Bartók), andererseits als Imitationselement in der Unterhaltungsmusik. → Folk-Rock, Folksong.

Folk-Rock, in der → Rockmusik seit den 1960er Jahren Verbindung anglo-amerikan. Folklore-Elemente mit Instrumentarien u. Rhythmusstrukturen progressiver Unterhaltungsmusik (Bob Dylan u. a.).

Folksong, in Anlehnung an J. G. Herders Wortbildung → »Volkslied« (1773) im 19. Jh. von Engl. u. Skandinavien ausgegangene Bez. f. volksläufige Lieder, nach 1945 auch in Dtl. angenommen, nicht aber der amerikan. Terminus Folksinger, hierzulande als → Liedermacher (R. Mey) in Personalunion v. (soziokrit.) Texter u. Musiker-Interpret verstanden.

Forberg, Forberg Musikverlag, 1862 in Leipzig gegr., übernahm 1917 die Rechte des Moskauer Musikverlags P. Jürgenson an Werken v. Tschaikowsky, Rimsky-Korssakow, Strawinsky u. a., übersiedelte 1949 nach Bonn-Bad Godesberg; heutige Verlagsinhaber Helga v. Roebel mit Sohn Joachim v. R.; Schwerpunkte: Opern- u. Ballettwerke, auch Orgelmusik (NA Rheinberger).

Forlana, Volkstanz aus Friaul (Venetien) in lebhaftem 6/8-Takt bei rasch wechselnden Wiederholungen der Satzteile f. die (Werbe-)Tanzpaare; im 18. Jh. auch in die Instrumentalsuite eingegangen (J. S. Bach, Vier Orchester-Ouvertüren), im 20. Jh. reihte Ravel eine F. in seinen Klavierzyklus *Le Tombeau de Couperin* ein.

Form, Formenlehre, Begriffsbez. mit polyvalenten Form-Inhalt-Relationen; Bau u. Ablauf eines Werkes entfallen u. fügen sich mehrdimensional zum jeweils eigengesetzl. Ganzen; Klangtextur, Rhythmusstruktur, Motivik-Thematik, additive u./od. variative Satzbildungen u. a. Aspekte einer Komposition stehen zeit-, gattungs-, personalstilistisch unter je anderen Gestaltungsprinzipien abstrakter u./od. programmatischer Grundlegung (→ Absolute Musik, Programmusik). – *Formenlehre* hält sich im Zusammenhang mit → Musiktheorie seit dem Pragmatismus der Leitlinien west- u. osteurop. Ausbildungsinstitute des 19.-20. Jhs. an Formmodelle u. Schemata (Sonate, Fuge usw.); spätestens mit Aufkommen der → Offenen Form seit den 1960er Jahren als revisionsbedürftig bewußt.

Formant, bei Musikinstr. u. der menschl. (Sing-)Stimme der ihren Klangcharakter mitbestimmende Frequenzbereich verstärkter → Obertöne. → Klangfarbe.

Formel-Komposition, bei K. Stockhausen ein seit den 1970er Jahren entwickeltes Verfahren, sämtl. Dimensionen einer Musik (u. Szene) von den → Parameter-Eigenschaften der Töne einer je neuen melodischen Urformel abzuleiten.

forte (it., v. lat. fortis = stark) Abk. u. Zeichen *f*, f. Vortragsbez. für laut, kräftig; Steigerungen: più f. = stärker, fortissimo (*ff*) = sehr laut, forte fortissimo (*ffff*) = mit äußerster Lautstärke; Abschwächungen: mezzoforte (m*f*) = halblaut, fortepiano (*f*p) = laut einsetzend u. sofort leise werdend.

Fortepiano (it. = lautleise), ältere Bez. f. → Hammerklavier, Hinweisname auf die dynamische Nuancierung (→ Anschlag) des neuzeitl. → Klaviers, ggs. z. → Terrassendynamik beim → Cembalo.

Fortspinnung, freie Weiterführung eines Themas, in der Klassik meist mit sequenzierendem Verlauf, ggs. zu symmetrisch periodisierenden Formentypen.

Fourieranalyse, nach dem frz. Physiker J. B. J. Fourier (1768-1830) benannte Methode, periodische Vorgänge, z. B. Saitenschwingungen in trigonometrischen Reihen darzustellen. → Frequenzspektrum, Sinuston.

Foxtrott (engl. = Fuchsgang), nach dem 1. Weltkrieg weltweit bekannt gewordener Gesellschafts- u. Turniertanz afro-amerikan. Ursprungs, geradtaktig, bei langs. Tempo als Slowfox, bei lebhaftem Tempo in Dtl. als Quickstep verbreitet, seit den 1930er Jahren mit festgelegten Schrittfolgen; Blacher (*Jazz-Koloraturen*, 1922), Hindemith (*Tanz der Holzpuppen*, 1922), Ravel (*L'enfant et les sortilèges*, 1925), Schostakowitsch (Jazz-Arrangement des F. *Tea for Two*, 1928) übernahmen den F. als Gebrauchsmusik.

Française (frz. = die Französische), im 18. Jh. als → Contredanse, im 19 Jh. als gemeinschaftl. Abschluß bei Ballveranstaltungen.

Franko-flämische Schule → Niederländische Schule.

Französische Musik, Lit.: N. Dufourcq, *La musique française, 2/1970.*

Französische Ouvertüre → Ouvertüre.

Frauenchor, Chor mit mehrfach besetzten Frauenstimmen, bei Unterteilungen bis zur Vierstimmigkeit; Priesterinnenchöre in der Antike, Nonnenchöre im MA, Opernchöre in Romantik u. Moderne (Weber, Verdi, Mussorgsky, Bartók, Britten u. a.). → Chor.

Frauenlieder → Protestsongs.

Free Concert (engl. = Freikonzert), Veranstaltungen amerikan. u. europ. Rockgruppen ohne Gagen u. Eintrittspreise; in den 1960er Jahren aufgekommen, in den 1970er Jahren durch Medienmanagement ihrer ursprüngl. antikommerziellen u. antibürgerlichen Impulsgebung entäußert.

Free Jazz, Anfang der 1960er Jahre v. farbigen amerikan. Jazzmusikern entwickelte Stilrichtung des neueren → Jazz, benannt nach einem Titel v. O. Coleman; → Offene Form ohne rhythmische u. harmonikale Improvisationsbezüge, hingegen mit intensivierter Gruppen-Improvisation u. Einbeziehung v. Klangfarben-Elementen exotischer Musik; Zentren in den USA in New York (Coleman, Taylor) u. Chicago (Art Ensemble), in Dtl. vertreten durch A. Mangelsdorff, A. v. Schlippenbach u. a. organisiert in der *Free Music Production Berlin*.

Freimaurermusik, im Logenleben der Freimaurer seit dem 18. Jh. verwendete Musik, vornehmlich → Harmoniemusik u. Männerchorgesänge, im 19.-20. Jh. örtlich auch Orgelmusik; *Würde und ruhige Heiterkeit* bezeichnet das *Internat. Freimaurerlexikon* (Hg. F. Lenhoff u. O. Posner, 3/1973) als Merkmale maurerischer Musik; v. namhaften Komponisten trug im 18. Jh. W. A. Mozart eine Reihe auf Wiener Logenrituale bezogener Stücke bei, u. a. eine *Maurerische Trauermusik* (KV 477, 1785) u. zwei Freimaurer-Kantaten, auch Mozarts Oper *Die Zauberflöte* (1791) weist Bindungen an Freimaurerideen auf, symbolisiert z. B. in Klang u. Rhythmus der Dreierzahl in tiefen Bläserregistern der Posaunen- u. Bassetthörner; im 19. Jh. schrieben Liszt u. Mendelssohn, im 20 Jh. Pijper u. Sibelius »Freimaurermusik« instrumentaler u. vokaler Art; Chorbücher frz., engl., dt. Logen sind seit dem 18. Jh. überliefert. – P. Nettl, *Musik und Freimaurerei* [bei Mozart], 1956.

Frequenz (v. lat. frequentia = Häufigkeit), die Anzahl der periodischen Schwingungen eines Körpers od. einer Wellenbewegung pro Zeiteinheit, in → Hertz gemessen. → Tonhöhe, Intervall, Dezibel.

Frequenzbereich, beim menschl. Ohr etwa 16 Hz als untere u. etwa 20.000 Hz als obere Hörgrenze, bei zunehmendem Alter abnehmend.

Frequenzspektrum, Intensitätsverteilung der Einzelfrequenzen eines Frequenzbereichs. → Filter.

Frequenzweiche, Schaltstelle einer Lautsprecherbox. → Lautsprecher.

Fricassée (frz.), Bruchstückreihung vorgegebener Tonsätze zu einer Art → Quodlibet, in der frz. Chormusik des 16. Jhs. mit Chansons praktiziert.

Friktionsinstrumente (v. lat. frictio = Reibung), Musikinstr., die durch manuelle od. mechanische Reibung zum Klingen kommen. → Membraphone wie die → Reibtrommel u. → Idiophone wie die → Glasharmonika; auch Streichinstr. gehören zu den F.

Frosch, Griffende des Streichbogens, seit dem 18. Jh. mit Gewinde und Stellschraube zur Spannungsregulierung des Bogenhaarbezugs; seit dem 19. Jh. zu findende Spielanweisung »am Frosch« (frz. au talon) fordert fest angerissenen Bogenstrich u. erzeugt kräftigen Ton.

Frottola (v. lat.-it. frocta = Anhäufung), vielstrophiger Liebesliedtyp in vierstimmigem Akkordsatz (Melodie in der Oberstimme), solistisch od. chorisch, mit od. ohne Instrumentalbegl. im 15.-16. Jh. in Oberitalien verbreitet; bei dem venezian. Drucker Petrucci erschienen 1504-1514 11 Bde. mit Frottolen, darunter auch Florentiner Karnevalslieder.

Frühchristliche Musik, Gesänge der Urkirche nach Melodiemodellen des Synagogengesangs u. des Sprechgesangs der griech.-röm. Antike, einstimmig ohne Instrumentalbegl. vorgetragen, seit dem 4. Jh. in oströmisch, griech. u. in weströmisch lat. Formtypen gefächert. → Responsorium, Hymnus, Antiphon, Gregorianischer Gesang.

F-Schlüssel → Schlüssel.

Fugara (tschech.-poln. fujara = Hirtenfl.), Orgelregister engmensurierter Labialstimmen, Metallpfeifen, 8- od. 4-Fuß, im 17. Jh. als Flötenimitation, seither in heller Streichimitation. → Orgel.

Fugato (v. lat. fuga = Flucht), fugiertes Teilstück einer nicht zur → Fuge ausgearbeiteten Komposition, meist im Sinne einer Fugen-Exposition mit Aufstellung eines Themas ohne weitere Durchführungen; Vorkommen z. B. im Mittelabschnitt der frz. Ouvertüre des 17.-18. Jhs. od. innerhalb eines Sinfonie-, Quartett- od. Sonatensatzes.

Fuge (v. lat. fuga = Flucht), Formtyp der → Polyphonie, beispielhaft in vielerlei Möglichkeiten der Satztechnik dargestellt in J. S. Bachs *Kunst der Fuge* (1749/50): Doppel- u. Tripelfuge, Spiegel- u. Gegenfuge, Permutationsfuge usw.; Frühformen wie → Kanon od. → Ricercare seit dem MA entwickelt, in der Klavierfuge (Orgel, Cembalo) des 17.-18. Jhs. v. Sweelinck, Frescobaldi, Buxtehude, Pachelbel bis Händel, bei J. S. Bach zur Höchstblüte gebracht; der Formentyp der »klassischen« Fuge (instrumental, seltener vokal) zeigt drei durch Zwischenspiele voneinander abgehobene Abschnitte: regulative Exposition = 1. Durchführung; beliebig viele u. vielerlei weitere Durchführungen; freie Koda = letzte Durchführung, mit → Engführung, Umkehrung, Krebs, Augmentation, Diminution u. Abschluß in der Grundtonart; die F.-Exposition bringt in aller Regel das Thema (Subjekt) nacheinander in allen (2 bis 4 u. mehr) Stimmen in seiner Grundgestalt (*Dux*) auf der Tonika, dann als Beantwortung (*Comes*) auf der Dominante (währenddem die 1. Stimme als Kontrasubjekt weiterläuft), und zwar als reale Beantwortung intervallgetreu eine Quinte höher od. eine Quarte tiefer, als tonale Beantwortung mit Intervallausweichungen zur Erhaltung der Grundtonart; in der Frühklassik (→ Empfindsamer Stil) als kompositorische Gelehrsamkeit empfunden, beschäftigte die F. als Synthese linearkontrapunktischer u. vertikal-akkordischer Elemente in der Klassik Komponisten wie Mozart u. Beethoven, in der Romantik Schumann u. Mendelssohn, Brahms u. Bruckner, im 20. Jh. Busoni, Hindemith, David (Neobarock) u. Bartók, Strawinsky (Neoklassik).

Fughette (lat.-it. =) kleine Fuge, verkürzt bis auf eine freie Exposition. → Fugato.

Füllstimmen, verstärkende Stimmen eines akkordischen Satzes, ohne eigene Funktionsqualität.

Fundamentalbaß, seit Rameaus *Traité de l'Harmonie* (1722) auf die Grundfunktionen v. Tonika, Subdominante, Dominante zurückgeführter → Baß.

Fundamentinstrumente, zur Ausführung des → Generalbasses geeignete (Baß-)Instrumente: zum Akkordspiel etwa Laute u. Harfe od. Cembalo u. Orgel, zum Baßlinienspiel etwa Gambe od. Violoncello u. Fagott. Ggs. → Ornamentinstr.

Fundamentum (lat. = Grundlage), seit dem 15. Jh. Kompositions- u. Spielanweisung (K. Paumann, *Fundamentum organisandi*, 1452; M. Praetorius, *Syntagma musicum*, 1691), auch Bez. f. → Baß, Fundamentinstr.

Fünftonleiter → Pentatonik.

Funkoper, f. den Rundfunk geschriebene Sonderform eines gesungenen u. instrumentalbegleiteten Hörspiels, im Ggs. zur → Fernsehoper (mit szenisch-optischer Komponente); radiophonische Spiele tragen episch-oratorische Züge u. arbeiten mit Erzählern (Zwischentexte, gesungen od. gesprochen) u. Sing- od. Sprechchören. F. u. verwandte Rundfunkspiele in dt. Sprache schrieben u. a. Gustav Kneip (*Christkinds Erdenreise*, 1929), Werner Egk (*Columbus*, 1933), H. Sutermeister (*Die schwarze Spinne*, 1936), W. Vogel (*Thyl Claes*, 1938), Boris Blacher (*Die Flut*, 1946), Hans Werner Henze (*Der Landarzt*, 1951), Hans Ulrich Engelmann (*Die Mauer*, 1956). Mehrere der o. a. Funkopern erfuhren Umarbeitungen zu Kammeropern (→ Oper). – S. Goslich, *Musik im Rundfunk*, 1971.

Funktionale Musik, Sammelbegr. f. alle Arten v. unmittelbar auf Lebens- u. Gesellschaftsfunktionen bezogene → Angewandte Musik (Ggs. → Absolute Musik, → Autonome Musik). → Arbeitslied, Arbeitsmusik, Filmmusik.

Funktionsharmonik, die durch → Kadenzverlauf (Tonika-Subdominante-Dominante-Tonika) bestimmte Harmonik der Dur-Moll-Tonalität des 18.-19. Jhs. (Ggs. zur Gleichrangigkeit v. Tönen u. Klängen der → Atonalität im 20. Jh.); basierend auf dem *Traité de l'Harmonie* v. J.-Ph. Rameau (1722), erweiterte H. Riemann in seinem *Handbuch der Harmonielehre* (1887 u. ö.) das klassische System der Funktionsbezeichnungen f. → Akkorde u. Akkordbeziehungen. → Umkehrung, Parallelklang, Alteration. – Neuere Lehrbücher (Auswahl): H. Grabner, *Handbuch der funktionellen Harmonielehre*, 1974; W. Maler mit G. Bialas u. J. Driessler, *Beitrag zur durmolltonalen Harmonielehre*, 6/1967; C. Dahlhaus, *Untersuchungen über die Entstehung der harm. Tonalität*, Kassel 1968, Repr. 1988; D. de la Motte, *Harmonielehre*, 2/1979.

Funky Jazz (engl. Slang = stinkiger Jazz),

Spielweise des → Hardbop der 1950er-60er Jahre. Anlehnung an Elemente aus → Blues u. → Gospelsong; in den 1970er Jahren auch Bez. f. eine Variante der → Pop- u. Rockmusik.

Furiant (tschech., v. lat. furia = Rachegöttin, Raserei), böhmischer Nationaltanz in scheinbar wechselndem Takt (2/4-3/4 als → Hemiolen), scharf akzentuiert u. schnell. Dvořák schrieb mehrere Furiante f. Klav. (op. 12 u. 42), Smetana in der Oper *Die verkaufte Braut* (1866) u. in den *Böhmischen Tänzen* f. Klav. (1877).

Fusa → Mensuralmusik.

Fuß, Fußtonzahl, Maßeinheit im Orgelbau zur Tonhöhenangabe eines → Registers (übernommen f. Cembalo u. Harmonium): ausgehend v. alten Längenmaß Fuß (etwa 30 cm; Zeichen: '), ergeben sich für die Länge der offenen Labialpfeife des Tones C (tiefster Ton der Orgelklaviatur) bei 2,40 m 8'; übertragen heißen alle Register, die auf der Taste C den Ton C hervorbringen, achtfüßig (→ Äquale); f. Register, bei denen tiefere od. höhere Oktaven erklingen, ergeben sich: 4' f. die 1., 2' f. die 2., 1' f. die 3. Oberoktave, 16' f. die 1., 32' f. die 2. Unteroktave; f. Register, bei denen ungeradzahlige → Teiltöne erklingen, ist die Fußtonzahl der Quotient aus der Division von 8 durch die Zahl des betreffenden Teiltones, z. B. für den 5. Teilton die Terz über der 2. Oberoktave, 8:5 = 1 3/5'; bei → Gedacktpfeifen, mit der halben Länge f. den gleichen Ton, entspricht die Fußtonzahl nicht der tatsächlichen, sondern der halben Länge, z. B. f. ein 8' Gedacktregister die Hälfte = 4'. Beim Cembalo ist der normal gestimmte Saitenbezug 8', 4'-Bezug erklingt bei halber Saitenlänge eine Oktave höher, 16' bei doppelter Länge eine Oktave tiefer.

Futurismus (v. lat. futurum = Zukunft), Avantgardebewegung, um 1910 v. It. nach Rußland, Dtl. u. Frankr. übergreifend, in der Musik 1911 mit einem *Manifesto della Musica Futurista* von F. B. Pratella vorgestellt, 1913 mit einem Geräusche-Katalog von L. Russolo systematisiert (→ Bruitismus); Mythologisierung v. Technik u. Maschinenwelt (Geschwindigkeitsrausch). Glorifizierung der Materialschlachten des 1. Weltkriegs u. faschistoide Politisierung zerstörten ursprüngliche Sensibilisierung eines »Neuen Menschen« f. Antikunst u. Antitraditionalismus in sich selber; Kompositionen wie *Ionisation* f. 13 Schlagzeuger (1931) v. E. Varèse überdauerten die bruitistische Komponente des musikal. F., die in der → Musique concrète nach 1945 eine mit elektroakustischen Techniken operierende Erweiterung erfuhr. – Dokumentation: O. Kolleritsch (Hg.) *Der musikalische Futurismus*, 1976; Ausstellungskataloge der Futurismus-Retrospektiven Mailand 1983, Berlin 1984.

G

G, g Tonname, it. sol (→ Solmisation), 5. Stufe der Grundtonleiter auf → C; einfach erhöht *gis*, doppelt *gisis*, entsprechend erniedrigt *ges*, *geses* (→ Alteration); Tonart- u. Akkordkürzel f. → G-Dur bzw. g-Moll (→ Quintenzirkel).

Gabelgriff, bei klappenlosen Holzblasinstr. Grifftechnik zur Erzielung chromatischer Töne durch Öffnen eines Loches zw. zwei geschlossenen Löchern od. zur Korrektur der → Intonation durch Schließen mehrerer Grifflöcher, ohne G. durch teilweises Schließen des betr. Tonloches.

Gadulka (bulgar.) → Gusla.

Gagaku (japan.), höf. Instrumentalmusik zu hist. Tänzen (Búgaku), in Japan seit dem 10. Jh. unter chines. (Tugaku) u. korean. (Komagaku) Einflüssen standardisiert; Paartänze in Links- u. Rechtsformierung (Rot- u. Blaukostüme), Blas- u. Schlaginstr. in Gruppen mehrfach besetzt, zur Melodieführung mit Querfl., Ob., Mundorgel, zur Rhythmusstruktur Baß- u. gr. Trommel nebst → Gong, bei ausschließl. Instrumentalmusik auch Saiteninstr.

Gaita, Gajda (v. arab. Ghaidâ), am Balkan verbreitete → Sackpfeife mit Melodie- u. Bordunpfeife.

Galanter Stil, Übergangsstil zw. Spätbarock u. Frühklassik, melodisch zierlich, harmonisch schlicht, rhythmisch durchhörbar, kleingliedrige Periodenbildung, vornehml. Klav.- u. Kammermusik; mit dem → Empfindsamen Stil repräsentativ für das musikal. Rokoko.

Galliarde (v. frz. gaillard = frisch, keck), fröhlicher Werbepaartanz, im 16. Jh. über West- u. Mitteleuropa verbreitet, Springtanzvariante zu der als Schreittanz voraufgehenden → Pavane, bei Arbeau (*Orchésographie*, 1589) als Tauschtanz dreier Paare beschrieben, tripeltaktig, in geradtaktigen Gruppen dreiteilig formiert, melodisch-harmonisch der Pavane folgend, im späteren 17. Jh. als → Allemande u. → Courante geführt, mit nachfolgendem Kontrastpaar → Sarabande u. Courante zum Standard der → Suite des 17.-18. Jhs. stilisiert. Hist. Sammlungen seit den Pariser Frühdrucken von P. Attaignant (1529 ff.), beschrieben in G. Tauberts *Rechtschaffenem Tanzmeister* (1717).

Galopp (abgeleitet v. mhd. walap = Pferdesprungritt), um 1820 in Wien aufgekommener Gesellschaftstanz in schneller springender Bewegung, 2/4-taktig, dreiteilig, seit J. Strauß Vater um 1840 mit Einleitung u. Koda, als Galoppaden zu Ballabschlüssen ausgeweitet; Liszt schrieb einen *Grand Galop chromatique* f. Klav. (1838), Offenbach einen *Galop infernal* (*Orpheus in der Unterwelt*, 1858). → Polka, Cancan.

Galoubet → Einhandflöte.

Gambang (indones.), Stabspiele aus Holz od. Bronze, auf Resonanzkästen aufgereiht, mit 2 Klöppeln geschlagen. → Gamelan, Xylophon, Indonesische Musik.

Gambe → Viola da gamba.

Gambenstimmen, Orgelregister, Labialpfeifen mit streicherähnlichem Klang. → Orgel.

Gamelan (v. javan. gamel = hantieren), indones. Instrumentalensembles, ursprüngl. in Java u. Bali, → Idiophone aus Bronze, Holz u. Bambus, in drei Gruppierungen: Melodieinstr. wie → Bonang u. → Saron, Instr. zur Melodieverzierung wie Gong-, Stab- u. Plattenspiele, Streichlaute (→ Rabab), Zither u. Längsfl., Instr. zur Rhythmusformierung wie Gongs u. Trommeln. G.-Musik wird improvisiert vorgetragen, auch zu Ritualtänzen od. Gesang, zu Schattenspielen u. Schautänzen, denen 4-7stufige Skalen- u. mehrschichtige Rhythmusbildungen zugeordnet sind; Elemente der G.-Musik sind seit der Pariser Weltausstellung v. 1889 in die europ. Musik eingegangen (Debussy); der Nld. Rundfunk hält G.-Musik über regelmäßige Sendungen aus dem Amsterdamer Tropen-Museum präsent. → Indonesische Musik.

Gamma, 3. Buchstabe des griech. Alphabets, tiefster Ton der → Kirchentöne; im

Frz. (gamme) u. Engl. (gamut) Bez. f. Tonskala.

Ganze Note (it. u. engl. semibreve, frz. ronde, amerikan. whole note), aus der → Semibrevis hervorgegangenes Notenwertzeichen, entsprechend die → Ganze Pause. → Noten.

Ganze Pause (it. pausa di semibreve, frz. pause), die der Dauer einer → Ganzen Note entsprechende → Pause, im ¾-Takt aber die Dauer einer Dreiviertelnote.

Ganzschluß, Harmoniefolge, die auf dem Grundton eines Stückes endet. → Trugschluß, Halbschluß, Kadenz.

Ganzton, im System der → Temperierten Stimmung aus zwei Halbtönen (einem diaton. u. einem chromat.) bestehende gr. → Sekunde = ein Sechstel der → Oktave. → Ganztonleiter, Intervall.

Ganztonleiter, Skalenfolge v. 6 gleichen aus Teilung der Oktave des temperierten Systems (→ Temperierte Stimmung) resultierenden Ganztönen (z.B. c-d-e-fis-gis-ais (= ♭)-c), um einen Halbton transponierbar; in der romant. Musik seit Schubert (*Oktett*, 1824), bei Liszt auch mit skaleneigenen Tönen harmonisiert (*Todesgedanken*, 1850), bei Debussy wie auch im freitonalen Frühwerk bei Schönberg (*Harmonielehre*, 1911), bei Berg (*Wozzeck*, 1925; *Lulu*, 1935) u. im → Folklorismus des 20. Jhs. (Bartók, Messiaen u.a.).

Gassenhauer, Straßenlieder, seit dem 16. Jh. nachgewiesen, seit dem 18. Jh. abwertend gesehen (ggs. zum → Volkslied Herders), im 19. u. 20 Jh. parodierende, trivialisierende → Schlager aus dem Großstadtmilieu, oft auch in Wechselwirkung zu Kabarett, → Musical u. Straßentheater. → Bänkelsang, Liedermacher.

Gattung, Klassifikation v. Kompositionen nach übergeordneten gemeinsamen Kennzeichen (z.B. Sinfonie od. Oper), auch nach Besetzung (z.B. Streichquartett), Form (z.B. Fuge), Funktion (z.B. Filmmusik) od. Textgehalt (z.B. Passion); seit Mitte des 19. Jhs. bei zeitstilistisch abnehmend überschaubarer Gesamtlage u. satztechnisch zunehmend individualisierter Einzellage als Begriffskategorie nur bedingt anwendbar.

Gaudeamus (Stichting Gaudeamus), 1945 in Bilthoven (Nld.) gegr., 1951 in eine Stiftung umgewandeltes Zentrum z. Förderung zeitgen. Musik, mit internat. Wettbewerben f. Komponisten (bis zu 35 Jahren) u. Interpreten (Ensembles bis zu 9 Personen), seit 1968 mit Biblio- u. Diskothek. → Donemus.

Gavotte (frz., v. span. gavota), nach den Bewohnern von Gap (= Gavots) benannter Paar- od. Reihentanz, im Baskischen u. in der Bretagne bis heute verbreitet, seit dem 17. Jh. als Hoftanz belegt; geradtaktig, auftaktig, zweiteilig, auch mit alternierendem 2. Satz (→ Musette), Formausweitung *G. en Rondeau* (Bach) od. *G. variée* (Rameau); seit dem 17. Jh. zw. → Sarabande u. → Gigue in die → Suite eingeschoben, auch in die Oper eigegangen (Lully, Gluck, Mozart), im beginnenden 19. Jh. bei Hofbällen (Czibulka, *Stephanien-G.*) u. in der → Salonmusik neubelebt, in der Neoklassik des 20. Jhs. zu einer Nachblüte gelangt (Reger, Prokofjew, Strawinsky).

G-Dur, → Tonart, → Parallele zu → e-Moll.

Gebrauchsmusik (Umgangsmusik), funktionsbezogene, angewandte Musik, z.B. Marschmusik, Tanzmusik, Inzidenzmusik (Schauspiel, Ballett usw.), Medienmusik (Film, Funk, Fernsehen), auch Kult- u. Sakralmusik; als Begriffsbez. nach dem 1. Weltkrieg aufgekommen, in Dtl. auch der antibürgerl. Jugend- u. Volksmusikbewegung (Gesellige Musik, Fahrtenlieder, Volkstanzgruppen, Spielmannszüge), in Frankr. im Umkreis der Pariser → Groupe des Six (Wortführer J. Cocteau) mit *Musique d'ameublement*, in sozialistischen Ländern als Politische Musik, in den USA als Arbeits-(Manipulations-)Musik, auch als Jazz u. Musical; Gegensatzpostion: → Autonome Musik, Absolute Musik.

Gebrochene Akkorde, auf- od. absteigende, langsame od. schnelle, einmalige od. wiederholte ›Brechung‹, d. h. Aufeinanderfolge von Akkordtönen; im 18. Jh. als → Albertibässe im 19. Jh. in Klavierlied (Schubert) u. Ballettmusik (Adam). → Arpeggiato, Begleitung.

Gebundener Stil, im 18. Jh. die an kontrapunktische Regeln gebundene Satztechnik, im Ggs. zum melodisch-harmonisch freieren → Galanten Stil.

Gedackt (gedeckt), Registerpfeifen einer Orgel, die mit einem Deckel (Metallpfeifen) od. Spund (Holzpfeifen) bedeckt sind; eine Oktave tiefer als offene Pfeifen gleicher Länge u. durch das Fehlen gerader Teiltöne hohler klingend. → Register, Fußtonzahl.

Gefäßflöte, Schnabelfl. mit gefäßartigem Korpus aus Fruchtschalen (Kürbis, Kokosnuß), Ton (→ Okarina) od. Porzellan (China), auch in tierähnlichen Formen (Kuckucksflöte) mit mehreren Grifflöchern als Melodieinstrumente schon aus prähistorischer Zeit belegt.

Gegenbewegung, → Umkehrung einer Stimme (Melodie, Thema usw.), bzw. Gegen- od. Zueinanderlaufen zweier Stimmen.

Gegenfuge, Fugenart mit melodischer Umkehrung der Themenaufstellung in der Themenbeantwortung. → Fuge.

Gegensatz → Kontrasubjekt, Fuge.

Gehör, vom Gehörsinn als Schall empfundene Luftdruckschwankungen, beim Menschen zwischen 16 u. 20.000 pro Sek. → Gehörorgan, Hörfeld, Hören.

Gehörbildung, Schulung bewußter Klangvorstellung durch Nachsingen/-spielen, → Musikdiktat, Vomblattsingen/-spielen (→ a prima vista), Höranalyse tonaler u. nichttonaler Musik. → Solmisation, Solfège, Tonika-Do.

Gehörorgan (Hörorgan, Ohr), paarig angelegtes Sinnesorgan (binaurales Hören): Außenohr, dient der Lenkung ankommender Schallwellen (Ohrmuschel, Gehörgang, Trommelfell); Mittelohr, dient der Verstärkung des auftreffenden Schalldrucks (Gehörknöchelchen, Hammer-Amboß-Steigbügel, Vorhoffenster); Innenohr, dient der Wahrnehmung v. Schallwellen (Schneckengang), deren Umwandlung in nervale Reize (Corti-Organ) u. Weiterleitung zum Gehirn (Höreindruck mit reaktivierbarer Speicherung). – E. Zwicker u. R. Feldtkeller, *Das Ohr als Nachrichtenempfänger*, 2/1967.

Geige (v. german. geigan = hin- u. herbewegen), seit dem 18. Jh. übliche dt. Bez. f. → Violine; im MA Bez. f. die im Arm gehaltenen bogengestrichenen Saiteninstr. mit birnenförmigem Korpus: → Fidel, Gusla, Pochette, Rebec, Viola da braccio.

Geigenbauer, Hersteller v. Streichinstr. (Violine, Viola, Violoncello, Kontrabaß), vereinzelt auch von hist. Streichinstr. (Gambenfamilie, Fidel) sowie Zupfinstr.; seit dem 16. Jh. Familienwerkstätten im dt.-östr. u. it. Alpenvorraum, unter den dt. G. Tieffenbrucker in Füssen, Stainer in Innsbruck, Klotz in Mittenwald; die weltweit bedeutendsten Werkstätten der it. G.-Familien im 17.-18. Jh.: da Salò u. Maggini in Brescia, Amati, Guarneri, Stradivari in Cremona, Testore in Mailand, Guadagnini in Turin, Montagnana in Mailand, Gagliano in Neapel; herausragende G.-Familien des 18.-19. Jhs. in Frankr.: Lupot, Vuillaume, Bernadel, Chanot; Zentren des heutigen dt. Geigenbaus: in der Bundesrepublik v. a. Mittenwald (Oberbayern) u. Bubenreuth (Franken), wo sich nach 1945 auch G. aus Nordböhmen u. dem sächs. Erzgebirge niederließen, in der DDR u. a. Markneukirchen u. Klingenthal in Sachsen. – K. Jalovec, *Enzyklopädie des Geigenbaues*, 1965; W. Kolneder, *Das Buch der Violine*, 1972.

Geigenprinzipal, hell u. scharf klingendes → Orgelregister, → Labialpfeifen im 32- bis 2-Fuß, seit dem 17. Jh. eingebaut, ursprüngl. zur Imitation v. Geigenklang.

Geißlerlieder, Bußgesänge der Geißelbrüder (Flagellanten, Selbstgeißler), bei Sühneprozessionen im 13.-15. Jh.; vorwiegend → Kontrafakturen zu Melodien geistl. Volkslieder (→ Leich), seit dem Konzil v. Konstanz (1417) verboten; vereinzelt in it., dt. tschech., wallon. Fassungen als Wallfahrtslieder erhalten.

Geistliche Musik, liturgische, gottesdienstl. Musik, im weiteren Sinne Chor- u. Liederwerke mit od. ohne Instrumentalensembles auf Texte erbauenden Inhalts. → Messe, Motette, Choral, Kantate, Oratorium, Mysterienspiel, Anthem, od. Gospelsong.

Geistliches Konzert, Werkgattung des 17. Jhs., solistisch besetzte → Motette mit → Generalbaß (Viadana, H. Schütz), im späteren 17. Jh. auch orchesterbesetzt u. in die → Kantate aufgegangen (Bach).

GEMA, Abk. f. Gesellschaft f. musikalische Aufführungs- u. mechanische Vervielfältigungsrechte, Nachfolgeorganisation der → STAGMA, 1947 gegr., Sitz Berlin, Mitglied der → CISAC, erhebt für Mitglieder (Komponisten, Textdichter, Verleger, Arrangeure) aus öffentlichen urheberrechtlich geschützten Aufführungen (einschl. mechan. Vervielfältigungen durch Tonträger) nach Tarifpauschalen gestaffelte Tantiemen. In der → AWA besitzt die DDR seit 1951 eine eigene Verwertungsgesellschaft. (E. Schulze, *Urheberrecht in der Musik*, 5/1981).

Gemischte Stimmen, Besetzung eines Chores od. Vokalquartetts mit Frauen- (Knaben-) u. Männerstimmen (Gemischter Chor); auch Sammelbez. f. Aliquotstimmen zusammenfassende Orgelregister (→ Aliquote) (Mixtur, Kornett, Rauschpfeife, Zimbel).

Gemischter Chor, aus Frauen- (Knaben-) u. Männerstimmen bestehende Chorbesetzung: Sopran/Diskant, Alt, Tenor, Baß. → Chor, Gleiche Stimmen.

Gemshorn, im 16. Jh. verbreitete Blockfl. (4 Grifflöcher) in Form eines Tierhorns; auch weichklingendes → Orgelregister (Labialpfeifen im 16- bis 2-Fuß).

Generalbaß, it. *Basso continuo*, in der Musik des Barock (17. bis Mitte 18. Jh.) die fast allen Kompositionen zugrundeliegende durchlaufende bezifferte Baßstimme, die durch akkordierende Fundamentinstrumente (Orgel, Cembalo, Harfe, Laute) improvisiert aber nach Regeln der Aussetzung des Bezifferten Basses mit Füllstimmen versehen wurde; aus der it.

Organistenpraxis u. → Monodie übernommen, entwickelte sich der G. in Oper, Oratorium, Kantate, Solo- u. Triosonate des 17. Jhs. zum affektvollen Schwerpunkt der Musizierpraxis, vielfach unter gleichzeitiger Beteiligung einer Gruppe von Baß- u. Akkordinstrumenten, deren Leitung beim Cembalisten lag; als Akkord-, Modulations- u. Kadenz-Reglement führte die G.-Praxis seit dem Hochbarock zur → Harmonielehre (J.-Ph. Rameau, *Traité de l'Harmonie*, 1722), deren Regelbedeutung bis ins 20. Jh. reichte (P. Hindemith, *Traditional Harmony*, 2 Bde., 1943, dt. 1949), während die Verselbständigung der Mittelstimmen im → Obligaten Akkompagnement der Klassik u. vollends im Orchestersatz der Romantik die inzwischen erstarrte Füllstimmenfunktion des G. überwand. – Hist. G.-Lehren: M. Praetorius, *Syntagma musicum I*, 1615, Nachdr. 1959; J. D. Heinichen, *Der General-Bass in der Composition*, 1728, Nachdr. 1969; J. Mattheson, *Grosse General-Bass-Schule* 1731, Nachdr. 1968; C. Ph. E. Bach, *Versuch über die wahre Art das Clavier zu spielen*, 1753, Nachdr. 1957.

Generalmusikdirektor, Abk. GMD, Diensttitel, behördlich verliehen an ständige Chefdirigenten u./od. musikal. Oberleiter großstädt. od. staatl. Sinfonieorch. od. Opernorch. u. -ensembles; erstmals Berlin 1819 an G. Spontini. → Musikdirektor.

Generalpause, gleichzeitiges Pausieren aller Stimmen eines Musiksatzes, in der Vokalmusik seit dem 17. Jh. textausdeutend, in der Sinfonik v. überraschender (Haydn) od. anstauender Affektwirkung (Beethoven, Bruckner, Mahler); Notation: Pausenzeichen mit → Fermate od. Zusatz-Abk. G.P. → Pause.

Generator (lat. = Erzeuger) Elektronenröhre als Erzeuger mechan. od. elektr. Schwingungen, in der Elektron. Musik u. zu akust. Messungen des Sinustones benutzt; der G. erzeugt Sägezahnschwingungen (Klänge mit gerad- u. ungeradzahligen Obertönen zum Grundton) od. Rechteckschwingungen (Klänge aus Grundton u. ungeradzahligen Obertönen); Rausch-G. erzeugen ›weißes‹ = farbloses Rauschen (ungleichmäßige Folge verschieden starker Impulse) bzw. ›farbiges‹ Rauschen = Filtern von Frequenzbändern aus dem ›weißen‹ Rauschen. → Synthesizer.

Género chico (span. = kleines Genre), volkstüml. musikal. Einakter-Komödie, in Spanien u. Portugal verbreitet. → Zarzuela.

Genos (griech., lat. genus = Gattung), Geschlecht, als Tongeschlecht Oberbegriff für 3 Intervallordnungen der griech. Musiklehre: → Diatonik, → Chromatik, → Enharmonik, bei Aristoxenos (4. Jh. v. Chr.) anhand des → Tetrachords erklärt, in die Ethoslehre übertragen, in der Musiktheorie des MA u. der it. Renaissance spekulativ diskutiert.

Geräusch, Gemisch aus einer Großzahl v. Einzeltönen mit Frequenzdifferenzen überwiegend kleiner als 16 → Hertz f. den → Klangcharakter der Musikinstr. v. Bedeutung (→ Farbiges Rauschen); Element der → Elektron. Musik, des → Bruitismus, der → Musique concrète, der Cluster- u. der Sprachkomposition.

Gerig, Hans Gerig, Bühnen- u. Musikverlag, 1946 in Köln v. H. G. (1910-78) gegr., 1978 zu einer internat. verzweigten Verlagsgruppe ausgeweitet; der 1957 angeschlossene Arno Volk Verlag gab mw. Reihen heraus (*Das Musikwerk*).

Germanische Musik, Musik german. Stämme in Nord-, Ost- u. Mitteleuropa bis zum Ende der Völkerwanderung (6. Jh. n. Chr.), indirekt belegt durch Instrumentenfunde (Luren, Knochenfl., Streich- u. Zupflaute, Geige, Harfe), auch durch Feldzugs- u. a. Berichte röm. Autoren (Tacitus, *Germania*, um 100 n. Chr.), vereinzelt durch Überlieferung einschlägiger Wortstämme (z. B. geigan = hin- u. herbewegen, Bogenstreichen der Geige/Fidula); Kult- u. Kampfspiele deuten auf magische Wurzeln in Musik-Lehre (Barden) u. Musik-Leben (Kampfgesänge, Sonnwendfeiern, Totenkult), → Choraldialekt.

ges, geses, Tonnamen, → g.

Gesamtausgabe → Edition.

Gesamtkunstwerk, europ. Vorformen im MA → Mysterienspiel, in Renaissance u. Barock → Festa teatrale, im 19. Jh. Vereinigung v. Dichtung, Musik, Tanz- u. Bildkunst zu einem Werkganzen, v. R. Wagner im Hinblick auf seine Konzeption des Musikdramas gefordert (*Das Kunstwerk der Zukunft*, 1849) u. mit seiner Tetralogie *Der Ring des Nibelungen* (1854-1874) realisiert, hier zurückzuführen auf Ideen der Frühromantik (E. T. A. Hoffmann) v. der gemeinsamen Wurzel aller Künste (→ Synästhesie) u. weiteren romantisch-klassizistischen Kunsttheorien, in Frankr. (Baudelaire), Rußland (Symbolismus, Skrijabin) u. Dtl. ins 20. Jh. fortgeführt, im Bühnenbereich bei A. Appia u. Busoni, M. Fokin, M. Reinhardt, E. Piscator, auch v. → Dadaismus (Schwitters, Arp, Ball) u. Frühexpressionismus (Schönberg, Kokoschka) aufgegriffen, in den → Multimedia der 1960er Jahre audiovisuell umfunktioniert. → Nô-Spiele.

Gesang, im Ursprung Ausdrucksvertiefung des Sprechens (Sprechgesang), Kult u. Arbeit zugeordnet, in der Antike über Ritualdarstellung u. Schauspielaufführung zu Einzel- u. Chorgesang stilisiert (Synagogalgesang u. Attische Dramen mit Wechsel v. Vorsprecher/Sänger u. Chorgemeinde), im MA an Klosterzentren, Universitätsplätzen u. Hofhaltungen in Praxis u. Lehre fortgebildet (→ Gregorianischer Choral, Mysterienspiele, Vagantenlieder, Minnesang, Meistersang); mit Entwicklung der Mehrstimmigkeit im 14.-16. Jh. Schwerpunkt im geistl./weltl. Chorgesang; seit Hinwendung zur wortbezogenen → Monodie um 1600 Erblühen v. Generalbaßlied u. Solokantate, → Oper, Belcanto u. Ziergesang, die im 18. Jh. Bravourarien zu artifizieller Koloraturtechnik denaturierten (→ Primadonna/Prim'uomo, Kastraten); Rationalismus u. Klassik förderten volksliedschlichte Melodik, in der Romantik zu erweiterten Liedformen gebracht, einerseits in wort-ton-poetisch integralen Klav.-Liedzyklen (Schubert, Schumann, Brahms, Wolf), andererseits in balladesken Gesangsszenen des → Musikdramas (Wagner), v. denen aus sich bis in den Beginn des 20. Jhs. das spätromantische Orchesterlied ausbreitete (Mahler, Strauss), sämtliche Phasen des dt.-sprachigen Klav.-, Orch.-, Opernliedes in Früh-, Hoch- u. Spätromantik als ›Wortausdrucks-Kunst‹ verstanden (auch in den romanisch- od. slawisch-sprachigen Chansons u. Romanzen); mit Expressionismus u. Atonalität setzten seit Beginn des 20. Jhs. text-tonliche Neuakzentuierungen ein, die auch zu neuartigen Techniken zw. Rezitation u. Gesang führten (→ Melodram, Song, Sprechchor) v. a. in den Vokalkompositionen der Neuen Wiener

Schule (Schönberg, Berg, Webern) u. des Serialismus (Boulez, Ligeti, Reimann) u. weiterer Strukturalisierung (Phonem, Lautklang, Wortrhythmus), währenddem Hinwendungen zu Gesangsformen u. zugehörigen G.-Techniken neopolyphoner Vokalmusik (Hindemith, Distler, Pepping, David, Krenek) als Gegenpositionen zu werten waren, hingegen Rhythmus- u. Sprachgeräusche-Elemente, über Gesangs- → Folklore, → Jazz u. → Rockmusik verbreitet, eine dritte Grundströmung darstellen.

Gesangbuch, Kirchliedsammlungen, seit dem 16. Jh. eingeführt, Texte mit u. ohne Melodien, auch in mehrstimmigen Sätzen; ev. *Geystliches Gesangk Buchleyen*, 1529, kath. *New Gesangbüchlin geystlicher Lieder*, 1537, im 18.-19. Jh. Neuauflagen od. textlich u. melodisch an den pietistischen (ev.) bzw. cäcilianischen (kath.) Zeitgeschmack angepaßte Ausgaben; Vereinheitlichungen führten 1950 zum *Evangelischen Kirchen-Gesangbuch*; 1975 zu *Gotteslob, Katholisches Gebet- und Gesangbuch*.

Gesangspädagogik, Stimmbildung, seit dem MA in prakt. Übungen systematisiert (→ Solmisation, seit dem 17. Jh. → Solfège), im 19. Jh. stimmphysiologisch erweitert (Atemtechnik), im 20. Jh. auch unter Berücksichtigung neuartiger Kompositionstechniken; in der G. der Gegenwart als Einzelausbildung f. Opern-, Oratorien- u. Liedgesang, auch f. Jazz u. Folklore. → Gesang.

Gesangverein, Vereinigung v. Laien z. Pflege des Chorgesangs; Männer- od. Gemischte Chöre, seltener Frauenchöre; seit Anfang des 19. Jhs. im dt.-sprachigen Raum nach dem Vorbild von C. F. Zelters Berliner Liedertafel u. H. G. Nägelis Züricher Männerchor weitverbreitet; Mitträger bürgerlicher Musikkultur in → Biedermeier u. Spätromantik; zahlr., auch herausragende Komponisten schrieben → A-Cappella-Chöre, Gemischte Chöre mit u. ohne Orchester.

Ges-Dur, Tonart, → Parallele zu → es-Moll.

Gesellschaft der Autoren, Komponisten und Musikverleger (AKM), öster. GmbH zur Wahrung musikal. Aufführungs- u. Senderechte. → GEMA.

Gesellschaft der Musikfreunde in Wien (GdM), 1812 gegr. mit dem Ziel, Singverein (1858), Orchester, Konservatorium (seit 1970 Hochschule f. Musik u. Darstellende Kunst) u. Musikarchiv mit Bibliothek zusammenzuschließen sowie einen Konzertsaal zu errichten (Musikvereinsgebäude Karlsplatz, seit 1870); bedeutendster Konzertveranstalter in Wien, in dessen Konzertvereinssaal auch die → Wiener Philharmoniker Gast- u. eigene Konzerte veranstalten (unter Richter, Schalk, Furtwängler, Böhm, v. Karajan, Bernstein u. v. a.); das Archiv der GdM enthält bedeutende Nachlässe u. a. von Erzherzog Rudolph (Beethovenschüler), Czerny, Ritter v. Köchel (→ Köchelverz. der Werke Mozarts), Brahms; Publikationen zu den Sammlungen der GdM seit 1976 (Hg. O. Biba).

Gesellschaft für musikal. Aufführungsrechte, → GEMA.

Gesellschaft für Musikforschung, (GfM), 1946 v. Fr. Blume gegr. e.V. zur internat. Pflege der Musikforschung; Publikationsorgan *Die Musikforschung*.

Gesellschaftslied, in Form u. Funktion Liedtyp der nachmittelalterl. dt. Bürgergesellschaft, zw. Volks- u. Kunstlied angesiedelt, in Vereins-Liederbüchern überliefert.

Gesellschaftstanz, Tanztypen u. -veranstaltungen unterhaltender Selbstdarstellung jeweils herrschender Gesellschaftsschichten: in Renaissance u. Barock vorwiegend die höf., seit Mitte des 18. Jhs. die bürgerliche, im 20. Jh. eine zunehmend offene Gesellschaft; ursprüngl. auf rhythmisch-gestisch kontrastierende, v. gruppenweise auftretenden Paartänzern ausgeführte Doppelsätze gestellt: Vor- u. Nachtanz als Schreit- u. Springtanz (→ Pavane u. → Galliarde), seit dem 15. Jh. v. → Tanzmeistern eingeführt, ›Geschlechtertänze‹ bei Maskenfesten in Reichs- u. Residenzstädten vielfach mit Bürger-, Patrizier- u. Hofständen; Volks- u. Hoftänze wechselseitig wirksam u. seit dem 17. bis Ende des 18. Jhs. zu → Suiten aufgereiht (nach dem Vorbild des frz. Hofballetts); Menuett u. Gavotte, Favorittänze des Ancien Régime, unter engl. Einfluß seit Beginn des 19. Jhs. durch Kontratänze verdrängt u. vom Wiener Walzer abgelöst, neben dem sich Tänze der unteren Bürger- od. aufkommender Proletarierschichten behaupteten (→ Polka, Galopp u. a.); im raschen Wandel von Zeitstil u. -geschmack (Modetänze) lösten sich im 20. Jh. stilisierte latein- u. angloamerikan. Tänze als europ. Gesellschaftstänze einander ab, v. diesen finden sich in dem v. Internat. Rat f. Gesellschaftstanz (London) beschlossenen, 1963 vom Allgemeinen Deutschen Tanzlehrerverband befürworteten »Welttanzprogramm« als *Turniertänze*: → Walzer, Foxtrott, Tango, Rumba, Cha-Cha-Cha, Samba, Paso doble, Boogie, Blues, seit den 1980er Jahren um → Beat erweitert. → Lateinamerikan. Tänze.

Gestalt, Begriff der musikal. Formenlehre, Ästhetik u. Psychologie hinsichtl. der *Gestaltqualitäten* (Ehrenfels, 1890) einer Komposition; bei A. Wellek (*Musikästhetik u. Musikpsychologie*, 1963) vier Grundbestimmtheiten: Geschlossenheit, Gegliedertheit, zeitl. Gerichtetheit, kontextl. Eingebettetheit bzw. Abgesetztheit; bei R. Cadenbach (1978), nach Hönigswald (1926): zeitl. extensiv, erlebnismäßig intentional, akustisch fundiert, ästhetisch ganzheitlich geschlossen; in der MW kontrovers diskutiert.

Gestrichen, → ein-, zwei-, drei-, viergestrichen, Kennzeichnung eines Tones nach seiner Lage im Tonsystem durch Beistrich od. Beizahl hinter dem Tonbuchstaben, z. B. a' bzw. a^1 usw. → Notenschrift.

Gewandhausorchester, nach dem hist. Leipziger Gewandhaus benannte Orchestervereinigung, deren Vorläufer im 18. Jh. die v. Kaufherren ins Leben gerufene Gewandhauskonzerte waren, deren Tradition ab 1781 v. der Musikübenden Gesellschaft unter J. A. Hiller, 1835-47 unter Mendelssohn fortgeführt wurde; in dem 1884 bezogenen Neuen Gewandhaus (nach Kriegszerstörung 1981 wiedererrichtet) gelangte das G. unter A. Nikisch (1895-1922) u. W. Furtwängler (1922-1928) zu internat. Ansehen, weitere Dirigenten B. Walter (bis 1933), H. Abendroth (bis 1945), seit 1949 F. Konwitschny, V. Neumann, K. Masur.

Gigue, lebhafter Tanzliedtyp kelt. Ursprungs, in England seit dem 15. Jh. belegt, in Schottland bis heute als Kettentanz aufgeführt (steifer Oberkörper, Hand- u. Beinschlenker); seit dem 16. Jh. ging die G. in die Instrumentalsuite als Schlußsatz ein (→ Suite), bei Händel in sequenzartigem, bei Bach in kontrapunktisch verdichtetem Ablauf; im 20. Jh. bei Vertretern des Neobarock neubelebt.

Giocondo, giocoso, goioso (it. =) fröhlich, scherzhaft (Vortragsbez.)

Giraffenklavier, Giraffenflügel, aus dem Claviziterium entwickeltes aufrechtes Flügel-Klav. mit harfenförmigem Resonanzboden. → Klavier.

gis, gisis, Tonnamen, → g.

gis-Moll, Tonart, → Parallele zu → H-Dur.

Gitarre (span. Guitarra; v. griech. → Kithara), hist. Zupfinstrument ägypt.-arab. Herkunft, seit dem 8. Jh. in Spanien belegt, um 1500 in ganz Westeuropa (parallel zur Laute u. wie diese mit → Tabulaturen), im 17.-19. Jh. außer in Spanien v. a. in Italien u. Frankr. als Konzert- u. als Volksinstr. gespielt (virtuos z. B. von B. D. Aguado y Garcia, F. Sor, N. Paganini), im 20. Jh. zu einer europa- u. weltweiten Renaissance gelangt; als Konzertinstr. im Zuge der Wiederbelebung hist. Musik u. Musikinstr., als Klampfe u. Zupfgeige in der Jugendmusikbewegung, in Umbauarten im Jazz, in Rock- u. Popmusik, auch in der experimentellen Musik der 1960-80er Jahre; in der klass., seit dem 16. Jh. im wesentlichen unveränderten Form zeigt die G. einen ggs. zur → Laute in der Mitte ausgebuchteten Korpus, flachen Boden, flache Decke mit rundem Schalloch (bis ins 18. Jh. rosettenverziert), breiten Hals mit chromat. angeordneten (Metall-) Bünden, Wirbelkasten mit hinterständigen Wirbelschrauben; die 6 an einem Querriegel befestigten, auf E-A-d-g-h-e gestimmten einchörigen Saiten (Notation eine Oktave höher als klingend) sind mit den Fingerspitzen zu zupfen; die seit 1900 entwickelte Zupf- u. Grifftechnik (Tarrega, Segovia u. a.) hat zeitgen. Komponisten zu spieltechn. wie musikalisch anspruchsvollen Werken für od. mit G. angeregt, z. B. de Falla, Turina, Villa-Lobos, Britten, Henze. – K. Ragossnig, *Handbuch der Gitarre und Laute, 1978.*

Gitarren-Synthesizer, elektron. Gerät zur Modulation v. Klangsignalen der → Elektrogitarre.

Gitarren-Verstärker, bestimmt in einem elektroakust. Wiedergabesystem den Sound von E.-Gitarre u. E-Baß.

giusto, tempo giusto (it. =) im richtig angemessenen Tempo (Vortragsbez.)

Glagolitischer Gesang → Altslawischer Kirchengesang.

Glasharfe → Glasharmonika.

Glasharmonika, Glasschalen, die durch Reiben am Rand mit angefeuchteten Fingern in Schwingung gebracht werden; Mitte des 18. Jhs. aus England in Deutschland bekannt geworden, weiterentwickelt bis zu 4 Oktaven Umfang (c-c^4) u. auf einer horizontal gelagerten Welle mittels Pedal zur Umdrehung gebracht. Mozart schrieb der blinden G.-Spielerin Marianne Kirchgeßner 1791 ein G.-Quintett (KV 617) u. ein Adagio f. G. solo (KV 617a), R. Strauss f. die Zauberszene seiner Oper *Die Frau ohne Schatten* 1919 einen G.-Part, der bei der Uraufführung auf Celesta übertragen wurde u. seit 1972 v. dem dt. G.-Virtuosen B. Hoffmann auf der v. ihm konstruierten *Glasharfe* gespielt wird, einer Sonderform v. G. u. Glasspiel mit aufrecht feststehenden Glasglocken; auf dem *Glasspiel* (engl. *musical glasses*) konzertierte Gluck 1746 in London; das Volksinstr. in Altöstr. beliebte G. wurde bis Mitte des 20. Jhs. in Klingental (Böhmen) hergestellt.

Glee (engl. = Fröhlichkeit), Tischlieder f.

3 Männerstimmen, abgehoben v. → Catch, Blütezeit Mitte 18.-19. Jh., Hauptkomponist u. Hg. S. Webbe d. Ä. (18. Jh.); *Glee-clubs* amerikan. Univ. dienen studentischer Musikpflege (Chor., Orch., Bühne, Tanz).

Gleiche Stimmen, Frauen- od. Knaben- od. Männerstimmen, chorisch od. solistisch besetzt, auch mit nur einer Stimmgattung, z. B. Alt. → Gemischte Stimmen.

Gleichtönigkeit, das Erklingen der gleichen Töne u. Akkorde bei Zug u. Druck des → Akkordeons, ggs. zur Wechseltätigkeit der → Handharmonika.

glissando (it. = gleitend), Abk. gliss., bei Streichinstr. schnelles Auf- od. Abwärtsgleiten des Griffingers über die angestrichene Saite, beim Klav. der Nagelseite des Daumens, Zeige- od. Mittel-Fingers über die Tasten, auch auf Pedal-Pauken, Pedal-Harfen u. Blasinstr. ausführbar, meist als gleitendes Ausfüllen eines weiträumigen Intervalls, notiert mit geradem od. geschlängeltem Querstrich von der Ausgangs- zur Zielnote; als Effektmittel seit Anfang des 19. Jhs. auf der Harfe in allen einstellbaren Tonfolgen möglich, auch als Doppel- u. Akkord-G., auf dem Klavier als Doppel-G. (z. B. in Debussys *Feux d'artifice* (1913): rechte Hand auf den schwarzen, linke auf den weißen Tasten), als Pauken- u. Pos.-G. bei Strawinsky u. Bartók, als Klar.-G. bei Gershwin.

Glocke (kelt. clocc, lat. clocca, frz. cloche, it. u. span. campana, engl. bell), eines der ältesten Kultinstr. aus Vorderasien nach Indien u. China u. in dem Mittelmeerbereich verbreitet, in christl. Frühzeit über Rußland nach Nord- u. Mitteleuropa gelangt; G.-Spiele seit dem 7., G.-Gießereien (St. Gallen) seit dem 13. Jh., Kelch- statt der bisherigen Bienenkorb-Form; der aus Bronze, später auch Eisen u. Stahllegierungen gegossene Klangkörper verschiedener Größe wird v. außen mit Hammer od. v. innen mit Klöppel angeschlagen (Zugseil, Elektromechanik); G.-Klang aus unterschiedl. im G.-Gießen harmonisierbaren Teilschwingungen (Unteroktav, Prim, Terz, Quint, Oberoktav), G.-Geläut bevorzugt im Nacheinanderklingen; G. dienen seit frühester Zeit (Holz- u. Fruchtschalen-G.) vornehmlich Kulthandlungen (Gottesdienst-, Hochzeits-, Sterbe-Läuten), auch profan. Zwecken (Turmglockenuhren, vielfach mit Glockenspielen, Feuer-, Flut-, Sturm-G.); Kirchen-G. (Weihe u. Namensgebung) wurden in Kriegen u. Revolutionen vielfach zerstört od. eingeschmolzen, während der beiden Weltkriege 1914/18 u. 1939/45 allein in Dtl. 42.583 erfaßte G. (= 77 % des Gesamtbestands). – G.-Klangnachahmungen in der Vokal- u. Instrumentalmusik seit der Renaissance: L. Senfl *Das Gläut zu Speyer* f. gem. Chor (16. Jh.), W. Byrd *The bells* f. Cembalo (17. Jh.), Fr. Couperin, *Le Carillon de Cythère* f. Cembalo (18. Jh.), F. Liszt, *La campanella* f. Klav. (nach Paganinis *Caprice* f. Viol. solo), Mussorgsky, *Das große Tor von Kiew* aus *Bilder einer Ausstellung* (19. Jh.), Rachmaninow, *Kolokola*, nach Poes *The Bells*, f. Soli, Chor, Orch., Debussy, *La Cathédrale engloutie* aus *Préludes I* f. Klav., Ravel, *La vallée des cloches* f. Klav. (20. Jh.). → Glockenspiel, Carillon.

Glockenspiel, aus verschieden gestimmten Glocken zusammengestellt, seit dem 7. Jh. nebeneinander aufgehängte Glöckchen, mit Stäbchen anzuschlagen, zur Begleitung

v. Gesängen u. zu Intervallübungen; seit dem 14. Jh. in Kästen, Turmaufsätzen usw. mechan. G. mit Stiftwalze (G.-Anschlag v. außen); seit dem 16. Jh. Groß-G., 4 Oktaven, chromatisch gestimmt, mit Klaviatur u. Pedal, G.-Anschlag v. innen, meistverbreitet in Belgien, den Niederlanden u. Engl. (→ Carillon); seit dem 17. Jh. auch G. aus klaviaturartig aufgereihten Metallplättchen in lyraartigem Rahmen, daher Lyra genannt, mit Metallhämmerchen anzuschlagen, finden sich in Militärkapellen (→ Schellenbaum, Janitscharenmusik). Glöckchengeläut in Orgelwerken: → Zimbelstern. Das berühmteste Glöckchenspiel im Opernbereich erklingt in Mozarts *Zauberflöte* (1791). Orch.-G., Metallplattengestelle mit Fußdämpfung zu dynam. Abstufung, finden sich u. a. bei Berlioz (*Symphonie fantastique*), Mussorgsky (*Eine Nacht auf dem Kahlen Berge*), Strauss (*Don Juan*), Dukas (*Zauberlehrling*), Debussy (*La Mer*), Puccini (*Turandot*), Varèse (*Ionisation*), Messiaen (*Oiseaux exotiques*), Orff (*Trionfi*; *Schulwerk*).

Glogauer Liederbuch, aus Glogau in Schlesien stammende, um 1480 angelegte → Liederhandschrift, heute im Besitz der Dt. Staatsbibliothek Berlin, enthält 158 lat. textierte geistl. Sätze, überwiegend dreistimmig, 75 dt. mehrstimmige Lieder, unter ihnen 3 → Quodlibets, 61 z. T. programmusikal. Spielstücke; eine der bedeutendsten Quellen der europ. Musik u. Musikpflege des 15. Jhs.

Gloria, Gloria in excelsis Deo, 2. Teil des → Ordinarium Missae in der röm.-kath. Liturgie, Hymne frühchristl. Ursprungs (→ Doxologie); 3 Textabschnitte: Gesang der Engel, Lobpreis Gottes, Anrufung Christi (→ Akklamation); im 5. Jh. in die Weihnachtsmesse, seit 1970 f. alle Sonn- u. Feiertage außerhalb der Advents- u. Fastenzeit vorgesehen; aus dem 10.-16. Jh. sind etwa 50 vielgestaltige G.-Melodien überliefert; der älteste im Rahmen einer zyklisch angelegten Messekomposition auftretende mehrstimmige G.-Satz ist in Machauts *Messe de Notre Dame* erhalten (15. Jh.); das G. findet sich auch in der auf Kyrie und Gloria zusammengezogenen protestan. *Missa* des 18. Jhs., z. B. in J. S. Bachs vier lat. textierten Missae breves wie in seiner fünfsätzigen *h-Moll-Messe* f. den kath. Dresdner Hof; umgeformte G.-Lieder wie das ev. Kernlied *Allein Gott in der Höh' sei Ehr'* (um 1520) finden sich im Gemeindegesang beider Konfessionen.

Glosa (span. = Glosse, Erläuterung), Oberstimmenverzierung od. variierende Improvisation über ein vorgegebenes Thema, in der span. Musik des 16.-17. Jhs. f. Orgel od. → Vihuela (Cabezón, Ortiz). → Diferencia, Tiento, Ricercare.

Glottis (v. griech. glotta = Zunge, Sprache), Zwischenraum zw. den Rändern der beiden Stimmlippen (Stimmritze), bei Stimmgebung verengt, beim Luftholen verschlossen, bewirkt bei Sprechen od. Singen anlautender Vokale durch plötzliches Aufschließen harten Stimmeinsatz (*Glottisschlag*); auch Bez. f. → Doppelrohrblatt (Oboe, Fagott).

GMD, Abk. f. → Generalmusikdirektor.

g-Moll, → Tonart, → Parallele zu → B-Dur.

God save the King (engl.), brit. → Nationalhymne.

Gong (malaiisch-engl.), Schlaginstr. chin.-indones. Herkunft, Bronzescheibe mit gebuckelter Mitte, in Java und Indochina vertikal aufgehängt, auf Bali in der Hand gehalten mit Filzschlägel angeschlagen; seit dem 1. Jt. v. Chr. als Kult- u. Signalinstr. gebraucht; in G.-Ensembles werden bis zu 17 abstimmbare gr. u. kl. Instr. auf Holzrahmen in Rechteck- od. Kreisform aufgebaut u. finden in → Gamelan-Orchestern Verwendung, Groß-G., Durchmesser ca. 1 m als *Tamtam* mit unbestimmter Tonhöhe, seit dem 18. Jh. auch in europ. Orchestern, im 20. Jh. v. a. im Opern- u. Ballettbereich (Strauss, Puccini, Strawinsky, Orff, Britten) u. in Ensembles Neuer Musik (Varèse, Stockhausen).

Gopak → Hopak.

Gorgia (it. = Gurgel), improvisierte → Koloraturen in der it. Gesangskunst (16.-18. Jh.).

Gospelsong (engl., v. gospel = Evangelium), geistl. Lied nordamerikan. Neger, seit den 1930er Jahren aus dem → Negro Spiritual in Gottesdiensten entwickeltes Vor- u. Nachsingen, unter Händeklatschen u. Füßestampfen mit Instrumentalbegl. aufgeführt.

G. P., Abk. f. → Generalpause.

Graduale (v. lat. gradus = Stufe), an den Stufen der Lektionskanzel nach Lesung der Epistel vorgetragener responsorialer Gesang (Vorsänger u. Schola im Wechsel), Teil der Meßliturgie; als motettische Komposition seit dem 16. Jh. (Mozart, Bruckner). → Liturgie.

Grammophon Gesellschaft, → Deutsche Gram. Ges.

Grammy, Jahrespreis der US-amerikan. Schallplattenindustrie, Gegenstück z. »Oscar« der Filmindustrie (1987 in der Kategorie Popsong f. Barbara Streisand, *Broadway Album*).

Grand Opéra (frz. = Große Oper), Gattungsbez. f. frz. Opern des 19. Jhs. mit aufwendigem Bühnen- u. Orch.-Ensemble, Ausstattungsoper mit Ballett u. Massenchor, vorwiegend auf hist. Stoffe, z. B. *Les Hugenots* (1836) v. Berlioz, *Les Troyens* (1859) v. Meyerbeer, auch *I Lombardi* (1843) v. Verdi, *Rienzi* (1840) v. Wagner.

Graphische Notation, → Musikalische Graphik, Notenschrift.

grave (it. = schwer), ernst, langsam; Vortrags- u. Tempobez. – *Grave*, langsamer Einleitungssatz in Instrumental-, seltener in Vokalwerken im 17.-18. Jh. → Lento, Adagio, Ouvertüre.

Gravicembalo (it.), im 17.-18. Jh. Name f. → Cembalo, insbes. mit 16-Fuß. → Fuß.

Greghesca (it.), Chorlied auf komisch-parodistische venezian.-dalmatinische Texte, in mehreren Slg. aus dem 16. Jh. erhalten (A. Gabrieli, Cl. Merulo, A. Willaert).

Gregorianik, Gregorianischer Choral/Gesang, Sammelbegr. f. den einstimmigen latein. Gesang der röm.-kath. Liturgie, benannt nach einer unter Papst Gregor I. um 600 erfolgten Choralform; Hauptformen: → Lektion, Antiphon, Responsorium, Hymnus, Sequenz, Graduale, Ambrosian. Gesang; Melodieformel: Initium Tenor Mediatio Tenor Finis; schriftl. überliefert seit dem 8. Jh. in → Neumen; seit dem 11. Jh. in Linien-Notation; 2. Reformbewegung (Wort-Ton- → Syllabik) seit dem Konzil v. Trient (um 1550), → *Editio Medicaea* (1614/15); 3. Reform Ende des 19. Jhs. *Graduale* (1883), *Antiphonar* (1891) durch die nordfrz. Benediktinerabtei Solesmes, *Editio Vaticana* (1905), bestätigt durch das 2. Vaticanum (1970).

Griechische Musik, altgriech. Musik der Antike, umfaßte unter dem Begr. *mousiké*

(Sprech-)Gesang, Instrumentalspiel u. Tanz; die grundlegende melodisch-rhythmische Gestaltung leitete sich vom Sprachlich-Dichterischen ab (*Orpheus* als mythisch-magisches Urbild des Dichter-Sänger-Katharisten, v. dionysischen Tänzerinnen zerrissen, v. apollinischen Tänzern/Tänzerinnen entrückt) der Melodieverlauf (einstimmiger solist. Gesang u. → Aulosmusik) blieb lyrisch, der Chorgesang rhythmisch-dramatisch bestimmt; eine seit dem 4. Jh. v. Chr. einsetzende Trennung v. Dichtung u. Tonkunst brachte Erweiterungen im Musikinstrumentarium u. die Systematisierung der Musiklehre (bei Pythagoras noch → Sphärenharmonie, bei Platon pädagogisch-politisch anwendbare Funktionsmusik); das → Tetrachord bildete die Basis der Musiktheorie, deren Tonsystem zweimal vier gleichgebaute Viertonreihen umfaßte, fallend dargestellt a'-g'-f'-e'/e'-d'-c'-h'/a-g-f-e/e-d-c-H/A, wobei e'-e dem → Dorischen, d'-d dem → Phrygischen, c'-c dem → Lydischen entspricht u. das jeweilige Tongeschlecht (génos) → diatonische, → chromatische bzw. → enharmonische Intervallverhältnisse zeigt; vereinzelt sind Lieder und Hymnen aus der hellenistischen Spätzeit erhalten (Buchstabennotation). Einwirkungen der altgriech. Musik sind v. der Melosbildung → frühchristl. Musik über die → Ethoslehre der Musikanschauung des MA bis zur Musikästhetik u. Aufführungspraxis der it. Renaissance (→ Dramma per musica) zu verfolgen. (A. J. Neubecker, *Altgriechische Musik*, 1977).

Griffbrett, bei Streich- u. Zupfinstr. das auf den Hals aufgeleimte schmale leicht gewölbte Brett, vorwiegend aus Ebenholz, bei Zupfinstr. u. hist. Violinen mit Metallbünden versetzt, über das die Saiten verlaufen, die der Spieler beim Greifen der Tonhöhen mit den Fingern der linken Hand (Griffhand) auf das Griffbrett niederdrückt. → Bünde.

Grifflöcher, bei (Holz-)Blasinstr. runde Öffnungen in der Rohrwandung, zur Tonhöhenveränderung mit den Fingerkuppen zu schließen.

Griffschrift, mit Buchstaben od. Ziffern bezeichnete Fingergriffe z. Spiel auf einem mehrstimmigen solistischen Instr., im 14.-18. Jh. v. a. für Orgel, Cembalo u. Laute, heute noch f. Git., Zither, Akkordeon. → Tabulatur.

Grotrian-Steinweg, dt. Klavierbaufirma, Gründung 1835 in Seesen durch Heinrich E. Steinweg, 1850 nach Amerika ausgewandert, Gründer v. Steinway & Sons New York; unter C. F. Steinweg, mit Fr. Grotrian (vordem Klavierbauer u. Musikalienhändler in Moskau) als Teilhaber, in Braunschweig angesiedelt, dem seitherigen Firmensitz; seit 1919, durch Beschluß der Familie Grotrian als Alleininhaberin, unter dem Namen Grotrian-Steinweg geführt; Leiter seit 1974 Knut Grotrian. Grotrian-Steinweg-Klavierinstrumente zählen zu den Spitzenprodukten im dt. Klavierbau. → Klavier.

Ground (engl. = Grund), 4-8taktiger → Basso ostinato zu Variationsfolgen in der engl. Instrumental- u. Vokalmusik des 17.-18. Jhs.; auch bei neueren engl. Komponisten (Vaughan Williams, Walton, Tippett, Britten).

Group des Six (frz.), Sechsergruppe antiromantisch-funktionalistischer Komponisten der 1920er Jahre in Paris (Auric, Durey, Honegger, Milhaud, Poulenc, Germaine Tailleferre), deren Programm (Wortführer Jean Cocteau, *Le coq et l'arlequin*, 1918; Satie, *École d'Arcueil*, 1923) v. ihrer Eigenentwicklung eingeholt wurde.

Grove, Synonym f. das v. George Grove (1820-1900) verfaßte *Dictionary of music and musicians* (4 Bde., 1878/79), in 10. Aufl. als *The New Grove* (20 Bde., 1980) hg. v. St. Sadie; internat. führende Musikenzyklopädie. → Enzyklopädie, Musiklexika.

Growl (engl. = Knurren), Spieleffekt im Jazz auf Trp., Pos. u. a. Blasinstr., Nachahmung v. Stimm- u. Singgeräuschen durch → Flatterzunge, Stimmbandvibrato, Dämpfer. → Jungle-Style (Duke Ellington).

Grundform, Ausgangsform einer → Reihe in der → Zwölftontechnik. – *Grundgestalt*, im reihentechn. Kompositionsverfahren v. A. Schönberg seit 1919 geforderte Vorform einer Folge v. Tonqualitäten der chromat. Skala, rhythmisch frei, nicht mehr grundtonbezogen, jedoch nicht unbedingt zwölftönig.

Grundskala, Stammtonleiter, C-Dur/a-Moll, Stufenfolge der Töne ohne Versetzungszeichen. → Quintenzirkel.

Grundstimme, → Fundamentalbaß; bei der Orgel Baßregister (32', 16', 8', 4' → Fuß) als ›Hauptstimme‹, im Unterschied zu → Aliquot- u. → Gemischten Stimmen.

Grundton, Baßton in der Grundstellung eines Akkordes (bei → Umkehrung in eine andere Stimme versetzt), auch Bez. f. den Stammton einer → Obertonreihe als tiefster Teilton eines → Klanges. → Partialtöne.

Gruppe der Fünf, Gruppe national-russ. Komponisten des 19. Jhs. (»das mächtige Häuflein«, *mogutschaja kutschka*), Balakirew, Borodin, Cui, Mussorgsky, Rimsky-Korssakow.

Gruppenkomposition, bei K. Stockhausen entwickeltes Verfahren → serieller Musik mit ausgewählten, in ihren → Parametern (Ambitus, Dauer, Menge, Dichte) durch Proportionsreihen nach statistischen Kriterien prädeterminierten Tongruppen.

Gruppetto, Gruppo (it.) → Doppelschlag.

G-Schlüssel → Schlüssel.

Guajira, span.-kuban. Tanz, in Tempo- u. Taktwechsel der Conga ähnlich (→ Congatrommel).

Guaracha (span. = Lebhaftigkeit), span.-südamerikan. Einmanntanz, zunehmende Beschleunigung, eigenhändige Gitarrenbegleitung.

Guarneri, Synonym f. Violininstr. aus den Werkstätten der it. Geigenbauerfamilie gleichen Namens (Cremona 17.-18. Jh.), aus der Schule Amati hervorgegangen, bedeutendster Vertreter Giuseppe Antonio G. (1698-1744), genannt del Gesu, nach dem Kürzel seiner Werkstatt-Vignette IHS = *Iesum Habemus Socium* (Īesum H̄aben wir als S̄ozium); neben Stradivari in Ton u. Tragkraft klassische it. Violinenfamilie.

Gudok (v. russ. gudetj = spielen), altruss. Streichinstr. mit birnenförmigem Korpus, 1 Melodie- u. 2 Bordunsaiten in Dezime u. Quinten gestimmt, vor der Brust od. auf dem linken Knie zu spielen.

Guidonische Hand, nach dem it. Musiktheoretiker Guido v. Arezzo (11. Jh.) benanntes Hilfmittel z. Veranschaulichung der in kontinuierlicher Reihenfolge den Fingerspitzen u. -gelenken der linken Innenhand zugeordneten Ganz- u. Halbtöne; gesangspäd. bis ins 17. Jh. gebräuchlich. → Solmisation.

Guiro (span. = Flaschenkürbis), ausgehöhlter Kürbis mit Kerbenrillen an der Außenseite, als Kürbisraspel in lateinamerikan. Tanzkapellen, als Rhythmus- u. Geräuschinstr. vereinzelt auch in Kompositionen des 20. Jhs. gefordert (Strawinsky, *Sacre*, 1913; Varèse, *Ionisation*, 1931).

Gürzenichorchester, nach dem ma. Fest- u. Tanzsaal der Stadt Köln benanntes, 1888 gegr. Städt. Sinfonie- u. Opernorch. mit angeschl. G.-Chor (Laienchor), hervorgegangen aus der Orch.-Vereinigung der 1827 gegr. ›Concert-Gesellschaft in Cöln‹, deren Veranstaltungen seit 1857 im großen Gürzenichsaal stattfanden; das bis heute u. a. auch dem Kölner Karneval als Festsitzungs- u. Ballsaal dienende spätgotische Gebäude (1441-47) erbaut, 1944 kriegszerstört) wurde 1952-55 neuerrichtet (Außenbau in hist. Form); Gürzenichkapellmeister der Stadt Köln, 1850-1934 auch Leiter des Kölner → Konservatoriums: F. Hiller 1850-84, F. Wüllner (1884-1902), F. Steinbach (1902-14), H. Abendroth (1915-34) E. Papst (1936-44), G. Wand (1946-73), Y. Ahronovitch (1975-86), seither M. Janowski. Seit 1986 in den Neubau der Kölner Philharmonie übergesiedelt. – I. Scharberth, *Gürzenich-Orchester Köln 1888-1988*, 1988.

Gusla, (serb.), Kniegeige mit birnenförmigem gelöchertem Korpus, Felldecke, griffbrettlos bundlosem Hals (in Tierkopf endend), Einsaitiger (Roßhaar über Steg gezogen, mit dem Griffinger v. der Seite her abgeteilt), mit Rundbogen (Roßhaar) zu bestreichen, beim Spiel auf das linke Knie gestützt; dient dem Guslar als Begleitinstr. beim Gesangsvortrag v. Volksepen. → Barde.

Gusli (russ.), seit dem 14. Jh. bekannte russ. Brettzither mit flachem Resonanzkasten, heute in unregelmäßiger Viereckform, Decke aus Ahornholz, bespannt mit bis zu 36 diatonisch gestimmten Darm- od. Metallsaiten, mit den Fingern gezupft od. mit → Plektron angerissen, beim Spiel vor die Brust gehängt od. auf beide Knie gelegt. → Kantele.

gusto, con gusto, gustoso (it.), mit (feinem) Geschmack, zurückhaltend; Vortragsbez.

Gymel (engl., v. lat. gemellus = Zwilling), seit dem 13. Jh. in Engl. entwickelte Zweistimmigkeit gleicher Stimmlage (z. B. bei zwei Altusstimmen), als Stimmkreuzung od. Gegenbewegung meist in Terzen, Sexten od. Dezimen; durch Zufügung eines contra bassus (→ Baß) zur Dreistimmigkeit erweitert.

H

H, h, → Tonname, it. = si (→ Solmisation), 7. Stufe der Grundtonleiter auf → C; einfach erhöht *his*, doppelt *hisis*, entsprechend erniedrigt *hes* (= → ♭), *heses* (→ Alteration); Tonart u. Akkordkürzel f. → H-Dur bzw. → h-Moll (→ Quintenzirkel); in der ma. Buchstabennotation hieß die Note H → B (= 2. Stufe der ursprüngl. Grundtonskala auf A), wie heute noch im Englischen. → Quintenzirkel, Tonartencharakter.

Habañera (span.), nach der kuban. Hauptstadt La Habana (Havanna) benanntes Tanzlied span.-engl. Ursprungs; Umbildung eines um 1800 v. Engl. über Span. nach Kuba gelangten → Country Dance, um 1850 v. Kuba über Spanien nach Europa zurückgekommen; mäßig langsamer

²⁄₄-Takt mit punktiertem 1. Viertel. Die populäre H. *El arreglito* (Iradier) verarbeitete Bizet im 1. Akt seiner Oper *Carmen* (1875) zu der Arie *L'amour est un oiseau rebelle*; weitere Umprägungen der H. in der frz. Orch.- u. Klaviermusik: Chabrier, *Habañera*, 1885; Debussy, *Estampes*, 1905; Ravel, *Rhapsodie espagnole*, 1907. → Tango.

Hackbrett, zitherartiges trapezförmiges Saiteninstr., bis zu 2 Dutzend vierchörige Metallsaiten, Umfang g-g^3, mit einseitig befilzten Holzklöppeln anzuschlagen; als Volksmusikinstr. vornehml. in den europ. Alpenländern verbreitet, in England als → Dulcimer, in Ungarn die Sonderform des → Cimbalom. → Koto, Pantalon.

Hajdútánc (ungar. Heiduckentanz), ungar.-slowak. Hirten- u. Soldatentanz, Geschicklichkeitstanz in Hockstellung, mit Händeklatschen od. Waffenschwingen unter Schreirufen.

Halbe Note, aus der → Minima hervorgegangene Note, Entsprechung zu *Halbe Pause*. → Notenschrift, Pause.

Halbe Stimme, Orgelregister, in älteren Werken mit Baß- od. Diskant-Tastatur.

Halbgedackt, Registerpfeifen einer Orgel zw. → gedackten u. offenen Pfeifen, mit eingelötetem Röhrchen im Deckel (Hut), v. flötenartig hellem Klang, vornehml. Rohrfl. zu 8' u. 4'. → Fußzahl.

Halbmond, militär. Signalhorn in annähernder Halbkreisform, Vorläufer des → Clairon.

Halbschluß, kadenzartige Akkordfolge, die auf einer Tonikaverwandten, meist → Dominante, zu einem Zwischenschluß kommt; in der ma. Melodielehre *apertum* = offener Schluß, auf der → Mediatio, gegenüber *clausum* = geschlossen, auf der → Finalis. → Kadenz, Ganzschluß, Plagalschluß, Kirchenschluß.

Halbton, kleinstes → Intervall im System der → Temperierten Stimmung, Zwölftel einer → Oktave; → diatonischer H. = kl. → Sekunde (z. B. c-des), → chromat. H. = übermäßige → Prime (c-cis), → enharmon. H. = doppelt verminderte Terz (cis-eses). → Ganzton.

Half-valve-Technik (engl.), Spielweise bei Jazztrompetern, halb heruntergedrückte Ventile. → Growl, Dirty tones.

Hall, Schallreflexion, in größeren Räumen durch Überlagerung v. → Echoeffekten; bei elektron. Instr. u. elektroakust. Anlagen durch Veränderung der → Nachhallzeit als Raumbewegung simuliert.

Hallé Orchestra, ältestes engl. Sinfonieorch., 1857 v. Charles Hallé (1819-95, gebürtiger Westfale) in Manchester gegr.

Halleluja (hebr. = Lobet Gott) → Alleluja.

Halling, norweg. Männertanz mit Hutstock (zum Wegschlagen), lebhafter Dupeltakt (²⁄₄, seltener ⁶⁄₈), zur → Hardangerfidel getanzt; bei E. Grieg in den *Lyrischen Stücken* f. Klav. (1870).

Hals, stielartige Verlängerung des Resonanzkörpers mit aufgeleimtem Griffbrett, bei Saiteninstr. der Violinenfamilie, Lauten, Gitarren, Mandolinen.

Hamburger Philharmonie, Philharmonisches Staatsorch. Hamburg, zurückzuführen bis auf das Gründungsjahr 1828 der Philharmon. Gesellsch. Hamburg, deren Konzerte seit 1863 J. Stockhausen (zugleich Leiter der Singakademie) u. ab 1904 M. Fiedler unterstanden (jetzt mit Förderung des 1896 gegr. Vereins Hamburgischer Musikfreunde), auch Gastdirigenten wie S. v. Hausegger u. G. v. Keußler; ab 1918, nach Verschmelzung beider Einrichtungen, dirigierten K. Muck u. E. Papst die Philharmonie bis 1933, nach Zusammenlegung von Philh. u. Theaterorch. zum Philharm. Staatsorch. Hamburg wurde E. Jochum erster → GMD (1934-49), gefolgt von J. Keilberth (1951-59), zusammen mit L. Ludwig, Musikal. Leiter der Staatsoper; seither W. Sawallisch, H. Stein, A. Ceccato, 1984-86 H. Zender (Leiter der Staatsoper; hier Nachfolger von Chr. v. Dohnányi), seither G. Albrecht u. P. Ruzicka. Wie das Sinfonieorch. des NDR Hamburg (seit 1981 G. Wand) zählt das Philharm. Staatsorch. Hamburg zu den führenden Orchestern in Dtl.

Hammer, 1. Teil der Mechanik des (Hammer-) → Klaviers; 2. Instr. aus Metall od. Hartholz z. Schlagen eines → Ambosses (Wagner, *Ring des Nibelungen*) od. Holzbretts (G. Mahler, *6. Sinfonie*). → Glocke.

Hammerflügel, Hammerklavier → Klavier.

Hammondorgel, elektro.-magnet. (heute elektron.) Tasteninstr., 1934 in Chicago v. Erfinder, dem Maschinenbauer Laurens Hammond, erstmals präsentiert, bis in die 1950er Jahre führend unter den → Elektronenorgeln im Unterhaltungsbereich, in den 1930er Jahren auch als → Kinoorgel.

Handangerfidel, violinähnl. norweg. Streichinstr. mit → Aliquotsaiten u. flachem Steg f. akkord. Spiel, Begleitinstr. zu Volkstänzen. → Halling.

Handharmonika, Harmonikainstr. mit diatonisch angeordneten Knopftasten, erzeugt auf Druck u. Zug des Faltenbalgs verschiedene Töne (ggs. zum → Akkordeon), mit Zusatztasten auch chromat. Folgen (mundartl. Schwyzer Örgeli). → Konzertina.

Handleiter, in der Klavierpädagogik der 1. Hälfte des 19. Jhs. (Kalkbrenner, Wieck) eine vor der Klaviatur angebrachte Leiste zur Stärkung der Handgelenke u. Korrektur der Handstellung (unter Stillegung des Ellenbogens), anfängl. auch v. Liszt empfohlen, später allgemein verworfen.

Handstück, Klavierstück f. Anfänger, Sonderform des → Charakterstücks u. der → Etüde, v. D. G. Türk, *60 Handstücke für angehende Klavierspieler*, 1792, bis zu R. Schumann, *Album für die Jugend*, 1848,

Hänssler-Verlag, v. Friedrich Hännsler (1892-1972) 1919 in Neuhausen bei Stuttgart gegr. Musikverlag; Schwerpunkte Geistl. Musik, GA mw. Lit.

Happening, in der Musikszene seit den 1950er Jahren theatralische od. multimediale Aktionen offenen Verlaufs, auch mit Re-Aktionen des Publikums (M. Kagel, V. Globokar. J. A. Riedl) → Multimedia, Wandelkonzert, Dadaismus.

Hardbob (engl.), Jazzstil schwarzer Musiker der 1950er Jahre, Chorus-Struktur mit Rückgriff auf → Blues u. → Negro Spiritual, 1-3 Bläser u. Rhythm section (Klav., Kontrabaß, Schlagzeug).

Harfe, (v. ahd. harpan = reißen; it. arpa), Sammelbez. f. Chordophone, die gezupft werden u. deren Saitenebene senkrecht z. Resonanzkörper steht; ihrer äußeren Form nach einzuteilen in Grundtypen der Bogen-, Winkel- u. Rahmen-H., Mischformen seit dem 3. Jt. v. Chr. in Ägypten bekannt (→ Ägypt. Musik), älteren asiat. Ursprungs, im 8. Jh. n. Chr. über Nordafrika (nicht Griechenland, → Kithara) nach Irland (Landeswappen) u. seit dem 11. Jh. ans europ. Festland gelangt, noch bei M.

Praetorius (*Syntagma musicum*, 1519) als »Irlendisch Harff« mit 43 einreihigen chromat. Saiten, seit Anfang des 17. Jhs. in Spanien als chromat. H. mit 2 gekreuzten Saitenreihen, seit dem 18. Jh. in Dtl. u. Frankr. als *Tiroler Hakenharfe* (mit drehbarem Haken am Hals zur Erhöhung der Saiten um 1 Halbton) u. *Tretharfe* (Tiefenbrucker, Donauwörth 1720, mit Pedalmechanismus), seit dem frühen 19. Jh. als Doppelpedal-H. (Erard, Paris 1810) zur heutigen Form entwickelt: ca. 7 Oktaven Umfang (^{1}Ces-gis^{4}), 46-48 Saiten (Darm od. Nylon, Perlon) in einer Leiste auf dem Resonanzboden des Korpus eingehängt, in Ces-Dur eingestimmt, 7 Doppelpedale: bei Einrasten in 2 versch. Stellungen Erhöhung jedes einzelnen der sieben Töne der Ces-Dur-Skala um einen Ganz- od. Halbton zwecks Erzeugung aller Töne der → Temper. Stimmung, Stimmwirbel (im Sattel mit aufgespulten Saitenenden mit Vierkantschlüssel z. Drehung u. Veränderung v. Saitenzug u. Tonhöhe). Die H. diente in den hist. Hochkulturen Asiens u. Ägyptens kultischen Zwekken, in Europa seit dem MA der Gesangsbegleitung, seit dem 17. Jh. → Generalbaß-Instr. u. zunehmend als Ensemble-, Orch.- u. Soloinstr., seit ihrer bau- u. spieltechn. Entwicklung im 19.-20. Jh. ist sie v. a. in Sinfonie- u. Kammerorch. (v. Berlioz bis Strawinsky u. nachfolgenden Avantgardisten) in Klangfarbe u. -kombination unverzichtbar geworden; sie taucht auch als Jazzharfe auf. H.-Konzerte schrieben u. a. Händel, Haydn, Mozart, Glière, Ravel, Krenek, Hindemith, Milhaud, Martin, Henze, Lutoslawski, Berio. – H. J. Zingel, *Lex. der Harfe*, 1977; ders., *König Davids Harfe in der abendländ. Kunst*, 1968. → Arpeggio, Äolsharfe.

Harfenlaute, harfenähnl. Saitenzupfinstr. mit kalebassenartigem Resonanzkorpus, Vorkommen in Westafrika (Mali), verwandt einem in der europ. Hausmusik des 16.-17. Jhs. verbreiteten Mischinstr. mit lautenart. Korpus u. Saitenzug an einem parallel zur Decke abgeknickten Hals.

Harlem-Jump (v. engl. jump = Sprung), in den 1930er Jahren bei den (farbigen) Bewohnern des Stadtteils Harlem, New York aufgekommener sprungreicher Tanz.

Harmonie (v. griech.-lat. harmonia = Zusammenfügung, Eintracht, Einklang), in der altgriech. Musiklehre die Ausgewogenheit v. Tonhöhen u. Tonfolgen, bei Pythagoras (um 500 v. Chr.) konsonante Intervallproportionen als Spiegelbild einer → Sphärenharmonie, in die ma. Musikanschauung als → Musica mundana übernommen, auch auf zusammenklingende Töne bezogen; seit dem homophonen Satzbild der it. Renaissance zunehmend gleichbedeutend mit Drei- od. Vierklang (→ Akkord, Harmonielehre); in der Philosophie des Barock (J. Kepler, *Harmonia mundi*, 1619) neubelebt im ursprüngl. kosmolog. Sinne, ähnl. im 20. Jh., z. B. bei H. Kayser, *Der hörende Mensch. Elemente eines akustischen Weltbildes* (1918-30). Eine Kepler-Oper, *Die Harmonie der Welt*, schrieb P. Hindemith (Text u. Musik), 1957. → Harmonik.

Harmonielehre, im Bereich der Musiktheorie die Lehre von → Akkorden, Akkordfolgen und -verbindungen (→ Tonalität), seit J.-Ph. Rameau (*Traité de l'Harmonie*, 1722) an der dur-moll-tonalen → Stufentheorie orientiert, nach voraufgegangenen Lehrwerken von G. Weber, H. Ch. Koch, S. Sechter weiterentwickelt zur → Funktionsharmonik (→ Kadenz) bei H. Riemann (*Handbuch der Harmonielehre*, 1887, 10/1929), gefolgt v. H. Grabner, W. Maler u. a., mit Blick auf → Tonsatz u. → Analyse im Übergang zur erweiterten Tonalität (→ Alterationsharmonik) spezifiziert z. B. bei M. Reger (*Beiträge zur Modulationslehre*, 1903, 24/1952) u. A. Schönberg (*Harmonielehre*, 1911; *Die formbildenden Tendenzen der Harmonie*, dt. 1957); f. → Atonalität u. Dodekaphonie (seit 1908 bzw. 1923 in der → Neuen Wiener Schule) verlor H. ihre strukturelle Basis; in der fachspezifischen Ausbildung erscheint H. heute pragmatisch-historisch orientiert (D. de la Motte, *Harmonielehre*, 2/1979). → Harmonie, Harmonik, Formenlehre.

Harmoniemusik, → Blasmusik, als Werkgattung od. als Instrumentalensemble, in gemischter Besetzung f. Blech- u. Holzbläser (auch mit Schlagzeug); verbreitet seit der Wiener Klassik (Haydn), seit dem 19. Jh. v. a. als → Militär- (Marsch-) u. Promenadenmusik (→ Arrangements); konzertante H. schrieben im 20. Jh. Casella, Hindemith, Strawinsky u. a. → Bläsermusik.

Harmonik (v. griech.-lat. harmonia = Zusammenklang), Sammelbegr., anwendbar auf alle Arten Zusammenklang i. Zusammenhang mehrstimmiger europ. Musik seit dem 13. Jh., mit → Melodik, → Rhythmik u. Formgestalt (→ Gestalt) jeweils im Verbund. → Konsonanz/Dissonanz, Tonalität, Atonalität, Harmonie, Harmonielehre, Form/Formenlehre. – E. Kurth, *Die Voraussetzungen der theoretischen Harmonik und der tonalen Darstellungssysteme*, 1913; E. Kurth, *Die romantische Harmonik und ihre Krise in Wagners »Tristan«*, 2/1923, Nachdr. 1968; H. Erpf, *Studien zur Harmonie- u. Klangtechnik der neueren Musik*, 1927, Nachdr. 1969.

Harmonika, Gruppen v. → Idiophonen (→ Glasharmonika, Holzharmonika) u. → Aerophonen (→ Mundharmonika; Hand- u. Ziehharmonika, Akkordeon, Bandoneon; Orchestrion, Harmonium; Regal). → Konzertina.

Harmonische Teilung, Bildung des harmon. u. arithmet. Mittelwertes zweier Saitenlängen a u. b, deren beide Formeln, auf das Intervall der → Oktave angewandt, eine harmonische Teilung in Quinte u. Quarte bzw. eine arithmet. Teilung in Quarte u. verbleibende Quinte ergeben; die → Frequenzen fortgesetzter harmon. T. einer Saite bilden die harmon. → Obertonreihe.

Harmonium, 1840 v. F. A. Debain in Paris vorgestelltes Tasteninstr. mit durchschlagenden → Zungen (auf Vorformen wie → Physharmonika u. → Äoline fußend): 4 1/2 Oktaven Umfang, 2 Blasebalg-Pedale, Druck- od. Saugluftsystem, bei größeren Instr. mehrere → Register, langs. Einschwingvorgang, Tongebung durchdringend; Kirchenmusikinstr., auch in der → Salonmusik, vereinzelt in der Konzertmusik des Fin-de-siècle (Schönberg, *Herzgewächse* nach Maeterlinck für Sopran, Harfe, Celesta, 1911). → Amerikanische Orgel.

Harmonizer (engl.), elektron. → Effektgerät in der Unterhaltungsmusik (Pop, Rock), erzeugt Schwebungseffekte, Tonhöhenverschiebungen u. ä.

Harpsichord (engl.) → Cembalo.

Harschhorn (alemann. = hart), altschweizerisches, rauhklingendes metallenes Heerruferhorn, dem Stierhorn nachgebildet.

Hauptsatz, in der Wiener Klassik das Umfeld des 1. Themas der → Exposition des Kopfsatzes als eigentl. »Sonatensatz« der in der Regel insgesamt viersätzigen Sonate; ggs. zum → Seitensatz als Umfeld des tonal usw. kontrastierenden 2. Themas der Exposition. → Sonate.

Hauptton, Grundton eines → Akkordes od. der Grundtonart eines (Teil-)Stückes od. einer → Obertonreihe; auch der v. meist kleiner gedruckten → Verzierungen umspielte Ton einer Melodielinie.

Hauptwerk, seit dem 14. Jh. im Orgelbau das klanglich u. baulich zentrale, mit den wichtigsten → Registern ausgerüstete Werk. → Brustwerk, Rückpositiv, Fernwerk.

Hausmusik, im häuslichen Kreis v. a. v. Laien gespielte leichter aufführbare Musik, seit dem 17. Jh. in frei wählbaren Besetzungen (einschl. »Volksinstr.«, im Öster.-Bayer. »Stubnmusi«); im 18. Jh. auch gehobenere Musik »für Kenner u. Liebhaber« (Bach u. Bach-Söhne), seit der Wiener Klassik u. insbes. im 19. Jh. ggs. zur virtuosen → Kammermusik, im 20. Jh. durch → Jugend- u. Volksmusikbewegung vielfältig neubelebt u. gefördert, auch mit → Spiel-, Unterrichts- u. Gebrauchsmusik v. Hindemith, Bartók u. v. a. – *Tag der Hausmusik*, 22. Nov. (Namenstag der frühchristl. Heiligen Caecilia, Schutzpatronin der Musik seit dem MA), in Dtl. auch mit → Wettbewerben (*Jugend musiziert*).

Hautbois (frz. = hohes Gehölz), phonetisch eingedeutscht als → Oboe.

Haute-contre (frz.), der männl. → Alt, → Altus.

Hawaii-Gitarre, seit den 1930er Jahren in Tanz- u. Unterhaltungsorch. verwendetes, aus der → Ukulele entwickeltes Zupfinstr., ursprüngl. mit gitarreähnl. Korpus, waagerecht auf einem Untergestell befestigt, 6-10 Saiten (z. B. E-A-e-a'-cis'-e'), mit einem über den G.-Hals verschiebbaren Steg zu verkürzen (Glissando- u. Vibratoeffekt als Hawaii-Kolorit); ohne eigentl. Korpus heute mit elektron. Tonabnehmer gespielt. → E-Gitarre.

H-Dur, → Tonart, → Parallele zu → gis-moll.

Head arrangement (engl. = Stück-Einteilung), Vorwegabsprache über Formierungen zum Ablauf eines Stückes bei Jazzimprovisationen. → Jam-Session.

Heckelphon, Bariton-Oboe, nach ihrem Erbauer Wilhelm Heckel (1856-1909) benannt, auf Anregung v. R. Strauss nach einer Idee v. R. Wagner konstruiert, 1904 erstmals vorgestellt, bei Strauss in *Salome* (1905) u. *Elektra* (1909), bei M. v. Schillings in *Mona Lisa* (1915) verwendet; Röhre aus Ahornholz, konische Bohrung, kugelförmiges Schallstück (→ Liebesfuß), Stachel zum Aufstützen des Instruments, Umfang H-f^2 (eine Oktave höher notiert), v. sonorem Klang; konnte sich zwischen → Englisch Horn u. → Fagott in der Holzbläsergruppe des sinfon. Orchesters nur schwer durchsetzen.

Heinrichshofen's Verlag, 1806 v. Wilhelm H. (1782-1881) in Magdeburg gegr. dt. Musikverlag, Sitz seit 1948 Wilhelmshaven; Schwerpunkte: Unterrichtsliteratur, Musikbücher (*Tb. zur MW*).

Helikon (griech.), Berg in Böotien, in der griech. Mythologie Sitz der Musen, in der antiken Musikpraxis Name eines Instr. mit vier gleichgestimmten Saiten zur Intervallbestimmung; neuerlich der Name eines 1894 v. J. Stowasser gebauten Blechblasinstr. der → Bügelhornfamilie, in Form einer kreisrund gewundenen → Tuba mit nach vorn gerichteter Stürze, beim Spiel über die Schulter getragen, Baß-Stimmung in F u. Es, Kontrabaß in B, v. a. in der Militärmusik verwendet. → Sousaphon.

Hemiole (v. griech. hemiólos = eineinhalb = 2/3), in der → Mensuralnotation des 14.-17. Jhs. durch schwarze Noten in Dreiergruppen (Dreiertakt) angezeigt, die den Wert zweier weißer Noten (Zweiertakt) haben, womit Akzentverschiebungen meist vor Schlußbildungen bewirkt wurden; in der neueren Musik als Element rhythmisch-metrischer Schwebetechnik (ein- u. mehrstimmig) übernommen, charakteristisch z.B. f. R. Schumann u. J. Brahms. → Duole.

Hemitonium (griech. =) → Halbton; Skalen mit Halbtönen = hemitonisch, ohne Halbtöne = anhemitonisch. → Pentatonik.

Henle, G. Henle Verlag, 1948 v. Günter Henle (1899-1979) in Duisburg gegr. Musikverlag, Sitz seit 1970 München; Schwerpunkte: Urtextausg., Klav.- u. Kammermusik des 18.-19. Jhs., GA (Haydn, Beethoven), themat. Werkverz. (Beethoven, Chopin, Brahms), Kataloge (Bayer. Musikslg., → RISM).

Heptatonik (griech. = Siebentönigkeit), Bez. f. 7-tönige Systeme, f. die diatonische Leiter c-d-e-f-g-a-h; nach J. Handschin Versetzung der aus Quintenschichtung resultierenden Tönereihe f-c-g-d-a-e-h. → Quintenzirkel.

Hermeneutik (v. griech. herméneuein = deuten), als musikal. H. seit H. Kretzschmar (*Anmerkungen zur Förderung musikal. H.*, Jb. Peters, 1903) Versuch der Umschreibung u. Ausdeutung instrumentalmusikal. Werke aus dem Affekt- u. Symbolgehalt ihrer Form- u. Gestaltelemente; musik-analytisch strittig bei A. Schering (*Beethoven und die Dichtung*, 1936, Nachdr. 1976), philosophisch revidiert bei H.-G. Gadamer (*Wahrheit und Methode*, 4/1975), C. Dahlhaus (*Beiträge zur musikalischen Hermeneutik*, 1975).

Hertz, Abk. Hz, nach dem Physiker Heinrich Hertz (1857-94) benannte Maßeinheit der → Frequenz; 1 Hz = 1 Schwingung pro Sekunde, z.B. 440 Hz = a^1 (→ Kammerton).

hes, heses, Tonnamen, → h.

Heterophonie (v. griech. héteros = anders u. phoné = Stimme), Mehrstimmigkeit in Umspielung u. Verzierung einer Melodie durch weitere Stimmen, meist als freie Varianten intervallischer od. rhythmischer Art, nicht also kontrapunktisch gebunden; Vorkommen in fernöstlichen u. südosteurop. Musikkulturen, als Spaltpolyphonie aber auch in ma. mittel- u. westeurop. Musik. → Gagaku, Gamelan.

Hexachord (v. griech. = hex = sechs u. chordé = Saite), Sechstonreihe aus 2 Ganztönen, einem Halbton u. nochmals zwei Ganztönen; in der ma. Musik (Guido v. Arezzo, 11. Jh.) von c, f u. g ausgehend als *Hexachordum naturale* (c-d-e-f-g-a), *Hexachordum molle* (f-g-a-b-c-d) u. *Hexachordum durum* (g-a-h-c-d-e); mit Aufkommen der Dur-Moll-Tonalität im 16. Jh. abgelöst durch das Oktavsystem; in der → Zwölftontechnik auch Bez. f. eine Hälfte der Gesamtreihe. → Dur, Moll, Tonalität, Reihe.

Hifthorn (v. mhdt. hift = Ruf), kurzes Jagd- u. Signalhorn aus Tierhorn od. Metall, dem Stierhorn nachgebildet, seit dem 10. Jh. benützt, im 18.-19. Jh. in 4 Größen;

am Gürtel zu tragen, daher zu *Hüfthorn* umgedeutet.

High Fidelity (engl. = hohe [Klang-] Treue), Abk. Hi Fi, Speicherung u. Wiedergabe (Übertragung) akustischer Ereignisse, insbes. Musik, nach Qualitätsparametern wie Frequenzgang, Fremdspannung, Klirrfaktor usw.

Hi-Hat → Charleston-Maschine.

Hilfslinien → Notenschrift.

Hilfsstimmen, → Aliquot- u. → Gemischte Stimmen im Orgelbereich, ggs. zu → Grundstimmen.

Hintersatz, Pfeifen im Inneren eines Orgelwerks, seit dem 16. Jh. hinter den → Prinzipalpfeifen als → Mixtur.

his, hisis, Tonnamen, → h.

Historia, Historie, im 16.-17. Jh. dt.-sprachige Vertonung der Evangeliengeschichte v. Geburt, Passion, Auferstehung u. Himmelfahrt Christi. → Oratorium.

Historismus, in der Musik des 19. u. 20. Jhs. Hinwendung zu Stil u. Ästhetik rückliegender Epochen, in der Kirchenmusik z. B. zu Palestrina u. Bach, in der Konzertmusik zu → Barock u. → Klassik. H. zeitigte in der Aufführungspraxis des 20. Jhs. Wiederbelebung hist. Musik auf hist. Instrumenten, in der MW kritische GA Alter Meister. → Edition, Palestrinastil, Cäcilianismus.

Histrio (lat.-etrusk. =) Gaukler, in der ma. Musik → Spielmann.

Hit (engl. = Treffer), erfolgreicher Musiktitel der → Schlagerbranche, auch in Hitparaden ermittelt u. über Hitlisten propagiert.

h-Moll, → Tonart, → Parallele zu → D-Dur.

Hob., Abk. f. *Hoboken*, nach dem nld. Musikforscher u. Mäzen Anthony van Hoboken (1887-1983) benanntes *Themat.-bibliograph. Werkverzeichnis Joseph Haydn* (3 Bde., 1957-71).

Hohlflöte, hohlklingendes weitmensuriertes → Labialregister der Orgel (16', 8', 4' od. 2'). → Fußzahl.

Holzblasinstrumente, Gruppe der aus Holz gefertigten → Flöten- u. Rohrblattinstr.; Querfl. u. Saxophone heute oft auch aus Metall.

Holzblock, Holzröhrentrommel, zweitöniges Schlaginstr., rechteckiger, an den Längsseiten schlitzartig ausgehöhlter Hartholzblock, in mehreren Größen (ca. 5 cm stark, ca. 30 cm lang, Tonhöhen zw. g^2 u. c^4), mit Schlegeln traktiert, v. a. in der afroamerikan. Unterhaltungsmusik, auch in neuerer Konzertmusik, z. B. bei Varèse, Orff, Kagel verwendet.

Homophonie (v. griech. hómos = gleich u. phoné = Klang), Mehrstimmigkeit aus gleichrhythmischen Akkordfortschreitungen, meist mit Melodieführung in der Oberstimme; seit dem 18. Jh. vorherrschend gegenüber der → Polyphonie des 15.-18. Jhs.

Hopak (russ. Gopak), ukrain. Volkstanz in schnellem Zweiertakt, mit akrobatischen Einlagen der Männer; bei Mussorgsky (*Jahrmarkt von Sorotschinzy*, 1881), Chatschaturjan (*Gajaneh*, 1942) in Oper u. Ballett übernommen.

Hoquetus (v. frz. hoqueter = zerschneiden), Satztechnik in der ma. Mehrstimmigkeit: ablösend pausierende Verschränkung zweier Diskantstimmen; Höhepunkt als selbständige Gattung bei G. de Machaut (14. Jh.).

Hóra (türk.-rumän.), Gruppe rumän. Rundtänze in binären Rhythmen bei breitem Grundschlag.

Höreffekt, akust. Erscheinungen, die als Zusatztöne gehört werden, z. B. Zweitonempfindungen, → Obertöne, → Kombinationstöne; v. Bedeutung f. die → Hörpsychologie.

Horen (v. lat. horae = Stunden), Stundengebete der röm.-kath. Kirche f. die 8 Tagzeiten: → Matutin, Laudes, Prim, Terz, Sext, Non, Vesper, Komplet, textl. nach den Tagen des liturg. Kalenders geordnet, vereinfacht seit 1965 (2. Vatikanum), Wegfall der Prim, Zusammenfassung v. Terz-Sext-Non); Vesper u. Komplet in mehrstimmigen Vertonungen seit dem MA.

Hören, physiologisch die Funktion des → Gehörorgans, psychologisch die Steuerung u. Stimulierung hörakustischer Reize u. Empfindungen. → Residualtonhören.

Hörfeld, Schwingungsbereich der Tonempfindungen, beim menschlichen Ohr zwischen 16 u. 16.000 Hz (→ Hertz), nach unten als Hörschwelle, nach oben als Schmerzschwelle abgegrenzt.

Hörfunk, Musik im Hörfunk seit 1923 (Vox-Haus Berlin), UKW seit 1950, Stereophonie seit 1973; Sendungen aller Art u. Gattung, v. a. konzertante Musik in Studioproduktionen, Schallplatten- u. Tonband-Programmen, Konzertmitschnitten usw. → Hörspielmusik, Funkoper.

Horn (it. corno), Oberbegriff f. Blasinstr., deren Ton durch Lippenspannung erzeugt wird, die den Luftstrom periodisch unterbricht; naturgegeben etwa beim → Muschel-, Stier- od. Widderhorn (→ Schofar), als Jagd- u. Kulthorn in allen Erdteilen seit prähist. Zeit verbreitet; seit der Bronzezeit (2500-1000 v. Chr.) aus Metall gebaut, konische Röhre (Waldhorn, Posthorn, Bügelhorn) od. zylindrische Röhre (Trompete, Posaune) mit vorgesetztem Mundstück; ursprüngl. auf Signale od. Melodien aus → Naturtönen begrenzt, so beim Alphorn (Holz) bis heute, seit dem MA durch einen Zug (Posaune) od. durch Lochbohrungen (Zink), seit dem 19. Jh. durch Ventile (Waldhorn, Trompete, Posaune) Ermöglichung eines diaton. bzw. chromatischen Tonvorrats. Nicht zur Gattung der Hörner zählen → Englisch Horn, Hornpipe, Bassetthorn. Nach heutigem Sprachgebrauch H. = Kurzform f. *Waldhorn*.

Hornpipe (engl. = Hornpfeife), Blasinstr. mit einfachem od. doppeltem Rohrblatt, Grifflöchern u. Schallstücken aus Tierhorn (Hufhorn), od. → Sackpfeife, deren Pfeifen in Tierhörnern enden (Pibcorn), v. a. in Schottland, Wales u. im Baskenland verbreitet.

Hornquinten, im zweistimmigen Hörnersatz verdeckte Quintenparallelen, die sich bei ventillosen Hörnern als Fortschreitungsmöglichkeit aus dem Naturtönevorrat ergeben, z. B. die Tonfolge f-g-a mit a-c-f als Unterstimme; in der klassisch-romantischen Musik auch im Satzbild anderer (Blas-, Streich-, Tasten-)Instr. beliebt.

Hörpartitur, zur leichteren Lesbarkeit neuerer Orchesterstücke durch Farbtönungen u. andere graphische Markierungen der kompositionellen Strukturen eingerichtete → Partitur. → Analyse.

Hörpsychologie → Hören.

Hörsamkeit → Raumakustik.

Hörschärfe, Fähigkeit des menschlichen Ohrs (→ Hören), Tonhöhen, Klangfarben, Lautstärken unterschiedlich wahrnehmen zu können.

Hörspielmusik, f. Hörspielzwecke komponierte Musik-Partituren, im dt. Hörfunk erstmals Breslau 1925, seit den 1960er Jahren weniger Hintergrundmusiken als auch

→ Sprachkompositionen musikanaloger Ausarbeitung neben Fortentwicklungen hörspielartiger Dokumentationen mit → Inzidenzmusik; führend in Theorie u. Praxis des *Neuen Hörspiels* Mauricio Kagel.

Hot (engl. = heiß), Artikulation, Tonbildung, Melodie u. Rhythmus im → Jazz der 1920-40er Jahre (Louis Armstrong, Django Reinhard).

Hufnagelschrift, hufnagelähnl. Choralnotation, im 14.-15. Jh. v. a. in Dtl. verbreitet (gotische Choralschrift), ggs. zur quadratischen röm. Notation. → Notenschrift.

Hug & Co., Schweizer Musikverlag; Musikalien- u. Instrumentenhandlung, 1791 in Zürich v. H. G. Nägeli gegr., 1807 v. den Gebrüdern Christoph u. Caspar H. übernommen, heute v. Adolf H. geleitet, mit *Musik Hug AG* firmiert; Verlagsschwerpunkte: Schweizer Komponisten, Chor- u. Unterrichtswerke; *Schweizerische Musikzeitung* (seit 1876).

Hugenottenpsalter, Sammlung v. Psalmen in frz. Sprache mit vierstimmigen homophonen Sätzen v. Goudimel, Erstausgabe Paris 1565, basierend auf dem *Genfer Psalter* (Calvin), im 16.-18. Jh. in Neufassungen weitverbreitetes → Gesangbuch reformierter Kirchen, in Dtl. seit der Lobwasser-Ausgabe v. 1574.

Hüllkurve, die den Schwingungsverlauf einhüllende → Amplitude. → Envelope-Generator.

Humanismus (v. lat. humanus = menschlich), kultur- u. musikgesch. Periodenbez. f. das 15.-16. Jh., zeitigte lat. Oden, Schuldramen, Madrigale mit humanist. Gedankengut; stilgeschichtl. ggs. zur → Niederländischen Schule; Neu-Humanismus (19. Jh.) in der Musik als → Klassizismus.

Hummel, schwed.-dän. Humle, nordeurop. Griffbrettzither. → Scheitholz.

Humoreske (v. lat. umor = Saft), kürzeres heiteres Charakterstück in der Instrumental- (u. Vokal-) Musik des 19.-20. Jhs., verwandt den älteren Genrestücken → Burleske u. Scherzino, in der Klaviermusik nach Schumann (op. 20, 1838) bei Dvořák, Grieg, Reger u. a.

Hungaroton, staatl.-ungar. Schallplattenproduktion v. Werken ungar. Komponisten (GA Bartók, 1966-81, mehrsprachige mw. Beihefte) mit überwiegend ungar. Interpreten; West-Vertrieb: Disco-Center Kassel.

Hupfauf, ma. dt. Springtanz, ungeradtaktiger rascherer Nachsatz zu dem als Schreittanz voraufgehenden geradtaktigen langsamen Dantz, entsprechend der späteren Pavane mit Galliarde bzw. Allemande mit Courante als Eingangspaar der Tanzsuite des 16.-18. Jhs. → Suite.

Hurdy-gurdy (engl.-schott. = Lärmerei), → Drehleier.

Hydraulis (v. griech. hydor = Wasser u. aulos = Röhre), »Wasserorgel« der griech.-röm. Antike (von Vitruv u. a. altröm. Historikern beschrieben, vereinzelt in Bild-Mosaiken belegt, z. B. in Nennig bei Trier, mit nebenstehendem → Bucina-Bläser): Windzufuhr in die Pfeifen mittels Wasserpumpen reguliert, 2 Oktaven Umfang; Repräsentations- u. Signalinstrument, durch Schenkung Kaiser Konstantin V. v. Byzanz an den Frankenkönig Pippin d. J. 757 nach Westeuropa gelangt.

Hymnaios (griech. = Hochzeitsgesang), in der griech. Antike chorisches Tanzlied beim Geleit der Braut zum Bräutigam, v. → Flöten, Zymbeln, Kithara begleitet.

Hymnar ma. Zusammenstellung der zu den

Stundengebeten gesungenen Hymnen (Hymnar von Kempten, 11. Jh. = . → Horen.

Hymnus (griech.-lat. = Lobgesang), in der Antike einstimmiger Chorgesang z. Preise eines Gottes, in der byzantinischen Kirche Texte u. Melodien zu Ehren Gottes u. Mariens, in der röm. Kirche lateinische liturgische Gesänge (→ Ambrosian. Lobgesang u. a.), seit dem 13. Jh. in mehrstimmiger Form, im 16.-17. Jh. auch in Bearbeitung f. Orgel; Bestandteil der Kirchenmusik bis zur Gegenwart.

I

Ibach, Synonym f. Klav.instr. der 1794 v. J. A. Ibach (1766-1848) in Barmen (Wuppertal) gegr. Instrumentenbaufirma, firmiert seit 1869 unter dem Namen des Enkels als *Rud. Ibach Sohn*, Sitz seit 1945 Schwelm, Spitzenstellung als Orgelbau- u. Klav.-Exportfirma. → Klavier.

Idée fixe (frz. = fester Gedanke), musikal. Leitidee einer Komposition, seit Berlioz' *Symphonie fantastique* (1830) formbildend in → Sinfonischen Dichtungen v. Liszt bis Strauss; als → Leitmotiv auch in Wagners → Musikdrama; als Akkordchiffre bei Skrjabin (→ Mystischer Akkord).

Idiophone (griech. = Selbstklinger), Musikinstr. aus Holz, Stein, Metall, Glas, deren Korpus durch Anschlagen zum Klingen kommt (→ Glocke, Xylophon), durch Zupfen (→ Maultrommel) od. Reiben (→ Glasharmonika), nicht also mittels Saiten (→ Saiteninstr.) od. Membranen (→ Membraphone).

IGNM, engl. ISCM, frz. SIMC, Internat. Ges. für Neue Musik, 1922 in Salzburg gegr., Sitz London, veranstaltet in Ein- od. Mehrjahresabständen Aufführungszyklen jurorisch ausgewählter zeitgen. Musik. Dokumentation: A. Haefeli, *IGNM, Ihre Geschichte 1922-82*, 1982.

Ikonographie (griech. = Bildbeschreibung), Sammlung u. Auswertung musikbezogener Bilddarstellungen, dienlich z. Erforschung der Instrumenten-, Aufführungs- u. Sozialgesch. der Musik. (H. Husmann/M. Schneider, *Musikgeschichte in Bildern*, 1962ff.)

Iktus (lat. = Schlag), Taktschlag, Grundmaß der rhythmischen Bewegung in der antiken Dichtung u. Musik, neuzeitl. auch als Motiv-Akzent verstanden.

Imbroglio (it. = Verwirrung), rhythmisch-metrische Verwicklungen, Akzentverschiebungen bei gleichbleibender Taktart (z. B. in Beethovens *Streichquartett op. 59,2*), als Schichtung verschiedener Taktarten (z. B. in Mozarts *Don Giovanni*, Finale 1. Akt: Gleichzeitigkeit v. Menuett, Kontratanz u. Dt. Tanz), in der Musik des 20. Jhs. als → Polyrhythmik (Strawinsky, *Histoire du Soldat*, 1918) u. → Polymetrik (Bartók, *Rumän. Weihnachtslieder*, 1915), im → Jazz als *Syncopated Music* (→ Ragtime).

Imitation (lat. = Nachahmung), Wiederholung eines Motivs, eines Themas, einer Melodiewendung in Einzelstimmen eines Musiksatzes der → Polyphonie, notengetreu als → Kanon, intervallgetreu als → Fuge, in Gegenbewegung, Vergrößerung, Verkleinerung od. Umkehrung (→ Kontrapunkt); im Melodiesatz der Klassik u. Romantik erscheint die I. an harmonisch u. kadenziell angelegten Viertakt-Perioden orientiert, in der → Zwölftontechnik des 20. Jhs. in Anlehnung an die I. der → Niederländischen Schule des 15.-16. Jhs. organisiert.

Impetuoso (it.) = stürmisch, ungestüm; Vortragsbez.

Impresario (it.), Vermittler, Unternehmer v. Musikveranstaltungen (Oper, Ballett, Konzert, Musikmedien usw.), hauptberuflich seit Mitte des 18. Jhs., heute marktwirtschaftl. ausgerichtet (in Dtl. auch in Verbindung mit od. im Auftrag der Bundesanstalt f. Arbeit).

Impressionismus (v. frz. impression = Eindruck), abgeleitet aus der frz. Malerei (Monet, *Impression, Soleil levant*, 1874), als musikal. Stilrichtung etwa 1880-1910, zw. Spätromantik u. → Expressionismus, Höhepunkt bei Debussy (Sinfon. Dichtung *Prélude à l'après-midi d'un faune*, 1894; Drame lyrique *Pelléas et Mélisande*, 1902): differenzierte Klangfarbentechnik in einer funktionsfreier werdenden → Alterationsharmonik, Melodie- u. Rhythmusbildungen in Anlehnung an fernöstl. Folklore (→ Pentatonik, Ganztonleiter, Gamelan), bau- u. spieltechnisch erweiterte Solo- u. Orchester-Instr., → Harfe, Klappeninstrumentarium der Holz- u. Blechbläser, geteilte Streicherchöre; nationale Varianten des musikal. I. bildeten sich in Engl. (Delius, Scott), Rußl. (Rimsky-Korssakow, Skrjabin), It. (Puccini) u. Dtl. (Strauss, Reger, Schönberg), nicht unbeeinflußt von Wagners *Tristan und Isolde* (1859); mit Tonalitätserweiterung wirkte der I. übergreifend in die → Atonalität des → Expressionismus. (M. Serullaz, Hg., *Lexikon des Impressionismus*, 1975)

Impromptu (frz., v. lat. in promptu = in Bereitschaft), freies → Charakterstück, vorwiegend Liedform, meist für Klav., v. a. in der romant. Musik (Schubert, Schumann, Chopin, Liszt u. noch Reger).

Improperien (v. lat. improperia = Vorwürfe), Klagegesang der Karfreitagsliturgie, 3 Teile ost- u. westkirchlicher Herkunft, Wechselgesang v. Vor- u. Chorsängern im → Psalmton, erstmals im → Missale Romanum (1570) zusammengestellt, seit dem 16. Jh. auch mehrstimmig vertont (Palestrina).

Improvisation (lat. improvisare = aus dem Stegreif spielen), Gleichzeitigkeit musikalischer Erfindung u. klanglicher Ausführung, spontane Variierung vorgegebener melodischer od. rhythmischer Grundmuster; Wesenselement fernöstl. u. osteurop. Musik, v. Bedeutung in der Auszierungskunst des Gregorian. Chorals (→ Jubilus, Tropus, Sequenz), der ma. Mehrstimmigkeit (→ Gymel, Fauxbourdon), in der it. Oper des 17.-19. Jhs. (→ Koloratur), im Orgelspiel seit dem 15. Jh., im Lauten- u. Cembalospiel (Generalbaß) im 16.-18. Jh., essentiell f. die Musizierpraxis des → Jazz, als Gruppen-I. auch in der → Aleatorik der 1950-60er Jahre. (E. T. Ferand, *Die Improvisation*, 1956.)

Impuls, in der Akustik Schallwechseldruck, mit Ultraschallanteilen dem menschl. Ohr bis 10 msec. wahrnehmbar. → Einschwingvorgang.

Impulsgenerator, in der elektron. Musik → Modul z. Erzeugung periodischer Spannungsimpulse, in Verbindung mit → Filtern u. in → Synthesizern verwendet.

In Nomine (lat. = im Namen), Instrumentalwerke engl. Komponisten des 16.-17. Jhs., denen ein Melodieabschnitt zu den Worten *In nomine Domini* aus dem *Benedictus* der Trinitatismesse (1528) v. J. Tavener als → Cantus firmus zugrundeliegt, v. a. in Kompositionen für → Orgel, Virginal, Gambenconsort.

Incipit (lat. = es beginnt), Anfang einer Melodie od. Komposition; Incipitkatalog: themat. Auflistung z. Identifikation der Werke eines Komponisten (z.B. für Haydn v. → Hoboken).

Indianische Musik, in nordamerikan. Reservaten als Ritualmusik, angeführt v. Medizinmännern (Schamanen) bei Krankenheilung, Totenanrufung, Wettkampf; als Kollektivgesang begleitet v. Fell- u. Wasser-Trommeln, Knochenflöten, Jagdbögen (gezupft, gestrichen), Rasseln, Schrapstöcken; in Lateinamerika unter Einfluß ethnischer Gruppen euro-afrikan. Herkunft blas- u. schlagzeuginstrumental reichhaltiger u. rhythmisch-melodisch vielgestaltiger als bei den Indianern in Nordamerika.

Indische Musik, der ethnischen, religiösen, politischen u. sozialen Vielfalt des Subkontinents wegen schwer überschaubar; Einflüsse hinterindischer, vorderasiatischer u. arabischer Musik nicht auszuschließen, auch die der Kunstmusik verschiedener Klassen u. Kasten, repräsentiert durch hinduistische od. islamische Dichter-Sänger, Instrumentalvirtuosen u. Musiktheoretiker; geographisch zwei Stilbereiche: Hindustani-Musik im Norden, Kárnati-Musik im Süden; der Vokalstil des Nordens (Dhrupad) rondoartig u. textbetont, der des Südens (Karti) textarm u. koloraturenreich; Saiteninstrumente (Tata), Blasinstr. (Sushira), Trommeln (Avanaddha) u. Idiophone (Ghana); → Vina, Sitar, Tambura, Sarangi Zupfinstr., Murali klassische Querfl., Bin Längsfl., Shanai Schalmei als wichtigste Blasinstr.; unter vielerlei Trommeln finden sich die Pakhavaj im Norden, die Mrdanga im Süden; Zimbeln, Gongs u. Glocken; Ausführende stets Einzelsänger u. -instrumentalisten, die miteinander konzertieren, indem sie altüberliefertes Melodie- u. Rhythmusmaterial improvisierend entwickeln; das auf Oktavunterteilungen beruhende skalen- u. melodiehaltige System der → Raga (= Klangfarbe, Leidenschaft) u. das feinstrukturierte rhythmische System der → Tâla bilden die Grundlage aller Musik, dargelegt im *Natyashastra*, dem Lehrbuch der Theaterkunst des Bharata (3. Jh. v. Chr.).

Indonesische Musik, Erkenntnisse z. historisch-stilistischen Entwicklung des Musiklebens auf dem weitgestreuten südostasiatischen Archipel bis heute auf einzelinsulare Forschungsergebnisse begrenzt; als einigendes Element f. den Gesamtbereich kann die → Gamelanmusik javanischen Ursprungs gelten, bedingt auch das auf Reliefs aus dem 7.-9. Jh. dargestellte weitere javan. Musikinstrumentarium (Trommeln, Bambusflöten, Klangstäbe), auf Bali bis heute bei Tempeltänzen u. Schattenspielen verwendet, während die islamisierten Sudaninseln Instr. arab. Herkunft aufweisen (Zupflaute, gestrichene Spießlaute, Holzschalmei, Rahmentrommeln), auch die beiden Tonsysteme → Pélog u. → Sléndro sind javan. Ursprungs, jenes → heptatonisch, dieses annähernd → pentatonisch.

Informationstheorie, in der systemat. MW die Anwendung der v. C. Shannon seit den 1940er Jahren f. die Nachrichtentechnik entwickelten Methoden, statistisch-mathematisch variable Elemente der Instrumental- od. Vokalmusik zu ermitteln u. f. Computer zu programmieren, die ihrerseits deren Ergebnisse quantitativ Kompositionsprogrammen zugrundelegen. → Computermusik.

Instrumentales Theater, um 1960 v. M. Kagel eingeführter Werktypus: Instrumentalist u./od. Sänger als Darsteller des ihrem Part jeweils einkomponierten Handlungsablaufs, vielfach parodistisch pointiert: *Sur scène*, 1960; *Staatstheater*, 1971; v. Einfluß auch auf das Schaffen v. D. Schnebel, L. Berio, K. Stockhausen. → Dadaismus.

Instrumentalmusik, ggs. zur → Vokalmusik Werke u. Werkgattungen jeglicher Formgebung, Stilart usw. in rein instrumentaler Besetzung; in der europ. Musikgeschichte zunehmend seit dem 16. Jh., kulminierend in der Klav.-, Kammer-, Konzert- u. Orch.-Musik des 18.-20. Jhs. → Absolute Musik, Programmusik.

Instrumentation, Verteilung der Stimmen eines Musiksatzes auf verschiedenartige Instr. unter klangspezifischen Kriterien der Mischung, Kontrastierung u. weiterer ästhetischer wie technischer Aspekte; bis ins 17. Jh. weitgehend freibleibend, seit dem 18. Jh. zunehmend verfeinert nach klangfarblichen, dynamischen u. a. Möglichkeiten des seit dem 19. Jh. bau- u. spieltechn. erweiterten Orch.-Instrumentariums, im 20. Jh. erneut ausgeweitet (Schlagzeug, Elektron. Instr.); grundlegend für die neuzeitl. I. wurde die *Instrumentationslehre* v. H. Berlioz (1844), NA v. R. Strauss (1905, 1955; it. u. japan. 1955, russ. 1972).

Instrumentenkunde, Klassifikation der Musikinstr. nach akustisch-klanglichen, bau- u. spielgeschichtlichen Kriterien, heute allgemein in 5 Gruppen eingeteilt: → *Idiophone* (Selbstklinger), z. B. → Glokken, Glasharmonika, Becken, Xylophon; → *Membraphone* (Fellklinger), z. B. → Trommel, Pauke; → *Chordophone* (Saitenklinger), z. B. Harfe, Laute/Git., Cembalo/Klav., Vl.-Familie; → *Aerophone* (Luftklinger), z. B. Trp., Fl., Rohrblattinstr., Orgel, Harmonikainstr.; → *Elektrophone* (Elektron. Musikinstr.), z. B. → Hammondorgel, Synthesizer. – Bedeutende *Instrumentalsammlungen*: Amsterdam (Tropen-Museum), Antwerpen (Völkerkunde-M.), Basel (Hist. M.), Berlin (Inst. f. Musikforschung), Brüssel (Instr.-M.), Budapest (Néprajzi-M.), Kopenhagen (Musikhist. M.), Krakau (Völkerkunde-M.), Leipzig (Univ.), London (Victoria & Albert M.), Moskau (Glinka-M.), München (Dt. M.), New York (Metropolitan M.), Nürnberg (German. M.), Paris (Conservatoire). → Orchester.

Inszenierung (v. griech. skene = Bühne), Einrichtung u. Einstudierung eines Bühnenwerkes, f. → Oper, Operette, Musical durch Regisseur (Bühneneinstudierung u. Spielleitung), Dramaturg (Werkfassung), Ausstatter (Bühnen- u. Kostümbildner, Technik), in Zusammenarbeit mit Korrepetitor (Einstud. der Solopartien), Chorleiter (Einstud. der Chorpartien), Kapellmeister (musikal. Einstud. u. Leitung des Orch.- u. Bühnenensembles). Die Funktion des Opernregisseurs liegt f. Ballettaufführungen beim Choreographen, die des → Korrepetitors beim Ballett-Repetitor. Verantwortlich f. die Rollenbesetzung ist künstlerisch der Regisseur, in Abstimmung mit dem Kapellmeister, geschäftlich die Intendanz (Oper- u. Ballett-Direktion). → Intendant.

Intavolation (v. it. intavolare = absetzen), Übertragung der Notation einer Vokalmusik in eine → Griffschrift, im 16.-17. Jh. v. a. f. Laute u. Orgel. → Tabulatur.

Intendant (v. lat. intendere = anspannen, versichern), aus dem frz. Verwaltungswesen des 18. Jhs. übernommene Position, heute die des Leiters eines Theaters, bei Mehrspartentheater f. Oper, Ballett, Schauspiel als Generalintendant, verantwortl. f. Verwaltung u. Gesamtprogramm, bei Städt. u. Landesbühnen durch Kulturausschüsse der Parlamente, bei Rundfunk- u. Fernsehanstalten durch Verwaltungsräte gewählt; vereinzelt auch Verwaltungsleiter größerer, vielseitig eingesetzter Orchestervereinigungen z. B. der → Berliner Philharmoniker.

Interferenz (v. lat. inter = zwischen, ferire = treffen), Schallwellenüberlagerung im gleichen Raumpunkt, direkt od. reflexiv zum Ohr gelangend u. das Frequenzspektrum eines Klanges verändernd z. B. die Klangfarbe eines Musikinstrumentes.

Interludium (lat. = Zwischenspiel), instrumentales Zwischenspiel zwischen Akten od. Szenen eines Bühnenwerkes (→ Entreakt) od. Einzelsätzen einer Sonate, Suite usw. → Intermedio.

Intermedio, Intermezzo (it. = Einschub), kurzer, meist burlesker Zwischenakt in Opern u. Balletten des it. u. frz. Barock; seit dem 18. Jh. verselbständigt als *Intermezzo*, Vorform v. → Opera buffa, Opéra-comique u. → Singspiel; Intermezzo vereinzelt auch → Charakterstücke f. Klav. (Brahms u. a.).

Internationale, Die, Hymne der internat. sozialist. Arbeiterbewegung, 1871 v. E. Pottier in Paris geschrieben, 1888 v. P. Degeyter vertont, 1919-43 auch Kampflied der *Komintern* (Moskau); dt. Übersetzung v. E. Luckhardt (»Wacht auf, Verdammte dieser Erde«, Kehrreim: »Völker, höret die Signale... Die Internationale erkämpft das Menschenrecht«). → Marseillaise.

Internationale Ferienkurse für Neue Musik → Darmstädter Ferienkurse.

Internationale Gesellschaft für Neue Musik → IGNM.

Internationaler Musikrat → Musikrat.

Interpretation (v. lat. interpretatio = Erklärung), klangl. Realisierung eines notenschriftl. fixierten musikal. Ablaufs, als Reproduktion europ. Musik (v. a. aus dem 16.-20. Jh.) ein komplexer Vorgang zwischen Werkfakten u. Wiedergabefreiheiten (→ Verzierung, Improvisation), Urtexttreue u. Interpretenpersönlichkeit (Vokalist, Instrumentalist, Dirigent wie auch Analytiker, Historiker, Kritiker, Pädagoge); bei Identität v. Komponist u. Interpret irrelevant (→ Indische Musik, Aleatorik, Jazz). → Aufführungspraxis.

Intervall (v. lat. intervallum = Zwischenraum), Höhenunterschied zweier gleichzeitig od. nacheinander erklingender Töne, nach Größe, Richtung u. Innenspannung bestimmend f. den Charakter eines I.; die I. des europ. diaton. Skalensystems in Ganz- u. Halbtonschritten sind wachsend nach lat. Zahlen benannt: → Prime (Grundton), Sekunde, Terz, Quarte, Quinte, Sexte, Septime, Oktave (verjüngte Prime), in → Tonleitern nach Tonbuchstaben alphabetisiert (→ Solmisation); »reine« I. entsprechen physikalisch ganzzahligen Frequenzverhältnissen, Prim 1:1, Oktave 2:1, Quinte 3:2, Quarte 4:3, »alterierte« I. sind deren Halbtonversetzungen; neben quantitativ »großen« u. »kleinen« I. (Sekunde, Terz, Sexte, Septime) stehen in der tonalen Musik qualitativ »konsonante« u. »dissonante« I. (→ Konsonanz/Dissonanz); in der atonalen →

Zwölftontechnik erscheinen die I. des temperierten Oktavsystems quantitativ u. qualitativ gleichgesetzt. → Tritonus.

Intonation (v. lat. intonare = erdröhnen), in der Kirchenmusik der solistisch angestimmte Vortrag z. B. der Eingangsworte des → Credo u. → Gloria, im Gesang das richtige Treffen u. Halten eines Tons bzw. einer Tonhöhe, in der Instrumentalmusik das Einhalten einer vom Spiel fixierten Tonhöhenlage (Stimmton), bei Klavier u. Orgel Behandlung des Hammerkopfs bzw. der Pfeifen (Einstimmen).

Intonationstheorie, v. dem russ. Musikforscher u. Komponisten B. Assafjew in den 1930er Jahren entwickelte (umstrittene) Theorie der Übertragung v. intonatorischen Vorgängen des Atmens, Sprechens, Singens auf solche des Musizierens, der Musikabläufe u. Stilperioden. → Semiotik.

Intrada (v. it. entrata = Eintreten), im 16. Jh. kurzes fanfarenartiges Musikstück zu Beginn v. Festveranstaltungen, Vorläufer der Opern- → Ouvertüre u. des Ballett- → Entrée; im 17.-18. Jh. auch Einleitungsstück mehrsätziger Instrumentalwerke (→ Suite); im 18. u. 19. Jh. als *Introduktion* Eingangsstück zur Vorbereitung auf die 1. Gesangs- od. Tanzszene in Oper u. Ballett.

Introitus (lat. = Eingang, Einzug), in der röm.-kath. Liturgie seit dem frühen MA der Einzugsgesang (→ Antiphon) des → Proprium missae; kann heute durch ein Kirchenlied in Landessprachen ersetzt werden.

Invention (v. lat. inventio = Erfindung), im 16.-17. Jh. kurze Volkalsätze (Janequin), im 17.-18. Jh. ein- bis dreistimmige kleinere Instrumentalstücke, bei J. S. Bach auch als Lehrwerke (2stg. *Inventionen* f. Klav., 1720) im Sinne der Entfaltung verschiedener Formtypen aus einem Ersteinfall auch Bez. f. kurze polyphone Klav.- od. Orgelstücke des 20. Jhs. (H. Reutter, *Passion in 9 Inventionen* f. Klav. 1930).

Inventionshorn → Horn.

Inversion (v. lat. inversio) → Umkehrung, Fuge.

Inverter (lat.-engl.), Modul im → Synthesizer, zur Verwandlung v. Hüllkurven mittels Umkehrung elektr. Spannungen.

Involvement (engl. = Verwicklung), in Rockshows der 1970-80er Jahre die zusätzliche außermusikal. Einbeziehung v. Farblicht, Duftspray u. a. Stimulantien zwecks Steigerung der Stimmungsgrade, bei Fans bis zu kollektivhypnotischen Zuständen. → Multimedia.

Inzidenzmusik → Bühnenmusik.

ionisch, → Kirchenton, im 16. Jh. eingeführt (Glaraeanus, *Dodekachordon*, 1547), Vorläufer der Dur-Skala (→ Dur); im altgriech. Tonsystem die nach dem Volksstamm der Ionier benannte Tonart (→ Griech. Musik).

Iranische Musik → Persische Musik.

IRCA, engl. Abk. f. *International Record Critics Award*, jährl. beim Musikfest v. Montreux verliehener Internat. Schallplattenpreis (Prix mondial).

IRCAM frz. Abk. f. *Institut de Recherche et de Coordination Acoustique-Musique*, dem Pariser Centre Georges Pompidou zugehöriges Forschungs- u. Lehrinstitut f. elektroakust. u. experimentelle Musik, seit 1975 unter Leitung v. P. Boulez.

Irische Harfe, ikonographisch seit dem 9. Jh. nachgewiesene Rahmenharfe mit einem aus Weidenholz ausgehöhlten Resonanzkörper, ausgebogener Vorderstange, geschwungenem Hals, 30 diatonisch gestimmten Saiten; bis ins 16. Jh. an Adelshöfen als Solo- u. Begleitinstr. verwendet, seither als Volksinstrument verbreitet; in Slg. des blinden Dichter-Komponisten u. Harfenisten Turlogh O'Carolan (1670-1738) überlieferte Liedersätze u. Balladen gehörten bis ins 19. Jh. zum Allgemeingut der irischen Harfner; Neubelebung der altirischen als *Keltische Harfe* seit Ende des 19. Jhs. (Harfe als Emblem im Wappen Irlands). → Harfe.

Irische Volksmusik, seit dem MA geprägt durch → Dudelsack u. → Ir. Harfe; Slg. ir. Volksmusik seit dem 18. Jh. überwiegend einstimmige, kirchentonal melodisierte Volksweisen, ohne Quart- u. Septintervalle; neben Harfe (clair-seach) u. → Hornpipe auch Holztrompeten u. → Fideln; schott. u. engl. Einflüsse in ir. Volkstänzen wie → Jig, Hornpipe, Reel.

ISCM engl. Abk. f. *International Society for Contemporary Music*. → IGNM.

Isometrie (v. griech. ísos = gleich, métron = Maß), metrisch ausgeglichene Singstimmführung mehrstimmiger Vokalsätze im 15.-16. Jh.

Isorhythmische Motette (v. griech. ísos = gleich, rhythmós = Rhythmus), → Motette des 14.-15. Jhs., deren gleichmelodische Abschnitte (→ Color) im Tenor sich mit gleichrhythmischen (→ Talea) ablösen od. überschneiden, meist in der Eingangsstrophe.

Israel Philharmonic Orchestra, v. dem poln. Violinisten B. Huberman (1882-1947) 1936 in Tel Aviv zunächst als *Palestina Orchestra* gegr., mehrheitl. aus europ. Emigranten zusammengesetztes Sinfonieorch., gastweise u. a. v. Toscanini, Scherchen, in neuerer Zeit v. Bernstein u. a. dirigiert, Chefdirigent seit 1981 Zubin Mehta; seit den 1960er Jahren auf Gastspielreisen auch in der Bundesrepublik Dtl.

Israelische Musik → Jüdische Musik.

Istesso tempo (l'istesso tempo), it. = dasselbe Tempo, Anweisung bei Taktwechsel im gleichen Zeitmß weiterzuspielen bzw. weiterzusingen.

Italienische Musik → Kirchenmusik, Gregorian. Gesang, Camerata Fiorentina, Madrigal, Kanzone, Kantate, Concerto, Oper. – Denkmälerausgaben, Hg. G. F. Malipiero (36 Bde., 1919-21), G. Benvenuti (15 Bde., 1941-43).

Italienische Ouvertüre → Ouvertüre.

Ite missa est (lat. *Gehet hin, es ist Entlassung*), Schlußformel der → Messe, zurückzuführen auf spätantikes u. byzantinisches Zeremoniell (→ Akklamation); als Choralmelodie seit dem 8. Jh. nachweisbar, seit dem 14. Jh. in Messekompositionen vertont, heute auch bei Totenmessen. → Requiem.

J

Jagdhorn, aus dem ma. → Hifthorn entwickeltes kreisförmig gewundenes Signalhorn, großwindig u. engmensuriert als Parforcehorn, kleinförmig mit u. ohne Ventile als Pleßhorn (nach Herzog Pleß, 1833-1907).

Jagdmusik, in Frühkulturen rhythmisierte Intervallsignale, im späteren MA mit Symbolcharakter, seit dem 17. Jh. auch in die Opern-, Ballett- u. Konzertmusik eingegangen (Weber, *Freischütz, 1821; Hubertus-Messen*). → Caccia.

Jam-Session, Zusammenkunft v. Jazzmusikern, ursprüngl. improvisatorisch, seit → Swing u. → Be-bop organisiert. → Arrangement.

Janitscharenmusik, türk. Militärmusik (14.-19. Jh.), insbes. → Marschmusik, mit tragbarem Schlagwerkzeug u. → Schellenbaum mit Halbmond; bei Lully (*Le Bourgeois Gentilhomme*, Paris 1670) u. Mozart (*Die Entführung aus dem Serail*, Wien 1782) in die Opernmusik eingegangen, lärmend ironisierend auch in die Instrumentalmusik des 18.-19. Jhs. → Türkische Musik.

Jankóklavier, 1882 von dem ungar. Pianisten P. v. Jankó (1856-1919) konstruiertes Pianoforte mit 6-terrassiger Klaviatur in gleichmäßiger Verteilung der Ganz- u. Halbtöne auf dreimal paarig übereinander angeordneten Tastaturen, physiologisch der Klavierhand entgegenkommend (Spannweitenverringerung); v. Konzertpianisten u. Klavierpädagogen nicht angenommen.

Japanische Musik → Chin., Korean., Ind. Musik, Kabuki, Nô-Spiele, Shakuhachi, Koto. – S. Borris (Hg.), *Musikleben in Japan in Gesch. u. Gegenwart*, 1967 (Dokumentation), R. Günther (Hg.), *Studien zur traditionellen Musik Japans*, seit 1977.

Jazz (engl.-amerikan., v. Vulgärsprachigen jassy = rasend abgeleitet), seit Ende des 19. Jhs. in den Südstaaten der USA entwickelte, prinzipiell improvisierende Musikart afro-amerikan. Ursprungs, untermischt mit europ.-amerikan. Elementen, seit dem 1. Weltkrieg nach Europa gelangt, seit den 1930er Jahren weltweit verbreitet; zunächst als → Ragtime (New-Orleans-Stil), in den 1920er Jahren verzweigt in → Dixieland-J. (Süden) u. → Chicago-Stil, seit den 1940er Jahren → Be-bop, Oldtime- u. → Cool J. als dreifache Gegenströmung gegen Commercial J., seit den 1950er Jahren Spaltung in progressiveren → West- u. → East-Coast-J. (→ Funky J.), seit den 1960er Jahren Abbruch der Stilphasen-Kontinuität durch → Free J., orientiert an den Ursprüngen des J. (→ Blues), an → Exotischer Musik od. an → Experimenteller Musik. J. u. → Neue Musik standen partiell seit den 1920er Jahren in Wechselbeziehung (Ravel, Strawinsky, Gershwin, Krenek, Henze u. a.), desgleichen auch → Jazz Dance u. → Modern Dance, → Jazzrock (Electric J.) u. Unterhaltungsmusik. – Weitere J.-Termini: → Big Band, Blue notes, Boogie-Woogie, Break, Chorus, Combo, Dirty tones, Drive, Gospelsong, Growl, Harlem-Jump, Hot-J., Jam Session, Jitterburg, Jungle-Style, Mainstream, Off-Beat, Riff, Scat, Skiffle, Sound, Spiritual. – J.-Lit. herausragender Instrumentalisten, Bandleader, Sänger u. Sängerinnen, Tänzer u. Tänzerinnen, Theoretiker ist jazzgeschichtl. überwiegend v. Phasenwert; Internat. J.-Zentrum mit Schallpl.- u. Bücherslg. in Darmstadt; Union dt. J.-Musiker e. V., gegr. 1973, Sitz Wendeburg. – Jahresbde. z. *Jazzforschung*, hg. v. F. Körner u. D. Glawischnigg, seit 1970; D. v. Szadowski, *J. u. sein musikal. Umfeld der 80er Jahre*, 1986.

Jazz at the Philharmonic, Name einer 1944 in Los Angeles gegr. Konzertreihe, auch Bez. f. sinfon. Jazz.

Jazz Dance, seit den 1930er Jahren v. Chicago aus entwickelter Kunsttanz der Schule Catherine Dunham (amerikan. Tänzerin kanadisch-kongolesischer Abstammung): aus dem Beckenzentrum heraus bewegen sich die Körperglieder rhythmisch u. räumlich unabhängig voneinander; der improvisatorische Grundzug des J. D. wurde auf Musik verschiedenartiger Stilphasen des → Jazz ausgeführt, seit den 1960er Jahren auch v. → Modern Dance des neuzeitlichen → Balletts angenommen.

Jazzrock, Verbindung v. → Rockmusik mit Jazzelementen, seit den 1970er Jahren (Miles Davis, *Bitches Brew*) Elektrifizierung des Instrumentariums, dessen → Sound durch E-Klavier u. → Synthesizer bestimmt wird; in Standards kommerzialisiert.

Jenaer Liederhandschrift, Liedersammlung aus dem 14. Jh., aufbewahrt in der Univ.-Bibl. Jena; geistl., polit. u.a. Dichtungen auf 91 nach Tonarten geordnete Weisen in → Barform; bedeutende Liederquelle zwischen → Minnesang u. → Meistersang.

Jesus-Rock, amerikan. Rockmusikbewegung der 1970er Jahre, zielte mit religiös getönten Liedtexten auf »Missionierung«, Drogenbekämpfung u. Resozialisierung; das verfilmte Rockmusical *Jesus Christ Superstar* (1971) war auch in Europa ein Massenerfolg.

Jeté (frz. = geworfen), Springbogenart bei Streichinstr. in raschem Tempo mit der oberen Bogenhälfte federnd hingeworfen ausgeführt z. Erzielung einer leicht gegeneinander abgesetzten Tönereihe; ggs. zu → spiccato u. → sautillé.

Jeune France (frz. = Junges Frankreich), eine 1936 in Paris gegen den → Neoklassizismus u. die Gebrauchsmusik der → *Groupe des Six* formierte, neoromantisch-symbolistisch orientierte Gruppe nationalfrz. Komponisten, unter ihnen O. Messiaen, A. Jolivet, D. Lesur, Y. Boudrier.

Jeunesses Musicales (frz. = Musikal. Jugend), *Fédération internationale des J. M.*, internat. Jugendorganisation z. Pflege der Musik u. Musikerziehung, 1940 in Brüssel v. M. Cuvilier gegr., seit 1950 mit angeschl. dt. Sektion, Sitz Weikersheim.

Jig (engl., zu german. gigan = hinundherlaufen), altengl. grotesker Tanzliedtyp, Vorläufer der → Gigue.

Jitterbug (engl. amerikan. svw. Zitterwanze), akrobat. Grotesktanz der nordamerikan. Jazzszene, seit den 1930er Jahren zu → Boogie-Woogie-Rhythmen u. → Swing-Musik getanzt, nach dem 2. Weltkrieg auch in Europa verbreitet, Vorläufer v. → Rock'n'Roll; als *Jive* in gemäßigter Ausführung als → Gesellschaftstanz in die Liste der internat. Tanzturniere aufgenommen.

Jodeln, alpenländisch verbreitetes Singen v. Naturtönereihen od. Akkordbrechungen auf Lautsilben, gleitender Wechsel zw. Brust- u. Kopfstimme; in Frühkulturen als Stimmsignale, in neuzeitl. europ. Alpenregionen von der Tatra bis zu den Pyrenäen als textlose Kehrreime zu Volkstanzliedern, mehrstimmig meist kanonartig geführt; in Östr. u. Bayern in Frauen- u. Männerstimmenbesetzung zu Gruppen zusammengeschlossen.

Jongleur (frz., v. lat. joculator = Spaßmacher), im frz. MA der »fahrende» → Spielmann (Instr.: Rotta, Vielle, Fidel), ggs. zum höf. → Ménestrel als Instrumentalbegleiter (Harfe, Lyra) der → Troubadours u. → Minnesänger.

Jota (span.), aragon. Volkstanzlied in mäßig langsamem Dreiertakt, meist gitarre- u. kastagnettenbegleitet, zw. den Liedstrophen Schlagzeugpassagen (Kastagnetten u. Trommel); im 19. Jh. brachten Glinka, Liszt u. Chabrier v. Spanienreisen her die *Jota aragonesa* in ihre Orchestermusik ein, im 20. Jh. de Falla, Granados, Albéniz.

Jubalflöte, Tubalflöte, Flötenregister in Orgelwerken des 17. Jhs., benannt nach den alttestamentarischen Stammvätern der Pfeifen- u. Zupfinstr., dem Brüderpaar Jubal u. Tubal (Genesis 4, 21). → Jüdische Musik.

Jubilee (engl.), → Negro Spiritual, Gospelsong.

Jubilus (v. lat. iubilatio = Jubel), textloser, melodisch ausgeweiteter Gesang auf der Schlußsilbe des → Alleluia der frühchristl. Liturgie; Vorstufe zur → Sequenz.

Jüdische Musik, biblische Quellen berichten v. J. M. seit mythischer Frühzeit (Schöpfungsgeschichte), aus dem Babylon. Exil u. bis z. Zerstörung des Tempels v. Jerusalem (70 n. Chr.), Reliefs in Mesopotamien u. Ägypten bilden weitere Zeugnisse; Jubal u. Tubal gelten als Väter der Rohrflöten (ugab), der Zupfinstrumente (kinnor) u. des (Widder-)Horns (schofar); Horn- u. Trompeteninstr. waren den Priestern, Harfe (nebel) u. Leier den Leviten vorbehalten, Flöten, Schalmeien, Trommeln u. a. Schlagzeug als nichtliturg. Instr. dem Volk zugeordnet; aus der Zeit König Davids (1000 v. Chr.) sind Tempelgesang u. -orchester beschrieben; der Lektionston des Davidischen Psalters wurde zur Vorform der Syngogalmusik, diese wiederum führte zur → Psalmodie u. Hymnodik der frühchristl. Liturgie; in die ornamentale Melodik des späteren jüd. Kantoralgesangs flossen auch arab. Elemente mit ein, wie andererseits in den reformierten Kantoralgesang seit Anfang des 19. Jhs. (nach Emanzipation der Juden in Dtl.) europ. Elemente Eingang fanden, einschl. Orgelbearb. u. Chorsatz; seither trugen auch Komponisten der romant.-klassizistischen Epoche (Mendelssohn), der Spätromantik (Mahler) wie der Moderne (Schönberg, Milhaud, Bloch, Weill, Bernstein) außerliturg., jedoch textbezogene J. M. bei; unter den im Staate Israel wirkenden Komponisten sind P. Ben Haim u. J. Tal auch in Europa u. den USA bekannter geworden; das Erbe der jüd.-oriental. Musiktradition wird in Phonotheken u. Forschungsinstituten, u. a. an der Hebr. Universität Jerusalem, wissenschaftl. erschlossen; der 10bändige *Hebr.-oriental. Melodienschatz* (Hg. A. Z. Idelsohn) liegt seit 1975 in einem New Yorker Nachdruck vor. E. Gerson-Kiwi, A. M. Rothmüller, E. Werner, P. Gradenwitz u. a. publizierten neuere Beiträge zur jüd. bzw. israel. Musikgesch., (partiell auch z. Tanzgesch.). → Israel Philharmonic Orchestra.

Jugendmusikbewegung, Teil der nach 1900 in westeurop. Industrieländern aufgekommenen Jugendbewegung, in Dtl. 1906 im Altwandervogel mit freibündisch-antibürgerl. naturreformerischem Programm, musikal. manifestiert 1909 im *Zupfgeigenhansl* (Slg. dt. Volkslieder, zur → Zupfgeige = Klampfe = Git. zu singen, hg. v. H. Breuer), nach dem 1. Weltkrieg 1922/23 im *Musikant* (6 Hefte, Sing- u. Spielmusik (hg. v. F. Jöde) u. in den *Finkensteiner Blättern* (hg. v. W. Henseler), in Laien-Spielkreisen, Volkstanzgruppen, Jugendchören, zunehmend auch schulisch u. kirchlich; nach 1933 weithin »gleichgeschaltet«, nach 1945 z. T. neuorganisiert (*Musikantengilde*, *Arbeitskreis für Hausmusik*); zur Sing- u. Spielmusik trugen seit den 1920er Jahren zahlr. zeitgen. Komponisten bei, z. B. P. Hindemith mit dem *Plö-*

ner Musiktag (1932) od. dem Lehrstück *Wir bauen eine Stadt* (1930 nach Brecht); Chor- u. Instrumentalmusik aus MA, Renaissance u. Barock lieferte die Musikforschung in Sammel- u. Gebrauchsausgaben, mitgetragen durch Jugendmusik-Verlage u. Zeitschriften; H. Höckner, F. Jöde, A. Halm u. a. begleiteten die Entwicklung der J. in heute als dokumentarisch gewerteten (Streit-)Schriften; nach 1950 fand sich die J. soziokritisch analysiert (Th. W. Adorno, *Kritik des Musikanten*, in: *Dissonanzen*, 1956); eine quellenkundl. Darstellung zur Gesch. der J. 1933-45 steht weiterhin aus (1986). → Gebrauchsmusik.

Jugend musiziert → Musikwettbewerbe.

Jugoslawische Musik → Byzantin. Gesang, Türk. Musik, Susla, Kaval, Kolo; *Isaltikije* (Dokumentation geistl. Musik, hg. v. K. St. Srbin; D. Svetko, *Musikgesch. der Südslaven*, 1975.

Juilliard String Quartett, 1946 gegr. amerikan. Streichquartett, zusammengesetzt aus Lehrkräften der 1924 in New York gegr. Juilliard School of Music, dem seither bedeutendsten musikal. Ausbildungsinstitut in den USA; die Juilliards, Quartet-in-Residence der Library of Congress Washington, spielen vier → Stradivaris aus dem Besitz der Kongreßbibliothek; sie brachten Auftragskompositionen amerikan. Komponisten zur Uraufführung u. zählen zur Spitzenklasse in der Interpretation klassisch-romantischer Werke f. Streichquartett.

Jungle-Style (engl. = Dschungelstil), Nachahmung v. Raubtierlauten auf Blechblasinstr., v. a. mit → Dämpfern; v. Duke Ellington eingeführt.

K

Kabuki, altjapan. Schau-, Sing- u. Tanzspiele auf hist. u. burleske Stoffe, über halbe Tage ausgedehnt u. auf mehreren Podien simultan aufgeführt, Hintergrundmusik programmusikal. Art (Schlagzeugensembles), ursprüngl. Frauentheater, seit dem 18. Jh. v. Männern gespielt u. in Bürgerkreisen verbreitet. → Nô-Spiele.

Kadenz (it. cadenza, v. lat. cadere = fallen), in der grundtonbezogenen Musik des 17.-19. Jhs. Akkordfolge mit Abschluß-Wirkung, als *vollständige K.* die Aufeinanderfolge der Akkorde auf der I.-IV.-V.-I. Stufe (→ Ganzschluß, Halbschluß, Trugschluß); die → Alterationsharmonik der Spätromantik u. die → Atonalität bzw. → Zwölftontechnik des 20. Jhs. führten zum Wegfall der K. als Ordnungsprinzip; im → Jazz, in der neueren → Unterhaltungsmusik u. in der neotonalen Ausdrucksmusik seit den 1970er Jahren hat die K. als Strukturelement eine erweiterte Funktion; seit dem 18. Jh. (C. Ph. Em. Bach) wird auch die ursprüngl. improvisierte solistische Passage in einem Instrumentalkonzert vor der → Reprise des Einleitungssatzes als K. bezeichnet; in der ma. Musik hießen melod. Schlußwendungen → Klauseln od. Kadenzen.

Kaiserbaß, weitmensurierte Kontrabaßtuba (→ Tuba) mit Schallstück bis zu 55 cm Durchmesser, in den 1880er Jahren konstruiert, v. a. in östr. Heeresmusikkorps vertreten. → Militärmusik.

Kakophonie (v. griech. kakós = häßlich u. phoné = Stimme), beabsichtigter od. unbeabsichtigter Mißklang (→ Dissonanz), in der → Atonalität als Ausdrucksmittel vielfach provokatorisch empfunden.

Kalevala, finn. Nationalepos in 50 Gesängen, 1849 v. E. Lönnrot nach karel. Volksliedern, Zaubersprüchen u. Sagen zusammengestellt; *Vier Legenden aus dem Kalevala* (Nr. 3 *Der Schwan von Tuonela*) vertonte J. Sibelius 1893 zu einer → Sinfon. Dichtung.

Kalkant (v. lat. calcare = treten), Bälgetreter z. Versorgung eines nicht elektr. betriebenen Orgelwerks mit Wind. → Orgel, Balginstr.

Kamangah (arab. = Bogen), arab.-pers. Spießlaute mit halbkugeligem Resonanzkörper, Felldecke, griffbrettlosem Hals, 2-4 bogenbestrichenen Saiten, auf den Boden gestellt in verschränktem Sitz zu spielen; mit abgewandelter Stimmung (Prime-Quinte-Quarte-Quarte) im Vorderorient heute als Kniegeige verbreitet.

Kammerchor, kleiner, meist gemischt besetzter → A-cappella-Chor.

Kammerlied, Liedergattung f. eine od. mehrere Singstimmen u. solist. besetztes Instrumentalensemble, ggs. zum Klavierlied des 19.-20. Jhs., Vorläuferform Generalbaßlied, als K.-Zyklus in der Moderne u. a. bei Webern, Strawinsky, Hindemith.

Kammermusik, solistisch besetzte Instrumental- u. Vokalmusik, ggs. zu → Orch.- u. Chormusik, z. B. → Streichquartett, Klaviertrio, Bläserquintett, Generalbaßlied; im 16.-18. Jh. als *Musica da camera* ggs. zu → Kirchen- u. Chormusik, Oper, Oratorium, Ballett; K. des 18. Jhs. f. Berufs- u. Laienmusiker bei Hof od. in Bürgerhäusern in kl. Kreis gespielt, K. des 19.-20. Jhs. bei zunehmender Virtuosität überwiegend v. professionellen Musikern in öffentl. Kammerkonzerten u. Musikräumen kl. bis mittlerer Größe; Abwendung v. Großbesetzungen der Spätromantik förderten in der Musik des 20. Jhs. neue kammerkonzertante Gattungen bzw. Besetzungen. → Kammeroper, Instrumentales Theater.

Kammermusiker, Berufsbez. f. Mitglieder eines Ensembles der → Kammermusik; behördl. verliehener Diensttitel f. langjährige Orch.-Musiker mit solist. Funktionen.

Kammeroper, nach Bühnenhandlung intime, nach Bühnen- u. Orch.-Besetzung kleine Operngattung, ggs. zur Großen Oper (→ Grand' Opera, Musikdrama), aus Stil- u. Betriebsgründen bes. nach dem 1. Weltkrieg gepflegt; auch Bez. f. baulich kleineres Opernhaus.

Kammerorchester, kleineres, mit Streichern u. (Holz-)Bläsern besetztes Orchester, ggs. zum solistisch bis zum → Dezett besetzten Kammerensemble u. zu chorisch besetzten Sinfonieorchestern; variable Gattungstypik in der Vorklassik z. B. bei Bach (*Brandenburgische Konzerte*, 1721).

Kammersänger(in), staatl. od. städt. verliehener Ehrentitel f. herausragende Opern-, Oratorien- u. Liedsängerinnen u. -sänger, in Dtl. u. Östr. v. a. verdienten Opernsolisten an größeren Bühnen gewährt.

Kammersonate (it. Sonata da camera), ggs. zur → Kirchensonate, um 1700 (Corelli) in It. entwickelte Sonatenform, meist dreisätzig (schnell-langsam-schnell), solistisch od. mit → Generalbaß od. als → Triosonate besetzt; Vorläuferform des dreisätzigen Solokonzerts u. der dreiteiligen → It. Ouvertüre.

Kammerton, ursprüngl. (17.-18. Jh.) → Stimmton in der → Kammermusik, ggs. zum → Chor- od. Opernton, seit 1885 mit internat. normierter → Frequenz, in Dtl. u. a. europ. Ländern heute bei 440 Hz f. das → eingestrichene a (a') als Orchesterstimmton u. f. festgestimmte Instr. (Klavier, Orgel).

Kanadische Musik: E. MacMillan (Hg.), *Music in Canada*, 1955; H. Kallmann, *Kanada*, in: → *MGG*, Bd. 7, 1958.

Kanon (griech. = Regel, Maßstab), aus der genaueren Nachahmung (→ Imitation) einer gegebenen Melodie entwickeltes mehrstimmiges Musikstück; seit dem 13. Jh. (*Sommerkanon*) verbreitete Kompositionsform (→ Rota, Caccia, Bicinium, Ricercare, Fuge), in der → Niederl. Schule des 15.-16. Jhs. aufs vielfältigste entwikkelt, im 18. Jh. v. a. bei J. S. Bach (Kanon. Veränderungen über *Vom Himmel hoch*, *Musikal. Opfer*, beide 1747, *Kunst der Fuge*, 1750), neubelebt im 20. Jh. bei Reger, J. N. David, Hindemith, Strawinsky, auch in der Schönbergschule; gebräuchlichste K.-Formen: Kreis- od. Zirkelkanon (beliebige Wiederholung aller Stimmen, 2-6); Augmentations- bzw. Diminutions-Kanon (rhythm. vergrößerte bzw. verkleinerte Stimmeinsätze); Krebs- bzw. Spiegel-Kanon (2. Stimme Rücklauf bzw. Kopfstand [→ Umkehrung] der 1. Stimme); Doppelkanon (2 Themen), Cantus-firmus-Kanon (um einen → Cantus firmus gebaut); Stufenkanon (nacheinander auf allen Stufen der Oktavenskala); Rätsel- od. Devisen-Kanon (aus Hinweisen im Text zu erraten). An der Wiederbelebung des Kanonsingens im 20. Jh. hatte die → Jugendbewegung wesentl. Anteil. – K. auch Bez. f. Hymnodie in der → Byzantin. Musik sowie f. → Monochord in der antiken Musiklehre. → Kanun.

Kansas-City-Jazz, in Kansas City (USA) im → Swing der 1930er Jahre entwickelter Big-Band-Jazz (C. Basie, Ch. Parker u. a.).

Kantate (v. lat./it. cantare = singen), Werkgattung f. Chor- u./od. Sologesang mit Instrumentalbegleitung, im Wechsel v. Chorsätzen, Rezitativen, Arien mit Instrumental-Ritornellen; in It. in Ablösung des → Madrigals im 17. Jh. strophisch variiertes Sololied, Duett od. Terzett mit → Generalbaß (Carissimi), in Dtl. zunächst solistisch als → Geistl. Konzert (Schütz), dann solistisch/chorisch als ev. Kirchenkantate (Buxtehude, Bach), in Frankr. als geistl. u. weltl. textierte *Cantate françoise* (Charpentier, Rameau) u. Revolutions-Kantate (Gossec), in der Wiener Klassik als weltl. dramat. od. lyrische Liedkantate (Beethoven, Reichardt); im 19. u. 20. Jh. vereinzelte Beiträge in der ev. KM (Mendelssohn, Distler) neben erfolgreicher Neubelebung des geistl. u. weltl. → Oratoriums, auch unter polit. Zugriff als Kampfkantate (Eisler).

Kantele (finn.), balt. Volks- u. finn. National-Instr.: Tisch- bzw. Knie- → Zither, heute mit 30 fächerartig ausgespreizt verlaufenden Metallsaiten, die mit den Fingern beider Hände gezupft werden; Begleit- u. Soloinstr.

Kantilene (lat.-it. = Liedgesang), eine gesangsartige tragende Melodie in mehrstimmigen Vokal- od. Instrumentalstücken, auch Einzelsatz-Bez. → Cantilena.

Kantilenensatz (v. lat. cantilena = Melodie, Lied), ein- bis dreist. instrumentaler Begleitsatz zu einer solistischen vokalen Oberstimme, im 14.-15. Jh. in It. u. Frankr. verbreitet; in der neueren MW auch als *Diskantlied* bezeichnet.

Kantillation (v. lat. cantillare = trällern),

solistisch vorgetragener frei rhythmisierter → Sprechgesang im synagogalen Gottesdienst. → Jüdische Musik.

Kantional, Kantionalsatz → Gesangbuch.

Kantor (lat. cantor = Sänger), im ev. Kirchenmusikbereich Leiter der → Kantorei, in größeren Gemeinden als Kirchenmusikdirektor, vielfach auch als K. u. Organist; im 17.-18. Jh. als Gymnasialkantor zusätzl. in Schuldiensten (J. S. Bach als → Director musices an der Leipziger Thomaskirche u. -schule). In der frühchristl. Liturgie K. = Vorsänger, im MA = Kleriker-Sänger.

Kantoralgesang, Synagogengesang neuerer Art. → Jüdische Musik.

Kantorei, im MA Gesangschöre an Dom- u. Klosterschulen, seit der Reformation gottesdienstl. Laiensängerchöre, Schul- u. Gemeindechöre mit → Adjuvantchören; seit dem 19. Jh. vereinsmäßig organisierte Erwachsenenchöre od. Städt. Chöre, seit der kirchl. → Jugenmusikbewegung der 1920er Jahre im Sinne der K.-Praxis der Lutherzeit z. B. Westfälische K., Spandauer K., Gächinger K.).

Kanun (arab. qanun, v. griech. kanon = → Monochord), im Vorderorient verbreitete Brettzither (→ Psalterium).

Kanzellen (v. lat. cancelli = Gitter), → Windladenteil in der → Orgel zur Weiterleitung des Windes an die Pfeifen, registerbezogen als Register-K., tastenbezogen als Ton-K.

Kanzone, it. Canzone (v. lat. cantio = Gesang), im 13.-16. Jh. Vokal- u. Instrumentalformen verschiedener Art: im 13. Jh. lyr. Dichtungsgattung it.-provenzal. Ursprungs (Petrarca, Dante), mehrstrophig u. mit wechselndem Reimschema (Kanzonenstrophe); im 14.-15. Jh. mehrstimmige Liedmotette (Dufay), im 16. Jh. → Frottola, im 17.-18. Jh. chansonartiges Instrumentalstück mit imitatorisch-polyphonen u. homophonen Abschnitten; im 19.-20. Jh. Bez. f. lyr. Gesangs- od. Instrumentalstück.

Kanzonette (it. canzonetta = Liedlein), kurzes tanzartiges Chorlied (5zeiliges Reimschema aa-b-cc), im 16.-17. Jh. in It. z. B. bei Monteverdi (*Canzonetti a tre voci*, 1584), in Dtl. bei H. L. Haßler (*Neue teutsche Gesang nach Art der welschen Madrigalien und Canzonetten*, 1596); im 18.-20. Jh. auch Bez. f. lyr. Klavierlieder od. Instrumentalstücke.

Kapelle (lat. cappella = Mäntlein), kl. Kirche od. Teil einer Kirche bzw. der dort plazierte Kapellchor (→ a cappella), auch Bez. f. eine Gruppe v. Instrumentalisten mit spezif. Funktion (z. B. Tanz- od. Kurkapelle); im MA Bez. f. die an geistl. od. weltl. Höfen dienenden Sänger unter Aufführung eines Geistlichen (cappellanus = Kaplan), seit dem 16. Jh. auch Bez. f. Instrumentalgruppen allein. → Cappella.

Kapellknaben, Chorknaben, Sängerknaben, im 15.-18. Jh. → Diskantisten in den mit Männer- u. Knabenstimmen besetzten Kirchenchören, überliefert z. B. in der röm. Cappella Sixtina od. im Dresdner → Kreuzchor u. Leipziger → Thomanerchor.

Kapellmeister, ursprüngl. Leiter einer Chorkapelle, seit dem Spät-MA einer Chor- u. Instrumental-Kapelle, seit dem 18. Jh. eines Instrumentalkörpers (Orchesterleiter), heute Dirigent in einer dem → Generalmusikdirektor nachgeordneten Stellung (z. B. Ballettkapellmeister) od. Leiter einer → Kapelle mit spezif. Funktion (z. B. Kurkapellmeister); bei Militärkapellen, → Musikmeister.

Kapellmeistermusik, abwertend f. routiniert geschriebene Musikstücke, abgeleitet v. der Aufgabe bei Kapellmeistern des 19. Jhs. in höf. od. städt. Diensten eigene Kompositionen zu liefern.

Kapodaster → Capotasto.

Kassation (v. it. cassazione = Entlassung), mehrsätzige gemischt besetzte Freiluftmusik, analog → Serenade, Divertimento, Notturno, als höf. u. bürgerl. Unterhaltungsmusik im 18. Jh. v. a. in Böhmen und Östr. verbreitet.

Kassettenrecorder, 1967 eingeführtes tragbares Abspielgerät f. Musik-Cassetten mit eingebauten Tonbandspulen; seit 1987 in japan. Produktion als Digital Audio Tape (D.A.T.).

Kastagnetten (span. castañeta = kl. Kastanie), Klapperinstr. aus zwei kl. muschelartig ausgehöhlten u. mit Schnur verbundenen Holzschalen, paarweise als rhythm. Begleitinstr. v. Tänzern bzw. zu Tänzen zu spielen (linkerhand das tiefer, rechterhand das höher klingende Paar); aus der griech.-ägypt. Antike als → Crotales bekannt; seit dem MA auf Sizilien, den Balearen u. in Andalusien verbreitet; in Form von Stiel-K. mit schüttelbaren Schalenpaaren an beiden Stielenden zu span. od. it. kolorierter Opern-, Ballett- u. Unterhaltungsmusik verwendet (z. B. v. Bizet f. *Carmen*, 1875).

Kastraten (v. lat. castrare = verschneiden, entmannen), Sänger, denen vor Eintritt in den Stimmbruch die Keimdrüsen operativ entfernt wurden, zwecks Erhaltung der Stimmlage des Knabensoprans bzw. -alts bei im übrigen voller Entwicklung des Resonanzkörpers u. der Lungenkraft des Erwachsenen; in It. u. Spanien seit der Antike bezeugt, im späteren 16. Jh. trotz kirchl. Verbots (1587) auch in das Sängerkollegium der päpstl. Cappella Sixtina aufgenommen, welcher ein K., A. Moreschi, noch zu Beginn des 20. Jhs. angehörte, wogegen sich die → Neapolitan. Oper des 17.-18. Jhs. zum speziellen Wirkungsfeld der K. entwickelte, v. A. Scarlatti u. Händel über Gluck (*Orfeo*) u. Mozart (Idamente in *Idomeneo*) bis Rossini (1829 letztmaliges Auftreten eines Opern-K.). Stimmglanz u. -beweglichkeit der K. müssen v. bes. Faszination gewesen sein, durch sie entwickelten sich → Belcanto u. → Koloraturarie aufs kunstvollste, als → Primuomini waren K. neben → Primadonnen die höchstbezahlten Sängersolisten ihrer Zeit, v. der Aristokratie wie ihresgleichen angesehen (Senesino, Caffarelli, Farinelli u. a.); Transponieren u. Umbesetzen der f. K. geschriebenen Partien (Männer- u. Frauenrollen) bringen f. Aufführungen z. B. v. Mozarts *Idomeneo* od. *La clemenza di Tito* Probleme mit sich (Hosenrollen).

Kathakali, ind. Maskenspiel auf mytholog. dramat. Stoffe, v. 3 männl. Darsteller-Sängern ausgeführt, die sich auf der Tambura begleiten (Hintergrundrhythmen auf tonfixierten Trommeln. → Tabla, Ind. Musik.

Kaval balkan. schnabellose Längsfl., paarweise gespielt, im Einklang od. mit 2 Fl. als → Bordun.

Kavatine (it. cavatina = kl. Aushöhlung), kürzeres, meist zweiteiliges instrumentalbegl. liedhaftes Gesangsstück im 18.-19. Jh., ggs. zur dramat. virtuosen → Dacapo-Arie, z. B. in Mozarts *Figaro* u. Haydns *Jahreszeiten*, seltener als Instrumentalmusik, z. B. in Beethovens *Streichquartett op. 130* (5. Satz).

Kegellade → Windlade in Orgeln.

Kehlkopf, das Stimmorgan des Menschen, am oberen Ende der Luftröhre gelegen, knorpelgestützt (beim Mann als »Adamsapfel« erkennbar); beim Schlucken schließt der K. die Luftröhre gegen die Speiseröhre (»falsche Kehle«) ab; Stimmlippen u. -bänder wirken je nach Spannung u. Stellung auf Öffnen od. Schließen der Stimmritze (Glottis), durch die der Luftstrom der ein- u. ausatmenden Lunge gelenkt wird u. diesen in Schwingungen versetzt, die über das Ansatzrohr (mit Rachen- u. Mundhöhle, Nasenöffnungen u. Lippen) als → Stimme hörbar wird. → Glottisschlag, Stimmbruch, Stimmbildung.

Kenner und Liebhaber, Begriffspaar in Theorie u. Praxis der Musik der 2. Hälfte des 18. Jhs. (C. Ph. E. Bach). → Empfindsamer Stil, Ästhetik, Analyse.

Kenthorn, → Bügelhorn mit 7 Klappen z. Erzeugung der chromat. Skala, um 1840 v. dem Iren J. Halliday erfunden, durch Edward Herzog v. Kent (Vater der engl. Königin Victoria) in die Musikkorps der brit. Armee eingeführt u. dort nach ihm benannt; Ende des 19. Jhs. durch neuere Bügelhörner ersetzt.

Key (engl.), f. → Schlüssel, Taste, Klappe, Tonart, Vorzeichen.

Keyboards (engl.), Tasteninstr. u. Synthesizer der → Rockmusik.

Kielinstrumente, Gruppe der zum Anreißen ihrer Saiten mit mechanisch beweglichen Feder-, Leder- od. Kunststoff-Kielen versehenen Tasteninstr. → Virginal, Cembalo (Kielflügel), Spinett.

K'in, chines. → Zither, Typvariante der japan. → Kotofamilie.

Kinderlieder, für u. von Kindern erfundene u. abgewandelte, auf Sprachklang u. -rhythmus basierende Ruf-, Spiel-, Neck-, Nonsens- u. a. kurzzeilige, vielfach pentatonische Weisen einer zw. Sprechsingen u. Skandieren sich bewegenden, so urtümlichen wie formelhaften Liederwelt, oft zu Kinderinstrumenten gesungen, getanzt, gespielt (Rasseln, Ratschen, Stein- u. Stabspiele, Glöckchen, → Orff-Instrumentarium); in allen Kulturkreisen verbreitet, in Europa seit dem 13. Jh. belegt, f. den dt. ma. Bestand z. B. im *Hohenfurter Liederbuch* (15. Jh.); Neubelebungen seit der Volkslieder-Slg. *Des Knaben Wunderhorn* (Arnim/Brentano, 1808) in der → Jugendmusikbewegung zu Beginn u. in der Musikal. Früherziehung seit Mitte des 20. Jhs. → Volkslied.

K'ing, chin. Klingsteinspiel mit »männl.« u. »weibl.« Tönereihen in 12stufigem Tonsystem. → Chines. Musik.

Kinoorgel, in der Stummfilmzeit bis etwa 1930 in großstädt. Lichtspielhäusern f. improvisierte Hintergrundmusik verwendete Orgeln, oft mit eingebautem Schlagwerk. → Filmmusik, Hammondorgel, Wurlitzer Orgel.

Kinsky-Halm, das v. den dt. Musikforschern G. L. Kinsky u. H. Halm erstellte Handbuch *Das Werk Beethovens, Themat.-bibliogr. Verz. seiner sämtl. vollendeten Kompositionen*, nach dem Tode Kinskys abgeschl. u. hg. v. Halm (1955). → Hoboken (Haydn-Verz.), → Köchel (Mozart-Verz.), → Deutsch (Schubert-Verz.).

Kirchenchor, im → Cäcilianismus des 19. Jhs. aufgekommene Bez. f. kath. Laienchöre z. Pflege kirchlicher Chormusik, entsprechend der → Kantorei im ev. → Kirchenmusikbereich; f. beide Kirchen in Verbänden organisiert.

Kirchenkantate, it. cantata da chiesa, geistl. → Kantate, in Dtl. seit dem 17. Jh. bekannt (H. Schütz), Höhepunkt in der ev. K. im 18. Jh. bei J.S. Bach.

Kirchenlied, das landessprachige Gemeindelied der christl. Kirchen, im MA z. B. → Leisen, Geißlerlieder, Psalmlieder, Epistellieder, Wallfahrtslieder, seit der Reformationszeit Neuschöpfungen in → Gesangbüchern beider Konfessionen (*Hugenottenpsalter; Trutznachtigall*), in der kirchl. Singbewegung des 20. Jhs. wiederbelebt, seit den 1970er Jahren im Sinne der Ökumene auch *Gemeinsame Kirchenlieder* (1973).

Kirchenmusik, auf den Gottesdienst der christl. Kirchen bezogene liturgische (→ Liturgie) u. außerliturg. Musik vokaler, vokal-instrumentaler od. instrumentaler Art (→ Orgelmusik); in der kath. K. seit der frühchristl. Zeit → Gregorian. Choral (später auch Choralmesse), seit der ma. Mehrstimmigkeit → Messe (auch Requiem), → Motette, Kantate, Oratorium u. Passion (auch Sepolcro), im MA → Mysterienspiel, Vesper, Komplet, Litanei, Magnificat, Kirchenlied, Kirchensonate, Orgelmusik; in der ev. K. seit Luther (1483-1546) → Gemeindelied, Gemeindechoral, Dt. Messe (Kyrie, Gloria), Motette, Magnificat, Geistl. Konzert (auch Exequien), Orgelchoral. – Neuere Gesamtdarstellungen: K.G. Fellerer (Hg.), *Gesch. d. kath. K.*, 2 Bde., 1972/76; Chr. Bernsdorff-Engelbrecht, *Gesch. d. ev. K.*, 2 Bde., 1980.

Kirchenmusikdirektor, Abk. KMD, in Dtl. staatl. examinierter, pfarr- od. diözesenamtl. angestellter Leiter des kirchenmusikal. Dienstes bei größeren Kirchengemeinden, in der kath. Kirche als Organist u. Chorleiter, in der ev. Kirche als Kantor u. Organist.

Kirchenschluß (→ Plagalschluß), kirchentonal orientierte → Kadenz mit der Ton- bzw. Akkordfolge v. der → Subdominante z. → Tonika, statt der dur-moll-tonal orientierten Kadenz mit der Folge Subdominante-Dominante-Tonika (→ Ganzschluß, Authentischer Schluß).

Kirchensonate, it. Sonata da chiesa, in der Instrumentalmusik des 17.-18. Jhs. (Biber, Corelli, Bach, Händel), meist viersätzig (langsam-schnell-langsam-schnell) mit fugiertem 2. Satz; als Solosonate, z. B. f. Orgel od. Violine, als → Triosonate, z. B. f. 2 Oboen mit Orgel u. Fagott; *Epistelsonate* (in der → Messe zw. Credo u. Offertorium) nach Salzburger Tradition, v. Bernardi bis Mozart, rascher Einzelsatz in Dur f. 2 Viol. mit Orgel u. Kontrabaß.

Kirchentonarten (*Kirchentöne*), tonales Ordnungsprinzip der abendländ. u. byzantin. Musik seit dem frühen MA bis ins 17. Jh., 4 authent. (ursprüngl.) u. 4 plagale (abgeleitete) diaton. Oktavskalen, unterschieden nach Lage ihrer Ganz- u. Halbtonschritte, Benennung nach den Transpositionsskalen der → Griech. Musik (nicht aber identisch mit ihnen), die 4 authent. mit geraden Zahlen bezeichnet, die 4 plagalen mit ungeraden Zahlen u. dem Zusatz hypo = unter (d. h. eine Quarte unter dem jeweiligen authent. Ton, jedoch mit dem gleichen Grundton wie dieser): 1. dorisch d-d', 2. hypodorisch A-a; 3. phrygisch e-e'; 4. hypophrygisch H-h; 5. lydisch f-f'; 6. hypolydisch c-c'; 7. mixolydisch g-g'; 8. hypomixolydisch d-d'; im 16. Jh. (Glareanus, *Dodekachordon*, 1547) auf insgesamt 6 plus 6 authent. plus plag. Kirchentonarten erweitert mit äolisch a-a' (entsprechend dem nachmaligen → Moll) u. hypoäolisch (e-e') sowie ionisch c-c' (entspr. dem nachmaligen → Dur) u. hypoionisch g-g'. In der historisierenden Wiederbelebung alter Musik im 19. Jh. (Brahms, Bruckner) wie im → Neobarock der Kirchenmusik u. Singbewegung des 20. Jhs. (J. N. David, Pepping, Schroeder, Distler) kamen die K. zu neuer Bedeutung.

Kirow-Ballett, sowjetruss. Bühnentanzensemble, Sitz Leningrad, nach dem [1934 ermordeten] Leningrader Politiker S. M. Kirow benannt, 1917-35 Staatl. Akadem. Theater f. Oper u. Ballett, 1860-1917 Marjinsky-Theater; hervorgegangen aus einer 1835 gegr. Ballettschule mit Internat f. Kinder der Angestellten am Zarenhof in der Residenz- u. Hauptstadt St. Petersburg, seit Mitte des 19. Jhs. unter dem frz. Ballettmeister-Choreographen Marius Petipa (1818-1910) mit Ur- u. Erstaufführungen von Tschaikowskys *Dornröschen*, *Schwanensee*, *Nußknacker* (1890, 1892, 1894) u. Glasunows *Raymonda* (1898) zu europ. Ansehen gekommen, mit Gastspielbeteiligungen an den Pariser *Saisons Russes* 1906-14 unter dem Impresario Sergej Diaghilew (1872-1929) in Fokine-Choreographien zu den Urauff. v. Strawinskys *Feuervogel* u. *Petruschka* (1910, 1911) einschl. des Premierenskandals um *Le Sacre du Printemps* (1913) in der Choreographie Waslaw Nijinskys mit Solisten wie Anna Pawlowa, Tamara Karsavina, W. Nijinsky, A. Bolm zu weltweitem Ruhm gelangt; die klassische russisch-frz. Tradition setzte sich auch im weiteren 20. Jh. fort, was im Hochstil des Leningrader Kirow-Balletts gegenüber Stil u. Programmatik des Moskauer → Bolschoiballetts anschaulich wird.

Kistner & Siegel, dt. Musikverlag, 1923 in Leipzig fusioniert aus den Firmen Kistner u. Linnemann, 1948 als Kistner & Siegel & Co. neugegr., Sitz seit 1965 Köln; Verlagsschwerpunkte: prakt. Neuausgaben v. a. ehemals verlagseigener Klavier- u. Kammermusik des 19. Jhs. (Schumann, Chopin, Liszt, Mendelssohn, Gade), vordem auch Zeitschriften (*Archiv für Musikwissenschaft*, 1919-26; *Die Musikpflege* 1933-45).

Kithara (griech.), seit dem 7. Jh. v. Chr. belegtes 7-12-saitiges → Zupfinstr. mit schwerem Resonanzkasten, bis in die Spätantike neben der → Lyra als Begleitinstr. zu epischen u. lyr. Sprechgesangsvorträgen (Kitharodie).

Klampfe (süddt. = Klammer), auch Zupfgeige, Zupffidel, mundartl. f. → Gitarre.

Klang, akustisch die Summe periodisch regelmäßiger (harmonischer) Einzelschwingungen, musiktheoretisch als → *Ton* bezeichnet, im Ggs. zum → Geräusch (unregelm. Schwingungen); das *Klangspektrum* (→ Spektrum) ist in → Partialtöne zerlegbar (→ Elektron. Musik); → *Klangfarbe* (einer Stimme, eines Instruments, eines Ensembles) resultiert aus → Obertönen, *Klangstil* v. a. aus musikhist. wechselnden Bevorzugungen v. Klangfarbe, Verschmelzungs- od. Spaltklang, Tonparametern, Ablaufdichte u. -dynamik, im Zusammenhang auch mit den (synthetisch nicht herstellbaren) Klangcharakteren bestimmter Instrumente u. ihrer Gruppierungen (→ Instrumentation).

Klangfarbe, neben Höhe, Stärke, Dauer vierte Dimension u. komplexe Eigenschaft des Tons, physikal. meßbar, psycholog. mehrdeutig; bei Instr. u. Sprech- od. Singstimmen mitbestimmt durch Bauform u.

Struktur der (organ. od. anorgan.) Materien, → Einschwing-, Ausgleichs-, Ausschwingvorgänge u. → Geräuschbildungen. → Fourieranalyse, Frequenzspektrum, Fornant.

Klangfarbenkomposition, Musik, in der → Klangfarbe den kompositorischen Hauptgegenstand bilden soll, wobei Tonhöhe, Tondichte, Tondauer u. Geräusch als Funktionen v. → Klangfarbe behandelt werden; konsequent ausführbar nur auf synthet. Weg (→ Elektron. Musik, Synthesizer).

Klangfarbenmelodie, nach A. Schönberg (*Harmonielehre*, 1911) Klangfarbenfolge, »deren Beziehung untereinander mit einer Art Logik wirkt, ganz äquivalent jener Logik, die uns bei der Melodie der Klanghöhen genügt«; v. Schönberg 1908 mit den *Fünf Orchesterstücken op. 16* angestrebt, 1911 jedoch mit der Nachbemerkung kommentiert: »das scheint eine Zukunftsphantasie und ist es wahrscheinlich auch«. → Klangfarbenkompositionen.

Klangfiguren → Chladnische Klangfiguren.

Klanggeschlecht → Tongeschlecht.

Klangspektrum → Spektrum.

Klangstufen → Stufenbez.

Klangvertretung, Begriffsbez. der → Harmonielehre (Riemann), wonach ein u. derselbe Ton in einem Dur- od. Moll-Dreiklang Grundton od. Terz od. Quinte sein kann, z. B. der Ton C Grundton v. C-Dur u. c-Moll, Terz v. As-Dur u. a-Moll, Quinte v. F-Dur u. f-Moll; v. Bedeutung f. → Modulationen mit Umdeutung v. Tönen bzw. Akkorden.

Klangzentrum, in der → Harmonielehre seit Rameau (18. Jh.) der Grundton eines Akkordes, nach Hindemith (20. Jh.) der Gravitationston einer Akkordfolge als deren zentraler Bezugston.

Klappen, ledergepolsterte hebelversehene Verschlußdeckel f. Grifflöcher bei Holzblasinstr. (→ Flöte, Oboe, Klarinette, Fagott), seit dem 19. Jh. vereinzelt auch bei Blechblasinstr. (→ Kenthorn, Ophikleide, Ventilhorn), Verbundmechanismus offener u. geschlossener K. als Ringklappen v. a. f. Grifflöcher, die mit Fingern nicht od. ungenau zu erreichen sind; Einzelklappen waren seit dem 16. Jh. bekannt, im 19. Jh. wurde f. die spieltechn. anspruchsvolle vollchromat. Musik der Hochromantik ihre Zahl erheblich erweitert, (um 1900 z. B. f. die Klarinette auf 22).

Klappenhorn → Kenthorn.

Klappern, Rhythmus- u. Geräuschinstr. aller Epochen u. Kulturkreise; Gegenschlagidiophone, meist 2 Teile gleicher Form u. gleichen Materials (Knochen, Holz, Stein, Ton, Metall). → Kastagnetten, Zimbeln.

Klarinette (frz. Verkleinerung v. it. → Clarino, v. lat. clarus = hell tönend), Holzblasinstr. mit Rohrblatt, im 18. Jh. aus dem altfrz. → Chalumeau entwickelt, zylindr. Röhre mit Mundstück u. erweitertem Zwischenstück, zweiteiligem Mittelstück u. Schallstück (»Becher«), das Rohrblatt unterhalb des oberseits abgeschrägten Mundstücks (»Schnabel«) befestigt (mit Ringschrauben od. Schnur); Überblasinstr. (geradzahlige Naturtöne; → Obertöne); hohe Stimmungen in D u. Es, Hauptstimmungen in B (des-b^1), A u. C, Baß-K. in B (C-f^2), Kontrabaß-K. in Es (^{2}F-b^1), Nebenform → Bassetthorn; Klappensysteme in Frankr., Engl., Amerika unterschiedl. zu Dtl. entwickelt. Seit Mitte des 18. Jhs. (Frühklassik) wird die K. in Kammer- u. Orch.-Musik verwendet, in 2-6facher Besetzung im Orch. der Romantik, spezifisch im → Jazz. Solokonzerte f. K. schrieben z. B. C. Stamitz, Mozart, Weber, Spohr, Hindemith, Copland, Strawinsky; K.-Quintette z. B. Mozart, Brahms, Reger.

Klassik (v. lat. classicus = Bürger der ersten [Steuer-]Klasse), i. w. S. Bez. f. Erstrangiges, Modellhaftes, Vorbildliches, i. e. S. die im späteren 19. Jh. aufgekommene Bez. v. die geistesgeschichtl. Epoche v. der Mitte des 18. Jhs. (Aufklärung, Neuhumanismus) bis zum Beginn des 19. Jhs. (Idealismus), literarisch-philosophische Repräsentanten Lessing, Goethe, Schiller, Kant; musikgeschichtl. Ablauf v. etwa 1730 (Frühklassik) bis etwa 1830 (Klassizismus), mit der »Wiener Klassik« (Haydn, Mozart, Beethoven) 1780-1810 als Hochstil. → Mannheimer Schule (4sätzige Sinfonie, Solokonzert, Streichquartett), Norddt. Schule (Berlin, Hamburg: Galanter u. → Empfindsamer Stil, Klaviersonate, Klavierlied), Leipzig (Singspiel), Wien (Oper, Ballett, Instrumentalmusik) bildeten Zentren u. Hauptgattungen der Vorklassik in Dtl. – Melodische Schlichtheit, funktionsharmonische Überschaubarkeit, metrische Achttakt-Periodisierung u. Additionsformen als Erbe der Vor- u. Frühklassik werden in der Wiener Hochklassik zu motivisch-thematischer Entwicklung geführt (→ Durchbrochene Arbeit, → Obligates Akkompagnement), zu modulatorisch differenzierter Harmonik (→ Enharmonik) u. variativer Rhythmik, exemplarisch in den Standardformen der → Sonatenhauptsatzform als Kopfsatz der 4sätzigen (Klavier-)Sonate, des → Streichquartetts u. der → Sinfonie, einschl. der Chorsinfonie (Beethovens *Neunte* mit dem Finale auf Schillers *Hymne an die Freude*, 1824, aber auch in den säkularisierten Oratorien Haydns (*Die Schöpfung*, 1798; *Die Jahreszeiten*, 1801), im bürgerlichen Klavierlied (Beethovens Zyklen *An die ferne Geliebte*, 1816, u. *Gellert-Oden*, 1803) wie – nach Glucks Opernreform – in der dt. Humanitätsoper (Mozart, *Die Zauberflöte*, 1791; Beethoven, *Fidelio*, Drittfassung 1814); das v. der Wiener Klassik Erreichte wurde zum vieldeutigen Idealbild der Frühromantik (E. Th. Hoffmann, *Fantasiestücke in Callots Manier*, 1816; *Lebensansichten des Katers Murr*, 1821, die im weiteren Verlauf des 19. Jhs. (→ Romantik) musikpoetisch, alterationsharmonisch, instrumentatorisch Erweiterungen entwickelte, die Hauptformen der K. jedoch im Grundriß übernahm.

Klassischer Tanz, Bühnentanztechnik u. -ästhetik gemäß dem seit dem 17. Jh. etablierten it.-frz.-russ. Akademischen Tanz des 18.-19. Jhs. (→ Ballett), ggs. zum Ausdruckstanz.

Klassizismus, engl. classicism, frz. classicisme, mehrdeutiger Epochen- u. Stilbegriff, in den engl.- u. frz.-sprachigen Ländern identisch mit → Klassik im Sinne der (nachträgl.) dt. Definition, in der dt. Begriffsbestimmung hingegen Bez. f. Nachfolgestil zur Klassik, abwertend als Formalismus u. Epigonalismus, umwertend als Stil- u. Geschichtsrezeption, bei Mendelssohn od. Brahms in Korrelation zur Wiener → Klassik, später allgemein auch zu ›Alter Musik‹ (→ Cäcilianismus), im 20. Jh. in Frankr. als → Neoklassizismus (Strawinsky), in Dtl. auch als → Neobarock (J. N. David, Hindemith).

Klausel (v. lat. clausula = Schlußwendung), im MA Schlußformel des → Gregorian. Chorals (einstimmig) u. Schlußabschnitt des → Orgánums (mehrstimmig), seit dem 15. Jh. auch bei der vierstimmigen → Motette: Diskant-K. = Halbtonschritt aufwärts, Alt-K. = Tonwiederholung, Tenor-K. = Ganztonschritt abwärts, Baß-K. = Quintsprung abwärts. → Ganzschluß, Kadenz.

Klavarskribo (v. lat. clavis = Schlüssel, Hebel, Taste u. scribere = schreiben), tastenorientiertes, horizontal angelegtes Notationssystem f. Klavierinstr. 1936 v. dem Holländer C. Pot erfunden, verbreitet in den Niederlanden, Belgien u. England.

Klaviatur (v. lat. clavis = Schlüssel, Hebel), Taste, Tastatur, Tastenreihe eines → Tasteninstr., seit Ende des 15. Jhs. entwickelt f. → Orgel, Virginal, Cembalo, Clavichord, ursprünglicher Umfang 2 Oktaven, ab 16. Jh. 4, ab 18. Jh. f. → Hammerklavier 5, seit dem 19. Jh. f. → Fortepiano u. Konzertflügel 7-8 Oktaven, die chromat. v. den diatonischen Tönen getrennt nach Ober- u. Untertasten (seit dem 19. Jh. schwarz- gegen weißfarbige Tasten); seit dem 15. Jh. f. Orgeln auch übereinander angeordnete 2. u. weitere Klaviaturen (→ Manuale), im 19. Jh. bis zu 5; beim Cembalo seit dem 16. Jh. vereinzelt 2. Manuale seitl. neben dem 1. angebracht, im 18. Jh. bis zu 3 Manualen übereinander; Konstruktionsversuche, auch f. Hammerklaviere Zweitklaviaturen (z. B. f. Vierteltonklaviere) einzuführen, schlugen ebenso fehl wie Änderungsversuche am gradlinigen Verlauf der Klaviatur (Bogenklaviatur, → Jankóklavier); seit dem 19. Jh. wurden zu Übezwecken »stumme Klaviaturen« hergestellt, aufklappbar u. leicht transportabel, v. a. für reisende Virtuosen, aber auch aus Gründen akust. Umweltschutzes. → Pedal.

Klaviaturglockenspiel → Glockenspiel (g^1-c^5) mit Klaviatur- u. Dämpfungsmechanik.

Klavichord (v. lat. clavis = Schlüssel, Hebel, Taste u. chorda = Saite), ältestes besaitetes → Tasteninstr. im 14. Jh. aus dem → Monochord entwickelt, mit quer zur → Klaviatur verlaufenden Metallsaiten, die v. Metallstangen angeschlagen werden, dergestalt, daß die auf dem hinteren Ende eines jeden Tastenhebels sitzende → Tangente mit der jeweiligen Taste in Berührung bleibt, solange der Spieler die Taste niederdrückt, wobei durch Fingerdruckwechsel ein zartes Vibrato (→ Bebung) erzielt werden kann; die Anschlagstelle setzt den zw. Tangente u. Saiten- → Steg liegenden Saitenteil in Schwingung, so daß dieselbe Saite f. verschiedene Tonhöhen zu verwenden ist, wobei die Tangente die Funktion eines → Bundes hat; das dieserart »gebundene Klavichord« wurde seit dem 17. Jh. vom »bundfreien K.« mit Zuordnung mehrerer Saiten je Taste abgelöst u. erlebte in Kompositionen des → Empfindsamen Stils (C. Ph. Em. Bach) um die Mitte des 18. Jhs. eine letzte Blütezeit, bevor es, wie auch das → Cembalo, vom Hammerflügel (→ Klavier) abgelöst wurde.

Klavier (v. lat. clavis = Schlüssel, Hebel, Taste), im 15.-18. Jh. Sammelbez. f. → Tasteninstrumente (→ Orgel; Klavichord; Virginal, Spinett, Cembalo), seit etwa 1800 Bez. f. → Hammerklavier (Flügel, → Pianoforte), seit etwa 1850 f. Pianino bzw. Piano als Klavier gemeinhin; das Hammerklavier gleicht in seiner ursprüngl. Gehäuseform der des Cembalo-Kielflügels u. dessen in Längsrichtung zur Tastatur (→ Klaviatur) verlaufenden Besaitungsart; die Hammermechanik des frühklass. K. geht auf B. Cristofori zurück (*Cembalo a martelletti*, Florenz, 1707), als »Stoßmechanik« wird das leder- (seit 1826 filz-) überzogene, beweglich auf dem hinteren Ende eines Holzstiels rechtwinklig angesetzte keilförmige Hammerköpfchen beim Niederdrükken der Taste gegen die zugehörige Saite geschnellt u. diese zur Tonschwingung gebracht (im heutigen Konzertflügel Subcontralage ab ^{2}A einchörig, nachfolgend zweichörig u. von Cis bis c^{5} dreichörige Besaitung, seit 1830 auch in kreuzsaitigem Bezug über dem mitschwingenden Resonanzboden); Wiener u. Engl. Mechanik führten zwischen 1780 u. 1820 zu modulationsfähigeren u. kräftigeren Anschlagmöglichkeiten, mit der »Repetitionsmechanik« (→ Érard, Paris um 1820), bei der die Stoßzunge des regulierbarer gewordenen Hebelmechanismus gleich nach dem Anschlag ihre Ausgangsposition wieder einnimmt, auch zu rascheren Tonwiederholungen bei geringerer Fingerbewegung; verbesserte → Dämpfung gibt beim Niederdrücken der Taste die Saite frei zum Schwingen, wie sie diese beim Loslassen im Weiterschwingen hindert, wohingegen das rechte Pedal die Dämpfung aller Saiten gleichzeitig aufzuheben vermag, das linke als »Piano-Pedal« die Mechanik so verschieben kann, daß die Hämmerchen statt auf ggf. drei- auf zweichörige Saitenzüge treffen. Die bis zu 20.000 kg gehende Zuglast der Besaitung wird seit 1825 (Érards nachmaliger »Lisztflügel«) v. Gußeisenrahmen aus einem Stück aufgefangen u. somit Haltbarkeit u. Balance der Saitenstimmung des Flügels aller Größen gefestigt (Konzertflügel zweier Klassen mit Längen über 3 m, Salon- u. Stutzflügel in abnehmender Länge von 117-140 cm). – Parallel zur Entwicklung des Flügels (Stein in Augsburg, Streicher, Graf, Walter → Bösendorfer in Wien, → Broadwood in London, → Érard, → Pleyel u. a. in Paris) verlief seit den 1820er Jahren die des → Tafelklaviers, des → Pianoforte (Fortepiano) u. → Pianino (Piano), nach dem 2. Weltkrieg auch als »Kleinklavier« (1 m hoch, 1,49 m breit, 0,50 m tief) in aufrechtstehendem rechteckigem Gehäuse von etwa 1,25 m Höhe, mit frontseitiger Klaviatur, Stoßzungenmechanik (Wornum, London 1826), senkrecht zu den Tasten verlaufendem, meist kreuzsaitigem Saitenbezug (Tonumfang ± 7 Oktaven: ^{2}A-c^{5}). Das Klavier wurde im 19.-20. Jh. zum Universalinstr. bürgerlicher Musikpflege, in Dtl. v. → Bechstein, Blüthner, Grotrian-Steinweg, Ibach, Pfeiffer, Sauter, Schiedmayer, Schimmel, Steinway u. a. gebaut, seit Mitte des 20. Jhs. unter Importkonkurrenz v. a. japan. Spitzenfabrikate. → Klaviermusik.

Klavierauszug, Einrichtung (Übertragung, Zusammenfassung, Bearbeitung) einer Ensemblekomposition aus ihrer Urfassung (vokal, instrumental od. gemischt besetzt) f. Klav. im 16.-18. Jh. als → Tabulatur, seit dem 18. Jh. als K., eingeführt v. Opern- u. Orchester-Kapellmeistern z. Einstudierung u. Begleitung der Soloparte aus Oper, Oratorium, Solokonzert, Ballett usw. (→ Korrepetitor), meist mit eingetragenen Besetzungshinweisen auf die Ensemblefassung (→ Particell); im 19. Jh. verbreitete sich der K. von Orchesterkompositionen (→ Sinfonie, Sinfon. Dichtung, Ballettsuite, Operettenporpourri usw.) zum häuslichen Musizieren in Fassungen für 2- od. 4-händiges Klavierspiel, letzteres an einem od. 2 Klav.; im 20. Jh. besorgten die Komponisten den K. ihrer einschlägigen Werke zunehmend selber, mitunter auch als Neukomposition, z. B. Strawinskys Rekomposition des *Petruschka* (1911) 1919 für Klavier zu 2 bzw. 4 Händen.

Klavierlied → Lied.

Klaviermusik, Musik f. besaitete → Tasteninstr., bis ins 17. Jh. auch → Orgelmusik, seit dem 15. Jh. f. → Klavichord, Virginal, Cembalo, seit dem späten 18. Jh. f. → Hammerklavier (Pianoforte als Klavier schlechthin); im 15.-16. Jh. Umschriften, Bearbeitungen, Variationen v. geistl. Vokalsätzen, Liedern u. Tänzen, gefolgt v. klavieristischen Stücken wie → Fantasie, Toccata, Capriccio, Ricercare, im 17. Jh. v. engl. Virginalisten z. B. Byrd, Gibbons, Morley (→ Fitzwilliam Virginal Book); → Suite u. programmusikal. Charakterstück erfahren im 17.-18. Jh. Hochblüten bei den Clavecinisten/Cembalisten in Frankr. (Chambonnières, Couperin, Rameau), in Dtl. im 17. Jh. bei Froberger, in der 1. Hälfte des 18. Jhs. bei J. S. Bach (*Wohltemperiertes Klavier*, 1722, 1744; Suiten, Partiten, Variationen, Solokonzerte), in Engl. bei Händel (Suiten, Variationen); in der Vor- u. Frühklassik (→ Empfindsamer Stil, Durchbrochene Arbeit, Obligates Akkompagnement) hat C. Ph. Em. Bach mit *Clavier-Sonaten für Kenner und Liebhaber* (1779-87), unabhängig v. den einsätzigen Sonaten des Neapolitaners D. Scarlatti, entscheidenden Einfluß auf die Wiener → Klassik bei Haydn, Mozart (auch Werke f. Klav. zu 4 Händen) u. Beethoven, der insbes. mit Fantasie-Sonaten u. Charakter-Variationen (Diabelli-V., 1823) auf die dt. Romantik einwirkt (Schubert, *Wandererfantasie*, 1822; Schumann, *Phantasie C-Dur*, 1838; Brahms, *Händel-* u. *Paganini-V.*, 1862-63); neben hochvirtuosen Formen bei Chopin u. Liszt (→ Rhapsodie, Ballade, Paraphrase, Konzertetüde) entwikkelt die europ. Romantik v. Schubert bis Grieg auch Kleinformen (→ Impromptu, Prélude, Nocturne, Lied ohne Worte, Walzer u. a.), die Endphase des → Impressionismus bringt weitere Klangdifferenzierungen (Debussy, Skrjabin); die K. der 1. Hälfte des 20. Jhs. spiegelt sich im → Expressionismus (Schönberg, Ives), → Neo-Folklorismus (Ravel, Bartók u. noch Messiaen), → Neoklassizismus (Strawinsky, Casella, Hindemith) u. Neobarock (Hindemith); → Serielle u. → Experimentelle Musik seit 1950 (Boulez, Stockhausen, Cage u. a.) wirkt den bisherigen spezifisch »klavieristischen« Satz- u. Spieltechniken entgegen; Versuche, klangspektrale u. rhythmisch-perkussive Qualitäten des Klaviers in Orchesterensembles zu integrieren, reichen bis zu frühen Partituren Strawinskys zurück. – Klavierbau, Klaviermusik u. *Klavierpädagogik* standen v. Bach bis Bartók in bau-, stil- u. spielgeschichtlich wechselseitigen Beziehungen zueinander: Bachs *Klavierübung* versteht sich auch als Lehrwerk, C. Ph. Em. Bachs *Versuch über die wahre Art das Clavier zu spielen* (2 Teile, 1753 u. 1762) umfaßt stilistisch-ästhetische wie formkundliche u. spieltechnische Unterweisungen, Etüdenwerke v. Czerny u. Clementi über Chopin u. Liszt bis zu Skrjabin zielen gleicherweise auf Spiel-Bravour u. Klang-Struktur, die musikal. u. editorischen Werke der Pianisten-Pädagogen Busoni u. Bartók gründen in der »Einheit der Musik«.

Klaviertrio, K.-Quartett, K.-Quintett, Kammermusik aus Klassik, Romantik, Moderne f. Klav. mit zwei, drei bzw. vier weiteren (meist Streich-)Instr.

Kleines Recht, → Urheberrecht an Instrumentalmusik, im Ggs. zum Großen Recht an Bühnenmusikwerken.

Klirrfaktor, Grad der → Verzerrung in einem elektroakustischen Übertragungssystem (einschl. mechan. Schwingungsfaktoren), dem menschl. Ohr bis zu 1 % wahrnehmbar.

Knall, explosionsartiger akustischer Stärkelaut, ohne wahrnehmbare Klangfarbe od. fixierbare Tonhöhe.

Kniegeige → Viola da gamba.

Knochenschall, Schallübertragung an das Innenohr über Schwingungen der Schädelknochen; v. Bedeutung bei Mittelohrschäden; beeinträchtigt bei Benutzung v. Kopfhörern.

Köchelverzeichnis, Abk. K. V. (KV), das durch Ludwig Ritter v. Köchel (östr. Prinzenerzieher, Sponsor der Alten Mozart-Gesamtausgabe) hg. *Chronolog.-themat. Verzeichnis sämtlicher Tonwerke W. A. Mozarts*, 1862, (7/1965); *Der kleine Köchel* = Zusammenstellung des K. V. durch H. v. Hase (1951, 9/1977).

Koda (it. Coda = Schwanz), abschließender Teil eines Musikstücks, Formteil bei → Sonaten (Beethoven), Epilog bei Variationen (Reger).

Kolo (serbokroat. = Rad), reigen- bzw. reihenförmige Kettentänze u. Tanzlieder in gemäßigtem ¾-Takt, als Kollektivtanz in Serbien u. am weiteren Balkan verbreitet, dem russ. → Chorovod verwandt; in Ballett- u. Tanzkompositionen bei Dvořák (*Slav. Tänze*, 1887), Strawinsky (*Der Feuervogel*, 1910), F. Lhotka (*Der Teufel im Dorf*, 1935); auch Name eines 1948 in Belgrad gegr. Volkstanzensembles.

Kolophonium, v. altgriech. Kolophos (Stadt in Kleinasien), Hartharz zur Bestreichung des Bogenhaars zwecks Reibungserhöhung auf den Saiten der Violininstr.

Koloratur (v. lat. color = Farbe, it. coloratura), rasche gesangssolistische Passagen der → Verzierung v. Opernarien (Skalenläufe, Akkordbrechungen, Sprünge, Triller); in der älteren it. Opernpraxis f. alle Stimmlagen, seit dem 19. Jh. (Rossini, Donizetti, Bellini) vorwiegend f. dramat. *K.-Sopran* (Königin der Nacht in Mozarts *Zauberflöte*; »Wahnsinnsarie« in Donizettis *Lucia di Lammermoor*) sowie f. lyr. K.-Sopran (Zerbinetta in Strauss' *Ariadne auf Naxos; Lulu* in Bergs gleichnamiger Oper), bzw. f. K.-Soubrette (Ännchen in Webers *Freischütz*). Eine Parodie auf Koloraturgesang Beckmessers Preislied in Wagners *Meistersinger von Nürnberg*. → Sopran, Soubrette, Da-Capo-Arie, Oper.

Kolorierung (v. lat. colorare = färben, ausschmücken), improvisierte intervallische Ausfüllung od. Umwandlung vorgegebener Melodien in der ma. Lied- u. Tanzmusikpraxis, im 16. Jh. v. dt. Organisten als *Koloristen* bei Übertragungen u. Bearbeitungen älterer Liedgestalten übernommen u. weitergeführt.

Kombinationen (v. lat. combinare = doppeln), Spielhilfen im Registrierwerk der → Orgel, nach Klangfarbe u. Lautstärke ausgewählte Registergruppen, während des Spiels mit Hand- od. Fußhebel ein- od. abschaltbar.

Kombinationston (v. lat. combinare = doppeln), ein aus der Kombination der → Frequenzen zweier gleichzeitig erklingender Töne entstehender Zusatzton, als *Differenzton* bei Frequenzungleichheit mit der Frequenzdifferenz beider Töne, als *Summationston* bei Frequenzgleichheit der Frequenzsumme beider Töne; Summationstöne physikalisch meist unharmonisch, Differenztöne in hoher Lage hörbar, im Violinspiel (Tartini, L. Mozart) zur Prüfung der Reinheit v. Doppelgriffen angewendet.

Komma (griech. = Abschnitt), Bez. f. annähernd gleiche Frequenzverhältnisse; das *Pythagoreische K.* beläuft sich annähernd auf einen Achtelton etwa beim Unterschied zw. fis u. ges wenn die beiden (enharmonisch verwechselbaren) Töne v. c ausgehend durch Aneinanderreihung v. 12 reinen Quinten gewonnen werden (Frequenzverhältnis 73:74); das *syntonische* od. *didymische* K. beläuft sich auf den Unterschied der zwischen dem 8. u. 9. sowie 9. u. 10. → Oberton vorkommenden Ganztöne (Frequenzverhältnis 80:81); das *Schisma* als Differenz zw. pythagor. u. synton. K. beträgt 1.954 → Cent u. ist für die Musizierpraxis bedeutungslos. → Temperierte Stimmung, Quintenzirkel.

Kommahäkchen, Phrasierungszeichen in Bläserstimmen u. Gesangspartien.

Kommersbuch (v. lat. commercium = Verkehr, Gemeinschaft), Studentenliederbuch, erstmals nach Aufkommen des Verbindungswesens im Gefolge der v. student. Burschenschaften mitgetragenen vaterländ. Bewegungen vor dem Wiener Kongreß (1815), grundlegend *Germania* (1815) u. *Allgemeines Commerz- und Liederbuch* (1818), beide hg. v. dem Männerkomponisten J. A. G. Methfessel, meistverbreitet das *Lahrer Commersbuch* (1858-1982 159 Auflagen), enthält außer studentischen Liedern Volks- u. Ständelieder des 18.-19. Jhs. → Studentenlied.

Komplementärharmonik (v. lat. complere = ergänzen), Akkordverbindungen, die den nichttonalen Tonsatz zur Vollchromatik ergänzen. → Chromatik.

Komplementärrhythmik (v. lat. complere = ergänzen), Gleichzeitigkeit verschiedener Rhythmen in mehreren Stimmen, die sich zu einer Bewegungseinheit ergänzen. → Polyrhythmik.

Komplet (v. lat. completorium = Abschluß), letztes Stundengebet der → Horen des → Offiziums der röm.-kath. Liturgie, endend mit einer Marianischen → Antiphon; in choralen Melodien gesungen, im 16.-17. Jh. in mehrstimmigen Vertonungen, in dem 1965 erschienenen → Gesangbuch *Gotteslob* auch mit dt. Texten.

Komposition (v. lat. compositio = Zusammensetzung), meist schriftl. v. einem (seltener v. mehreren) Komponisten geschaffenes, fixiertes u. klangl. realisierbares musikal. Werk; im Ggs. zum schriftlosen Musizieren der → Improvisation über vorgegebene Regelmodelle (ind. → Ragas, arab. → Maqamat, → Jazz); in der europ. Musikgeschichte seit den Anfängen der → Notenschrift im 9. Jh., seither eingebunden in das musikkulturelle Umfeld ihrer Zeitepoche verfügbar u. (nach-)vollziehbar, als → angewandte u./od. als → autonome Musik. → Melodie-, Harmonie- u. Rhythmuslehre, Formenlehre, Kontrapunkt, Generalbaß, Instrumentation, Tonsatz. – E. Apfel, *Geschichte der Kompositionslehre, Von den Anfängen bis gegen 1700*, 3 Bde., 1981; H. Erpf, *Studien zur Harmonie- u. Klangtechnik der neueren Musik*, 1927, Nachdruck 1969.

Konisches Rohr, bei Blasinstr., auch bei Zungenpfeifen der Orgel ein zur Schallöffnung hin kegelförmig erweitertes Schallrohr (z. B. bei → Oboe u. Horn), erklingt beim → Überblasen in der → Oktave, im Ggs. zum → zylindrischen Rohr (z. B. bei der → Klarinette), das in die → Duodezime überbläst.

Konkordanz (v. lat. concordare = zusammenstimmen), mehrschichtiger Begr. der ma. → Intervallehre. → Konsonanz, Dissonanz.

Konservatorium (v. lat. conservare = bewahren), öffentl. Institut z. künstlerischen, pädagogischen u. theoret. Musikausbildung; seit dem 16. Jh., zunächst in Italien, z. Heranbildung des Sänger- u. Instrumentalistennachwuchses f. kirchl. u. höf. Kapellen aus den Reihen musikbegabter Zöglinge kirchl. geführter Waisenhäuser (Bewahranstalt = Conservatorio), v. a. in Venedig (*Ospedale San Salvadore*, 1517), Neapel (*Conservatorio Santa Maria di Loreto*, 1537), seit dem 17. Jh. auch z. Ausbildung v. Opernchoristen u. Ballett-Eleven, seit dem 18. Jh. in Dtl. u. Frankr. an Konservatorien u. Akademien der Residenzen z. Ausbildung des bürgerl. Musikerstandes (Musikabt. der *Hohen Carlsschule*, Stuttgart 1775; *École Royale de Chant*, Paris 1784), seit dem 18. Jh. an Landes- u. Hauptstädt. Konservatorien in der Spitze f. Gesangs- u. Instrumentalsolisten (an vorbereitenden → Musikschulen meist für Laienmusiker), seit dem 19. Jh. in Dtl. mit dem Überbau v. → Musikhochschulen (1869 *Königl. Hochschule für Musik Berlin*, Gründungsleiter J. Joachim) in vielen europ. u. amerikan. Ländern weiterhin als (Staats-) Konservatorien od. Musikakademien mit Hochschulcharakter geführt (Paris, Leningrad, Moskau, London, Rom, Warschau, Prag u. a.)

Konsonanz/Dissonanz (lat. consonantia/dissonantia = Zusammen-/Auseinanderklang, in der dur-moll-tonalen Musik des 16.-19. Jhs. ein Intervall- od. Akkordklang v. harmonischem bzw. auflösungsbedürftigem Charakter (physikal. wie psycholog. nicht eindeutig erklärbar): im MA galten Oktave u. Quinte (bzw. Quarte) als vollkommene Konsonanz, Sekunde, → Tritonus, Septime als perfekte Dissonanz, seit dem 16. Jh. → Dreiklänge in Terzschichtung als v. höchstem Wohlklang, im weiteren 19. Jh. schwächten Konsonanz- u. Dissonanzwirkung einander durch → Alterationsharmonik ab, seit der »Emanzipation der Dissonanz« zu Anfang des 20. Jhs. hob sich die wechselseitige Kon- u. Dissonanzzuordnung in der → Atonalität auf; Hinwendungen zu einer »Neotonalität« mit wechselnden Gravitationszentren seit den 1970er Jahren deuten auf Neuzuordnungen hin.

Konstruktivismus (v. lat. constructio = Aufschichtung, Bau, z. B. c. verborum = Periodenbau), in der Malerei u. Plastik des frühen 20. Jhs. aufgekommene Richtungsbez. f. geometrische u. lineare Konfiguration (›Abstrakte Malerei‹), in der Musik seit den 1910er Jahren aufgetretene Ordnungs- u. Strukturtendenzen einer Neu- bzw. Überbewertung materialimmanenter Bauprinzipien, Vorkommen übergreifend in neoklassizistisch-funktionaler wie in gebunden-atonaler Musik; Sonderentwicklungen in der russ. Avantgarde der 1920er u. der westeurop.-amerikan. Avantgarde der 1950er Jahre.

Kontinuo → Basso continuo, Generalbaß.

Kontrabaß (it. contrabasso, violone; frz./engl. basse double/double bass), tiefstes → Streichinstrument, im 16. Jh. aus der Violen-Gamben-Familie entwickelt, flacher, oben abgeschrägter Boden, breite Zargen, gegen den kurzen Hals zulaufend spitze (»gotische«) Schultern, 3-5 Saiten, meist 4 Saiten im Quartabstand ^{2}E-^{2}A-D-G (mit

Schraubenmechanik gestimmt), → Baßschlüssel-Notation in der oberen Oktave des realen Klangs; das 2 m große Instr. wird, mit Kurzstachel auf den Boden gestellt, auf erhöhtem Stuhl sitzend gespielt, Bogenführung mit Unter- od. auch Obergriff (wie beim Violoncello). Der K. war um 1600 in Streicherensembles üblich (Venedig), um 1650 unter den *24 Violons du Roi* am Hof Lois XIV. (Versailles), um 1700 in der Hofkapelle Kaiser Leopold I. (Wien), seit 1800 in Sinfonie- u. Opernorchestern, zunächst noch → colla parte zum Violoncello, seit Mitte des 19. Jhs. eigenstimmig; als → Fundamentinstr. v. Bedeutung für die → Generalbaßpraxis des 17.-18. Jhs., als Rhythmusinstr. (»Schlagbaß«) in den Jazz-Ensembles des 19.-20. Jhs. (→ E-Baß). Frühe selbständige Funktion erhielt der K. in der → Serenaden- u. Kirchenmusik (→ Epistelsonate) des 17. Jhs., kammermusikalisch u. solistisch in der Wiener Klassik u. Romantik (Dragonetti, Beethoven, Schubert *Forellenquintett*); in der Musik des 20. Jhs. mit z.T. neuen Spieltechniken (Kussewitzky, Hindemith, Henze, Kagel).

Kontrabaßfagott, Kontrabaßtuba → Fagott, Tuba.

Kontrafaktur (v. lat. contrafacere = dagegenmachen, nachahmen), seit dem MA Übernahme u. Bearbeitung bekannter Melodien weltl. Lieder f. neugeschaffene geistl. Liedertexte, seit dem 15. Jh. auch als → Parodie bezeichnet u. auf Text- u. Satz-Umarbeitungen mehrstimmiger Vokalmusik angewandt.

Kontrapunkt (v. lat. punctus contra punctum = Note gegen Note), kompositionstechnisches Verfahren, zu einer Hauptstimme (→ Cantus firmus) eine od. mehrere in sich selbständige Stimmen in eine melodisch-rhythmisch → polyphone Einheit zu binden; im 9.-11. Jh. als »einfacher K.« im Parallelogramm v. Prinzipal- u. Organalstimme (→ Organum), als »doppelter« u. »dreifacher K.« mit Ober- u. Unterstimme(n) in umschichtigem Austausch, bis ins 15. Jh. bei streng geregelter Wechselfolge perfekter u. imperfekter → Konsonanzen, im 16.-17. Jh. (→ Niederländische Schule, Palestrinastil), zunehmend auch unter Verwendung mittlerer u. imperfekter Dissonanzen (kl. u. gr. Sext, kl. Sept. bzw. gr. Sekund), im 18. Jh. in J. S. Bachs Fugenwerk höchstentwickelt. Kontrapunkt u. Polyphonie fanden in → Klassik u. → Romantik neben der herrschenden → Homophonie u. → Alterationsharmonik wechselnde Anverwandlungen (z. B. in sinfonischen Finalfugen bei Mozart, Beethoven, Brahms, Bruckner u. noch bei Reger); im 20. Jh. Neuwertungen des K. im Formkanon v. → Neoklassik u. → Neobarock (Busoni, Hindemith, J. N. David) wie im Reihenreglement v. → Zwölftontechnik u. → Serialismus.

Kontrasubjekt, Gegensatzstimme zum → Dux einer → Fuge.

Konzert (it. concerto = Vereinigung), 1. seit etwa 1600 Werkformen mit Soloinstrument(en) od. Solostimme(n) in konzertantem Verhältnis zu Instrumental- u./od. Vokal-Ensembles (→ Concerto grosso, Solokonzert, Sinfonia concertante) od. auch nur f. Orch. (z. B. Bartók, *Concerto for Orchestra*, 1943); 2. seit dem späten 18. Jh. Sammelbez. f. Musikveranstaltungen aller Art, zunehmend öffentl. organisiert durch Konzertgesellschaften, Konzertagenturen (H. Wolff, Berlin, seit 1880), im 20. Jh. auch durch Kulturämter, Rundfunkanstalten, Schallplattenfirmen. → Impresario.

Konzertführer, Einführung in Sinfonien, Oratorien, Kammer- u. Klaviermusik usw., in Buchform verbreitet seit Anwachsen des öffentl. Konzertwesens im 19. Jh., grundlegend durch H. Kretzschmar, entsprechend auch Opernführer (R. Kloiber), Ballettführer (H. Koegler), Lied- u. Klaviermusikführer (W. Oehlmann u. a.), auch nach Epochen, Ländern, Komponisten; v. Musik- od. Buchverlagen vielfach in Reihen publiziert (zuerst bei Breitkopf & Härtel, gefolgt von Reclam u. a.); je nach Erscheinungsepoche u. Autor mehr analytisch od. hermeneutisch, fach- od. popularwissenschaftl.; → Analyse, Hermeneutik.

Konzertina, → Harmonika-Instr. mit 4- od. 6-eckigem Gehäuse, wechseltönig, beidseitig Knopfgriffe, Einzeltöne auch für die Baßlage; 1834 erstmals von dem Chemnitzer Klarinettisten C. Fr. Uhlig gebaut, heute als 128tönige Einheits-K. (Diskant g-g^3, Baß E-g^1). → Bandoneon.

Konzertmeister, im 17.-18. Jh. leitende Funktion des 1. Violinisten bei kleineren Instrumentalensembles ohne eigenen → Kapellmeister, seit dem 19. Jh. Titel u. Position eines 1. K. (in größeren Orchestern auch mehrere koordinierte K.) als Stimmführer der 1. Violinen verantwortlich f. spieltechn. Einrichtung der Violinstimmen (Fingersatz, Bogenstrich) u. das Einstimmen des Orchesters bei Proben u. Aufführungen; verpflichtet zur Übernahme solistischer Passagen (z. B. in Beethovens *Missa solemnis* od. Strauss' *Till Eulenspiegel*) u. zur Vertretung des Kapellmeisters.

Konzertstück, meist einsätzige Komposition f. einen od. mehrere Instrumentalsolisten u. Orchester (z. B. C. M. v. Weber, *Konzertstück f. Klav. u. Orch. op. 79*, 1821; E. Chausson, *Poème op. 25* für Viol. u. Orch., 1896).

Kopfhörer, Schallwandler elektron. in mechan. Schwingungen, Abstrahlung direkt am Ohr, heute weitgehend verzerrungsfrei. → Knochenschall.

Kopfstimme, hohe Lage der menschl. → Stimme, überwiegend obertonreiche Kopfresonanz, bei nur partiellem Mitschwingen der Stimmlippen; weibl. Kopfstimmklang eher hell u. scharf, männl. eher weich. → Falsett, Fistelstimme, Jodeln.

Kopist (v. lat. copia = Abschrift), berufl. Noten(ab)schreiber handschriftlicher od. gedruckter Vorlagen; seit Einführung hoher Notendruckauflagen im 19. Jh. eingeschränkt auf das Duplieren v. Chor- u. Orch.-Stimmen, seit Ausbreitung der Vervielfältigungsindustrie im 20. Jh. fast in Fortfall; v. Bedeutung bei quellenkritischen Ausgaben älterer Musik (16.-19. Jh.).

Koppel, mechan. Vorrichtung bei Orgel u. Cembalo z. Koppelung v. zwei → Manualen od. (seltener) v. Manual u. → Pedal, bewirkt gleichzeitiges Erklingen beider Klaviaturen u. zugehöriger Register (Oktav-K., Melodie-K.).

Koptische Musik, liturg. Gesänge der koptischen Kirche, nach Trennung v. der griech.-byzantin. Kirche (Konzil von Chalkedon, 541) durchsetzt mit altägypt. Melodiebildungen, begleitet v. Rasselrhythmen des aus dem Isiskult stammenden → Sistrums; in den Klosterreservaten Oberägyptens bis heute praktiziert; Bildzeugnisse im Kopt. Museum Kairo. → Ägypt. Musik, Byzantin. Gesang, Griech. Musik.

Koreanische Musik, System u. Instrumentarium aus Altchina übernommen u. seit dem 6. Jh. an Japan vermittelt, Gesangszyklen, Masken- u. Tanzspiele, → Episches Musiktheater höf. Tradition. – A. Eckardt, *K. M.*, 1930; ders., *Musik – Lied – Tanz in Korea*, 1968. → Chin. Musik.

Kornett, frz. Cornet à Pistons, um 1830 in Frankr. aus dem → Posthorn entwickeltes mit 2-3 Ventilen (Pistons) versehenes Blechblasinstr. zw. → Trompete u. → Bügelhorn, heute als Sopran-K. in C u. B mit u. ohne Stimmbogen als Piccolo-K. in Es, eine Oktave tiefer auch als Alt-K.; in der frz. u. it. → Harmoniemusik u. im → Jazz verwendet, seltener in Sinfonie (Berlioz, Messiaen), Oper (Rossini, Meyerbeer), Bühnentanz (Strawinsky, *Histoire du Soldat*, 1918); heute meist durch Trompete ersetzt.

Kornetton, → Stimmton der Feldtrompeter u. Stadtpfeifer im 16.-18. Jh.; einen Halb- bis zu einem Ganzton über dem → Chorton liegend, gab der K. od. Zinkenton der → Blasmusik in Renaissance u. Barock besonderen Glanz; in alpinen Blaskapellen ist das → Kornett auch heute noch anzutreffen. – Auch Bez. f. ein Orgelregister.

Korpus (lat. = Körper), bei Blasinstr. Bez. f. die Schallröhre, bei Saiteninstr. f. den Resonanzkörper.

Korrepetitor (lat. = Mitwiederholer), Kapellmeister-Pianist, dem bei Oper u. Ballett das vor- u. aufbereitende Partienstudium der Gesangs- bzw. Tanzsolisten aus dem → Klavierauszug obliegt; der K. v. Opernchören trägt die Berufsbez. Chordirektor.

Kortholt (ndt. = Kurzholz), → Doppelrohrblattinstr. (17. Jh.), mit Windkapsel u. doppeltem Windkanal im zylindrischen Rohr; Vorläufer zum → Fagott.

Koto, zitherartige japan. Musikinstr., führend die aus China stammende 1 m lange siebensaitige → *K'in* als Soloinstr. u. die 2 m lange 13- und mehrsaitige *So* mit verschiebbarem Steg als Begleitinstr., beide mit Plektron-Aufsätzen an 3 Fingern der rechten Hand zu spielen.

Krakowiak, poln. Volkstanz aus dem Gebiet v. Krakau, meist dreiteiliger Paartanz in raschem 2/4-Takt mit wechselnden, v. Fußestampfen begleiteten Synkopenbildungen; aus dem 16. Jh. überliefert, im 19. Jh. als Cracovienne europaweit als Gesellschaftstanz verbreitet; in Ballett, Oper u. Konzertmusik mit langsamem Mittelteil, bei Chopin z. B. im Finale des *Klavierkonzerts e-Moll op. 11* (1839) u. als *K., Grande Rondeau de concert op. 14* (1828); in poln. Nationalkostüm tanzte Fanny Elßler den K. in dem Ballett *Gitana* v. A. Thomas (Paris 1826); in Rußland tauchte der K. erstmals in Glinkas Oper *Ein Leben für den Zaren* auf (St. Petersburg, 1836).

Krebs (lat. cancricans, it. alla riversa), notengetreu rückläufige Bewegung einer Melodie, eines Themas, einer → Reihe od. eines Satzgefüges, angewendet in → Kanon u. → Fuge (→ Niederländische Schule; Bach, *Kunst der Fuge*), → Zwölftontechnik u. → Serieller Musik (hier auch auf Abfolgen v. Tondauern u. rhythmischen Bildungen übertragen); im *Krebskanon laufen die nachfolgenden Stimmen als Krebs der ersten Stimme, z. B. in Bachs Musikalischem Opfer* (1747) od. in Strawinskys *Sacred History* der *Cantata* (1952).

Kreuz, Versetzungszeichen (♯), das die Erhöhung der folgenden Note um einen Halbton anzeigt, als Doppelkreuz (×) um einen Ganzton. → Akzidentien.

Krjukj (russ. = Haken), altruss. Choralnotenschrift, aus byzantin. → Neumen fortgebildet, bis ins 17. Jh. in Gebrauch.

Kreuzchor (Kruzianer), Knabenchor der im 13. Jh. gegr. Dresdner Kreuzschule, im 20. Jh. unter R. Mauersberger auch auf Auslandsreisen erfolgreich. → Thomanerchor.

Krotala (griech.), Handklappenpaar aus Rohr, Ton, Erz, in der griech.-röm. Antike bei Dionysien von tanzenden Mänaden/ Bacchantinnen verwendet. → Crotales.

Krummhorn, Holzblasinstr. mit Doppelrohrblatt u. Windkapsel, am Rohrende krückenartig gebogen, weitverbreitet im 15.-17. Jh., im 20. Jh. vielfach rekonstruiert. Auch Bez. f. ein → Zungenregister mit zylindr. Aufsatz in Orgelwerken seit dem 15. Jh.

Kubanische Musik → Lateinamerikan. Musik, Afro-Cuban-Jazz.

Kuckuck, altchin. Zweitonflöte; auch → Orgelregister.

Kuckucksruf, der in der europ. Vokal- u. Instrumentalmusik meistangewandte Vogelruf, annähernd gleich mit der fallenden Rufterz in der → Pentatonik; auch Bez. eines Imitationsregisters in Barockorgeln.

Kuhreigen, in mitteleurop. alpenländischen Hirtengebieten bis ins frühe 20. Jh. verbreitete »Eintreibelieder«, dreiteilig mit rahmenden melodischen Versketten u. abzählreimartigem Mittelteil unter Lobe- u. Lockruf-Benennung einzelner Kühe (»Lobetanz«), im Wechsel zu Alphornrufen u. Schalmeienweisen; aus it.-frz.-span. Alpenstrichen auch als Kuhreigentanz bezeugt (*Ranz des vaches*). → Alpsegen, Alphorn, Jodeln.

Kujawiak, poln. Tanzlied aus Kujawien links der Weichsel, Stampf-Dreher in langsamem ¾- od. ⅜-Takt. → Mazurka.

Kunstkopf-Stereophonie, elektroakust. Aufnahmeverfahren, bei dem zwecks Erhöhung stereophoner Wirkungen einem künstlich nachgebildeten Kopf je ein Mikrophon statt des Trommelfells eingebaut ist. → Kopfhörer, Richtungshören, Knochenschall, Quadrophonie.

Kunstlied, Kunstmusik, in der neueren sozioterminierten Musikliteratur gebrauchter Gegenbegriff zu → Volkslied u. Volksmusik; K.-Lied u. K.-Musik als gattungstgeschichtlich, zeit- u. personalstilistisch nach bestimmten ästhet. u. interpretatorisch wechselnd genormten Kriterien geschaffenes Artefakt verstanden. → Lied, Musik.

Kurrende (v. mittellat. corradere = zusammenscharren, bzw. lat. currere = umherlaufen), Heischechöre bedürftiger Schulknaben, seit dem späten MA bezeugt, im 16.-18. Jh. in reformierten Gemeinden v. a. in Mitteldtl. von Schulpräfekten angeführtes Straßensingen geistl. Lieder zwecks Almosenbeisteuerung zu Internats- u. Lateinschulkosten; als Umzugssingen in geänderter Form erhalten (Martinssingen, Dreikönigs-Sternsingen); seit der Singbewegung der 1920er Jahre K. vielerorts auch Benennung ev. Jugendchöre.

Kurze Oktave, im Orgel- u. Cembalobau des 16.-18. Jhs. eine platzsparende Tastenanlage (Manual u. Pedal) der tiefsten Oktave (Große Oktave): die im Baß weniger auftretenden Halbtöne Cis, Dis, Fis, Gis entfallen zugunsten der diatonischen Reihe v. C bis B u. H, die als *gebrochene Oktave* auf Untertasten (C, F, G, A, H) u. Obertasten (D, E, B) verteilt wurde.

K. V. (KV), Abk. für → Köchel-Verzeichnis.

Kyriale (griech.), nach dem am Beginn der

röm.-kath. → Messe stehenden → Kyrie benanntes Buch der Melodien des → Gregorian. Chorals. → Graduale.

Kyrie eleison (griech. = Herr erbarme dich), dreimal dreiteiliger Bittgesang (Kyrie-Christe-Kyrie eleison); Teil des → Ordinarium Missae, wechselchörig vorgetragen, seit dem 5. Jh. in über 200 Choralmelodien, seit dem 15. Jh. in mehrstimmigen Choralmessen, seit dem MA auch als Prozessionsgesang u. Anrufungsformel in geistlichen Volksliedern. → Leisen.

L

la, Tonsilbenbez. f. die 6. Tonstufe der → Solmisation; in romanischen Sprachen Bez. f. den Ton → a.

Labialpfeife (v. lat. labium = Lippe), häufigste Pfeifenart in der → Orgel, aus Holz od. Metall, oben offen od. → gedackt, mit scharf abgekanteter Ober- u. Unterlippe im Aufschnitt am Pfeifenfußende, an dessen Kante sich der Spielwind bricht u. die Luft im Pfeifeninneren in Längsschwingungen versetzt; Registereinteilung der L. in → Prinzipale, Flöten- u. Streichende Stimmen. Ggs. → Lingualpfeifen.

lacrimosa (lagrimosa, lagrimando) it. = tränenvoll, klagend; Satz- u. Vortragsbez.

Lage, 1. die Spiellage der Griffhand bei Saiten- u. Zupfinstr. wechselnd nach Abstand des 1. (Zeige-)Fingers zum Saitenende (Sattel); 2. die Aufbaulage eines Dreiklangs im Abstand des obersten Tones zum Grundton des Akkordes (Oktav-, Quint- od. Terzlage); 3. der Stimmlagenabstand zw. Sopran, Alt u. Tenor im vierstimmigen Satz (weite Lage, wenn zw. den drei Oberstimmen Raum für akkordeigene Töne bleibt, andernfalls enge Lage); 4. die (relative Tonhöhenlage einer Singstimme od. eines Instr. als tiefe, mittlere od. hohe Lage im Ausschnitt aus dem Gesamtstimmumfang. → Stimmgattungen.

Lai (frz., v. ir. Laid = Lied), ma. frz. Lieddichtung der → Trouvères, erzählenden od. lyrischen Inhalts, weltl. als Minnelai, geistl. als Marienlai, versmelodisch aneinandergereihte Doppelzeiler, dem Formschema der instrumentalen → Estampie u. vokalen → Sequenz verwandt; bei den dt. Minnesängern im 12.-14. Jh. als → Leich, instrumental beliebig begleitet, v. → Spielmännern verbreitet.

Laienmusik, spieltechn. u. inhaltl. meist anspruchslosere Musik f. Kinder, Jugendliche, aber auch f. Erwachsene mit musikal. Grundausbildung, im 19. Jh. ggs. zur Konzert- u. Virtuosenmusik, im 20. Jh. als → Spielmusik ggs. zur → Experimentellen Musik der → Avantgarde; im 18. Jh. zusammengefaßt unter dem Ideal einer Musik für »Kenner u. Liebhaber«, im 16. u. 17. Jh. Begriff des wahren, d. h. kenntnisreichen u. spielkundigen → Dilettanten. → Jugendmusikbewegung, Gebrauchsmusik.

Lamentation (lat. lamentatio = Klage), Lesung der Klagelieder des Propheten Jeremias (AT) in der Karwochenliturgie u. den Totenmetten (→ Tenebrae) der röm.-kath. Kirche, auch in den ev. Gottesdienst übernommen, in einem bes. → Lektionston vorgetragen od. mehrstimmig, im 16. Jh. z. B. bei Palestrina u. Lassus, im 20. Jh. bei Krenek, Strawinsky (*Threni*, Venedig 1958).

Lamento (lat.-it. = Klage), Klagelieder als → Arien in Opern, Oratorien u. Kantaten des 17.-18. Jhs., meist über einem chromatisch absteigenden → Chaconnen-Baß. (Monteverdi, *L. d'Arianna*, 1608; Purcell, *Remember me* in *Dido and Aeneas*, 1689). → Sepolcro, Litanei; Instrumental-L.: → Plainte, Tombeau.

Ländler, Gruppenbez. f. Nachfolgetänze des *Deutschen Tanzes* im 16.-18. Jh., seit Ende des 18. Jhs. in Östr., Bayern u. der Schweiz verbreitet, nach dem oberöstr. »Landl« benannt, in gemäßigt langsamem ¾ od. ⅜-Takt, in sich u. im Kollektiv der Tanzpaare gedrehte → ›Schleifer‹ in zweimaliger Achttaktperiodik; Hauptvarianten: der *Steyrer* mit Werbetanzfiguren, der *Bayerische* mit Händeklatschen, Füßestampfen, Jodlerrufen (→ Schuhplattler, Schnadahüpfel); seit dem frühen 19. Jh. in Frankr. als *Tyrolienne* nachgeahmt, um 1820 v. → Walzer abgelöst; Haydn, Mozart, Beethoven, Schubert, Lanner schrieben Ländler in Serien f. Klav., Kammer- u. Orchester-Ensembles.

Langaus, eine um 1800 in Wien aufgekommene lebhafte Sprungvariante des → Deutschen Tanzes, Vorläuferform des → Walzers.

Langlaik, norweg. Zither; Vorkommen seit dem 16. Jh.; dem isländ. Langspil u. dem → Scheitholz verwandt.

Largo (it.), langsam, breit, *larghissimo*, äußerst breit (Vortrags- u. Satzbez.); seit dem 17. Jh. Einleitung zu → Suiten u. anderen mehrsätzigen Kompositionen; das in vielerlei Instrumentalfassungen verbreitete »Largo« v. Händel ist im Original eine Larghetto-Arie *Ombra mai fu* des Titelhelden der Oper *Xerxes* (London 1738).

Lassù (ungar. lassan = langsam), verhalten-pathetischer, sporenklirrender Werbe-Rundtanz der Männer, in Moll od. Zigeunermoll (→ Zigeunertonleiter) als Einleitungsteil des → Csárdás.

Lateinamerikanische Musik, Sammelbegr. f. Musikverschmelzungen kirchen- u. tanzmusikal. Importe span.-portugies. Einwanderer seit dem 16. Jh. nach Süd- u. Mittelamerika einschl. Mexiko mit gebrauchsmusikal. Formen u. Elementen → indianischer Musik sowie eingeführter westafrikan. Ritual- u. Tanzmusik (→ Afro-amerikan. Musik); nach Großräumen (Ländern) verschiedenartige iberisch-indianisch-afrikanische musikal. Erscheinungsformen u. Instrumentarien, v. a. → Lateinamerikan. Rhythmusinstr. u. -tänze; als Kolorit auch in die neuere Musik eingegangen, insbes. aus der brasilian., kuban. u. mexikan. Musikfolklore sowie als → Afro-Cuban-Jazz.

Lateinamerikanische Rhythmusinstrumente, im Zusammenhang mit ibero-amerikan. Tänzen stehende Perkussionsinstr. z. B. Bongos, Conga, Claves, Maracas.

Lateinamerikanische Tänze, Schreit- u. Lauftänze, Gruppen- u. Paartänze iberoamerikan. Ursprungs, auch afro-amerikan. Einschlags, im 20. Jh. als Modetänze nach Nordamerika u. Europa gelangt, seit den 1930er Jahren in die Listen der Internat. Tanzsports aufgenommen, der → Tango auch als → Standardtanz. → Bolero, Bossa Nova, Cha-Cha-Cha, Cueca, Fandango, Habañera, Mamba, Paso doble, Rumba, Samba, Tango.

Latin Rock → Rockmusik mit Rhythmuselementen aus der lateinamerikan. Musikfolklore.

Lauda (it. = Lobgesang; Mehrzahl Laude), geistl. Volkslied in it., seltener lat. Sprache, in Strophenform od. dialogisch in Wechselstrophen, seit dem 13. Jh. v. Umbrien u. Florenz aus durch Laudes-Bruderschaften über ganz It. verbreitet, vereinzelt bis ins 20. Jh. erhalten; ursprüngl. einstimmig nach Melodien der → Sequenzen u. nach Tanzliedern gesungen (→ Geißlerlieder), seit dem 15. Jh. mehrstimmig in schlichtem Akkordsatz (→ Frottola); vorwiegend anonyme Texte, aber auch Dichtungen v. Jacopone da Todi (13. Jh.) u. Franziskus von Assisi (*Cantico delle Creature / Sonnengesang*, um 1225); Lauden in Dialogform wirkten auf die Entwicklung des ma Geistl. Spiels (Mysterienspiel), des Dramma per musica, des → Oratoriums u. der → Schuloper des 16.-17. Jhs. ein.

Lauda Sion Salvatorem (*Lobe Sion, den Erlöser*), lat. → Sequenz zum Fronleichnamsfest; Text Thomas v. Aquin (1264), Melodie einer Kreuzsequenz aus dem 12. Jh.

Laudes (lat. = Lobgesänge), Abschluß der klösterl. Nachtgebete (→ Horen), bei Sonnenaufgang zu singen, in der Karwochen-Liturgie auch Abschluß der Mitternachtsgottesdienste in der Frühe des Ostersonntags; Teil des → Offiziums.

Laudes regiae (lat. Königslobpreisung), Sonderform kirchl. → Akklamationen, zu Bischofsweihen, Papst- u. Königskrönungen; Pausenzeichen des Vatikansenders.

Lauf, Laufwerk, rasche stufenweise auf- u./od. absteigende Tonfolge in Vokal- u. Instrumentalstücken, meist in kleinen Notenwerten als Passagen ohne melodischen od. strukturellen Eigenwert (Czerny, [Klavier-] *Schule der Geläufigkeit*, Wien um 1830). → Koloratur, Toccata.

Laufzeitunterschied, → Echo, Nachhall, Raumakustik.

Launéddas (sardin.), gebündelte Schilfrohrfl. mit aufschlagender Zunge, 2 vierlöcherige Melodiepfeifen f. die linke Hand u. 1 grifflochlose Bordun- (= Baßton-) Pfeife f. die rechte Hand; auf Sardinien als Hirtenfl. bis heute gespielt, auch bei Prozessionen, Hochzeiten u. zu Tänzen.

Laute (v. arab. al-ud = das Holz), span. laúd, it. liuto, frz. luth, engl. lute, → Zupfinstr. arabischen Ursprungs, zw. 8. u. 10. Jh. nach Südspanien gelangt, spätestens im 15. Jh. in ganz West- u. Mitteleuropa verbreitet, vom 15.-17. Jh., neben → Virginal, Cembalo, Orgel, als Melodie- u. Akkordinstr. Hauptträger instrumentaler Satztechniken u. Formentwicklungen, im 18.-19. Jh. abgelöst durch Kielflügel u. → Hammerklav., im 20. Jh. seit Wiederbelebung v. Renaissance- u. Barockmusik zu neuer Bedeutung gekommen; die klassische L. des 16.-17. Jhs., heute bevorzugt nachgebaut, hat einen längsgeschnittenen halbbirnenförmigen aus dünnen Spanen zusammengesetzten Resonanzkörper ohne Zargen, eine flache Decke mit rosettenverziertem Schalloch, einen ggs. zur Spießlaute kurzen Hals, dessen mit → Bünden versehenes Griffbrett in einen nach hinten abgeknickten Wirbelkasten (Lautenkragen) mit seitenständigen Wirbeln ausläuft (Knickhalslaute); die in der Regel 6 (Darm-) Saiten sind bis auf die oberste (→ Chanterelle) doppelchörig aufgezogen u. verlaufen parallel zu Hals u. Decke v. Wirbelkasten über Griffbrett u. Rosette zu einer stegartigen Querriegelbefestigung oberhalb des Deckenendes; Quart-Terz-Saitenstimmung seit L. Gaultier (1. Hälfte des 16. Jhs.) A-d-f-a-d'-f' u. E-A-d-g-h-e'; → Skordaturen möglich u. gebräuchlich, wie → Lautentabulaturen zeigen; solistische Lautenmusik im 16.-17. Jh. in Griffschriften notiert, Lautenbegleitung im 17.-

18. Jh. in → Generalbaßbezifferung; neben u. nach Lied- u. Tanzübertragungen (→ Intavolation) schrieben im 16.-17. Jh. originale Lautenmusik (→ Fantasien, Vaiationen, Toccaten) in Italien Milano, in Engl. Dowland, Morley, in Frankr. Bésard, Gaultier, in Dtl. Schlick, Newsidler, Judenkunig; Lautendrucke gaben Petrucci in Venedig u. Attaignant in Paris heraus. Ein *Handbuch der Gitarre und Laute* legte K. Ragosnigg 1978 vor.

Lautentabulatur → Tabulatur.

Lautenzug, bei → Kiel- u. → Hammerflügeln des 18. Jhs. mechanischer Registerzug, der mittels einer durch Handzug, Kniehebel od. Pedaltritt an die Saiten gedrückten filzbezogenen Leiste einen gedämpften lautenähnlichen Klang bewirkt.

Lautheit → Lautstärke.

Lautsprecher, → Schallwandler elektrischer in mechanische Schwingungen einer (möglichst resonanzfreien) Membran u. deren (frequenzabhängige) Abstrahlung als → Schall; Kombinationen v. Hoch-, Mittel- u. Tief-L. (heute mit Biegewellenstrahler), gesteuert durch eine → Frequenzweiche, dienen der Erhöhung der Wiedergabequalität bei unterschiedlichster Musik aus verschiedenartigsten Produktionsräumen f. Empfänger verschiedenster Hörgewohnheiten u. -erfahrungen; die elektr. Belastbarkeit eines L. wird nach Musikbelastbarkeit (Spitzenleistung) u. Nennbelastbarkeit (Dauertonleistung) unterschieden u. in Watt angegeben (10-100 W).

Lautstärke, die subjektiv empfundene Schallintensität, abhängig v. → Schalldruck, Schalleinfall (→ Richtungshören) u. Frequenzspektrum (→ Frequenz), in Phon gemessen: Hörschwelle = 0 phon, Unterhaltungssprache = 40 phon (bei 1000 Hz).

Leader (engl.), Leiter eines Jazzensembles, Bandleader im klassischen Jazz der die leitende Melodiestimme (lead) spielende Kornettist (später der Trompeter); in den USA auch Bez. f. → Dirigent; in England Mehrfachbez. f. → Konzertmeister wie f. → *Dux* als einleitendes Thema einer → Fuge.

leere Saite (it. corda vuota), bei Streich- u. Zupfinstr. mit Griffbrett die ohne Fingeraufsatz in ihrer ganzen Länge zum Erklingen gebrachte Saite, meist mit o über der Note angezeigt, klanglich kräftiger gegenüber dem auf der tieferen Saite gegriffenen Ton gleicher Höhe (→ Bariolage).

legato (it.), gebunden, *legatissimo*, äußerst gebunden, Vortragsbez. f. Töneanbindung (Legatobogen); *non legato*, nicht gebunden, zw. → portato u. → staccato.

Legende (v. lat. leganda = das zu Lesende), musikalisch Bez. f. Vokal- od. Instrumentalkomposition mit Bezug zur christl. Heiligengeschichte, zu Heldensagen od. Wundermythen, seit dem 19. Jh. meist als → Charakterstücke f. Klav. (Liszt, 2 Franziskus-Legenden, 1862), auch als Oratorium (Liszt, *Die Legende von der hl. Elisabeth*, 1862), als Oper (Rimsky-Korssakow, *Legende von der unsichtbaren Stadt Kitesch*, 1907) od. als Ballett (Strauss, *Josephslegende*, 1914).

leggiero, leggieramente (it.), leicht spielerisch; Vortragsbez. → spiccato.

Lehrstück, 1929 v. B. Brecht in Zusammenarbeit mit Hindemith, Weill, Dessau, Eisler geschaffene Gattung didaktischen Musiktheaters (→ Schuloper), gesellschaftskritisch motiviert, 1933-45 in Dtl. politisch geächtet, seither vereinzelt wieder aufgegriffen, v. a. in der DDR; Beispiele: *Der Lindberghflug* (1929, Brecht/Weill/Hindemith), *Cress ertrinkt* (1930, Zeitler/Fortner), *Orpheus* (1931, Seitz/Dessau), *Mitte des Jahrhunderts* (1950, Becher/Eisler).

Leich (got. laiks = Tanzlied), ma. Liedgattung in zweiteiliger Strophenform, Melodiebildung in Art der → Sequenz, inhaltlich dem frz. → Lai verwandt (Minne, Marienverehrung, auch Natur-, Tanz- u. Trinklieder); Beispiele in → Liederhandschriften (Jena, Kolmar) überliefert, mehrheitlich textlich, weniger in Melodien (Walther von der Vogelweide).

Leier, Zupfinstr., in der oriental. Antike als Schalen- → Lyra mit rundem, als Kasten → Kithara mit geradem Schallkörper, Decke aus Holz od. Haut mit eingeschnittenen Schallöchern, zwei beidseits befestigte geschwungene Tierhörner od. parallele, oben durch ein Querjoch verbundene Stäbe (Jochleier), von wo aus die ursprüngl. 4, später 7 Saiten zum Resonanzkörper gespannt wurden; als Stand- od. Trag-Leier seit dem 3. Jh. v. Chr. v. Mesopotamien bis Ägypten belegt, in der griech. Antike seit Homer (8. Jh.) als Begleitinstr. zu epischen Gesängen benutzt. → Kithara, Phorminx, Crwth; → Drehleier, Drehorgel (Leierkasten).

Leise (gekürzt aus → Kyrie eleison), ma. volkssprachliche geistl. Strophen-Lieder mit Kyrie-Refrain, aus dem 12.-13. Jh. erhalten in kirchl. Festtagsliedern: *Christ ist erstanden* (Ostern), *Nun bitten wir den heiligen Geist* (Pfingsten). → Geißlerlieder.

Leitereigene Harmonik, die nur auf Tönen der jeweiligen Grundtonleiter aufbauende Harmonisierung; unterschiedlich zu chromatischer od. alterierter Akkordik als *leiterfremde Harmonik*. → Alterationsharmonik, Chromatik.

Leitmotiv, prägnantes melodisches, rhythmisches od. harmonisches Motiv, in musikdramatischen od. programmusikalisch-instrumentalen Werkbereichen bestimmten Ideen, Empfindungen, Personen, Gegenständen od. Situationen zugeordnet u. zur Bildung musikalisch-dramaturgischer Zusammenhänge im Ablauf z. B. eines → Musikdramas (R. Wagner, *Tristan und Isolde*, München 1865) od. einer → Sinfonischen Dichtung (H. Berlioz, *Symphonie fantastique*, Paris 1830) in seiner Grundgestalt od. abgewandelt wiederkehrend; als Terminus v. Wagner selber nicht benutzt, eingeführt durch H. Wolzogen (*Thematischer Leitfaden...*, 1876); als Strukturprinzip hat sich Leitmotivik seit Beethovens sinfonischer Durchführungstechnik, Webers »Erinnerungsmotivik« u. Berlioz' »Idée fixe« bis zu Wagners mehrschichtig verästelter Netzmotivik fortentwickelt, sie wurde mit Strauss' *Salome* u. *Elektra* (1905, 1909), Bergs *Wozzeck* u. *Lulu* (1925, 1937) in die musikalische Tiefenpsychologie des → Expressionismus weitergeführt, als Beziehungs-Komplex taucht sie auch in Schönbergs *Moses und Aron* (1932) auf; Th. Mann hat die Leitmotivtechnik als Stilprinzip ins Literarische transponiert (*Der Zauberberg*, 1924).

Leitton, ein Ton, der aus seiner melodischen od. harmonischen Stellung heraus zu einem benachbarten, leitereigenen od. leiterfremden Zielton hinführt, in Dur z. B. steigend v. der gr. Sept in die Oktav (h-c), fallend von der reinen Quart in die gr. Terz (f-e). → Konsonanz/Dissonanz.

Leittonwechselklang (Gegenklang, Gegenparallele), Akkorde, bei denen durch

Stellung des → Leittons (7. Stufe in Dur, 6. Stufe in Moll) ein Akkordklang des gegenteiligen Tongeschlechts entsteht (z. B. aus C-Dur e-Moll, aus a-Moll F-Dur). → Trugschluß, Modulation.

Lektionston → Epistelton, Accentus.

lentando, lentato (it.), langsamer werdend; *lento*, langsam; Vortragsbez. → Adagio, Largo, Grave.

Leslie-Effekt → Dopplereffekt.

Letkiss, v. finn. *Letkajenkka*, Reihenpolka in langsamem 4/4-Takt, Gesellschaftstanz mit Spieleinlagen, in den 1960er Jahren vorübergehend Modetanz in Mitteleuropa. → Rheinländer.

libero, liberamente (it.), frei im Vortrag.

Libretto (it. = Büchlein), seit dem 18. Jh. Bez. f. das Textbuch zu musikszenischen Werken u. f. das Szenarium v. Balletten u. Pantomimen (seltener auch f. Textvorlagen zu Oratorien u. Kantaten), weniger v. literarischem Eigenwert als vielmehr in seiner Fähigkeit, musikalische, sprachliche, gestische u. a. Hintergrund-Funktionen der Oper (Singspiel, Operette, Musical, Lehrstück usw.) vereinen zu helfen. Musik u. Dichtung hielten in dem inszwischen annähernd 400jährigen Prozeß wechselnde Positionen der Vorherrschaft, Integration od. Unterordnung inne, als Nummern- u. Musizieroper einerseits, als Musikdrama u. Literaturoper andererseits. Im 20. Jh. wurden Dichter-Librettisten f. Opernkomponisten v. besonderer werk- u. gattungsfördernder Bedeutung, in unmittelbarem Arbeitskontakt z. B. Hofmannsthal f. Strauss (*Rosenkavalier*, 1911), Brecht f. Weill (*Dreigroschenoper*, 1928), Claudel f. Honegger (*Jeanne d'Arc au bûcher*, 1938), Auden f. Strawinsky (*The Rake's Progress*, 1951) u. Henze (*Elegie für junge Liebende*, 1961); bei dt. Opernkomponisten mehrten sich im 20. Jh. Eigenbearbeitungen vorgegebener Bühnendichtungen od. Prosastücke, exemplarisch etwa bei Pfitzner, Hindemith, Orff, Egk, Fortner, Klebe, Reimann. (K. Honolka, *Kulturgeschichte des Librettos*, 1979). → Oper.

Licenza, con licenza (it. = »mit Verlaub«), Hinweis auf freie Vortragsmöglichkeit bzw. freie Satzbildung, z. B. bei Beethoven (Klav.-Son. op. 106: *Fuga con alcuna l.*); im 17.-18. Jh. Bez. f. den → Epilog zu einer Festoper als Huldigung an eine (vielfach die auftraggebende) fürstliche Persönlichkeit, meist in Form eines Rezitativs mit → Bravourarie, vorgetragen v. einer Favoritsängerin als → Primadonna od. von einem → Prim'uomo des betreffenden Opernensembles, oft mit nachfolgendem Chorfinale; üblich noch zur Zeit des jungen Mozart, z. B. die L. des 10jährigen anläßlich einer → Fiesta teatrale zum Konsekrationstag des Salzburger Fürsterzbischofs Schrattenbach (*Or che il dover*, Rez. u. Arie f. Tenor, KV 36, 1766).

Lichtorgel, elektronisches Gerät, dient der Steuerung akustischer Signale (verschiedene Intensitäten über verschiedene Eingangskanäle) auf Lichtschalter, mit Frequenzfiltern Erzielung verschiedener Scheinwerferfarben; parallel geschaltet zum Rhythmus od. zu Rhythmusinstrumenten z. B. der Rockmusik v. a. in → Diskotheken verwendet, mit Effekt-Laser, Rotier-Dias u. a. auch im Showgeschäft (Light-Shows). → Multimedia.

Lichtton-Orgel, elektromechanisches Tasteninstr. bei dem tonfrequente Spannungs-Schwingungen durch rotierende Lochscheiben erzeugt werden, die v. einem auf Selen- oder Fotozelle gerichteten

Lichtstrahl in rhythmisch-periodischer Folge getroffen u. über Verstärker u. Lautsprecher wiedergegeben werden. → Elektronenorgel, Hammondorgel.

Lichttonverfahren, Aufzeichnungsverfahren aus der Frühzeit des → Tonfilms, in Lichtschwingungen umgewandelte Schallschwingungen auf eine lichtempfindliche Filmschicht umzusetzen; Wiedergabe über Lichttongerät. → Lichttonorgel.

Liebesfuß, Bez. f. das birnenförmige, mit verjüngender kleiner Öffnung versehene Schallstück (Fuß) mehrerer Rohrblattinstr., v. lieblich-zartem Klang, als → Oboe d'amoure um 1720 zuerst in Frankr. gebaut u. f. die Oboe da caccia übernommen (beide Instr. v. J. S. Bach besonders geschätzt), im 18. Jh. ferner bei Clarinetto u. Fagotto, im 20. Jh. auch bei → Heckelphon u. → Englisch Horn. → Viola d'amore.

Lied (mhd. liet = Strophe), im Grundmodell nach Form u. Inhalt in sich geschlossenes weltl. od. geistl. strophisches Gebilde anonymer od. bestimmter Herkunft, sangbar nach Versgliederung, Metrik u. Endreim, überschaubar nach (meist syllabischer) Zeilenmelodik, Tonumfang u. Tonart; Ausprägung als mehrstimmiges L. im 14.-16. Jh., als ein- u. mehrstimmiges *Generalbaß-L.* im 17.-18. Jh., als solistisches *Klavier-* od. *Orchesterlied* im 19.-20. Jh., als → *Chorlied* im 19.-20. Jh. zeitigten variiert strophische u. → durchkomponierte Lieder, → Liederzyklen, Liederspiel u. a. Werkformen u. -gattungen, mit od. ohne instrumentale Begleitung; zeit- u. personalstilistisch auch im Wort-Ton-Verhältnis voneinander abzuheben nach → Volks- u. Kunstlied, auch nach Gebrauchskategorien (→ Kirchenlied, → Politisches Lied usw.); in allen Formen u. Kategorien stellt das deutschsprachige L. in der europ. Musik seit dem MA einen der Hauptausdrucksträger dar. (W. Wiora, *Das deutsche Lied. Zur Gesch. u. Ästhetik einer musikalischen Gattung*, 1971) → Liedform.

Lieder ohne Worte, eine seit den 1930er Jahren aufgekommene, auf F. Mendelssohn-Bartholdy zurückgehende Gattung liedhafter, überwiegend dreiteiliger → Charakterstücke f. Klav. bei Mendelssohn (8 Hefte *L. o. W.*, 1830-45) ausdrücklich »für die Damen« komponiert (→ Salonmusik); den Satzbezeichnungen entsprechend eher poetische als realistische Genrestücke; Nachformen v. Schumann über Reger bis Schönberg. → Charakterstück.

Liederhandschriften, handschriftliche Liedersammlungen des 14.-15. Jhs. (vor Erfindung des 1487 eingeführten Notendrucks), weltl. u. geistl. Lieder aus → Minne- u. Meistersang, Volks-, Gesellschafts-, Stände-, Kirchenlieder, ein- u. mehrstimmig, anonymer Herkunft od. v. einem od. mehreren Dichtern od. Tonsetzer-Dichtern; mit Melodien überliefert z. B. → *Jenaer* u. *Colmarer Liederhandschrift*, → *Lochamer*, *Schedelsches* u. *Glogauer Liederbuch*. → Buxheimer Orgelbuch.

Liedermacher, Autor aktueller, meist zeit- u. gesellschaftskritischer Texte, nach eigener Melodie u. Instrumentalbegleitung (vielfach Git.) meist v. Erfinder selber vorgetragen, gegen → Schlager, → Song, Chanson nicht klar abgrenzbar, über nordamerikan. Protestsänger und *Songwriter* wie Pete Seeger, Bob Dylan u. a. nach Dtl. gelangt (Perry Friedmanns »Liedermacher-Werkstatt« als Workshop beim 1. Waldeck-Festival 1964); seit den 1970er Jahren L.-Treffen auch mit Mundart- u.

Kinder-Liedermachern in zahlr. Städten; herausragende dt. L.: W.» Biermann, F. J. Degenhardt, H. D. Hüsch, G. Kreisler, R. Mey, W. Mossmann, D. Süverkrüp, H. Wader, K. Wecker u. a. → Spielmann, Bänkelsang, Zeitungslied, Protestsongs.

Liederschulen, nach Orten od. Gebieten benannte Entwicklungszentren zur Stilgeschichte des dt. → Klav.- bzw. → Chorliedes 1750-1850: Leipziger L. mit Sperontes (*Die singende Muse an der Pleiße*) sowie mit J. A. Hiller u. Beethovens nachmaligem Bonner Lehrer J. G. Neefe; 3 Berliner L. mit C. Ph. E. Bach, J. A. P. Schulz, J. Fr. Reichardt, C. F. Zelter, L. Berger, F. Mendelssohn-Bartholdy; Wiener L. mit Haydn, Mozart, Beethoven; Schwäbische L. mit Chr. D. Schubart, Fr. Silcher, C. F. Zöllner. → Klavierlied, Chorlied.

Liederspiel, Variante des → Singspiels, kleinere Handlungsfolge im Wechsel v. gesprochenem u. gesungenem liedhaften Text bei schlichter Instrumentalbegleitung, zur häuslichen Aufführung durch Erwachsene u. Kinder, Hauptvertreter J. Fr. Reichardt, im Rahmen der 2. → Berliner Liederschule, v. Goethe geschätzt u. unterstützt. → Vaudeville, Ballad Opera.

Liedertafel, nach C. F. Zelters Vorbild der Berliner L. (1809) im 19. Jh. verbreitete Männerchorvereinigungen, in Süddtl. u. der Schweiz (H. G. Nägeli, Zürich) als *Liederkranz*, beide auch zur Pflege der Geselligkeit u. des vaterländischen Gedankens. → Männerchor, Chor, Chormusik.

Liederzyklus, Zusammenschluß mehrerer Gedichte meist eines Autors in der Vertonung eines Komponisten zu textinhaltlich u. musikstilistisch einheitlicher Gesamtform; um 1800 erstmals als *Liederkreis*, so auch der Untertitel zur Erstausgabe v. Beethovens epochemachender motivisch-thematisch zyklischer Folge v. 6 Gedichten des Dichter-Arztes Al. Jeitteles, *An die ferne Geliebte*, op. 98 (1816), f. Singst. u. Klav.; in der Romantik thematisch u. strukturell erweitert, als Klavierliederzyklus v. a. bei Schubert (*Die schöne Müllerin*, 1824; *Winterreise*, 1827, Texte W. Müller), Schumann (*Frauenliebe u. -leben*, nach Chamisso, *Dichterliebe*, nach Heine, *Liederkreis*, nach Eichendorff, sämtl. 1840), J. Brahms (*Vier ernste Gesänge*, Bibeltexte, 1896), H. Wolf (*Span. Liederbuch*, 1891, *Italien. Liederbuch*, 1896), Schönberg (*Georgelieder* op. 15, 1909), des weiteren Klavierzyklen v. Pfitzner, Strauss, Reger, Schoeck, Eisler, Hindemith, Reutter, Krenek, Fortner u. a.; seit der Hochromantik auch Orchesterliederzyklen (Mahler, Zemlinsky, Strauss, Reutter, Henze u. a.).

Liedform, v. Strophenlied abgeleitete vokale u. instrumentale Form, einteilig als meist 8-, 12 od. 16-taktige Satzperiode (a), zweiteilig als Doppel- od. Gegensatz-Periode (aa' od. ab), dreiteilig als Bogenform (aba), als Reihungsform (abc), als Barform (aab) od. Gegenbarform (abb); die dreiteilige L. als kl. L. (4+4+4 Takte) meist bei Volks-, Tanz- u. Kinderliedern, als gr. L. (8+8+8 Takte) bei → Klavierlied, Da-Capo-Arie u. Instrumentalmusik (Trio, Scherzo, Menuett), erweitert bei Tanz, Sonate, Fuge, zusammengesetzt bei langsamen Sätzen in Sonate u. Sinfonie der Klassik u. Romantik. → Lied.

Ligatur (v. lat. ligatura = Verbindung), in der neuzeitlichen Notenschrift das Anbinden zweier Noten gleicher Tonhöhe durch einen → Haltebogen, z. B. über einen →

Taktstrich hinüber (→ Synkope), in der Choralnotation (→ Mensuralnotation) die Verbindung v. 2 bis zu 8 Noten zu einer melodisch zusammengehörigen Gruppe; in der Vokalmusik das Singen mehrerer Töne auf einer Textsilbe.

Linearität, horizontaler, kontrapunktisch-polyphoner Stimmsatz, ggs. zum vertikalen, akkordisch-homophonen Satz.

Lingualpfeife (v. lat. lingua = Zunge), Zungenpfeifen in der Orgel, mit aufschlagender (im 19. Jh. auch mit durchschlagender) Metallzunge, die den durch sie selber in Schwingungen versetzten, durch den Schalltrichter austretenden Luftstrom periodisch unterbricht, wobei Breite u. Dicke der Zunge sowie Länge u. Form des Trichters die Klangfarbe beeinflussen; zu den Zungenregistern zählen → Dulzian, Krummhorn, Oboe, Schalmei, Trompete. Ggs. → Labialpfeife. → Regal.

Lippenpfeife → Labialpfeife.

Lira (it., v. griech. lyra), aus der ma. → Viella u. → Fidel entwickeltes Streichinstr. des 15.-17. Jhs. violinähnlicher Korpus mit breitem Hals u. herzförmiger Wirbelplatte, als *Lira da braccio* (Arm-Lira) mit 5 Griffsaiten in Oktav- u. Quintstimmung (g-g'-d'-a'-e') u. 2 neben dem Hals verlaufenden oktavierten Baßsaiten (d-d'), als *Lira da gamba* (Knie-Lira) das größere, auf die Knie gestützt zu spielende Baßinstr. der Lira-Familie mit 9-15 Griffsaiten u. 2-4 Außensaiten (Griffbrett mit Bünden, Schallöcher in C- od. F-Form), als *Lirone perfetto* das Kontrabaßinstrument der Familie.

l'istesso temp (it. =) »dasselbe Tempo« weiternehmen, auch bei Wechsel v. geradem zu ungeradem Takt.

Litanei (v. griech.-lat. litaneia/litania = Flehgebet), Anrufungen im Wechsel v. aufgereihten Anliegen durch einen Vorbeter (Vorsänger) u. gleichbleibenden Antwortrufen durch die Gemeinde (z. B. → Kyrie eleison od. → Amen), aus den → Akklamationen der Antike entwickelt, als Ektonien in die byzantinische u. von hier seit dem 5. Jh. in die römische → Liturgie übernommene, zu vielerlei Anlässen, Prozessionen usw. gebrauchte Gebetsform, ursprüngl. einstimmig → gregorianischer Gesang, seit dem 15. Jh. mehrstimmig vertont, v. a. *Lauretanische* u. *Allerheiligen*-Litanei (Palestrina, Mozart). Die L. ging mit Luthers *Latina litania correcta* (1528) auch in die ev. Gottesdienstordnung ein; im 20. Jh. findet sich L. als Titel f. Instrumental-Ritornelle, z. B. *Litanies op. 79 f. Orgel* v. J. Alain, *Litanei f. 3 Violoncelli* v. H. Zender.

Literaturoper, neuere Begriffsbez., etwa f. Opern auf literarisch vorgegebene Bühnen- od. andere Texte v. Eigenrang, meist Bearbeitungen durch den Komponisten (Berg, *Wozzeck*, 1925, nach G. Büchners Dramenfragment *Woyzeck*, 1836), od. auf Libretti aus der Zusammenarbeit v. Dichter u. Komponist (Hofmannsthal/Strauss, *Die Frau ohne Schatten*, 1919; auch als Prosaerzählung). → Libretto, Oper, Drame lyrique, Dramma per musica.

Lithophone (v. griech. lithos = Stein, phoné = Stimme), Rassel- u. Schlaginstr. aus Stein; als Signal- u. Ritualinstrumente aus den Frühkulturen aller Erdteile bezeugt; Steinplattenspiele aus abgestimmten melodiefähigen Platten verschiedener Größe recht- od. stumpfwinkliger Form, über Resonanzlöcher gelegt od. in Rahmen aufgehängt, mit Steinhämmerchen geschlagen, v. a. in China verbreitet (→ K'ing, Chines. Musik); L. aus Kalksteinplatten setzte C. Orff in mehreren seiner Bühnen- u. Chorwerke ein (*Trionfi*, 1953).

Litolff's Verlag C. F. → Peters Musikverlag.

Liturgie (v. griech. leiton érgon = Werk f. die Gemeinde); als *Liturgische Musik* in den christl. Kirchen Sammelbez. f. gottesdienstl. Musik, in der röm.-kath. Kirche v. a. Vokalmusik zur Meßliturgie, seit dem 2. Vatikan. Konzil (1965) auch volkssprachig (→ Messe, Geistliche Musik, Kirchenmusik); in liturgischen Büchern überliefert, nach dem 2. Vatikanum in revidierten Neuausgaben des → *Misale Romanum* u. *Graduale* (2/1975); entsprechend die → *Agende* der ev. Kirchen, das *Common Prayer Book* der anglikan. Kirche, das *Euchologion* der Ostkirche.

Lituus (lat.), römisch-etruskisches Signalhorn, lange, gerade Metallröhre mit abgehobenem Schallbecher u. Kesselmundstück; neuere Belegfunde aus röm. Heerlagern am Rhein (Mainz, Düsseldorf); in der Renaissancemusik als → Krummhorn, im Barock als → Zink.

Live-Elektronik (v. engl. live = direkt), seit Mitte der 1960er Jahre unmittelbar im Konzertsaal (statt im Aufnahmestudio) in elektronischen Steuerungsprozessen, seit Ende der 1960er Jahre mittels spannungsgesteuertem → Synthesizer erzeugte u. veränderte Kompositionen vokal-instrumental-elektronischer Verknüpfung; erstmals bei Stockhausen (*Mixtur*, WDR Köln, 1964), seit den 1970er Jahren zunehmend auch in der Rockmusikszene. → Elektronische Musik, Synthesizer, Computermusik, Rockmusik.

Lizenz (v. lat. licentia = Befugnis), Übertragung eines Nutzungsrechtes gegen Lizenzgebühr. → Urheberrecht, GEMA. Dagegen → Licenza.

Lochamer Liederbuch, Liederhandschrift aus den 1450er Jahren, überwiegend einstimmig weltl. u. einige geistl. Lieder; eine der wichtigsten Quellen des spätmittelalterl. dt. Liedes (Anhang: C. Paumann → *Fundamentum organisandi*, Anleitung zur → Kolorierung v. Liedmelodien f. Orgel); im Besitz der Staatsbibliothek Berlin, benannt nach Wölflin von Lochamer, einem frühen Besitzer des L. L. (Faksimile-Ausgabe 1925, Nachdruck 1972). → Liederhandschriften, Lied.

Loft Jazz (engl.), »Speicher-Jazz«, afroamerikan. akzentuierte soziokritische Variante des → Cool Jazz der 1970er Jahre in New York.

lokrisch, nach dem altgriech. Volksstamm der Lokrer benannte antike Tonart, als → Kirchenton auf H wegen des in der ma. Musiklehre verpönten → Tritonus f-h praktisch nicht verwendet.

Lombardischer Rhythmus (engl. *Scotch snap*), in der it. Violinmusik des 17.-18. Jhs. verbreitete Rhythmisierung gleichwertig notierter Tonfolgen in vorschlagartiger Verkürzung der ersten u. verlängernden Punktierung der zweiten Note, zurückzuführen auf ältere Spielpraxis in ungarischer u. schottischer Volksmusik.

Longa, nota longa (lat. = die lange Note), langer Noten- bzw. Pausenwert in der → Mensuralnotation, in der Dauer v. zwei → Breven als *Longa duplex* in heutiger Notation etwa eine → Ganze Note bzw. → Ganze Pause.

Lotosflöte, Schnabelfl. aus innen blechbeschlagenem zylindrischem Natur- od. Kunststoffrohr, dessen Schwingungslänge mittels eines v. Rohrende her einführbaren, an einer Drahtstange befestigten Metallkolbens glissierend und vibrierend verändert werden kann; Effektinstr. der neueren → Unterhaltungsmusik.

Loure, normannische → Sackpfeife, nachweisbar seit dem 13. Jh.; auch Satzbez. für einen frz. Volkstanz mäßig bewegten Charakters (6/4-Takt mit zweihebigem Auftakt), seit dem 17. Jh. in die höf. Ballettmusik, seit dem 18. Jh. auch in die Instrumental- → Suite eingegangen (Couperin, Bach).

louré (frz. = schleifend), Vortragsbez. der Bindung u. Akzentuierung zweier gleich langer Notenwerte auf der ersten Note, mutmaßlich aus der Spielpraxis frz. Dudelsackbläser hervorgegangen (→ Loure, Lombardischer Rhythmus); als Bogenstrich svw. → portato.

Lowpassfilter (engl.), Tiefenpaßfilter zur Klangsteuerung in → Synthesizern. → Filter.

lugubre (it.), traurig, klagend, düster; Vortragsbez.

Lullaby (v. engl. to lull = einlullen), altengl. Form des Wiegenliedes; wiederbelebt z. B. bei Strawinsky u. Auden in der Schlußszene ihrer in London Mitte des 18. Jhs. spielenden Opern-Moritat *The Rake's Progress* (1951), bei Britten in den Chorvariationen *A Boy was born* (1933, 1953). → Berceuse, Carol.

Lure (skandin.), german. Bronzehorn, Kultinstr. 2 m langes aus mehreren gegossenen Teilen gewunden zusammengesetztes Rohr mit einer am Ende aufgesetzten Zierscheibe u. konischem od. kesselförmigem Mundstück; paarig auftretend, v. 14.-7. Jh. v. Chr. durch Funde (Skandinavien, Mecklenburg, Niedersachsen) bis zu vier Paaren in bis zum 12. → Überblaseton spielbaren Exemplaren belegt, in mehreren Stimmungen gebaut, zu mehrschichtigen Klangfolgen verwendbar.

lusingando (it.), schmeichelnd, zart, Vortragsbez.

lydisch, nach dem altgriech. Volksstamm der Lyder benannte antike Tonart, als → Kirchentonart auf dem Grundton f; Bruckners Motette *Os justi* steht im lyd. Kirchenton (5. Modus), Beethoven betitelte den Mittelsatz seines Streichquartetts F-Dur op. 135 (1816) als *Heiliger Dankgesang... in der lydischen Tonart*.

Lyra (griech.), altgriech. → Leier mit schalenartigem Resonanzkörper; im MA auch Bez. f. → Fidel mit birnenförmigem Korpus, im 16.-18. Jh. f. → Lira, in Militärkapellen f. → Glockenspiel, Schellenbaum.

Lyra viol (engl.), kleinste Baßgambe der engl. Gambenfamilien des 17. Jhs. → Viola da gamba, Consort.

Lyragitarre, Git. mit lyraartigen Jocharmen, als Zupfinstr. v. a. in Damensalons des Berliner → Klassizismus der 1. Hälfte des 19. Jhs. verbreitet. → Gitarre, Leier.

M

M, m, Abk. f. Manual, manualiter; meno, mezzo; MM → Metronom.

ma non troppo (it.), aber nicht zu sehr; Vortrags- u. Tempoanweisung.

Machine (brasilian.), Ende des 19. Jhs. in Rio de Janeiro aufgekommener, im 1. Weltkrieg nach Europa gelangter tangoartiger Modetanz, mexikan. Ursprungs.

Madison, um 1960 in M., Wisconsin, USA, aufgetretener dem → Twist verwandter, mäßig bewegter Reihentanz im 4/4-Takt.

Madrigal (v. lat. cantus matricalis = muttersprachl. Gesang), seit dem 14. Jh. belegtes it. Strophenlied auf reimpaarige Terzinen weltl. Inhalts, 2-3stimmig, auch mit Instrumentalbegleitung, seit dem 16. Jh. unter frz. u. franko-flämischem Einfluß vier- u. mehrstimmig, kunstvoll polyphon u. tonmalerisch textausdeutend (*Madrigalismen*), auch zu Zyklen u. Maskeraden aufgereiht, meist mit Typen der Commedia dell'arte (*Madrigalkomödie*), z. B. *L'Amfiparnaso* v. O. Vecchi (1594), im 17.-18. Jh. Wort-Ton-Modell f. Oper u. Oratorium in It., Frankr., Engl. u. Dtl.; in der Chorbewegung des 20. Jhs. erlebte das M. eine Aufführungsrenaissance (Madrigalchöre) u. gab kompositorische Impulse (Hindemith, Britten, Pepping u. a.). Ggs. → Motette.

maestoso (it.), majestätisch, erhaben; Vortrags- u. Satzbez.

Maestro (it. = Meister), seit dem 17. Jh. in It. die inoffizielle ehrende Anrede f. herausragende Komponisten, Kapellmeister, Solisten, Leiter v. Meisterklassen an Konservatorien.

Magazinbalg, Windspeicher im Gehäuse von → Orgel u. → Harmonium. → Balg.

Maggio Musicale (it. = Musikalischer Mai), seit 1933 jährl. in Florenz stattfindendes Musikfest zur Pflege v. Bühnen- u. Konzertwerken des 20. Jhs., seit den 1960er Jahren (unter Roman Vlad) mit Jahresschwerpunkten, z. B. → Expressionismus.

maggiore (it. = größer), Tonart od. Akkord mit der »größeren« Terz, d. h. in → Dur (ggs. zu → Moll mit der »kleinen« Terz); *Maggiore* = Durteil eines Stückes (Satzes) in Moll, z. B. → Trio eines → Menuetts. Ggs. → minore.

Magnetophon → Tonbandgerät, Kassettenrecorder.

Magnificat (Magnificat anima mea Dominum = Es erhebe meine Seele den Herrn), Anfang der Lobpreisung Marias, der Mutter Jesu, nach den Worten des Lukas-Evangeliums (1,46-55), in der röm.-kath. Liturgie → Canticum zum Abschluß der → Vesper, auf Empfehlung Luthers auch in die ev. KM übernommen, mit lat. Text z. B. bei Walter, Buxtehude, Bach im → Tonus peregrinus, auch als Choralbearbeitung f. Orgel (→ Versette); in 10 Verse gegliedert u. auf → Psalmtöne vorgetragen, seit dem 14. Jh. mehrstimmig vertont: Dufay, Palestrina, Lasso, Monteverdi, Schütz, Bach, Mozart; im 19. Jh. Mendelssohn, Vaughan Williams; im 20. Jh. Hindemith, Pepping, Penderecki.

Mainstream (engl. = Hauptstrom), Jazzmusik, die frei v. Bindung an jeweilige Entwicklungsphasen die Standards des klass. Repertoire präsentiert (Chorusstruktur, Improvisation, Swing, Tonalität), Hauptvertreter O. Peterson, Coleman Hawkins.

Maîtrise (auch Manécanterie, Pallette), frz. Bez. f. Chorknaben u. ihre Schulen an Kathedralkirchen, in der frz. Revolution aufgelöst, heute Bez. f. → Kirchenchor. → Kapellknaben, Kantorei.

Malagueña (span.), nach der Provinz Malaga benannte Spielart des → Fandango; improvisiertes Tanzlied mit Couplets in lebhaftem Dreiertakt, mit ostinatem Harmoniegerüst; v. Albéniz (*Iberia*, 1909) u. Ravel (*Rhapsodie espagnole*, 1907) in die Klavier- u. Orch.-Musik übernommen.

Mambo (kreol.), lateinamerikan. Gesellschaftstanz der 1940er Jahre, im → Rumba-Swing (rasches Tempo, Betonungen auf der 2. u. 4. Taktzeit), z. B. *Mambo Jambo* v. P. Prado; um 1950 v. Kuba nach Europa gelangt, v. → Cha-Cha-Cha verdrängt. – Auch Sammelbez. f. die → Polymetrik afro-kubanischer Musik.

mancando (it.), abnehmend an Tempo u./od. Tonstärke; → morendo, calando.

Mandola → Mandoline, Mandora.

Mandoline (it. Verkleinerungsform v. Mandola), lautenähnliches Zupfinstr. mit halbbirnenförmigem, aus 11-23 Holzspanen zusammengesetztem Korpus mit unterhalb des Stegs abgeschrägter Decke mit Schalloch, kurzer Hals mit festen Metallbünden, abgeknickte Wirbelplatte mit seitenständigen Schraubwirbeln, 4 Doppelsaiten (seit 1835 aus Stahl, vordem Messing) in Violinstimmung (g-d-a-'-e'), mit Plektrum tremoloartig gespielt (als *Mandolineneffekt* auf → Elektronenorgeln übertragen); als Neapolitan. M. seit dem 17. Jh. auch in Großformen verbreitet, (*Mandola* in Tenorlage, *Mandolone* in Baßlage), als portugies. M. mit leicht gewölbtem, als dt. M. mit flachem Boden; die it. M. war im 18. Jh. in roman. Ländern verbreitet, im 19. Jh. fast vergessen, bis auf Verwendung ihres Klangkolorits in Opern v. Paisiello u. Mozart (*Don Giovanni*) im 18. Jh. über Verdi (*Otello*), im 19. Jh. bis zu Pfitzner (*Palestrina*), Schillings (*Mona Lisa*); Schönberg (*Moses u. Aron*), Henze (*Il Re Cervo*) im 20. Jh.; Solokonzerte f. M. schrieben Vivaldi, Hasse, Hummel; mit 2 Sonatinen bedachte Beethoven die M.; in neueren Orch.-Partituren bei Mahler (*7. Sinfonie*), Schönberg (*Serenade* op. 24, *Variationen* op. 31), Webern (*5 Stücke* op. 10), Strawinsky (*Agon*); Arrangements v. Orch.-Musik f. M. sind unüberschaubar; Mandolinenvereinigungen bestehen heute in ganz Europa, den USA, der SU, in Japan u. Lateinamerika.

Mandora (span., v. arab. → Tanbur = Laute), lautenähnl. Zupfinstr. im arab. Südspanien seit dem 13. Jh. nachweisbar, mit flachem, halbbirnenförmigem Korpus u. abgesetztem Hals, jedoch ohne abgeknickten Wirbelkasten, bis zum 17. Jh. mit 5, seither 7-8 Doppelsaiten; in dt. Musikhandbüchern des 16.-17. Jhs. als *Quinterne* beschrieben (M. Praetorius, *Syntagma musicum* II, 1619); seit dem 18. Jh. Name der neapolitan. → Mandoline in ihrer Großform der Tenorlage, kleiner als ihre Urform, die → Laute.

Manier (v. frz. manière = Art und Weise), in der Instrumentalmusik des 18. Jhs. Sammelbegr. f. (ursprüngl. improvisierte) → Verzierung; in der ma. Musik als *maneria* gleichbedeutend mit Tonart (Modus); in der Musikpoetik der Renaissance als *maniera* im Sinne v. Persönlichkeitsnote musikal. Naturnachahmung, in der Spätrenaissance als *Manierismus* im Sinne der Spannung zw. Persönlichkeits- u. Zeitstil; seit dem 19. Jh. Bez. f. die Nachahmung eines Nationalstils (z. B. alla turca) od. eines Personalstils (z. B. à la manière de Chopin); heute im Sinne v. Manieriertheit abwertend gemeint.

Männerchor, Chorvereinigung bzw. Chorwerk in mehrfacher Besetzung der Männerstimmlagen (Standard: 1. u. 2. Tenor, 1. u. 2. Baß); in der ma. geistl. Musik vorherrschend, seit dem 15. Jh. mit Knaben, f. die hohen Stimmen Diskant/Sopran u. Altus; seit dem 17. Jh. Bestandteil in Opernwerken; seit dem 19. Jh. in Dtl. als gesellig-patriotische Männergesangvereine. → Liedertafel, Chor, Chormusik.

Mannheimer Schule, Gruppe v. Komponisten u. Musikern der Hofkapelle des Kurfürsten Carl Theodor v. der Pfalz in Mannheim u. Schwetzingen (1743 bis 1778, dem Jahr der Übersiedlung des Kurfürsten nach München), unter ihnen J. Stamitz, I. Holzbauer, F. X. Richter, A. Toeschi, A. Filtz als Gründungsmitglieder; v. Bedeutung f. Stil u. Orchester der Wiener → Klassik: Ablösung der → Generalbaßpraxis, Einführung der → Sonatenhauptsatzform u. ihrer Periodisierung, der viersätzigen → Sinfonie, der → Sinfonia concertante, des Klarinetten-, Bratschen- u. Klavierkonzerts, des Klarinetten- u. Hörnerpaares, der Orchesterdisziplin (Strichführung, Phrasierung, Agogik, Übergangsdynamik crescendo/decrescendo); J. Chr. Bach u. der junge Mozart führten Stilelemente u. orchestertech. Errungenschaften der M. Sch. weiter.

mano destra, mano sinistra (it.), mit der rechten, mit der linken Hand zu spielen; Anweisung in Klavier-, Cembalo-, Orgelstücken.

manu propria (lat.), mit eigener Hand; Eintragung auf Musikautographen im 17.-18. Jh., meist in Verbindung mit dem Namenszug des Komponisten; zur Abhebung u. Absicherung gegen Ab- od. Umschriften durch andere.

Manual, manualiter (v. lat. manus = Hand, → Klaviatur), auf der Klaviatur zu spielen; Spielanweisung bei Tasteninstr. mit Manualen (Orgel, Cembalo), ggs. zu → Pedal, pedaliter.

Maqam, Mehrzahl Maqamat (arab. = Ort, Standplatz), Melodie- u. Rhythmusmodelle in der arabisch-türkischen u. hindupersischen Musik (→ Raga), basiert auf Modellskalen v. 14 Grundtönen, seit dem 13. Jh. überliefert, zu zykl. Formen improvisierend aufgereiht, heute überwiegend schematisiert.

Maracas (portugies.), südamerikan. Rassel- u. Rhythmusinstr. indian. Ursprungs (Rumbakugeln, → Rumba), mit Fruchtkernen, Steinschrot u. dgl. gefüllte, mit Stiel versehene Kalebassen verschiedener Größe, beidhändig paarig geschüttelt, zur Erzielung rhythmisierter Zischgeräusche grundierend in der lateinamerikan. Tanz- u. Unterhaltungsmusik, in Form v. Holz- od. Kunststoffkugeln vereinzelt auch in die Konzertmusik eingegangen, u. a. bei Varèse, *Ionisation* (1931), Fortner, *Bluthochzeit* (1957), Henze, *Ode an den Westwind* (1953).

Marching Band (engl. =) Marschkapelle; Blechblaskapellen nordamerikan. Neger, die, v. a. in den Südstaaten seit Mitte des 19. Jhs., in ihren Umzugsmusiken Elemente europ. Marschmusik mit solchen des Wechselgesangs (Solo/Chor) eigener Vokalmusik mischten; formbildend für den → New Orleans-Jazz.

Marcia, alla marcia (it.), → Marsch, marschartig.

Marianische Antiphonen, → Antiphonen im → Offizium der röm.-kath. Liturgie zum Lobpreis Mariens, im Kirchenjahr wechselweise als Abschluß der → Komplet gesungen: *Alma Redemptoris Mater* (1. Advent bis Lichtmeß), *Ave Regina coelorum* (Lichtmeß bis Ostern), *Regina coeli, laetare* (Osterzeit), *Salve Regina* (Pfingsten bis Advent); nach dem 2. Vatikanum seit den 1970er Jahren örtlich wahlweise auch weitere M. A.; die seit dem 11. Jh. nachweisbaren M. A. werden ohne Bindungen an → Psalmtöne, jedoch gregorianisch bzw. gregorianisiert gesungen, sie erfuhren seit dem 15. Jh. (Dufay) bis heute zahlreiche mehrstimmige Vertonungen, auch Bearbeitungen f. Orgel v. Dufay, Palestrina, Lassus, Händel, Mozart, Haydn, Widor, Poulenc, Fortner.

Marimba, Marimbaphon, xylophonartiges Holzplattenspiel afrikan. Ursprungs, im 18. Jh. nach Mittelamerika, im 20. Jh. in geänderter Form nach Europa gelangt; Holzplättchen verschiedener Größe u. Stimmung ursprüngl. über Kürbis-Kalebassen liegend, heute zweireihig über Resonanzröhren aus Metall auf fahrbarem Tischgestell angeordnet, mit Holz- od. Gummikopfschlegeln angeschlagen, Tonumfang c-c^5, v. dunkeltönigem weichem Klang; eingesetzt in der Tanz- u. Unterhaltungsmusik, im Jazz u. im Schlagzeugapparat der → Neuen Musik.

Marsch, it. marcia, aus Aufzügen (z. B. Chorgruppen in altgriech. Dramen) entwickelte, meist geradtaktige Musikstücke verschiedenen Charakters in reihender od. dreiteiliger Grundform; seit dem 17. Jh. unter Einfluß der türk. → Janitscharenmusik in ganz Europa verbreitet, v. a. als Militär- u. Revolutionsmärsche (→ *Marseillaise*, 1792; J. Strauß [Vater], *Radetzky-Marsch*, 1848), seit dem Barock als Präsentier-, Trauer- od. Grotesk-Märsche in Ballett u. Oper (Lully, Türk. Marsch in *Le Bourgeois Gentilhomme*, 1670; Mozart, Priester-Marsch in der *Zauberflöte*, 1791; Wagner, Trauermarsch zu Siegfrieds Tod in der *Götterdämmerung*, 1874), in der Instrumental- → Suite u. dem → Divertimento des 17.-18. Jhs. (Bach, Haydn, Mozart), in der Sinfonie des 19.-20. Jhs. v. Beethovens *Eroica*, 1805, bis zu Schostakowitschs *Leningrader* [Belagerungs] *Sinfonie*, 1942), in der klass.-romant. Klavier- u. Kammermusik, 4hdg. f. Klav. u. a. bei Schubert u. Beethoven; meistverbreitet die vielbearbeitete *Marcia funèbre* aus Chopins *Klaviersonate b-Moll op. 35*, 1839; im 20. Jh. auch als Konzertmärsche für Blas- u. Sinfonieorch. (R. Strauss, *2 Militärmärsche, op. 57*, 1906; E. Elgar, *Pomp and Circumstance, 5 Märsche*, 1901-30).

Marseillaise (*Allons, enfants de la patrie*), frz. Nationalhymne, seit 1795, endgültig seit 1889 (100 Jahre nach Ausbruch der Frz. Revolution); ursprüngl. als »Kriegslied der Rheinarmee«, Text u. Melodie von C. J. Rouget de Lisle, 1792, im selben Jahr erstmals gesungen v. einem Marseillaiser Bataillon beim Einmarsch in Paris, seither weit verbreitet als Kampfmarschlied revolutionärer Bewegungen inner- u. außerhalb Europas. → Nationalhymnen.

martèlement (frz.), hämmernd; hartes, wiederholtes Anreißen eines (Harfen-) Tones; in der Klaviermusik des 17.-18. Jhs. die Verzierungsart des → Mordent.

martellato (it.), martellé (frz.), gehämmert; stark betont, abgestoßen (→ staccato); v. it. *martello* = Hammer, *martelletto* = Hämmerchen (→ Hammerklavier).

Masque (engl. = Maskenspiel), engl. Bühnengattung des 16.-17. Jhs., theatralisch aufwendige Zusammenfassung v. Spielszenen, Chören, Lautenliedern, Pantomimen, Tänzen u. Musik auf mythologische Stoffe; seit Purcell (*Dido and Aeneas*, 1689) in die engl. → Oper eingegangen. → Ballet de cour, Divertissement.

Matassin (frz., v. it. mattaccino = verrückt), Toten-, Schwerter- u. Grotesktanz maskierter Männer in frz., it., engl. Tanzspielen des 16.-17. Jhs.; musikal. überliefert in → Lautentabulaturen.

Matelot (frz. u. nld. = Matrose), Seemannstanzlied mit Wurfakzenten, in Engl. als *Matelotte* gleichbedeutend mit → Hornpipe.

Material, musikalisches, bei Th. W. Adorno im Sinne einer kompositionsgeschichtl. je neuen u. anderen Verfügbarkeit v. Tonbeziehungen als Verwirklichungen eines »sedimentären [Musik-] Geistes«, unterschiedl. zu ständiger Verfügbarkeit des physikalisch-akustischen Klangmaterials. → Musikphilosophie, Musikästhetik, Form, Harmonielehre, Absolute Musik, Akustik, Intonationstheorie.

Matutin (v. lat. Matuta = Göttin der Morgenhelle), die in den letzten Nachtstunden gefeierte 1. → Hore im → Offizium der röm.-kath. Liturgie, mit umfangreichen → Hymnen, Psalmen, Nokturnen, Lektionen, innerhalb deren an den drei letzten Kartagen die → Lamentationen vorgetragen wurden; seit 1970, nach dem 2. Vatikanum, durch die sog. *Lesehore* ersetzt, *Matutina*, eingedeutscht = Mette.

Maultrommel (Brummeisen), Zupfidiophon asiatischer Herkunft, seit dem 12. Jh. (Schweizer Funde) in Europa bekannt; hufeisenförmiger Eisenbügel (Durchm. 5-8 cm) mit schnabelartig parallel auslaufenden Schenkeln, zw. denen eine am Scheitelpunkt des Bügel befestigte dünne Stahlzunge verläuft, die in einem nach oben gebogenen frei schwingenden Häkchen endet; der Stahlbügel wird beim Spielen in den leicht geöffneten Mund gedrückt (der als Resonator dient), so daß die Stahlzunge beim Anzupfen des Häkchens in die Mundhöhle schwingt, wobei sich mit Veränderung der Mundstellung verschiedene Obertöne zu kleinen Melodiefolgen zusammenfügen lassen; f. das v. a. in den europ. Alpenländern auch heute wieder beliebt gewordene Instr. schrieb J. G. Albrechtsberger um 1800 mehrere Konzerte (M. verschiedener Größe mit Mandoline u. Streichern).

Maxima (lat. = die größte), längster Noten- u. Pausenwert der → Mensuralnotation, dem Wert zweier Longen (→ Longa) entsprechend.

Mazurka, Mazur, Mazurek (poln. = Masurentanz), Sprung- u. Drehtanz aus Masovien (Weichselgebiet), in raschem Dreiertakt, mit punktiertem 1. Viertel u. wechselnden Akzenten auf der 2. u. 3. Taktzeit, Melodiesprüngen u. → Bordunquinten im Baß, Abschluß durch Fußestampfen u. Fersenschlag auf der Eins des Finaltaktes; seit dem 17. Jh. stilisiert in der höf. u. bürgerl. Tanz- u. Instrumentalmusik, seit dem 18. Jh. mit → Oberek u. → Kujawiak verschmolzen, seit dem frühen 19. Jh. in ganz Europa als Gesellschaftstanz verbreitet; M. für Klav., Orch., Oper, Ballett schrieben Chopin, Moniuszko (Opern), Wieniawski, Szymanowski, Maria Szymanowska, auch russ. Komponisten von Glinka über Tschaikowsky bis Skrjabin, unter nichtslaw. Komponisten Liszt u. a. m.

Mechanik, bei Tasteninstr. die Apparatur, die den → Anschlag in Tonbildung umsetzt (→ Clavichord; Virginal, Cembalo, Klav.), bei der Orgel → Traktur.

Mechanische Musikinstrumente, Apparaturen z. automatischen Reproduktion mechan. auf Stiftwalzen, Lochscheiben, Lochbändern fixierter Tonstücke: → Glokkenspiel, Spieldose, Flötenuhr; Drehorgel, Leierkasten; Welte-Mignon-Reproduktionspiano u. Welte-Philharmonie-Orgel, Pianola, Orchestrion. F. Flötenuhren, Orgelwalzen, Klavierautomaten schrieben im

18.-19. Jh. C. Ph. E. Bach, Haydn, Mozart, Beethoven, im 20. Jh. Hindemith, Strawinsky, Antheil, Toch, Nancarrow. – Bilddokumentation: A. Buchner, *Vom Glockenspiel zum Pianola*, 1959.

Mediante (v. lat. medius = mittel), die Terz als Mittler zw. Grundton u. → Quinte (*Obermediante*) od. zw. Grundton u. Subdominante (*Untermediante*), abgeleitete terzverwandte Akkorde, seit der Romantik v. a. leiterfremde Medianten.

Mediatio (lat. = Vermittlung), Melodieformel der Mittelmarkierung von Psalmversen. → Psalmtöne.

Medizin und Musik → Musiktherapie.

Mehrchörigkeit, vokale, vokal-instrumentale od. instrumentale Kompositions- u. Aufführungstechnik f. zwei u. mehr Chöre bzw. Klanggruppen, unter Berücksichtigung wechselnder od. vereinigter Gestaltungsmöglichkeiten bei weiträumig getrennten Aufstellungen (→ Coro spezzato), vorgeformt in der → Antiphon der frühchristl. Liturgie u. im Stimmgruppenwechsel der Messe- u. Motettenkomposition des 15.-16. Jhs. der → Franko-Flämischen Schule, deren letzter Hauptvertreter, Adran Willaert (1482-1562), als Begründer der → Venezianischen Schule, angeregt durch die gegenüberliegenden Orgel- u. Choremporen v. San Marco, mit seinen *Salmi spezzati* (1550) die M. als Stilprinzip des Frühbarock einleitete, gefolgt v. der Übertragung auf Bläser-Streicherchöre bei A. u. G. Gebrieli u. deren dt. Schülern H. Schütz (*Psalmen Davids*, 1619) u. H. L. Haßler (4-12-stimmige *Cantiones sacrae*, 1591), beide mit Fernwirkung auf die achtstimmigen Motetten u. die doppelchörige *Matthäuspassion* (1729) v. J. S. Bach; Salzburg (4 Orgel- u. Choremporen des 1628 mit einer viermal 12stimmigen, H. I. Biber u. O. Benevoli zugeschriebenen Festmesse eingeweihten Domes, Wien, München, Dresden, Prag, Krakau steigerten die vokal-instrumentale Vielchörigkeit des italo-deutschen höfisch-kirchlichen Hochbarock ins Kolossale (→ Manierismus); währenddem sich v. Rom, Venedig, Neapel aus die Formen *instrumentaler* Mehrchörigkeit entwickelten. (→ Concerto grosso, Sinfonia, Orgel- u. Orchesterfuge, Terrassendynamik); im 19. Jh. knüpften Mendelssohn, Brahms u. a. an die vorklass. M. an, Bruckner setzte die östr. Tradition fort (*Messe e-Moll* für 8stg. Doppelchor u. Blasorch.); m. dem → Neobarock des 20. Jhs. ging auch eine Wiederbelebung vokaler u. instrumentaler Mehrchörigkeit einher, in Dtl. bei Reger, Hindemith, Pepping, David, in It. bei Malipiero, Dallapiccola, Nono, in Frankr. bei Milhaud, Honegger, in Engl. bei Vaughan Williams, Britten, in Polen bei Penderecki, in Ungarn bei Kodály, Bartók; Strawinskys *Canticum Sacrum* (1955) u. *Threni* (1958), beide f. San Marco in Venedig komponiert, schließen den Kreis vorerst.

Mehrstimmigkeit, Stimmführung vokaler u./od. instrumentaler Musik, bei der mehrere Stimmen in unterschiedl. Tonhöhen gleichzeitig erklingen; ggs. zur im Prinzip einstimmigen Musik der außereurop. Kulturkreise, deren relative M. klangl. auf → Heterophonie, rhythmisch auf → Polymetrik beruht (beides einschl. → Ostinato- u. → Imitationstechnik), hat die europ. Musik seit dem 9.-10. Jh. eine M. entwickelt, die unter die Oberbegriffe → Polyphonie u. → Homophonie fällt, beide seit dem 14.-15. Jh. einschl. wechselseitiger Durchdringungen. → Kontrapunkt, Harmonielehre, Tonsystem.

Meistersang, Meistersinger, Liedkunst u. Liedsinger, Blütezeit 15.-16. Jh.; in Singschulen zunftmäßig organisierte Handwerker-Poeten (»Hans Sachs war Schuster und Poet dazu«), nach → Tabulaturen in Wort u. Weise herangebildet: Beherrschung dreier überlieferter Minnesänger-Texte u. -weisen = »Singer«; Erfinder eigener Strophentexte zu tradierten Weisen = »Dichter«; Erfinder neuer Texte und »Töne« (samt Auszierungen) = »Meister«; Kunstideal: die aus dem → Bar der Minnesänger entwickelte, silbentechnisch schematisierte dreiteilige *Meistersangstrophe*, angenommen od. abgelehnt bei Preissingen (ohne Instrumentalbegl.), im Beisein v. Meistern, Gesellen, Lehrbuben, unter Vorsitz gewählter → Merker, präsentiert bei Kirch-Singen (geistl. u. lehrhafte Lieder) od. bei Zechsingen in Zunft- u. Gasthäusern, auch bei Angersingen (Liebes-, Natur-, Scherzlieder); Meistersingerschulen v. a. in südwest- u. süddt. Städten wie Mainz (unter Heinrich Frauenlob seit dem 14. Jh.), Colmar (→ Liederhandschriften), Nürnberg (H. Sachs), Görlitz (A. Puschmann, *Gründl. Bericht des Deutschen Meistersanges*, 1571), Ulm u. Memmingen (beide bis ins 19. Jh.). – R. Wagners Oper *Die Meistersinger von Nürnberg*, 1868, versteht sich als histor. Zeitbild, Kunstkritik (Beckmesser) u. Selbstporträt (Sachs). → Minnesang.

Melisma, Melismatik (griech. = Gesangsweise), auszierender Melodieabschnitt in kleinen Notenwerten auf nur einer Textsilbe, charakteristisch f. oriental. Musik, synagogalen u. gregorianischen Gesang (→ Alleluja, Jubilus), auch f. → Koloraturgesang (Opern- u. Konzertarien) und → Vokalisen; polarer Ggs. zu → Syllabik.

Mellotron (griech.), Tastenapparat zum Abrufen kassettengespeicherter Instrumentalklänge (Einzelinstr. u. Ensembles) zwecks Beimischung z. B. zur → Rockmusik. → Synthesizer.

Melodie (v. griech. melos = Liedweise, od. = Gesang), in der abendländisch-europ. Musik eine vokal od. instrumental in sich geschlossene, meist überschaubar gegliederte Folge v. Tönen unterschiedlicher Tonhöhe u. somit auch Klangfarbigkeit, deren Gestaltung u. Ausdruckskraft bestimmt ist durch tonräumliche u. -zeitliche Qualitäten wie Tonalität (→ pentatonisch, kirchen-, dur- od. moll-tonal), enge u./od. weite Lage, Wiederholung u. Wechsel der Intervalle u. ihrer rhythmisch-metrischen Abfolge sowie durch Steigen u. Fallen der Spannungslinie u. somit der (Innen-)Dynamik; Melodiebildung ist in der europ. Musik höchst verschiedenartig, weil wesentlich v. Zeit-, Gattungs-, Werk- u. Persönlichkeitsstil geprägt, während die Melodiebildung in außereurop. Musikkulturen im Rahmen v. Melodie- (u. Rhythmus-)Modellen improvisiert wird (→ Raga, Maqam). – *Melodik* als Melodielehre Teil der → Formenlehre, diese wiederum mitbestimmt durch → Kontrapunkt u. → Harmonik (Tonsatz). → Unendliche Melodie (R. Wagner), Reihe (A. Schönberg), Lied, Volkslied, Cantus, Vokalise, Melisma, Koloratur.

Melodram (v. griech. melos = Liedweise, drama = Handlung) eine im 18. Jh. in Frankr. mit Rousseaus → Monodram *Pygmalion* (Paris 1770, Musik v. H. Coignet) aufgekommene Bühnen- u. Konzertgattung der Verbindung v. gesprochener Sprache und ausdeutend begleitender Instrumentalmusik (Klav., Kammer- od. Orch.-Ensembles), in Dtl. zunächst v. der → Berliner Schule aufgenommen (G. A. Benda, *Ariadne auf Naxos*, 1775), f. dramat. Höhepunkte in Singspielen u. der dt. Oper des 19. Jhs. weiterentwickelt (Kerkerszene in Beethovens *Fidelio*, 1804; Wolfsschluchtszene in Webers *Freischütz*, 1821), abgewandelt auch in Wagners musikdramatischem → Sprechgesang, als Konzert-M. v. a. auf Balladenstoffe (Zumsteeg, *Die Frühlingsfeier*, 1804; Liszt, *Der blinde Sänger*, 1845; Strauss, *Enoch Arden*, 1897), im 20. Jh. in gebundener Form mit vorgeschr. Rhythmuswerten, Tonhöhen u. Ausspracheweisen f. Rezitator u./od. Rezitatorin eines Mono- od. auch Duodrams (Schönberg, *Pierrot Lunaire*, f. Sprechstimme u. 8 Instr., 1912; Strawinsky, *Perséphone*, Tanzmelodram nach Gide, 1933); v. Einwirkung auf die Phonem- u. Geräusch-Strukturierungen der vokal-instrumentalen → experimentellen Musik seit den 1950er Jahren.

melody section (engl.), »Melodiegruppe« v. Blasinstr. in der → Jazz- u. → Unterhaltungsmusik: Kornett/Trp., Pos., Klar., Saxophone.

Melos (griech. = Liedweise), seit der Romantik Sammelbez. f. die Gesangslinie eines Tonstücks; *melisch* = gesanglich, sprachmelodisch; auch Name einer 1920 gegr. → Zeitschrift f. → Neue Musik.

Membraphone (griech. membrána = Pergament, phonè = Klang), »Fellklinger«, Musikinstr. deren tonerzeugendes Material eine gespannte Membran ist (Pergament, Haut, Fell, Metall- od. Kunststoff-Folie), das durch Schlagen (→ Trommeln, Pauken), Reiben (Reibetrommel) od. Ansingen (→ Mirliton) in Schwingung versetzt werden kann.

Ménestrel, Minstrel (provenz. = Bediensteter), altfrz. v. → Spielmann, der in höf. Diensten Liedweisen seines Herrn od. anderer Herren (→ Trouvères) zu begleiten od. auch eigene od. anonyme Lied- u. Tanzweisen zu spielen hatte; bis zur Frz. Revolution 1789 zunftmäßig organisiert, seither abwertend f. Gasthausfiedler. → Bänkelsang.

meno (it. = weniger), Abk. m. ergänzend bei Tempo- u. Vortragsanweisungen, *meno mosso* = weniger bewegt, *meno forte* = weniger (laut-)stark; ggs. zu → più = mehr.

Mensur, Mensuralmusik (lat. mensura = Maß), im Musikinstrumentebau Maßverhältnisse, bei besaiteten Streichinstr. der Violinfamilie die Maße v. Korpus u. Hals; Stärke, Spannung, Länge der schwingenden Saiten, bei Gamben, Lauten, Gitarren auch die Anordnung der Bünde, bei besaiteten Tasteninstr. die Anschlagstellen der Kiele (→ Virginal, Cembalo), Tangenten (→ Klavichord) u. Hämmerchen (→ Klav.), bei Blasinstr. das Verhältnis v. Länge u. Weite des Rohrs, die Stellung der Griff- u. Tonlöcher, bei der Orgel spezifisch die Weite der Pfeifen, bezogen auf das → Prinzipalregister (Weiten-, Proportions- u. Verlaufs-M.); in der mehrstimmigen Mensuralmusik des 14.-16. Jhs. das durch Mensurzeichen geregelte Verhältnis zw. den Notenwerten der *Mensuralnotation* (→ Choral-, Modalnotation): die zw. den Notenwerten in ihrer drei- od. zweiteiligen (»perfekten« od. »imperfekten«) Geltung regelnden (späteren Takt-)Zeichen eines geschlossenen Kreises (Dreier-Takt) od. eines halboffenen Kreises (Zweier-Takt);

Notenwerte: → Maxima, Longa, Brevis, Semibrevis (13. Jh.), Minima, Semiminima (14. Jh.), Fusa, Semifusa (15. Jh.); die ursprüngl. schwarzen quadratischen u. rhombischen Notenkörper wurden im 15. Jh. durch weiße Notierung (Notenhohlkörper) abgelöst, woraus mit der seit etwa 1600 entstandenen rundkopfigen Notenform die neuzeitl. → Notenschrift entstand.

Menuett (v. frz. menu pas = kleiner Schritt), aus dem altfrz. → Branle de Poitou hervorgegangener figurenreicher Volks- u. späterer Hoftanz in gemäßigtem ¾-Takt, dreiteilig als M. I, → Trio, M. II (Wiederholung v. I), Mitte des 17. Jhs. in die Ballett- u. Konzert- → Suite eingegangen (Lully), Mitte des 18. Jhs. übernommen in → Divertimento, Sonate, Streichquartett u. Sinfonie der Wiener → Klassik (Haydn, Mozart, Beethoven), bereits bei Haydn, vollends seit Beethoven (*Eroica*, 1804) durch das aus dem → Ländler stammende lebhaftere → Scherzo verdrängt, vereinzelt jedoch unter der Satzbez. *Tempo di Minuetto* od. *Minuetto* als historisierendes → Charakterstück weitergeführt (Brahms, Reger, Schönberg).

Merker, im → Meistersang die bis zu 4 Preisrichter, die dem nach den Regeln der → Tabulatur beim jährl. Wettsingen Besten als »Übersinger« den Wanderpreis einer silbernen Kette zusprachen; nachmals abwertend f. Kritikaster; auch Name musikkritischer Periodica (Wien, München).

Merseburger Berlin GmbH, dt. Musikverlag (Noten, Musikbücher), 1849 in Berlin durch C. W. Merseburger (1816-1885) gegr., 1850-1951 Firmensitz Leipzig, seither Berlin (West) u. Darmstadt, hier seit 1955 als Tonkunstverlag Karl Merseburger; 1964 v. J. Stauda Verlag Kassel übernommen; Gesellschafter u. Geschäftsführer der M. B. GmbH gegenwärtig (1987) Fr. Strube u. W. Matthei.

Mersey Beat (engl.), anfängl. Bez. f. Musik der aus Liverpool am Mersey River stammenden → Beatles.

Messa di voce (v. it. mettere = anlegen, voce = Stimme), in Lehre u. Praxis des → Belcanto das allmähliche An- u. Abschwellen eines Gesangstones, als *Schwellton* in Oper, Oratorium u. Lied von Bedeutung; zu unterscheiden v. → mezza voce.

Messe (it. messa, v. lat. missa, aus der frühchristl. gottesdienstl. Abschlußformel *Ite, missa est* = Gehet, es ist Entlassung), in der röm.-kath. Liturgie seit dem 5. Jh. Bez. f. den vielteiligen zentralen Gottesdienst mit eucharistischer Opferfeier (Abendmahl); in der Werkgattungsgeschichte der Musik Sammelbez. f. die ursprüngl. choraliter gesungene, seit dem 14. Jh. auch mehrstimmig, seit dem 15.-16. Jh. chorisch-instrumentale zyklisch vertonte Ordinariums-Messe (Texte → *Missale Romanum*, 1570, rev. 1970; gregorian. Melodien in Gradualien, Antiphonarien u. a. → Choralausgaben); die den Messevertonungen zugrundeliegenden, kirchenjahreszeitlich gleichbleibenden fünf Teile des *Ordinarium Missae* sind: → *Kyrie – Gloria – Credo – Sanctus/Benedictus – Agnus Dei* (unterschiedl. zu teils gesprochenen, teils vertonten wechselnden Texten des *Proprium Missae*); stilgeschichtlich folgten auf die ersten mehrstimmig vertonten M.-Zyklen des 14. Jhs. (Dufay, Machaut) im 15.-16. Jh. *Cantus-firmus-Messen* mit Choral- od. Chanson-

Melodien als Grundlage f. alle Messeteile, v. Josquin Desprez über Isaac u. Senfl (*Missa Carminum* als »Parodiemesse« mit zusätzl. weltl. Liedtexten u. -weisen) bis zu Lassus u. Palestrina (Missa Papae Marcelli, 6stg. → a cappella, um 1560; → Palestrinastil), im 17.-18. Jh. affektbetonte, barocke ausgeweitete Festmessen f. Soli (vokal wie instrumental), gem. Chöre u. Bläser-Streicher-Orch. (z.B. Bach, *h-Moll-Messe* f. den Dresdner Hof, 1724ff., Mozart, *c-Moll-Messe*, 1783); mit Beethoven, *Missa solemnis*, 1823, erhielt die sinfonisch-oratorische Konzert-Messe des 19. Jhs. ihr Vorbild, erfuhr jedoch in erneut choralgebundenen Messen (Liszt, *Missa choralis*; Bruckner, *e-Moll-Messe*) u. im Cäcilianismus liturgienähere Impulse, in dt. Singmessen (Haas) u. in Choral-Messen des 20. Jhs. in Dtl., Östr. u. der Schweiz auch durch Komponisten im ev. Kirchenbereich fortgeführt (Pepping, David, Burkhard), bei Hindemith od. Strawinsky (russ.-orthod.) auf Strukturen der Polyphonie des 14.-15. Jhs. zurückgeführt, bei Messiaen, Heiller, M. Vetter in avantgardistischen Satztechniken ausgeführt; neben ihnen seit den 1960er Jahren dt. Liedmessen, sog. Jugend-Messen mit landessprachigen Paraphrasen, → Spirituals u. Rhythmuselementen aus Jazz u. Pop-Musik. – *Messe funèbre* = Totenmesse (→ Requiem).

mesto (lat.-it.), traurig, betrübt; Satz- u. Vortragsbez.

Metallophon (lat.-griech. = Metallklinger) → Becken, Gong, Glocken(spiel), Celesta, Vibraphon.

Metamusik (v. griech. metá = nach, zwischen, mousiké = musisch), in den 1970er Jahren aufgekommene Begriffsbez. f. zwischenkulturelle Musikgebilde u. Musizierformen aus fernöstl. avantgardistischen u.a. Bereichen zur Erschließung meditativer Ebenen. → Musiktherapie.

Metrik (v. griech. metriké techné = Meßkunst), in der Dichtkunst seit der griech. Antike die Lehre v. Silben- u. Versfuß bis zur Strophenbildung; in der europ. Musik seit dem 19. Jh. (M. Hauptmann, H. Riemann) die Lehre v. den nach Taktmaßen (Zusammenfassung betonter u. unbetonter Zählzeiten) u. Taktgruppen periodisch gegliederten Tonfolgen als musikal. Bewegungsabläufe; M. seither vielfach synonym mit → Metrum (E. Kurth); Praxis u. Theorie der → Neuen Musik machen eine Neudefinition erforderlich, etwa angesichts der → Bulgar. Rhythmen (Bartók), der → Polymetrik u. -rhythmik (Strawinsky), der → Variablen Metren (Blacher), der *Metrischen Modulation* durch Tempo-Umdeutungen bei gleichbleibenden Notenwerten (E. Carter), der *Personnages rythmiques* (Messiaen) u.a. metrisch-rhythmischen Phänomene auch außereurop. Musikkulturen.

Metronom (v. griech. metron = Maß, nomos = Gesetz, Regel), Taktmesser, ein v. dem Wiener Mechaniker J.N. Mälzel (1772-1838), Erbauer des → Orchestrions, entwickeltes, uhrenartiges Zähl- u. Kontrollgerät z. Bestimmung des Zeitmaßes eines Musikstückes: ein an einem pyramidenförmigen Gehäuse (Resonator) angebrachtes, durch Federkraft angetriebenes, aufrecht stehendes Pendel mit verschiebbarem Laufgewicht, das auf Schwingungsdauern v. 40-240 hör- u. sichtbaren Anschlägen pro Minute eingestellt werden kann u. ggfs. Zweier- u. Dreiertaktteile beim 2., 3., 4., 6. od. 8. Schlag durch Läutewerk hervorhebt; den allgemeinen Tempobezeichnungen bei Musikstücken werden seit Beethoven (*Hammerklaviersonate*, op. 106, 1818) v. Komponisten od. v. Herausgebern vielfach M.-Angaben mit Notenwert u. Schlagzahl hinzugefügt; *M. M.* [*Metronom Mälzel*] ♩ = 60 bedeutet 60 Viertelschläge in der Minute; in neuerer Zeit werden M. in Taschenuhrformat od. als elektr. M. hergestellt; Wert u. Bedeutung des M.-Gebrauchs für Unterricht u. Aufführungspraxis sind heute (wieder) umstritten, Beethovens M.-Angaben revidiert (Czery u. a.), Strawinskys u. Bartóks detaillierte M.-Bezeichnungen eigener Werke als Perfektionismus gewertet.

Metropolitan Opera, Abk. Met, M. O. House New York, 1883 eröffnet, 1966 renoviert, mit 3800 Plätzen größtes Opernhaus der USA, Ausstattungsoper im → Stagionebetrieb, dessen Sponsoren dazu beitragen, namhafte Sängersolisten, Dirigenten, Regisseure aus aller Welt ins heutige Lincoln Center zu verpflichten, überwiegend zu it. Standardwerken, auch zu Ur- u. Erstaufführungen amerikan. Komponisten (Barber, Levy, Menotti, Strawinsky u. a.).

Metrum (lat., v. griech. metron = Maß), in der Musik die Maßeinheit mehrerer Zählzeiten u. ihre Ordnung nach betonten u. unbetonten Schlägen zu → Takten u. → Perioden; in der → Neuen Musik als Ordnungskategorie abgewertet. → Metrik, Auftakt.

Mette → Matutin.

Mexikanische Musik → Lateinamerikanische Musik.

mezza, mezzo, Abk. m., (it.), mittel, halb, *mezzoforte* (*mf*) = mittelstark.

mezza voce, Abk. m. v., (it.) mit halber Stimme, verhalten zu singen; zu unterscheiden v. → Messa di voce.

Mezzosopran (it. mezzo soprano), Frauenstimmgattung zw. → Sopran u. → Alt, Höchstumfang g-c³; weibl. Opernstimmfach als *dramat. M.* (Octavian, Titelpartie in Strauss' *Rosenkavalier*, Kundry in Wagners *Parsifal*, Eboli in Verdis *Don Carlos*), als *lyr. M.* = Spielalt (Magdalena in Wagners *Meistersingern*; Maddalena in Verdis *Rigoletto*), auch als *Koloratur-M.* (Rosina in Rossinis *Il barbiere di Siviglia*); zahlr. M.-Partien in → Oratorium, Kantate, Lied.

MGG, Abk. f. *Die Musik in Geschichte und Gegenwart*, bedeutendste deutschsprachige Musikenzyklopädie, hg. v. F. Blume, 14 Bde., 1949, 1968, 2 Supplementbde., 1973, 1979, Registerbd. 1986 → Musiklexikon.

mi, Tonsilbenbez. f. die 3. Stufe der → Solmisation; in roman. Sprachen Bez. f. den Ton → e; das Intervall mi-fa ergibt einen → Tritonus, f. die ma. Musiktheorie die schärfste → Dissonanz (*mi contra fa est diabolus in musica*: mi gegen fa ist der Teufel in der Musik). → Hexachord.

Mikrointervalle, kleinere Intervalle als der → Halbtonschritt in der Temperierten Oktavskala (→ Temperatur), z. B. → Viertel- u. Achteltöne; bei Streich- u. Zupfinstr. durch → Vibrato, bei Blasinstr. im → Einschwingvorgang zu erzeugen.

Mikrokosmos (griech. = kleiner Kosmos: Welt im Kleinen), dem Werk des dt. Naturphilosophen R. H. Lotz (1817-81), *Das Reale als das Geistige*, entlehnter Titel eines v. B. Bartók (1881-1945) unter kompositorisch-pädagogischen Gesichtspunkten entstandenen Sammelwerks von 153 Klavierstücken (6 H., 1926-39), auch mit Blick auf den durch den → Quintenzirkel führenden »Kosmos« der zweimal 24 Präludien u. Fugen des *Wohltemperierten Klaviers* (1722, 1744) v. J. S. Bach.

Mikrophon (v. griech. mikros = klein, phonè = Stimme, Klang), elektro-akustisches Gerät z. Umwandlung mechan. Schwingungen (Schalldruckschwankungen) in elektrische Spannungsschwankungen entsprechender Frequenz: Kontakt-M. (Kohle-M., in der Fernsprechtechnik); piezoelektr. M. (Kristall-M.), elektrodynam. M. (Tauchspulen-M.), elektrostat. M. (Kondensator-M.); Übertragungs- u. Aufnahmeverfahren in Kombination verschiedener M.-Arten, einschl. Richt-M.

Militärmusik, aus archaischer Zeit als Hörnersignale zu Kultkämpfen, Feldzügen (Feldgeschrei), Belagerungen beschrieben (für den östlichen Mittelmeerbereich z. B. in *Ilias* u. *AT*), im Augusteischen Zeitalter (um Christi Geburt) Heeresmusik mit → Tuba- u. → Bucinabläsern der Reiterei, mit Fußsoldaten (Pfeifer u. Trommler) im Troß, nach Ende des Imperium Romanum bis ins MA in weiten Teilen Europas fortgeführt; Feldtrompeter u. Pauker der berittenen Truppe erhielten → Zunft- u. Ausbildungs-Privilegien (bis zur Frz. Revolution, in Wien bis in die 1870er Jahre), während Trommlern u. Pfeifern der Fuß- u. Landknechtstruppe Marsch- u. Lagerdienste oblagen (Weckumzüge, → Zapfenstreich); um 1600 durch Schalmeibläser (2 Diskant- und je 1 Alt- u. Baßinstrument) erweitert, an deren Stelle um 1700 frz. Oboer u. Fagottisten traten (»Hautboist« bis ins 19. Jh. Synonym f. Militärmusiker), die sich in der 2. Hälfte des 18. Jhs. zu → Harmoniemusiken formierten, um 1800 unter Melodieführung der Klar. (in Frankr. um 1830 ergänzt durch Saxophone); Berufsausbildung seither nach dem Vorbild der 1792 gegr. *Ecole gratuite de la Garde Nationale*, Basis des späteren Pariser Konservatoriums; in Preußen entstanden seit den 1830er Jahren Trompeterkorps der Kavallerie u. Waldhornmusik der Jägertruppen, in Preußen, Bayern, Östr. im Schlagwerkzeug unter Einfluß der hist. → Janitscharenmusik; seither behaupteten sich v. a. die Infanteriemusikkorps, in Dtl. um 1900 insgesamt 600 Musikkorps mit je etwa 45 Musikern, nach 1918 100 mit je etwa 30 Musikern, nach 1933 Infanterie-, Marine u. Lufwaffenkorps (letztere nach frz. Muster um 4-5 Saxophone erweitert), 1956, bei Aufstellung der Bundeswehr-Musikkorps (zuzügl. 1 Stabs- u. 1 Ausbildungsmusikkorps) mit 60 bzw. 82 Musikern größte Besetzungen der M.-Geschichte; spätestens seit dem 1. Weltkrieg stellt sich M. als Repräsentationsmusik am Standort dar, mit → Marschmusik, → Blasmusik-Arrangements aus Klassik und Romantik, zeitgen. Unterhaltungsmusik, seit den 1970er Jahren auch mit Jazz- u. Rockmusik; die gegenwärtig 21 Musikkorps der Dt. Bundeswehr unterstehen, geführt v. Musikmeistern im Offiziersrang, einem Musikinspizienten (Leiter des Militärmusikdienstes).

Minima (lat. = die kleinste [Note]), Notenwert der → Mensuralnotation, in It. Bez. der heutigen → Halben Note (entsprechend der → Halben Pause).

Minimal music (engl.), Mitte der 1960er Jahre in New York in Anlehnung an *M. art* aufgekommene Richtung: ständige Wiederholung kleinster melodischer od. rhythmischer Gestaltelemente mit geringfügigen

Änderungen in einem Klangstrom v. langer Zeitdauer.

Minnesang, Minnesänger, höfische Liedkunst ritterl. Liedsänger des 12.-14. Jhs., nach provenzal. Vorbild (→ Troubadours, Trouvères) neuere u. antike Liebeslyrik, in → Kirchentönen (Modi) einstimmig mit od. ohne Instrumentalbegleitung vorgetragen; Texte hochstilisierter Frauen- u. christl. Marienverehrung (Reinmar der Alte, Heinrich v. Morungen), im 13. Jh. abgelöst v. naturhaft realistischeren Liedern magdlicher u. ehel. Liebe (Walther v. der Vogelweide, Wolfram v. Eschenbach), im 14. Jh. Taglieder, Minneklagen, Parodien (Neidhart v. Reuenthal, Oswald v. Wolkenstein); Formideal: der vers- u. reimpaarig kunstvolle dreiteilige → Bar, im 13.-14. Jh. auch der → Leich, beide nach Dichtungsform und Liedweise in den bürgerlichen → Meistersang des 15.-16. Jhs. übernommen, in → Liederhandschriften überliefert.

minore (it. = kleiner), Tonart od. Akkord mit der »kleineren« Terz, d.h. in → Moll (ggs. zu → Dur mit der »großen« Terz); *Minore* = Mollteil eines Stückes (Satzes) in Dur, z.B. Moll- → Trio in einem Dur- → Scherzo; Ggs. → maggiore.

Mirliton, Primitivformen eines → Membraphons, das beim Anblasen (-sprechen, -singen) die menschl. Stimme verstärkend ins Näseln verfärbt; Kamm-M. mit vorgestecktem Seidenpapier, Röhren-M. mit Papiermembran vor einem Seitenloch; in Frankr. als »Eunuchenflöte« mit Zwiebelblatt über einem od. beiden Röhrenenden, in Engl. papierbespannte Röhrchen als Kinder-M. (kazoo).

Mischklang, aus zwei od. mehr Instrumentalfarben zu einem einheitl. Klanggebilde verschmelzender Klang (Schmelzklang); ggs. zu → Spaltklang. → Gemischte Stimmen.

Mischpult, elektron. Gerät z. Mischung v. Signalen elektr. Musikgeräte, Tonbänder, Schallplatten, Mikrophone mittels Reglern (Panorama-, Summen- u.a. Regler) u. zusätzlichen Filtern, Verstärkern, Kompressoren als Zwischenschaltgeräten; im Tonstudio können Veränderungen der zu mischenden Bestandteile in sich u. gegeneinander improvisiert od. programmiert verändert werden, womit dem M. musikinstrumentale Qualitäten zufallen.

Miserere (lat.), Eingangswort des Bußpsalms 50 (51) aus dem AT (*Miserere mei Deus*, [in der Umdichtung als Kirchenlied] *Erbarm' dich mein, o Herre Gott*, in der röm.-kath. Liturgie Abschluß des Totenoffiziums, insbes. des Offiziums der Karwoche, versweise im Wechsel v. einstimmigem gregorian. Gesang u. mehrstimmigem Chorgesang (Josquin Desprez, um 1500; Allegri, 1638 doppelchörig [bis 1870 im Repertoire der → Sixtinischen Kapelle]), weitere berühmte M. aus dem 16. Jh. v. Lassus u. Palestrina (→ Palestrinastil). → Tenebrae, Sepolcro.

Missa → Messe; *Missa brevis* (lat. =) kurze Messe, d.h. schlicht vertont od. (bei Luther) auf → Kyrie u. → Gloria gekürzt; Ggs. *Missa solemnis* (lat. =) feierliche Messe (Hochamt), in kirchenmusikalisch aufwendigerer Besetzung (Soli, Chor, Org., Orch., z.B. bei Haydn, Mozart, Beethoven); *Missa cantata* (lat.), [Volks-] Singmesse, z.B. v. Fr. Schubert, J. Haas.

Missale (v. lat. missa = Messe), Buch der liturg. Gebete, Gesangstexte u. Lesungen des röm.-kath. Meßgottesdienstes, seit 700 belegt, seit 1570 als *Missale Romanum* verbindlich, 1970 in revidierter Neuausgabe, 1975 als *Meßbuch für die Bistümer des deutschen Sprachgebrauchs* approbiert.

Misticanza (it. = Mischung), musikal. Mischmasch. → Quodlibet, Potpourri, Cento, Pasticcio.

misurato (it.), gemessen, wieder streng im Takt; Vortragsbez.

Mittelalter, in der europ. MG. Epoche zw. griech.-röm. Antike u. it. → Renaissance, zeitlich etwa v. 5. bis z. 15. Jh., v. der Einstimmigkeit z. → Mehrstimmigkeit, stil- u. gattungsgeschichtlich gespiegelt in nachfolgenden Sachartikeln (Auswahl, alphabetisch): → Antiphon, Ars antiqua, Ars nova, Bar, Barde, Bordun, Byzantinischer Gesang, Caccia, Cantus, Cantus firmus, Chalumeau, Chanson, Chor, Choral, Conductus, Crwth, Cymbala, Fauxbourdon, Fidel, Glocken, Gregorianik, Harfe, Hymnus, Kanon, Kirchentonarten, Leich, Lied, Mehrstimmigkeit, Meistersang, Mensuralnotation, Messe, Minnesang, Modalnotation, Modus, Motette, Mysterienspiel, Neumen, Niederländische Musik, Notschrift, Notre-Dame-Schule, Organum, Orgel, Ritornell, Rota, Septem artes liberales, Sequenz, Solmisation, Spielmann, Trecento, Tropus, Troubadours, Vaganten, Virelai, Volkstanz. – H. Besseler, *Die Musik des Mittelalters und der Renaissance*, 1931, Nachdr. 1979.

Mittelstimmen, zw. Ober- u. Unterstimmen als Außenstimmen gelegene Stimmen eines mehrstimmigen Satzes, im 4-st. Satz z. B. Alt u. Tenor zw. Sopran u. Baß; im polyphonen Satz relativ eigenständig, im homophonen Satz eher akkordfüllend.

Mitteltönige Temperatur → Temperierte Stimmung; Stimmung.

mixolydisch, Oktavgattung des altgriech. Tonsystems, absteigend v. h-H; ma. → Kirchenton, aufsteigend v. g-g^1.

Mixtur (v. lat. miscere = mischen), → gemischte Stimmen des → Prinzipalchors im Orgelwerk, 3-8- od. 10-fach besetzt, d. h. bei Druck auf eine Taste gleichzeitig erklingend, im → Hauptwerk od. → Pedal disponiert; bei Erreichen einer bestimmten Tonhöhengrenze »repetieren« die Chöre um eine Quinte od. Oktave abwärts.

M. M., MM, Abk. f. → Metronom Mälzel.

modal (v. lat. modus = Maß), zugehörig zu den ma. → Modi (Kirchentöne); dagegen → tonal, den neuzeitlicheren Dur-Moll-Tonarten zugehörig; *modale Melodik* auf Gerüsttöne bezogen (→ Reperkussionston, Finalis); *modale Harmonik* auf kirchentonale authentische od. plagale → Ganz-, Halb- od. Trugschlüsse bezogen; *modale Improvisationen*, im Modern → Jazz die auf modalen (kirchentonartlichen) Skalenbildungen (statt auf harmonikalen Akkordschemata) praktizierte Improvisation, seit den 1960er Jahren eingeleitet durch M. Davis; *Modalnotation*, in der mehrstimmigen Musik der → Notre-Dame-Schule des 12.-13. Jhs. die aus → Neumenschrift u. → Choralnotation entwickelte Aufzeichnung der v. altgriech. Versmaß abgeleiteten dreizeitigen Rhythmusmodelle der 6 ma. → Modi mittels 2-4-töniger → Ligaturen, seit Mitte des 13. Jhs. abgelöst durch die → Mensuralnotation als differenzierte Darstellungsmöglichkeit musikal. Rhythmen.

moderato (it. =) gemäßigt, Tempo- u. Satzbez., z. B. Allegro moderato = mäßig schnell.

Modern Bop (engl.) in der Jazzszene der

1970er Jahre Rückgriff auf → Hardbop u. Be-bop des *Modern Jazz* der 1950-60er Jahre. → Free Jazz. Third stream.

Modern Dance, German Dance, im Gefolge des musikal. → Expressionismus aus dem dt. Ausdruckstanz seit 1900 in den USA entwickelte Stilrichtung neuzeitlichen Bühnentanzes (I. Duncan, M. Graham). → Ballett.

Moderne Musik, in Anlehnung an Moderne Malerei, Literatur die Frühphase der → Neuen Musik seit der Jahrhundertwende bis etwa 1920 (→ Expressionismus, Futurismus, Bruitismus.

Modul (v. lat. modulus = Kleinmaßstab), eigenständige Bausteine eines (Mood-) Synthesizers, z. B. → Envelope-Generator, Filter.

Modulation (v. lat. modulari = abmessen, gestalten), bis z. 18. Jh. als *modulatio* die innerhalb eines melodischen od. rhythmischen Maßes ablaufende vokale od. instrumentale Gestaltung; seit Ende des 18. Jhs. in der dur-moll-tonalen Harmonik Bez. f. den Übergang von einer Tonart in eine andere: *diatonische M.* durch Umdeutung eines Akkordes, bestehend aus gemeinsamen leitereigenen Tönen zweier Tonarten; *enharmonische M.* durch enharm. Umdeutung v. Tönen eines Akkordes in die eines anderen; *chromatische M* durch Liegenlassen eines zwei Akkorden gemeinsamen Tones u. chromatische Weiterführung; modulationsartiger Tonartenwechsel auch mittels harmonischer Rükkung od. über melodische → Sequenz; in der Akustik Bez. f. Änderung der → Amplitude bei konstanter → Frequenz (und umgekehrt), bei Gleichzeitigkeit als → Vibrato bzw. → Tremolo v. Streichinstr. u. Singstimmen; Anwendung des Begriffs M. auch in der Elektroakustik (Rundfunk- u. Fernsehtechnik).

Modus (lat. = Maß, Art und Weise), in der ma. Musik Tonartenbez. f. die 8, später 12 → Kirchentöne, in der → Mensuralmusik Bez. f. Rhythmusmodelle (→ Modalnotation) u. Mensurgrade; in der → Zwölftontechnik des 20. Jhs. Sonderform v. Skalen (Messiaen) bzw. Reihen (Krenek).

Moll (v. lat. mollis = weich), it. *minore*, Tongeschlecht des Dur-Moll-Systems, v. Grundton einer Oktavskala aus aufsteigend durch die kl. Terz bestimmt (ggs. zur gr. Terz bei → Dur), in 12 → Tonarten auf den 12 Halbtonstufen der Temperierten Oktave möglich, grundsätzl. in drei Tonleiterformen, als *reines (natürliches) Moll* entsprechend dem vorzeichenlosen → äolischen Kirchenton auf a, als *harmonisches Moll* mit erhöhter 7. Stufe, als *melodisches Moll* aufwärts mit zusätzlich erhöhter 6. Stufe (abwärts als natürliches Moll). → Zigeuner-Moll.

molto (it. =) viel, sehr; Tempo- u. Vortragsbez.; *molto mosso*, sehr bewegt; *moltissimo*, sehr viel.

Moment musical (frz. = musikal. Augenblick), Mehrz. Moments musicaux, kurzes, formal freies lyrisches → Charakterstück, meist f. Klav., erstmals bei Schubert, *6 Klavierstücke* op. 94 (1828) [im Autograph als *Momens musicales*], auch Ensemblestücke (Klebe, *Moments musicaux* op. 19 f. Orch., 1955).

monaural (engl., v. griech.-lat. »einohrig«), einkanalige, »monophone« Tonaufnahme bzw. -wiedergabe u. deren Rezeption als monaurales, richtungsloses Hören (→ Richtungshören); ggs. zu → binauralem Hören.

Monochord (griech. = Einsaiter), aus der Antike stammendes Instr., mutmaßlich v. Pythagoras erfunden, bei Euklid als »Richtschnur« erwähnt, zur mathematischen Festlegung v. Tonhöhen dienendes Hilfsinstr., bestehend aus einem rechteckigen Resonanzkasten mit längsseits darüber gespannter, an beiden Enden befestigter Saite, unter der sich ein verschiebbarer Steg (modulus) zur Fixierung v. Teilungspunkten der schwingenden Saitenlänge bzw. der daraus resultierenden Tonhöhen befindet, entsprechend der mathematischen Teilungsverhältnisse der Intervalle (Grundtöne: Oktave 1:2, Quinte 2:3, Quarte 3:4, gr. Ganzton 8:9); im MA als Meßinstr. zur Bestimmung v. Instrumental-Mensuren (Orgel) u. als Lehrinstr. im Gesangsunterricht; seit dem 14. Jh. mit mehreren Saiten u. Tasten ausgestattet, als → Polychord Vorläufer des → Klavichords.

Monodie (griech. = Alleingesang), aus der griech. Antike v. → aulos- od. → kitharabegleitenden Sprechgesang des Hymnoden u. Tragöden übernommener Stilbegriff der it. Gesangspraxis in Spätrenaissance u. Barock (→ Madrigal, Kantate, Oper); Sologesang mit → Generalbaßbegleitung (→ Laute, Cembalo, Orgel); Mischstil aus rezitativischen u. melodischen Vorformen des → Rezitativs u. der → Arie der Venezian. Oper (Monteverdi) u. weiterer it. Opernschulen des 17.-18. Jhs.; als Ausdrucksstil (stile concitato) v. Bedeutung f. die → Affektbildung der Vokal- u. Instrumentalmusik in Barock, Klassik u. Romantik; heute verallgemeinert f. Melodiestimme mit Akkordbegleitung (→ Homophonie).

Monodram → Melodram; bei Schönberg Werkbez. des Operneinakters *Erwartung* (1909) f. Sprechgesangsrolle u. Orch. *Duodram*, Melodram mit 2 Sprechrollen.

monophon (griech. = eintonig), einkanalige elektroakustische Tonaufnahme bzw. -übertragung, ggs. zu → stereo- od. quadrophon; bei → Synthesizern einkanalige Wiedergabe u. einstimmiges Spiel; *Monophonic Sythesizer*, als *Mini-Moog-S.* wie E-Orgel zu spielen; Ggs. *Polyphonic Synthesizer*.

Monothematik (griech.), aus nur einem → Thema als »Ureinfall« entwickelte Komposition, vorwiegendes Stilprinzip in der → Barockmusik; im 19. Jh. weitergeführt in Beethovens Variationswerken, als → Idée fixe in Berlioz' *Symphonie fantastique* (1830) u. als → Leitmotiv in Wagners → Musikdramen; im 20. Jh. bei Schönberg abgewandelt als (Grund-) → Reihe in der → Zwölftontechnik.

Mordent (v. it. mordente = »Beißer«), trillerartige → Verzierung, v. a. in der Instrumentalmusik des Barock u. der Frühklassik (17.-18. Jh.): ein- od. mehrfacher Wechsel (kurzer od. langer M.) zw. Hauptnote u. unterer Nebennote.

morendo (it. =) ersterbend; abnehmend an Lautstärke u. Tempo, gleichzeitig → diminuendo u. → ritardando; Vortragsbez.

Moresca (it. = Mohrentanz, span. Morisca), v. Südspanien u. It. seit dem 15. Jh. über Mitteleuropa verbreiteter pantomimischer Männertanz, je nach Kostümierung, meist mit Schellenbändern, als Narren-, Grotesk- od. Mohrentanz, in Spanien auch als trommel- u. pfeifenbegleiteter Schwertertanz islam. Mauren gegenüber christl. Spaniern; auch als Fruchtbarkeitstanz mit exzessiven Tanzgebärden einer Männergruppe um ein Frauenidol; engl. Variante → Morris Dance; stilisiert in der → Intermedien-, Ballett- u. Opernmusik des 16.-18. Jhs.

Moritat (v. lat. moritas = Erbauung, od. v. rotwelsch moores = Sitten, od. verballhornt aus Mordtat) → Bänkelsang.

Morris Dance (engl., v. span.-it. Morisca, Moresca), engl. Variante der → Moresca, seit dem 16. Jh. überlieferte, v. Einhandpfeife u. Trommel begleitete Männertanzspiele bei Fastnachts- u. a. Umzügen, auf derbe Texte u. aus → Ballad Operas allgemein bekannte Melodien; seit dem 19. Jh. wiederbelebt u. in Morris-Gilden gefördert.

mosso (it. =) bewegt, *meno m.*, weniger bewegt, *più m.*, lebhafter; Tempo- u. Vortragsbez.

Motette (v. frz. mot = [Bibel-]Wort), mehrstimmige, mehrsätzige, auch mehrtextige geistl. Liedgattung, seit dem 13. Jh. v. Frankr. ausgehend in verschiedenen Formen entwickelt, chorisch u. solistisch, → a capella u. instrumentalbegleitet, überwiegend Psalmen, aber auch allgemein geistlich-erbaulich textiert; im 15.-18. Jh. neben → Messe u. → Kantate, im 16.-17. Jh., ggs. zum → Madrigal, Hauptform chorischer Vokalmusik; in der → Notre-Dame-Schule des 13. Jhs. ursprüngl. als *Motetus* die neutextierte Oberstimme (→ Discantus) zum führenden → Cantus, im 14.-15. Jh. als → Isorhythmische Motette (Ph. de Vitry, Dufay), seit dem 16. Jh. im it. → Kantilenensatz (Josquin Desprez, Palestrina, Lasso), als engl. → Anthem (Purcell, Händel) u. als dt. Kirchenlied-M., seit dem 17. Jh. auch als instrumentalbegleitete Solo-M. (Viadana, *Cento concerti ecclesistici*, 1602; Mozart, *Exsultate, jubilate* KV 165, 1773), im dt. Hochbarock Choral-, Passions-M. (J. S. Bach), in Klassik u. Klassizismus des 18.-19. Jhs. durch sinfonische Oratorien zurückgedrängt, wiederbelebt im → Historismus des späteren 19. Jhs. (Bruckner, Brahms) u. im → Neobarock der 1. Hälfte des 20. Jhs. (Reger, Hindemith).

Motiv (v. lat. motivus = beweglich), kleinste, melodisch-rhythmisch-harmonisch sinntragende Gestalteinheit einer musikal. Komposition, als Fortspinnungs- u. Entwicklungs-M. Bauelement zu → Thema, Melodie, Phrase, Periode, Satz, v. bes. Bedeutung f. die motivisch-thematische Arbeit im → Durchführungsstil der klassisch-romantischen → Sonatenhauptsatzform (Beethoven), in der → leitmotivischen Verknüpfung des → Musikdramas (Wagner) u. in der → Reihentechnik der → Zwölftonmusik (Schönberg).

moto (it., v. lat. motus = Bewegung, Antrieb), Vortragsbez.: *con m.* = mit Bewegung. → mosso.

Mouvement (frz. = Bewegung), frz.-engl. Bez. f. Zeitmaß eines Satzes, auch f. Einzelsatz eines mehrsätzigen Werkes; in der Ballettfachsprache Sammelbez. f. Einzelschritt u. Schrittfolgen (→ Pas).

Mozarabischer Gesang, in Südspanien v. 6-11. Jh. verbreiteter, nach der arabischen Besetzung seit dem 15. Jh. neubelebter einstimmiger Kirchengesang mit orientalischen, ost- u. weström. Elementen, heute in Toledo gepflegt.

Mozarteum, Mehrfachbez. f. Musikinstitutionen in Mozarts Geburtsstadt Salzburg: seit 1880 *Internat. Stiftung M.* mit Musikschule u. Orch., seit 1931 Zentralinstitut der Mozartforschung (Neue Mozart-Gesamtausgabe), seit 1954 Akademie f. Musik u. Darstellende Kunst M.

Mridanga (sanskr.), indische Faßtrommel, beidseits mit Fellen bespannt (Oktavabstand), v. Spieler im »Schneidersitz« mit Handwurzelgelenk u. Fingerspitzen geschlagen.

Multimedia (v. lat. multium = Vielheit, u. media = Mittlungen), seit den 1950er Jahren verbreitete Bez. f. szenisch-musikalische Mischformen audiovisueller Kunstelemente, vielfach als *M.-Show* collagiert, auch als → Happening u. Environment live produziert, aus den USA (Cage) v. der westeurop. → Avantgarde übernommen u. weiterentwickelt, in der dt. Szene u. a. durch Schönbach, Riedl, Kagel.

Multiplay (engl.), das Überspielen v. Einspur- auf Mehrspur-Tonbandgeräte. → Playback.

Münchner Philharmoniker, 1893 gegr., 1923 v. der bayerischen Landeshauptstadt übernommenes Sinfonieorch., nach dem 2. Weltkrieg unter Leitung v. H. Rosbaud (bis 1948), F. Rieger (bis 1966), R. Kempe (bis 1976), seit 1979 unter S. Celibidache; seit 1985 im Gasteig-Zentrum domiziliert.

Mundharmonika, 1821 v. F. L. Buschmann erfundenes, mit dem Mund anzublasendes wechseltöniges → Harmonikainstr. mit durchschlagenden → Zungen in diatonischer, chromatischer od. diaton.-chromat. Tönereihung; als Begleit- u. Baßinstr. mit feststehenden Akkordverbindungen u. Baßeinzeltönen gebaut.

Mundorgel, Pfeifeninstr. laotischen Ursprungs, bis ins 4. Jh. v. Chr. datiert, 17-26 verschieden lange, mit Grifflöchern versehene Bambus- od. Holzpfeifen mit durchschlagenden Rohr- od. Metall- → Zungen kreisförmig auf eine tassenartige Windkammer gesteckt, in die durch ein seitl. angebrachtes Mundstück Spielwind eingeblasen wird, der die Rohre bei Deckung der Grifflöcher durch Druck- od. Saugwind z. Erklingen bringt; in China (Sho) u. Japan (Sheng) als Volks- u. Hofinstr. benutzt, seit dem 17. Jh. auch in Europa bekannt. → Harmonikainstrumente.

Mundstück, zum Lippenansatz dienende kessel-, becher- od. trichterförmige Anblasvorrichtung (Stengel- od. Grundbohrung) bei → Blechblasinstr.; bei Einfachrohrblattinstr. (Klarinetten, Saxophone) u. Blockflöten als → Schnabel, bei Doppelrohrblattinstr. (Oboen, Fagotte) als Rohr. → Rohrblattinstrumente.

Muñeira (kelt. = Mühle), asturisch-galizisches Tanzlied (6/8, auftaktig), mäßig bewegt, v. Schellentamburin u. Dudelsack begeitet.

Murciana, in der südspan. Provinz Murcia verbreitetes Volkslied, der Malagueña verwandt. → Fandango.

Murkybässe, ständig wiederholte Oktavbrechungen, als Begleitfigur v. a. in populärer Klaviermusik des 18.-19. Jhs.; *Murkys* auch Bez. f. kurzstrophige Lieder u. Musikstückchen mit oktavierter Baßbegleitung. → Albertibässe.

Muschelhorn, aus dem Gehäuse großer Meeresschnecken hergestelltes Horninstr., mit od. ohne Mundstück am abgeschnittenen Spitzende der Muschelwindungen, auf 6-7 Teiltöne anblasbar, in Frühkulturen (in Äquatorialzonen bis heute) als Signal- u. Kultinstr. benutzt; in der griech. Mythologie Attribut der Tritonen. → Horn.

Musen (v. griech. mousiké, Kunstfertigkeit), Schutzgöttinnen der Künste, ursprüngl. die Muse der Rhapsoden, bereits bei Homer (8. Jh. v. Chr.) neun Musenschwestern, Töchter des Göttervaters Zeus mit Mnemosyne, Göttin der Erinnerung, beheimatet auf dem Parnaß bei Delphi: Erato (Liebeslyrik; mit der → Kithara als Attribut), Euterpe (Lyrik; mit → Aulos), Kalliope (Epik; mit Schriftrolle), Klio (Geschichte; mit Schriftrolle), Melpomene (Tragödie; mit trag. Maske), Polyhymnia (Chorgesang; mit Instr.), Terpsichore (Tanz; mit → Lyra), Thalia (Komödie; mit kom. Maske), Urania (Astronomie; mit Himmelsglobus); als Anführer der Musen wurde → Apollon verehrt.

Musette (frz.), in Frankr. seit Beginn des 17. Jhs. verbreiteter → Dudelsack mit Schöpfbalg z. Windversorgung u. klappenbestückten Spielpfeifen (Doppelrohrblatt), Mode-Instr. bei Schäferspielen im frz. Rokoko; als Tanzsatz entsprechend den Bordunpfeifentönen der M. mit liegenden Baßtönen, im wiegenden Dreiertakt in die Instrumentalmusik des 18. Jhs. eingegangen (Rameau, Bach), als → Charakterstück in die Klaviermusik des 19. Jhs. übernommen. Auch Bez. f. die windsacklose altfrz. → Schalmei u. f. ein Zungenpfeifregister zart näselnden Klanges in Orgelwerken. *Musettegruppe*, in der → Salonmusik Bez. f. Besetzungen mit → Akkordeon; abgeleitet *Musette-Walzer*.

Music-Box → Musikbox.

Music for tape, Musik f. Tonband, in der amerikan. Musik der 1950er Jahre (Cage) Bez. f. Mischprodukte aus → Elektron. Musik u. Musique concrète.

Music-Hall, Bez. f. Varietétheater, Veranstaltungsort v. → Unterhaltungsmusik.

Music power, Musikleistung, Nenngröße f. die Leistung eines → Verstärkers.

Musica (lat., v. griech. mousikè tèchne = musische Kunstfertigkeit), in der Antike u. im MA geteilt in *Ars m.* (Musik als Kunstausübung) u. *Scientia m.* (Musik als Wissenschaftslehre); in der Musikanschauung des 12.-17. Jhs. dreigeteilt in *M. mundana* (→ Sphärenharmonie), *M. humana* (Spiegelung der Sphärenmusik des Makrokosmos im Mikrokosmos des Menschen), *M. instrumentalis* (instrumental-sinnlich wahrnehmbare wortgebundene u. wortlose Musik); *M. enchiridis* (v. griech. encheiridion = Handbuch) als Buchstaben- → Notenschrift; *M. ficta (falsa)* als »künstlich gemachte, ungewöhnliche«, nur durch Transpositionen od. Versetzungszeichen darstellbare Musik; *M. figuralis* als figurativer Gesang (→ Cantus), *M. mensurabilis* als → Mensuralmusik; *M. poetica* in der dt. Musiklehre des 16.-18. Jhs. Musik als Kompositionslehre, ggs. zu *M. pratica* als Gesangslehre; *M. riservata* im 16.-17. Jh. Bez. f. die den Kennern vorbehaltene, kunstvoll gesetzte Musik, ggs. zu *M. naturalis (vulgaris)* als Volksmusik des fahrenden Spielmanns (= *Musicus*, ggs. z. späteren Musiker). – An Musiklehre u. Musikleben der lateinischen Epochen MA, Renaissance, Barock knüpfen spätere Begriffsprägungen an wie *M. sacra* als → Kirchenmusik (seit dem → Cäcilianismus des 19. Jhs.), *M. viva* als zeitgen. (»lebende«) Musik, seit Mitte des 20. Jhs. als Name einer Veranstaltungsreihe des Bayerischen Rundfunks München, ähnlich *das neue werk* beim NDR Hamburg u. *Musik der Zeit* beim WDR Köln, sämtl. unter Bezug auf die Stilwenden des 14. Jhs. als → Ars nova, des 17. Jhs. als *M. nova*, des 20. Jhs. als → Neue Musik.

Musical, M. comedy, M. play (engl.), Kurz- u. Sammelbez. f. eine um 1900 am New Yorker Broadway aufgekommene, im Show-Business kommerzialisierte Bühnengattung v. Song- u. Tanztheater: → Extravaganza, Vaudeville, Operette, Revue, Jazz; soziokritische Zeitstoffe, Klassikerparodien; Welterfolge des Broadway-M. (Auswahl): *No, No, Nanette* (V. Youman, 1925); *Porgy and Bess* (G. Gershwin, 1935); *Kiss me, Kate* (C. Porter, 1948); *My Fair Lady* (F. Loewe, 1956); *West Side Story* (L. Bernstein, 1956); *Fiddler on the Roof* (J. Bock, 1964, in Dtl. als *Anatevka*); *Hair* (D. McDirmad, 1968); *Jesus Christ Superstar* (T. Rice, A. L. Webber, 1970); *Marilyn* (M. Garson, 1983).

Musik (lat. → Musica, v. griech. mousikè tèchne = musische Kunstfertigkeit), definierbar als akustisches Medium bewußt geordneter Klangmaterialien (Schallereignisse) v. sinnbezogener, sinndeutlicher Hörbarkeit (→ Akustik, Tonsysteme, Klang, Rhythmus, Melodie, Sprechgesang, Instrumente, Improvisation, Hören); in Früh- wie in Hochkulturen meist als → Angewandte M. zu Kult- u. Spielhandlungen, überwiegend in Verbindung v. Instrumentalm., (Sprech-)Gesang u. Tanz (→ Gagaku, Nô, Pantomime, Ballett, Oper, Singspiel, Musical); in der europ. Neuzeit, seit dem 16. Jh. zunehmend als → Autonome (Absolute) M., differenziert nach Zeit-, Gattungs-, Werk- u. Persönlichkeitsstil (→ Komposition, Form, M.-Theorie, -Ästhetik, -Philosophie, -Psychologie, -Soziologie), in akustischer Allgegenwärtigkeit (Re-Produzierbarkeit) v. M. aller Zeiten, Kulturen, Völker u. Länder, extreme Mischungsmöglichkeiten musikalischer mit außermusikalischen Erscheinungen (→ Multimedia, Computer- und Synthesizer-M. Meta-M. usw.).

Musikalien, Musikhandschriften u. Musikdrucke (umgangssprachlich »Noten«), i. w. S. auch Schriften zur Musik, Instr. u. Zubehör, Schallplatten u. techn. Geräte; Notendruckerzeugnisse seit Erfindung v. → Notendruck (15. Jh.) u. Notenstich (18. Jh.) auf Messeplätzen angeboten (Frankfurt/M., Leipzig), Musikhandschriften seit dem 19. Jh. auf Versteigerungen u. Auktionen (London, Amsterdam, Stuttgart u. a.), Drucke werden seit dem 18. Jh. an Buch- u. Musikalienhandlungen z. Verkauf gegeben, heute durch Vermittlung v. Verlags-, Sortiments- u. Kommissionshandel v. a. an Musikfachgeschäfte (zunehmend mit Instrumenten- und Tonträger-Abteilungen neben der traditionellen Notenabt.); Nachfolger des 1829 in Leipzig (F. Hofmeister) gegr. »Vereins der Deutschen Musikalienhändler« ist heute der *Gesamtverband deutscher Musikfachgeschäfte e. V.*, Sitz Bonn; gemeinsam mit dem → Deutschen Musikverlegerverband Hg. der 1949 gegr. Monatszeitschrift *Musikhandel*; Mitveranstalter einer seit 1980 eigenständigen jährlichen Internat. *Musikmesse* in Frankfurt/M.

Musikalische Begabung, Musikalität, aus frühzeitiger Anlage-Förderung resultierende Fähigkeiten des Hörens (Tonlagen, -dauern, -stärken) u. Behaltens (Rhythmen, Melodien, Zusammenklänge, Klangfarben, Stilelemente), ferner Fähigkeiten manueller Geschicklichkeit, rascher Auffassungs- u. Kombinations-, Einfühlungs- u. Gestaltungsgabe, sowohl reproduktiver wie produktiver Qualität; Begabungstests sind in der Regel eher Niveautests. → Musikal. Früherziehung, Musikerziehung, Musikpsychologie.

Musikalische Früherziehung, seit den 1960er Jahren in Dtl. (vordem schon in den USA, der SU u. Japan) v. Verband der →

Musikschulen geförderter Zweig der Entwicklung musisch-musikalisch begabter Kinder im Vorschulalter (→ Musikalische Begabung); Lernspiele mit »Kinderinstrumenten« zur Entfaltung v. Rhythmus-, Klang- u. Melodie-Elementen (→ Orff-Instrumentarium, Kinderlieder), anwendungsfähig auch im Bereich der → Musiktherapie, ab dem 4.-5. Lebensjahr überleitend zu instrumentaler Grundausbildung (Blockfl., Kleinvl., Klav.), auch zu Rhythmik und »Kinderballett«.

Musikalische Graphik, in der euro-amerikan. → Avantgarde der 1950-70er Jahre angewandte Zeichenschrift f. → aleatorische, elektronische, experimentelle Musik, notatorisch nonkonformistisch u. mehrdeutig, wobei die Funktionen des ausübenden Musikers als je neu improvisierendem Interpreten mit denen des Komponisten identifiziert werden; als *Aktionsschrift* (Realisationsnotation) graphisch präzisiert, abgewandelt auch in der neueren → Musikpädagogik angewandt (Kagel, G. Meyer-Denkmann); notationsgeschichtl. bei J. Cage (*Notations*, 1966), D. Schnebel (*Denkbare Musik*, 1972), E. Thomas, E. Karkoschka dargestellt. → Notenschrift.

Musikalische Prosa, in der → Neuen Musik (Schönberg) definiert als metrisch u. periodisch nicht gebundene, durchgehend expressiv entwickelte musikal. »Sprache«. (H. Danuser, *Musikalische Prosa*, 1975.)

Musikalische Zeit, Zeitablauf u. Zeitgestaltung in der Musik, in der europ. Musik durch → Metrum, Rhythmus, Formgliederung in regelmäßig pulsierenden, v. Tanz ableitbaren Zeitmaßen gestaltet (→ Takt, Tempo, Metronom). M. Z. steht im Hörerleben aller Musik im Spannungsfeld v. objektivierter (ontologischer) Zeitgegebenheit u. subjektivem (psychologischem) Zeitempfinden.

Musikalität → Musikalische Begabung.

Musikant (Musicus), im 16.-18. Jh. Allgemeinbez. f. Komponist, Kapellmeister, Instrumentalist, seit dem 19. Jh. abwertend f. fahrende Spielleute (→ Spielmann) u. halbprofessionelle Gelegenheitsspieler, ggs. zu Berufsmusikern (→ Musiker).

Musikästhetik, seit dem 18. Jh. (A. G. Baumgarten, *Aesthetica*, 1750), Teil der Allgem. Ästhetik (v. griech. aisthanestai = empfinden, wahrnehmen) u. der Philosophie; Lehre v. Wesen, Wahrnehmung u. Wirkung der Musik, seit dem 19. Jh. unterschieden nach Ausdrucks- (Inhalts-) Ästhetik (→ Affektenlehre, Barock, Romantik) u. Formalästhetik (→ Form, Klassik, Neoklassik), im 20. Jh. auch unter Aspekten der → Musikpsychologie u. → Musiksoziologie gesehen.

Musikautomaten → Mechan. Musikinstrumente.

Musikbibliographie, systematische Beschreibung, wertende Auflistung v. Büchern u. a. Schriften z. Musik od. v. Musikwerken selber, nach Sachgebieten geordnet (Komponisten, Werkgattungen, Instr. usw.); im 16.-18. Jh. als Jahreskataloge der Buchmessen in Frankfurt/M. u. Leipzig, im 18.-19. Jh. v. a. in Dtl. (Mattheson, Mizler, Forkel) u. Frankr. (Fétis) wissenschaftl. weiterentwickelt, grundlegend im 20. Jh. das v. R. Eitner hg. *Biographisch-bibliographische Quellen-Lexikon der Musiker u. Musikgelehrten* (1900-04), seit 1960 fortgesetzt als *Répertoire International des Sources Musicales* (RISM). → Musiklexika.

Musikbibliotheken, seit Beginn des 20. Jhs. (München, Florenz) Leih- od. Lesebüchereien v. Musikbüchern, -zeitschriften, -notenausgaben, heute auch Schallplatten, Kassetten u. a. → Musikalien; meist in öffentl. Trägerschaft, auch als Abt. wissenschaftl. (Universitäts- u. a.) Bibliotheken mit Manuskriptbeständen, Wiegendrukken, Brief- u. Bildsammlungen; umfangreichster u. bedeutendster Bestand in Dtl. in der ehemaligen Preußischen Staatsbibliothek in Berlin, heute einesteils in der Staatsbibliothek Preußischer Kulturbesitz in Berlin (West), andernteils in der Musikabt. der Deutschen Staatsbibliothek in Ost-Berlin; M. verfügen seit 1951 über eine internationale Vereinigung u. halten seit 1954 in den *Fontes Artis Musicae* ihre Fachzeitschrift. → Musikzeitschriften.

Musikbogen, Urform eines Zitherinstr., aus Frühkulturen aller Erdteile belegt; ein mit einer, seltener mit zwei Saiten bespannter, biegsamer Holzstab (Stockzither), dessen eines Ende auf eine Fruchtschale od. in den Mund des Spielers zu stecken ist (Resonatoren), Saite(n) mit Stäbchen od. Finger zu schlagen, zupfen, od. schrapen, mit einem weiteren Stäbchen in der anderen Hand durch Auflegen auf die Saite(n) in der Tonhöhe zu ändern.

Musikbox (amerikan. Jukebox), seit etwa 1930 bis in die 1960er Jahre verbreiteter Schallplattenautomat mit maximal 200 Singles, bei Münzeinwurf über Tastatur programmierbar nach Reihenfolge u. Anzahl der gewählten, saisonal wechselnden Hits; in Vergnügungslokalen aufgestellt, mit entsprechendem Münzeinwurf auch auf »Stille« zu blockieren; seit den 1960er Jahren zunehmend durch → Kassettenrecorder u. a. mechan. Musikgeräte abgelöst.

Musikdidaktik (v. griech. didaskein = lehren), Wissenschaft v. Lehren u. Lernen im Musikunterricht (→ Musikerziehung), untersucht überlieferte Konzeptionen, neue Unterrichtsmodelle (Curriculumforschung), Lernprozesse, Lehrerausbildung u. a. m.; Ausbildungsfach an Musikhochschulen (Schulmusikabt., Seminar f. Musikerziehung).

Musikdiktat, Teil der → Gehörbildung; Vorsingen od. Vorspielen (meist am Klav.) kleinerer Melodien, Rhythmen, Akkordfolgen, 2-3-stimmiger Kontrapunktsätzchen z. nachfolgenden Niederschrift durch den Lernenden, mit ein- bis zweimaliger Wiederholung der Hörbeispiele, vornehml. im vorberufl. Gruppenunterricht; Sänger, Streicher u. Bläser sind dagegen eher auf lineares Hören eingestellt, Pianisten eher auf harmonikales Hören (ausgleichbar).

Musikdirektor, Abk. MD, im 18. Jh. als *Director musices* Leiter der Musikpflege in Diensten einer Stadt (J. S. Bach in Leipzig), ggs. zum → Kapellmeister in Hofdiensten; seit dem 19. Jh. als Städt. MD (in Großstädten → Generalmusikdirektor), auch als Kirchen-MD od. Univ.-MD; heute freier Titel, z. B. bei beruflich ausgebildeten Leitern v. Orchester- od. Chorvereinigungen.

Musikdrama, in den 1830er Jahren aufgekommener Gattungsbegriff, seit R. Wagners *Ring des Nibelungen* (1854-74) vornehmlich angewandt auf Idee u. Praxis des → Gesamtkunstwerkes als einer werkimmanenten Einheit v. dramat. Bühnendichtung u. sinfonisch durchkomponierter Orchestermusik (→ Leitmotiv, Musikal. Prosa, Sprechgesang), ggs. zur it. u. frz. (Nummern-) → Oper mit → Rezitativ u. → Arie im 18.-19. Jh. wie auch zum → Musiktheater im 20. Jh.; v. Einfluß noch auf Debussy (*Pelléas et Mélisande*, 1902), Strauss (*Salome*, 1905; *Elektra*, 1909), Schönberg (*Erwartung*, 1909), Berg (*Wozzeck*, 1925).

Musiker, Sammelbez. f. berufsmäßig Musikausübende, insbes. Instrumentalmusiker (Ensemble, Solo), → Kapellmeister, Chorleiter, Korrepetitoren, Musiklehrer, Kirchenmusiker, Vokalisten (Chor, Solo); berufsständisch organisiert (→ Musikerverbände). → Musikant, Spielmann, Musikerziehung.

Musikerverbände, berufsständische Organisationen, meist rechtsfähige Vereine, in Dtl. erstmals der 1872 gegr. Allgem. Dt. Musikerverband, heute Verband dt. Musikerzieher u. konzertierender Künstler (VDMK), Dt. Orchestervereinigung, Dt. Komponisten-Verband, Verbände dt. Schulmusikerzieher, Verleger, Kritiker u. a. m. Orchestermusiker u. Musikerzieher auch in der Gewerkschaft Kunst des DGB vertreten.

Musikerziehung (Musikpädagogik), Entwicklung u. Pflege musikalischer Fähigkeiten instrumentaler, vokaler, bewegungsrhythmischer sowie musiktheoretischer, -erzieherischer u. -wissenschaftlicher Art (→ Musikwissenschaft); in Dtl. heute → Musikal. Früherziehung, Musikschul- u. Privatunterricht, theoret. u. prakt. Musikunterricht an allgemeinbildenden Schulen (→ Schulmusik) u. in Arbeitsgemeinschaften an Volkshochschulen; vorberufl. Ausbildung an → Musikschulen u. → Konservatorien, Berufsausbildung aller Disziplinen in der Spitze an → Musikhochschulen. → Musische Erziehung.

Musikethnologie, Musikal. Völkerkunde, um 1900 durch Stumpf, v. Hornbostel u. a. begründete Disziplin der → Musikwissenschaft (Vergleichende MW), mit der Musik nichteurop. Früh- u. Hochkulturen befaßt (→ Tonsysteme, Instr. u. a. Zeugnisse), in vielfältiger Beziehung zu Völkerkunde u. -psychologie, Anthropologie, Religionswissenschaft, Linguistik, [Musik-] → Soziologie; Forschungszentren Berlin, Wien, Amsterdam, London, USA, SU; aufschlußreich auch f. Erkenntnisse v. Zusammenhängen u. Wechselwirkungen zw. europ.-abendländ. u. außereurop. Musikkulturen.

Musikfestspiele (Festspiele, Festivals), Veranstaltungszyklen v. Konzert-, Opern-, Ballett- u. a. musikal. Präsentationen, vielfach an musikhist. beziehungsreichen Plätzen, meist in saisonaler Wiederkehr, in der Regel v. Öffentl. Hand, Fördervereinen, Sponsoren, auch v. Rundfunk- u. Fernsehanstalten, Schallplattenfirmen, Filmgesellschaften mitgetragen. M. in der griech. Antike die Delphischen Wettspiele, im MA die → Mysterienspiele, in Renaissance u. Barock die höfischen → Intermedien u. → Fieste teatrale, seither z. B. in Engl. das Three Choirs Festival, in Dtl. die Niederrheinischen Musikfeste (seit 1817), die Beethovenfeste der Stadt Bonn (seit 1845), die → Bayreuther (Wagner-)Festspiele (seit 1876); Internationale Musik-Festspiele heute (Auswahl): im Frühjahr Glyndebourne Festival Opera, Maifestspiele Wiesbaden, Prager Frühling, Maggio Musicale Fiorentino, Schwetzinger Festspiele, Wiener Festwochen; im Sommer Aldeburgh, Ansbach (Bach), Aix-en-Provence, Göttingen u. Halle (Händel), Hersfeld, → Bayreuth, Berlin, Dubrovnik, Eutin, Helsinki, Lockenhaus (Kammermusik), Luzern, Montreux, München, Perugia, →

Salzburg, Straßburg, Festival van Vlaanderen, Zagreb; im Herbst: Steirischer Herbst Graz, Warschauer Musikherbst, Metz, Kasseler Musiktage, Darmstädter Musiktage (sämtl. zeitgen. Musik). Sitz der 1952 gegr. *Association Européenne des Festivals de musique* ist Lausanne.

Musikgeschichte → Musikwissenschaft.

Musikhandel → Musikalien.

Musikhochschulen, staatl. Lehrinstitute zur musikalisch-künstlerischen, musikpädagogischen u. musiktheoretisch-wissenschaftlichen Berufsausbildung, in der BRD im Anschluß an vorberufl. Ausbildung (→ Konservatorium) od. musikschulische, allgem. schulische bzw. private Vorbereitung (→ Musikschulen); fachspezifische Aufnahmeprüfungen, Zwischentests. M. gliedern sich in Klassen f. Komposition, Tonsatz u. Theorie, Dirigentenklassen (Orch., Chor), Soloklassen f. Gesang (Bühne, Konzert), Klav., Vl. u. weitere (Orch. od. Solo-)Instr., f. Org., Cembalo, Gambe, Laute u. a. hist. Musikinstr., Abt. f. → Schul- u. Kirchenmusik (Abitur unerläßlich), Seminare f. Musikerziehung einschl. Rhythm. Erziehung, Bühnentanz (an Hochschulen f. Musik u. Darstellende Kunst auch Pantomimik, Schauspiel u. a.), Opern- u. Orch.-Schulen, Elektron. u. Medienmusik, Jazz, Unterhaltungs- u. Militärmusik; Pflichtfächer → Gehörbildung, Harmonielehre, Kontrapunkt, Formenlehre, Musikgesch., MW, wahlweise Italienisch, Methodik u. Sondereinrichtungen, z. B. Neues Musiktheater (Köln), → Tonmeister (Detmold, Berlin), → Musikkritik u. a. m.; Studiendauern 8-12 Semester; Abschlüsse: Künstler. Reifeprüfung, Konzertexamen, Diplomprüfungen f. Musikschullehrer, Staatsexamina f. Schul- u. Kirchenmusiker; M. in der BRD dzt.: Berlin (seit 1975 als Hochschule der Künste, Zusammenschluß der Hochschulen f. Musik u. f. Bildende Künste), Bremen, Detmold (mit Münster u. Dortmund), Essen (mit Duisburg), Frankfurt/M., Freiburg, Hamburg, Hannover, Heidelberg/Mannheim, Karlsruhe, Köln (mit Düsseldorf, Aachen, Wuppertal), Lübeck, München, Saarbrücken, Stuttgart, Würzburg; DDR: Berlin (Hanns-Eisler-M.), Leipzig (Mendelssohn-M.), Dresden (C. M. v. Weber-M.), Weimar (F. Liszt-M.), Halle (Händel-M.); seit 1970 werden auch in Östr. u. der dt.-sprachigen Schweiz vormalige → Akademien od. → Konservatorien als M. geführt, z. B. in Wien, Graz, Innsbruck, Linz, in Basel, Zürich, Bern. M. in der BRD entsprechen heute organisatorisch den Wissenschaftl. Hochschulen (ordentl. u. außerordentl. Prof.), Dozenten, Lehrbeauftragte, Assistenten), Direktorial-Verfassung (in Bayern Präsidial-Verfassung mit abwählbarem Dreierdirektorium), Senat, AStA. Die 1956 gegr. *Association Européenne des Academies, Conservatoires et Musikhochschulen*, Sitz Genf, koordiniert auf Jahreskonferenzen an wechselnden M.-Orten Belange der westeurop. M. u. vertritt diese auch bei Behörden u. in der Öffentlichkeitsarbeit. (*Musikstudium in der Bundesrepublik Deutschland*, Hg. E. Kraus, 1960ff.)

Musikinstrumente → Blas-, Streich-, Zupf-, Schlag-, Tasten-Instr., Instrumentenkunde.

Musikkritik (v. griech. krinein = unterscheiden), veröffentlicht wertende Besprechungen v. Musikveranstaltungen u. → Musikalien in Presse u. Rundfunk (vereinzelt Fernsehen), unterscheidbar nach tagesaktueller Konzert-, Opern-, Ballettkritik u. eher reflektierenden Musikfeuilletons od. Aufsätzen z.B. über Komponisten, Aufführungspraxis, Schallplatten, Bücher, Interpreten, Instrumentarien, Verlagswesen, Zeitfragen; heute vielfältig praktiziert durch Musikjournalisten (Redakteure od. Mitarbeiter tunlichst musikpraktisch u./od. -theoretisch bzw. wissenschaftl. ausgebildet), institutionelle M. in Engl., Frankr., Dtl. seit dem 18. Jh., in Dtl.: J. Mattheson. *Critica musica*, 1722-1725; L. Chr. Mizler, *Musicalische Bibliothek*, ab 1736; J. A. Scheibe, *Critischer Musicus*, 1737-40; Fr. W. Marpurg, *Der critische Musicus an der Spree*, 1750; J. A. Hiller, *Wöchentliche Nachrichten*, ab 1766, J. Fr. Reichardt, *Musikalisches Kunstmagazin*, 1782-91; namhafte Kritiker-Komponisten im 19. Jh.: E. Th. A. Hoffmann, C. M. v. Weber, H. Berlioz, R. Schumann; im 20. Jh.: Debussy, Honegger, Eisler u. a.; bedeutsam f. Anspruch u. Wirksamkeit professioneller M. im 19. Jh. E. Hanslick, Wien, im Widerstreit v. → Klassizismus u. → Programmusik, im 20. Jh. H. H. Stuckenschmidt, Berlin, im Engagement für die → Neue Musik. Eine systemat.-dokumentatorische Darstellung zur Gesch. der europ. M. steht weiterhin aus.

Musiklehre, Allgemeine M., Vermittlung musikal. Grundkenntnisse in → Harmonie- u. Formenlehre; in Schul-, Musikschul- od. Privatunterricht erteilt, erweitert um → Akustik, Instrumentenkunde, f. Eingangssemester auch an → Konservatorien u. → Musikhochschulen.

Musiklexikon, Musiklexika, (v. griech. lexis = Wort), Nachschlagebücher, ein- od. mehrbändig, alphabetisch geordnet nach Stichwörtern zu Sachen u./od. Personen, seit dem 18. Jh. (Rationalismus, Aufklärung) v. Frankr., Engl. u. Dtl. aus verbreitet, im 20. Jh. zunehmend spezifiziert, z. B. nach Gattungen (Opern-, Ballett-, Jazz-, Komponisten, Interpreten (Pianisten-, Sänger-L.), Medien (Schallplatten-L.), als Universal-L. v. a. in den USA und der SU differenziert zu vielbändigen → Enzyklopädien der Musik, z. B. *Die Musik in Geschichte und Gegenwart*, Abk. → MGG, *The New Grove Dictionary of Music and Musicians*, 6. Aufl., hg. v. St. Sadie, 20 Bde., 1980; *Das große Lexikon der Musik*, hg. v. M. Honegger und G. Massenkeil, 8 (10) Bde., 1976-83; hist. bedeutsame dt. Musiklexika (Auswahl): J. G. Walther, *Musicalisches Lexicon* (1732, Faks. 1953), H. Ch. Koch, *Musikalisches Lexikon*, 1802, Nachdr. 1964; H. Riemann, *Musik-Lexikon* (1882 u. ö., zuletzt als *Brockhaus-Riemann-Musiklexikon*, hg. v. C. Dahlhaus u. H. H. Eggebrecht, 2 Bde., 1978-79; wissenschaftsspezifische M. der gegenwärtigen Forschung: *Internationales Quellenlexikon der Musik* (RISM), hg. v. der Internat. Ges. f. MW, seit 1960; *Handwörterbuch der musikal. Terminologie*, hg. v. H. H. Eggebrecht, seit 1972.

Musikmeister → Militärmusik.

Musikologie, Musicology → Musikwissenschaft.

Musikorganisation → Musikrat.

Musikpädagogik → Musikerziehung.

Musikphilosophie (griech. = svw. Musik-Weisheitsliebe), in Antike u. MA Teilgebiet philosophischer Wert- u. Ethoslehre, seither meist der → Musikästhetik zugeordnet.

Musikpolitik, definierbar als Teilgebiet der Kultur- u. Allgem. Politik, im demokrat. Staatswesen eher mit berufsständischen

Förderungs- u. mit werk- od. personenbezogenen Schutzfragen befaßt, in totalitären Systemen eher mit sozioterminierter musikorganisatorischer Einbindung v. Musik u. Musikern, heute beides auch in internationalem Bezug; in Dtl. seit Mitte des 19. Jhs. diskutiert, u. a. bei W. H. Riehl (*Naturgeschichte des Volkes als Grundlage einer deutschen Sozialpolitik*, 4 Bde., 1851-1869), H. Kretzschmar (*Musikal. Zeitfragen*, 1903, Nachdr. 1973), K. Storck (*Musik-Politik*, 1911), P. Raabe (*Die Musik im Dritten Reich*, 1935), J. Wulf (*Musik im Dritten Reich. Eine Dokumentation*, 1963), H. Eisler (*Musik und Politik*, 1973), H. W. Henze (*Musik und Politik*, 1984). → Musikästhetik, -philosophie, -erziehung, -zeitschriften.

Musikpreise, ehrende Auszeichnungen (Urkunden, Medaillen, Geldgaben) f. besondere musikalische Leistungen od. Verdienste an Einzelpersonen, Gruppen od. Institutionen, im Bereich der Musikerziehung in Form v. Stipendien, im musikal.-wissenschaftl. Bereich als Projektförderung, M. auch als Ehrensold u. Künstlerhilfe allgemein; Stifter v. M. sind Länder, Städte, Stiftungen, Mäzene u. a. m. – Dt. M. nach 1945 (Auswahl): Bayerische Akademie der schönen Künste München, seit 1948; Bach-Preis Hamburg seit 1951; Kulturkreis im Bundesverband der Deutschen Industrie, seit 1952; Karl-Sczuka-Preis Südwestfunk Baden-Baden, seit 1955; Zelter- bzw. Pro-Musica-Plakette des Bundespräsidenten, seit 1956 bzw. 1968 f. Chor- bzw. Instrumentalvereinigungen; Berliner Kunstpreis, seit 1956 jährlich, Beethovenpreis der Stadt Bonn, seit 1959 alle 3 Jahre (Kompositionspreis), Deutsche Stiftung Musikleben, seit 1962; H. v. Karajan-Stiftung, seit 1969; »höchster« M. mit sfrs. 150.000,-: E. v. Siemens-Stiftung, seit 1973; Jürgen-Ponto-Stiftung, seit 1977; Schallplattenpreise, Kritiker-Preise. → Musikwettbewerbe.

Musikpsychologie (v. griech. psyche = Seele, und logos = Wort), Teilgebiet der Systemat. → Musikwissenschaft, interdisziplinär mit Psychologie, Ästhetik, Philosophie, Akustik, Linguistik, Physiologie, Verhaltensforschung verbunden, in ihren Anfängen des 19. Jhs. als Tonpsychologie, seit Beginn des 20. Jhs. als Gestaltpsychologie, seit Mitte des Jhs. eher als Wahrnehmungs- u. Rezeptionspsychologie gesehen, auch unter soziopsychologischen Aspekten, angewandt, insbes. in → Musikerziehung u. → Musiktherapie.

Musikrat, als regierungsunabhängiger Internat. M. 1949 auf Initiative der UNESCO gegr., Sitz Paris; der 1953 gegr. *Deutsche Musikrat, Sektion BRD im Internat. M. e. V.*, Sitz Bonn, umfaßt heute (1986) neben 50 Einzelmitgliedern des dt. Musiklebens 75 Organisationen, aus denen drei Arbeitsgemeinschaften f. Musikerziehung u. Musikpflege (AGMM), Musikberufe (AGMB) und Musikwirtschaft (AGMW) hervorgingen; f. jedes Bundesland entstanden Landesmusikräte; gemeinsames Ziel: Koordination, Pflege u. Förderung aller Bereiche der Musik; Publikationsorgan: *Dt. Musikrat. Referate und Informationen* (seit 1965); *Musik-Almanach* (seit 1986/87); Förderungsprojekte: Dt. Musikwettbewerb, Jugend musiziert, Konzerte junger Künstler.

Musikschule, Einrichtung überwiegend städt. Trägerschaft z. Heranbildung v. Kindern u. Jugendlichen (seltener v. Erwachsenen) zum instrumentalen Liebhabermusizieren, bei Sonderbegabungen auch z. Vorbereitung auf ein Berufsstudium an → Musikhochschulen; in der BRD v. 10M. 1952 auf über 650 1982 angestiegen; seit 1966 im Verband dt. M. zusammengefaßt. → Musikal. Früherziehung, Musikerziehung.

Musikseminar, Musiklehrerseminar, seit 1925 v. damaligen Reichsverband dt. Tonkünstler u. Musiklehrer (RDTM, heute VDMK, Verband dt. Musikerzieher u. konzertierender Künstler) eingerichtete Ausbildungsstätte f. Privatmusiklehrer, 1935 der → Reichsmusikkammer (RMK) eingegliedert, seit 1945 überwiegend an → Konservatorien u. → Musikhochschulen, neben der Abt. f. → Schulmusik als alternative Abt. f. Musikerziehung zur method.-didaktischen Heranbildung v. Musikschullehrern u. freiberufl. Musiklehrern.

Musiksoziologie, interdisziplinäres Forschungs- u. Lehrgebiet zw. Soziologie u. → Musikwissenschaft, in Europa u. den USA seit den 1920er Jahren entwickelt, in Dtl. (Honigsheim, Weber) bis heute kontrovers geführt (Adorno / Blaukopf; Engel / Silbermann), gegenwärtig teils auf empirische M. (Kneif, Karbusicky), teils auf kulturpsychologische M. (Rummenhöller) ausgerichtet; hauptsächliche Arbeitsfelder: Sozial-, Medien-, Rezeptionsgeschichte. → Absolute Musik, Funktionale Musik.

Musiktheater, Bühnenwerke verschiedenartigster Verbindungen v. szen. Handlung u. Musik: → Oper, Ballet de cour, Ballad Opera, Grand opera, Musikdrama, Singspiel, Operette, Musical; im besonderen Sinne abgehoben gegenüber der → Belcanto-Oper, seit den 1920er Jahren Bühnenwerke gleichrangiger Autonomie v. Musik u. Bühnendichtung (→ Literaturoper, Libretto), z.B. *Wozzeck* v. A. Berg nach G. Büchner (1925), od. stoffl. u. musikal. aktualisiertes → episches M. als Zeitoper, z.B. *Aufstieg und Fall der Stadt Mahagonny* v. K. Weill v. B. Brecht (1930), od. szen.-oratorische Mischformen, z.B. *Oedipus Rex* v. Strawinsky (1927), *Carmina Burana* v. C. Orff (1937), od. als aktionistisches totales Theater, einschl. → Multimedia-Shows (Schönbach, Riedl u.a.), bei Kagel (*Sur Scène*, 1960; *Staatstheater*, 1971; *Die Erschöpfung der Welt*, 1980) als Neues Musiktheater. – M., ggs. z. »Ausstattungsoper«, seit den 1950er Jahren auch als »Regietheater« (Felsensteinschule: G. Friedrich, R. Berghaus, H. Kupfer).

Musiktheorie, als theoret. Grundlegung der Musik befaßt mit → Akustik, Ton- u. Musikpsychologie, Musikphilosophie und -ästhetik (→ Musikwissenschaft), als prakt. Lehrfach → Musiklehre (einschl. Melodie- u. Rhythmuslehre), → Harmonielehre, Kontrapunkt, auch → Formenlehre, Instrumentation, Analyse, Tonsatz.

Musiktherapie, Anwendung v. Musik od. Musikelementen (Rhythmus, Klang, Melos) im Rahmen psychischer od. psychosomatischer Heilbehandlung; überliefert aus Früh- u. Hochkulturen der Vergangenheit, aus der griech. Antike bei Pythagoras mit Reinigungsriten (Kathartik) belegt, aus der jüd. Gesch. im AT z.B. mit Davids Harfenspiel zur Heilung Sauls (1Sam16,14); Aufgabenfelder heutiger M.: Arbeit mit Behinderten aller Art, in der Heilpädagogik, Psychiatrie, Resozialisierung usw., Behandlung v. Neurosen, Psychosen, Suchtkrankheiten, Verfahrensmethoden aktiven u. rezeptiven Umgangs mit Musik, Gruppen- od. Einzeltherapie mit Kindern, Jugendlichen, Erwachsenen; in den USA, Schweden, Engl., den Nld., Östr. u. a. europ. Ländern seit den 1950er Jahren systematisch erforscht u. gelehrt, in der BRD z. B. in Berlin, Hamburg, Herdecke, Heidelberg, Aachen, Würzburg, institutionell in Zusammenarbeit v. Medizin u. Musikpädagogik mit zusätzl. Studiengängen an Kliniken u. Musikhochschulen; auch medizin.-musikpädagog. Pilotprojekte privater Initiative, seit 1972 durch die Dt. Gesellschaft f. M., bzw. den 1978 gegr. Dt. Berufsverband f. Musiktherapeuten gefördert. – Strobel/Huppmann, *Musiktherapie*, 1978.

Musikunterricht → Musikerziehung, Musikschule.

Musikverlag, seit Erfindung des → Notendrucks entstandener Zweig des Verlagswesens, im 16.-17. Jh. in Verbindung v. Druck u. Verlag, seit dem 18. Jh. v. Druck, Verlag u. Vertrieb (→ Musikalien), in Dtl. z. B. → Breitkopf & Härtel, Leipzig (seit 1719), B. → Schott's Söhne, Mainz (seit 1770), Leuckart (seit 1782), → Heinrichshofen (seit 1806), C. F. → Peters (seit 1800), im 19. Jh. zunehmend Musiknoten, -bücher, -zeitschriften, im 20. Jh. auch Schallplatte u. Tonband, Lizenzvergaben u. Leihmaterialien; dt. Verlagsgründungen im 20. Jh. v. internat. Geltung z. B. → Bärenreiter, Sikorski, Henle. Kataloge u. Archive der M. zählen zu den Quellen neuerer Musikgeschichte. Berufsständische Vertretung: Dt. Musikverleger-Verband, Sitz Bonn. → Musikalien, Editionen – R. Schaal, *Musikverlag u. Musikalienhandel*, 1961.

Musikwerke → Mechan. Musikinstr. (Musikautomaten); auch Sammelbez. f. Kompositionen. → Opus, Œuvre.

Musikwettbewerbe, in musisch-sportl. Wettspielen der Antike (Olympia) vorgebildet, in MA u. Neuzeit als Gesangs-W. fortgeführt (→ Minnesang, Meistersang), seit dem 19. Jh. als Stipendien- u. Preisausschreibung (z. B. Prix du Rome des Conservatoire de Paris f. Komposition, 1803-1968, im 20. Jh. mehrheitl. als national od. internat. organisierte instrumentale M. z. konzertöffentl. Ermittlung (Juroren) Künstler u. spieltechn. Bestleistung v. a. des professionellen Nachwuchses (institutionell und durchführungspraktisch nicht unumstritten), verbunden mit → Musikpreisen, Stipendien u. Starthilfen in die Berufspraxis; z. B. Chopin-Wettbewerb f. Pianisten in Warschau, seit 1927; M. f. Gesang, Klavier u. a. Instr. z. B. in Genf, München (ARD) seit 1951, f. Komposition seit den 1950er Jahren z. B. in Darmstadt, Bonn, Bilthoven, Bourges; M. dzt. (1986) mit mehr als 60 Mitgliedern zusammengeschlossen zu einer *Fédération des Concours Internationaux de Musique*, Sitz Genf. Ein mehrstufiges Begabtenförderungsprogramm des Dt. → Musikrats reicht bundesweit v. jährlichen Wettbewerben *Jugend musiziert* bis zum *Dt. Musikwettbewerb junger Künstler*. Als M. können auch Vorspielen/Vorsingen z. Erlangung ausgeschriebener Positionen bei Orchestern, Bühnen, Musikhochschulen, Konzertagenturen bezeichnet werden.

Musikwissenschaft, seit Ende des 19. Jhs. (G. Adler, Wien) nach Forschungs- u. Lehrmethoden als Geisteswissenschaft an Universitäten vertretene Disziplin (Philosoph. Fakultät), seit den 1920er Jahren als praxisbezogene Geschichtswissenschaft auch im Lehrangebot der Musikhochschulen; heutige universitäre, teilweise interdisziplinäre Zweige der MW: *Hist. MW* (Erforschung u. Darstellung der europ. Musikgesch. seit dem Früh-MA [Epochen-, Stil-, Gattungs-, Werk-, Komponisten-, Aufführungs-, Rezeptions- u. Sozial-Gesch.]; *Systematische MW* (Akustik, Instrumentenkunde, Musikpsychologie, -ästhetik, -soziologie); *Vergleichende MW* (Musikal. Völkerkunde); Publikationsorgane: *Archiv für Musikwissenschaft* (AfMw), seit 1918; *Die Musikforschung* (Mf), seit 1948; *Beiträge zur MW* seit 1959 (Berlin-Ost). – Zum Studium der MW (MG): K. G. Fellerer (2/1953), H. Husmann (3/1980). → Edition, Musiklexika, Musikzeitschriften.

Musikzeitschriften, Periodika zu Musik u. Musikleben, dt.-sprachige M. seit J. A. Hillers *Wöchentlichen Nachrichten und Anmerkungen die Musik betreffend* (1766-70), *J. Fr. Reichardts Musikal. Kunstmagazin* (1798-1848) musik-journalistisch, mit R. Schumanns *Neuer Zeitschrift für Musik* (seit 1834) musikkritisch etabliert, seither nach Fachgebieten u. Organisationen vielfältig verzweigt (Wochen-, Monats-, Zweimonats-, Vierteljahres-Zss.), z. B. *Schweizerische Musikzeitung* (seit 1862), *Musikalienhandel/Musikhandel* (1899), *Die Musik* (1901), *Zeitschrift* bzw. *Archiv für MW* (1918), *Melos* (1920), *Dt. Musikkultur* (1936), *Östr. Musikzeitschr.* (1946), *Musica* (1947), *Die Musikforschung* (1948), *Musik und Gesellschaft* (1951, Berlin-Ost), *Das Orchester* (1953), *fono forum* (1956), *Opernwelt* (1960), *Theater heute* (Oper, Ballett, 1960), *Musik und Bildung* (1969), *Neue Musikzeitung* (1969), *Zeitschrift für Musikpädagogik* (1976). Dokumentationen: E. Rohlfs, *Die dt.-sprachigen Musikperiodica 1945-57*, 1961; I. Fellinger, *Verz. der M. des 19. Jhs.*, 1968.

Musique concrète (frz. = konkrete Musik), um 1950 durch P. Schaeffer in Paris entwikkelte elektro-akust. bearbeitete, auf Tonband aufgezeichnete, über Lautsprecher reproduzierte (Geräusch-) Musik aus mikrophonal aufgenommenen »konkreten« Klanggeräuschen des Alltags. → Elektron. Musik, Futurismus.

Musique mesurée (à l'antique) (frz. = in Art der Antike gemessene Musik), Vokalkompositionen des 16.-17. Jhs., deren Notenwerte den Längen od. Kürzen der betonten od. unbetonten Silben (vers mesurés) entsprechen, v. der Pariser Académie de Pésie (Baïf) propagiert, u. a. v. Lasso aufgegriffen (Psalmen, Hymnen), v. Bedeutung auch f. die Entwicklung des → Rezitativs in der frz. Oper v. Lully bis Debussy. → Ode.

Musiquette (frz.), kleineres unterhaltsames musik- od. operettenartiges Theaterstück.

Musische Erziehung, auf individuelle, spontane, kreative Entfaltung musisch-künstlerischer Fähigkeiten v. a. v. Kindern u. Jugendlichen gerichtete »ganzheitliche« Kunst- u. Musikerziehung; Reformbewegung seit dem frühen 20. Jh., mitgetragen v. der → Jugendmusikbewegung, Landerziehungsheimen, Montessori- u. Waldorfschulen, Musikgymnasien (Fft./M., Köln), nach dem 2. Weltkrieg v. a. im Bereich der → Rhythmischen Erziehung weiterentwikkelt; übergreifend etwa an der 1958 gegr. Akademie f. musische Erziehung u. Medienbildung (Remscheid), seit den 1980er Jahren neuakzentuiert in der Erwachsenenbildung, etwa an der Freien internat.

Hochschule f. Kreativität u. interdisziplinäre Forschung e. V. Düsseldorf (Mitbegründer J. Beuys).

muta (it. = ändere), Spielanweisung z. Veränderung der → Stimmung, z. B. bei transpon. Blasinstr. u. bei Pauken, od. zum → Lagenwechsel, z. B. beim Violinspiel od. zum Auswechseln eines Instruments, z. B. Violino muta in Viola.

Mutation (v. lat. mutatio = Veränderung), in der ma. → Solmisation Umdeutung eines Tones zwecks Übergang in ein anderes → Hexachord, in der barocken Musik Wechsel v. Tonart od. Ton- (Klang-) Geschlecht. → Permutation.

Mutierung → Stimmbruch.

Mysterienspiel, frz. Mystère, engl. Mystery (Miracle) Play, ma. geistl. Spiel mit volkssprachlich gesungener u. gesprochener Dialog-Handlung u. instrumental begleiteten geistl. Volksliedern auf bibl. Erzählungen, ursprüngl. liturgiegebunden (Ostertropus), seit dem 14. Jh. außerhalb v. Gottesdienst u. Kirchenraum, in England auch als M.-Zyklen; Vorläufer der barocken → Rappresentazione sacra in It., des Morality play in Engl., des → Auto sacramental in Spanien, in Dtl. seit dem 17. Jh. fortgeführt z. B. in den Oberammergauer Passionsspielen.

Mystischer Akkord, v. dem russ. Komponisten A. Skrjabin (1872-1915) angewendeter sechstöniger alterierter Quartenakkord (c-fis-b-e^1-a^1-d^2), ableitbar v. den Teiltönen 8-14 der → Obertonreihe, v. Komponisten als *synthetischer Akkord* bezeichnet, funktionsharmonisch Dominantseptnonakkord (→ Dominante) auf c mit tiefalterierter Quinte ges (= fis) u. hinzugefügter harmoniefremder Sexte a. → Alteration.

N

Nacaires (altfrz., v. arab. naqqarat), kleine halbkugelige tierfellbespannte Pauken aus Ton od. Kupfer, beidseits des Kamel-, Esels- od. Pferderückens angebracht, mit Stöckchen zu schlagen, oriental. Ursprungs, seit den Kreuzzügen (11.-13. Jh.) als Reiterinstr. auch in Europa verbreitet, bis in die Hochrenaissance (16. Jh.) in der höf. Musik verwendet. → Pauke, Militärmusik.

Nachahmung, musikästhetisch als → Tonmalerei u. → Programmusik, satztechnisch als → Imitation; f. die Musik des Barock (17.-18. Jh.) in der → Affekten- u. → Figurenlehre festgeschrieben.

Nachhall, Schallreflexionen in geschlossenen Räumen; *Nachhallzeit* die Zeit, in welcher der → Schalldruck auf den tausendsten Teil abgesunken ist, abhängig v. Raumvolumen u. den Reflexionseigenschaften der Raumbegrenzungsflächen, unterste Grenze 0,8 sec. f. Musikwiedergaben, je nach Komposition, Instrumentation usw. am günstigsten zw. 1,4 bis 2,2 sec. → Echo, Hall, Raumakustik.

Nachsatz, zweiter Abschnitt einer dem *Vordersatz* folgenden, harmonisch-melodisch auf diesen bezogenen, im 18.-19. Jh. meist zweimal viertaktigen → Periode.

Nachschlag, → Verzierung durch eine (od. mehrere) einer Hauptnote nachgesetzte, dieser angebundene u. deren Wert entsprechend verkürzende Nebennote(n), auch das einmalige Berühren der unteren Nebennote zum Abschluß eines → Trillers, heute in kleinen Notenwerten ausgeschrieben, im 18.-19. Jh. als Nachschleife durch Aufwärtsbogen am Ende des Trillerzeichens notiert.

Nachspiel, selbständiges instrumentales Schlußstück, z. B. als Orgel-N. am Ende eines feierlichen Gottesdienstes, auch instrumentaler Verbund-Abschluß eines Vokalwerkes, z. B. bei Klav.- od. Orch.-Liedern od. -zyklen. → Epilog.

Nachtanz, in der Tanzmusik des 15.-17. Jhs. der auf den langsamen geradtaktigen → Schreittanz folgende schnelle ungeradtaktige Springtanz od. Hupfauf, in Frankr. → Galliarde, Courante, in It. → Saltarello; Vor- u. Nachtanz, harmonisch-melodisch meist gleichgebaut, bildeten seit dem 16. Jh. als Kontrastpaar die Ausgangsformierung zur → Suite.

Nachtstück → Notturno, Nocturne.

Nagelgeige (Nadelgeige, Eisenvioline), im 18. Jh. konstruiertes → Friktionsinstr., halbmondförmiger Resonanzkasten aus Holz mit 24 u. mehr eingesteckten Eisenstiften verschiedener Länge u. Stärke, seitlich mit einem Streichbogen in Schwingung zu bringen; als *Nagelklavier* (engl. nail harmonica) statt mit Bogen mit einem mittels Pedal angetriebenen rotierenden Leinenband versehen, das bei Niederdrücken der Tasten einer angebauten Klaviatur, an die betreffenden Eisenstifte gedrückt, diese durch Reibung zum Klingen bringt, dem Klang einer → Glasharmonika ähnelnd.

Nagels Musik-Archiv, seit 1927 in Nagels Verlag, Hannover, seit 1952 im → Bärenreiter-Verlag, Kassel, erschienene quellenkritisch edierte Reihe Instrumental- u. Vokalmusik des 16. bis frühen 19. Jhs.

Nänie (lat. nenia = Totenklage), in der röm. Antike durch Klageweiber vorgetragene Bestattungsgesänge auf feststehende Melodieformeln, instrumentalbegleitet (→ Tibia, Lyra), im Humanismus des 16. Jhs. wiederbelebt; Schillers N. (*Auch das Schöne muß sterben*) als Chorwerk vertont v. Brahms u. Orff (1956); *Quatre Nenies* f. Klav. schrieb Bartók (1910). → Threnodie, Dirge.

Nationalhymne, hymnisches (Strophen-) Lied f. (Chor-)Gesang mit Instrumentalbegl., z. Selbstdarstellung einer Nation od. eines Volkes bei besonderen Gegebenheiten (Staatsempfänge, Internation, Fest- u. Sportveranstaltungen usw.) öffentl. dargeboten, ggfs. gemeinschaftl. abgesungen; Aufkommen v. N. seit Mitte des 18. Jhs. mit Englands Siegeshymne *God save the King* (London 1745), deren Melodie (Autor unbekannt) im 19. Jh. v. Dänemark, Schweden, Rußland, der Schweiz, den USA, 1871 auch v. neugegr. Dt. Reich (*Heil dir im Siegerkranz*) übernommen wurde (im 20. Jh. sämtl. durch neue N. ersetzt, einige mehrfach); N. erscheinen gelegentl. in andere Kompositionen eingearbeitet. – *Die N. der Erde* (Melodien, Originaltexte mit dt. Übersetzung) hg. v. Inst. f. Auslandsbeziehungen Stuttgart, 1958; Erg.-Bd. 1965. → Deutschlandlied, Marseillaise.

Naturhorn, Naturtrompete, → Blasinstr. auf denen, ohne angebrachte Tonlöcher, Klappen, Ventile od. Zugstücke, nur → Naturtöne erzeugt werden können; ggs. zu chromat. Blechblasinstr.

Naturklänge, Naturtöne → Ton, Obertöne, Überblasen.

Neapolitanische Ouvertüre, in der Neapolitan. Opernschule im 18. Jh. bei A. Scarlatti entwickelte Ouvertürenform, dreiteilig schnell-langsam-schnell, ggs. zur Frz. Ouvertüre (langsam-schnell-langsam). → Ouvertüre.

Neapolitanische Schule, Komponistengruppe des 17.-18. Jhs. in Neapel, Vertreter des → Belcantostils in → Opera seria

(A. Scarlatti) u. → Opera buffa (Pergolesi); v. nachhaltigem Einfluß auf die europ. Oper bis zu Mozarts Stilsynthese. → Da-capo-Arie, Primadonna, Kastraten.

Neapolitanischer Sextakkord (Neapolitaner), für die → Neapolitan. (Opern-) Schule des 17.-18. Jhs. charakteristischer, zu Schmerzensklagen benutzter (Überraschungs-)Akkord, funktionstheoretisch Moll-Subdominantakkord mit kl. (tiefalterierter) Sexte, zur Dominante sich auflösend (f-as-des zu d-g-h), stufentheoretisch 1. Umkehrung der tiefalterierten II. Stufe (des-f-as); der bereits vor den Neapolitanern benutzte (Schein-)Sextakkord diente in → Klassik u. → Romantik als Mittel zu raschen → Modulationen. → Alterationsharmonik.

Nebel, Nevel, Newel (hebr.), 12-14-saitige Bogenharfe, im AT erwähnt. → Jüdische Musik.

Nebendominante → Zwischendominante, Dominante, Nebendreiklänge.

Nebendreiklänge, Dreiklänge auf der 2. u. 3. sowie 6. u. 7. Stufe der Dur- od. Molltonleitern, ggs. zu *Hauptdreiklängen* auf der 1., 4. u. 5. Stufe, vermindert, übermäßig dominantisch od. subdominantisch zu deuten; *Nebendominanten* die Dominanten der Nebendreiklänge. → Dreiklang, Akkord, Dur, Moll.

Nebennoten, die einen Haupt- als Harmonieton in Klein- od. Groß-Sekundabständen umspielenden Verzierungsnoten. → Nebentöne, Verzierungen.

Nebenregister, klingende Orgelregister mit nur einigen Tönen, allein durch Registerzug, nicht durch Tastendruck zu betätigen, z. B. Vogelsang (Nachtigallenschlag, Kuckucksruf), Glockenakkord, → Zimbelstern.

Nebentonart, ein zur Haupt- od. Grundtonart eines Musikstückes in einem besonderen, meist terz- od. quintverwandten Verhältnis stehende → Tonart. → Mediante, Parallelen.

Nebentöne, unbetonte harmonie- od. akkordfremde Töne bei → Vorhalt, Durchgang, Wechselnote, Antizipation (Vorausnahme).

Negro Spiritual Song (amerikan. = Geistl. Negerlied; afroamerikan. Spirichil), seit dem frühen 19. Jh. in den Südstaaten v. Nordamerika aufgekommene, dem *Sacred Singing* der afroamerikan. Neger(-Sklaven) zugehörige, in Zusammenarbeit mit protestant. Gemeinden entwickelte Kirchenliedform, melodisch v. → Shout, rhythmisch v. → Off-beat, strukturell v. → Call-and-Response-Pattern beeinflußt, stofflich überwiegend auf alttestamentar., der Sklavensituation (Israeliten in Ägypten, Babylonien) entsprechende, mit afrikan. Sprachbildern durchsetzte Thematik; ursprüngl. einstimmiger Chorgesang, unter ekstatischem Händeklatschen u. Fußstampfen als wiegender Reigen dargeboten, in der 2. Hälfte des 19. Jhs. zunehmend in europäisierten mehrstimmigen u. harmonium- od. klavierbegl. Chorsätzen, auch konzertant verbreitet (*Fisk Jubilee Singers*; im 20. Jh. *Golden Gate Quartet* u. a.); systemat. Erforschung noch nicht abgeschlossen. → Gospelsong, Blues.

Neobarock, Stilrichtung in der dt. Musik der 1920-30er Jahre, mitgetragen v. der → Jugendmusik-, Chor- u. Orgelbewegung (Bachbewegung), Rückgriff auf Gattungen u. Formen der Musik des 17. u. frühen 18. Jhs., ins Motorische u. polytonale verfremdet z. B. bei Strawinsky od. Hindemith. → Barock, Neoklassizismus.

Neo-Bechsteinflügel, Anfang der 1930er Jahre v. W. Nernst konstruierter, v. der Fa. → Bechstein gebauter, elektromagnetischer Konzertflügel ohne Resonanzkasten, mit Mikrohämmerchen, Klangfilter, Verstärker u. Schallabstrahlung über Lautsprecher; Klanggeräuschverminderung, Ausgleich des Klangvolumens v. Baß und Diskant; zeitweilig in Rundfunkstationen benutzt.

Neo- → *Dadaismus*, → *Expressionismus*, → *Futurismus*, → *Moderne*.

Neoklassik, Neoklassizismus, Stilrichtung in der → Neuen Musik seit den 1920er Jahren, Verarbeitung klass. u. barocker Form- u. Stilelemente (→ Neobarock); bei Strawinsky u. der Pariser → Groupe des Six in gravitationstonaler u. polymetrischer Verfremdung; auch synonym mit gemäßigter musikal. Moderne der 1920-40er Jahre, in Dtl. z. B. bei Hindemith (*Mathis der Maler*, 1934).

Neudeutsche Schule, seit den 1860er Jahren Gruppenbildung v. Komponisten, Interpreten, Schriftstellern des progressistischen romantischen Realismus im Weimarer Umkreis v. F. Liszt, unter ihnen P. Cornelius, H. v. Bülow, F. Brendel (seit 1844 Hg. der v. Schumann gegr. *Neuen Zeitschrift für Musik*, 1. Präs. des 1858 gegr. → *Allgem. Dt. Musikvereins*), als Verfechter musikal.-literarischer → Symphonischer Dichtungen (Berlioz, Liszt) u. → Musikdramen (Wagner) v. Vertretern des konservativeren romant. → Klassizismus im Umkreis v. Brahms bekämpft als »Zukunftsmusiker« (bezogen auf Wagners Streitschrift *Das Kunstwerk der Zukunft*, (1849); Nachwirkungen bis in die Neuromantik der Jahrhundertwende (Humperdinck, Mahler, Strauss, Pfitzner, auch Reger, Schönberg).

Neue Ausdrucksmusik, Neue Einfachheit, seit den 1970er Jahren in Dtl. verbreitete Bez. f. neotonale expressive Musik; ggs. z. strukturalistischen Musik der 1950-60er Jahre (→ Serialismus, Elektron. Musik); Vertreter: Rihm, Hamel, Medek, Trojahn, Müller-Siemens, v. Dadelsen, v. Schweinitz, v. Bose u. a.

Neue Musik, (P. Bekker, 1919), Sammelbez. f. »moderne« zeitgenöss. Musik der 1920-40er Jahre, übergreifend f. → Expressionismus (Schönberg, Strawinsky), → Zwölftonmusik (Schönberg, Berg, Webern), → Bruitismus (Varèse), → Folklorismus (Bartók), → Neoklassizismus (Strawinsky, → Groupe des Six, Hindemith); seit 1950 unterschieden nach → Avantgarde (→ Serialismus, Elektron. Musik), Neo-Moderne (seit 1970 → Neue Ausdrucksmusik) u. anderen Strömungen; in allen Phasen begleitet v. Manifesten der Komponisten, gefördert durch Musikgesellschaften (→ IGNM), Schulungszentren (Darmstadt), Rundfunksender (Musica viva München, Musik der Zeit Köln, das neue werk Hamburg) u. Zeitschriften (→ Melos). – Th. W. Adorno, *Philosophie der n. M.*, 1949, NA 1978; H. H. Stuckenschmidt, *N. M.*, 1951, NA 1981; H. Danuser, *Die Musik des 20. Jhs.* 1984.

Neue Wiener Schule (*Zweite W. Sch.*, ggs. zur Wiener → Klassik), Bez. f. den Wiener Komponistenkreis um A. Schönberg zu Beginn des 20. Jhs. (A. Berg, A. Webern u. a.) u. f. die der Schönbergschule zugehörigen nachfolgenden Schüler u. Enkelschüler in Westeuropa u. den USA in ihren → zwölftontechnisch od. → serialistisch strukturierten Werken. Schriften, Briefe, Dokumentationen v. Schönberg, Berg, Webern, Krenek u. a.; → Neue Musik.

Neumen (v. griech. neuma = Wink), Notationszeichen im 8.-12. Jh. f. einstimmige liturg. Gesänge, in Anlehnung an die Textakzente als Gedächtnisstütze f. Steigen u. Fallen der Melodielinie, aus der altgriech. Buchstabennotation u. byzantinischen → Cheironomie entwickelt, seit dem 10. Jh. in der röm. Liturgie (→ Gregorian. Gesang) in zwei- bis vierlinigen Notationsfeldern, seit dem 12. Jh. in die → Choralnotation übergegangen. → Notenschrift.

Neupert, J. C. Neupert, dt. Klavierbaufirma, 1868 in Münchberg (Oberfranken) gegr., seit 1874 Hauptsitz Bamberg, seit 1906 mit dem Bau hist. Tasteninstrumente befaßt (Cembalo, Spinett, Klavichord, Hammerflügel); 250 originale hist. Klavierinstr. der Slg. Neupert seit 1968 im German. Nationalmuseum Nürnberg. → Cembalo, Klavier.

New Orleans-Jazz, in New Orleans u. den Südstaaten Nordamerikas seit 1890 entwickelter »Old-Time-Jazz« aus Elementen afro- u. europ.-amerikan. volksläufiger Musik (→ Ragtime, Marsch, Blues, Choral); Kollektivimprovisationen v. Bands aus Melodie- u. Rhythmusgruppen, z. B. → Kornett, Klar., Pos., Schlagzeug, Banjo, Tuba, später Kontrabaß u. Klav.; Hauptvertreter des frühen N.-O.-Stils Buddy Bolden, Kornett; N.-O.-Renaissance seit den 1930er Jahren. → Jazz.

New Wave (engl. = Neue Welle), in der → Rockmusik nach 1975 Abkehr v. Übertechnisierung, Rückwendung zum klassischen → Beat; als Neue deutsche Welle Anfang der 1980er Jahre, v. Berlin ausgehend, auch mit volkssprachigen (Aussteiger-)Texten.

New York Philharmonic Orchestra, 1842 gegr., seit der Jahrhundertwende Spitzenorch. in den USA, auch auf Weltreisen gefeiert; Dirigenten (Auswahl): G. Mahler (1909-11), A. Toscanini (1927-36), J. Barbirolli (1937-43), D. Mitropoulos (1949-59), L. Bernstein (1959-69), P. Boulez (1971-77), seither Z. Mehta.

Niederländische Musik, Niederländische Schule, musikhist. Sammelbez. f. die Musik der nördl. u. südl. Niederlande, schwerpunktlich im 15. Jh. *Burgundische Musik* (Dufay, Binchois), bis zum Ende des 16. Jhs. Musik der *Franko-flämischen Schule*, Zentren Cambrai, Antwerpen, Hauptvertreter Ockeghem, Obrecht, Josquin Desprez, Isaac, Willaert, Lassus; Hauptwerke geistl. u. weltl. Vokalpolyphonie, im 17. Jh. gefolgt v. der Amsterdamer Orgelschule mit J. P. Sweelinck als letztem Vertreter der hist. Nld. Schule, v. Einfluß auf die it. Musik im 16. Jh. (Gabrieli) u. die dt. Musik im 17. Jh. (Scheidt, J. Praetorius); nach 1648 (Westfäl. Friede) auch kulturpolit.-musikal. Unabhängigkeit der »Vereinigten Niederlande«, nach 1830 musikal. Sonderentwicklungen in den Königreichen Belgien u. Niederlande (»Holland«), in beiden Bereichen bis in die Gegenwart Akkulturationen weiterer europ., v. a. frz. u. dt. Musikentwicklungen, Haupt der neu-nld. Schule des 20. Jhs. W. Pijper, Vertreter der belg. Avantgarde H. Pousseur.

Nocturne (frz. = »Nachtstück«), um 1815 durch den irischen Komponisten J. Field (1782-1837) eingeführte Bez. f. elegische → Charakterstücke f. Klav., v. Chopin, Bartók, Fauré, Skrjabin u. a. übernommen, auch f. Orch. od. als Orchesterlieder (Debussy, *Trois Nocturnes*, 1899; Britten, *Nocturne*, 1958); bei dt. Komponisten des 19.-20. Jhs. als *Nachtstück*, erstmals bei R.

Schumann (*4 Nachtstücke f. Klav.*, 1839), später bei Reger, Hindemith, Henze u. a. → Notturno, Serenade.

Noëls (altfrz., v. lat. natalis = Geburt [Christi]), volkstüml. frz. Weihnachtslieder, seit dem 15. Jh. auch in Chor- u. Orgelsätzen verbreitet (Slg. Migot, *Dix Noëls anciens*, 1952), als Klavierlieder im 19.-20. Jh. z. B. bei Adam (*Minuit, chrétiens*) u. Debussy (*Noël des enfants qui n'ont plus de maison*, Kriegswinter 1915/16); A. Honeggers *Cantate de Noël* (1953) u. B. Brittens Chorvariationen *A Boy was born* (1933) verarbeiten altfrz. bzw. altengl. Noëls. → Weihnachtslieder u. -spiele, Carols, Colindà.

Nokturn (v. lat. nocturna hora = Nachtstunde), Nachtgebet; → Matutin.

Nomos (griech. = Gesetz, Ordnung), altgriech. f. Melodiemodell, geregelt nach Tonart (→ Modus) u. Begleitinstr. (→ Kithara, Aulos).

Non (v. lat. hora nona = Neunte Stunde), kirchl. Stundengebet. → Horen.

non legato (it. = nicht gebunden), Spielanweisung; in der → Artikulation zw. → portato u. → staccato.

None (v. lat. nonus = der Neunte), → Intervall im Abstand von 9 diaton. Stufen, eine kl. od. gr., verminderte od. übermäßige → Sekunde, über der → Oktave, im *Nonenakkord* Rahmenintervall des aus vier Terzen gebildeten Dominantsept- bzw. Dominantseptnonakkordes. → Dominante, Septime.

Nonett (it. Nonetto, v. lat. nonus = der Neunte), Kammermusikensemble bzw. -komposition, f. 9 Soloinstr. in gemischter Bläser-Streicherbesetzung, in der Regel → Bläserquintett (Fl., Ob., Klar., Fag., Horn) mit → Streichquartett (2 Violinen, Viola, Voloncello od. Kontrabaß); Vorkommen seit dem 18. Jh. (→ Serenade, Divertimento), Gattungsbez. seit L. Spohr (*Nonett* op. 31, 1813).

Nordamerikanische Musik, → US-Amerikan., Indianische, Kanadische Musik.

Normalton, der 1939 auf der 1. Londoner Stimmtonkonferenz international vereinbarte Normstimmton (Kammerton) a' = 440 Hz; Korrektur des 1885 in Wien vorgeschlagenen a' = 435 Hz; erstmals 1859 in Paris als *Diapason normal*, zur Ablösung der vormals in → Opern-, Chor- u. Kapellton unterschiedenen → Stimmtöne.

Norwegische Musik: O. M. Sandvik, G. Schjelderup, *Norweg. Musikgeschichte*, 2 Bde. (norweg.), 1921/22; N. Grinde, *Norweg. Musikgeschichte* (norweg.), 1971.

Nô-Spiele (japan. = Kunst), Zen-buddhistisch orientierte Theatergattung einer artifiziellen Einheit v. Dichtung, Musik, Tanz-Bewegung u. schauspiel. Darstellung (→ Gesamtkunstwerk), im 16. Jh. standardisiert, im 19. Jh. reformiert; hochgelegenes, den Zuschauern v. zwei Seiten einsehbares dekorationsloses, dreistufiges Aktionsbild aus Mittelbühne (5,70 m^2), seitl. Chorbühne u. rückwärtiger Musikbühne; Hauptdarsteller, sämtl. männl., maskentypische Schauspieler-Sänger-Tänzer, instrumental u. chorgesanglich begleitet (Bambusfl., Faß- u. hängende Sanduhrtrommeln; 12 Sänger); bis zu 5 Nô-Spiele zyklisch aufgeführt mit kurzen burlesken Zwischenspielen auf volksläufig anonyme Texte; Gesangspartien syllabisch, Tonsystem einer 12tönigen Gesamtskala mit drei Haupttönen im Quart-Quint-Quart-Abstand, etwa 200 rhythm. Motivformeln, zu je 8 Zählzeiten phrasiert, v. Vokal- u. Instrumentalstimmen wechselseitig kontrapunktiert. – Dokumentation: *Die geheime*

Überlieferung des Nô, aufgezeichnet v. Meister Seami, 1961.

Noten, Notenschrift (v. lat. nota = Zeichen), graph. Zeichen z. Festlegung v. Tönen, in der griech. Antike als → Buchstaben-Tonschrift f. Einzeltöne, im 3.-11. Jh. als → Neumennotation f. Tongruppen (Melodiefloskeln), seither über → Choral- u. → Mensuralnotation bis Ende des 16. Jhs. zur heutigen Form der N. entwikkelt; Noten-Namen des Oktavsystems seit dem 11. Jh., in den roman. Ländern bis heute als Tonsilben der → Solmisation (do = ut, re, mi, fa, sol, la, ti = si), in den übrigen Ländern als Ton-Buchstaben der Alphabetisierung (a, b/h, c, d, e, f, g). Die N. des neuzeitl. Notationssystems geben den rhythm. Wert eines Tones durch die verschiedenen, aus Kopf, Hals, u. Fähnchen bestehenden Formen der N. an, deren jeweils kleinerer Zeitwert die halbe Länge hat: 𝅝 = ganze N., 𝅗𝅥 = halbe N., ♩ = Vierteln., ♪ = Achteln., 𝅘𝅥𝅯 = 16tel N., 𝅘𝅥𝅰 = 32tel N., 𝅘𝅥𝅱 = 64tel N., wobei Achtel usw. durch kl. Querbalken statt Fähnchen miteinander verbunden werden können (♪♪ = ♫); 1 Punkt hinter der Note verlängert diese um die Hälfte ihres Wertes, 2 Punkte verlängern um Dreiviertel; → Duolen, Triolen usw. erhalten ihren N.-Gruppen entsprechende zusätzl. Zahlen (2, 3 usw.); jedem N.-Zeichen entspricht ein → Pausen-Zeichen: Tonhöhen sind durch Stellung der N. im *N.-Liniensystem* (mit vorgesetztem N.- → Schlüssel) gekennzeichnet, seit dem 16. Jh. 5 Linien, seit dem 19. Jh. bis zu 5 Hilfslinien ober- od. unterhalb des Liniensystems ergänzbar zwecks besserer Lesbarkeit extremer Höhen- od. Tiefenlagen (für längere Passagen durch Oktavversetzung zu ersetzen); → Vorzeichen (Akzidentien) erniedrigen od. erhöhen die Töne um einen od. zwei Halbtöne (durch → Auflösungszeichen aufzuheben); → Takt u. → Tempo-Vorzeichnungen bestimmen Tondauer u. → Metrik (seit 1815 durch → Metronom regulierbar); zusätzl. → Vortragsbez. ergänzen das seit Mitte des 19. Jhs. kompliziertere Notenschriftbild spätromantischer u. moderner → Partituren (→ Dynamik, Phrasierung, Agogik, Artikulation). → Musikalische Graphik, Tabulatur, Generalbaß, Verzierungen, Aufführungspraxis.

Notendruck, Notenstich, druchtechn. Vervielfältigung musikal. Werke; im 15. Jh., parallel zur Erfindung des Buchdrucks, im Hochdruck mit beweglichen Typen, seit Ende des 16. Jhs. v. Stichplatten im Tiefdruck, im 20. Jh. phototechnische u. a. Übertragungsverfahren im Offsetdruck (indirekter Flachdruck); bei dem im 18. Jh. verbesserten Notenstich (→ Breitkopf & Härtel) werden unveränderl. Zeichen (Notenköpfe, Schlüssel, Versetzungszeichen u. a.) mit Stahlstempeln in die Stichplatte (Zinn-Blei-Legierung) eingeschlagen, veränderl. Zeichen (Notenhälse, Bögen, Taktstriche u. a.) mit Stichel eingraviert.

Notes inégales (frz. = ungleiche Noten), in der frz. Aufführungspraxis des 16.-18. Jhs. übliche, je nach Charakter des Musikstükkes differenzierende rhythmische → Verzierung als Punktierung sog. betonter Noten (Taktschwerpunkte) in gleichmäßig notierten raschen Tonfolgen; ggs. zum → Lombardischen Rhythmus als Punktierung unbetonter Noten.

Notre-Dame-Schule, Komponisten (Leonius, Perotinus) u. Kompositionen (→ Organum, Conductus, Motette) des 12.-13. Jhs., die zur Musik u. Musikpflege der gleichnamigen Pariser Kathedrale in Beziehung zu setzen sind.

Notturno (it. = Nachstück), im 18. Jh. Bez. f. Instrumentalstücke unterschiedl. Besetzung (meist Bläser) zu abendlicher Aufführung, vielfach im Freien, v. ständchenartigem Charakter (Haydn, Mozart), Vorkommen auch als nächtl. Gesangsszene in Opern u. Gesangs- → Serenaden des 17.-18. Jhs. → Divertimento, Feldmusik, Nocturne.

Novellette (it.), seit R. Schumanns *8 N. für Klavier* (op. 21, 1838) Bez. f. »novellistisch« erzählende, mehrthematige rondoartige instrumentale → Charakterstücke heiteren Charakters, meist f. Klav. od. Kammermusikbesetzungen; dem epischen Charakter entsprechend bei russ. Komponisten besonders beliebt (Balakirew, Ljadow, Glasunow, Tscherepnin u. a.)

Null = o, bei Streichinstr. Zeichen f. → leere Saite, über dem Fingersatz f. → Flageolett, in der → Generalbaßschrift f. → tasto solo, in der Harmonielehre auch f. Molldreiklänge (Unterklänge), (°a = a-F-D) bzw. f. Molltonika (°T).

Nummernoper, aus in sich geschlossenen Einzelstücken (Nummern) bestehende Opernform mit Arien, Solo- u. Chorensembles, Instrumentalstücken nebst → Rezitativen od. gesprochenen Dialogen als Verbindungsstücken; ggs. zur durchkomponierten Oper (→ Musikdrama).

Nyckelharpa (schwed.) → Schlüsselfiedel.

O

Oberdominante, ggs. zu Unterdominante = → Subdominante.

Oberek, Obertas (poln. v. obrôt = Drehung), rasche Drehtänze im Dreiertakt, der ältere Obertas als Tanzlied mit Refrain, der im 19. Jh. weitverbreitete Oberek als Instrumentaltanz mit wechselnd punktierten Rhythmen der → Mazurka verwandt; bei Chopin O.-Zyklen f. Klav.

Oberstimme, höchstgelegene Stimme eines mehrstimmigen Satzes. → Discantus, Sopran.

Obertöne, Obertonreihe, die im Grundton (→ Sinuston) enthaltene, verschieden intensiv mitklingende spektrumartige Reihe v. Teiltönen (Partialtönen), die dem akustischen Ton → Klangfarbe verleihen; Grundton u. O. verhalten sich zueinander wie 1:2:3:4:5:6 usw., in Tonhöhenbezeichnung C-c-g-c'-e'-g' usw.; die ganzzahligen Teiltöne (→ Aliquottöne) erscheinen auf Blasinstr. als Naturtöne; die O.-Reihe ist am → Monochord auch als Verhältnis der Saitenlängen einer in ihren Teilen schwingenden Saite darstellbar. – *O.-Register* sind → Orgelregister, die zu bestimmten Obertönen der Grundregister verstärkend hinzutreten (Quint-, Terz-, Septim-, Nonenregister); ihre Zuordnung zu den Grundregistern zeigt die → Fußtonzahl an.

Oberwerk, über dem Hauptwerk einer mehrmanualigen → Orgel angeordnetes Teilwerk mit eigenem Manual.

obligat (v. lat. obligare = binden, verpflichten), selbständig geführte, im Verbund eines Vokal- od. Instrumentalsatzes nicht weglaßbare Stimmen, ggs. zu → Ad-libitum-Stimmen.

Obligates Akkompagnement (v. lat. obligare = binden, verpflichten), verbindl. ausgesetzte → Begleitstimmen, seit der Frühklassik v. motivisch-thematischer Bedeutung; ggs. zum → Generalbaß. → Akkompagnement.

Oboe (v. frz. hautbois, hohes, lautes Holz), Holzblasinstr. mit → Doppelrohrblatt als Mundstück u. dreiteiliger, konisch gebohrter, in eine kl. Schallstürze auslaufender Hartholzröhre, Tonumfang ♭-a^3, umfangreiches Klappensystem mit bis zu 22 Grifflöchern, 16 davon mit den Fingern zu decken, in C gestimmt, im Violinschlüssel notiert, nicht transponierend; im 17. Jh. in Frankr. aus der Diskant- → Pommer entwickelt, im 19. Jh. in Frankr. enger gebohrt schärfer klingend (Trébert), in Dtl. mit ausladendem Schallstück wärmer klingend (Sellner); seit dem 18. Jh. in Altlage als *O. da caccia* (it. → Caccia = Jagd) mit gebogenem Rohr in F-Stimmung (F-g^2), *O. d'amore* (it. amore = Liebe) mit birnenförmigem Schallbecher (→ Liebesfuß) in A-Stimmung (gis-d^3), beide transponierend notiert (Violinschlüssel); O. im 18. Jh. solistisch und kammerkonzertant bei Vivaldi, Bach, den Wiener Klassikern, im 19. Jh. vornehml. als Orch.-Instr., im 20. Jh. auch solistisch neuentdeckt (Strauss, Jolivet, Britten u. a.), in der Moderne v. a. bei H. Holliger. → Englisch Horn, Heckelphon, Harmonie- u. Militärmusik.

Ode (griech. = odè, aoidé = Gesang, Lied), in der Antike Bez. f. gesangl. Versdichtungen, abgeleitet auch f. instrumental begleiteten Sologesang nach Liebes-, Natur- u. Lehrgedichten (Pindar, Sappho, Horaz); in Renaissance u. Humanismus (16. Jh.) neubelebt als streng metrische mehrstimmige Vertonungen antiker u. neulat. od. volkssprachiger Odentexte, in der Klassik als Klavierliedform aufgegriffen (Klopstock/Gluck), als geistl. Oden auch im 20. Jh. (Kodály), in Engl. als Oden-Kantaten gepflegt.

Odeon (griech. = Szenenrundbau), seit Herodes Atticus, 2. Jh. n. Chr., Name des Athener Mehrzwecktheaters (Schauspiel, Musik, Tanz), neuzeitl. f. Konzerthallen (München, Berlin, hier zeitweilig mit hauseigenem Orch.), auch Serienname in der Schallplattenproduktion.

Œuvre, frz. f. Einzel- od. Gesamtwerk eines Komponisten. → Opus.

Off-Beat (engl. ›weg vom Schlag‹), rhythmische Verschiebung durch geringfügige Vorwegnahmen od. Verzögerungen v. Melodiestrukturen bei Überlagerung eines gleichmäßig grundierenden Taktschlages (→ Beat); psychophysisch erlebbares Spannungselement im afro-amerikan. → Jazz; O.-B.-Phrasierung nicht identisch mit der euro-amerikan. → Synkopenbildung. → Swing, Drive.

Offene Form, mit der → Aleatorik der 1950-60er Jahre bei Stockhausen, Boulez u. a. aufgekommener (umstrittener) Terminus f. Musik, deren Formteile in ihrer Abfolge durch die Ausführenden bis in Strukturdetails hinein je neu (re-)produziert werden. → Wandelkonzert.

Offertorium (lat. = Darbringung), der die Opferhandlung vorbereitende Teil des → Proprium Missae der röm.-kath. Liturgie, auf das → Credo folgend, responsorialer Gesang aus → Psalmvers u. → Antiphon, seit dem 5. Jh. bekannt, seit dem 10. Jh. in einstimmigen, seit dem 15. Jh. in mehrstimmigen Zeugnissen belegt (Lasso, Palestrina, Mozart), seit dem 18. Jh. auch als Org.- u. Orch.-O.

Offizium (lat. = Dienst, Amt), i. w. S. die Regelung der Liturgie des röm.-kath. Gottesdienstes, i. e. S. die gemeindl. od. klösterl. Stundengebete (→ Horen), seit dem 4. Jh. aus dem jüd. Gebetsgottesdienst entwickelt; f. den protest. Gottesdienst in Luthers *Formula missae* (1523) niedergelegt; nach dem 2. Vatikanum seit 1970 auch in landessprachigen Textfassungen u. gregorianisierenden Vertonungen, f. die dt. Kirchprovinzen z. B. in *Christuslob*.

Ohr → Gehörorgan.

Okarina (v. it. oca = Gans), Gefäßfl. längl.-ovaler Form aus Ton, seltener Porzellan, mit Schnabelmundstück u. 8-10 Grifflöchern, Tonumfang 1 – 11/2 Oktaven, v. weichem, obertonarmem Klang; O.-Formen aus Frühkulturen belegt, heute als Kinder- u. Volksinstr. v. a. in Mittelmeerländern beliebt.

Oktavbandpaß, in der → elektron. Musik Bandpaß mit dem Durchlaßbereich einer → Oktave. → Filter, Frequenz.

Oktave (v. lat. Octava = die achte Tonstufe), Intervall, 8. Stufe einer diatonisch auf- od. absteigenden Tonfolge, z. B. c-c' od. c-C als reine O., um einen Halbton erhöht, als übermäßige, erniedrigt, als verminderte O.; erstes Intervall der → Obertonreihe, Schwingungszahl 1:2; Oktavabstand nach Tonhöhe als verschieden erkannt, nach Tonqualität als gleich empfunden (größter Verschmelzungsgrad), Verdoppelungen daher keine ›Mehrstimmigkeit‹, Parallelen im klass.-mehrst. Satz jedoch verpönt; O. grundlegender Gliederungsraum der europ. wie auch der meisten außereurop. → Tonsysteme, nach Höhenlagen aufsteigend, den 7 O. Tonumfang des Klaviers folgend: *Subkontra-O.* (^{2}C-^{2}H).

Kontra-O. (^{2}C-^{2}H) *gr. O.* (C-H), *kl. O.* (c-h), → *eingestrichene O.* (c^1-h^1), *zweigestr. O.* (c^2-h^2), *dreigestr. O.* (c^3-h^3), *viergestr. O.* (c^4-h^4). – Im Orgelbau Bez. f. die im O.-Abstand über den → Prinzipalregistern erklingenden Register.

Oktavhorn, ein in hoch F, eine Oktave höher als das Normalhorn gestimmtes → Waldhorn (Primhorn), kleiner als dieses, jedoch mit größerer Stürze, etwas weiterer Mensur u. einem 4. Ventil (Quartventil); 1873 v. V. F. Cerveny, 1883 v. E. C. Heidrich gebaut.

Oktavversetzer, elektroakust. → Effektgerät, das eingespeiste Signale klangfarbenverfärbend um eine Doppeloktave nach unten versetzt, als → Modul in → Synthesizern.

Oktett (v. lat. octo = acht), Komposition f. 8 Soloinstrumente, meist Klar., Fag., Horn u. Streichquintett; Ensemble von 8 Instrumental- od. Vokalsolisten; ggs. zu Doppel-Quartett f. bzw. mit je vier selbständig geführten Instrumental- od. Vokalstimmen.

Okoëchos (griech. okto = acht, echos = Ton), liturg. Buch der oström.-byzantin. Kirche, im Achtwochenturnus; auch das Tonartensystem des → Byzantin. u. → Gregorian. Gesangs in 4 authentischen u. vier plagalen Tonarten. → Kirchentöne.

Oldtime-Jazz (engl. ›Altzeit-Jazz), Frühphasen des ›authentischen‹ Jazz, etwa 1890-1930. → New Orleans-J., Dixieland-J., Chicago-J. (Swing).

Olé (arab.), andalus. Tanzlied im Dreiertakt, in Varianten auch solistisch getanzt, Frauen vorbehalten, z. B. *O. gaditano* (Cadix).

Olifant (altfrz. = Elefant), elfenbeinernes Signalhorn, im 10./11. Jh. aus dem Orient (Byzanz) nach Europa gelangt, v. hellem durchdringendem Klang, bei Jagd- u. Feldzügen verwendet, der Ritterwelt vorbehalten, literarisch erstmals in der altfrz. *Chan-*

son de Roland (um 1000) bezeugt; Symbolträger v. → leitmotiv. Charakter in Webers romant. Märchenoper *Oberon* (1826). → Hifthorn.

Ombraszene (it. ombra = Schatten), Geister-, Unterwelts-, Friedhofsszenen in der → Opera seria des 17.-18. Jhs. (rezitativischer Gesangsstil, tiefe Bläsersätze, Streichertremoli), z. B. in Händels *Alcina* (1735) u. Mozarts *Mitridate* (1770).

ondeggiando (it. = wogend), An- u. Abschwellen eines Tones, bei Streichinstr. mittels Druckveränderung des Bogenstrichs; angezeigt durch Wellenlinie über od. unter den Noten.

Ondes Martenot (frz. ondes = Wellen), v. Maurice Martenot (1898-1980) 1928 konstruiertes u. nach ihm benanntes elektron. Tasteninstrument (Schwingungserzeuger), Tonumfang 7 Oktaven, einstimmig spielbar, Klangdynamik u. -farbe mit der linken Hand auszusteuern; Kompositionen v. O. Messiaen (mit der Pianistin Yvonne Loriod als Interpretin der Uraufführungen nahezu aller Werke f. O. M.), auch v. A. Honegger u. a.

Onestep (engl. = Einschritt), um 1910 aus den USA nach Europa gelangter geschwindmarschartiger → Gesellschaftstanz, Vorläufer des → Foxtrott.

Open-Air-Musik (engl.), Sammelbez. f. Freiluftmusik, z. B. → Wandelkonzerte im 20. Jh., → Feldmusik im 18. Jh. (Händel, *Wassermusik*, 1717).

Oper (v. it. opera = Werk), seit dem 17. Jh. Sammelbez. f. Bühnenwerke aus dramatisch-musikalisch u. szenisch-bildnerisch einander verbundenen Gestaltelementen, um 1600 in It. aus der Formenwelt geistlicher Spiele, Madrigalkomödien, höfischer Intermedien, Pastoralen u. den literarisch-musikalischen Wiederbelebungsversuchen an altgriech. Dramen (Künstler- u. Gelehrtenkreis der Florentiner → Camerata) zum *Dramma per musica* entwickelt, beginnend mit monodisch rezitierten instrumental begleiteten dialogisierten Szenenbildern zu mythologischen Stoffen (*Dafne*, Text O. Rinuccini, Musik I. Peri; Florenz, Karneval 1597/98), in der 1. Hälfte des 17. Jhs. in Venedig durch Monteverdi in der Affektdarstellung entscheidend weitergeführt (*Orfeo*, 1607; *Ulisse*, 1640; *Poppea*, 1642), in Rom durch Cavalli, Rossi u. a. zur Ausstattungs- u. Choroper umgebildet, in Neapel im späten 17. Jh. u. frühen 18. Jh. durch Stradella, A. Scarlatti (Textbuchautoren Zeno, Metastasio) als Belcanto-Oper zur *Opera seria* stilisiert, seit Pergolesi zur Gegenwelt der volkstüml. *Opera buffa* gebracht (*La serva padrona*, 1733); aus den it. Prototypen wurden in Frankr. im 17.-18. Jh. *Tragédie lyrique* (Lully, Rameau) bzw. *Comédie-ballet* (Lully) u. *Opéra-comique* (Rousseau), in Engl. die it. orientierte *Opera* (Purcell, *Dido and Aeneas*, 1689; Händel, *Giulio Cesare*, 1724) neben der *Ballad-Opera* (*The Beggar's Opera* v. Gay u. Pepusch, 1628, Vorbild zu Brecht u. Weills *Dreigroschenoper*, Berlin, 1928), in Dtl. die bürgerl. Oper (Moralitäten u. Possen; Zentrum Hamburg), in der 2. Hälfte des 18. Jhs. die deutschsprachige *Nationaloper* (Mannheim) u. die *Reformoper* (Gluck) neben dem *Dt. Singspiel* (Mozart, *Entführung, Zauberflöte*, Wien 1782, 1791), Stilsynthese in Mozarts *Figaro*, 1786, *Don Giovanni*, 1787; seit 1800 Einflüsse der frz. *Revolutionsoper* (Méhul, Gossec, Cherubini) auf die frz. *Grand Opéra* des 19. Jhs. (Berlioz, Meyerbeer u. a.) u. die dt. *Heroische Oper* (Beethoven, *Fidelio*, Wien 1804, Endfassung Wien, 1814); während in It. u. Frankr. wie auch in Dtl. die Spieloper weiterlief (Rossini, Bellini, Donizetti, Adam, Aubert u. noch Bizets *Carmen*, 1875, Lortzing, Götz), führte die dt. romantische Volks- u. Märchenoper (Weber, *Freischütz*, Berlin 1821; *Oberon*, London 1826; Marschner, *Hans Heiling*, Hannover 1833) zum sinfonisch durchkomponierten leitmotivischen → *Musikdrama* R. Wagners (*Tristan und Isolde*, München 1865; *Ring*-Tetralogie, Bayreuth 1876. Ausgehend v. der it.-frz. Opernromantik, entfaltete sich die national-romantische Oper der slawischen Länder: in Rußland v. Glinka über Mussorgskys *Boris Godunow* (1871), Borodins *Fürst Igor* u. Tschaikowskys *Pique Dame* (beide 1890) zu Rimsky-Korssakows *Sadko* (1898); in Polen mit Moniuszkos *Halka* (1848), in Böhmen-Mähren v. Smetanas *Verkaufter Braut* (1866) über Dvořáks *Rusalka* (1901) zu Janáčeks *Jenůfa* (1904); die it. Gegenposition zu Wagners Ideendrama nahm Verdis dramat. Gesangsoper ein (*Rigoletto*, 1851, *Otello*, 1887, *Falstaff*, 1893), im it. Opernrealismus gefolgt v. Puccini (*Manon Lescaut*, 1898; *Turandot*, 1926) neben dem → Verismo Leoncavallos u. Mascagnis. In Dtl. behauptete sich bis 1920 nachwagnerischer Symbolismus (Pfitzner, *Palestrina*, 1917) u. Frühexpressionismus (Strauss, *Salome*, 1905, *Elektra*, 1909, ›widerrufen‹ mit den italianisierenden Gesangsopern *Rosenkavalier*, 1911, *Ariadne*, 1912); seit den 1920er Jahren lebt die Oper, als Kunstgattung vielfach totgesagt, in Dtl., Frankr., It. als den hist. Kernländern ihrer Entwicklung in vielverzweigten Manifestationen u. Werkexperimenten als → Musiktheater fort. – Zur Operngesch. insgesamt siehe nachfolgendes Stichwortverz. (Auswahl, alphabetisch): → Arie, Arioso, Azione teatrale, Ballad Opera, Belcanto, Bühnenmusik, Comédie-ballet, Funkoper, Gesamtkunstwerk, Grand Opéra, Intermedio, Kastraten, Koloratur, Libretto, Literaturoper, Melodram, Multimedia, Musical, Musiktheater, Mysterienspiel, Nô-Spiele, Opéra-ballet, Opera buffa, Opéra-comique, Opera seria, Operette, Ouvertüre, Primadonna, Rezitativ, Schuloper, Singspiel, Spieloper, Stagione, Vaudeville, Verismo, Zarzuela, Zeitoper.

Opéra-ballet → Ballet de cour.

Opera buffa (it.), komische Oper, heitere Operngattung (Spieloper), volkstüml. Stoffe, in loser Folge von → Recitativo secco, liedhaften Arietten, Ensembles, kammerorchestralen Zwischenspielen; ggs. zur → Opera seria, seit Beginn des 18. Jhs. v. Neapel aus verbreitet (Pergolesi, *La serva padrona*, 1733; Rossini, *Il barbiere di Siviglia*, 1816).

Opéra-comique (frz.), komische Oper, frz. Form der it. → Opera Buffa und des dt. → Singspiels, seit Mitte des 18. Jhs. in Paris favorisiert, mit gesprochenen Dialogen, bürgerl. Gegenstück z. höfischen → Tragédie lyrique (Rameau), Nachfolgerin der → Vaudeville-Komödien, durchgesetzt mit Rousseaus *Le devin du village* (1752), im 19. Jh. bei Boieldieu (*La dame blanche*, 1825), Adam (*Le Postillion du Lonjumeau*, 1836); seit Mitte des 19. Jhs. abgelöst durch die frz. → Operette (Bouffes Parisiens bei Offenbach u. a.).

Opera seria (it.), ernste Oper, it. Operngattung des 17.-18. Jhs., um 1700 in Neapel voll entfaltet (Stradella, A. Scarlatti), tragisch-heroische historische u. mythologische Stoffe (Textbuchautoren Zeno, Metastasio), kompositor. Hauptmerkmale: Recitativo secco (zunehmend auch accompagnato) als ›Handlungsscharnier‹ in period. Wechsel zur → Da-Capo-Arie als Affektträger der Gesangssolisten (→ Primadonnen, → Kastraten), Chor- od. Instrumental-Ensembles weithin ausgespart; als Arien- u. Koloratur-Oper seit Mozarts u. da Pontes psychologisierender it.-dt. Stilsynthese (*Don Giovanni*, Prag 1787) gattungsgeschichtl. überwunden.

Operette (v. it. operetta = Werkchen), im 17. Jh. Bez. f. Opern kleineren Umfangs, im 18. Jh. in Dtl. f. Übertragungen u. Bearbeitungen it. → Opere buffe, um 1750 auch f. frz. → Vaudevilles u. → Opéras-Comiques, seit Mitte des 19. Jhs., v. Frankr. ausgehend, Bez. f. frivole Einakter mit tagesaktuellen Chansons u. Modetänzen wie → Cancan, Galopp, Tyrolienne, Fandango, verbunden durch improvisierte gesprochene Dialoge; Offenbachs Welterfolge (*Orphée aux enfers*, 1858, *La belle Hélène*, 1864) stimulierten die Walzerkönige Strauß zur *Wiener Operette*, in der sich Biedermeierisches mit Kaiserstädtischem mischte, J. Strauß Sohn, *Die Fledermaus*, 1874, exemplarisch neben O. v. Suppé, Millöcker, Zeller, Ziehrer, nach 1900 mit Exotischem koloriert, auch sentimentalisiert (Léhar, *Die lustige Witwe*, 1905; E. Kálmán, *Die Csárdásfürstin*, 1915), wogegen sich die nach der Jh.-wende einsetzende Berliner Operette tageskritischer Sujets, Schlagermelodien u. Marschrhythmen zuwandte (P. Lincke, *Berliner Luft*, 1904), nach dem 1. Weltkrieg weiterhin v. der → Revue, nach dem 2. Weltkrieg vom Musical abgelöst.

Opernregie, die aus Libretto u. Partitur einer → Oper zu gewinnende Umsetzung der Vorgänge ins Bühnengeschehen, seit Mitte des 19. Jhs. (Wagner, Verdi) in Zusammenarbeit v. Kapellmeister u. Regisseur, v. a. hinsichtl. Solisten u. Ensembles, v. Regisseur wiederum in Zusammenarbeit mit Bühnen- u. Kostümbildnern, Beleuchtungs- u. a. Technikern; auf dem → Musiktheater seit den 1920er Jahren bei zeitgen. Werken O. vielfach eigenständig gegenüber musikalisch-kompositorischen Komponenten, seit den 1950er Jahren zunehmend auch bei Opernwerken früherer Stilepochen (spektakulär in Chéreaus Bayreuther Inszenierung v. Wagners *Ring des Nibelungen* (1979 ff.). → Inszenierung.

Opernton, am Stimmumfang der Sängersolisten v. Opernensembles im 17.-18. Jh. festgelegter → Stimmton, örtlich unterschiedlich hoch, bis zu einem Ganzton unter dem damaligen, bis zu einer Kleinterz unter dem heutigen → Kammerton.

Ophikleïde (v. griech. ophis = Schlange, kleidos = Klappe), Blechblasinstr., Klappenhorn in Baßlage, (8-10 Klappen), um 1820 v. Halary in Paris konstruiert, mit fagottartig geknicktem, vor dem Kesselmundstück rund gewundenem Rohr; als Harmoniebaß in Opern- u. Militärorchestern verwendet, um 1840 durch die Baß-→ Tuba verdrängt.

Opus, Abk. *op.*, Mehrzahl opera (lat. = Werk, Werke), in sich geschlossene schriftlich fixierte Tonschöpfungen, im 15.-18. Jh. v. Verlegern f. Messekataloge numeriert, seit Beethoven v. Komponisten chronologisch angelegt, in der Moderne weitgehend aufgegeben zugunsten einer Werkchronologie nach den Jahreszahlen der Entstehung. *Op. post[h]umum* = Nachlaßwerk; *op. magnum* = Hauptwerk, *op. ultimum* = Letztwerk. → Œuvre, Thematisches Werkverzeichnis, Köchelverzeichnis, Deutsch-Verzeichnis, Hoboken.

Oratio (lat. = Gebet), Gebetsform der frühchristl. Liturgie, nach Modellen des antiphonalen Sprechgesangs, in der Meßliturgie als Wechselgesang zw. Zelebrant u. Gemeinde, Einleitungsformel *Oremus*, Abschlußformel → *Amen*.

Oratorium (v. lat. orare = beten), in der 1. Hälfte des 17. Jhs. in Rom (Carissimi) entwickelte Werkgattung mehrteiliger Kompositionen f. Soli, Chor, Orchester u. einen Sprecher (Testor), überwiegend auf biblische Texte, benannt nach dem Ort der ersten O.-Aufführungen, dem Betsaal (Oratorio) der Bruderschaft des Filippo Neri; anknüpfend an die ma. it. → Laude u. wie diese in it. od. lat. Sprache, im Wechsel v. rezitativischen u. arienhaften Formelementen angelehnt an die it. → Oper des Frühbarock, seit Beginn des 18. Jhs. als Großform entscheidend geprägt durch Opern- und Oratorienkomponisten der → Neapolitanischen Schule (A. Scarlatti), v. hier nach London (Händel, *Messias*, Dublin 1742), Dresden (Hasse), Paris (Charpentier) u. Wien gelangt (Fux, Salieri, Mozart); als deutschsprachiges u. mit → Chorälen durchsetztes O. im 18. Jh. auch in die ev. KM übernommen, Zentren Hamburg (Telemann, C. Ph. Em. Bach), Leipzig (J. S. Bach, *Weihnachtsoratorium*, 1734), Berlin (C. H. Graun, *Der Tod Jesu*, 1755, das ins Lyrisch-Pietistische abgewandelte meistaufgeführte Passions-Oratorium bis zur Wiederentdeckung der J. S. Bachschen Passions-Oratorien um 1830); den seit der Wiener Klassik einsetzenden Wandel zum »säkularisierten« O. bilden J. Haydns *Schöpfung* u. *Jahreszeiten* (1798, 1801), Vorbilder f. geistl. od. weltl. O. des romant. → Klassizismus v. Mendelssohn (*Elias*, 1846) u. Schumann (*Das Paradies und die Peri*, 1843) über Liszt (*Die Legende der hl. Elisabeth*, 1862) bis Max Bruch (Das Lied von der Glocke, 1878); im 18. Jh. vereinzelt auch szenisch aufgeführt (Händel), im 19. Jh. zu »lebenden Bildern« arrangiert (Mendelssohn), fand sich die Werkgattung im 20. Jh. als Opern-O. neubelebt (Strawinsky, *Oedipus Rex*, 1927; Schönberg, *Moses und Aron*, 1932; Honegger/Claudel, *Jeanne d'Arc au bûcher*, 1935), neben denen jetzt auch O. politischer (Eisler, Schostakowitsch, Prokofjew) od. kirchl.-liturg. Bezogenheit (Kodály, Penderecki) der Werkgattung massen- bzw. gemeindekommunikative Züge eintrugen.

Orchésographie (griech. = Tanzbeschreibung), seit dem gleichnamigen Handbuch v. Th. Arbeau (1589) Bez. f. Tanzbeschreibung formenkundlicher u. aufführungspraktischer Art. → Choreographie, Ballett.

Orchester (v. griech. órkestra → Orchestra), im antiken Amphitheater Aktionsplatz f. Choristen, Tänzer, Instrumentalisten zw. Bühne u. Zuschauerstufen, seit dem 16. Jh. in It. eingeführte Bez. f. Instrumentalensemble, seit dem 17. Jh. nach Instrumentenfamilien formiert u. v. → Konzert- od. → Kapellmeister angeführt, seit dem 19. Jh. v. → Dirigenten geleitet, nach Besetzungen u. Werkgattungen (z. B. Oper, Ballett, Konzert) der verschiedenen Epochen beschreibbar als Renaissance- u. Barock-O., sinfonisches klassisch-romantisches u. pluralistisches modernes O. (→ Renaissance, Barock, Concerto grosso, Mannheimer Schule, Klassik, Romantik,

Moderne, Instrumentenkunde, Partitur); heute unterscheidbar als Sinfonie-, Großes, Kammer-, Streich-, Blas-, Salon-, Tanz- u. Unterhaltungs-O., Jazzband; Sitzordnung des klass.-romant. Sinfonie-O.: auf der Vorderbühne links bis rechts v. Dirigenten die chorisch besetzten Streicher (1. u. 2. Vl., Va., Vc, Kontrabaß), links flankiert v. Harfen, im Mittelfeld links v. Cembalo, Celesta, Klav., rechts v. Orgelspieltisch, im erhöhten Mittelfeld in zwei Reihen die Holzbläser mit Piccolo, Fl., Ob., Engl. Horn, dahinter Baßklar., Klar., Fag. Kontrafag., hinter ihnen die Blechblasinstr. mit Hörnern u. Trp., ggfs. Pos. u. Baßtuba, im oberen Feld Pauken, Trommeln, Becken, Triangel, Xylophon, Glokkenspiel u. a. Schlagzeug, im Orchester des 20. Jhs. seit Strawinskys *Le Sacre du printemps* (Paris 1913) neben Streicher- u. Bläsergruppen die »dritte Kraft« im O. – In der BRD bestehen (1986) über 12 Rundfunk-, 90 staatl. od. städt. subventionierte Sinfonie- u. 6 Kammer-O. (e. V.) mit 1081, 5787 u. 89 Planstellen.

Orchesterlied, seit Mitte des 19. Jhs. orchesterbegleitetes Sololied (Wolf, Mahler, Strauss, Pfitzner, Berg, Reutter, Henze u. a.); Ggs. zu → Klavierlied.

Orchestra (griech.), im griech. Amphitheater Bez. f. den zw. Bühne u. Zuschauerstufen gelegenen Aktionsplatz f. Choristen, Tänzer u. Instrumentisten, seit der it. Renaissance Synonym f. Instrumentalensemble. → Orchester.

Orchestration → Instrumentation, Bearbeitung.

Orchestrion (v. griech. → Orchestra), seit dem 19. Jh. Bez. f. mechan. Musikinstr. mit eingebautem Orgelwerk, Streich-, Bläser- u. Schlaginstr., als Orchestersatz auf Jahrmärkten vertreten, traditionell z. B. in Flandern u. den Nld.; um 1800 auch Bez. f. tragbare Orgel (Vogler). → Drehorgel.

Ordinarium Missae (lat.), ggs. zum → Proprium missae Bez. f. die textl. feststehenden Teile der → Messe: → Kyrie, Gloria, Credo, Sanctus, Agnus Dei, ursprüngl. v. der Gemeinde, seit dem MA v. Chor gesungen nach Melodien des → Kyriale und Graduale (seit dem 2. Vatikanum 1970 Neuzuordnung der Gesangsweisen).

Ordre (frz. = Ordnung, Satzfolge), in der frz. Musik des 18. Jhs. Bez. f. → Suite.

Orff-Instrumentarium, v. Carl Orff (1895-1982) in der → Musikal. Früherziehung erprobtes, an bayerischen Schulen obligatorisches Schlaginstrumentarium, erweitert um → Stabspiele (→ Xylophone, Metallophone); auch in der Musiktherapie verwendet.

Organisationen → Musikrat.

Organist, Kirchenmusiker bzw. konzertierender Orgelvirtuose, in der BRD an Meisterklassen f. Orgelspiel bzw. Kirchenmusikal. Instituten der Staatl. Musikhochschulen od. Kirchenmusikal. Instituten der Landeskirchen ausgebildet (3 Stufen).

Organo di legno (it.), tragbare Orgel mit Holzpfeifen, im 16.-18. Jh. in der Kirchen-, Kammer- u. Opernmusik verwendet (Monteverdi).

Organo pleno (lat. = mit vollem Werk), im Orgelwerk die Gruppe der → Prinzipale mit → Mixturen u. deren Stellvertretern in → Äquallage, auch die zum »großen Spiel« gezogenen langbecherigen → Rohrwerke.

Organum (griech.-lat. »Werkzeug«), Mehrz. Organa, im MA Mehrfachbez. f. Orgelwerk, Stimmorgan, Bläsergruppe, insbes. Bez. f. frühe Mehrstimmigkeit, im

9.-10. Jh. als improvisierte Stimmführungen in Quart- od. Quintparallelen unterhalb der Choralmelodie, im 11.-12. Jh. abgelöst v. einer oberhalb des → Cantus ausgeführten, → melismatisch verzierten Gegenstimme (→ Discantus), unter Perotinus (→ Notre-Dame-Schule Paris) im 13. Jh. zur Drei- u. Vierstimmigkeit erweitert, in → Modalnotation rhythmisiert u. zur → Motette als Hauptgattung der mehrstimmigen Musik des 14.-16. Jhs. geführt.

Orgel (v. griech.-lat. organon/organum = »Werkzeug«), → aerophones Tasteninstr. mit Pfeifen, denen zum Erklingen beim Spiel auf → Manualen, Pedal u. Registerzügen mittels → Traktur Spielwind zugeführt wird; Hauptteile der O.: Windwerk (Gebläse), Pfeifenwerk, Registerwerk (Regierwerk); der durch elektr. Gebläse (früher Schöpfbälge) erzeugte Wind gelangt über Kanäle zu den Windladen der Pfeifen u. Register; die Anzahl der → Labial- u. → Lingualpfeifen wächst in den verschiedenen Bauepochen seit dem 15. Jh. an, vielfach auch aus Raumgründen; die Größe der offenen Pfeifen bestimmt sich nach dem Ton C als Achtfuß (→ Fuß), 8' = 2,63 m, Durchmesser 15,55 cm, 16' = doppelt so lang u. eine Oktave tiefer, 4' = halb so lang u. eine Oktave höher; zu jedem Ton kann eine volle → Obertonreihe eingeschaltet werden; die → »gedackten« Pfeifen sind halb so lang wie die offenen v. gleicher Tonhöhe u. bringen nur die ungeradzahligen Obertöne; alle Pfeifen gleicher Klangart heißen Register u. werden mittels Registerknopf gezogen, d. h. zu vielfachen Registermischungen freier od. feststehender Kombinationen gekoppelt; das Pfeifenmaterial besteht aus Holz (→ Organo di legno), Zinn, Blei-Zinn-Legierung, Kupfer, Silber u. a.; Hauptstimmen: Lippenpfeifen (Labial) in Art der Blockflöten, Zungenpfeifen (Lingual) mit aufschlagenden Zungen u. Schallbechern; der O.-Spieltisch besitzt 2-5 Manuale, sämtliche kürzer als beim → Klav., da die höheren u. tieferen Töne durch Züge u. Pedal realisierbar sind (bis zu 10 Oktaven); die Register-Pfeifenreihen, die mit dem offenen Fuß in Pfeifenstöcken auf der Windlade stecken, sind als Gesamtheit des Pfeifenwerkes zu Teilwerken zusammengefaßt (Hauptwerk, Oberwerk, Brustwerk, Rückpositiv u. Pedalwerk), ihr Gesamtaufbau ist durch die → Disposition festgelegt. – Als → Hydraulis (Wasserorgel) im 7. Jh. aus Byzanz nach Westeuropa gelangt, entwickelten sich im MA bis zum 16. Jh. neben Großformen mit → Windladen u. Teilwerken auch Kleinorgeln wie → Portativ, Positiv, Regal, im 17.-18. Jh. v. a. in Engl., Span., Frankr. u. Dtl. Barockorgeln, deren spezifischer Klang auf dem Kontraprinzip v. Teilwerken fußt (Silbermann, Schnitker, Gabler, Hildebrandt u. a.), im späten 19. Jh. u. beginnenden 20. Jh. hingegen entstehen, parallel zur Ausweitung des spätromant. Sinf.-Orch., Bühnen- u. Maschinen-O. wie die in Atlantic City, New Jersey, USA (Kongreßhalle, Fassungsvermögen 100.000 Menschen) mit über 30.000 Pfeifen (von 19,5 m bis 6 cm), 451 Registern u. 7 Manualen; in Dtl. z. B. die fünfmanualige Riesenorgel Fr. Steinmeyers im Passauer Dom, die Sauer-Orgeln im Berliner Dom u. in der Breslauer Jahrhunderthalle, die Klais-Orgel in den Kölner Messehallen; die seit der Jahrhundertwende einsetzende, gegen »Orchester-Orgeln« gerichtete »Elsässer Orgelreform« (A. Schweitzer, Silbermann-O.) wurde seit den 1920er Jahren (1921 Rekonstruktion einer Praetorius-Orgel des 17. Jhs. auf Veranlassung W. Gurlitts durch O. Walcker f. die Aula der Univ. Freiburg), parallel zur → Jugend- und Chormusikbewegung, zu einer orgelbaulich wie kompositorisch bedeutsamen Bewegung (H. H. Jahnn, Arp Schnitger-O.), deren historisierende Tendenzen sich im letzten Drittel des 20. Jhs. v. Neuzuwendungen zu Orgelmusik u. Orgelbau der Spätromantik (Reger) wie zur Klangwelt neuer Ausdrucksmusik (Messiaen) abgelöst finden. → Orgelmusik, Hammondorgel, E-Orgel, Wurlitzer Orgel, Kino-Orgel.

Orgelchoral, Bearbeitung einer vorgegebenen Choralmelodie f. Orgel unter Beibehaltung des → Cantus firmus, Standardform der ev. KM des 17.-18. Jhs. (J. S. Bach, *Orgelbüchlein*, 1714).

Orgelklavier, Vereinigung v. Saitenklavier (→ Klavichord, Cembalo, Hammerklavier) u. Flötenwerk, durch Trittbalg betätigt, bes. beliebt im 18. Jh. (→ Empfindsamer Stil).

Orgelmesse, seit Ende des 14. bis Mitte des 18. Jhs. verbreitete musikal. → Messe, bei der anstelle gesungener Messetexte mehrstimmige Orgelsätze (→ Versetten) mit einstimmigem Choralgesang der Gemeinde alternierten.

Orgelmusik, f. → Orgel komponierte, seit dem 15. Jh. bis heute in Wechselwirkung zur Orgelbaugeschichte stehende, überwiegend gottesdienstbezogene Musik, seit dem späten 19. Jh. auch außerkirchl. konzipierte u. praktizierte Musik; vom 14.-16. Jh. v. a. als improvisierendes Präludieren, als Intavolieren v. Vokalsätzen (→ *Buxheimer Orgelbuch*, um 1460; K. Paumann, *Fundamentum organisandi*, 1452; → Tabulaturen) u. als Choralbearbeitungen (→ Orgelchoral, Orgelmesse); im 16.-17. Jh. O. in vielerlei aus der Vokalmusik entwickelten Formen → Kanzone, Ricercare, Toccata, Versette), in It. A. u. G. Gabrieli, Merulo u. Frescobaldi, in Spanien Cabezón (→ Tientos), in Frankr. Titelouze, Clérambault, Couperin, in Süd- u. Norddtl. Froberger, Kerll, Sweelinck, Scheidt, Reinken, Bruhns, Lübeck, Tunder, Böhm, Buxtehude (Lübecker Abendmusiken), Händel, Stilsynthese in der O. von J. S. Bach. (Choralvariationen, Tokkaten, Passacaglien, Fantasien, Präludien u. Fugen); der romant. → Klassizismus (Mendelssohn, Brahms, Rheinberger) knüpft an Bach an, die → Neudeutsche Schule um Liszt bis Reger sucht zw. sinfonischer u. polyphonischer O. zu vermitteln (Fantasien u. Fugen über B-A-C-H), während die reformerische Orgelbewegung seit den 1920er Jahren sich Orgel-Bau, -Musik u. -Aufführungspraxis des dt. Barock zuwandte (J. N. David, H. Kaminski, H. Distler, G. Raphael, J. Ahrens, E. Pepping, H. Schroeder u. noch A. Heiller, O. G. Blarr, B. Hummel; Häupter der Moderne wie Schönberg od. Strawinsky bezogen O. nur vereinzelt u. eher retrospektiv ein (Schönberg, *Variationen über ein Rezitativ* f. Orgel, op. 40, 1941; Strawinsky, *Canticum Sacrum* f. Soli, Chor, Orch. mit Orgel, 1955); zukunftweisende Aspekte zeigt das zentrale Orgelmusikwerk v. Olivier Messiaen (*Méditations*, 1969), dem vorerst letzten Vertreter einer seit dem 17. Jh. ununterbrochen wirksamen Gesch. der O. in Frankr., während die internat. Avantgarde O. nur partiell (Klangfarbenstruktur) u. vereinzelt einbezieht (Hambraeus, Ligeti, Kagel, Schnebel).

Orgelpunkt, lang anhaltender od. rhythmisiert wiederholter, die Grundtonart eines Stückes festhaltender Baßton, seit der Hochromantik auch eines Akkordes, über dem sich die übrigen Stimmen harmonisch-modulatorisch, melodisch, rhythmisch, dynamisch frei bewegen; Steigerungsmittel bei Bach, Beethoven, Brahms, Bruckner, Reger, in der Moderne bei Varèse, Penderecki; rückführbar bis in die Satztechnik des ma. → Organum (Tenorton).

Orgelregister, Pfeifenreihen gleicher Bauart, Klangfarbe u. Klangstärke, unterschieden nach Pfeifenart (→ Lingual-, → Labial-Pfeifen), Pfeifenform (offen, halbgedeckt, → gedackt), → Mensur; als Hilfsregister auch Bez. f. Spielhilfen (Koppeln, Kombinationen) u. Spielwerke (Zimbelstern). → Orgel.

Orgeltrio, Orgelkomposition f. drei auf 2 Manuale u. Pedale verteilte, selbständig geführte, verschieden registrierte Stimmen; anders → Klaviertrio.

Orgelwalze, mechan. betriebenes kl. Pfeifenwerk, mittels Stiftwalze u. Blasebalg z. Klingen gebracht, weitverbreitet im 18. Jh. (Mozart, Haydn). → Flötenuhr, Mechan. Musikinstr.

Orgelwolf, umgangssprachlich die bei Orgeln ungleichschwebender Temperierung (→ Stimmung, Temperatur) auftretende, als »heulend« empfundene zu große (Wolfs-)Quinte (gis-es).

Orgue expressif, Anfang des 19. Jhs. v. G. J. Grenié in Paris konstruiertes → Harmonium mit orgelregisterartig angeordneten durchschlagenden → Zungen.

Orientalische Musik → Ägypt. M., Arabisch-islam. M., Jüdische M., Byzantinischer Gesang.

Ornamente → Verzierungen, Aufführungspraxis.

Ornamentinstrumente, bei Generalbaßkompositionen des 17.-18. Jhs. Bez. f. melodieführende u. -verzierende Streich- od. Blasinstr. ggs. zu den → Fundamentinstr. → Cembalo, Theorbe, Laute, Orgel, Violone, Viola da gamba, Violoncello, Fagott.

Orphéon (frz. v. Orphée = → Orpheus), Bez. f. Männerchor in der frz. Arbeiterbewegung Mitte des 19. Jhs., in Paris unter Leitung v. Ch. Gounod. → Arbeiterchöre.

Orpheus, Sänger u. Kitharode (→ Kithara) der altgriech. thrakischen Mythologie, nach Pindar Sohn → Apollons, des Lichtgottes u. Anführers der neun → Musen, Symbolfigur f. die Zauberkräfte v. Gesang u. Instrumentenspiel auf Mensch, Tier u. Natur; der Tod des O., in der Antike bei Aischylos, Vergil, Ovid literarisch bearbeitet, erfuhr in der Opern- u. Ballettgesch. seit der it. Renaissance zahlr. Neugestaltungen, z. B. als Favola *L'Orfeo* (mit trag. Ende, aber Schlußverklärung) bei Monteverdi (1607), als Reformoper Orfeo ed Euridice (mit humanitär-versöhnlichem Ausgang) bei Gluck (1762), als Opernparodie *Orphée aux enfers* (mit zeitkritischem Trivialfinale) bei Offenbach (1858), als Zigeunerballade *Les Malheurs d'Orfée* bei Milhaud (1924), als Ballette bei Strawinsky (*Orpheus*, 1947; mit Zerreißtod u. apollinischer Apotheose) u. Henze (*Orpheus*, 1979; mit Klassenkampfzügen u. Happy-End). – *Orpheus Britannicus*, seit dem 18. Jh. Ehrentitel f. Henry Purcell (1659-95), Schöpfer der englischen Oper.

ossia (it. = oder, auch), v. Komponisten bzw. Herausgeber eines Musikstücks vorgeschlagene, meist erleichterte Zweitfassung einer Passage, in kleinerem Notendruck über der Originalfassung hinzugefügt.

Österreichische Musik, → Deutsche Musik, Kirchenmusik, Barock, Klassik, Romantik, Neue Wiener Schule, Minnesang, Lied, Oper, Singspiel, Operette, Walzer, Wiener Sängerknaben, Wiener Philharmoniker, Wiener Symphoniker, Wiener Festwochen, Salzburger Festspiele. – E. Tittel, *Österreichische Kirchenmusik*, 1961; R. Flotzinger, G. Gruber (Hg.), *Musikgeschichte Österreichs*, 2 Bde., 1977/1979.

Osterspiel, seit dem 11. Jh. bezeugter ältester Typus des ma. → Mysterienspiels, dramat. Dialogisierung der bibl. Auferstehungshistorie, bis ins 16. Jh. verbreitet, im 20. Jh. vereinzelt neubelebt (C. Orff, *Ludus de resurrectione Christi*, 1956).

Ostinato (it. = beharrlich), beständiges Wiederholen eines rhythmischen, melodischen od. harmonischen Modells; als *Basso ostinato* seit dem 16. Jh. die fortgesetzte Wiederkehr eines Themas im Baß als Grundlage (→ Ground) zum Variationsaufbau v. Tanzformen (→ Folia, Chaconne, Passacaglia), in Lied- u. Concertosätzen auch als chromatisch absteigender Quartgang (*passus duriusculus*); strukturbildendes u. spannungssteigerndes Formelement auch in Kompositionstechniken des 20. Jhs.

Oszillograph (v. lat.-griech. oscillare = schaukeln, graphein = schreiben), elektroakust. Meßgerät zur Darstellung u. Aufzeichnung (*Oszillogramm*) eines Schwingungsverlaufs mittels Elektronenstrahlröhre; dient der Untersuchung v. Instrumentalklängen, → Mikrophonen, Verstärkern, Lautsprechern.

Oteki, kl. japan. Bambusfl. mit 7 Tonlöchern.

Ottavino → Pikkolofl. auch → Orgelregister (2-Fuß).

Ottoni (it. ottone = Messing), Sammelbez. f. die messingenen → Blechblasinstr. des Orchesters.

Ouvertüre (frz. = Eröffnung), Instrumentaleinleitung zu → Oper, Oratorium, Ballett, Suite (Ouvertürensuiten bei Bach), im 17. Jh. seit Lully zur dreiteiligen *Frz. Ouvertüre* (langsam-schnell-langsam) entwikkelt, im 18. Jh. seit A. Scarlatti zur dreiteiligen (*It. Ouvertüre* (schnell-langsam-schnell); im 19. Jh. seit Beethoven zur selbständigen programmat. *Konzertouvertüre* abgewandelt, im Bühnenbereich zur *Potpourri-Ouvertüre* (Komische Oper, Operette) bzw. zum *Vorspiel* (seit Wagners *Tristan und Isolde*, 1858). → Praelulium.

Overdubbing → Playback.

P

P, p, Abk. f. → Pedal u. → piano.

Päan (griech. = Retter), antiker Siegeshymnus zu Ehren → Apollons u. anderer Gottheiten, kretischen Ursprungs, chorisch od. solistisch mit Refrainrufen, instrumentalbegleitet vorgetragen; allgem. Bez. f. Lobgesang.

Palestrinastil, der von G. P. da Palestrina (1525-1594) geprägte → A-capella-Stil eines nach Konsonanz/Dissonanz, Rhythmus u. Wortverständlichkeit ausgewogenen vierstimmigen kontrapunktischen Satzes, das Ideal der Kirchenmusikreform des Konzils v. Trient (1541-63), v. der Reformbewegung des → Cäcilianismus im 19. Jh. erneut zum Vorbild proklamiert; verklärend in H. Pfitzners Opernlegende *Palestrina* (1917) eingegangen.

Palotás, (v. ungar. palota = Palast), mehrsätziger Tanz mit Coda in mäßig langsamem 2/4- od. 4/8-Takt, seit dem 15. Jh. als Männertanz der Oberschicht nachweisbar (*P. magyar nota*).

Pandero, span. Rahmentrommel mit Schellen, Begleitinstr. zu Volkstänzen; in Portugal Pandeiro, zweifellig quadratische Handtrommel mit u. ohne Schellen, Begleitinstr. der Frauen zu ihren Gesängen u. bei Prozessionen.

Pandora, Pandura (griech.-it.), Zupfinstr. in Baßlage, neben der → Cister im 15.-16. Jh. als → Generalbaß-Instr. gebräuchlich: mehrfach geschwungener Zargenkorpus, flacher Boden, u. flache Decke mit → Rosetten-Schalloch, 5-7 doppelchörige Metallsaiten, v. Querriegel/Steg auf der Decke über das mit 17 Metall- → Bünden ausgelegte Griffbrett zum kopfverzierten Wirbelkasten geführt, Stimmungen (nach Praetorius, 1619) ^{1}G-C-D-G-c-e-a od. C-D-G-c-f-a-d^{1}, Größe 137-140 cm; noch Ende des 17. Jhs. auch im Berliner Hofinventar nachgewiesen. – Pandurina → Mandora.

Panflöte, Panpfeife, nach dem griech. Hirtengott Pan benanntes, in Griechenland Syrinx bezeichnetes, in den Frühkulturen aller Erdteile belegtes Blasinstr. aus 5-13 nebeneinander angeordneten, unten geschlossenen Röhren aus Schilf, Bambus, Holz, Ton, Stein od. Metall, solistisch od. (z. B. in Polynesien) in Gruppen zu blasen, bei mittelmeerischen Hirtenvölkern bis heute anzutreffen, in jüngster Zeit auch in der Unterhaltungsmusik verwendet (Ch. Zamfir); Attribut des Vogelmenschen Papageno in Mozarts *Zauberflöte* (1791).

Pange lingua (lat. = Preise, Zunge), Anfangsworte der Kreuzverehrung in der röm.-kath. Liturgie, seit dem 9. Jh. in das → Offizium der Passionszeit aufgenommen, in zahlr. Melodien überliefert; das vermutl. v. Thomas v. Aquino um 1264 f. das Fronleichnamsfest geschaffene P. wird seit dem 15. Jh. mit seinen Schlußstrophen zum sakramentalen Segen gesungen u. hat eine v. Dufay (15. Jh.) bis Kodály (20. Jh.) reichende Tradition in der kirchl. Chor- u. Orgelmusik (→ Tantum ergo).

Panharmonikon, mechan. Musikinstr. um 1800 v. J. N. Mälzl (→ Metronom) konstruierte Imitations-Automatik v. Blech-, Schlagzeug- u. Streichinstr.; v. Beethoven 1813 f. die Erstfassung seiner Programmsinfonie *Wellingtons Sieg oder die Schlacht bei Vittoria* verwendet. → Orchestrion.

Pantalon (Pantaleon), nach seinem Erfinder Pantaleon Hebenstreit (1667-1750) um 1790 in Merseburg konstruiertes, auf Konzertreisen am frz. Hof eingeführtes aus dem → Hackbrett entwickeltes 5 1/2-oktaviges Saiteninstr. mit zwei Resonanzböden, einem Metall- u. einem Darmsaitenbezog, zweiseitig u. beim Umdrehen des Instr. klangumwechselnd zu spielen (unter Mitschwingen der nicht angeschlagenen → Aliquotsaiten); aus dem P. entwickelte C. G. Schröder 1717 das → Hammerklavier; ein P.-Zug an → Cembalo u. → Klavichord suchte den (Nach-)Klang des P. zu imitieren u. entsprach in der Wirkung der Aufhebung der → Dämpfung des Fortepedals (→ Pedal) am heutigen Klavier.

Pantomime (v. griech. pantomimos = alle nachahmend), Darsteller bzw. Darstellungsform wortloser Mimik, Gestik u. Bewegung, mit od. ohne musikal. Begleitung, beliebte Kunstgattung vorwiegend tragikomischen Charakters in der griech.-röm.

Antike, abgewandelt übernommen in die ma. → Mysterienspiele, die → Commedia dell'arte der it. Renaissance, das frz. → Vaudeville, die Wiener Volksposse, in Circus, Revue u. den modernen → Ausdruckstanz, hier auch als Gruppen-P.; als Bühnensonderform v. a. v. Komponisten des 20. Jhs. aufgegriffen (Ravel, Honegger, Bartók, Hindemith, Henze, Kagel).

Paradiddle (engl.), Wechsel v. Einzel- u. Doppelschlägen in der Trommeltechnik.

Parallele Tonarten, parallelverwandte → Dur- u. Molltonarten gleicher Vorzeichen, deren Grundtöne eine Kleinterz voneinander entfernt liegen, z. B. G-Dur u. e-Moll. → Tonarten, Quintenzirkel.

Parallelen (v. griech. parallelos = nebeneinanderstehend), im mehrstimmigen Satz durch Parallelbewegung entstehende Stimmführung in vollkommener Konsonanz (offene P.) od. zu ihr hin (verdeckte P.), als Oktav- bzw. Prim- u. als Quintparallelen im strengen Satz des 14.-19. Jhs. untersagt, in der Musik des 20. Jhs. archaisierend (Debussy, Puccini) od. strukturierend (Strawinsky) angewendet. → Organum.

Parallelklang, Dreiklang, dessen terzverwandtschaftlichem Verhältnis zu den Hauptdreiklängen auf → Tonika, Sub- u. Oberdominante die Kleinterz zugrunde liegt, die tieferen bei Dur zu Moll, z. B. in G-Dur e-g-h (Tp), a-c-e (Sp), h-d-fis (Dp), die höhere bei Moll zu Dur, z. B. in e-Moll g-h-d (Tp), c-e-g (Sp), d-fis-a (Dp); ggs. zu → Wechselklang.

Parameter (v. griech. parametrein = an etwas messen), in Mathematik u. Informationstheorie die meßbaren variablen Größen, mittels deren Einzelelemente einer Gesamtheit miteinander vergleichbar sind; v. dem ukraino-amerikan. Musiktheoretiker J. M. Schillinger (1896-1943, Columbia University, USA) 1948 eingeführter Begriff, in übertragener Bedeutung Bez. f. die isoliert meßbaren Klangkomponenten → Frequenz, Amplitude u. Obertonspektrum; durch den dt. Physiker u. Phonetiker W. Meyer-Eppler (1913-60, Univ. Bonn) in die Theorie der → seriellen Musik übernommene Bez. f. die einzelnen strukturell isoliert betrachteten, reihenmäßig definierten Klangeigenschaften u. Bestimmungsmerkmale einer Komposition wie Tonhöhe, Tondauer, Lautstärke, Klangfarbe, auch f. Topik (Ort der Tonerzeugung) u. weitere sekundäre P., wie Dichte, Ambitus, Gruppencharakteristik; durch Vertreter des Serialismus der 1950er Jahre (Stockhausen, Boulez) aus dem Spätwerk v. A. Webern (1883-1945) abgeleitet; als Zuordnung komplexer musikal. P. (z. B. Klangfarbe) zu physikal. exakten Größen wahrnehmungspsychologisch relativ zu bewerten, in Übertragung auf vor- od. nachserielle Musik nur bedingt anwendbar.

Paraphonie (griech. = Nebeneinanderklang), in der ma. Musik das Singen in Quart- u. Quintparallelen. → Organum.

Paraphrase (v. griech. paraphrasis = Umschreibung), Ausschmückung einer vorgegebenen Melodie, im 19. Jh. v. a. als Klav.- od. Orch.-P., bei F. Liszt z. B. auf Lieder v. Schubert od. Opernarien v. Verdi (*Rigoletto*-P., 1860), seither v. a. in der Salon- u. Unterhaltungsmusik angewandt.

Parforcehorn, bei Parforcejagden (Hetzjagden) benutztes, mehrfach kreisförmig gewundenes, beim Spiel um die Schulter gelegtes größeres → Jagdhorn.

parlando (it. = sprechend), in der Vokalmusik »sprechend« leichte Tongebung mit rhythmisch präzisen Wort- u. Tonwiederholungen, charakteristisch für die it. → Opera buffa des 18.-19. Jhs. (Rossini); in der Instrumentalmusik *parlante* als Anweisung zu ausdrucksvollem »sprechendem« Vortrag; Recitativo parlante → Seccorezitativ.

Parodie (v. griech. parodia = Neben-, Gegengesang), seit dem 15. Jh. bekanntes Verfahren der Zuordnung eines neuen Textes zu einer vorgegebenen Musik od. einer Vokal- bzw. Instrumentalmusik zu einem anderen Text, wobei ursprüngliche Vokalmusik zu Instrumentalmusik werden konnte u. umgekehrt (z. B. die → Kontrafaktur des Liebesliedes *Mein G'müt ist mir verwirret* zu dem Choral *O Haupt vill Blut und Wunden*); im 15.-16. Jh. als *P.-Messen* durch textl. u. musikal. Übertragung weltl. Chansons in Messe-Sätze, meist in melodisch-harmonisch-rhythmischer Zerlegung u. Umkomposition (z. B. *Adieu, mes amours*, Messe v. J. Obrecht, um 1500); Eigen-P. bei J. S. Bach aus weltl. in geistl. Kantaten; seit dem 18. Jh. v. Frankr. ausgehend als satirische Verfremdung v. Opern u. Operetten (Offenbachs Gluck-P. *Orphée aux enfers*, 1858); im 20. Jh., seit Strawinsky, Begriffsverschiebungen zw. P., Adaption, → Zitat, Collage, Karikatur.

Part (v. lat. partitio = Einteilung, it. parte, frz. partie, engl. part), Teil eines zykl. Vokal- od. Instrumentalwerkes od. einer Orchesterstimme, auch Bez. f. Chorstimmheft, Opernrolle (*Partie*). → colla parte.

Partialtöne (v. lat. pars = Teil), die Teiltöne einer Obertonreihe (→ Obertöne), mit dem Grundton als Partialton 1.

Particell (v. it. particella = Teilchen), ggs. zur → Partitur ein auf 2-5 Liniensysteme notierter Kompositionsentwurf, meist mit Instrumentationshinweisen.

Partimento (it. = Teilung), in der it. → Generalbaßpraxis des 18. Jhs. eine nur aus Melodie-(teil-) Verlauf u. Baßbezifferung bestehende Kompositionsskizze, angelegt zur Erlernung improvisatorischer Ausführung durch den Cembalisten od. Organisten.

Partita (v. lat. partitio = Einteilung), seit dem 16. Jh. in It. u. Dtl. Bez. f. Variationsreihe od. Tanzfolge, seit dem 17. Jh. in Frankr. auch → Suite; im 18.-20. Jh. Orch.- od. Ballett-Suite als freie Folge arrangierter Teilstücke aus Oper u. Ballett.

Partitino (it. = kl. Partitur), Zusammenfassung v. Instrumentalstimmen, die in der → Partitur nicht aufgezeichnet erscheinen, zu Opern-Partituren etwa Sonderparte wie die → Janitscharenmusik in Mozarts *Entführung aus dem Serail* od. die 6 Harfen in Wagners *Rheingold*.

Partitur (v. lat. partiri = einteilen), it. partitura, frz. partition, engl. score [v. nord. skör = Kerbe], die Gesamtheit des Notenschriftbildes einer mehrstimmigen Vokal- u./od. Instrumentalkomposition in untereinander angeordneter Einteilung ihrer gleichzeitig erklingenden Einzelstimmen in vertikal koordinierten, mit durchzogenen Taktstrichen verbundenen Liniensystemen, womit Werk- u. Klangstrukturen durchlaufend in überschaubarer Korrespondenz zueinander erscheinen; im 17.-18. Jh. entwickelt, seit Mitte des 19. Jhs. wie folgt eingeteilt (v. oben nach unten, jeweils v. höchsten zum tiefsten Part gelesen): Holzbläser (→ Fl., Ob., Klar., Fg.) Blechbläser (→ Hörner, Trp., Tuben); Schlagzeug (→ Pk., Triangel, Becken, Trommeln ggfs. → Harfe, Celesta, Klav.,

Org. u. a. Soloinstr., Streicher (→ Vl., Va., Vc., Kb.), Vokalsoli mit od. ohne Chor über dem Streichersystem (auch im Streichersystem über (Vc./Kb.); kleingedruckte Studien-P. dienen u. a. dem P.-Spiel des (angehenden) → Dirigenten, Chorleiter u. Korrepetitoren bei Übertragung der P. auf das Klav.; Klav.-P. dienen als erweiterte → Klavierauszüge (Orchesterpart im Klaviersatz, Vokalstimmen in P.-Anordnung) v. a. den Chorsängern bei Einstudierung u. Aufführung; *Einheits-P.* im G-Schlüssel (mit Oktavierungen) u. *Reform-P.* in C setzten sich (nicht nur aus kommerziellen Gründen) nicht durch; *Lese-P.* mit farbig überdruckten Instrumentations- u. a. Feldern sollen in Aufnahmestudios hilfreich sein.

Pas (frz. = Schritt), im → Ballett Sammelbez. f. die Gesamtheit der Schulschritte, z. B. Pas de → Bourrée als Wechselschritt, od. f. Formen wie *Pas seul* als Solotanz, *Pas de deux* als mehrteiliges Solo f. Ballerina u. Danseur (Entrée und → Adagio f. beide, Variation I f. den Ballerino, Variation II f. die Ballerina, Coda f. beide), in dramatischen Szenen als *Pas d'action*.

Paso doble (span. = Doppelschritt), ursprüngl. span. Volkstanz, Paartanz in raschem 2/4- od. 3/4-Takt, um 1900 europaweit zum Gesellschaftstanz avanciert, seit 1945 in die Reihe der internat. Turniertänze aufgenommen; auch Bez. f. Geschwindmarsch der Infanterie (6/8-Takt mit etwa 120 Schritten je Minute), in Frankr. seit der 2. Hälfte des 18. Jhs. als *Pas redoublé* eingeführt.

Passacaglia (it.; frz. passecaille, span. passecalle, v. passar = gehen, calle = Straße), Variationsform über einem 4- od. 8-taktigen, ständig wiederkehrenden → Basso ostinato (langsamer 3/4-Takt, Moll), ursprüngl. span. Tanzlied zu Einhandfl., Tamburin u. Git., seit dem 17. Jh. als Hoftanz in Frankr. Schlußtanz in der frz. Oper (Lully), als Instrumentalform (Laute, Git., Cemb., Org.) in Span., Frankr., It., Engl., Dtl. verbreitet (Pachelbel, Buxtehude, Bach, Händel), im späten 19. u. im 20. Jh. erneut aufgegriffen (Brahms, Reger, Schönberg, Webern, Berg, Bartók, Hindemith u. a.), nach dem Vorbild der »Ciacona« zum Abschluß der d-Moll-Partita f. Vl. solo v. J. S. Bach (um 1710) als Folge v. dreimal 7 Variationen (Moll-Dur-Moll) über der Baßkadenz I-IV-V-I. → Chaconne.

Passaggio, Passage (it., frz. = Durchgang), im 16.-18. Jh. vokale u. instr. Auszierung melod. Sprünge durch (improvisierte) Läufe in rhythm. Verkleinerungen (Diminutionen), in der Konzert- u. Etüdenliteratur des 19. Jhs. bravouröse Läufe u. Akkordbrechungen. → Koloratur, Roulade.

Passamezzo (aus it. passo e mezzo = ein und ein halber Schritt), altit. Schreittanz, im 16.-17. Jh. v. a. in Lautensuiten neben der → Pavane u. in Verbindung mit dem → Saltarello Eröffnungssatz mit Variationen über einem → Ostinatiomodell, seit dem 17. Jh. als *P. antico* in Moll (der → Folia verwandt), als *P. moderno* in Dur, seither auch als umfangreiche Variationssätze f. Git., Tasteninstr. od. Vl. (Vitali, *Varie partite del passamezzo* f. 2 Violinen u. Basso continuo, 1682).

Passepied (frz. = »Schrittfuß«), rascher tripeltaktiger Rundtanz mit Auftakt, breton. Ursprungs u. in der Bretagne bis heute als rhythm. unregelmäßiger Volkstanz verbreitet, seit dem 17. Jh. bei Hofe eingeführt, auch in Oper u. Ballett aufgenommen, in der Instrumentalsuite zw. → Sarabande u. → Gigue ähnlich dem langsameren → Menuett. → Suite.

Passion (v. lat. passio = leiden), Darstellung der Leidensgeschichte Christi nach den 4 → Evangelien, seit dem 15.-17. Jh. v. der responsorialen z. oratorischen Form entwickelt, als *Responsoriale P.* unter Verteilung der Textvorlagen auf Evangelist (Lektionston c^1), Christus (f), → »Soliloquenten« u. → »Turbae«-Chöre (f^1), sprachgestisch z. B. bei Lasso (1575) u. Schütz (1665), seither als *Oratorische P.* mit → Rezitativen, Soloarien, Chören u. Instrumentalsätzen, seit Anfang des 18. Jhs. auf P.-Dichtungen (Brockes), z. B. bei Telemann u. Händel, gipfelnd, in Bachs *Johannes-P.* (1723) u. *Matthäus-P.* (1729); im 20. Jh., nach dem 1. bzw. 2. Weltkrieg, bei ev. u. kath. Kirchenkomponisten in Dtl. P.en unter Rückbeziehung auf die → Choral-P. der vorbachischen Zeit (K. Thomas, 1922, H. Schroeder, 1964); im Auftrag des WDR Köln komponierte K. Penderecki 1966 eine weltweit bekannt gewordene *Lukaspassion*.

Pasticcio (it. = Pastete, Mischmasch), aus Einzelstücken verschiedener Komponisten zusammengestelltes od. umkomponiertes musikal. Bühnenstück mit eigenem Libretto, seit dem 17. Jh. belegt; auch mehrsätzige Instrumentalkomposition verschiedener Tonsetzer, meist als Stilparodie.

Pastorale (it., v. lat. pastor = Hirte), als *Pastoral-Oper* od. *P.-Ballett* im 17.-18. Jh. beliebtes musikal. Schäferspiel ländl.-idyllischen Charakters als Oper (Peri, *Dafne*, 1598, Strauss, *Daphne*, 1938) od. auch als Ballett (Mozart, *Les petit riens*, 1778; Ravel, *Daphnis et Chloé, 1912); seit dem 16. Jh. zunächst als Weihnachts-P.* der it. → Pifferari überliefert, seit Corelli in zahlr. Concerti zur Christgeburt; F-Dur als Pastoraltonart, wiegender $^6/_8$-Takt mit Terzenmelodik, Schalmeien, Ob., Fl. → Bordunklängen v. Fg. u. Dudelsack, stilisiert in Bachs *Weihnachtsoratorium* (1734) u. Händels *Messias* (1742), seit Ende des 18. bis ins 20. Jh. programmusikal. Pastoral-Sinfonien, im natur-poetischen Sinne auch Beethovens *Sinfonia pastorale* F-Dur op. 68, 1808 (6. Sinfonie).

Pastourelle, Pastoreta (frz., it., v. lat. pastor = Hirte), Hirtenlieder frz. → Trouvères u. dt. → Minnesänger in Form freizügiger Dialoge zw. Hirtin u. Hirte, dieser als geistl. od. weltl. Herr, als Singspiel überliefert in *Le jeu de Robin et Marion* v. Adam de la Halle (1283); v. Einfluß auf Schäferlied u. Schäferspiele der Anakreontiker (18. Jh.).

Pater noster (lat. = Vater unser), in → Evangelien überliefertes Gebet des Herrn (Mt 6, 9-13; Lk 11, 2-4), 7 bzw. 5 Bitten (1. Strophe Du-Form, 2. Str. Wir-Form), in der Urkirche in den Taufritus, seit dem 5. Jh. auch in die Eucharistiefeier übernommen, in der Meßliturgie der röm.-kath. u. oriental. Kirche heute als Kommuniongebet v. Priester u. Gemeinde gesungen, in den ev.-ref. Kirchen im Abendmahlsgottesdienst variabel plaziert; in 4 Melodiemodellen überliefert; herausragende mehrstimmige Chorvertonungen seit dem 16. Jh. v. Josquin, Palestrina (*Missa Pater Noster*), Schütz (*12 Geistl. Gesänge*), Liszt (Männerchor), Verdi (5stg., nach Dante), Reger (12stg.), Strawinsky (4stg., lat. u. russisch); bedeutende Liedfassungen: 9strophiger Lutherchoral *Vater unser im Himmelreich*, in Orgelwerken v.

Bach, Mendelssohn u.a. verwendet; P. Cornelius schuf einen Klavierliederzyklus *Vater unser* op. 2 (1854) in 9 eigengetexteten Liedern auf die Bitten des P.n. unter Verwendung der korrespondierenden Melodieabschnitte der gregorian. Weisen, J. Driessler verarbeitete altliturg. u. lutherische Melodie zu dem Oratorium *Dein Reich komme* (1949).

Patet (javan.), Melodiemodell in der → indones. Musik, Nachtstunden zugeordnet, je nach Häufigkeitsvorkommen des Grundtones dem Skalensystem → Pélog od. → Sléndro zugehörig, letztere auch bei → Gamelan-Ensembles.

patetico, pathétique (it., frz.), feierlich-erhaben, leidenschaftlich als Vortrags- u. Satzbez.; *Pathétique* als Werktitel bei Beethoven (*Grande sonate pathétique c-moll op. 13*, 1799) u. Tschaikowsky (*Sinfonie Nr. 6 h-Moll op 74*, 1893, autobiogr.-programmusikal. Sinfonie, deren Zusatztitel *Pathétique* auf Anregung v. Tschaikowskys Bruder Modest zurückgeht).

Pauke, Kesselpauke (it. timpano, frz. timbale, engl. kettledrum), paarweise gespieltes → Membraphon mit parabolisch geformtem Kessel aus Kupferblech mit darübergespanntem gegerbtem Kalb-, Esels- od. Plastikfell (Spannvorrichtung mit Schrauben) u. kl. Schalloch in der Bodenmitte (Luftdruckausgleich), mit Schlägeln aus Hartholz (Kopf aus Filz, Kork, Holz, Leder, Flanell, Schwamm od. Schaumgummi) in Einzelschlägen, Wirbeln, Glissandi usw. geschlagen; heute im Orch. benutzte, nach dem mittleren Ton ihres Stimmumfangs benannte P.: D-P. (Baß-P.), Durchmesser 75-80 cm, Stimmumfang D-H; G-P. (Gr. P.), 65-70 cm, E od. F-c od. d; C-P. (Kl. P.), 60-65, A-fis; F-P. (Hohe P.), 55-60, c-gis; H-P., 45-50, g-g^1; Sopran-P., 20-30, a^1-d^2, klangreal im Baßschlüssel notiert; paarig allgemein im Quart- u. Quintabstand gestimmt; seit Erfindung der Maschinen-P. im 19. Jh. (Pedal-, Kurbel-, Dreh-P.) raschere chromatische Umstimm-Möglichkeiten; Reiter-P. seit dem 15.-16. Jh. aus dem Orient nach Mittel- u. Westeuropa gelangt; Pauker an Höfen u. in (Reichs-)Städten mit den Trompetern in privilegierten Zünften zusammengeschlossen; seit dem 17. Jh. bei Repräsentationen in Oper, Ballett u. Kirchenmusik eingesetzt, wurde die P. seit dem 19. Jh. zunehmend solistisch verwendet (Beethoven, Berlioz, Wagner, Mahler, Strauss), im 20. Jh. im Verbund neuartiger → Schlagzeug-Ensembles zu neuen Spieltechniken u. Funktionen geführt (Strawinsky, Bartók, Varèse, Orff). – *Paukenmesse, Paukenschlagsinfonie*, Beiname f. Haydns C-Dur-Messe *In tempore belli*, Wien 1796, u. seine G-Dur-Sinfonie, *The Surprise*, London 1791, wegen überraschender P.-Einsätze im *Agnus* der Messe und im *Andante* der Sinfonie. → Nacaires, Militärmusik.

Pause (lat., it. pausa, frz. repos, engl. silence), das musikalisch motivierte zeitweilige Aussetzen einer, mehrerer od. aller Stimmen (→ General-P.) eines Instrumental- od. Vokalsatzes; in der → Notenschrift durch bestimmte Zeichensetzungen für P. angezeigt, seit der ma. → Mensuralnotation senkrechter Strich im Liniensystem, Pausenlängen je nach rhythm.-metr. Zwischenräumen (→ ganze Note = ganze P., → halbe Note = halbe P. usw.), größere P. durch Taktanzahl über Querbalken, satzweises Aussetzen eines Instr. durch *tacet* (›es schweige‹) angezeigt; P. hatten in der ma. Vokalmusik die Qualität v. Konfigurationen (→ Figurenlehre) zum Textausdruck, in der Instrumentalmusik seit der Renaissance die v. Gestaltelementen der Ruhe od. Spannung. – Bruckners *Sinfonie Nr. 2 c-moll*, Wien 1872, erhielt wegen ungewöhnlicher, strukturell bedingter Generalpausen den Beinamen *Pausensinfonie*.

Pavane (it. pavana, paduana, abgeleitet v. Padova = Padua, auch v. span. pado = Pfau), geradtaktiger höfischer Schreittanz des 16.-17. Jhs., dreiteiliges musikal. Formschema (aa bb cc) in Übereinstimmung zum tänzerischen Bewegungsablauf (Nachsetz-, Doppel-, Nachsetz-Schritt), auch als → Passamezzo bezeichnet; P. u. → Galliarde waren ursprüngl. Kopfsatz der → Suite, im 17. Jh. abgelöst v. → Allemande u. → Courante; in der Konzertmusik des späten 19. u. frühen 20. Jhs. vereinzelt wieder aufgegriffen (Ravel, *Pavane pour une Infante défunte*, 1899) – *Pavaniglia* (Diminutiv v. P.), span.-it. Schreittanz über achttaktigem Baßmodell.

Pedal (v. lat. Pes = Fuß), Fußtastatur der → Orgel (Ggs. → Manual), Fußhebel bei → Cemb. u. Klavichord (Registerzüge, Oktavkoppel); bei Hammerklavier u. Pianoforte seit etwa 1830 in der Regel 2 Pedale: linkes P. (Pianozug, Verschiebung) zur → Dämpfung, rechtes P. (Fortepedal) zur Aufhebung der Dämpfung; *Moderator-P.* als mittleres drittes P. zu verstärkter Dämpfung (→ Becken, Harfe, Pauke); *Pedal-Klavier*, Hammerklav., auch Klavichord od. Cemb., mit Fußklaviatur zusätzl. zur Handklaviatur (Manual), Übeinstrument f. Organisten, im 19. Jh. mit Klav.-Kompositionen erweiterten Tonumfangs bedacht (Schumann, 6 Fugen in *Kanonform* über den Namen B-A-C-H, op. 60, 1845).

Peitsche (it. frusta, frz. fouet, engl. whip), Geräuschinstr., Klappholz aus zwei etwa 30 cm langen mit Löchern versehenen, an einem Ende durch Scharniere miteinander verbundenen Hartholzplättchen, die, mit Griff u. Federzug od. mit Handschlaufe versehen, einhändig gegeneinander geschlagen, einen kurzen trockenen peitschenartigen Knall in Diskantlage erzeugen; ohne fixierbare Tonhöhe einlinig notiert, vorgeschrieben z. B. in den Partituren von Adams *Le postillon de Lonjumeau* (1836) u. Mascagnis *Cavalleria rusticana* (1890), auch in Hindemiths *Konzert für Orchester* (1925) u. Ravels *Klavierkonzert* (1931). → Ratsche.

Pélog (javan.), siebenstufige ›weibliche‹ javan. Skala in drei fünfstufigen Unterskalen, mit der Materialtonleiter des → Slendro Grundlage der → Indonesischen Musik.

Pennill (v. wallis. penn = Kopf), eigengetexteter improvisierter Gesangskontrapunkt zu einer auf Harfe(n) gespielten Volksliedweise, keltischer Brauch im Wallis u. in der Bretagne bis um 1900, heute auf irischen Wettbewerben wiederbelebt (→ Eisteddfod).

Pentatonik (griech. = Fünftonigkeit), fünfstufige, leittonlose Tonreihen, z. B. c-d-e-g-a, basierend auf naturtönig gegebenen Quint-Quart-Ketten, z. B. c-g-d-a-e, seit frühgeschichtl. Zeit v. Tibet nach Südostasien u. über Eurasien in westeurop.-keltische Gebiete gelangt, Sekundärausbreitung bei Hirten- u. Nomadenvölkern in Australien, Afrika, Süd- u. Nordamerika, in → Kinderliedern aller Erdteile erhalten; fünfstufig gestimmt auch Musikinstr. der Früh- u. Hochkulturen (→ Panflöte, Crwth, Gongspiele u. a.); seit Ende des 19. Jhs. Eindringen der P. in die westeuropäische

Kunstmusik, z.B. bei Debussy (*Prélude à l'après-midi d'un faune*, 1894) od. Puccini (*Turandot*, 1924), als Ausweitung der Dur-Moll-Tonalität im Folklorismus des 20. Jhs. verbreitet, stil- u. formbildend bei Bartók über Rückbezüge auf pentatonisch-modale Strukturen balkanischer Bauernmusik (*Musik für Saiteninstrumente, Schlagzeug und Celesta*, 1938; *Mikrokosmos für Klavier*, 1926-39).

Percussion (engl., v. lat. percussio = das Schlagen), Sammelbez. f. Schlagzeugensembles in → Jazz u. → Popmusik (→ Drums), auch f. → Effekinstr. wie → Envelope-Generator, Synthesizer, E-Orgel. – *Les Percussions de Strasbourg*, 1962 gegr. frz. Schlagzeugensemble (6 Spieler), Anreger spieltechn. neuartiger Kompositionen (Xenakis, Jolivet, Serocki, Cage).

perdendosi (it. = sich verlierend), → decrescendo bis zur Lautlosigkeit (Vortragsbez.).

Peregrinus, Tonus peregrinus (lat. = Pilger, fremder Ton), → Psalmton mit wechselnder → Finalis, seit dem 14. Jh. genannt, Bez. mutmaßl. abgeleitet v. ›Pilgerpsalm‹ 114 (*In exitu Israel de Aegypto/ Da Israel zog aus Ägypten*). → Kirchentöne.

Perfectum, Tempus perfectum (lat. = das vollkommene Tempo), in der ma. → Mensuralmusik das dreiteilige Zeitmaß, im Sinne der Göttl. Dreieinigkeit angezeigt durch einen geschlossenen (vollkommenen) Kreis.

Performance (engl. = Vorführung), seit den 1960er Jahren Bez. f. experimentelle Aktionskunst im Zwischenbereich v. Bildender Kunst u. Musik (Videokunst).

Periode, Periodik (v. griech. periodos = Kreislauf), zentraler Begr. der musikal. Satz- u. Formenlehre seit dem 18. Jh., aus der Rhetorik u. Literaturwissenschaft übernommen als Bez. f. Satzgefüge, seit dem 19. Jh. (A. B. Marx, *Die Lehre von der musikal. Komposition*, 4 Bde., 1837-47) präzisiert auf 8-taktiges rhythm.-melod. Grundschema zweier symmetrisch korrespondierender Halbsätze, in → Vordersatz u. → Nachsatz gegliedert, mit → halbschlußartiger Zäsur in der Mitte u. → Ganzschluß am Ende; Teile einer Periode → Motiv u. → Phrase; in Theorie u. Praxis des 20. Jhs. auf asymmetr. Modelle ausgeweitet.

Perkussion (v. lat. percussio = das Schlagen), im Harmonium das Anschlagen v. Hämmerchen an Zungenstimmen zwecks Erzielung exakter Schwingungen. *Perkussionsinstrumente* → Schlaginstr. *perkussiv* = schlagzeughaft.

Permeabilität (v. lat. permeavi = durchwandern), in den 1950er Jahren v. G. Ligeti in die → Serielle Musik eingeführter, aus der Physik übernommener Begriff zur Bez. des Grades der ›Durchlässigkeit‹ im Dichteverhältnis horizontaler u. vertikaler Strukturen u. ihrer daraus resultierenden Verschiebemöglichkeiten; gegen vorfixiertes → Parameterdenken gerichtet.

Permutation (v. lat. permutatio = Auswechslung, Veränderung), im → Kontrapunkt Austausch u. wechselnde Kombination verschiedener in unterschiedlichen Stimmen zugleich erklingender Elemente, in feststehender Reihenfolge in der *Permutationsfuge* (Mozart, Finale der *Jupitersinfonie*, 1788), in freier Folge u. a. in der mehrthematigen → Fuge; in der → Seriellen Musik Transformation der Gestalten einer → Reihe (Umkehrung, Krebs,

Krebsumkehrung) od. → Rotation einzelner Elemente (Tonhöhe, Tondauer usw.) innerhalb eines Reihenverlaufs, auch mathematische Kombinatorik, deren Zahlenbeziehungen sich jedoch v. den Strukturbeziehungen isolierten, was seit den 1960er Jahren zur Auflösung der seriellen Kompositionstechniken beitrug.

Perpetuum mobile (lat. = fortlaufend beweglich; it. moto perpetuo, frz. mouvement perpétuel, Anfang des 19. Jhs. in Anlehnung an die (physikalisch illusionäre) Maschine gleichen Namens aufgekommene Bez. f. ein virtuoses Instrumentalstück v. gleichmäßig schneller Bewegung gleichbleibend kurzer Notenwerte in Melodie- u. Begleitstimmen; zw. → Charakterstück u. Salonpièce zu plazieren; Beispiele bei Weber, Paganini, Mendelssohn, Reger, Poulenc.

Persische Musik (Iran), Felsreliefs u. altgriechische Berichte (Herodot, Xenophon) bezeugen Instr. u. Kultmusik in vorchristl. Zeit, mdl. überlieferte islamisch-schiitische Gesänge seit dem 6. nachchristl. Jh. eine zw. → arabisch-islamischer u. → indischer Musik eigenständige P. M., die seit dem 12. bis zum 19. Jh. f. Musiktheorie (17stufige Oktave) u. Instrumentalpraxis (Laute) der arab. u. türk. Völkerstämme v. Bedeutung wurde; seit Ende des 19. Jhs. Verwestlichung der P. M. aber auch Rückbesinnung auf altpers. M. (Dastgah-System); heutiges Instrumentarium: → Tar, Sitar, Santur, Spießlaute (Kamange), Längsfl. (Nay), Trommeln (Zarb, Tombak), mit epischen Gesängen auch zu gymnastischen Übungen benutzt (Urkhanemusik).

Peruanische Musik → Lateinamerikan. Musik.

Pes (lat. = Fuß), Bez. f. nichttextierte Fundamentalstimmen in altengl. Motetten, als kurzes melodisches → Ostinato wiederkehrend.

pesante (it.), schwer, wuchtig (Vortragsbez.).

Peters, C. F. Peters Musikverlag, 1800 durch Fr. A. Hoffmeister u. A. Kühnel in Leipzig gegr. Musikbüro (Verlag, Druckerei, Notenstecherei), 1814 in den Besitz des Buchhändlers C. F. Peters (1779-1827) übergegangen, 1828 an C. G. Böhme verkauft, weitere Verlagsleiter J. Friedländer (1860-80), M. Abraham (1880-1900), H. und H.-H. Hinrichsen (beide 1942 in Auschwitz gest.), seit 1949 in Leipzig als VEB Ed. Peters geführt, 1950 Verlegung des Stammhauses nach Frankfurt/M., seither unter Leitung des Teilhabers J. Petschull (Geschäftsführer seit 1939) heute (1987) als Verlagsgruppe C. F. Peters Musikverlag – Henry Litolff's Verlag (seit 1940) – M. P. Belaieff Musikverlag (seit 1971) – Edition Schwann Musikverlag (seit 1974), Schwesterfirmen Hinrichsen Ed. London (seit 1938) u. C. F. P. Corporation New York (seit 1948); seit 1867 *Edition Peters* (Klassiker-Ausgaben), 1895-1941 u. seit 1978 *Jahrbuch der Musikbibliothek Peters*, Orch.-Partituren, Opern, Klavierauszüge, Urtextausgaben.

Pfeife (engl. pipe, frz. sifflet, it. fischio), Sammelbez. f. → Flöten- u. → Rohrblattinstr., auch f. Eintonpfeifen (Signalpf., Trillerpf.) bei der → Orgel → Lingual- u. → Labial-Pf.

Phase (frz. v. griech. phasis = Erscheinung), in der Physik Bewegungszustand eines schwingenden Teilchens innerhalb einer Schwingungsperiode, zw. 0 u. 360 Grad angegeben, bei 2 mit gleicher Frequenz schwingenden Teilchen mit 0 Grad Differenz gleichphasig, mit 180 Grad gegenphasig; bei musikal. Signalübertragungen Ph.-Modulation bei Veränderung der Ph.-Lage im Rhythmus des zu übertragenden Signals. – *Phaser*, Phasenverschieber, → Effektgerät der elektron. Unterhaltungsmusik.

Philadelphia Orchestra, 1900 in Nachfolge des ›Germania-Orchestra‹ (1856) u. der ›Philadelphia Symphony Society‹ (1893) gegr. amerikan. Eliteorch., unter L. Stokowski (1912-38) u. E. Ormandy (1938-60) zu internationalem Ruf gelangt, Chefdirigent seit 1980 R. Muti; Aufführungsschwerpunkte: spätromantisch-impressionistische, auch neuere Sinfonik, Werkaufträge auch an dt. Komponisten; 1958 erste Rußlandreise, 1973 erste Chinareise eines amerikan. Orchesters.

Philharmonia Orchestra, 1945 in London gegr., 1964-77 als New Ph. O. in eigener Verwaltung; ständige Dirigenten O. Klemperer (1959-73), R. Muti (1974-83), seither G. Sinopoli.

Philharmonie (griech.), Beiname v. Konzertgesellschaften, Orchestervereinigungen, Konzertgebäuden.

Philips → Polygram, Deutsche Grammophon Gesellschaft.

Phon → Lautstärke.

Phonastenie (griech.), psycho-physisch bedingte Schwächung der Singstimme.

Phonetik, Phonologie (griech.), Laut- u. Stimmbildungslehre, akustisch u. artikulatorisch mit Phonemen als kleinsten Lauteinheiten, mit Silben u. Wörtern als übergeordneten Einheiten befaßt; Gebrauch v. Phonemen f. Vokalkompositionen der → Avantgarde v. struktureller Bedeutung.

Phonogramm (griech.), Schallaufzeichnung v. a. v. Sprache od. Musik auf Walzen (→ Phonograph), → Schallplatten, Tonband.

Phonograph (griech.), 1877 v. Th. A. Edison erfundene ›Sprechmaschine‹, Schallwalzengerät mit Schraubenschallspur, 1887 verbessert (Wachszylinder, Walzenvervielfältigung).

Phonola, halbautomatisches Tasteninstr.; gestanzte Bandaufnahmen, Ablauf nach Tonstärke, Tempo, Klangcharakter durch Betätigung v. Pedalen u. Handhebeln steuerbar; ggs. zu → Pianola.

Phonothek, Sammelstelle f. Schallaufzeichnungen aller Art, Phonogrammarchiv zu Dokumentations- u. Forschungszwekken (Musikethnologie, Vergleichende Interpretationskunde, Phonetik). → Dt. Musikarchiv.

Phorbeia (griech.), lederne Mundbinde antiker → Aulos- u. Tibia-Bläser z. Stützung des Lippendrucks; auf Vasenbildern belegt.

Phorminx (griech.), antikes leierartiges Zupfinstr. mit sichel- od. halbkreisförmigem Resonanzkörper, 2 Jocharmen u. 2-5 v. Querjoch z. Schallkörper gespannten Saiten. → Kithara.

Phrase (griech.), mehrtönige rhythmisch-metrische Sinneinheit, auch als (Teil-)Motiv; ggs. zu → Periode.

Phrasierung (griech.), klangliche u./od. analytische Gliederung musikalischer → Phrasen; v. Komponisten, Bearbeiter, Herausgeber eines Tonstückes nur unvollkommen durch Ph.-Bögen, Vortragszeichen, ›Atemstriche‹ usw. zu markieren, systematische Ph.-Lehre (H. Riemann, 1884) nur bedingt anwendbar, bes. bei Ableitung v. nationalsprachlicher Ph.-Strukturierung; unterschiedl. zu → Artikulation.

phrygisch, nach dem altgriech. Volksstamm der Phryger benannte Oktavgattung des antiken Tonsystems, diatonisch absteigend d^1-d; in der ma. Musiklehre → Modus III der → Kirchentonarten, aufsteigend von e-e^1 mit leitereigener Kleinsekunde e-f, in absteigender Kleinsekunde f-e kadenzierend harmonisiert als *phrygischer Schluß* f-a-d zu e-gis-h-e (identisch mit → Halbschluß auf a-Moll); bekannte phryg. Melodien: *O Haupt voll Blut und Wunden* (Bach, *Matthäuspassion*), *Ach Gott, vom Himmel sieh' darein* (Mozart, *Zauberflöte*, Gesang der Geharnischten).

Physharmonika (griech.), Tasteninstr. mit durchschlagenden → Zungen, 1818 v. A. Häckl in Wien gebaut, Vorform des → Harmoniums; auch Orgelstimme von säuselndem Klang bei freischwingenden Zungen.

Physiologie des Instrumentenspiels, Lehre von den physiologischen Tätigkeiten u. Funktionen der Muskeln u. Nerven beim Instrumentenspiel, aufschlußreich f. Eignungstests, Unterrichtsmethoden, berufsbedingte ›Musiker-Krankheiten‹.

piacere, piacimento → a piacere.

piacevolo (it.), lieblich (Vortragsbez.).

piagendo, piancevole (it.), weinend, klagend (Vortragsbez.).

Pianino (it.), Kleinklavier. → Klavier.

piano (it. = leise), Abk. *p*; *pianissimo* (sehr leise), Abk. *pp*; *pianopianissimo* (äußerst leise), Abk. *ppp*; *mezzopiano* (halbleise), Abk. *mp*; Vortrags- u. Spielanweisungen; als Lautstärkebez. erstmals Ende des 16. Jhs. (G. Gabrieli, *Sonata pian' e forte*, Venedig 1597). – *Piano*, Kurzbez. f. → Pianoforte. → Klavier.

Pianoforte (it.), → Hammerklavier, ggs. zu → Cembalo u. → Klavichord in verschiedenen Lautstärken bespielbar, je nach Anschlag → piano od. → forte.

Pianola, mechan. Klav. mit pneumatischem Spielapparat zur Betätigung der Tasten- u. Hammermechanik, Tonablauf über lochgestanzte Papierrollen od. -Scheiben; Anfang des 20. Jhs. v. Michael Welte's Nachfolger in Vöhrenbach/Schwarzwald entwickelt, seit 1914 von der Aeolian Company (London), seit 1923 als *Pleyeala* von der Klavierbaufirma Pleyel (Paris); für Welte-Mignon-Reproduktionsklaviere spielten Komponisten-Pianisten wie d'Albert, Busoni, Debussy, Ravel, Skrjabin, Strauss, Strawinsky Rollen ein; das P. wurde seit den 1930er Jahren durch andere elektromechan. Instr. abgelöst, Pianolarollen seit den 1950er Jahren auf Schallplatten überspielt (Philips, Christopherus u. a.).

Piatti (it.) → Becken.

Pibcorn (engl.) → Hornpipe.

Pibroch (gälisch), schottische Dudelsackweisen, melodisch ausgeziert, Variationsketten in zunehmend rascherem Tempo.

Picardische Terz, Durterz im Abschlußakkord eines Tonstückes in Moll (mit Kleinterz); von Rousseau (*Dictionnaire*, 1767) eingeführte ironische Bez. f. einen als altmodisch angesehenen Brauch bei Organisten in der Picardie; in It. seit dem 17. Jh. Dur- od. Mollterz ›gleichberechtigt‹ als Abschluß v. Musiksätzen in Moll; in Dtl. v. Schütz (*Psalmen Davids*, 1628, 1661) bis J. S. Bach (*Musikalisches Opfer*, 1747) überwiegend Durschlüsse üblich, in Orgelwerken v. a. wegen des größeren, raumakustisch günstigeren Konsonanzgrades der Durterz (4:5, gegenüber 5:6 bei der Mollterz).

Piccolo (it.), umgangssprachlich f. → Pikkolofl., adjektivisch f. jeweils kleinstes, höchstliegendes Instr. einer Familie bzw. Gattung, z. B. Violino p. (noch bei Bach), Flauto p. (→ Flageolett), P.-Kornett.

Pickup (engl.), Kontaktmikrophone zum ›Aufgreifen‹ der Schwingungen eines Instr. an klangspezifischen Stellen, etwa am Rand eines Beckens od. am Rohrblatt eines Saxophons.

pieno (it.), mitleidsvoll; Vortragsbez.

Pifferari (it.), → Schalmei (Piffero) u. → Dudelsack (Zampogna) spielende Hirten, die zur Advents- u. Weihnachtszeit v. a. in römischen (Marien-)Kirchen um Heischegaben spielen u. singen u. deren Hirtenweisen seit dem 18. Jh. in die → Pastorale eingegangen sind.

Pikkoloflöte, → Querfl. in der Diskantlage, mit geradem engmensuriertem zylindrisch gebohrtem Rohr v. etwa 250 mm Länge, in C oder Des, Tonumfang in C: d^2-b^4, transponierend eine Oktave tiefer im Violinschlüssel notiert; um 1800 gebaut, als Ergänzung zur → Querfl. im Opern- u. Sinfonieorch. auch in der Militärmusik.

pincé (frz.), gezupft, bei Zupfinstr. ohne Plektrum gespielt, bei Streichinstr. → pizzicato; in der frz. Clavecinmusik des 18. Jhs. Bez. f. → Mordent (Verzierungsart): p. double, triple = mit doppeltem, dreifachem Schlag, p. étouffé = Zusammenschlag (→ Acciaccatura), p. renversé = Pralltriller (→ Triller).

Pink Floyd engl. Rockgruppe, benannt nach den Vornamen der Bluessänger Pink Anderson u. Floyd Council, in den 1960-70er Jahren führend in der Erschließung elektron. Mittel f. → Psychedelic Rock (Supershow *The Wall*, Dortmund 1981).

Pipa (chin.), viersaitige, mit → Plektrum gespielte Kurzhalslaute. → Biwa.

Pirouette, rasche Kreisdrehung auf einem Fuß bei Anlehnung der Spitze des Spielbeins an die des Standbeins, aus der altägyptischen Tanzkunst überliefert, im 18. Jh. f. das klassische Ballett wiederentdeckt; auch Bez. f. kreisrunde Lippenstütze bei Blasinstr. mit Doppelrohrblättern; bei Volksmusikinstr. der Mittelmeerländer bis heute erhalten.

Piston (frz.), Pumpenventil an Blechblasinstr., auch Bez. f. → Kornett u. f. Registerknöpfe neuerer Orgeln.

pitch (engl. = Tonhöhe, Stimmung) *pitch class* → Tonqualität, *p. fork* → Stimmgabel, *p. pipe* Stimmpfeife, *Pitch-to-voltage-converter* → Synthesizer-Modul als Umwandler v. Tonhöhen in Spannungen.

più (it. = mehr) *p. allegro* = lebhafter, *p forte* = stärker, *p. mosso* = bewegter, *p. piano* = schwächer, *p. stretto* = gedrängter; ggs. zu → meno = weniger.

Piva (it.) → Schalmei, Dudelsack; it. Renaissancetanz in sehr raschem 12/8-Takt, zum Abschluß v. → Pavane-Saltarello.

pizzicato (it.), Abk. pizz., gezupft, bei Streichinstr. (auch bei → Prepared piano) Spielanweisung, die Saiten seitwärts anzureißen, meist mit dem Zeigefinger der rechten Hand, bei Paganini auch mit der linken Hand, bei Bartók auf das Griffbrett zurückfedernd, als geräuschartiger Effekt aus der balkanischen Volksmusik übernommen.

plagal (griech.-lat. = seitlich), in der ma. Musik Bez. f. die v. den → ›authentischen‹ abgeleiteten ›plagalen‹ Tonarten des 2., 4., 6., 8. → Kirchentones (hypo-dorisch, -phrygisch, -lydisch, -mixolydisch); *Plagalschluß* in der Harmonielehre die Kadenzfolge v. der Subdominante z. Tonika (Kirchenschluß). → Kadenz, Ganzschluß.

Plagiat (v. lat. plagium = Menschenraub), in der Musik die bewußte Übernahme u. erkennbare Verarbeitung eines Musikstückes od. v. Teilen, Einzelthemen, Motivwendungen usw.; zu unterscheiden v. → Kontrafaktur, Parodie, Travestie, Collage, Zitat, Bearbeitung, Arrangement; seit dem 19. Jh. durch die Ausbildung des → Urheberrechts zu einem rechtsfähigen Tatbestand geworden, nach Kriterien jedoch kaum objektivierbar; P.-Gerichtsprozesse u. a. im Bereich der → Unterhaltungsmusik.

Plainte (frz. = Klage), in der Kammer- u. Klaviermusik des 17.-18. Jhs. Tonstücke klagenden Charakters. → Tombeau, Lamento, Planctus, Elegie.

Plaisanterie (frz. = Spaß, Spott), in Instrumentalsuiten des 17.-18. Jhs. Sätze v. scherzoartigem Charakter.

Planctus (lat.), Wehklage, auf → Nänie u. Threnos der Antike zurückzuführende Klagelieder, im MA u. noch im 18. Jh. Bez. f. geistl. Vokalsätze der Trauer, oft auch mit Fürbitten f. Verstorbene.

Plantation-Song (engl.), Plantagenlied, Worksong farbiger Landarbeiter, im 19. Jh. auf den Baumwollplantagen in den Südstaaten der USA im Liedstil afroamerikan. Folklore. → Call-and-Response-Pattern, Blues, Arbeitslied.

Platerpfeife, Platerspiel (v. engl. bladder = Blase), dudelsackähnliches, mit Tierblase als Windbehälter versehenes Instr., Anblasrohr neben Spielröhre mit sechs Grifflöchern; in Westeuropa seit dem MA bis ins 17. Jh., am Balkan als Hirten- u. Kinderinstr. bis heute verbreitet.

Plattenspieler, elektroakustisches Abspielgerät z. Wiedergabe v. Schallplatteneinspielungen, bestehend aus Laufwerk, Plattenteller, Tonarm mit Tonabnehmer, dessen Nadel (Stahl, Saphir, Diamantsplitter) die Schallrillen der → Schallplatte abtastet u. in Tonfrequenzspannungen umwandelt, die über → Verstärker (Rundfunkempfänger, Transistor) dem → Lautsprecher zur Abstrahlung zugeführt werden; *Digitalplattenspieler* (CD-[= Compact-Disc-]Spieler) mit optoelektronischem Tonabnehmersystem f. Digitalschallplatten (Digitalgeräte.).

Playback (engl. = Rückspiel), verschiedenartige Verfahren der Kombination einzeln u. unabhängig voneinander vorproduzierter Instrumental- u./od. Vokalmusik, Gesangsszenen, Bildsequenzen usw. zu nachträglicher Mischung synchron ablaufender Klang- u./od. Bildschichten, z. B. f. Fernsehproduktionen v. musikalischen Bühnenwerken zwecks (vermeintlicher) Optimierung jeweils der gesangssolistischen, schauspielerischen, orchesterinstrumentalen, szenenbildnerischen Komponenten aus dem Nach- zum Übereinander eines ›Gesamtkunstwerkes‹; in der Unterhaltungsmusik Multiplayverfahren mittels vielkanaliger Aufnahmegeräte.

Plektron, Plektrum (griech., lat. = Stachel), Plättchen od. Stäbchen aus Schildplatt, Elfenbein, Metall, Holz od. Kunststoff zum Anreißen od. Schlagen der Saiten bei → Zupfinstr., die bereits in der Antike (→ Kithara, Leier) auch mit den Fingern gespielt wurden, wie heute z. B. die → Git., ggs. zu ausschließl. mit P. geschlagenen Instr. wie → Mandoline od. → Zither.

Pleßhorn → Jagdhorn.

Pleyel, Synonym f. die v. der durch den

gebürtigen Österreicher Ignaz Pleyel (1757-1831) 1807 in Paris gegr. Firma gleichen Namens hergestellten Klavierinstr.: Pianoforte, Konzertflügel, Pleyela (Pianola), Harmonium, Orgel, Cembalo, auch Harfen u. Lauten; Konzertflügel seit 1826 mit Gußeisenrahmen u. verbesserter Repetitionsmechanik v. Virtuosen wie Chopin, Liszt, Gounod u. a. bevorzugt; ein in den 1920er Jahren konstruiertes zweimanualiges ›Doppelklavier‹ blieb erfolglos; seit den 1930er Jahren führend auch im Orgelbau; die 1927 v. der Firma erbaute *Salle Pleyel* wurde zu einem Zentrum des Pariser Konzertlebens.

Plica (lat. = Falte), Neben- u. Verzierungsnote in der ma. Musiknotation, durch Beistrich bei der Hauptnote angezeigt. → Ligatur.

Pneumatik, die den Luftdruck in der → Orgel regelnden Anlagen (Balgensystem usw.).

Pochette (frz. = Täschlein), Taschengeige frz. Tanzmeister im 17.-18. Jh. → Quartgeige.

poco (it. = ein wenig), *p. ap.* = nach und nach; *p. diminuendo* = etwas nachlassend an Lautstärke od. Tempo.

Polacca → Polonaise.

Politisches Lied → Arbeiterchöre, Protestsong, Funktionale Musik.

Polka (v. tschech. pulka = kleiner Schritt), um 1830 in Böhmen aufgekommener Paartanz in lebhaftem ²⁄₄-Takt mit Sechzehntelauftakt, → Galopp, Krakowiak, Ecossaise verwandt; v. Smetana, Dvořák, J. Strauß u. a. verwendet, bei Strawinsky als *Circuspolka für einen jungen Elefanten* parodiert (1944).

Polnische Musik, H. Feicht, *Gesch. der poln. Kirchenmusik* (poln.), 1965; J. M. Chomiński, Z. Lissa, *Die Musik der poln. Renaissance* (Beispielslg., 1953); Dieselben, *Die Musik Volkspolens* (Beispielslg., 1957); A. E. Chybiński, *Die Musik des poln. Volkes, 1961. → Polonaise, Mazurka, Krakowiak.*

Polo (span.), andalus. Tanzlied in Moll in mäßig lebhaftem synkopiertem ³⁄₄-Takt, v. Kastagnetten, Händeklatschen, Schuhklappen u. Anfeuerungsrufen begleitet, durch Gitarrensoli eingeleitet, bei Zigeunern verbreitet, in der Kunstmusik bei Bizet (Vorspiel 4. Akt *Carmen*, 1875), M. de Falla.

Polonaise (frz.; poln. Polneze, it. *Polacca*), poln. Nationaltanz, seit dem 16. Jh. belegter, ursprüngl. geradtaktiger Schreittanz, im 17. Jh. in Frankr., Schweden u. Dtl. zum ungeradtaktigen Tanz entwickelt, 3 Viertel in 6 Achteln bei Betonung auf dem 1. Achtel mit nachfolgend 2 Sechzehnteln u. zweimal 2 Achteln; als Hof- u. Gesellschaftstanz seit dem 18. Jh. über ganz Europa verbreitet, seit dem 19. Jh. auch als Umzugstanz bei Ballveranstaltungen, seit dem 17. Jh. in die Instrumentalmusik eingegangen, in der Salon- u. Unterhaltungsmusik bis ins 20. Jh. erhalten, in der Klaviermusik seit Bach, Händel, Telemann über Beethoven u. Schubert im 19. Jh. durch Chopin über Liszt bis Paderewski zu Höhepunkten der national-romantisch poln. Klaviermusik geführt.

Polska (schwed. polske dans), v. der ursprüngl. Polonaise abgeleitetes schwed. Tanzlied des 17.-19. Jhs., ³⁄₄-Takt, rhythmisch der → Mazurka ähnlich.

Polychord (griech.), Vielsaiter, aus dem antiken → Monochord entwickeltes Saiteninstr. in MA u. Renaissance zur mathematisch-musikal. Darlegung der Saitenlängen- u. Tonhöhenverhältnisse, mit Tastatur Vorläufer des → Klavichords.

Polygram, weltweit verbreiteter Dachverband v. Konzerngesellschaften der Schallplatten-, Tonband-, Video- u. Filmproduktion, Sitz Baarn (Niederlande) u. Hamburg, hier seit 1972 mit *Polydor* u. der → Dt. Grammophon Ges. als Beteiligungsgesellschaften; Hauptaktionäre mit je 50% N. V. Philips u. Siemens AG.

Polyhymnia, altgriech. → Muse des (Chor-)Gesanges. → Chor.

Polymetrik (v. griech. polys = viel, metron = Maß), Nebeneinander unterschiedlicher Metren bzw. Taktarten in rhythmisch-metrischen Strukturen der früh- u. außereurop. Musik, in der Moderne systematisiert seit Bartók, Strawinsky, Messiaen. → Polyrhythmik.

Polyphonie (v. griech. polys = viel, phonè = Gesang), Vielstimmigkeit im Sinne mehrerer melodisch u. rhythmisch selbständig geführter Stimmen eines Vokal- od. Instrumentalsatzes gemäß dem seit dem MA entwickelten → Kontrapunkt, Höhepunkte in der → Niederländ. Schule des 15.-16. Jhs., im → Palestrinastil u. bei J. S. Bach. Ggs. → Homophonie.

Polyrhythmik (v. griech. polys = viel, rhythmos = Rhythmus, Takt), ein gleichzeitig erklingendes Übereinander unterschiedlicher → Rhythmen in mehrschichtigen musikalischen Abläufen, wobei die Einzelschichten in sich auch → polymetrisch strukturiert sein können; Vorkommen in außereurop. Musik (Afrika, Indien, Indonesien), im → Jazz u. in der europ. Moderne (Bartók, Strawinsky, Varèse, Messiaen).

Polytonalität (v. griech. polys = viel, tonos = Spannen), gleichzeitig erklingendes Übereinander zweier od. mehrerer gegeneinandergestellter Tonarten, Ausdrucksmittel in der Musik des 20. Jhs. seit Strauss (*Salome*, 1905; *Elektra*, 1909), Stilmittel seit Bartók (*Allegro barbaro*, 1911) u. Strawinsky (*Le Sacre du Printemps*, 1913).

Pommer (v. frz. → Bombardon), seit dem 15. Jh. in Stimmfamilien entwickeltes hartklingendes, bei Freiluftmusik bevorzugtes Holzblasinstr. mit konischer Bohrung, Doppelrohrblatt, 6-7 Grifflöchern u. 1-4 Klappen, in Diskant-, Alt-, Tenor- u. Baßlage gebaut, in der Baßlage mit s-förmigem Anblasrohr, in den höheren Lagen mit → Pirouette, seit dem 17. Jh. abgelöst v. → Fagott u. → Oboe.

ponderoso (it. = gewichtig), Vortragsbez.

Ponticello (it. = Brücklein), → Steg bei Saiteninstr.; *sul p.* = Bogenführung nahe am Steg zwecks harter Tongebung. → sulla tastiera.

Pontificale (lat. = oberpriesterlich), Ritentextbuch der röm.-kath. Liturgie zu bischöfl. Amtshandlungen im Kirchenjahresverlauf, enthält auch Noten, z. B. zur Allerheiligen- → Litanei.

Popmusik (v. engl. popular music), Sammelbez. f. musikal. Erscheinungsformen ursprüngl. angloamerikan. Prägung, hervorgegangen aus → Musical (Broadway) u. → Filmmusik (Hollywood), seit den 1950er Jahren in Europa v. a. in Engl. (→ Beat) u. der BRD verbreitete, v. der amerikan. → Rockmusik ableitbare jugendspezifische, massenmedial kommerzialisierte Schlager- u. Unterhaltungsmusik.

Populismus, international verbreitete kulturpolitische Strömung des 20. Jhs. ausgehend v. den USA (*Populism*) u. der SU (Narodnicestvo), im musikal. Bereich seit den 1930er Jahren mit Rückgriffen auf volksläufige Traditionen u. Gattungen des 19. Jhs.

Portamento, Portamento di voce (it. = das Tragen der Stimme), gleitendes Übergehen v. Ton zu Ton, im Gesang auf Blas- u. Streichinstr. hier als → glissandoähnlicher → Lagenwechsel; sentimentalisierend verbreitet in der volksläufigen europäischen Sing- u. Musizierpraxis, als Verschleifen in außereuropäischer Musik wie im Jazz; Effektregister auf → E-Orgel u. → Synthesizer.

Portativ (v. lat. portare = tragen), tragbare pedallose einmanualige Klein-Orgel, mit 6-28 in Doppelreihe angeordneten gleichmensurierten, daher annähernd gleichhell klingenden → Labialpfeifen, die Klaviatur wird mit der rechten Hand gespielt, der rückwärtig angebrachte Blasebalg mit der linken Hand bedient; im 12.-16. Jh. weitverbreitetes Ensemble- u. Begleit-Instr., seit dem 16. Jh. vom → Positiv abgelöst. → Begleitung.

portato (it. = getragen), leicht gebundene, zw. → legato u. → staccato liegende Vortragsausführung f. mehrere unter einem Bindebogen zusammengefaßte u. mit Pünktchen od. kl. Querstrichen versehene Noten, beim Streichinstrumentenspiel durch Druckänderung des Zeigefingers der Bogenhand während des Streichens zu erzielen; seit dem 18. Jh. als Spielmanier gebräuchlich, in Schulwerken v. L. Mozart (→ Violine), J. J. Quantz (→ Querflöte), C. Ph. E. Bach (→ Klavichord) beschrieben.

Portugiesische Musik: M. A. de Lima Cruz, *História da música portuguesa*, 1955; J. de Freitas Branco, *História da música portuguesa*, 1959. – *Portugaliae musica*, 26 Bde., 1959-1974. → Spanische Musik.

Posaune (v. lat. bucina; it., frz., engl. trombone), Blechblasinstr. mit Kesselmundstück (→ Trompete), zweimal gebogenem, engmensuriertem zylindrischen Hauptrohr u. übergestecktem beweglichen Zug aus zwei parallel laufenden Rohrstücken (Innen- u. Außenzug) zur gleitenden Veränderung der P. (→ Glissando, Portamento) u. Veränderung der Tonhöhe bei Hinausschieben des Zuges auf sechs weitere Positionen je einen Halbton tiefer; Tonumfang chromatisch v. ^{1}E-f^2, notiert in C, nicht transponierend; *Tenorposaune* in B (^{1}E-^{1}B, Pedaltöne, E-f^2), *Tenorbaßposaune* in B, F u. Es (durch Quartventil auf ^{1}F gesenkte Tenorposaune), *Kontrabaßposaune* in ^{1}F (durch Zusatzventile zu senken); → *Altposaunen* u. *Diskantposaune* v. a. in → Turmmusiken u. *Posaunenchören* ev. landeskirchlicher Gemeinden (seit Mitte des 18. Jhs., ausgehend v. Ravensberger Land/Westf.), meist im → Kantionalsatz mit Flügelhörnern, Trp. u. P., ggs. zu der mit Blech- u. Holzblasinstr. besetzten → *Harmoniemusik*; *Ventilposaune*, eine seit etwa 1825 mit drei bis vier Zylinderventilen statt mit ausziehbarem Zug gebaute P.-Familie, in it. Opernorchestern, Harmonie- u. Blasmusikkapellen verwendet; *Jazzposaune*, weitmensuriert gebaut; in der Orgel Bez. f. ein Register durchdringend klingender Lingualpfeifen mit trichterförmigem Schallbecher, im Pedal 32' u. 16', im Manual 8'; seit dem 16. Jh. repräsentativ in Hof- u. Kirchenmusik vertreten (Lasso), seit dem 17. Jh. auch in Oper u. Oratorium (Monteverdi), seit dem 19. Jh. im Sinfonieorch. (Beethoven), meist in Triobesetzung (zwei Tenor- u. eine Baß-P.); zählt nach Klangfarbe u. -charakter z. unverzichtbaren sinfonischen Instrumentarium, mit neuartigen Blastechniken (Globokar) auch zu dem der → Avantgarde.

Positiv (v. lat. ponere = aufstellen), einmanualige Kleinorgel ohne Pedal (od. an die Manualstimme gekoppeltes Pedal) mit wenigen, aus hölzernen gedackten → Labialpfeifen bestehenden Registern, im 15.-18. Jh. in kleineren Räumen als Begleit- u. Soloinstr. verwendet; *Rück-P.* seit dem 18. Jh. eingeführtes im Rücken des Organisten befindliches, v. einem gesonderten Manual aus gespieltes zusätzliches kl. Orgelwerk; *Positif*, im frz. Orgelbau des 19.-20. Jhs. ein nicht schwellbares, v. zweiten Manual angespieltes Nebenwerk. → Portativ, Regal.

Posse volkstüml. Komödienform singspielartigen Charakters, im 19. Jh. z. B. die häufig vertonten parodistisch-satirischen P. v. J. Nestroy od. die komödiantisch-phantastischen Zauber-P. v. R. Raimund. → Commedia dell'arte.

Posthorn, seit dem 16. Jh. belegtes kleines mehrfach kreisrund gewundenes, ventilloses Blechblasinstr., im 17.-19. Jh. Signalhorn der Postillone; Vorläufer des → Kornetts; eine *P.-Serenade* für Salzburger Festlichkeiten schrieb W. A. Mozart 1779 (D-Dur, KV 320); ein stilisiertes P. führt die Dt. Bundespost als Emblem.

Postludium → Nachspiel.

Postmoderne, in den 1970er Jahren einsetzende Gegenströmung gegen → Moderne u. → Neue Musik, z. B. → Minimal music.

Postserielle Musik, seit den 1960er Jahren aufgekommene Allgemeinbez. f. Kompositionen mit Rekurs auf ungebundene → Atonalität (→ Expressionismus) als → Neue Ausdrucksmusik. → Postmoderne, Collage, Instrumentales Theater.

postum (lat. postumus = posterus =) nachkommend; *opus postumum* = nachgelassenes, bzw. aus dem Nachlaß veröffentlichtes Werk.

Potpourri (frz. = Fleischragout), lose Zusammenstellung vokaler od. instrumentaler Einzelstücke, meist als freie Folge beliebter Melodien aus Oper, Operette, Lied u. Tanz; v. Frankr. ausgehend, seit Mitte des 19. Jhs. in der → Salon- u. Unterhaltungsmusik verbreitet; → *P.-Ouvertüre*, die aus Hauptthema u. Melodien einer Oper od. Operette zusammengestellte Ouvertüre (*Die Fledermaus* v. J. Strauß Sohn, 1874). → Quodlibet, Fricassée.

poussé (frz. = gestoßen), Aufstrich des Bogens bei Streichinstr., ggs. zu tiré = Abstrich.

Praembulum → Präludium.

Praecentor (lat.), Vorsänger, im MA Leiter der → Schola, später bei Schulchören [stellv. Succentor], seit der Refomation beim Choralvortrag. → Kantor.

Präfation (lat. praefatio = Vorrede), im Dialog v. Priester u. Gemeinde gesungenes u. gesprochenes Gebet als Einleitung zum Sanctus der röm.-kath. → Messe, in vier P.-Tönen überliefert, wahlweise auf neunzig verschiedene P.-Texte vorzutragen.

Pralltriller, schneller einmaliger Wechsel zw. Hauptnote u. kl. od. gr. Obersekunde, Verzierungsart in der Klaviermusik des 18. Jhs., ggs. zum → Mordent.

Präludium, Prélude (lat. = Vorspiel; it. preludio), instrumentales Einleitungsstück, einsätzig im freien Stil, im 16.-18. Jh. als → Choralvorspiel f. Org., als strukturell beziehungsreiches P. vor Fugen (Bach), als

Kopfsatz zu Solo- u. Orchester-Suiten, auch als Ouvertüre zu Oper u. Ballett, seit dem 19. Jh. als Prélude selbständiges Instrumentalstück v. a. f. Klav. (Chopin, Debussy); im Barock gegen → Fantasie, Toccata, Intrada, Ouvertüre, in der Romantik gegen → Charakterstück u. Phantasie nicht klar abzugrenzen (Liszt, Symphon. Dichtung *Les Préludes*, 1848, auf ein Sinngedicht v. A. Lamartine; Debussy, *Prélude à l'après-midi d'un faune*, 1894, auf ein Erotikon v. Mallarmé nach einer Zeichnung v. Fragonard).

Präpariertes Klavier (engl. *prepared piano*), seit 1938 v. J. Cage (USA) entwickelte perkussive Verfremdung des Klavierklangs mittels verschiedener, zw. die Saiten gesteckter od. an den Hammerköpfchen angebrachter Materialien (Korken, Filzstreifen, Gummis, Holzstückchen, Schrauben, Bleidraht).

precipitando, precipitoso (it. =) überstürzt schneller werden; Tempo- u. Vortragsbez.

Prélude → Präludium, Vorspiel.

Prepared piano → Präpariertes Klavier.

Poresto (it. = schnell), seit dem 18. Jh. als schnelleres Zeitmaß v. → Allegro abgehoben; *p. ma non tanto* = nicht zu schnell, *p. assai*, *p. molto* = sehr schnell, *prestissimo* = äußerst schnell; auch Satzbez. f. ein Musikstück in schnellem Tempo.

Preußische Sonaten, sechs Sonaten f. Cemb., 1742 v. C. Ph. E. Bach in Berlin komponiert u. seinem Dienstherrn, Friedrich II., König v. Preußen, gewidmet; *Preußische Quartette*, drei Streichquartette, (KV 575, 589, 590), 1789-90 v. W. A. Mozart in Wien als Auftragswerk u. mit Widmung f. Friedrich Wilhelm II., König v. Preußen, komponiert.

Prim (v. lat. prima hora = die 1. Stunde), Morgenhore klösterlicher Stundengebete. → Horen.

Prima pratica → Seconda pratica.

prima vista → a p. v.

prima volta (it. = das erste Mal), Anweisung, nach der ein od. mehrere Schlußtakte eines Teilstückes nach dessen Wiederholung übersprungen u. durch andere, mit *seconda volta* bezeichnete Takte ersetzt werden.

Primaballerina (it. = die erstrangige unter den Solotänzerinnen einer Ballettkompanie (*Primoballerino* = 1. Solotänzer f. Hauptrollen); *Primaballerina assoluta* (absolute P.) um 1900 in Rußland eingeführter Titel f. die führende Ballerina der namhaftesten Ensembles (Kirow-Ballett, Bolschoi-Ballett, New York City Ballet), in Frankr. *Première danseuse étoile*.

Primadonna (it. = 1. Dame), im it. Operntheater seit dem 17. Jh. die weibliche Hauptpartien ausführende Sopranistin (seltener tiefere Stimmfächer), meist neben dem die männliche Hauptpartie ausführenden *Prim' uomo* (1. Mann im 17.-18. Jh. Tenor, bzw. → Kastrat), bei zwei annähernd gleichwertigen weibl. Hauptpartien zw. *P. assoluta* u. *P. altra* unterschieden; sängerische Höchstleistungen u. herausragende Darstellungsfähigkeiten, gepaart mit persönlicher Strahlkraft, sicherten der P., seit dem 18. Jh. vereinzelt auch Diva (it. = die göttliche [Sängerin]) benannt, im komplexen, rivalisierträchtigen Opernbetrieb bis in die Gegenwart eine Sonderstellung; zu den berühmtesten Primadonnen zählten im 18. Jh. Faustina Bordoni, Maria Cuzzoni, Gertrud Schmeling-Mara, im 19. Jh. Giuditta Pasta, Wilhelmine Schröder-Devrient, Jenny Lind,

Adelina Patti, im 20. Jh. Maria Callas u. a.

Primarius, Primgeiger, erster Geiger in einem Streichquartett od. anderem Kammerensemble. → Konzertmeister.

Primärton, erster Teilton als Grundton der → Obertonreihe. → Ton, Klang.

Prime (v. lat. prima = die erste), das → Intervall zweier auf gleicher Stufe gelegener Töne, z. B. a-a (Schwingungszahlen 1:1) als → Einklang od. als Tonwiederholung; als Intervall rein (a-a), übermäßig (a-ais) od. doppelt-übermäßig (a-aisis).

Primo (it. = der erste...), beim vierhändigen Klav.-Spiel der obere (Diskant-)Part bzw. dessen Spieler, ggs. zu secondo als Baßpart(spieler); *p. tempo* = im Anfangszeitmaß; *p. uomo* → Primadonna.

principale (it. = führend), Abk. princ., pr. Ergänzungsbez. f. solistisch hervortretende Einzelstimmen in Ensemblekompositionen, z. B. violino p. (auch Vl. solo od. obligato). → Prinzipal.

Prinzipal (v. lat. principalis = der erste), Hauptregister der → Orgel mit Labialpfeifen (32'-1') aus Metall u. Holz, in mittelweiter Mensur, v. kraftvollem Klang; ursprüngl. auf die Plazierung der P.-Pfeifen an vorderster Stelle, im → Prospekt der Orgel bezogen (daher auch die Bez. Prästant.) – *P.-Trompete* im 17.-18. Jh. Bez. f. Naturtrp. in mittlerer u. tiefer Lage, ggs. z. Clarintrompete (→ Clarino) in hoher Lage.

Privatmusikerziehung → Musikerziehung, Musikseminar, VDMK.

Prix de Rome (frz. = Rom-Preis) erstmals 1803 verliehener Stipendienpreis f. Kompositionsstudierende des Pariser Konservatoriums (Vorlage einer Kantate, später einer Oper), Staatsstipendium auf fünf Jahre, einschl. eines zweijährigen Arbeitsaufenthalts in der Villa Medici in Rom (Vorlage weiterer Kompositionen); Preisträger u. a. Berlioz, Gounod, Bizet, Massenet, Debussy.

Programmusik, Sammelbez. f. Instrumental- (bedingt auch Vokal-) Kompositionen, in denen außermusikalische Vorwürfe, Natur- od. Bildeindrücke, literarische od. historische Gestalten u. Geschehnisse, Ideen od. Charaktere, durch je verschiedene musikalische Form- u. Klangmittel dargestellt werden: als ›nachahmende‹ Musik aus allen Kulturstufen belegt, in der europ. Musik aus MA u. Renaissance in textgebundener Vokalmusik (Vogelrufe, Kindwiegen, Jagdsignale, Reitrhythmen, Waffenlärm), in der engl. Virginalmusik des 17. Jhs. als Naturimitationen, in der frz. Clavecinmusik des 18. Jhs. als Temperamentbeschreibungen, im romant. Realismus des 19. Jhs. in Programmsinfonien, → Sinfonischen Dichtungen u. Genrestücken aller Art u. Besetzung, in der → angewandten u. → Funktionalen Musik des 20. Jhs. einschl. → Musique concrète u. → Elektron. Musik auch mit Klang- u. Rhythmus-Elementen aus der Welt der Technik u. Arbeit. → Musikästhetik, Musikpsychologie, Absolute (autonome) Musik.

Progressive Jazz (engl.-amerikan. = fortschrittl. J.), Erweiterung des → Swingjazz der 1930er Jahre um Instr. u. Techniken europ. Musik.

Prolatio (lat. = Erweiterung), symbolhaltiger Unterteilungsbegriff der → Mensuralmusik. → Ars nova, Proportio.

Prolog (v. griech. prologos = Vorrede), in der → Oper des 16.-17. Jhs. (Monteverdi, Lully) ein allegorisches Vorspiel, oft als Huldigung an Auftraggeber u. Auditorium, in Anlehnung an das Hymnen-Vorspiel v. Dramenaufführungen in der griech. Antike.

Prolongement (frz. = Verlängerung), Hilfsregister am → Harmonium zur Erzielung des Längerklingens einzelner Töne, ähnlich der Wirkug des Fortepedals beim → Klavier.

Proportio (lat. = Verhältnis), seit der Antike die in Saitenlängen od. Schwingungszahlen meßbare Relation der Intervalle zueinander (1:2 für die Oktave, 2:3 für die Quinte usw.); in der → Mensuralnotation des MA die Minderung od. Vergrößerung der Notenwerte gegenüber ihrem Normalwert; *Proportionskanon*, in mehreren ungleich mensurierten Stimmen gleichzeitig einsetzender → Kanon, dessen Ablauf mit Überlagerung drei- u. zweizeitiger Werte zur → Polyrhythmik führt.

Proposta (lat. proponere = aufstellen), eingangs aufgestelltes Thema einer → Fuge, auch die einsetzende Stimme eines → Kanons; ggs. zu → Risposta.

Proprium Missae → Messe.

Prosa → Musikalische Prosa.

Prosodie (v. griech. prosodia = Zugesang), in der altgriech. Dichtung die melodisch-rhythmischen Elemente des Sprechgesangs, quantitativ v. Länge u. Kürze der Silben, akzentuierend v. Tonhöhenbewegungen bestimmt.

Prosodion, altgriech. Prozessionsgesang, bei Hochfesten auch mit Instrumentalbegleitung, z. B. zu Ehren der Göttin Athene auf der Akropolis.

Prospekt (lat. prospicere = aussehen), Schauseite der → Orgel, in der Regel die symmetrisch angeordneten, aus optischen Gründen oft überlangen klingenden Labialpfeifen des → Prinzipalregisters, auch mit stummen, nicht klingenden Pfeifen; auf den (West-)Emporen der Kirchenräume des Barock mit Schnitz- u. Figurenwerk ausgeschmückt u. der Gesamtarchitektur zugeordnet.

Protestsong, gesellschaftskritisch motivierte → politische Lieder, als Mittel der Agitation v. → Liedermachern od. Massenchören vorgetragen, anknüpfend an → Songs der Schwarzen in den USA (Rassendiskriminierung), in der westl. Welt Arbeiterlieder der 1920-30er Jahre, seit den 1950er Jahren mit Elementen der → Pop- u. Rockmusik vielfach als P. im Sinne v. Bürgerrechtsbewegungen (Minderheitenschutz, Frauenfragen, Umweltschutz, Tierschutz, Pazifismus u. a. m.)

Protos, Protus (griech., lat. = der erste Ton), Bez. f. den ersten → Kirchenton. → dorisch.

Psalmen (v. griech. psalmos = Lied zum Saitenspiel; hebr. mizmor = Lobpreis, it. salmo, frz. psaume, engl. psalm), Abk. Ps., althebr. geistl. Gesänge, überwiegend aus der Zeit des Exils in ägypt. u. babylonischer Gefangenschaft, Teilsammlungen mit 150 Titeln (darunter Ps. 3-41 als *Davidspsalter*) in das AT aufgenommen: Hymnen, Klagelieder, Danklieder, Königs-Ps.; in gehobenem Sprechgesang aus der synagogalen in die frühchristl. Liturgie eingegangen, in modellartigen, den acht → Kirchentönen zugeordneten *Psalmtönen* in der *Psalmmelodie* des röm.-kath. Kirchengesangs als antiphonaler od. responsorialer od. durchlaufend rezitatorischer Psalmgesang; in mehrstimmigen Psalmkompositionen seit dem 15. Jh. als Psalm-Motetten (Dufay), seit dem 16. Jh. auch in vokal-instrumental gemischter Form (G. Gabrieli, *Salmi concertati*), in den refomierten Kirchen als landessprachige Spruchmotetten (Schütz bis Bach) od. lat. u. landessprachig gemischte Ps.-Kompositionen; herausragende Ps.-Vertonungen des 19. Jhs. v. Liszt, Bruckner, Reger, des 20. Jhs. v. Kodály, (*Psalmus Hungaricus*, 1924), Strawinsky (*Ps.-Sinfonie*, 1930), Schönberg (*De profundis*, 1950), Penderecki (*Psalmi Dawida*, 1958). – *Psalter* = Buch der Psalmen.

Psaltarium (v. griech. psallein = zupfen), zitherartiges Saitenzupfinstr. arab. Ursprungs, im MA über ganz Europa verbreitet, meist trapezförmig flacher hölzerner Resonanzkasten mit bis zu 30 Saiten unterschiedlicher Länge bespannt, mit den Fingern od. mit → Plektrum zu spielen, ggs. zum verwandten, mit Klöppeln zu schlagenden → Hackbrett. → Gusli, Kantele, Kanun.

Psychedelic Rock (engl., s. v. w. Rock auf Psychotrip), vielfach unter Drogeneinfluß gespielte, Halluzinationen stimulierende lautstarke → Rockmusik der 1950-60er Jahre.

Psychoakustik → Akustik

Psychologie der Musik → Musikpsychologie.

Psychophysik → Akustik, Hörpsychologie, Musikpsychologie.

Punctus, Punctum (lat. = Stich, Punkt, Stimmabschnitt), in den Lektionsgesängen im frühen MA Interpunktionszeichen f. Melodieabschnitte, in der → Neumennotation des 9.-10. Jhs. Zeichen f. Einzelton, in der → Mensuralnotation des 13.-14. Jhs. f. Erhöhung od. Erniedrigung der Note, Verlängerung des Notenwertes od. → Synkopenbildung. – *punctus contra punctum* (lat. = Note gegen Note) → Kontrapunkt.

Punkrock (engl. Slang, punk = wertlos, mies), Ende der 1970er Jahre in der angloamerikan. Unterhaltungsmusik aufgekommene Rockwelle aufwendiger elektroakustischer Apparaturen, harmonikal gewaltsam simplifizierter Strukturen u. aggressiver bis resgnativer Textierung. → Psychedelic Rock, Pink Floyd.

Punkt, hinter einer Note od. Pause gesetztes Zeichen der Verlängerung um die Hälfte des jeweiligen Wertes, bei zwei Punkten um drei Viertel, seit Beginn des 19. Jhs. einheitl. eingeführt; im 17.-18. Jh. einfach punktierte Rhythmen meist doppelt punktiert ausgeführt. → staccato.

Punktieren, in der Gesangspraxis das Versetzen extrem hoher od. tiefer Töne auf stimmlich günstigere Tonhöhen, in Oktavversetzung od. auf andere harmonieeigene Intervalle.

Punktuelle Musik, in der Frühphase der → seriellen Musik eingeführter Begriff (H. Eimert, Köln 1952), kompositionstechnisch der hörpsychologisch als Töne-Isolierung (= Punktualisierung) empfundene Ablauf v. (Ton-) → Reihen statt im Nacheinander ihrer einzelnen → Parameter in deren Gleichzeitigkeit als sogenannte Elementreihen (Stockhausen, *Kreuzspiel*, 1951; Boulez, *Polyphonie X*, 1951).

punta d'arco (it. =) an der Bogenspitze; Spielanweisung f. Streichinstr.

Pyramidenflügel, Giraffenklavier, aufrecht stehendes hohes Klav. mit pyramidenähnlichem Gehäuse f. den Saitenbezug; wurde im 18.-19. Jh. f. kleinere Musikzimmer gebaut.

Pythagoreisches Komma → Komma.

Q

Quadrille (frz.), frz. Gesellschaftstanz seit dem 18. Jh., zu 4 Paaren im Karree getanzt, im 19. Jh. vielfach in Oper u. Operette (Offenbach, Strauß), konzertant auch als Parodien, z. B. auf Themen aus Wagners *Ring des Nibelungen* (1880) v. Fauré u. Messager), im Ballett als Gruppenformation mit je 4 Tänzerinnen u. Tänzern.

Quadrivium → Ars musica.

Quadrophonie, verkanaliges stereophones Aufnahme- bzw. Übertragungsverfahren mit zwei zu den beiden links- u. rechtsseitig aufgestellten zusätzl. rückwärtig plazierten Mikrophongruppen bzw. Lautsprechern zur (kompositionell in aller Regel irrelevanten) Erzielung raumillusionärer Rundumeffekte, in der elektron. Musik auch zur Simulierung von Klangbewegungen. → Stereophonie, Kunstkopfstereophonie, Knochenschall, Richtungshören.

Quadrupelfuge, → Fuge mit 4 zunächst nacheinander, dann miteinander durchgeführten Themen; Fragment einer Q. am Schluß v. J. S. Bachs *Kunst der Fuge* (1750).

Quadrupelkonzert, Instrumentalkomposition f. vier verschiedene od. gleiche Soloinstrumente u. Orchester. → Tripelkonzert, Doppelkonzert, Sinfonie concertante.

Quarte (lat. = quarta = die vierte), das rein, vermindert od. übermäßig auftretende → Intervall der 4. Stufe einer diatonischen → Tonleiter; die Schwingungszahlen zweier Töne im Abstand einer reinen Quarte, z. B. c-f, verhalten sich wie 3:4, die Saitenlängen wie 4:3; als übermäßiges Intervall, z. B. c-fis, bildet die Quart einen → Tritonus; in der ma. Musik als Rahmenintervall des → Tetrachords v. konsolidierender Bedeutung, gilt die Q. in der neueren Harmonielehre als konsonant bei Stützung durch Unterterz od. Unterquint, z. B. a-c-f od. f-c-f), als dissonant bei → Vorhalt od. → Durchgang.

Quartenakkord, in reinen, verminderten od. übermäßigen Quarten übereinandergeschichtete Mehrklänge, in der Musik des 20. Jhs. z. B. bei Schönberg (*Pelléas und Melisande* op. 5, 1903; *Kammersymphonie* op. 9, 1906), bei Bartók, Strawinsky auch im Nacheinander v. Quartsprüngen, assoziativ zu Melodiestrukturen der ungar., slaw. u. exotischen Musikfolklore. → Mystischer Akkord, Tristanakkord. (Quartenzirkel → Quintenzirkel.)

Quartett (it. Quartetto, frz. Quatuor, engl. Quartet), Vokal- od. Instrumentalkomposition f. 4 bzw. Ensemble aus 4 Solostimmen, seit der → Mannheimer u. → Wiener Schule des 18. Jhs. bis zur Gegenwart v. a. als → *Streichquartett*; als → *Bläserquartett* aus dem → Divertimento hervorgegangen, als *Klavierquartett* aus dem → Klaviertrio. (→ Quatricinium.)

Quartflöte, im 17.-18. Jh. die um eine Quarte höher (kl. Q.) od. tiefer (gr. Q.) gestimmte → Flöte;

Quartgeige, im 17.-18. Jh. die um eine Quarte höher gestimmte → Violino piccolo als Diskantvioline (c^1-g^1-d^2-a^2). → Alt, Altfl., Altklar., Altpos., Englisch Horn, Viola.

Quartole, Gruppe v. 4 rhythmisch-metrisch gleichwertigen Noten anstelle zu erwartender drei oder sechs ihnen entsprechender Notenwerte, angezeigt durch ekkige Klammer über od. unter der Q. mit hinzugesetzter Ziffer 4; Vorkommen z. B. in 6/8-Stücken der Klaviermusik des 19. Jhs. (Chopin). → Duole, Triole, Quintole.

Quartsextakkord, nach seinem Intervallaufbau benannter → Dreiklang in 2. → Umkehrung, in C-Dur z. B. abgeleitet v. 2. Umkehrung g-c-e, v. Bedeutung als → Vorhalts- u. → Durchgangsakkord. → Kadenz.

Quatricinium (lat. quator = vier, canere = tönen, singen), vierstimmiges Vokal- od. Bläserstück des 17.-18. Jhs. → Bicinium, Tricinium; Turmmusik.

Quellen, im musikal. Bereich geschriebene od. gedruckte Texte (Noten, Trakate, u. a. m.); Q.-Kunde u. Q.-Kritik seit dem 19. Jh. systematisch entwickelt; herausragend R. Eitner, *Biographisch-Bibliographisches Quellen-Lexikon der Musiker und Musikgelehrten* (10 Bde. 1900-04, Nachdr. 1959-60), *Bibliographie der Musiksammelwerke des 16. und 17. Jhs.* (1877, Nachdr. 1963), in jüngerer Zeit, als Q.-Dokumentation zur Musik vor 1800, das seit 1960 von einer ›Commission mixte‹ (Vorsitz K. v. Fischer, Zürich) hg. *Répertoire International des Sources Musicales*, Abk.: RISM. → Editionspraxis, Musiklexika.

Quempas-Singen, abgeleitet v. dem ma. Weihnachtshymnus *Quem pastores laudavere/Den die Hirten lobten sehre*, wechselchöriges Weihnachtsliedersingen auf lat.-dt. gemischte Texte zu Darstellungen der bibl. Weihnachtsgesch. in der Frühmette des 1. Weihnachtstages, in ev. Gottesdienst seit dem 16. Jh. überliefert, im 20. Jh. durch Neuausgaben v. ›Quempasheften‹ wiederbelebt.

Querbalken, Notenbalken, Querstrich zur Verbindung v. Notenhälsen einer Gruppe v. Achtelnoten od. v. kürzeren Notenwerten; als Querstrich durch einen Notenhals Abk.-Zeichen f. → Tremolo.

Querflöte, it. Flauto traverso, frz. Flûte traversière, Sammelbez. f. die ggs. zur Längsfl. (z. B. Blockfl.) quergehaltene → Flöte, in Europa seit dem 16. Jh. entwickelt (→ Querpfeife), seit dem 18. Jh. außer der gr. Q. die Altfl. in G, seit dem 19. Jh. zudem → Pikkolo u. Baßfl., beide in C; die moderne Q. besteht aus Kopfstück, parabolisch gebohrt, am oberen Ende geschlossen, mit Mundloch u. Lippenstütze zum Anblasen, zylindrisch gebohrtem Fußstück mit Klappen (durch Längsachsen kombinierbar), Stimmung in C, Umfang c^1-d^4 (→ Boehmfl.; seit 1847 auch aus Silber, wie heute üblich); Solokonzerte f. Q. schrieben im 18. Jh. u. a. Vivaldi, Telemann, Quantz, C. Ph. Bach, Mozart, im 20. Jh. u. a. Ibert, Jolivet, Fr. Martin, Petrassi, Bialas, Baird, Solostücke Debussy, Honegger, Hindemith u. a. m.; als in vielerlei Stimmungen gebautes beweglichstes der → Holzblasinstr. ist die Q. seit der Wiener → Klassik im sinfon. → Orch. unverzichtbar; Herausragende Lehrwerke für Q. schrieben im 18. Jh. Hotteterre (1707) u. Quantz (1752), im 20. Jh. H.-P. Schmitz (*Flötenlehre*, 1955, 10/1981).

Querpfeife, enggebohrte, klappenlose → Querfl., seit dem MA mit 6 Grifflöchern, heute auch mit Kleinfingerloch (zusätzl. Klappe), seit dem 16. Jh. in Verbindung mit Rührtrommeln gespielt (Trommelpfeife, Feldpfeife), Stimmung in C, Stimmumfang d^2-d^4; bes. verbreitet in Spielmannszügen u. Militärmusik-Kapellen. → Schwegel.

Querstand, in der tonalen Harmonielehre die Aufeinanderfolge zweier in verschiedenen Stimmen chromatisch (als übermäßige od. verminderte Oktave) zueinander stehender Töne, im strengen kontrapunktischen Satz des 15.-17. Jh. verpönt, seither zur Darstellung v. → Affekten geduldet, im 19. Jh. als Reizeffekt mehr u. mehr abgenutzt, in der nichttonalen Musik des 20. Jhs. bedeutungslos geworden.

Quickstep → Foxtrott, Onestep.

Quinte (lat. quinta = die fünfte), das → Intervall der 5. Stufe einer diatonischen → Tonleiter, durch → Alteration übermäßig od. vermindert; die Schwingungszahlen zweier Töne im Abstand einer reinen Quinte, z. B. c-g, verhalten sich wie 2:3, die Saitenlängen wie 3:2; in der europ. Musik seit der Antike als vollkommene → Konsonanz empfunden, auch in der außereurop. Musik als Rahmenintervall der Melodiebildungen v. Bedeutung; im harmonischen Funktionssystem als → Dominante f. Kadenzbildungen formkonstituierend (→ Kadenz, Ganzschluß); seit Einführung der gleichschwebenden → Temperatur zu Beginn des 18. Jhs. grundlegend f. den Aufbau des → Quintenzirkels; *Quintenparallelen* im strengen vierstimmigen Satz des 15.-19. Jhs. verbotene Fortschreitung zweier sonst selbständig geführter Stimmen in parallellaufenden Quinten. → Blasquinte.

Quintenzirkel, kreisförmig dargestellte Anordnung der je 12 Dur- u. Molltonarten des temperierten Systems (→ Temperatur) auf der Grundlage forschreitend aufsteigender Quinten, v. C ausgehend im Uhrzeigersinne mit jeweils zunehmenden ♯-Vorzeichen bis zur enharmonischen Verwechslung von Fis-Dur (6 ♯-Vorzeichen) u. Ges-Dur (= 6 ♭-Vorzeichen) u. weiter im Zirkelkreis über die abnehmenden ♭-Vorzeichen bis C zurück; von grundsätzl. Bedeutung f. Tonartenverwandtschaften; *Quartenzirkel* als analoge Aneinanderreihung von 12 Quartschritten, beginnend bei den ♭-Tonarten; *Terzenzirkel* aus Groß- u. Klein-Terzen, symptomatisch f. die Hinwendung der → Romantik zu klangfarbbetonten → mediantischen Tonartenverwandtschaften. → Komma, Tonart.

Quinterne, it. Quintaria (v. lat. quinta = die fünfte), gitarrenähnliches Zupfinstr. mit 5 Saitenchören, im MA über ganz Europa verbreitet. → Mandola.

Quintett (it. Quintetto), Vokal- od. Instrumentalkomposition f. 5 bzw. Ensemble aus 5 Solostimmen, in der Oper als Ensembleszene f. 5 Gesangssolisten mit Orch.-Begleitung, in der Kammermusik als *Streichquintett* gegenüber dem Streichquartett erweitert um eine 2. Viola (Mozart, Beethoven, Brahms, Bruckner) od. ein 2. Vc. (Boccherini, Schubert) od. um Kb. (Dvořák, wogegen Schuberts *Forellenquintett* aus Vl., Va., Vc., Kb u. Klav. zusammengesetzt ist) als *Klavierquintett* f. Klav. mit Streichquartett (Schumann, Brahms, Dvořák, Fauré, Pfitzner, Schostakowitsch) od. f. Klav. mit Bläserquartett (Mozart, Beethoven), als *Bläserquintett* f. Fl., Ob., Klar. Horn u. Fg. (Haydn, Mozart, Schönberg, Hindemith), als *Klarinettenquintett* f. Klar. mit Streichquartett (Mozart, Brahms, Reger, Hindemith).

Quintfagott, im 18.-19. Jh. verwendetes, um eine Quinte über dem normalen Fg. stehendes Tenorfg.

Quintfuge, → Fuge, deren Thema auf der Quinte beantwortet wird.

quintieren → Blasquinte, Überblasen.

Quintole, Gruppe v. 5 gleichwertigen Noten anstelle v. 3, 4 od. 6 ihnen entsprechenden Notenwerten, angezeigt durch eine ekkige Klammer u. über die Q.-Gruppe hinzugesetzte Ziffer 5.

Quinton, fünfsaitiges Streichinstr., Diskantviola (g-d^1-a^1-d^2-g^2) mit spitz zulaufenden ›gotischen‹ Schultern u. Schallöchern in F- od. C-Form, im 17.-18. Jh. in Frankr., Engl., Dtl. verbreitet.

Quintposaune, Baßpos. in Es, Stimmumfang Es²-b, im 17. Jh. verwendet. → Posaune.

Quintsextakkord, Dur- od. Moll-Dreiklang mit hinzugefügter Sexte (→ Sixte ajoutée) od. 1. → Umkehrung eines (Dominant-) → Septakkordes mit der Akkordterz im Baß.

Quinttöne, die aus Quintfolge u. gleichzeitiger Oktavversetzung gewonnenen Töne einer Skala. → Quintenzirkel.

Quintus, quinta vox (lat. = die fünfte Stimme), in der Vokal- od. Instrumentalmusik des 16.-17. Jhs. eine eingefügte Stimme, oft v. Satz zu Satz in einer anderen Stimmlage als zweiter Sopran, Alt, Tenor od. Baß.

Quodlibet (v. lat. quod libet = was beliebt), scherzhafte od. parodistische Aneinanderreihung vorgegebener textierter Melodien od. Melodieteile zu satztechnisch kunstvoll überraschenden, mehrstimmigen Vokal- (seltener auch Instrumental-) Kompositionen, hervorgegangen aus den Allerweltsdisputationen an den spätma. Universitäten, als → Cento beliebt auch bei den Meistern der → Franko-flämischen Schule des 15.-16. Jhs., volkstüml. in der meist improvisiert vorgetragenen frz. → Fricassée, span. → Ensalada u. it. Misticanza, in Süddtl. im 17.-18. Jh. auch zu Q.-Liedszenen zusammengeschlossen (Kindermann, Rathgeber, Speer); instrumentale Q. sind u. a. die letzte v. *Bachs Goldberg-Variationen* (1742) u. der *Galimathias musicum* des zehnjährigen Mozart (1766); im 19. Jh. zu → Pasticcio u. → Potpourri abgewandelt, in der → Singbewegung des 20. Jhs. im Q.- u. Kanon-Singen zeitweilig wiederbelebt. → Zitat.

R

R, Abk. f. → Récit, Responsorium, Ripieno.

Rabab, Rebab (arab.), spießlautenähnliches 1-4-saitiges Zupf- u. Streichinstr. verschiedener Bauart, im Vorderen Orient u. in Nordafrika in Sonderformen auch in Südostasien verbreitet, Vorläufer des europ. → Rebec.

Rackett, Rankett (v. mhd. rank = Krümmung), im 16.-17. Jh. verbreitetes fagottartiges Doppelrohrblattinstr., kl. Holz- od. Elfenbeinzylinder mit meist 9 parallellaufenden Verbundkanälen u. 11 Grifflöchern nebst Stimmlöchern in den Seitenwänden des Zylinders, vereinzelt mit 2-3 Klappen versehen, über eine → Pirouette od. ein gewundenes Mundrohr angeblasen, in 4 Größen gebaut, meist zusammen mit anderen Blasinstr. gespielt; auch Bez. f. ein Orgelregister (→ Rohrwerk).

Raga (ind.-sanskrit. = Farbe), Melodiemodelle der → Indischen Musik, dem arab. → Maqam vergleichbar, nach Zentral- u. Leitertönen, melod. u. rhythm. Wendungen als (männl.) Ragas u. (weibl.) Reginis unterschieden, seit dem MA überliefert u. entwickelt, vokal od. instrumental solistisch improvisiert vorgetragen, v. Trommeln u. anderen Instr. nach rhythmischen Ordnungen (→ Tâla) begleitet. – *Raga-Rockmusik*, kurzlebige Richtung im → Rock (um 1960) mit rhythmisch-klanglichen Anleihen aus der indischen Musik.

Ragtime (engl.-amerikan., ragged time = zerrissene [Schlag-] Zeit), eine seit den

1860er Jahren in den USA aufgekommene aus afroamerikan. Musikfolklore (Marschmusik, Banjospiel) entwickelte Klavierspielweise: dem durchlaufenden 2/4-Zeitschlag (→ Beat) in der linken Hand werden in der rechten nachschlagende improvisierte Achtelsynkopierungen (→ Off-Beat) entgegengesetzt; als *syncopated music* bis um 1910 Synonym f. → Jazz, in den Bands der Tanz- u. Unterhaltungsmusik v. farbigen u. weißen Pianisten gespielt (Scott Joplin, *Maple Leaf Rag*, 1899; Joseph Lamb); nach den ersten Klavierwalzen- u. Druckimporten aus Übersee seit 1917 v. europ. Komponisten adaptiert, exemplarisch bei Strawinsky (*Tango, Waltz, Ragtime* der *Histoire du Soldat*, 1918, *Ragtime für 11 Spieler*, 1918, *Piano-Rag-Music*, 1919).

rallentando (it.), Abk. rall., rallent., allmählich langsamer werdend (Vortragsanweisung). → ritardando.

Rappresentazione sacra (it. = Darstellung geistl. Stoffe in it. textierter einstimmiger liedhafter Vertonung, als handlungslose lebende Bilder in Kostümen dargeboten, im 15.-16. Jh. in ganz It. verbreitet, v. a. in Florenz gepflegt (1491: *San Giovanni e Paolo*, Lauden u. Kanzonen, Dichtung Lorenzo de' Medici, Musik H. Isaac u. a.; 1600: *R. di anima e di corpo*, D. Isorelli/E. de' Cavalieri); im 17.-18. Jh. in Wien mit Darstellungen der Grablegung Christi in der Sonderform des → Sepolcro als → Azione sacra fortgeführt (Draghi, Leopold I.); als R.s. bezeichnet Penderecki sein geistl. Opernoratorium *Paradise lost* (Stuttgart 1981).

Rassel, Sammelbez. f. Geräusch- bzw. Schüttelinstr. als *Gefäß-R.* Hohlkörper aus Holz, Ton od. Metall mit eingeschlossenen od. an Außennetzen befestigten Steinchen, Muschelgehäusen, Hülsenfrüchten, mit Handgriff zum Schütteln, als *Gehänge-R.* aufgereihte kl. Holzkugeln, Metallringe, → Schellen, um Hals, Hüften, Arm- u. Fußgelenke gehängt, durch (Tanz-) Bewegungen zum Rascheln od. Klingen gebracht; als *Rahmen-R. aus Metallstäbchen od. -Scheibchen durch Schütteln zum Klirren gebracht; Rasseltrommel* mit Kugelschnüren behängt, durch Drehen zum Klappern gebracht; aus Frühkulturen aller Erdteile als Kultinstr. belegt, heute in Abwandlungen als Schlag- u. Geräuschinstr. in der Tanz- u. Unterhaltungsmusik verwendet. → Angklung, Ratsche, Klapper, Guiro, Peitsche, Maracas, Sistrum, Scabellum.

Rastral (v. lat. rastrum = Harke), fünfzinkiges kl. Gerät z. Gravieren des Notenliniensystems in die Stichplatte, auch fünfspurige Tintenfeder z. Ziehen des Notenliniensystems auf Papier. → Notenschrift, Notenstich.

Ratsche, it. raganella, Schrapinstr., mit Holzstiel u. Holzzahnrad, gegen dessen Zähne bei Kurbeldrehung eine od. mehrere hölzerne Zungen treffen u. je nach Schwenkgeschwindigkeit Knattergeräusche verschiedener Höhenlagen erzielen; althergebrachtes Kultinstr., heute bei Fastnachtstreiben benutzt u. als Kinderspielzeug vereinzelt in Orchesterstücken eingesetzt, v. R. Strauss z. B. in *Till Eulenspiegels lustige Streiche* (1895), vermehrt im Geräusch-Instrumentarium der Moderne zu finden. → Bruitismus.

Rätselkanon, → Kanon, dessen Stimmeinsätze aus versteckten Hinweisen des Komponisten enträtselt werden müssen, am meisten verbreitet in Vokalkompositionen des 15.-16. Jhs., noch bei J. S. Bach (*Musi-

kal. Opfer, 1747) u. bei Neokontrapunktisten des 20. Jhs. (J. N. David).

Rauhigkeit, als Gehörsempfindung resultierend aus Überlagerung v. Teilschwingungen zw. 10 u. 120 Hz. → Schwebungen.

Raumakustik, Schallvorgänge u. deren Wahrnehmungsbedingungen in geschlossenen Räumen, bestimmt durch Raumvolumen u. Reflexionseigenschaften der Begrenzungsflächen; annähernd brauchbare R. für Wiedergabe u. (subjektiv) Rezeption v. Musik: bei ungeradzahligem Verhältnis v. Länge, Höhe, Breite des Raumes; Schrägstellung v. mindestens 2 Begrenzungsflächen um wenigstens 5 Grad zur gegenüberliegenden Wand sowie deren Dämpfung; Vermeidung ungedämpfter Decken. → Hall, Nachhall, Echo, Kunstkopfstereophonie.

Raumkomposition, Plazierung v. Schallträgern bzw. ausführenden Musikern im mehrdimensionalen Raum, bei → Wandelkonzerten auch im Freien; in → seriellen Kompositionen der 1950-60er Jahre als Topik- → Parameter gehandhabt.

Rauschen → Geräusch; *Weißes Rauschen* → Sinuston, → Elektron. Musik.

Rauschpfeife, Rauschquinte (v. niederdt. rusch = Schilfrohr), ma. f. → Rohrblattinstr.; im 16.-17. Jh. Doppelrohrblattinstr. mit → Windkapsel, seit dem 16. Jh. auch Bez. f. ein in Quinten u. Oktaven aufgebautes mehrchöriges Zungenregister in der → Orgel.

re, Tonsilbenbez. f. die 2. Tonstufe der → Solmisation; in romanischen Sprachen Bez. f. den Ton → d.

Realisationsnotation → Musikal. Graphik.

Rebec (arab.), dem → Rabab verwandtes kl. Streichinstr. mit bootsartigem Korpus, der sich halslos in den Wirbelkasten verjüngt, mit 2-3 in Quinten gestimmten Saiten bespannt; seit dem 11. Jh. über Spanien nach Europa gelangt, im 16.-17. Jh. Begleitinstr. fahrender Spielleute; bei den Tanzmeistern des 17.-18. Jhs. abgelöst durch die → Pochette.

Récit, Recital (frz., v. lat. recitare = deklamieren), im 17.-18. Jh. als Récit Bez. f. sprachdeklamatorischen Sologesang, seit dem 19. Jh. als Recital f. Solokonzert (Klav., Gesang, Vl. usw.), letzteres mit od. ohne Klavierbegleitung, auch f. Konzerte mit Werken nur eines Komponisten.

Recitativo accompagnato → accompagnato, Rezitativ; *Recitativo secco* → Secco, Rezitativ; *stile recitativo* → Stil.

Recorder, engl. f. → Blockfl.; dagegen → Kassettenrecorder.

Reed section (engl.) Gruppe der Rohrblattinstr., in einer → Big Band, Klar. u. Saxophone; ggs. zu → Brass section.

Reel (engl. = wirbeln), rascher geradtaktiger Paartanz schott. Ursprungs (*Highland fling*).

Refrain (frz., v. lat. refringere = brechen), Kehrreim, textlich-melodisch gleichbleibende Wiederholung der (Schluß-) Zeilen od. -worte eines Strophenliedes, aus ma. Liedgattungen wie → Virelai, Rondeau, Ballade stammendes u. in neuzeitl. Liedtypen wie → Chanson, Song, Schlager eingegangenes Element musikal. Gliederung; als Instrumental-R. v. a. in der Klaviermusik des 18. Jhs. → Ritornell, Chorus, Couplet.

Regal (v. altfrz. rigol = Kehle), tragbare pedallose Kleinorgel mit aufschlagenden → Zungenpfeifen v. schnarrendem Ton, im 15.-18. Jh. vielfach in der Form einer Bibel als Zimmerorgel verbreitet; auch Bez. f. ein kurzbecheriges Zungenregister in der → Orgel.

Regens chori (lat. =) Chorregent, Chorleiter in Konviktschulen, Priesterseminaren u. a. kirchl. Institutionen.

Reggae (engl.), seit den 1960er Jahren aus jamaikan. u. rockmusikal. Rhythmuselementen entstandene, textl. gesellschaftskritische Richtung der anglo-europ. Disco-Szene (Bob Marley).

Register → Orgel, Cembalo; Stimmlagen.

Reibtrommel, Primitivinstr., Hohlgefäß aus Holz, Ton od. Metall, mit einer Membran bespannt, die, v. angefeuchteten Stäbchen durchstochen, bei dessen Auf- u. Abbewegung heultönig vibriert.

Reichsmusikkammer, Abk. RMK, 1934 eingeführter, 1945 aufgelöster parteiamtl. organisierter Dachverband f. Musik, nach Fachschaften gegliedert. → Musikrat.

Reigen, altüberlieferter kreis- od. kettenförmiger Schreit-, Hüpf- od. Sprungtanz, in Gruppen meist händehaltend, oft im Geleit eines Vortänzers od. Vorsängers; instrumentalbegleitet ausgeführt; *Reigenlied*, einstimmiger strophiger Wechselgesang zw. Reigenführer(in) u. Reigengruppe, als Volks- u. Kindertanzreigen bis heute erhalten. → Chorovod.

Reihe, seit den frühen 1920er Jahren durch Arnold Schönberg entwickelte Strukturgrundlage der → Zwölftontechnik (Dodekaphonie), bestehend aus einer jeden Ton der 12stufigen temperierten Oktavskala einmal enthaltenden Tonfolge, f. deren Grundgestalt (G) sich durch → Umkehrung (U), → Krebs (K) od. Krebsumkehrung (KU) [erstmals in Schönbergs *Suite für Klavier op. 25*, 1921-23] eine vierfache, sowie durch deren Transpositionen auf die zwölf Tonstufen der chromat. Skala eine insgesamt 48fache Erscheinungsweise ergibt; bei A. Berg u. A. Webern zu horizontalen u. vertikalen Symmetrie- u. Korrespondenzverhältnissen der Reihen(teil)erscheinungen differenziert, in der → seriellen Musik der 1950-60er Jahre (Messiaen, Boulez, Stockhausen) als Reihenprinzip auch auf andere → Parameter übertragen (Tonhöhe, Dauer, Lautstärke, Klangfarbe, dann auch Dichte u. Topik); bei A. Berg (*Lyrische Suite*, 1926) u. B. A. Zimmermann (*Die Soldaten*, Oper nach Lenz, 1965) als → *Allintervallreihe* mit allen 12 innerhalb der Oktave vorkommenden Intervallen) in der → elektron. Musik seit den 1950er Jahren abgewandelt übernommen. – Dokumentarisch: *Die Reihe*, Informationen für serielle Musik, 8 Hefte, Wien 1955-62, hg. v. H. Eimert u. K. Stockhausen.

Reim (abgeleitet über frz. rîme v. griech. rhythmos = Ablaufsgliederung), rhythmisch-metrische Erscheinungsform in Versen u. Versteilen (→ Vers), z. B. als Endreim (roman.) od. Stabreim (german.); Reimbildungen als melodie- u. formbildende Komponente der früh-ma. geistl. Dichtung (Reimoffizium), Reim- u. Strophenbildungen als Strukturelemente insbes. der hoch- u. spät-ma. Epik u. Lyrik (→ Minnesang, Meistersang); Endreim seit dem Barock in Klassik u. Romantik identisch mit Vers, in Melodiestrukturen als Parallel-, Sequenz- od. Drehungsbildung (paarige Taktperiodik), Stabreim hingegen mit unregelmäßigem Wechsel v. Zeilenlänge u. Akzentordnung, spätestens seit Wagner zur → Musikal. Prosa abgewandelt (→ Leitmotiv-Periodik).

Reine Stimmung → Stimmung, Temperatur.

Réjouissance (frz. = Belustigung), schneller heiterer Satztyp in der → Suite.

Relatives Gehör, Erkennen, Bestimmen u. ggfs. stimml. od. instrumentales Wiederholen v. Einzeltönen u. Tonfolgen sowie v. Mehrklängen (Harmonien, Akkorde), indirekt auch v. Rhythmen, bei → musikal. Begabung durch → Gehörbildung schulbar; Voraussetzung zum Erfassen bzw. Darstellen musikal. Zusammenhänge, in der Musikpraxis vorrangig gegenüber dem → absoluten Gehör.

Renaissance (frz. Übersetzung des it. Rinascita = Wiedergeburt), kultur- u. kunstgeschichtl. Epochenbez. mit Höhepunkt im 15.-16. Jh., musikhist. bedingt anwendbar, weil parallel zur europaweit entfalteten »gotischen« → Franko-Flämischen Nld. Schule, jedoch in It. belegt durch Hinwendung zu Drama, Epik, Lyrik, Philosophie der griech.-röm. Antike in Vorformen der → Monodie (→ Camerata Fiorentina) sowie durch Revision der ma. Musiklehre (→ Kirchentöne) in Hinwendung zur Dur-Moll-Tonalität (Glareanus, *Dodekachordon*, 1547; Zarlino, *Istitutioni harmoniche* 1558), in Dtl. durch den → Humanismus als geistige Erneuerung im Sinne der it.-frz. Renaissance.

Reperkussionston (v. lat. repercussio = Rückprall, Widerhall), in der → Psalmodie der durchlaufend wiederholte Ton (Tonus currens, Tubaton, Tenorton) des Mittelteils einer (Sprech-) Gesangsmelodie, vergleichbar der Funktion des späteren → Dominanttons; in der → Fugenlehre das Beantwortungsintervall zw. → Dux u. → Comes im ersten Themendurchgang (auch Synonym f. Comes).

Repetierende Stimmen, in der → Orgel die »gemischten«, d. h. aus höheren in tiefere Lagen umschlagenden Stimmen »repetierender« Register, bautechnisch u. klanglich bedingt.

Repetition (v. lat. repetitio = Wiederholung), frz. f. Wiederholungsprobe in Oper u. Konzert; *R.-Zeichen* = Wiederholungszeichen, Doppelstrich mit vorgesetztem Doppelpunkt am Ende eines (Teil-) Stükkes (→ Replica); *R.-Mechanik* → Hammer, Klavier.

Replica (it., v. lat. replicare = zurückbiegen), Anweisung z. Wiederholung eines (Teil-) Stückes; *senza r.* = ohne Wiederholung.

Replik (v. it.-lat. replica = Rückbeugung), Umkehrung eines Intervalls in die Oktave, z. B. die der Terz c-e zur Sexte e-c. Dagegen → Umkehrung einer → Reihe.

Reprise (frz. = Wiederaufnahme; it. ripresa), Mehrfachbez. f. formbildende Wiederholung musikal. Satzabschnitte: im ma. Lied (→ Chanson, Leich) die Wiederholung v. Eingangszeilen als Schlußzeilen, in der Instrumentalmusik des 15.-17. Jhs. die Reihung od Erweiterung v. Tanzsatztypen (z. B. Gavotte en Rondeau) in der Suite; in der Sonatenhauptsatzform (→ Sonate) seit der Wiener Klassik die der Exposition u. Durchführung folgende abschließende (tonartlich u. themat.-motivisch abgewandelte) Re-Exposition. *Reprisenbar* → Bar.

Requiem (v. lat. requies = Ruhe), Synonym f. Totenmesse, abgeleitet v. Anfangswort des Introitus der *Missa defunctorum* (it. *Messa da R.*, frz. *Messe des morts*, dt. *Seelenamt*) der röm.-kath. u. anglikan. → Exequien: *Requiem aeternam dona eis, Domine / Die ewige Ruhe gib ih-*

nen, Herr; unter den seit dem 11. Jh. unveränderlichen Teilen der Totenmeßliturgie nimmt die Sequenz→ *Dies ireae* eine auch in den seit dem 15. Jh. (Ockeghem) überlieferten mehrstimmigen Vertonungen des R. eine zentrale Stellung ein (während → Credo u. → Gloria des Missale entfallen); gattungsgeschichtl. herausragende R.-Kompositionen vokal-instrumental verschiedenartigster Besetzung schrieben im 16. Jh. Lasso, Palestrina, Victoria, im 17.-18. Jh. Monteverdi, Caldara, Charpentier, Biber, Hasse, Mozart (1791), im 19. Jh. zunehmend auch für den Konzertgebrauch, Berlioz, Verdi, Dvořák, liturgiebezogen Liszt, Bruckner, Gounod, im 20. Jh. Reger (1916, unvollendet), Britten (*War R.*, 1962), Strawinsky (*R. canticles*, 1966), Ligeti, Reimann u. a.; bedeutende Beiträge auf frei gewählte bibl. Texte dt. Sprache: Schütz, *Musikal. Exequien* (1636), Brahms *Ein Deutsches Requiem* (1868); im 20. Jh. erscheint das Wort R. als Titel auch bei Kompositionen einer von liturg.-geistl. Bezügen losgelösten Totenehrung, z. B. bei Eisler (*R.: Lenin*, 1937), B. A. Zimmermann (*R. für einen jungen Dichter*, 1969).

Res facta (lat. = ausgearbeitete Sache), im 15.-16. Jh. gebräuchliche Bez. f. einen notentextl. ausgearbeiteten Vokal- od. Instrumentalsatz; in etwa vergleichbar dem → obligaten Akkompagnement im Ggs. zum nur bezifferten → Generalbaß.

Residualtonhören, Fähigkeit des menschl. Ohres, den → Grundton eines Klanges auch bei dessen Unterdrückung aus dem Rest (Residuum) seiner Teiltöne (→ Obertöne) entnehmen, d. h. nach anderen frequenzunabhängigen Schwingungsstrukturen hören zu können. → Gehör, Gehörorgan, Hören.

Resonanz (v. lat. resonatia = Widerhall), das Mitschwingen eines Körpers in der Schwingung eines anderen, wobei Eigenfrequenz u. R.-Frequenz gleich od. annähernd gleich sind; die R.-Stärke ist abhängig v. dem Grad der elastischen Kopplung des anregenden u. der → Dämpfung des angeregten Körpers; bei Musikinstr. u. der menschl. Stimme von Bedeutung f. → Klangfarbe u. → Formanten. → Schall, Schallanalyse.

Resonanzkörper, luftgefüllter Hohlraum, wirksam bei Streich-, Zupf-, Tasten- u. Schlaginstr., beim menschl. Stimmapparat Brustkorb u. Resonanzhöhlen; dient der Klangverstärkung, Klangfarbe u. -Formung; *Resonanzböden* (vornehml. aus Fichte) bei → Klav. u. → Cembalo dienen der Klangverstärkung und -Abstrahlung. *Resonanzsaiten* → Aliquotsaiten.

Resonatoren, luftgefüllte Hohlkugeln mit unveränderl. Resonanzfrequenz; dienten Helmholtz (1821-94) zum Nachweis der → Teiltöne.

Responsorium (v. lat. respondere = antworten), Wechselgesang zw. Vorsänger (Verse) u. Chor (Refrain), im Ggs. zur → Antiphon als Wechselgesang zw. zwei (Halb-) Chören; aus der synagogalen in die frühchristl. Liturgie übernommen, auf die Lesungen in Messe u. Nacht-Offizium folgend; als R.-Motetten seit dem 15. Jh. in motivischer Verknüpfung von Solo-Intonation u. Chorsatz (Isaac, Senf, Lasso), als Karfreitags-Responsorien im 16.-17. Jh in zykl. Formation (Victoria, Gesualdo), neubelebt durch die km. Restaurationsbewegung in der dt. Romantik (Hoffmann, Thibaut); *Responsoriale*, Slg. v. Responsorien, z. B. der *Liber Responsorialis* des Benediktin. Offiziums (Solesmes 1895).

Restauration (v. lat. restaurare = wiederherstellen), in der neueren europ. Musikgesch. die Wiederherstellung unterbrochener Traditionen. → Camerata Fiorentina, Cäcilianismus, Historismus.

Reveille (frz. réveil = Erwachen), in der → Militärmusik das Signal »Wecken«, beim »Großen Wecken« auch mit Friderizian. Grenadiermarsch, als Fest-R. mit dem Choral *Nun danket alle Gott* noch bis in die 1930er Jahre am Neujahrsmorgen zum Wache-Aufziehen mit *Freut euch des Lebens*; R.-Blasen vielfach in Militär- u. Konzertmusik (G. Mahler) eingegangen.

Revolutionsmusik, im Umfeld u. Nachwirken der Frz. Revolution (1789) u. der Russ. Rev. (1917) entstandene Chorlieder, Hymnen, Kantaten, Opern, Ouvertüren, Märsche, (Chor-)Sinfonien mit revolutionsbezogenen Programmen; Massenlieder der Frz. Rev.: → Marseillaise, Carmagnole; Kultkantaten u. Rev.-Opern v. Gossec, Méhul, Lesueur, Cherubini; im musikal. *Éclat triomphale* v. nachhaltigem Einfluß auf Beethoven (1. u. 3. Sinf.), dessen »Rettungsoper« *Fidelio* (Urfassung *Leonore*, 1805) unmittelbar auf Cherubinis *Les deux journées* (dt. *Die Wasserträger*, 1800) zurückgeht; i. w. S. Kompositionen aus Revolutions-Gedenkanlässen: Berlioz *Requiem* (1837), *Symphonie funèbre et triomphale* (1840), Chopin, *Etude c-Moll* op. 10 Nr. 12 (»Revolutionsetüde«, 1831), *Marcia funèbre* aus der Klav.-*Sonate b-Moll* op. 35 (1839), beide im Rückblick auf die Niederschlagung der Poln. Revolution von 1831 durch Rußland, im 20. Jh. Rev.-Kantaten, -Filmmusiken u. -Sinfonien v. Schostakowitsch (*2. Sinf.*) f. Chor u. Orch., 1927, zum 10. Jahrestag der Oktoberrevolution v. 1917; *11. Sinf., Das Jahr 1905*, 1957; *12. Sinf., Das Jahr 1917*, 1961). → Politische Musik, Funktionale Musik.

Revue (frz. = Rückschau, Parade), Mischgattung des Unterhaltungstheaters, Sprech- u. Gesangsszenen, Tanz- u. Artistik-Nummern in lose geknüpfter Rahmenhandlung bei aufwendiger Ausstattung unter Begleitung spezifisch besetzter Tanz-, Salon- u. Unterhaltungsorchester; Pariser Ursprungs, nach Anfängen mit eher zeitkritischen Neujahrs-R. in den 1830-40er Jahren, in der 2. Hälfte des 19. Jhs. Hinwendung zu Schaustellungen im Vergnügungsgeschäft (Folies-Bergère, Alcazar, Chat-Noir, Moulin-Rouge) u. Berlin (Metropol, Admiralspalast, Scala, Wintergarten), im Berlin der 1920er u. frühen 1930er Jahre neben der Kostümrevue auch die (1933-45 unterdrückte politisch-satirische *Kabarett-Revue* (M. Schiffer, M. Spoliansky, E. Piscator als Librettist, Komponist, Regisseur), nach dem 2. Weltkrieg Neuformierungen mit R.-Elementen in Show u. → Musical, heute aus dem Showbusiness in den Produktionsbetrieb v. Television u. Video übergegangen.

Rezeption (v. lat. recipere = wiederaufnehmen), als musikal. R. Sammelbegr. f. den Komplex der Aufnahme-Aneignung v. Kompositionen durch den nach Begabung, Erfahrung, Erwartung je anders disponierten Hörer-Rezipienten; seit den 1960er Jahren Forschungsfeld in → Musik-Psychologie, -Ästhetik, -Pädagogik, -Soziologie.

Rezitativ (v. lat. recitare = vortragen, deklamieren), it. Recitativo, um 1600 mit der → Monodie aufgekommene Sammelbez. f. Sprechgesang (*recitar cantando*), bei solistischer Begleitung (→ Generalbaß: Cembalo, Orgel, Laute) als *Secco-R.* bei orchestraler Begleitung als *Akkompagnato-R.* beide Arten in Oper u. Oratorium des 17.-18. Jhs. textl. Träger des Handlungsablaufs, während die nachfolgenden → Arien Ausdrucksträger der jeweiligen Affektsituation waren; das Secco-R. blieb in der Komischen Oper (→ Opéra-comique) auch im 19.-20. Jh. erhalten, das Akkompagnato-R. erfuhr seit Mozart im → Arioso eine Annäherung von Rez. u. Arie, seit Gluck eine wechselseitige Durchdringung der Deklamatorik, die bei Wagner zur Aufhebung v. Rez. u. Arie führte, abgewandelt auch z. sprachbestimmten Musiktheater des 20. Jhs.; in Parallelentwicklung zu Wagners Sprechgesang als → Musikal. Prosa ist der bei Beethoven vorgeprägte rezitativische Charakter der Instrumentalmusik seit Liszt zu sehen.

rf, rfz, Abk. f. → rinforzando.

r. H., Abk. f. rechte Hand; Spielanweisung bei Tasteninstr.

Rhapsodie (altgriech. = »Flickstückgesang«), in der Antike vielstrophiges instrumental begleitetes Epos im Rezitationston der fahrenden Sänger; seit Klassik u. Romantik Bez. f. eine fantasieartige freie vokale od. instrumentale Form (Schubart, Reichardt), im Laufe des 19. Jhs. mit national-folkloristischen Elementen durchsetzt, Liszts *Ungarische Rhapsodien* (seit 1840), *Fragmente zigeunerischer Epen*, als Aufreihung ungar. Tänze (→ Csárdás), ähnl. bei Bartók (*Rhapsodie f. Kl. u. Orch.*, 1904); Kontrastbildungen in den Rh. von Dvořák, Brahms (*Alt-Rhapsodie*, 1870), potpourriartig im 20. Jh. bei Albéniz od. Gershwin (*Rhapsody in blue*, 1924, Klavierkzt. mit Jazzorch.). → Ballade, Fantasie.

Rheinländer, Mitte des 19. Jhs. aus → Polka u. → Schottisch entstandener offener Paartanz in gemäßigtem 2/4-Takt mit Seitenschritten, Hüpfern, Drehungen, bis ins 20. Jh. europaweit als Gesellschaftstanz verbreitet.

Rhetorik (v. griech.-lat. [ars] rhetorica = Lehre der Beredsamkeit), im antiken u. ma. Bildungswesen die innerhalb der *Septem artes liberales* (Sieben freie Künste, d. h. des freien Mannes würdige Künste) zu den sprachlichen Disziplinen des *Triviums* (Grammatik, Dialektik, Rhetorik) zählende Gesamtheit der Kenntnisse u. Fähigkeiten in der Redekunst; v. Bedeutung f. die Musikanschauung u. -praxis der Renaissance u. des Barock (→ Affekten- u. Figurenlehre).

Rhythm and Blues, in den 1940-50er Jahren in Harlem (New York) entstandener Popmusikstil (Race Music) amerikan. Neger in Art des → Harlem-Jump, gemischt mit Elementen des → Beat u. → Blues, kommerzialisiert zu → Twist u. Hully-Gully.

Rhythm-Box, mit Rhythmus-Standards versehener Automat bei → E.-Orgeln.

Rhythm section (engl.), Rhythmusgruppe der Jazzband, im klass. Jazz Schlagzeug (drums), Tuba od. Kontrabaß, Banjo od. Git. u. Klav., im Jazz Schlagzeug, Baß, Klav., fallweise erweitert um Perkussionsinstr. aus der afro-amerikan. Musikfolklore. → Big Band, Jazz.

Rhythmicon (griech.), → elektron. Musikinstr. z. Erzeugung rhythmischer Schichtbildungen, Anfang der 1930er Jahre v. Cowell u. Theremin erfunden.

Rhythmik (griech.), Lehre v. → Rhythmus, Kurzbez. f. *Rhythmische Erziehung*, Zweig der Musikerziehung, basierend auf rhythmisch-dynamisch-gestischen Elementen v. Bewegungsaktionen mit od. ohne

Grundierung festgelegter od. improvisierter Instrumentalmusik, seltener auch Vokalmusik od. Sprechtexte, v. a. mit Rhythmusinstr. (→ Orff-Instrumentarium, Stabspiele), um 1900 durch E. Jaques-Dalcroze entwickelt, seit 1911 an seiner »Bildungsanstalt für Musik und Rhythmus« in Dresden-Hellerau gelehrt, seit 1925 Hauptfach an Hochschul- u. a. Seminaren f. Musikbzw. Rhythm. Erziehung. – Schriften von E. Jaques-Dalcroze, R. Bode, H. Medau, E. Feudel, H. Tauscher, B. Vogel-Steinmann, E. Werdin, A. Erdmann, R. Conrad, Brünner-Pöthig, Glathe-Krause-Wichert. – → Musische Erziehung, Musiktherapie.

Rhythmus (lat., v. griech. rhythmos = Bewegungsablauf), it. ritmo, normativer Begriff, elementares Ordnungsprinzip der Bewegung (langsam-schnell) od. der Zeit (lang-kurz), als musisches Gestaltungsprinzip wirksam in Tanz, Musik u. Verskunst, im musikal. Rhythmus mit → Metrum (Bewegungsmaß) u. → Tempo (Zeitmaß) der Tondauern u. ihrer Relationen sowie mit Melodiebewegung (Intervallik) u. Harmoniewechsel (Klangfarbe) eng verbunden; in der griech. Antike metrisch durchorganisiert in der Poetik, eher ungebunden rhythmisch in körperlichen u. instrumentalen Bewegungsabläufen, im MA seit der mehrstimmigen → Mensuralnotation (13.-15. Jh.) als Bezugssystem zw. rhythm. Wechsel u. metr. Grundmaß koordiniert, seit dem Barock (17.-18. Jh.) als Taktgliederung periodisiert, seit dem späten 19. Jh. bis zur Mitte des 20. Jhs. in der → Musikal. Prosa bei Wagner bis Schönberg neutralisiert, in der → Polymetrik u. → Polyrhythmik der Musikfolklore des 20. Jhs. (Bartók, Strawinsky, Messiaen) irrationalisiert, im → Parameter-Strukturalismus der → Avantgarde seit Mitte des 20. Jhs. suspensiert, im Bereich der Unterhaltungsmusik nach wie vor schematisiert. – H. Riemann, *System der musikal. Rhythmik und Metrik*, 1903, Nachdr. 1971; G. Becking, *Der musikal. Rhythmus als Erkenntnisquelle*, 1928, Nachdr. 1958; Th. G. Georgiades, *Musik und Rhythmus bei den Griechen*, 1958; W. Seidel, *Rhythmus: Eine Begriffbestimmung*, 1976; E. Apfel, C. Dahlhaus, *Studien zur Theorie u. Geschichte der musikalischen Rhythmik u. Metrik*, 1974.

Ricercare, Ricercar, (it. = suchen), aus der Improvisationspraxis der Lautenisten u. Organisten seit dem 16. Jh. als »Suchstück« in die Instrumentalmusik u. Motettenkomposition übernommene Satztechnik abschnittweiser → Imitation von Themen u. Motiven (J. S. Bach, *Musikal. Opfer*, 1742, das 6stimm. R. daraus 1935 v. Webern f. Orch. instrumentiert; zwei vokal-instrumentale R. in Strawinskys *Cantata*, 1952). → Fuge, Kanon.

Richtungshören, Fähigkeit des menschl. Gehörs, Schallsignale nach Richtung u. Entfernung orten zu können. → Knochenschall, Kunstkopf-Stereophonie.

Riff (engl.), im Jazz Bez. f. rhythmisch-melodisch einprägsame Phrasen als → Background solistischer Improvisationen. → Jam-Sessions.

Rigaudon (frz.), altprovenzal. Reihen- u. Paartanz in gemäßigt schnellem Zweiertakt, auftaktig wie die → Gavotte, in dreimal achttaktigen Perioden; im 17.-18. Jh. in der höfischen Ballett- u. Instrumentalmusik vertreten. → Suite.

rinforzando, rinforzato (it.), Abk. rf, rfz, rinf, stärker werdend (Spielanweisung). → crescendo.

Ringmodulator, v. zwei Schallquellen gespeistes → Effektgerät der → elektron. Musik z. Erzeugung v. (auch rhythmisch) vermischten Klangspektren.

Ripieno (it. = gefüllt), Abk. R., rip., in der Musik des 17.-18. Jhs. Bez. f. voll besetztes Orch. od. Chorensemble (Tutti), im → Concerto grosso R. gegenüber dem solistisch besetzten → Concertino. – *Ripienisten*, Orchesterspieler od. Chorsänger ohne solistische Aufgaben. – *Organo pleno*, im → Orgelbau Bez. f. Volles Werk.

RISM, Abk. f. Répertoire International des Sources Musicales, Quellendokumentation der Musik bis 1800. → Quellen, Editionspraxis, Musikbibliographie.

Rispetto (it. = Ehrerbietung), volkstüml. it. Liebesliedertyp, Achtzeiler, auch in der Kunstmusik (H. Wolf, *It. Liederbuch*, 1896).

Risposta (it. = Antwort), Beantwortung des Themas in der → Fuge, nachfolgende Stimme im → Kanon; Gegenbegriff zu → Proposta.

Ritardando (it.), Abk. rit., ritard., langsamer werdend; Vortragsanweisung. → rallentando.

ritenuto (it.), Abk. rit., riten., zurückgehalten, zögernd; f. wenige Takte geltende Vortragsanweisung.

Ritornell (v. it. ritorno = Rückkehr), it. Gedichtform, seit dem MA überliefert, vielstrophige Dreizeiler mit Reim- od. Assonanzbildungen; in → Ballade u. → Madrigal des 13.-15. Jhs. Bez. f. den Strophen- → Refrain, in Madrigal, → Arie u. → Lied des 17.-18. Jhs. f. mehrfach wiederkehrende instrumentale Zwischenspiele, meist in Vorwegnahme nachfolgender Vokalteile, in Solokonzert u. → Concerto grosso des 18. Jhs. f. Tuttiabschnitte (→ Ripieno); im → Rondo der mehrfach wiederkehrende Refrain; als Reihungsprinzip in Vokal- u. Instrumentalkompositionen des → Neobarock (Neoklassizismus) im 20. Jh. neu aufgenommen.

Rituale (v. lat. ritus = heiliger Brauch), Weihebuch der röm.-kath. → Liturgie mit Texten, Noten u. Anweisungen zu priesterl. Spendung v. Sakramenten, Sakramentalien, Weihen u. Segnungen; seit dem 19. Jh. überliefert, im *Rituale Romanum* (1614) vereint, seit dem 2. Vatikanum (1970) in landessprachigen (Teil-) Ausgaben.

riverso, al r. (it. = rückwärts), in → Ricercare, Fuge u. Zwölftontechnik Anweisung f. → Krebs.

Rivolgimento (it. =) Vertauschen bzw. Versetzen der Stimmen im doppelten → Kontrapunkt.

Rock, Rockmusik (engl. rock = schaukeln), seit den 1950er Jahren aufgekommene jugendspezifische → Pop-, Schlager- u. Unterhaltungsmusik ursprüngl. angloamerikan. Prägung, ausgehend v. → Country and Western, beeinflußt v. → Beat, seither internat. gefächert in → Rock and Roll, Jazz-, Folk-, Latin-, Raga-, Classic-, Punk-, Funk-Rock, szenisch in Rock-Show, → Rock-Oper od. -Musical mit gesellschaftskritischen Texten, zunehmend unter Einbeziehung elektron. Instrumentarien. – S. Schmidt-Joos/B. Graves (Hg.), *Rock-Lexikon*, 1975, NA 1979; T. Kneif, *Sachlexikon Rockmusik*, 1978; Ch. Graf/ U. Wohlmacher, *Rockmusik Lexikon* (außereurop.), 1982.

Rock and Roll, Rock 'n' Roll, Rock & Roll, (angloamerikan. Slang = Wiegen u. Schaukeln, im Sinne von Paarung u. Paartanz), aus dem »schwarzen« → Rhythm and Blues Anfang der 1950er Jahre entstandener »weißer« → Rock (Bill Haley, *Rock Around the Clock*, 1954), gesungener u. getanzter → Blues in schnellem Zeitmaß, mit E.-Git., Kb., Schlagz., Klav., Tenorsaxophon; Ende der 1950er Jahre über England nach Europa gelangt.

Rockjazz, v. Jazzmusikern seit Ende der 1960er Jahre betriebene Richtung innerhalb der euro-amerikan. Jazzszene (M. Davis, *Bitches brew*, 1970), gegen den → Free Jazz gerichtete Rückkehr zu einfachen Strukturen, bei Einbeziehung elektron. Instrumentarien zunehmend im Austausch mit dem progressiven → Rock der 1970er Jahre.

Rockoper, Rock-Musical, Songfolgen aus der Rockszene, in losen Rahmenhandlungen auf emphatische od. aggressive Texte, rezitativisch u. quasi → arioso aufbereitet, instrumentalsolistisch od. orchestral begleitet, vereinzelt auch auf Opernbühnen aufgeführt; seit den frühen 1970er Jahren in den USA u. England in Nachfolge des erfolgreichen Zyklus *Tommy* (1970, Orch.-Version 1972) des Gitarristen P. Townsend; in den 1980er Jahren als Genre textl.-musikal. umfunktioniert, auch in Osteuropa aufgegriffen, in der SU mit *AVOS* v. A. Rybnikow, in Ungarn mit *König Stefan* v. E. Balogh u. I. Kerényi.

Rohrblattinstrumente, Holzblasinstr. zur Erzeugung der Tonschwingungen mit einfachem od. doppeltem Zuckerrohrblatt bestückt, einfach als aufschlagende → Zunge (→ Klar., Bassetthorn, Chalumeau, Saxophon), doppelt mit gegeneinanderschlagenden Zungen (→ Oboe, Englisch Horn, Fagott, Sackpfeife).

Röhrenglocken, Schlaginstr. aus Metallröhren verschiedener Längen (70-200 cm, Durchmesser 30-40 mm), Tonumfang f-f^2, d. h. im Bereich hoher Glocken, als deren Ersatz im Orch. R. seit den 1880er Jahren eingeführt worden sind, in Rahmen aufgehängt u. mit filz- od. lederbezogenen Hämmerchen anzuschlagen.

Rohrflöte, Orgelregister mit halbgedeckten Labialpfeifen (16'-4') aus Holz u. Metall, mit kurzem Röhrchen im Deckel, v. hellem weichem Klang.

Rohrwerk, Schnarrwerk, → Zungenstimmen einer Orgel. → Rackett.

Rokoko (frz. zu rocaille = Muschelwerk), in Kunst- u. Literaturgesch. geprägter Begriff f. die Stilphase etwa des 2. Drittels des 18. Jhs., in der MG f. die Übergangszeit (etwa 1725-75) v. → Barock z. → Klassik als → Galanter u. → Empfindsamer Stil, → Berliner, → Mannheimer u. → Wiener Schule, charakterisiert durch abgestufte Klanglichkeit, individuellere Instrumentierung, eine bei allmähl. Abbau der → Generalbaßpraxis feingliedrige Verzierungstechnik, melodisch-harmonisch schlichte Periodisierung, Entwicklung der → Sonatsatzform, des → Singspiels, des Klavierliedes (→ Lied) im Vorfeld der Wiener → Klassik. – P. Rummenhöller, *Die Musikal. Vorklassik*, 1983; C. Dahlhaus (Hg.), *Die Musik des 18. Jhs.* 1984; E. Bücken, *Die Musik des Rokokos und der Klassik*, 1929 (Nachdr. 1979).

Rolling Stones, nach dem *Rolling Stone Blues* v. M. Waters benannte, 1962 in London gegr. engl. Rockgruppe (→ Rock), gegenüber den → Beatles typisch f. die Protestgeneration um 1970 (*Beggar's banquet, Sympathy for the Devil, Honky Tonk Women*).

Rollschweller, Rollen- od. Schiebermechanismus in der → Orgel, mittels Pedalwalze verschiedene Register im Nacheinander automatisch zu ziehen od. abzustoßen u. damit Crescendo-Decrescendo-Wirkungen zu erzielen.

Romanesca, in roman. Ländern im 16.-17. Jh verbreitetes, in Quartschritten kadenzierendes Baßmelodiemodell, → Ostinato zahlr. Tanz-, Lied- u. Instrumental-Variationen (Caccini, Frescobaldi).

Romantik (abgeleitet v. romanisch, romanhaft), geistes- u. stilgeschichtl. Epoche, literarisch im *Sturm und Drang* u. der *Empfindsamkeit* des späten 18. Jhs. vorgeprägt, musikal. Synonym f. das Phantastische, Irrationale, Märchenhafte, Mystische, v. Dtl. ausgehend (Hoffmann, Weber, Schubert) bis zum Beginn des 20. Jhs. in ganz Europa vorherrschend, bei zunehmender national-romantischer Akzentuierung romant.-klassizistisch, romant.-realistisch, romant.-symbolistisch verlaufend; Periodisierung: Frühromantik, etwa 1810-30, Schwerpunkte Dt. Oper (Weber, *Der Freischütz*, 1821) u. Klavierlied (Schubert, *Die Winterreise*, 1827); Hochromantik, etwa 1830-50, fortschreitende ›Poetisierung‹ der Musik, v. a. in der Klaviermusik (Schumann, Chopin, Liszt); Spätromantik, etwa 1850-80 in zwei Strömungen, als Klassizismus (Mendelssohn, Spohr, Brahms) u. als Realismus (→ Neudeutsche Schule, → Sinfonische Dichtung, Wagners → Musikdrama [*Tristan und Isolde*], 1858; Neoromantik, etwa 1880-1910, v. a. auch in Osteuropa u. Skandinavien. (→ Alterationsharmonik, Programmusik, Impressionismus). Dagegen → Cäcilianismus, Biedermeier. – C. Dahlhaus, *Die Musik des 19. Jhs.*, 1980; H. Prang (Hg.), *Begriffsbestimmung der Romantik*, 1968, 2/1972; E. Kurth, *Romant. Harmonik u. ihre Krise in Wagners »Tristan«*, 1920, Nachdr. 1968.

Romanze (roman.), altspan. Lautenlied (→ Villancico), als Refraingedicht seit J. G. Herder, Ende 18. Jh., in die dt. Liedgesch. eingegangen, seit Mozart in die dt. Oper, seit Beethovens *Violin-Romanzen* auch in die Instrumentalmusik, als balladenhaftes Charakterstück v. a. in die Klaviermusik (Schumann u. a.)

Römische Musik, unter griech., auch etruskischen Einflüssen zw. 500 v. Chr. bis etwa 500 n. Chr. entwickelte Gebrauchsmusik (Kult, Militär, Pantomime, Tanz); Instr.: → Kithara, Lyra, Bucina, Tuba, Tibia, Scabellum, Tympanum, Krotala; spätantike latein. Musiktraktate v. Bedeutung f. die ma. Musiktheorie (Boethius, *De institutione musica*, um 500 n. Chr.) → Antike – *Römische Schule* → Palestrinastil.

Rondeau (frz. = Runde), altfrz. Tanzlied mit Chorrefrain, ähnl. den ma. Refrainformen → Virelai u. → Ballade, im 14.-15. Jh. in mehrst. Satz auf 16 Zeilen erweitert (→ Chansons v. Dufay); Formschema: AB (= Refr.) a (= Vorsänger) A a b AB.

Rondellus (lat.), 2-3 st. Rundgesang mit abschnittweisem → Stimmtausch, seit dem 12. Jh. in Engl. belegt → Kanon.

Rondo (it. = Rundplatz), vorwiegend instr. Reihungsform, als Kettenrondo mit Refrain (a) u. Couplets (b, c, d) v. a. in der frz. Musik des 17.-18. Jhs. (Couperin), Schema: a b a c a d a. . .; als *Bogenrondo* mit variiertem Refrain (A, A'. . .) u. erweiterten Couplets (B, C = a b a. . .) v. a. in der it. u. dt. Musik des 18. Jhs. (Terminus v. C. Ph. E. Bach eingeführt), Schema: A B A – C – A B' A', im dreiteiligen Grundriß der → Sonatensatzform verwandt, in

Sinfonie, Solokonzert u. Sonate der Wiener → Klassik als Allegro-Finalsatz, in der Klaviermusik des 19. Jhs. auch als Einzelsatzform, im 20. Jh. neu aufgegriffen (Strawinsky, *Serenade in A* f. Klav., 1925).

Rosalie, spött. Bez. f. überstrapazierte Wiederholung einer rhythm.-melod.-harmonisch anspruchslosen musikal. Phrase, auf- od. absteigend auf verschiedenen Tonstufen; zurückgeführt auf das it. Volkslied *Rosalia, cara mia*, wie die dt. Bez. ›Vetter Michel‹ auf das ähnl. gebaute Volkslied *Gestern Abend war Vetter Michel da*; als Themenflickwerk auch ›Schusterfleck‹ genannt (Beethoven über einen Walzer des Wiener Musikverlegers Diabelli, dem sich das ›Auftragswerk‹ der 33 *Diabelli-Variationen* op. 120 f. Klav., 1819-23, dankt).

Rosette, Rose, kreisrundes, vielfach mit Schnitzwerk aus Holz, Elfenbein, seltener Pergament verziertes Schalloch in Decke bzw. Resonanzboden v. Zupfinstr. (z. B. → Laute) bzw. besaiteten Tasteninstr. (z. B. Cembalo), oriental. Ursprungs, oft als Markenzeichen einer Werkstätte.

Rota (lat. = Rad), ma. Rundgesang (Radel), der als → Kanon, einst. notiert, immer wieder in den Anfang mündet (Zirkelkanon); ältestes notiertes Beisp. der altengl. Sommerkanon *Sumer is icumen in* (13. Jh.).

Rotation, in der → Zwölftonmusik die Drehung einer vorgegebenen → Reihe aus der Grundfolge 1 bis 12 in 2 bis 1, 3 bis 2 usw.; bei R. von Teilreihen (z. B. im Spätwerk Weberns) Veränderung v. Intervallklassenverhältnissen.

Rotrouenge (altfrz.), ma. Tanzlied mit Binnen- u. Endrefrainbildungen, im 12.-13. Jh. unter → Troubadours u. Kreuzfahrern verbreitet.

Rotta (kelt.), ma. → Zither in Dreiecksform, beidseits des Resonanzkastens mit bis zu 30 Saiten bespannt, in harfenartiger Haltung zu spielen (›Harfenzither‹); → Crwth, Psalterium; auch Bez. f. schnellen Nachtanz der → Estampie.

Roulade (frz.), ›rollende‹ Gesangspassage; abwertend gebraucht. → Koloratur.

Round → Rota, Zirkelkanon, Reigen.

rubato, tempo r. (v. it. rubare = rauben), als ›geraubter‹ Zeitwert beabsichtigte Tonverzögerung, im it. Gesangsstil des 17.-18. Jhs. als ›gebundenes‹ Rubato Modifizierung v. Notenwerten bei gleichbleibender Grundbewegung, im 19.-20. Jh. Schwankung des Tempos insgesamt, v. a. im Instrumentalspiel als ›freies‹ Rubato, meist durch → ritardando angezeigt u. unter → Agogik einbezogen, v. werkimmanenter Bedeutung in den ungarisch-zigeunerisch intendierten Kompositionen von Liszt u. Bartók. → Rhapsodie, Vérbunkos, Zigeunermusik.

Rückkopplung (engl. → Feedback), bewußt od. unbewußt herbeigeführter Effekt bei elektroakust. Übertragung v. Schallereignissen, leicht bei Luft- → Mikrophonen entstehend. → Elektron. Musikinstr.

Rückpositiv → Positiv.

Rückung, unvermittelter, modulationsloser Tonartwechsel, auch in entfernte u. nichtverwandte → Tonarten, als vereinfachender Steigerungseffekt in neueren → Schlagern u. anderer → Unterhaltungsmusik.

Ruggiero (it.), Synonym f. einen Liedanfang auf den Rufnamen Ruggiero, volkstüml. Thema neapolitan. Ursprungs, in Tanzliedern, Lauten- u. a. Instrumentalmusik im 16.-17. Jh. als Baßformel (2 Viertakter mit → Halb- u. Ganzschluß, geradtaktig, Dur) f. Variationsfolgen verwendet.

Rührtrommel, Rolltrommel, zylindr. Körper aus Holz od. Messing (Höhe 35-75 cm, Durchm. 30-35 cm), mit Schlagfell (oben) u. Resonanzfell (unten) bespannt, Fellspannung mittels Lederschleifen zw. zickzacklaufender Spannleine (an neueren R. auch Spannschrauben); um 1500 als Landsknechtstrommel aufgekommen, heute in Spielmannszügen u. hist. Umzügen (Basler Fasenacht).

Rumänische Musik, V. Cosma, *2000 Jahre Musik auf dem Boden Rumäniens*, 1980.

Rumba, Tanzform afro-kuban. Ursprungs, offener Paartanz mit charakterist. Hüftbewegungen, mäßig bewegtes Tempo, geradtaktig synkopenreich u. bei rhythm. Begleitung durch → Maracas u. → Claves, → polymetr. Schichtungen, ähnl. wie bei → Mambo u. → Conga; um 1910 in die USA, um 1930 nach Europa eingeführt, heute auch → Turniertanz; in der Konzertmusik u. a. v. Milhaud verwendet (*2. Klavierkonzert*, 1961).

Rundfunk, Radio, auf Erfindung der Elektronenröhre (→ Hertz u. a.) beruhendes Übertragungssystem v. Schallereignissen; in Dtl. seit 1925 durch die Reichs-Rundfunk-Ges. betrieben, seit 1950 in der BRD durch Anstalten des öffentl. Rechts in Landeshoheit, gebührenpflichtig; durch vielerlei Aufführungs- u. Auftrags-Initiativen Teilglied des allgemeinen Musiklebens.- *R.-Musik* → Hörspielmusik, Funkoper, Fernsehoper, Elektron. Musik.

Russische Musik: K. Laux, *Die Musik in Rußland u. in der SU*, 1958; D. Eberlein, *Russische Musikanschauung um 1900*, 1978; D. Gojowy, *Neue sowjetische Musik der 20er Jahre*, 1980; B. Schwarz, *Musik u. Musikleben in der SU v. 1917 bis zur Gegenwart*, 3 Bde., 1982.

Rute, Schlagwerkzeug; Reisigrute, zum Anschlagen der Großen → Trommel zwecks Erzielung v. Zischgeräuschen, aus der → Janitscharenmusik in die europ. Bühnen- u. Konzertmusik übernommen.

S

S, Abk. f. → Segno, Sopran, Subdominante.

SACEM, Abk. f. Société des auteurs, compositeurs et éditeurs de musique, frz. Ges. zur Verwertung v. Urheberrechten, 1851 gegr., Sitz Paris. → GEMA.

Sackbut, altengl., frz. Saqueboute, v. sacquer = ausziehen, bouter = stoßen. → Posaune, Zugposaune.

Sackpfeife, → Dudelsack, aus der Antike belegtes, seit dem frühen MA bei Hirten- u. Bauernvölker europaweit verbreitetes Blasinstr., Nationalinstr. der Schotten (→ Hornpipe); Sammelbez. f. → Rohrblattinstr. mit Windsack (Ziegen-, Schaf-, Kalb- od. Hundefell), 1-2 Melodiepfeifen mit 3-8 Grifflöchern sowie 3-5 → Bordunpfeifen (Stimmen) auf dem Grund-, Quint- bzw. Oktavton, Melodiepfeifen mit → Doppelrohrblatt, Bordunpfeifen meist mit Einzelrohrblatt, Zufuhr des Spielwindes durch Armdruck auf den Windsack (Blasebalg) od. über ein Anblasrohr; Tonbildung der Melodiepfeifen durchdringend hart, der Bordunpfeifen schnarrend; Standardinstr. britischer, aber auch mittelmeerländischer → Blas- u. Militärmusikkapellen. → Musette.

Sainette (span. = Würze; Schwank), heiteres Nachspiel ähnlich den ebenfalls einaktigen burlesken Zwischenspielen (→ Entremés), meist als instrumentalbegl. Vokalquartett auf gesellschaftskritische Texte, v. Tanzliedern durchsetzt (→ Seguidilla); seit dem 19. Jh. als selbständige → Zarzuela. → Opera buffa, Opéra-comique, Singspiel.

Saite (it. corda, engl. string), fadenförmiger Klangerreger bei → Saiteninstr., aus Tierdärmen, Seide, Metall, Nylon, Perlon, an den Endpunkten befestigt, in Schwingung zu versetzen durch Zupfen (→ Laute, Git., Harfe u. a. → Zupfinstr.), Schlagen (→ Hackbrett = Cimbalom, Klav.), Streichen (→ Streichinstr.) u. andere Arten der Tonerzeugung (→ Äolsharfe, Klavichord, Cembalo), Material- u. Qualitätsbeschaffenheit (»quintenrein«), Lange u. Stärke der S. (→ Chordometer), → Resonanzkörper u. -boden bestimmen ihre Klangfarbe, die jeweilige Spannung ihre Tonhöhe.

Saitenhalter, verschiedenartige Einhängevorrichtungen bei → Saiteninstr., bei Zupfinstr. auch als Querriegel.

Saiteninstrumente, Chordophone (griech. = Saitenklinger), Sammelbez. f. Instr., deren Ton durch Saitenschwingung entsteht, je nach Bauart als einfache S. (z. B. Zither) oder zusammengesetztes S. (z. B. Harfe), je nach Erregungsart der Saitenschwingung als → Zupf-, → Streich-, → Schlag- od. Anblasinstr. (→ Aerophone) unterschieden.

Salizional (lat. = Weidenwerk), → Orgelregister, eng mensurierte metallene Labialpfeifen v. zart streichendem Klang.

Salonmusik, im 18. Jh. Bez. f. Kammermusik, in den Salons höfischer od. großbürgerlicher Kreise aufgeführt, im 19. Jh. abwertend f. tändelnd-virtuose od. trivial-lyrische Klavier- u. Kammermusik, in der 2. Hälfte des Jhs. kammerorchestral nach Besetzungen unterschieden: *Wiener Salonorch.* mit Klav. od. Harmonium, Vl. obligat (Stehgeiger), Vl., Vc. od. Kb., Fl. u. Schlagzeug ad libitum, *Pariser Salonorch.* um Kornett erweitert, *Berliner Salonorch.* um 2. Vl., Va., Klar., Pos. u. Schlagzeug; nach dem 2. Weltkrieg als Caféhausmusik weitergepflegt od. in andere Formen der → Unterhaltungsmusik übergeführt. – C. Dahlhaus (Hg.), *Studien zur Trivialmusik des 19. Jhs., 1967; A. Ballstaedt, T. Widmaier, Salonmusik*, 1988.

Salpinx (griech.), Blechblasinstr. der griech. Antike, etruskischer Herkunft, Signalinstr. bei Wettkämpfen u. Feldzügen; langgestreckte konische Röhre aus Bronze od. Eisen, mit glockenförmigem Schallstück u. eingesetztem Kesselmundstück aus Horn od. Knochen; von scharfem hohem Klang.

Salsa (span. = Soße), puertorican. Variante des latein-amerikan. Jazzrock. → Rock, Jazz.

saltando, saltato (it. = springend, frz. sautillé), Bez. f. → Springbogen als Strichart bei Streichinstr.

Saltarello (it. = kl. Sprung), lebhafter Springtanz im Dreiertakt, seit dem 14. Jh. belegt, in den paarig angeordneten Tänzen der Renaissance als Nachtanz in 4 sich wiederholenden Abschnitten, der → Galliarde verwandt; ein stilisierter S. ist das Rondofinale der *It. Sinfonie* (1833) v. Mendelssohn.

Salve regina (lat. = Sei gegrüßt, Königin), → Marianische Antiphon.

Salzburger Festspiele, auf Initiative v. H. v. Hofmannsthal, M. Reinhardt u. R. Strauss seit 1920 jährlich im Juli u. August in Salzburg stattfindende Festspiele (Vorläufer mit Mozart-Schwerpunkt Mitte des 19. Jhs.), Oper, Oratorium, Ballett, Konzert, Schauspiel, Freiluftaufführungen (*Jedermann* am Domplatz; Feste, Mirabellgarten, Hellbrunn); Hauptspielstätten: Felsenreitschule, 2 Festspielhäuser, Mozarteum, Landestheater, Barockkirchen; seit 1971 unter Leitung eines Fünfer-Direktoriums; seit 1957 zusätzl. Osterfestspiele (Oper, Oratorium, Sinfon. Konz.), Gründung u. Leitung H. v. Karajan; zudem Mozartwochen (Kammermusik) um den Geburtstag des Komponisten (27. Jan.). – Dokumentation: J. Kaut, *Die S. F. 1920-81*, 1982.

Samaweda (Sanskrit), Text- u. Notenslg. altind.-hinduistischer Ritualgesänge.

Samba (port.-afrikan. = Tanz), Formengruppe geradtaktiger, rhythmisch synkopierter brasilian. Paartänze in schnellen kl. Schritten; Standard unter den lateinamerikan. Gesellschaftstänzen, um 1950 Modetanz in Europa. → Bossa Nova.

Samisen, japan. Shamisen, chines. San-Hsien, Langhalslaute mit quadrat. Resonanzkörper, drei in Quinten u. Quarten gestimmte Saiten, mit Plektrum geschlagen; in Japan v. Geishas u. im Kabuki-Theater gespielt.

Sanctus (lat. = heilig,), 4. Teil des Ordinarium Missea (→ Messe), dreiteilig (Hymnus Seraphicus-Hosianna-Benedictus), in der Urkirche als → Akklamation v. der Gemeinde, später v. der → Schola gesungen, in zahlr. choralen Melodien überliefert, auch in mehrstimmige Vertonungen übernommen. – Bilddokumentation: R. Hammerstein, *Die Musik der Engel*, 1962.

Sarabande (span.-frz.; span. = Zarabanda), span.-mexikan. Tanz im Dreiertakt mit Synkopenbildung, im 16.-17. Jh. als erotischer Paartanz lebhaften Tempos zeitweilig unter Verbot, seit Mitte des 17. Jhs. in langsamerem Tempo hoffähig, seither in die Ballett- u. Instrumentalmusik aufgenommen u. zum Standard in der → Suite avanciert (3. Satz), 40fach bei J. S. Bach (Solo-, Kammer-, Orch.-Musik), im 20. Jh. bei Debussy, Strawinsky (*Agon*, 1957).

Sarangi (Sanskrit), lautenähnl. nordind. Streichinstr. mit bundlosem Griffbrett auf breitem Hals, 4 Spielsaiten (C-G-c-f), mit Krummbogen gestrichen, 2 Dutzend u. mehr Resonanzsaiten; die Spielsaiten werden mit den Fingernägeln von unten her berührt; vormals vielfach in Freudenhäusern gespielt, heute allgemein zu Tanz u. Unterhaltung. → Samisen.

Sardana, katalan. Tanzlied, im Wechsel v. langsamen $\frac{2}{4}$- u. schnellen $\frac{6}{8}$-Takten, in Reihenformationen auf Straßen u. Plätzen getanzt, von → Coblas begleitet.

Saron (javan.), 5-9-töniges Metallophon des javan.-balines. → Gamelan-Orchesters, mit hammerförmigem Holz- od. Hornschlegel geschlagen, Kernmelodien auf den unteren, Umspielungen auf den oberen Bronze- bzw. Stahlplatten gespielt.

Sarrusophon, um 1850 v. dem frz. Militär-Komp. W. Sarrus konstruiertes u. nach ihm benanntes Blasinstr. aus Messingblech; konisches, mittelweit mensuriertes Rohr, flach ausladende Stürze, 18 Klappen, vom Diskant- bis zum Kontrabaß-S. hergestellt; in die frz., it., amerikan. Militärmusik eingegangen, Kontrabaß-S. vereinzelt auch in Sinf.-Orch. vertreten.

Sarum use (engl.), in der anglikan. Liturgie gebräuchl. Sonderform des dem Ritus der Kathedrale v. Salisbury (Sarum) überlieferten → Gregorian. Gesangs u. seiner

Verwendung als → Cantus firmus in mehrstg. Kompositionen.

Sattel, kl. Querleiste aus Holz od. Elfenbein am Oberende des Griffbretts bei Streich- u. Zupfinstr., über deren Kerben die Saiten in den Wirbelkasten geführt werden, bei Violininstr. auch Bez. f. die Holzverstärkung am unteren Deckenrand, über den die Saitenhalterschlaufe zum Knopf in der Zarge gelegt ist; Sattelfunktion haben auch → Barrégriff u. → Capotasto bei Laute u. Gitarre.

Satz, in der Musiklehre Bez. f. mehrstimmige Satzweise u. deren Endprodukt, das Tonstück als Ton-Satz; Wortbildung in Anlehnung an → Komposition, v. lat. compositio = das Zusammengesetzte; in der *Satzlehre* unterschieden nach → homophonem, polyphonem, kontrapunktischem, strengem, figurativem, freiem S., gattungsmäßig nach Vokal- od. Instrumental-S., instrumentationstechn. nach Klav.-, Orchester-S. usw.; auch Sammelbez. f. den Instrumentensatz einer Stimmfamilie (z. B. Posaunen-, Gamben-S. usw.); in der Formenlehre Bez. f. die aus Vorder- u. Nachsatz bestehende → Periode f. den → Sonatenhauptsatz bzw. für Haupt- u. Seitensatz der Sonaten- → Exposition, übergreifend f. den selbständigen in sich geschlossenen Satz einer in Klassik u. Romantik meist 4-sätzigen → Sinfonie u. → Sonate, einer vielsätzigen → Suite od. → Ballettkomposition.

Satyrspiel, auf Tragödien der griech. Antike folgende instrumentalbegleitete Tanzspiele des Chores der Satyren als Begleitern des → Dionysos; textlich u. mimisch-gestisch derb-komödiantisch, in der Barockoper (Monteverdi) als burleskes → Intermezzo, seit dem 18. Jh. als selbständige → Opera buffa.

sautillé (frz. = gesprungen, it. saltando), dt. als ›Springbogen‹ eine geworfene → Strichart in schnellem Tempo.

Saxhorn, Sammelbez. f. die v. dem belg.-frz. Instrumentenbauer A. Sax in den 1840er Jahren konstruierte u. nach ihm benannte 9köpfige Familie v. → Bügelhörnern (Sopranino- bis Kontrabaß-S.) in Trompetenform mit Trp.-Mundstück, 6 Ventilen, Schalltrichter nach oben; intonationsrein, klanghomogen; Standardinstr. in frz. u. engl. Militärkapellen.

Saxophon, um 1840 v. dem belg.-frz. Instrumentenbauer A. Sax konstruiertes Holzblasinstr. mit Schnabelmundstück (→ Klarinette) u. konischem, weit mensuriertem Rohr (Metallmantel), grifftechn. u. im Klappensystem der → Oboe ähnlich; wie das → Saxhorn v. Sopranino- bis zum Kontrabaß-S. gebaut, vom Alt-S. abwärts mit abgewinkeltem Rohr u. aufwärtsgebogenem Schallstück; vorherrschend in Es u. B-Stimmung, transponierend im Violinschlüssel notiert; näselnder Klang, im Diskant leicht meckernd (Jazzeffekt), in der Mittellage schmiegsam; bevorzugt in der frz., seit den 1950er Jahren auch in die dt. → Militärmusik eingeführt, seit den 1920er Jahren in Jazz u. Konzertmusik verwendet (Berg, Krenek, Hindemith, Henze u. a.; Strawinsky, *Ebony Concerto*, 1945).

Saz (türk.), 2-3-saitige Langhalslaute mit kleinerem Korpus verschiedener Größe, in der Türkei u. am Balkan als Zupf-, in Indien als Streich-Instr. verbreitet.

Scabellum (lat. = Kratzerchen), aus der griech.-röm. Antike überliefertes Rhythmusinstr., Klapper-Reif am Fußgelenk der Tänzerinnen. → Rasselinstr.

Scat (v. engl. scatter = zerstreuen), aus der afro-amerikan. Folklore in den → Jazz übernommene Gesangspraxis, rhythmisierte Aufreihung zusammenhangloser Silben, angewendet z.B. im → Be-bop-scat.

Schall, Sammelbegr. f. alle im menschl. → Hörfeld als → Ton, Klang, Geräusch od. Knall wahrnehmbaren Schallschwingungen (zw. 16 u. 20.000 → Hertz); Ausbreitung als Schallgeschwindigkeit bei 0 Grad Celsius, unter normalem Luftdruck, 331,8 m/s. (in Wasser viermal, in Stahl fünfzehnmal höher). → Akustik.

Schallanalyse, Schallzerlegung der → Teiltöne in → Frequenz, Amplitude u. Phase (→ Fourieranalyse), heute mittels elektron. Meßtechnik der Schallspektroskopie.

Schallbecher, klangverstärkende od. -färbende becher- od. trichterförmige Erweiterungen des unteren Rohrendes bei Blasinstr.; bei Holzblasinstr. Becher, bei Blechblasinstr. Stürze, bei Lingualpfeifen (Orgel) als resonanzgebender Aufsatz.

Schalldruck, die dem normalen Luftdruck überlagerten Druckschwankungen (Hörschall), Maßeinheit Mikrobar, meist in → Dezibel angegeben; Schalldruck-Schmerzgrenze: 130 Dezibel = 630 Mikrobar.

Schallenergie, die Intensität (Schallstärke), die eine zur Schallstrahlungsrichtung senkrechte Flächeneinheit v. $1 cm^3$ in 1 sec. durchdringt; gemessen in erg/cm^2 bzw. $Watt/cm^2$. → Lautstärke.

Schallöcher, Einschnitte in den Decken bzw. Resonanzböden v. Saiteninstr., bei Streichinstr. beidseitig v. Steg, bei der Violinenfamilie f-förmig, bei Gamben (Violen) C-förmig, bei Zupfinstr. als Rundloch mit od. ohne verzierende → Rosette.

Schallplatte, (it., span. disco, frz. disque, engl. record), 1-2 mm dicke Kunststoffscheibe mit zur Mitte verlaufender Rillenspirale f. Schallaufzeichnung, -speicherung und -wiedergabe, seit 1925 elektr. Aufnahmeverfahren auf Mikrorillen, über → Stereo- u. Quadrophonie mit Aufzeichnungsmöglichkeiten mehrerer Schallinformationen in einer Tonrille, um 1980 weiter entwickelt zur Digitaltechnik (Compact Disc, v. innen nach außen verlaufend), mit optoelektron. Tonabnehmersystem, 1 Std. Abspieldauer. – P. Zastrow, *Phonotechnik*, 1979, C. Riess, *Weltgeschichte der Schallplatte*, 1966; *Ästhetik der Compact-Disc*, Musikalische Zeitfragen 15, hg. v. H.-K. Jungheinrich, 1985. → Kassettenrecorder.

Schallstück, Schalltrichter → Schallbecher.

Schalmei (v. griech. kalamos = Schilfrohr; frz. → Chalumeau), Doppelrohrblattinstr. arab. Ursprungs, im MA mit 6-7 Grifflöchern u. in Stimmfamilien gebaut, Vorläufer v. Bomhart (→ Pommer) u. → Oboe.

Schauspielmusik → Bühnenmusik.

Schedelsches Liederbuch, nach ihrem Schreiber u. ersten Besitzer H. Schedel benannte, um 1460 zusammengestellte Liederhs., 150 Titel, überwiegend dreistg. Sätze dt. Lieder, frz. Chansons, lat. Motetten, auch Instrumentalstücke, v. Paumann, Ockeghem u.a., heute im Besitz der Münchner Staatsbibliothek; (Teil-) NA durch H. Rosenberg, 1933.

Scheitholz, zitherartiges Zupfinstr., rechteckiger Kasten-Korpus mit Griffbrett, über das 2-4 Griffsaiten u. einige Begleitsaiten gespannt sind, die Saiten werden mit den Fingern angerissen, ihre Tonhöhen durch Verkürzen der Saiten mit einem Holzstöckchen verändert; in Dtl. seit dem MA bis ins 19. Jh. verbreitet.

Schellen → Rasselinstr., als *Schellentrommel* (Baskische Trommel) mit 4-20 beckenartigen Metallscheibchen in der Holzzarge einfellig bespannter Rahmentrommeln handgeschütteltes Rhythmus- u. Geräuschinstr. span. Tänzer(innen), als *Schellenbaum* (→ Lyra) mit Glöckchen an Querstangen einer Tragstange (→ Janitscharenmusik), Sch. auch an Narrenkappen, Pferde- u. Hundegeschirr; als Orch.-Instr. mit 5-20 an einem Stab od. Riemen befestigten Sch. (Kagel, *Match*; Orff, *Die Kluge*; Strauss, *Der Rosenkavalier*; Strawinsky, *Petruschka*).

Scheng (Sheng) (japan.) → Mundorgel.

Scherzo (it. = Scherz, Spaß), Bez. f. it. Tanzlieder des 17. Jhs. (Monteverdi, *Scherzi musicali*, 1607), auch Instrumentalstücke heiteren Charakters (Telemann, *Scherzi melodici*, 1734), seit Ende des 18. Jhs. Formbez. f. dreiteiligen Binnensatz in zyklischen Werken, ähnl. dem früheren Menuett (→ Suite) mit Trio-Mittelteil, im Tempo schneller, im Charakter kraftvoller, exemplarisch bei Beethoven (ab der *3. Sinfonie*, 1804), ausgeweitet in der Romantik, bei Bruckner u. Mahler mit ländlerartigem Trioteil, als selbständiges Stück v. a. f. Klav. (Chopin, Brahms, Bartók, Strawinsky, Schostakowitsch); *scherzando, scherzevole, scherzoso* (it.), als Vortragsbez. svw. spaßig, verspielt, auch in Verbindung mit Satzbezeichnungen, z. B. *Allegretto scherzando* (Beethoven, 8. Sinfonie, 1814).

Schlagbaß → Slap-bass.

Schlager, »durchschlagend« erfolgreiches Lied, seltener auch Musikstück aus dem Bereich der → Unterhaltungsmusik, Begriffsbez. um 1880 in Wien aufgekommen, textlich meist auf Grundthemen der Zeit u. Gesellschaft in trivialisierter od. sentimentalisierter Form (Schnulze), strophisch mit Refrainbildung, musikal. nach Melodik, Rhythmik, Harmonik in gängiger Manier, einschl. modischer Reizelemente aus exotischer Musikfolklore, seit den 1960er Jahren überwiegend durch Showbusiness gemanagt (→ Hit-Paraden) u. konfektionell arrangiert. (K.-J. Kemmelmeyer, R. Wehmeier, *Der Schlager*, 1976.) → Song, Chanson, Gassenhauer, Evergreen.

Schlaggitarre, in → Jazz u. → Unterhaltungsmusik als Rhythmusinstr. verwendete Git. bzw. Elektrogitarre.

Schlaginstrumente (Perkussionsinstr.), → Idiophone od. → Membraphone, durch Anschlagen des Korpus od. einer Membran zum Schwingen in bestimmter od. unbestimmter Tonhöhe gebracht; auch Schlagbaß u. Schlaggitarre bzw. → Hackbrett, Cimbalom, Hammerklavier.

Schlagzeug (it. percussione, engl. percussion, frz. batterie), alle Arten Schlagzeuge, seit Beginn des 20. Jhs. neben Blas- u. Streichinstr. die »dritte Kraft« im modernen Orch. (Strawinsky, Bartók), seit den 1920er, differenziert seit den 1950er Jahren Kombinationsinstrumentarium f. Konzert-, Bühnen- u. Ballettmusik, → Jazz u. Unterhaltungsmusik; Sch. ohne best. Tonhöhe → Trommeln, Tamtam, Becken, Triangel, Kastagnetten, mit best. Tonhöhe → Hackbrett, Cimbalom, Xylophon, Glockenspiel, Celesta, Pauke, auch Rhythmus- u. → Rasselinstr. afro-amerikan. bzw. exotischen Ursprungs. – K. Peinkofer, F. Tannigel, *Handbuch des Schlagzeugs*, 2/1981.

Schlegel (Schlägel), Schlagwerkzeuge z. Anschlagen v. → Schlaginstr., je nach zugeordnetem Instr. als Stab, Stock, Klöppel, Hammer, vorwiegend Holz- od. Rohrstiel mit verschiedener Kopfform aus unterschiedl. Material (Holz, Kork, Schwamm, Gummi usw.). → Pauke, Trommel, Gong, Vibraphon.

Schleifer, → Verzierungsart als → Vorschlag mit 2 od. mehr im Sekundabstand auf- od. absteigenden, zur Hauptnote führenden Nebennoten, frz. tierce coulée.

Schleiflade, → Windlade in der → Orgel.

Schlitztrommel → Holzblock.

Schluß, musikal.-kompositorische Schlußbildung, in der europ. Musik bis ins 15. Jh. als melodische → Klausel, seither als harmonische → Kadenz (→ Ganz-, Halb-, Trugschluß), in der postseriellen Musik (→ Aleatorik) Zufallsschluß (Aufhören, Verklingen).

Schlüssel, als Notenschlüssel (it. chiave, frz. clef), dem Liniensystem der → Notenschrift vorangesetztes, v. der ma. Buchstabentonschrift abgeleitetes, der betreffenden Notenlinie eine feststehende Tonhöhenbedeutung zuordnendes Zeichen zur Festlegung absoluter Tonhöhen, seit dem 11. Jh. als C-Schlüssel auf der 1.-5. Linie v. unten f. → Sopran, Mezzosopran, Alt, Tenor, Bariton, als F-Schlüssel auf der 3.-5. Linie f. → Bariton, Baß, Subbaß, als G- od. Violin-Schlüssel auf der 2. (in Frankr. 1. Linie) f. Stimmen u. Instr. ab der Mezzosopranlage. → Transponierende Instrumente.

Schlüsselfidel, v. der Dreihleier abstammendes fidelähnl. Streichinstr. mit seitl. Tasten, seit dem 15. Jh. in Schweden als Nyckelfiol u. Nickelharpa verbreitet, bis ins 17. Jh. als Volksinstr. auch in Dtl. belegt.

Schnabel → Mundstück bei Einfachrohrinstr. (→ Klar., Bassetthorn, Saxophon) u. bei → Schnabelflöten.

Schnabelflöte → Blockflöte.

Schnadahüpfl, Gstanzl, in den bayer.-österr. Alpen verbreitete Scherz- u. Spottlieder, Vierzeiler auf 8taktige, allgemein bekannte (→ Ländler-)Melodien im ¾-Takt, oft im Wechsel v. improvisierendem Vorsänger-Jodler u. Chor.

Schnarre → Ratsche. → Rasselinstr.

Schnarrsaite, über das Unterfell als Resonanzfell einer → Trommel gespannte, beim Trommelwirbel schnarrend mitschwingende Drahtspirale od. -Saiten.

Schnarrwerk, die Zungenpfeifen (→ Lingualpfeifen) in der → Orgel. → Rohrwerk.

Schnecke, schneckenförmiger Abschluß des → Wirbelkastens bei → Streichinstr.

Schneller → Pralltriller.

Schnulze → Schlager.

Scho (Sho) (japan.) → Mundorgel.

Schofar (hebr. = Widderhorn), mundstückloses, am Ende hakenförmig aufgebogenes Blasinstr. aus Tierhorn, mehrfach im AT erwähnt (Zerstörung Jerichos, Jos. 6, 4-20), bis heute als Kultinstr. in der Synagoge verwendet.

Schola cantorum (lat. = Sängerschule; Kurzbez. Schola), im 7.-14. Jh. Päpstl. Institution zur Ausgestaltung der Liturgie u. Ausbildung v. Kantoren, im 15.-18. Jh. abgelöst durch Kapellsänger; in neuerer Zeit Wiederaufleben des Begriffs in abgewandelter Bedeutung: 1896 f. die v. V. d'Indy gegr. Pariser Kirchenmusikschule gleichen Namens, 1934 f. die v. P. Sacher gegr. *Schola Cantorum Basiliensis* (Abt. f. Alte Musik an der Musikhochschule Basel), 1960 f. die v. C. Gottwald gegr. *Sch. C. Stuttgart*; in der röm.-kath. Liturgie der

Gegenwart versteht sich Sch. c. als Choralschola.

Schöpfbalg → Balginstr.

Schott, B. Schott's Söhne, dt. Musikverlag, v. internat. Bedeutung, 1770 v. Bernhard Schott (1748-1809) in Mainz gegr., nachfolgende Verlagsleiter: Franz Schott, Ludwig Strecker I, Willy Strecker, Ludwig Strekker II, Heinz Schneider-Schott; Geschäftsführer seit 1974: Arno Volk (bis 1977, Nachf. L. Frh. v. Canstein), G. Schneider-Schott, P. Hanser-Strecker (bis 1980); traditionsreicher Verlag jeweils zeitgen. dt. Musik; GA Wagner, Schönberg, Hindemith; Riemann → Musiklexikon; Zeitschriften → *Melos*, *Neue Zeitschr. für Musik*, *Musik und Bildung*, *Das Orchester*; Urtext-Edition (zus. mit → Universal Ed. Wien); Unterrichtswerke. – Tochterges.: Schott & Co. London, Schott Music Corp. New York, Schott Tokio.

Schottisch, um 1800 aus der → Ecossaise entwickelter dt. Paartanz mit Wechselschritt, lebhafter 2/4-Takt mit zwei auftaktigen Sechzehnteln; wie der → Rheinländer bis Anfang des 19. Jhs. als ländl. Tanz neben der eher städt. → Polka verbreitet.

Schrammelmusik, volkstüml. östr. → Unterhaltungsmusik, insbes. Begleitmusik zum Gesang v. Heurigenliedern in Weinlokalen u. Wirtshausgärten, benannt nach den Brüdern Schrammel, die 1878 in Wien ein Sch.-Trio gründeten (2 Vl., Baßgit.), später zum Sch.-Quartett erweitert (Akkordeon); Hauptrepertoire: *Alte österreichische Volksmelodien, gesammelt und harmonisiert* (1890).

Schrapinstrumente, Geräuschinstr. in Frühkulturen, heute in der afro-amerikan. Tanzmusik, auch in der Konzertmusik (Strawinsky, Varèse, Henze, Kagel). → Ratsche, Guiro.

Schreierpfeife (Schryari), Blasinstr. mit Doppelrohrblatt, v. schreiendem Klang, hauptsächl. im 16.-17. Jh. verbreitet; auch → gemischte Stimmen mit dreifacher Oktavierung in Orgelwerken des Frühbarock.

Schreittanz, geradtaktiger Tanz in langsamen Schrittbewegungen (Basse danse), seit dem 15. Jh. als Vortanz mit nachfolgendem Springtanz (Hupfauf, → Saltarello), im 16. Jh. als → Pavane mit → Galliarde in der → Suite des 17.-18. Jhs. als → Allemande mit → Courante.

Schuhplattler, in Oberbayern u. Tirol verbreiteter Werbetanz im Dreiertakt od. als → Zwiefacher, v. Einzelpaaren od. in Gruppen ausgeführt, mit Jodelrufen der Männer unter Klatschen der Hände auf Schenkel u. Schuhsohlen bei gleichzeitigem Kreiseln der Frauen mit gesenkten Armen bis zum anschließenden → Ländler-Paartanz.

Schulmusik, Praxis u. Theorie der Musik im Aufgabenbereich allgemeinbildender Schulen, in Dtl. seit 1925 Studienfach an Musikhochschulen, mit wissenschaftl. Beifach an Universitäten. → Musikerziehung, Musikhochschulen.

Schuloper, Bühnenstücke mit Musik f. Schüler/Schülerinnen geschrieben u. v. ihnen aufgeführt, in ma. Klosterschulen als Lieder- u. Mysterienspiele, in Ratsschulen der Renaissancezeit als humanist. Moralstücke, im Barock v. a. an Jesuitenschulen, als Tugendspiegel, so auch *Dido and Aeneas* von H. Purcell, 1689, f. ein Mädchenpensionat unter geistl. Führung in Chelsea, u. noch die lat. Schulkomödie *Apollo et Hyazinthus* des 11jährigen Mozart als → Intermedium zum Jahresschulfest 1767 in der Universitätsaula Salzburg;

erst in den 1920er Jahren erfuhr die Sch. durch Schulreform- u. musikal. Jugendbewegung neue, thematisch zeitnähere Impulse, als Lehrstück z. B. mit Hindemiths *Wir bauen eine Stadt* (1930), nach dem 2. Weltkrieg um jugendspezifische Formen erweitert, z. B. bei Bresgen, Bergese, Werdin u. a., in Engl. wie am Festland am erfolgreichsten mit Kinderopern v. B. Britten wie *Let's Make an Opera* (1949), deren beide ersten Akte die Probenarbeit zeigen, während der 3. Akt die Aufführung des soeben einstudierten *The Little Sweep* bringt (Thema: Kinderarbeit in England im 19. Jh.).

Schutzfrist, durch Gesetz vom 9.9.1965 festgelegte zeitl. Begrenzung des → Urheberrechts (Nachdruckschutz) auf 70 Jahre nach dem Tod eines Urhebers; Schutzfristvergleiche: 1819 15 Jahre nach Erscheinen eines Werkes, 1845 erweitert auf 30, 1934 auf 50 Jahre nach dem Tod eines Urhebers. → Copyright.

Schwärmer (it. bombo), eine in der Instrumentalmusik des 17.-18. Jhs. vorkommende, aus raschen Wiederholungen eines Tones bestehende Figur.

Schwebungen, Überlagerung zweier → Schwingungen nur wenig verschiedener → Frequenz; Sch. zw. 10 u. 20 Hz (→ Hertz) werden als → Rauhigkeit empfunden.

Schwedische Musik: *Solmans Musiklexikon*, 5 Bde., 2/1975-79; B. Pleijel u. a., *Schwedische Musik einst und heute*, 1970; F. K. Prieberg, *Musik und Musikpolitik in Schweden*, 1976.

Schwegel → Einhandflöte; auch Labialpfeifenregister in der → Orgel.

Schweizerische Musik: Th. Adank, *Schweizer Musik-Hdb.* 1979; E. Refardt, *Musik in der Schweiz*, 1952; A.-E. Cherbuliez, *Die Schweiz in der dt. Musikgeschichte*, 1932; W. Schuh, *Schweizer Musik der Gegenwart*, 1948.

Schweizerpfeife → Querpfeife; → Orgelregister mit überblasenden Labialpfeifen.

Schwellton → Messa di voce.

Schwellwerk, Teilwerk der Orgel in geschlossenem Gehäuse, Vorderseite mit Jalousieklappen, die zwecks dynamischer Veränderungen durch Trittvorrichtung geöffnet bzw. geschlossen werden können; seit dem 18. Jh. in Spanien u. Engl. nachweisbar, im 19.-20. Jh. v. a. in frz. Orgelwerken.

Schwerttanz, aus Fruchtbarkeitskulten überlieferter Männertanz mit Hieb- u. Stichwaffen, in Asien u. Südosteuropa bis heute verbreitet; im MA Schau- u. Geschicklichkeitstanz der Messerschmiede. → Moresca.

Schwingung, zeitl. periodische Änderung eines physikal. Sch.-Systems, z. B. Membranen (Trommelfell, → Lautsprecher, Schlaginstr.), Luftsäulen (→ Aerophone), Saiten (→ Saiteninstr.), als Schall-Sch. period. Bewegung v. Massenteilchen um eine Ruhelage, ausgelenkt durch Schlagen, Zupfen, Streichen, Blasen usw., zurückgelenkt durch mechan. Kräfte des Sch.-Systems. → Sinus-Sch., Frequenz, Amplitude, Phase, Schall, Schwebungen.

Schwingungserreger, bei Musikinstr. Luftstrom (Blasinstr.), Schlegel, Hammer (Schlaginstr., auch → Hammerklav.), Finger, Plektrum (Zupfinstr.), Bogen (Streichinstr.); Schwingungsart v. Bedeutung f. Klangcharakter eines Instr.; *Schwingungserzeuger*: → Membran, Saite, Rohrblatt, Lippen.

Schwirrholz, lanzettförmiges, mit Einkerbungen versehenes, an einer Schnur befestigtes Holzbrettchen, das, v. Spieler kreisend durch die Luft gewirbelt, ein Schwirrgeräusch erzeugt; bei Naturvölkern zu Beschwörungen u. anderen Riten benutzt.

sciolto (it. = gelöst), frei, ungebunden; Vortragsbez.

Scordatura, Skordatur (it., v. discordatura = Verstimmung der Saite), Umstimmung v. Saiteninstr. (v. a. Laute, Git., Viol.) aus der Normalstimmung in fallweise andere Intervalle zwecks Erleichterung bzw. Ermöglichung besonderer Akkordgriffe od. Läufe; in der Lauten- u. Gitarrenmusik bis heute angewandt, in der Violinmusik des Barock z. B. bei Biber (*Mysteriensonaten* f. Vl. solo) u. Bach (*5. Suite für Vc. solo*), im 19. Jh. als Effektmittel u. a. bei Paganini (*Capricen*).

Score (engl. =) → Partitur.

Scotch snap (engl.) → Lombardischer Rhythmus.

secco (it. = trocken), recitativo secco (*Seccorezitativ*), → Rezitativ (Oper, Oratorium, Lied); secco als Spielanweisung f. Klav. svw. ohne Pedal.

Sechzehntel → Noten, Notenschrift, Pause.

Secondo pratica (it. = zweite Praktik), Ende des 16. Jhs. zunächst in It. (Monteverdi) gepflegte Kompositionsart, die sich ggs. zur bisherigen *Prima pratica* des → kontrapunktischen Satzes ausdrückte an Textdeklamation u. → Affektdarstellung hält, auch mit freier Dissonanzbehandlung, verminderten od. übermäßigen Intervallen u. → Chromatik; ursprüngl. in → Monodie, Madrigal u. Oper angewendet, seit dem 17. Jh. auch in der konzertanten Instrumentalmusik.

seconda volta (it. = das 2. Mal) → prima volta.

Secondo (it. = der zweite), im vierhdg. Klavierspiel der Baßpart, im Ggs. zu *Primo* als Diskantpart.

Seele, umgangssprachig f. → Stimmstock der Streichinstr.

Segno, dal segno (it. = v. Zeichen an), Abk. S., Anweisung, ein Tonstück v. Zeichen 𝄋 an zu wiederholen od. bis zu dem betr. Zeichen zu spielen bzw. zu singen.

segue (it. = es folgt), Hinweis am Ende einer Seite od. eines Satzes, daß das Tonstück weitergeht, od. darauf, daß eine bisher ausgeschriebene Figur in gleicher Weise (→ simile) fortgeführt wird.

Seguidilla (span. v. seguida = schlechte Lebensführung), lit.-musikal. verflochtene Form span. u. latein-amerikan. Volkstanzlieder mit Refrain, seit dem 16. Jh. belegt, schnellere Abart des → Bolero im 3/8-, 3/4- od. 3/8-Takt mit instrumentalen Vor- u. Zwischenspielen; langsamere Variante mit irregulärer Rhythmik: *S. gitana* (Zigeuner-S.), in Oper u. Konzertmusik seit dem 19. Jh. z. B. bei Glinka, Albéniz, Bizet (*Carmen*, 1875)

Seitenbewegung, das Fortschreiten nur einer → Stimme, während andere wiederholt werden od. anderweitig »liegen« bleiben. Dagegen → Parallelen u. → Gegenbewegung.

Seitensatz, das 2. Thema (*Seitenthema*) od. die 2. Themengruppe in der → Exposition bzw. → Reprise der → Sonatenhauptsatzform. → Sonate.

Sekundakkord, eigentl. Sekundquartsextakkord, die dritte → Umkehrung eines Septakkords mit der Akkordsept im Baß, im → Generalbaß des 17.-18. Jhs. mit 2 od. $\begin{smallmatrix}6\\4\\2\end{smallmatrix}$ beziffert; löst sich als → Dominantseptakkord zum → Sextakkord der → Tonika auf.

Sekunde (v. lat. secundus = der zweite), die 2. Stufe in → diaton. Tonfolge; Intervall im Abstand von 2 Stufen als gr., kl. übermäßige od. verminderte S.

Semibrevis (lat. = halbe → Brevis) → Mensuralnotation, Notenschrift.

semiditonus (v. lat. semi = halb, und griech. ditonus = Zweiton), svw. kl. → Terz.

Semifusa, Semiminima (lat. = halbe → Fusa, halbe → Minima), → Mensuralnotation, Notenschrift.

Semiotik (v. griech. sema = Zeichen), seit den 1960er Jahren aus der neueren Logik (Logistik) u. Linguistik in die Musik übertragene Bedeutungslehre; angesichts mangelnder Bedeutungsrelation v. Musik als Sprache ästhetisch u. wissenschaftstheoretisch ungesichert; Kritik an S. in der Musik bei P. Faltin, T. Kneif, R. Schneider (*S. der Musik*, 1980), Fürsprache bei H. W. Henze (*Die Zeichen, Neue Aspekte der musikal. Ästhetik II*, 1981).

Semiseria, Opera semiseria (it. = halbernste Oper), Ende des 18. Jhs. aufgekommene Gattungsbez. f. musikal. Bühnenwerke, die inhaltlich u. stilistisch zw. trag. u. kom. Oper stehen, z. B. Bellini, *Sonnambula* (1831). → Opera seria.

Semitonium (lat. semi = halb, tonus = Ton), bis ins 18. Jh. Bez. f. → Halbton.

semplice (it. = einfach), in der Aufführungspraxis des 18. Jhs. svw. ohne Verzierungen zu spielen bzw. zu singen, auch → senza fiore.

sempre (it. =) immer, ständig, bei Tempoangaben, z. B. → Allegro.

senza (it. = ohne), *s. fiore*, ohne »Blumen« (= ohne → Verzierungen), *s. sordino*, ohne → Dämpfer, *s. tempo* bei → Kadenzen svw. → ad libitum, *s. replica*, ohne → Wiederholung.

Sepolcro (it. = Grab), im 17. Jh. in It. u. Östr. aus den ma. Osterspielen entwickelte szen. Darstellung der Grablegung Christi auf Texte der Karfreitagsliturgie, 3-4-stg. Chorgesang u. → Basso continuo. Vorkommen in Wien bis Mitte des 18. Jhs.; J. Haydns Passionsmusik *Die sieben letzten Worte unseres Erlösers am Kreuze* (1796) zählt zur Nachfolge der S.-Gattung, → Passion, Rappresentazione in musica.

Septakkord, Vierklang aus 3 übereinandergelagerten → Terzen (Grundton-Terz-Quinte-Septime), je nach Intervallgefüge als kl. u. gr. Moll- bzw. Dur-S., verminderter S. u. → Umkehrungen als → Quintsext-, → Terzquart- u. → Sekundakkord. → Dominantseptakkord.

Septem artes liberales → Ars musica.

Septett (v. lat. septem = sieben), frz. septour, Mehrfachbez. f. 7 Singstimmen od. 7 Blas- u. Streichinstr. od. andere Kombinationen, f. die Gruppe der Ausführenden, auch f. die Stücke, z. B. Sept. f. 7 Solostimmen im Finale des 2. Aktes von Mozarts Oper *Le nozze di Figaro* (1786), Sept. f. Klar., Horn, Fg., Vl., Va., Vc., Kb. op. 20, v. Beethoven (1800).

Septime (v. lat. septimus = der siebte), 7. Stufe in diaton. Tonfolge; → Intervall im Abstand v. 7 Stufen als gr., kl. übermäßige od. verminderte S.; *Septimenlage*, → Lage eines → Akkordes mit der S. des Grundtones in der Oberstimme.

Septole (v. lat. septem = sieben), Folge v. 7 Noten, die bei gleicher Zeitdauer u. Gestalt f. 4, 6 od. 8 Noten stehen, angezeigt durch die Ziffer 7 über od. unter einer Klammer.

Sequenz (v. lat. sequentia = Folge), Gesangsgattung der Meßliturgie, seit dem frühen MA durch Textunterlegung unter die

→ Melismen des → Alleluja entstanden (→ Tropus), bis zum 13. Jh. zu Reimstrophen entwickelt, mit Volksliedelementen durchsetzt, v. Alleluja gelöst u. zur freien → Hymnenbildung geworden; v. über 4.500 bekannten S. blieben seit der KM-Reform des Tridentiner Konzils (um 1550) 4 S. zugelassen: Oster-S. → *Victimae paschali laudes* (11. Jh.), Pfingst-S. → *Veni creator spiritus* (13. Jh.), Fronleichnams-S. → *Lauda Sion salvatorem* (13. Jh., Th. v. Aquin zugeschrieben), Totenmeß-S. → *Dies irae* (12.-13. Jh., franziskan. Ursprungs), zu denen im 18. Jh. die aus dem 12.-14. Jh. stammende Marien-S. → *Stabat mater dolorosa* hinzutrat; seit dem 2. Vatikanum (1970) blieben die beiden ältesten (Oster- u. Pfingst-S.) obligat.; bedeutende Vertonungen der 5 Standard-S. (A-capella, Chor-Orch.) nehmen eine Sonderstellung in der Gesch. der KM ein. – *Sequenz* als Begriff der allgem. Musiklehre bezeichnet Versetzung einer musikal. Gestalt auf eine höhere od. tiefere Tonstufe, unterscheidbar als melod., motiv.-themat. u. harmon.-melod. S. in tonaler, realer od. chromat. Rückung. → Imitation, Fortspinnung, Rosalie, Rükkung.

Sequenzer, Kleincomputer zur beliebig abrufbaren Speicherung v. Klangsignalen. → Modul, Synthesizer.

Serenade (v. lat. serenus = heiter, auch v. it. sera = Abend), it. Serenata, ständchenartiges Musikstück f. kleinere vokale od. instrumentale [Bläser-]Besetzung, im 18. Jh. aus der Barocksuite entwickelt, 3-7-sätzig, liedhafter Mittelsatz flankiert v. Märschen; bei Haydn u. Mozart identisch bzw. verwandt mit → Divertimento, Kassation, Notturno; dagegen *Serenata teatrale*, im 17.-18. Jh. als höfische Festmusik mit Gesangs- u. Tanzszenen, → *Azione teatrale* als kleinere → *Fiesta teatrale*; S. im 19. Jh. Bez. f. Einzelstücke gehobener → Unterhaltungsmusik, meist f. Klav., Kammerensemble od. Salonorchester (→ Salonmusik). – *sereno* (it. =) heiter, ausgeglichen, Vortragsbez.

Seria → Opera Seria, Semiseria, Oper.

serioso (it. = feierlich, ernst), Vortragsbez.; *seriöser Baß*, Stimmfach. → Baß.

Serielle Musik (v. lat. series = Reihe), um 1950 aufgekommene Bez. f. eine Kompositionstechnik in der Spätphase der → Zwölftonmusik, anknüpfend an Webern, beruhend auf der Verordnung ausgewählter musikal. → Parameter (Tondauer, Schallstärke, Klangfarbe, Artikulation, Tondichte) nach Proportions- u. Zahlenreihen; v. Messiaen (*Mode de valeurs et d'intensités* f. Klav. 1949) u. seinen Schülern Boulez u. Stockhausen entwickelt, voll in der → Elektron. Musik realisierbar, führte die »totale Prädetermination« der S.M. seit den 1960er Jahren zur »totalen Indetermination« des Tonmaterials in der → Aleatorik. – H. Eimert u. K. Stockhausen (Hg.), *Die Reihe*, 8 Hefte, 1955-62; W. Steinecke, E. Thomas (Hg.), *Darmstädter Beiträge zur Neuen Musik* (seit 1958); K. Stockhausen, *Texte* (4 Bde., 1963-78); P. Boulez, *Werkstatt-Texte* 1972.

Seriette → Drehorgel.

Serpent (frz. = Schlange; it. serpentone), schlangenförmig gewundenes, mit Kesselmundstück gespieltes Holzblasinstr. aus Nußbaumholz, seit dem 16. Jh. in verschied. Größen u. Stimmungen gebaut, bis ins 19. Jh. v. a. in Frankr. u. It. als Kirchen- u. Militärmusikinstr. verwendet, abgelöst v. der → Ophikleïde. → Zink.

Service (engl. = Dienst; Gottesdienst),

feststehende vertonte Teile des anglikan. Hauptgottesdienstes, z.T. aus Offizium u. Messe der röm.-kath. Liturgie übernommen, zyklisch vertont als *Great S.* (Full S.). → Anglikan. KM.

Sesquialtera (lat. sesqui u. altera = zwei u. die Hälfte), den → Gemischten Stimmen zugeordnetes Orgelregister, als Soloregister zur → Kolorierung des → Cantus firmus benutzt; auch Abk. v. → Proportio S. (→ Hemiole).

Sext → Horen.

Sextakkord, eigentl. Terzsextakkord, in der Harmonielehre die 1. → Umkehrung eines → Dreiklangs mit der Akkordterz im Baß, im → Generalbaß mit 6 beziffert.

Sexte (v. lat. sextus = die sechste), 6. Stufe in diaton. Tonfolge; Intervall im Abstand v. 6 Stufen als gr., kl., übermäßige od. verminderte S.; im mehrst. Satz seit dem 16. Jh. kadenzfähige → Konsonanz.

Sextett (v. lat. sextus = der sechste), Tonstück f. 6 Solostimmen, als *Vokal-S.* in Opernaktschlüssen, z.B. bei Mozart, *Cosi fan tutte*, Finale 2. Akt, 1790, od. bei Strawinsky, *The Rake's Progress*, Epilog 3. Akt, 1951; als *Streich-S.* 2. Vl., 2. Va., 2. Vc., z.B. bei A. Schönberg, *Verklärte Nacht*, op. 4, 1899; als *Bläser-S. z.B. bei Beethoven, S. f. 2 Klar., 2 Hörner, 2 Fg. op. 71, 1796; als Klavier-S.* mit 5 Streichern u. Klavier erstmals bei Mendelssohn (op. 110); S. in weiteren gem. Besetzungen (Bläser, Streicher, Schlagzeug, Vokalstimmen) in der Musik des 20. Jhs. z.B. bei de Falla (*Concerto* f. Cembalo, Fl., Ob., Klar., Vl., Vc., 1926) auch bei Stockhausen (*Kreuzspiel* f. Ob., Baßklar., Klav., 3 Schlagzeugspieler).

Sextus (it. = der sechste), in der Vokal- u. Instrumentalmusik des 16. Jhs. die 6., lagenmäßig wie der → Quintus nicht festlegbare Stimme im Umfang jeweils einer der 4 Hauptstimmen Superius, Altus, Tenor, Bassus.

sforzato, sforzando, auch forzato, forzando, Abk. sf, sfz bzw. fz (it. = verstärkt, hervorgehoben), Vortragsbez. f. plötzl. Verstärken eines Einzeltones od. Akkordes; sforzato piano, Abk. sfp, Akzentuierung mit nachfolgendem piano.

shake (engl. = schütteln), Mehrfachbez. f. → Triller, im → Jazz f. → Vibrato der Blechbläser u. Vokalisten, auch f. einen neuzeitl. engl. Gesellschaftstanz in gemäßigtem 4/4-Takt.

Shakuhachi (japan.), Längsflöte aus Bambus, am unteren Ende leicht aufgebogen, chin. Ursprungs, nach einem altjapan. Maß benannt (54,5 cm), mit wechselndem Ansatzwinkel u. unterschiedlichem Atemdruck am Rand geblasen; bei 5 Grifflöchern (d-f-g-a-c) können → pentatonische Skalen durch Halbdeckung der Löcher zu 3 1/2 Oktaven erweitert werden; in Japan auch in der Kultmusik als Soloinstr. verbreitet.

Shanty (chanty), Arbeitslied altengl. Segelschiffsbesatzungen; meist improvisierte Strophenlieder eines Vorsängers (*chantyman*) mit Chorrefrain; mit Begleitung des Schifferklaviers (→ Ziehharmonika) in der → Unterhaltungsmusik bis heute verbreitet.

sharp (engl. = scharf, hoch), engl. f. Erhöhung eines Tones (♯) bzw. einer Tonart, z.B. c sharp = cis, mit Zusatz c sharp major bzw. minor = cis-Dur bzw. cis-Moll.

Shêng, Shô, japan. bzw. chines. → Mundorgel.

Shimmy (engl. = Hemd), engl. Schütteltanz in raschem → Allabreve-Takt, nordamerikan. Herkunft, in den 1920er Jahren als Modetanz verbreitet, auch in der Kunstmusik (Hindemith, *Klaviersuite 1922*).

Shout (engl. Aufschrei; Jauchzer), Ausdrucksstilmittel in der Vokal- u. Instrumentalmusik des → Jazz, auch in den → Rock übernommen.

Shuffle (engl. svw. Fußeschlurfen), trioliger Begleitrhythmus mit Betonung auf der vollen Taktzeit, v. emotionaler Wirkung (→ Swing), in → Rhythm & Blues, → Rock and Roll usw. aufgegriffen.

si, seit dem 17. Jh. Tonsilbenbez. f. die 7. Tonstufe der → Solmisation; in romanischen Sprachen Bez. f. den Ton → h.

Siciliano (it. = sizilianisch; frz. sicilienne), seit dem 17. Jh. in Südit. u. Sizilien belegtes Vokal- od. Instrumentalstück in langs. wiegendem punktiertem 6/8-od. 12/8-Takt, v. volkstüml. Melodik, im Begleitsatz v. einfacher Akkordbrechung bei Einstreuung → Neapolitan. Sextakkorde; der → Pastorale verwandt, im 18. Jh. vereinzelt auch im 19.-20. Jh. Variationsmodell in Opern, Oratorien, Kantaten, als selbständige Satzform auch in der Instrumentalmusik, beides z. B. bei A. Scarlatti, Händel, Mozart.

Siff-Flöte (v. frz. sifflet = Pfeife), Orgelregister, weit mensurierte offene Lippenpfeifen (Metall) mit pfeifend scharfem Klang.

Sight (engl. = Anblick), Singlehre, einen vorgegebenen → Cantus firmus improvisatorisch mit konsonierenden Oberstimmen in der Quinte, Oktave u. Duodezime zu kontrapunktieren; v. Einfluß auf die Terz-Sext- u. Dur-Akkordik des mehrstg. Satzes. → Renaissance.

Signale, Signalinstrumente, Intervall- od. Rhythmus-Signale, durch Blas- od. Schlaginstr. vermittelt, aus allen Frühkulturen bezeugt, v. a. in Kult-, Jagd- u. → Militärmusik. → Alphorn, Bucina, Cornu, Fanfare, Glocke, (Signal-)Horn, Jagdhorn, Lure, Pfeife, Pauke, Posthorn, Schofar, Sirene, Trommel.

Sikorski, dt. Musik- u. Bühnenverlag, 1935 v. Hans C. Sikorski (1899-1972) in Berlin gegr., seit 1945 Hauptsitz Hamburg, heute (1986) *Internationale Musikverlage Hans Sikorski* mit 30 Musikverlagen im In- u. Ausland; Geschäftsleitung nach dem Tod des Gründers dessen Sohn Hans W. S. u. Tochter Dagmar S.; Breitenangebot euro-amerikan. Unterhaltungsmusik neben Reihenangeboten der *Edition Sikorski* f. klassisch-romant., zeitgen. Instrumental- u. Chormusik, Ballett- u. Opernwerke, auch Unterrichtsliteratur; S. vertritt die Staats-Musikverlage der SU in Westeuropa, einschl. BRD.

Silbermannorgel, nach der dt. Orgel- u. Klavierbauerfamilie Silbermann benannte, v. a. v. Andreas S. (1678-1734) zw. 1700-1730 gebaute bedeutende Orgelwerke u. a. in Basel, Straßburg, Ebersmünster, Mauersmünster.

SIMC, Abk. f. (frz.) *Société Internationale de Musique Contemporaine* / Internat. Gesellschaft f. zeitgen. Musik. → IGNM.

simile (it. = ähnlich), Spielhinweis in der Notenschrift, bei Abkürzungen (Abbreviaturen) eine Figur od. Ausführungsart in der gleichen Weise fortzusetzen.

Simplifikationssystem, v. G. J. Vogler, (1749-1814) eingeführte Vereinfachungen im Orgelbau wie Stimmen-Kombination, Hervorbringung v. → Kombinations-(Differenz-)Tönen zur Einsparung v. Großpfeifen; als »Orchesterorgeln« dem Klangideal der → Romantik entsprechend.

Sinfonia (it. Zusammenklang, Übereinstimmung), in Antike u. MA svw. → Konsonanz, im 16.-17. Jh. Werke vokal-instrumental gemischter Besetzung (G. Gabrieli, H. Schütz, *Symphoniae sacrae*, 1629-1650), seit Mitte des 17. Jhs. Instrumentalsätze versch. Besetzung, als venezian. Opern-S. zweiteilig (langsam-schnell), als neapolitan. Opern-S. dreiteilig (schnell-langsam-schnell), Vorläufer v. → Ouvertüre u. → Concerto.

Sinfonia concertante (it. = konzertante Sinfonie; dt. u. frz. Kurzform Konzertante, Concertante), aus dem → Concerto grosso hervorgegangene, in der 2. Hälfte des 18. Jhs. verbreitete Konzertform f. mehrere virtuos geführte Soloinstr. u. Orch., meist dreisätzig, mit → Sonatenhauptsatz (Mozart, S. c. Es-Dur f. Vl., Va. u. Orch., KV364, 1779), im 19.-20. Jh. als Doppel-, Tripel-, Quadrupel-Konzert bei Beethoven, Brahms, Pfitzner, Martinů.

Sinfonie, Symphonie (v. griech.-lat. = Zusammenklang), zyklisch angelegtes, meist viersätziges Orchesterwerk mit lebhaftem → Sonatenhauptsatz, langsamem 2. Satz (→ Liedsatz, Variationen), tänzerischem 3. Satz (→ Menuett, seit Beethoven → Scherzo), lebhaftem Finale- → Rondo-(Sonaten-)Satz; repräsentativ f. → Klassik u. → Romantik, bedingt auch f. die → Moderne; seit Mitte des 18. Jhs. aus der zwei- bzw. dreiteiligen it. → Sinfonia u. parallel z. dreisätzigen → Concerto entwickelt (→ Mannheimer u. Wiener Schule), erste Höhepunkte seit etwa 1780 bei J. Haydn (Pariser S., Londoner S.) u. Mozart (Trias der Es-Dur-, g-Moll-, C-Dur-S., KV543, 550, 551, 1788) nach Geist u. Form erweitert bei Beethoven (9S., 1800-24; 3. S. → Eroica, 6. S. → Pastorale, 9. S. mit Schlußchor auf Schillers Freudenode), als → autonome Musik fortentwickelt bei Schumann, Mendelssohn, Brahms, Bruckner, zur programmatischen S. umgeformt bei Berlioz, Liszt, Strauss u. a. (→ Symphonische Dichtung), in Mischformen autonomer u. programmatisch-folkloristischer Musik seit dem weiteren 19. Jh. bei nord- u. osteurop. Komponisten (Tschaikowsky, Dvořák; Mahler, Sibelius), im 20. Jh. in musikästhetisch ähnlicher Verzweigung bei russ. Komponisten (Strawinsky bis Schostakowitsch), in Frankr. (Saint-Saëns bis Messiaen), Engl. (Vaughan Williams bis Britten), USA (Ives bis Bernstein) u. Dtl. (Hindemith bis Hartmann u. Henze) – U. v. Rauchhaupt, *Die Welt der S.*, 1972.

Sinfonietta (it., Diminutiv zu → Sinfonia), sinfon. Werk kleinerer Orch.-Besetzung mit kürzeren Sätzen leichteren Charakters, z. B. v. Janaček (1926), Britten (1932), Hindemith (1950).

Sinfonische Dichtung (Symphon. Dichtung), formal nicht gebundenes Orchesterwerk mit programmatischem Vorwurf (→ Programmusik), im 19. Jh. seit Berlioz' *Symphonie fantastique* (1830) in der progressistischen Musik ausgebreitet (→ Neudeutsche Schule), bei Liszt seit *Les Préludes* (1848, nach Merimée) auf lit. Sujets, bei Strauss meist Einsätzer mit formal gliedernden Strukturen: *Don Juan*, nach Lenau, 1889, als → Sonatensatz mit 3 Themen; *Till Eulenspiegels lustige Streiche*, 1895, als → Rondeau; *Don Quichote*, 1898, (als Variationensatz); national-romantisch geprägte S. D. im späten 19. u. frühen 20. Jh. bei Smetana (*Mein Vaterland*, darin *Die Moldau*), Sibelius (*Finlandia*), Bartók (*Kossuth*), Debussy (*La Mer*), Skrjabin (*Poème du feu*), Respighi (*Pini di Roma*);

die postserielle Moderne (»Neue Ausdrucksmusik«) sucht seit den 1970er Jahren das Prinzip S. D. etwa bei der Programmatik des Frühexpressionismus aufzufangen u. abgewandelt weiterzuführen (Henze, Rihm, auch Ligeti, Penderecki). – R. Kloiber, *Handbuch der Symphonischen Dichtung*, 1967.

Singakademie, häufiger Name v. nichtprofessionellen gemischten Chorvereinigungen des 19. Jhs. zur Pflege des Oratoriengesanges nach dem Vorbild der → Berliner Singakademie.

Singbewegung → Jugendmusikbewegung.

Singende Säge, Holzsäge mit breitem Stahlblatt, die, zw. den Knien gehalten u. mit der linken Hand verschieden stark gebogen, an der ungezahnten Seite mit Streichbogen angestrichen, Glissandotöne hervorbringt; seit den 1920er Jahren als Effektinstr. in Varietées vorgeführt, auch bei Straßenmusikanten anzutreffen, vereinzelt in Opernpartituren vorgeschrieben (Henze, *Elegie für junge Liebende*, 1961).

Single (engl. = allein, einzeln), Schallplatten mit Einzeltiteln von 3-4 Minuten Dauer, v. a. in der Unterhaltungsbranche (Durchm. 17 cm, 45 U/min.).

Singschule → Schola cantorum, Kantorei, Musikschule.

Singspiel, heiteres musikal. Bühnenstück mit gesprochenem Dialog in Prosa, liedartigen Arien, Chorpartien, Tanzeinlagen, nach Nummern, Szenen, Akten gegliedert, mittelgroße Orch.-Besetzung: in Dtl. seit dem frühen 18. Jh. als bürgerl. Gegenstück zur vorherrschenden höfischen dramatischen it. → Opera seria, in Wien seit den 1770er Jahren als National-S. mit Höhepunkt bei Mozart (*Die Entführung aus dem Serail*, 1782; *Die Zauberflöte*, 1791); im 19. Jh. Leitbild der dt.-romant. Oper volkstüml. Art (Weber, *Der Freischütz*, 1821) u. der Spieloper (Lortzing, Nicolai, Flotow, Cornelius, Goetz) als Gegenstücke zum → Musikdrama Wagners; Parallelentwicklung in It. → Opera buffa, in Engl. → Ballad-Opera, in Frankr. → Opéra-comique.

Singstimme → Stimme, Kehlkopf, Stimmlagen, Stimmfächer.

Sinusschwingung einfachste periodische Schwingungsart als *Sinuston* in reiner Form durch Frequenzgeneratoren zu erzeugen, am → Oszillographen bildl. darstellbar; Bauelement aller → Schwingungen, v. bes. Bedeutung f. die → Elektron. Musik.

Sirene (griech. seiréne), in der antiken Sage (weibl.) Vogelmensch mit bestrickender Singstimme; Signalinstr., bei dem ein Luftstrom durch eine sich drehende Lochscheibe periodisch unterbrochen wird, wodurch je nach Umdrehungszahl höher od. tiefer glissierende Töne erzeugt werden (z. B. Luftschutzsirene); als elektron. Geräuschinstr. vereinzelt auch in der Konzertmusik eingesetzt (Varèse, *Ionisation*, 1931).

Sirtaki (v. griech. syrtos = Rundtanz), griech. Volkstanz, Gruppentanz, in Kreis- od. Kettenform im Freien aufgeführt, langsam beginnend, immer schneller werdend; durch die → Filmmusik von M. Theodorakis zu *Alexis Sorbas* (1964) internat. bekannt geworden.

Sirventes (altprovenz. svw. Dienstlieder), Klage-, Lob-, Spott- od. Kreuzzugs-Lieder im → Troubadourgesang des 12.-13. Jhs., auf vorgegebene Chansonmelodien vorgetragen.

Sistrum (lat., v. griech. seistron = Geschütteltes), Stab- od. Rahmenrasseln mit Metallplättchen, als Kultinstr. seit dem 2. Jh. v. Chr. in Mesopotamien, Ägypten (Isiskult) bezeugt, in Riten der griech.-röm. Antike übernommen, in der koptischen Kirche (Oberägypten, Äthiopien) bis heute benutzt.

Sitar (iran.), Langhalslaute pers. Ursprungs, birnenförmiger Schallkörper (Holz, Kürbis), Decke mit kl. Schallöchern, 4-5 Melodie- u. 2 Bordunsaiten, auch zahlr. Resonanzsaiten aus Metall, über breiten Hals (bewegl. Bünde) gespannt, mit → Plektrum angezupft; seit dem 13. Jh. belegt, heute v. a. in Nordindien verbreitet, vereinzelt auch in euroamerikan. Musik der → Pop-Szene.

Six → Groupe des Six.

Sixte ajoutée (frz. = hinzugefügte Sexte), v. Rameau (*Traité de l'harmonie*, 1722) eingef. Bez. f. die dem Dur-Dreiklang der → Subdominante hinzugefügte »charakteristische Dissonanz« der gr. Sexte; seit Beginn des 20. Jhs. in der Konzertmusik als Schlußakkord eingeführt (Mahler, *Lied von der Erde*, 1909), heute gängig in → Unterhaltungsmusik u. → Jazz.

Sixtinische Kapelle (lat. Capella Sixtina, it. Cap. Sistina), nach dem 15. Jh. unter dem Renaissancepapst Sixtus IV. im Vatikan errichteten Kapellgebäude benannter, auf die im 7. Jh. gegr. → Schola cantorum zurückgehender Sängerchor zur Pflege geistl. Vokalpolyphonie. → Palestrinastil, Cäcilianismus.

Sizzlebecken (engl. sizzle cimbals), Schlaginstr., → Becken mit 6-12 am Scheibenrand lose angebrachten Nieten, die beim Anschlagen einen Zischeffekt ergeben.

Skala (lat.-it. scala = Treppe) → Tonleiter, Pentatonik, Kirchentonarten.

Skalde (v. altnord. skald = Dichter), Dichtersänger des 9.-13. Jhs. v. a. in Island, dem westgerman. *Skop* entsprechend; S.-Dichtung: Helden-, Liebes- u. Spottlieder, strophisch mit → Stab- u. Binnenreimen.

Skiffle (engl.), um 1910 aufgekommen f. improvisiertes Musizieren bei häusl. Zusammenkünften der aus den Südstaaten nach Chicago zugezogenen Neger, ›rent parties‹ gegen geringen Eintritt als Mietbeitrag, v. a. → Blues u. → Ragtime, meist auf selbstgebastelten Instr. (Tea-Box-Bass, Blaskamm, Waschbrett-Raspel, Schlag-Löffel, neben → Banjo, Kazzo, Mundharmonika, Git.) in den 1950er Jahren durch → Rhythm and Blues auch in Europa populär.

Skordatur → Scordatura.

Slap-bass (v. engl. slap = klapsen), *Schlagbaß*, im → Dixieland-Jazz eingeführte Spielweise des Kontrabassisten, mit der rechten Hand abwechselnd die Saiten zu zupfen od. aufs Griffbrett od. die Decke zu schlagen.

slargando, slentando (it. breiter, langsamer werdend, Vortragsbez.); meist gleichzeitig lauter; wie → allargando.

Sléndro (javan.), die in der javan.-balines. Musik neben → Pélog gebräuchliche Oktavskala, 5 gleich große Tonstufen, deren 3 → Modi als männlich gelten.

Slowakische Musik: L. Sip, *S. M.*, 1959. → Tschechische Musik.

Slowfox (engl.), langsamer → Foxtrott.

smorzando (it.), verlöschend, ersterbend; wie → morendo; Vortragsbez.

soave, suave (it. =), lieblich, sanft; Vortragsbez.

Soft Rock, vergleichsweise leise → Rockmusik, z. B. → Folk-Rock.

Soggetto (it. = Subjekt), → Thema eines kontrapunktischen Werkes, z. B. in → Fuge od. Ricercare; auch Tenor einer Missa choralis.

Soggetto cavato (it. = herausgenommenes Subjekt), ein v. Tonbuchstaben abgeleitetes → Thema, z. B. B-A-C-H als Namens- od. Huldigungsthema.

Soirée musicale (frz.), musikal. Abendunterhaltung, ursprüngl. in den höf. u. bürgerl. Salons des 18. Jhs.

sol, Tonsilbenbez. f. die 5. Tonstufe der → Solmisation; in romanischen Sprachen Bez. f. den Ton → g.

Soldatenlied, v. Soldaten gesungenes Ständelied, seit dem MA überliefert (Kreuzfahrerlieder, Landsknechtslieder), wie → Volkslieder meist anonymer Herkunft, mdl. überliefert u. zersungen; in den Volksheeren seit dem 19. Jh. als vaterländ. Lieder oft namhafter Dichter (L. Uhland, *Ich hatt' einen Kameraden*, 1826), im 20. Jh. zunehmend f. Soldaten einzelner Waffengattungen; dt. S. mit der Volksliedbewegung des frühen 20. Jhs. auch in allgem. Slg. aufgenommen (*Der Musikant*, Hg. F. Jöde, 1923, 3/1949); seither entstanden (u. vergingen) S. v. a. auch als polit. Zwecklieder. → Funktionale Musik.

Solfège, Solfeggio (frz., it.), Wortableitung v. → Solmisation, Gesangslehre u. -praxis, nach welcher Stimmübungen (Skalen, Akkordbrechungen, Verzierungen) auf einzelnen Tonsilben der Solmisationsfolge durchgeführt werden, seit dem 18. Jh. in Lehrwerken gesammelt (*Solfèges d'Italie*, 1772, nach it. Opernarien); in Frankr. bis heute als Unterrichtsfach gelehrt. → Gehörbildung.

Soliloquenten (v. lat. soliloquentes = die einzeln Redenden), in der → Passion die außer Christus u. dem Evangelisten als Einzelpersonen auftretenden Mitwirkenden, z. B. Petrus u. Pilatus, ggs. zu den → Turbae-Chören.

Solist, Solo (v. lat. solus = allein), Einzelinterpret eines instr. od. vokalen Stückes bzw. bei orch. od. chorbegl. Werken einer Einzelpartie, im Doppel- od. Tripelkonzert → Concerto grosso, Oper, Kantate, Oratorium auch im Mit- od. Nebeneinander mehrerer Solisten in ihren Solopartien.

Solmisation, die Benennung der (→ Hexachord-)Töne c-d-e-f-g-a mit den Textsilben ut-re-mi-fa-sol-la, den Anfangssilben der Halbzeilen des im MA allbekannten Johannes-Hymnus', durch den it. Mönch u. Musik-Theoretiker Guido v. Arezzo um das Jahr 1000 zwecks besserer u. rascherer Einübung v. Kirchengesängen deren Melodietönen unterlegt, um 1600 mit der Silbe → *si* f. den Ganzton über *la* ergänzt, sowie durch die besser zu singende Silbe → *do* anstelle von ut f. den 1. Solmisationston abgeändert; in roman. Ländern sind die S.-Silben bis heute Tonnamen absoluter Geltung f. die Töne der Grundtonleiter; S. auch Sammelbegr. f. Methoden der Vermittlung v. Tonvorstellungen u. Melodiezusammenhängen, in Dtl. z. B. → Eitzsches Tonwort-System u. → Tonika-Do.

Solokonzert → Konzert.

Son (span.), kuban.-mexikan. Tanzlied, seit den 1920er Jahren verbreitet, Wechsel v. Solo- u. Chorsängern, in strophen-, zeilen- od. taktweise sich steigerndem Tempo, Begl. v. → Git., Bongos u. a. lateinamerikan. Instr.

Sonata, Sonate, meist mehrsätzige zyklisch

angelegte Instrumentalkomposition in Solo-, Duo-, od. Triobesetzung, zw. 1600 u. 1750 als *Sonata da chiesa* (Kirchensonate) viersätzig (langsam-schnell-langsam-schnell), als *Sonata da camera* meist dreisätzig (langsam-schneller-schnell), beide mit → Generalbaßbegl.; seit der 2. Hälfte des 18. Jhs. im lebhaften Kopfsatz zur → Sonatensatzform entwickelt (C. Ph. E. Bach, Haydn, Mozart), 2. Satz als langs. Lied- od. Var.-Satz, 3. Satz als gemäßigt bewegtes Menuett, seit Beethoven als lebhafteres → Scherzo, 4. Satz als lebhafter → Rondo-(Sonaten-)Satz, seit der → Romantik im 19. u. beginnenden 20. Jh. in ausgeweiteten od. integrierten Satzbildungen, in der musikal. Moderne formal historisierend neu aufgegriffen (→ Neoklassizismus) od. strukturell durch das ›entwickelnde Variationsprinzip‹ (Schönberg) abgelöst.

Sonaten(haupt)satzform, seit Mitte des 18. Jhs. entwickeltes ›klassisches‹ Formmodell des Kopfsatzes v. → Sonaten u. a. Kammermusikwerken, → Solokonzerten, → Sinfonien; Ablaufschema: → Exposition (2 → Themen, 1. Thema im → Tonika- u. 2. Thema im → Dominantbereich), → Durchführung (Themenverarbeitung), → Reprise (beide Themen im Tonikabereich), → Koda; in der → Romantik erweitert, in der → Moderne variativ umstrukturiert.

Sonatine, Verkleinerungsform v. → Sonate, seit dem 19. Jh. kürzere, 2-3-sätzige, leichter spielbare Instrumentalstücke, meist f. Klav. od. Vl. u. Klav. (Reger, Ravel, Bartók).

sone (v. lat. sonus = Schall), Maßeinheit f. die Stärke einer (subjektiven) Gehörsempfindung, 1 sone f. die Lautheit v. 1000 Hz (→ Hertz) u. die Lautstärke von 40 → Phon.

Song (engl. = Lied, Gesang), seit dem 19. Jh. aufgekommene Form unterhaltender od. agitatorischer Strophenlieder, oft mit Refrainbildungen, dem neueren → Chanson verwandt. → Work-S., Arbeitslied, Protest-S.

Sonorität (v. lat. sonor = Klang), umgangssprachlich f. Stimmwohlklang; Brustregisterresonanz, offene Kehle, → Kehlkopf.

sonus (lat. = Klang), Sammelbez. f. Ton (s. musicus), Klang, Geräusch; ggs. zu → Vox.

sopra (it. = oben), beim Klavierspiel Hinweis auf die obenliegende Hand, auch Anweisung, mit gekreuzten Händen zu spielen. Dagegen → sotto.

Sopran (it. soprano, svw. darüberliegend), Bez. f. die höchsten Lagen der menschl. Stimme (Frauen, Knaben, → Kastraten, auch → Falsett), entsprechend dem → Diskant auch Bez. f. höchste Instr. einer Instr.-Familie (z. B. Blockflöte, Saxophon), desgl. Bez. f. die oberste Stimme einer mehrstg. Komposition (ursprüngl. → Discantus u. Superius); in der Bühnenpraxis unterschieden als → Koloratur-S. (c^1-f^3), lyr.-dramt. S. (h-c^3), dramat. S. (g-c^3), → Mezzo-S., → Soubrette. – *S.-Schlüssel* → Schlüssel.

Sordino (it.) → Dämpfer.

Sordun (v. it. sordo = gedämpft), Holzblasinstr. mit Doppelrohrblatt, zylindr. Röhre (Doppelbohrung), im 17. Jh. in Stimmfamilien gebaut, seither durch das → Fagott verdrängt; im 20. Jh. zur Auff. hist. Musik vereinzelt rekonstruiert; in der Orgel auch Bez. f. → Rohrwerkregister.

Sospirando (it. =) seufzend; Vortragsbez.

Sospiro (it. = Seufzer), Einschnitt in der →

Psalmodie, Pause in der → Mensuralnotation; abgeleitet in der heutigen frz. Notation *Soupir* f. Viertelpause, → Pause.

sostenuto, (it. =) gehalten, getragen, Abk. sost., (Vortragsbez.), langsamer (Tempoangabe). → ritardando.

sotto (it. = unter), beim Klavierspiel Hinweis auf die unten liegende Hand, auch Anweisung, mit gekreuzten Händen zu spielen; *s. voce*, mit leiser Stimme, unter → mezza voce zu singen, bei Streichinstr.: in der Nähe des Griffbretts zu spielen.

Soubrette (frz. = Zofe), in → Oper, Operette, Singspiel, Musical Rollenfach f. beweglichen, hell timbrierten → (Koloratur-) Sopran, z. B. Susanna in Mozarts *Le nozze di Figaro* od. Adele in J. Strauß' *Die Fledermaus*.

Soul (engl. = Seele), seit den 1950er Jahren Bez. f. ausdrucksgesteigerte Stilrichtung im schwarzen Jazz. → Rhythm and Blues, Hardbop.

Sound (engl. = Klang), der charakteristische Klang eines Ensembles in → Jazz u. → Popmusik, wird vielfach durch Arrangement, Aufnahme- u. Übertragungstechniken gesteuert.

Sousaphon, nach dem amerikan. Komponisten J. Ph. Sousa (1854-1932) benannte u. v. ihm angeregte, seit 1892 gebaute Baß-→ Tuba in Es od. B, mit kreisrunder, um die linke Schulter des Spielers gelegter Windung (3 Ventile) u. breiter, über den Kopf des Spielers hinausragender in der Richtung verstellbarer Stürze; seit 1906 in der amerikan. → Militärmusik eingeführt, seit den 1960er Jahren auch aus Plastik gebaut. → Helikon.

Souterliederkens (fläm. = Psalmliedchen), älteste, 1540 in Antwerpen erschienene Slg. der 150 → Psalmen des AT, erstmalig in Versreimübersetzung, unterlegt mit nld. Volksliedmelodien, ergänzt um deren Text, die → Incipits u. die vollständigen Melodien; eine der wichtigsten Quellen altnld. → Volkslieder, v. a. in reform. Kirchen verbreitet, auch mehrstg. bearbeitet; Faks.-Ausg. 1892 hg. v. D. F. Scheurleer.

Sowjetunion → Russ. Musik.

Sozialistischer Realismus, seit den 1930er Jahren in der SU auch f. die Musik entwickelte Ästhetik einer Mischung aus leninistischer Widerspiegelungs- u. Assafjefscher → Intonationstheorie mit der Forderung nach volksverständlicher u. politisch effektiver → funktionaler Musik; seit den 1970er Jahren in Revision begriffen. – H. A. Brockhaus, *Probleme der Realismustheorie*, 1971; C. Dahlhaus, *Musikalischer Realismus*, 1982. → Russische Musik.

Soziologie der Musik → Musiksoziologie.

Sp Abk. f. Subdominantparallele. → Subdominante, Dominante, Funktionsharmonik.

Spaltklang, Mehrklang mit geringem Verschmelzungsgrad der Einzelstimmen, spezifisch f. heterophone Musik früher europ. Mehrstimmigkeit, spaltpolyphone u. atonale Stimmsätze im 20. Jh. (→ Neobarock, Zwölftontechnik) sowie f. die → polyrhythmischen Schichtungen der nichtharmonikalen exotischen Musiksysteme. Ggs. Schmelzklang, → Homophonie.

Spanische Musik: Anuario Musical (seit 1964), Zentrales Publikationsorgan zur Gesch. der span. Musik.

Spanische Tänze (Auswahl): → Cachucha, Fandango, Farruca, Flamenco, Jota, Malagueña, Olé, Paso doble, Polo, Sardana, Seguidilla, Zapateado.

spartieren (v. it. spartire = verteilen), das

Zusammensetzen v. Einzelstimmen zu einer → Partitur, vor dem 16. Jh. das Einteilen der Notenlinien durch senkrechte Striche in gleiche Zeitraumfelder.

Spatium (lat. = Zwischenraum), der Raum zw. den Einzellinien des Notenliniensystems. → Notenschrift.

Spectacle total (frz. = ›Rundum-Schaustellung‹), aktionist. Tanztheater neuerer Choreographie (M. Béjart), seit den 1950er Jahren in Parallele zu → Multimedia. → Gesamtkunstwerk.

Spektrum, Klangspektrum, die graphische Darstellung des Ergebnisses einer Spektralanalyse (→ Fourieranalyse), Zerlegung eines Klanges od. Geräusches in die den Obertönen u. → Frequenzbereichen entsprechenden Komponenten.

Sphärenharmonie, nach ägypt. Vorbild in der griech. Antike v. Plato, Plutarch, Aristoteles entwickelte Lehre v. Einklang des Weltalls u. den Bewegungsverhältnissen der Gestirne im Widerspiegel der Tonverhältnisse; in der Musikanschauung des → MA (›harmonia mundi‹) theologisch-symbolistisch gedeutet, im → Barock durch die Astronomen T. Brahe und J. Kepler (1571-1630) auf ›himmelsmechanisch‹ exakte Zahlenverhältnisse ermittelt (J. Kepler, *Harmonice mundi*) in der → Romantik kosmologisch als ›Weltvernunft‹ (Schelling), im 20. Jh. anthroposophisch (R. Steiner) u. nach dem Gesetz der → Naturklänge (H. Kayser) interpretiert; v. P. Hindemith in der Kepler-Oper *Die Harmonie der Welt* (1957), auch in *Mathis der Maler* (1935) harmonikal gewertet. – H. Pfrogner, *Musik. Gesch. ihrer Deutung*, 1954; R. Hammerstein, *Die Musik der Engel*, 1962; H. Kayser, *Vom Klang der Welt*, 1937/2/1946, *Akróasis*, 1947; H. Schavernach, *Die Harmonie der Sphären*, 1981.

Sphärophon (griech. = Kugelklang), v. J. Mager 1926-33 konstruiertes → elektr. Musikinstr., Tonerzeugung durch Hochfrequenzüberlagerung, als → E-Orgel mit 4 Manualen u. Pedal.

spiccato, Abk. spicc. (it. = deutlich abgehoben), geworfene Strichart bei Saiteninstr. mit neuem Bogenstrich f. jeden Ton. → sautillé.

Spiegelfuge, Sonderform der → Fuge, in → Umkehrung des ganzen Satzes (nicht nur seiner Einzelstimmen), wobei die Originalgestalt (*rectus*) vor der Umkehrungsgestalt (*inversus*) steht, z. B. *Contrapunctus* 16-18 in Bachs *Kunst der Fuge* (1750).

Spiegelkanon (it. canon all'inverso), → Kanon, bei dem das Thema in der → Umkehrung erscheint.

Spieldose, kl. mechan. Musikwerk, Ende des 18. Jhs. entwickelt, Tonerzeugung durch Anzupfen v. Metallzungen mittels Stiften, die auf rotierenden Walzen od. Scheiben sitzen, Handkurbel- od. Federwerkantrieb; mit Uhrwerk versehen auch als *Spieluhr*.

Spielleute, fahrende Spieler, Sänger, Musiker des MA (→ Spielmann, Jongleur, Ménestrel), auch Trommler u. Pfeifer in → Militärmusikkapellen u. → Spielmannszügen der Neuzeit.

Spielmann, fahrender Musiker-Sänger u. Possenreißer des MA (→ Jongleur), auch im Gefolge v. → Troubadouren u. → Minnesängern, im Spät-MA in → Bänkelsänger-Zünften zusammengeschlossen od. (seltener) → Stadtpfeifereien angeschlossen.

Spielmannszug, als *Spil* v. Trommlern u.

Pfeifern bei der Landsknechts-Fußtruppe, seit dem 18. Jh. einem ›Tambourmajor‹ unterstellt, als Sp. in milit. Bereich Gruppenbez. f. 4-8 Trommeln u. mehrere → Querpfeifen.

Spielmusik, seit den 1920er Jahren aufgekommene Bez. f. leicht spielbare Instrumentalmusik im Bereich des Laienmusizierens. → Jugendmusikbewegung.

Spieloper, dt.sprachige Kom. Oper um die Mitte des 19. Jhs. z. B. bei Lortzing, Nicolai, Flotow, ggs. zum → Musikdrama (Wagner). → Singspiel.

Spielpartitur, → Partitur f. Einzelstimmenspieler serieller od. aleatorischer Musik zwecks Verdeutlichung komplizierter Strukturen, im Zusammenspiel als Orientierungspartitur f. das Zusammenwirken v. vokal-instrumental auszuführenden vorproduzierten elektron. Kompositionsteilen.

Spinett (v. lat. spina = Dorn, Kiel), abgeleitet v. der Mechanik des → Cembalo od. v. Namen des Erfinders G. Spinetti (Venedig um 1550), seit dem 16. Jh. in It. als Spinetta (Kleinform Spinettino) gebautes einmanualiges Tasteninstr. mit quer zur Klaviatur verlaufenden Saiten (einchörig) in 5-6-eckigem Gehäuse. → Virginal, Klavichord.

Spiritual → Negro Spiritual Song, Gospelsong, Blues.

spirituoso, con spirito (it. =) mit Geist, feurig; Vortragsbez.

Spitzentanz → Ballett.

Spitzzither, Harfenette, kl. dreieckige Standzither in Harfenform, beidseits des Resonanzbodens mit Saiten bespannt, Umfang g-c^4 (chromatisch). → Harfe, Zither.

Sprachkomposition, in den 1950er Jahren (→ serielle Musik) einsetzende Behandlung phonetischer Bestandteile der Sprache als Kompositionsmaterial, entsprechend den Lautgedichten des (Neo-) → Dadaismus, z. B. bei L. Berio, *Sequenza III per voce sola* (1965).

Sprechgesang, zw. Sprechen u. Singen gehaltene Deklamationsart, als gehobene Sprechweise ohne fixierte Tonhöhen in rhythmisch-musikal. Bindung im → Melodram (Schönberg, *Pierrot Lunaire*, 1912), als der Sprachmelodie folgender Gesang im → Musikdrama (Wagner, *Der Ring des Nibelungen*).

Springbogen → saltando, sautillé.

Springlade → Windlade.

Springtanz → Hupfauf, Saltarello, Galliarde, Courante.

Square dance (engl. = Vierecktanz), aus der → Quadrille entwickelter nordamerikan. → Country dance, v. 4 Tanzpaaren gemeinsam ausgeführte viermalige Bewegungsfiguren; Begleitung: Vl. mit Akkordeon u./od. Git. od. Banjo.

Stabat mater (lat. = es stand die Mutter), Anfangsworte eines im 13.-15. Jh. in It. entstandenen vielstrophigen mlat. Reimgebetes (Dreizeiler, 8 + 8 + 7 Silben) aus dem Umfeld franziskan. Marien- u. Passionsfrömmigkeit, als → Sequenz in die ›Votivmesse zur schmerzhaften Mutter‹ (seit 1727 ›Fest der 7 Schmerzen Mariens‹) aufgenommen, im 19. Jh. mit einer (älteren) Choralmelodie unterlegt; seit dem 15. Jh. oft vertont, seit dem 18. Jh. auch f. Soli, Chor, Orch. (Pergolesi, A. Scarlatti, Caldara, im 19. Jh. Rossini, Dvořák, Liszt, Verdi, im 20. Jh. Poulenc, R. Kubelik, Penderecki).

Stabreim (Alliteration), Reimform als Gleichklang mehrerer Hebungssilben eines Verses, auf altdt. Dichtung bezogen

(*Nibelungenlied*) in Wagners → Musikdramen Elementarteil seiner Worttonsprache: *Weibes Wonne und Wert* od. [mit → Glottisschlag als → Konsonanz] *Alles, was ist, endet* (Rheingold).

Stabspiel → Idiophone aus Holz- od. Metallstäben od. -platten: → Xylophon, Marimbaphon, Celesta, Vibraphon, Stahl-Glockenspiel. → Orff-Instrumentarium.

staccato (it. =) abgestoßen, getrennt (Vortragsanweisung), angezeigt durch die Wortabk. stacc. od. durch Punkte unter den Noten; auszuführen bei Sängern od. Bläsern durch Unterbrechen des Atemstroms, beim Klavierspiel durch Kürzen des Anschlags, bei Streichinstr. durch kräftigen, wechselnden Bogenstrich (→ martellato), bei schneller Tempovorschrift auf einem Bogenstrich.

Stachel (Dorn), bei Vc. u. Kb. aus der Unterzarge herausragender, beim Kontrafg. an der Metallstürze angebrachter Eisenstift zur Abstützung des Instr. auf dem Boden.

Stadtpfeifer, seit dem 16. Jh. bis ins 18. Jh. zunftmäßig organisierte Musiker in (reichs-) städtischen Diensten, v. a. Bläser zur Durchführung v. Ratsmusiken u. zur schulischen reglementierten Ausbildung des Nachwuchses in Stadtpfeifereien, seit dem 19. Jh. abgelöst durch Orchesterschulen.

Stagione (it. = Jahreszeit, Saison), im it. Opernbetrieb svw. Spielsaison, Haupt-St. Dez.-März, Oster-St. April-Juni, Herbst-St. Sept.-Nov., auch Bez. f. saisonal engagiertes Opernensemble.

STAGMA Abk. f. Staatlich genehmigte Gesellschaft z. Verwertung musikal. Urheberrechte. → GEMA.

Stammakkord, nach Riemann (*Hdb. der Harmonielehre*, 2/1887) Dur- u. Mollakkord, als *Hauptakkord* Dreiklang der 1., 4., 5. Stufe.

Stammtonreihe, die aus den Dreiklangstönen der 1., 4., 5. Stufe gewonnenen sieben Stammtöne der diaton. Oktavskala c-d-e-f-g-a-h, it.-frz.-span. do-re-mi-fa-sol-la-si, von denen durch → Alteration die zwölftönige → chromatische (Halbton-)Skala abgeleitet werden kann.

Standardtänze → Turniertanz.

Ständchen, zu Ehren einer Person komponiertes bzw. aufgeführtes Lied, f. Solo od. kl. Vokalensemble mit u. ohne Instr.-Begleit., od. Instrumentalstück f. kl. Besetzung; Abend-St. → Serenade, Morgen-St. → Aubade; auch in musikal. Bühnenwerken (Mozart, *Don Giovanni*, 1787, Wagner *Die Meistersinger von Nürnberg*, 1867).

Stanze (v. it. stanza = Aufenthaltsraum), das ›Reimgebäude‹ einer it. Achtzeilerstrophe mit 8 Elfsilbern, Standardform roman. Dichtung seit der → Renaissance (Tasso, Lope, Corneille), in frz. Opern u. Oratorien des Barock als *Stances* (Charpentier).

Statistik, in der MW faktorenanalytische → Informationstheorie, in deren Rahmen musikal. Elementargrößen wie Rhythmen od. Klangfarben als ›Signale‹ aufgefaßt werden, aus deren Häufigkeitsauftreten ein (relativer) Informationsgehalt resultiert. – *Statistische Musik*, auf Gruppenmerkmale bezogene, nach → Parametern erfaßte u. nach Häufigkeitsgrundsätzen ausgewählte bzw. angeordnete serialistische Kompositionen. → Serielle Musik, Stochastische Musik (Xenakis).

Steg (it. ponticello), bei Saiteninstr., v. a. bei Streichinstr. ein auf 2 der Deckenwölbung angepaßten Füßchen stehendes brükkenförmiges Hartholzplättchen, über dessen leicht gewölbter Oberkante die Saiten in kl. Einkerbungen liegen, womit ihr schwingender Teil abgegrenzt wird u. ihre Schwingungen auf die Decke u. (über den → Stimmstock im Inneren des Instr.) auf dessen Boden übertragen werden; bei besaiteten Tasteninstr. (→ Klav., Cembalo) auf dem Resonanzboden aufgeleimter Diskant- u. Baßsteg, der die Schwingungen der darübergespannten Saiten auf den → Resonanzboden überträgt; bei Zupfinstr. mit flachen Deckeln (Git., Laute) ein auf die Decke geleimter niedriger u. ungewölbter Querriegel, der, mit kl. Löchern f. die Verknotung der Saiten versehen, Steg u. Saitenhalter in einem ist; Form, Material und Gewicht des Stegs vermögen den Klang v. a. der Violininstr. mitzubeeinflussen.

Stegreif → Improvisation.

Stehgeiger, stehend spielender 1. Geiger einer Tanz- u. Unterhaltungskapelle (→ Salonmusik), der anhand einer Direktionsstimme durch gelegentliches Taktschlagen mit dem Violinbogen od. durch Nicken mit dem Kopf Einsätze f. die Mitspieler gibt, ähnl. der Funktion eines Bandleader-Saxophonisten in Jazzkapellen.

Steinspiele → Lithophone (engl. stone disc).

Steingräber & Söhne, dt. Klavierfabrik, 1852 in Bayreuth v. dem aus Thüringen stammenden Klavierbauer Eduard St. (1823-1906) gegr., bedeutendstes Unternehmen seiner Zeit in Bayern; in Wagners Auftrag konstruierte St. ein viertöniges *Gralsglocken-Klavier* f. die Tempelszenen in *Parsifal* (1882; mit Unterbrechungen bis 1974 benutzt); Leitung seit 1980, in vierter Nachfolge-Generation, Udo Schmidt.

Steinway & Sons, amerikan. Klavierfabrik, 1853 in New York v. H. E. Steinweg gegr. (→ Grotrian-Steinweg) u. mit 4 ebenfalls aus Dtl. ausgewanderten Söhnen bis zu seinem Tod (1871) zu führender Stellung ausgebaut (Klaviere, Flügel; seit 1856 mit Gußeisenrahmen aus einem Stück); in der Steinway Hall traten seit 1866 die gr. Pianisten ihrer Zeit auf; Niederlassungen folgten in London (1875) u. Berlin (1909), ein Zweigwerk (1880) nebst Verkaufshaus (1904) in Hamburg, nach Kriegszerstörung seit 1946 neu aufgebaut (Steinway-Haus seit 1953), die Familien-AG ging 1972 in den Besitz v. CBS (→ Columbia) (New York) über; die Fabrikate, bis heute über eine halbe Million in aller Welt, zeichnen sich durch hervorragende Tonqualität, perfekte Mechanik u. Durabilität aus.

Stereophonie (griech. = Raumklang), 2-kanaliges elektr. Übertragungsverfahren zur Erzielung eines nach Tiefe, Breite u. Durchhörbarkeit plastischeren Klangbildes. → Kunstkopfstereophonie, Richtungshören, Knochenschall, Quadrophonie.

Stich → Notenstich, Notendruck.

Sticheron (v. griech. stichos = Vers), einstrophige → Hymnen der → byzantin. Kirchenmusik, ursprüngl. zw. → Psalmversen vorgetragen; bedeutende Dichter-Meloden im 8.-9. Jh. Johannes Damascenus, Andreas Kretensis.

Stiel = Notenhals. → Notenschrift.

Stil (v. lat. stilus = Griffel, Schreib- u. Redeweise), seit dem 17. Jh. aus der it. in die dt. Musikfachsprache übernommen, im 18. Jh. als epochen-, zeit- od. schulstilistische Wertungskategorie definiert (→ Galanter Stil, Empfindsamer Stil), im 19. Jh. (Riemann) auch gattungsstilistisch (Oper, Sinfonik usw.) u. personalistisch klassifiziert (→ Palestrinastil, Beethovens Spätstil); Stil in der Musik schließt nach Form u. Inhalt satztechn. instrumentator., aufführungsprakt. u. a. analysierbare Befunde mit ein. – G. Adler, *Der Stil in der Musik*, 1911, Nachdr. 1973; G. Hausswald, *Musikal. Stilkunde*, 1973.

Stimmbänder → Kehlkopf, Stimme.

Stimmbildung → Gesangspädagogik, Stimme.

Stimmbögen, gebogene Rohrstücke zur Verlängerung der Schallröhre bei Naturhorn u. Naturtrp. zwecks Veränderung der → Stimmung des Instr. → Horn, Trompete.

Stimmbruch, Mutierung, Wechsel der Stimmlage in der Pubertät, bedingt durch Verlängerung der Stimmbänder infolge Wachstums des Kehlkopfs, je bei einem Drittel der Mutierenden v. der Knabenstimme zur Baß- od. Bariton- u. Tenorstimme.

Stimmbücher, geheftete od. gebundene handschriftl. od. gedruckte Einzelstimmen mehrstimmiger weltl. od. nichtliturgisch-geistl. Kompositionen im 15.-18. Jh.; dagegen → Chorbuch.

Stimme, Lautäußerung von bestimmtem Klangcharakter, als menschl. Sprech- u. Singstimme erstrangiges Verständigungsinstrument; der Stimmbildungsvorgang wird über Luftleitung (→ Kehlkopf), Knochenleitung u. a. Bewegungssysteme durch das zentral u. periphere Nervensystem gesteuert; menschl. Stimmgebungsarten umfassen Räuspern, Flüstern, Rufen, Sprechen, Singen, Jodeln u. a. Stimmleistungen (Schreien, Pfeifen usw.); die Stimmumfänge reichen in Ausschnitten v. je etwa 2 Oktaven v. ^{1}F bis e^{4}, die Stimmlagen hängen v. Länge u. Spannung der Stimmbänder ab, die Klangfarben-Register v. Form u. Größe der Resonanzhöhen. → Baß, Bariton, Tenor, Alt/Altus, Sopran/Diskantus, Falsett; → Gesangspädagogik. – *St.*, abgeleitet v. Gesang, auch als Vokal- bzw. Instrumental-St. eines mehrstimmigen Werkes (→ Cantus, Motetus, Tenor), satztechn. unterschieden nach Ober-, Mittel-, Unter-, Füll- od. Zusatz-St. (→ Quintus, Sextus). – *St.* in der Orgel als Gruppe gleichklingender Pfeifen (→ Register). – *St.* bei Streichinstr. auch f. Stimmstock.

Stimmer, Bordunpfeife des → Dudelsacks.

Stimmfächer, Rollenfächer in der sängerischen Bühnenpraxis, unterschieden nach seriösen Fächern (z. B. Heldentenor od. seriöser Baß), Charakterfächern (z. B. Charakterbariton) und Spielfächern (z. B. Tenorbuffo, Spielalt); Überschneidungen verschiedener Stimmgattungen u. Zuordnungsschwierigkeiten f. viele Opernpartien bringen Besetzungsprobleme mit sich.

Stimmfamilie, gleichartige Instrumentengruppe, verschieden nach Baugröße u. Tonbereich, in Anlehnung an die Grundtypen der vokalen Stimmfamilie als → Sopran-, Alt-, Tenor- u. Baßinstrumente, z. B. bei → Blockflöten, Gamben, Violininstr., Saxophonen, Klarinetten.

Stimmführer, im neueren Orchester Streicher u. Bläser an den ersten Pulten ihrer Instrumentengruppe, verantwortlich z. B. f. die Spieleinrichtung ihrer Stimme etwa nach Bogenstrich od. Phrasierung. Dagegen → Chorführer.

Stimmführung, im strengen kontrapunktischen Satz des 15.-18. Jhs. die harmonikal sinnstiftende Fortschreitung der einzelnen

Stimmen in → Seiten-, Gegen- od. Parallelbewegung. → Palestrinastil.

Stimmgabel, zweizinkige Gabel aus ungehärtetem Stahl, auf den Kammerton a^1 abgestimmt, mit den Fingern od. einem Hämmerchen angeschlagen, zur Tonverstärkung auf einem Resonanzkasten befestigt, in der Musizierpraxis seit dem 18. Jh. zur Einstimmung v. Musikinstrumenten od. Chorensembles verwendet.

Stimmgattungen, nach Tonumfang, Klangcharakter, Lautstärke unterschiedene Singstimmeinlagen der Grundtypen → Sopran (g-c^1), → Alt (f-b^2), → Tenor (A-g^1), → Baß (F-e^1). → Stimmfächer, Stimme.

Stimmhorn, kl. hornförmiges Werkzeug des Orgelstimmers zur Einstimmung stimmschlitzloser kl. → Labialpfeifen durch Erweiterung bzw. Verengung ihrer Mündung zwecks Korrektur der Stimmung.

Stimmkreuzung, vorübergehendes gegenseitiges Über- od. Untersteigen zweier Stimmen unterschiedlicher → Stimmlage, im → kontrapunktischen Satz vielfältig angewandt (Bach), in der klassischen → Harmonielehre untersagt, in der musikal. Moderne als Effektmittel benutzt.

Stimmkrücke, an den Zungen der → Lingualpfeifen angebrachter Draht, bei dessen Verschiebung eine höhere od. tiefere Stimmung der Pfeife bewirkt wird.

Stimmlagen → Stimmgattungen, Stimmfächer, Stimme.

Stimmlippen, Stimmritze → Kehlkopf, Glottis.

Stimmschlüssel, Werkzeug z. Stimmen v. Saiteninstr. wie Klav., Cembalo, Harfe, Zither, auch v. Trommelinstr. mit grifflosen Stimmwirbeln (→ Wirbel).

Stimmstock, Holzstäbchen im Inneren v. Streichinstr., unter dem rechten Stegfuß (→ Steg) zw. Decke u. Boden des Korpus eingesetzt, dient der Schwingungsübertragung auf den Gesamtkorpus u. ist f. den Klangcharakter des Instr. v. Bedeutung; umgangssprachig auch Stimme od. → Seele genannt.

Stimmtausch, satztechn. Verfahren, 2 od. mehr Stimmen abschnittweise wechselseitig austauschen zu lassen; seit dem 14. Jh. im altengl. → Rondellus, im → Kanon u. im 2- u. 3-fachen → Kontrapunkt. Dagegen → durchbrochene Arbeit.

Stimmton, Bezugton z. Einstimmen der Instr. seit 1939 als → Kammerton a^1 internat. verbindlich auf 440 Hz festgelegt; bis ins 18. Jh. örtl. u. nach Gattungen unterschiedlich (→ Chor-, → Opernton), seit Erfindung der → Stimmgabel um 1710 vereinheitlicht, heute auch durch elektr. Tonerzeuger angegeben; v. Eliteorch. inzwischen höher getrieben.

Stimmung, Festlegung aller v. einem Musikinstr. erzeugter bzw. in einem Tonsystem gegebener Tonhöhen; relativ z. jeweiligen → Stimmton; in der → temperierten Stimmung seit dem 17. Jh. auf einen Kompromiß z. naturtönigen St. gebracht. → Temperatur.

Stimmwechsel → Stimmbruch.

Stimmzug, ausziehbarer Röhrenteil bei Blasinstr. dient der Regulierung der Gesamtstimmung des Instr. erstmals 1781 v. dem Hanauer Instrumentenbauer Haltenhoff für das → Waldhorn konstruiert.

Stochastische Musik, auf statistischen Berechnungen basierende, nach Methoden der Wahrscheinlichkeitstheorie berechnete Musik, seit Mitte der 1950er Jahre von dem griech.-frz. Komponisten, Mathematiker u. Architekten Iannis Xenakis (Jg. 1922) eingeführt, seit den 1970er Jahren auf Computerprogramme erweitert, die auch graphische Strukturen in Klänge umsetzen. → Statistische Musik, Serielle Musik.

Stollen, im → Meistersang Bez. f. Doppelstrophen (Stollen u. Gegenstollen) v. zwei u. mehr durch Kreuzreim verbundenen gereimten Versen, beide Strophen auf die gleiche Melodie gesungen. → Barform.

Stomp (engl. = aufstampfen), afroamerikan. Tanzlied auf ein rhythm. → Ostinato, im → Jazz als *stomp pattern* dem Melodie-(Teil-)Verlauf unterlegt.

Stop time (engl. = Zeitanhalt), im klass. → Jazz das Abbrechen bzw. Aussetzen der Rhythmus- u. Melodiegruppe bei improvisatorischer Weiterführung eines Instrumentalsolos (→ Break).

Stopfen, Hervorbringung gedämpfter Töne bei Blechblasinstr. durch besondere in den Schalltrichter eingeführte → Dämpfer; ursprüngl. das Einführen der geballten Faust in die Schallstürze des (ventillosen) → (Wald-)Horns zur Erweiterung der Naturtonskala um Halb- od. Ganztonschritte.

Stradivari, → Violinen, Violoncelli u. Violen aus den Cremonenser Werkstätten der it. Geigenbauerfamilie gleichen Namens, v. a. für die zw. 1700 u. 1720 gebauten Instr. v. Antonio Str. (um 1645-1737), volltönender als die seines Lehrers → Amati, für die gr. Konzertsäle der neueren Zeit bevorzugt, im frühen 19. Jh. meist umgebaut, z. B. mit Baßbalken-Verstärkung zum Auffangen der Drucklast neuzeitl. Stahlsaiten; erhalten etwa 500 Violinen, 50 Violoncelli, 10 Violen; eine nicht abschätzbare Anzahl v. Violinen mit eingeklebtem Zertifikat »A. S. faciebat« wurde u. wird nach Modellen des A. S. gefertigt. – S. F. Sacconi, *Die Geheimnisse Stradivaris*, 2/1981. → Violine.

Strathspay (engl.), schottischer Nationaltanz in langs. ¼-Takt mit punktiertem Rhythmus. → Scotch snap.

Streicher, Spieler bzw. Gruppen v. → Streichinstr. im → Orchester; auch streicherähnl. klingende engmensurierte → Labialpfeifen-Register in der → Orgel (*streichende Stimmen*).

Streichinstrumente, zu den → Saiteninstr. (Chordophone) zählende Gruppe v. Instr., die mit → Bogen angestrichen werden, v. a. → Vl., Va., Vc., Kb., die hist. S. der → Gambenfamilie, → Fidel, Rebec, Rabab, auch → Lira, Drehleier, ferner exot. S. wie → Kamangah u. → Sarangi, abgeleitet auch Idiophone wie → Glasharmonika, Reibetrommel.

Streichmelodion, v. L. Breit (*Breitoline*) in Brünn um 1850 aus → Streichzither u. Vl. entwickeltes Streichinstr. mit breitem Griffbrett (Metallbünde), gegen eine Tischkante gestützt zu spielen, war in Altöstr. verbreitet.

Streichorchester, aus → Streichinstr. gebildetes Ensemble in chorischer → Trio-, Quartett- od. Quintett-Besetzung, modellhaft im → Concerto grosso des 17. Jhs. (Corelli), im 20. Jh. (→ Neoklassizismus) meist in kammerorchestraler Quartett- od. Quintettbesetzung (Bartók, *Divertimento* für Streicher, 1939; Strawinsky, *Concerto in Re* f. Streicher, 1946; beide f. das Basler Kammerorchester).

Streichquartett, seit der Früh- → Klassik eingeführte kammerkonzertante Werkgattung in der Besetzung v. 2 Vl., Va., Vc. bis heute bevorzugt aus Gründen klanglicher

Homogenität bei vierfacher Individualität; in Ablösung v. → Divertimento u. → Triosonate durch J. Haydn seit den 1770er Jahren zur sinfon. Viersätzigkeit u. motivisch-thematischen Klangstruktur entwickelt, über Mozart u. Beethoven in die → Romantik geführt (Schubert, Schumann, Mendelssohn, Brahms, Reger), herausragend auch in den nationalen Schulen des 19.-20. Jhs. vertreten (Tschaikowsky, Smetana, Dvořák, Janáček, Sibelius, Szymanowski, Ives, Debussy, Ravel, Messiaen, in der musikal. Moderne zentral bei Bartók (6 Str.) u. Schostakowitsch (15 Str.), eher experimentell bei Boulez, Ligeti, Cage u. a. m. → Quartett.

Streichquintett, kammerkonzertante Werkgattung bzw. Besetzung f. 2 Vl., 2 Va., Vc. od. 2 Vl., Va., 2 Vc. → Quintett.

Streichsextett, kammerkonzertante Werkgattung bzw. Besetzung f. je 2 Vl., Va., Vc. → Sextett.

Streichtrio, Werkgattung für Vl., Va., Vc. → Trio, Triosonate.

Streichzither, eine 1823 v. J. Petzmayer in München konstruierte → Zither mit herzförmigem Korpus, bündigem Griffbrett u. vier Stahlsaiten in Violin-, Viola- od. Violoncellostimmung; mit → Bogen angestrichen od. mit den Finger gezupft; in Schoßhaltung zu spielendes, schwach u. näselnd klingendes Hausmusikinstr. des → Biedermeier.

strepitando, strepitoso, con strepito (it. =) geräuschvoll, auch glänzend; Vortragsbez.

Stretta (it. = Druck), ein im Tempo beschleunigtes Finale v. a. in der it. Oper des 18.-19. Jhs. seit Beethoven auch f. Schlußabschnitte v. Instrumentalwerken.

stretto (it. =) eng, gedrängt, eilig (Vortragsbez.), auch f. → Engführung in der → Fuge.

Strichart, die Führung des → Bogens bei → Streichinstr. dient der → Artikulation u. dem Ausdruck. → legato, portato, martellato, staccato, spiccato, sautillé.

Stride piano (engl. = Weitschritt-Klavier), Klavierstil im klass. → Jazz mit weiträumigem Wechsel zw. Baßeinzelton u. Akkordtraube in der linken Spielhand.

stringendo, Abk. string, (it. =) drängend, allmähl. schneller werdend; Vortragsbez. → accelerando.

strisciando (it. =) schleifend, chromatisch über die Halbtöne gleitend; Vortragsbez. → glissando.

Strohfidel → Xylophon.

Strophe (v. griech. strophe = Wendung), Zusammenfassung v. metrisch u. formal spezifizierten (Reim-)Versen zu einer dichterischen bzw. dichter-musikal. Einheit, als Str. u. Gegenstr., als Str.-Reihe od. als Str.-Zyklus, im Volkslied als Str.-Lied mit wiederkehrender Melodie, im Kunstlied als variiertes Str.-Lied (Schubert) od. in strophig fortlaufender Textausdeutung als durchkomponiertes Lied (Wolf). → Lied, Ballade.

Strukturelle Musik → Serielle Musik, Statistische Musik, Stochastische Musik.

Struktur (v. lat. structura = Zusammenfügung), in der Analytik u. Ästhetik der neueren Musik seit den 1950er Jahren vieldeutig genutzte Begriffskategorie z. Umschreibung v. parametrischen u. a. kompositionstechn. Zusammenhängen.

Strumento (it. =) Instrument: *str. a fiati* = Blasinstr., *str. di legno* = Holzblasinstr., *str. d'ottone* = Blechblasinstr.; *str. a percussione* = Schlaginstr.; *str. da tasta* = Tasteninstr.; *str. a corde* = Saitensinstr.; *str. ad archi* = Bogeninstr.

Studentenlied, Ständelied volkstüml. Prägung, im MA dt.-lat. textierte → Vagantenlieder (→ Carmina Burana), in Renaissance u. Barock Generalbaß- u. Chorlieder (Slg. v. J. Jeep, *Studentengärtlein*, 1607; J. H. Schein, *Venus Kräntzlein*, 1609), im 18. Jh. abgelöst durch Instrumentalmusik studentischer → Collegia musica (Telemann), im 19. Jh. in der dt.-vaterländischen Chorbewegung neubelebt (→ Kommersbuch), im 1. Drittel des 20. Jhs. in der → Jugend- u. Chormusikbewegung aufgegangen, seither in Studentenverbindungen weitergepflegt.

Stufe, Stufenbezeichnung: Stufe als Standort der 7 Töne der diaton. Grundtonleiter u. ihrer chromat. Ableitungen, z. B. 5. Stufe der Grundskala auf c = g (Ableitungen gis, ges); Stufenbez. als Kennzeichnung v. → Akkorden nach der Leiterstufe der jeweiligen Grundskala, z. B. g-h-d in C-Dur = Dreiklang der V. Stufe. Dagegen → Funktionsharmonik.

Sturm und Drang, revolutionäre literar. Strömung in Dtl. um 1770-85, benannt nach dem gleichnamigen Drama von Maximilian Klinger (1752-1831), v. Rousseaus Freiheitsideen mitbeeinflußt; Parallelerscheinung zum → Empfindsamen Stil, zur → Fantasieform (C. Ph. E. Bach), Volksliedentdeckung (→ Berliner Liederschule) u. Ballade (Schubart) der musikal. Vor- u. Frühklassik.

Stürze, Schallstück, Schalltrichter bei → Blechblasinstr. entsprechend dem → Becher bei Holzblasinstr.

Stutzflügel, kleinste Ausführung des → Flügels. → Hammerklavier, Klavier.

suave → soave.

Subbaß, 16- od. 32-Fuß-Register in der → Orgel, v. Pedal aus zu spielen, weit mensurierte gedackte → Labialpfeifen v. dunklem grunddierendem Klang.

Subdominante (v. lat. sub = unter, dominans = herrschend), in der Dur- u. Moll-Tonalität die Quinte unter dem Grundton (Unterdominante), Subdominantdreiklang der Dreiklang auf dieser Unterquinte als Grundton, in C-Dur f bzw. f-a-c; subdominantische → Funktion erhält jeder Dur- od. Moll-Dreiklang durch Hinzufügung der gr. Sexte (→ Sixte ajoutée). Dagegen → Oberdominante, → Halbschluß.

subito (it. =) rasch, sofort anschließend; Vortragshinweis.

Subjekt (v. lat. subjectum = das Zurückliegende), it. → Soggetto. → Kontrasubjekt, Kontrapunkt, Fuge.

Subkontraoktave, Tonraum v. ^{2}C-^{2}H. → Tonsystem, Oktave.

subsemitionium modi (lat. =) Unterhalbton des → Modus, Halbton unter der → Finalis. → Leitton.

Succentor, Subcantor → Kantor.

SUISA, Abk. v. Suisse Auteurs, Schweizerische Ges. für die Rechte der Urheber musikal. Werke, Mitglied der → CISAC.

Suite (frz. = Folge), seit dem 16. Jh. überlieferte lose gebündelte Folge v. Tänzen, tanzartigen od. freien Instrumentalsätzen, meist mehrerer Kontrastpaare in langs. Zweier- u. lebhaftem Dreiertakt, bei ursprüngl. gemeinsamer Tonart u. umrhythmisierter verwandter Motivik, f. Einzelinstr. (→ Laute, Git., Virginal) od. Bläser bzw. Streicher od. gemischte Ensembles; Satzpaare im 16. Jh. → Pavane-Galliarde, Passamezzo-Saltarello, im 17.-18. Jh. die Standardpaare → Allemande-Courante, Sarabande-Gigue, mit wahlfrei vor der Gigue eingeschobenen weiteren (Tanz-)Sätzen u. einer einleitenden → Ouvertüre, letztere obligat bei Ballett- u. Konzertsuiten, Höhepunkte in den Ouvertürensuiten v. Bach u. Händel (*Wasser-* u. *Feuerwerksmusik*), parallel zur *Klaviersuite* bei Couperin u. Rameau als → Ordre, bei J. S. Bach als → *Partiten*, *Frz.* u. *Engl. Suiten*, Solosuiten u. a. Instr., nach Bach Ablösung der S. durch andere zyklische Formen wie → Divertimento, Serenade, Sonate, letztere epochemachend für → Klassik u. Romantik; Orch.- u. Kammermusik-S. im 20. Jh. als barockisierende Wiederaufnahme bei Reger, Hindemith, Bartók u. a., als Aufreihung v. Einzelstücken in → Oper, u. Ballett (Strawinsky, Britten, Henze).

sulla tastiera, sulla ponticello, sul sol (G) (it.), Anweisung bei Streichinstr. nahe am → Griffbrett, nahe am → Steg, auf der Vl.-G-Saite zu spielen. → flautato, Flageolett.

Summationstöne → Kombinationstöne. Ggs. → Differenztöne.

Superius → Cantus, Discantus, Sopran.

Suspiratio, suspirium (lat. = Seufzen), in der barocken Vokalmusik textbezogene ›Seufzer‹-Pause; in der Mensuralmusik svw. ›Atem‹-Pause. → Pause.

svegliato (it. =), frisch, keck, ungebunden; Vortragsbez.

Swing (engl. = Schwung), als rhythmische Grundkomponente des → Jazz das Ineinanderwirken von → Beat u. → Off-Beat, als *Swing-Stil* die Entwicklungsphase des Jazz der 1930er u. frühen 40er Jahre in Akkulturation afro-euro-amerikan. Musikelemente mit Tendenzen der Sentimentalisierung (*Sweet-Jazz*) u. Kommerzialisierung (schwarze u. weiße Big Band v. Duke Ellington bis Benny Goodman), seit Mitte der 50er Jahre im *Swing revival* (Mainstream Jazz) mit Schlagern u. Modetänzen gemischt. (*Jazz at the Philharmonic*; *Symphonic Jazz*.)

Syllabik, Zuordnung je einer Silbe auf einen Ton; ggs. → Melismatik.

Symbol (v. griech. symbolon = Merkmal), als Sinnbild in der ma. Musik theologisch gedeutet (Dreiertakt = Abbild der Dreifaltigkeit, → Tritonus = Teufel), in der Musik der → Renaissance u. des → Barock in textbezogenen Kompositionen im Sinne der → Affektenlehre entwickelt; in der → Klassik als Proportions- u. Zahlensymbolik fortentwickelt, in der → Romantik als Tonarten- u. Klangfarben-Symbolik (noch in Schönbergs *5 Stücken für Orchester*, op. 16, 1912) wie als symbolhaltige → Programmusik, in der → *Musique concrète* des 20. Jhs. zu Geräusch-S. denaturiert, in neueren Notationsarten zu graphischen Bewegungs-S. chiffriert. → Hermeneutik. – M. Schlesinger, *Symbolik in der Tonkunst*, 1930, Nachdr. 1967; A. Schering, *Das Symbol in der Musik*, 1941; H. Jung, *Zur Phänomenologie musikal. Symbole*, in: Kgr.-Ber. Bayreuth 1981, 1983.

Symmetrie (v. griech. symmetria = Regelmäßigkeit), in der Musik Spiegelungsgleichheit im Aufbau eines Akkords od. einer Melodie (→ Umkehrung) um eine gedachte waagerechte Achse, in der kontrapunktischen Satztechnik der → Franko-Flämischen wie der Schönberg-Schule auch angewandt auf → Krebs- u. → Kanonbildungen um gedachte senkrechte Achsen, in der → Periodenbildung der Wiener → Klassik, vollendet bei Mozart, als S.-Proportion standardisiert.

Symphonic Jazz → Swing, Jazz.

Symphonie → Sinfonie.
Symphonie concertante → Sinfonia c.
Symphonische Dichtung → Sinfonische Dichtung.
Synagogenmusik → Jüdische Musik.
Synästhesie (griech. = Mitempfindung), Auslösung eines Sinnenreizes durch einen nichtspezifischen anderen Wahrnehmungsreiz, z. B. ›Farbtöne‹ durch ›Klangfarben‹; das psychophysiologisch u. phylogenetisch ungeklärte Phänomen der Doppelempfindung faszinierte v. a. Maler- u. Dichter-Komponisten u. Kunstästhetiker der → Romantik. → Farbenhören, Farbenklavier, Farbenmusik, Gesamtkunstwerk, Multimedia.
Syncopated Music → Ragtime.
Synkope (griech. = Zusammenschlag), akzentverschiebende Überbindung eines unbetonten Zeitwertes an den nachfolgenden betonten Zeit- bzw. Taktwerk über die Taktgrenze hinweg od. innerhalb derselben; das erzielte Spannungsverhältnis zw. → Metrum u. → Rhythmus tritt in der Kunstmusik wie in Musikfolklore u. → Jazz auf; als *Syncopatio* unterlag die S. in der → kontrapunktischen Satztechnik des 15.-18. Jhs. festen Regeln hinsichtl. → Dissonanz u. → Vorhaltbindung; in → Klassik (Beethoven) u. → Romantik (Schumann) diente sie vielfach als Mittel metr.-rhythm. Irritation (→ Hemiole), in der musikal. Moderne verlor sie bei zunehmender Lösung von Takt u. Metrum ihre Spannungsfunktion.
Synthesizer (v. engl. synthesize = Zusammenbindung), → elektron. Musikinstr., zusammengesetzt aus → Moduln (→ Generator), Filtern, Modulatoren, Sequenzer u. a. Geräten; Spannungssteuerungen mittels Klaviaturen über Moduln, Mikrophone, Tonbandgeräte führen zu komplexen Klangabläufen vielfach ostinater Klangfiguren; mobile vorprogrammierte S. finden zunehmend bei Popmusikgruppen Verwendung.
Synthetischer Akkord → Mystischer Akkord.
Syntonisches Komma → Komma.
Syrinx → Panflöte.
Syrischer Kirchengesang, mit → Responsorialchören, Hymnendichtungen u. dem → Kirchentonsystem Mittler zw. → jüd. u. → byzant. KM bis zur Errichtung des islam. Reichs im 7. Jh., auch v. Einfluß auf die weström. → Gregorianik.
System → Tonsystem, Notenliniensystem, Klappensystem.
Szene (v. griech. skene = Bühnenwand), (Musik-)Bühne allgemein od. Auftritt einer bzw. mehrerer Personen in einem Bühnenwerk, in der → Oper als kleinste Handlungs- u. Gesangseinheit v. gesprochenem od. gesungenem → Rezitativ mit nachfolgender → Arie.

T

T, Abk. für → Tempo, Tenor, Tonika.
Tabla, arab. Zylindertrommel, zweiseitig bespannt, mit Riemen od. Klöppeln zu schlagen. → Pauken.
Tabulatur (v. lat. tabula = Tafel), Notierungsart der Musik im 14.-18. Jh. f. mehrstimmig spielbare Instr. wie → Orgel, Cembalo, Laute, Git., Viola, Harfe; als Griffschrift nach Buchstaben unterschiedl. f. Tasten-, Zupf- u. Saiteninstr. wie auch nach Ländern Dtl., Frankr., It., Span.; dt. Orgel-T. notieren ursprüngl. die Oberstimme in → Mensuralnotation, die Unter-

stimmen in Buchstaben, seit dem 16. Jh. alle Stimmen in Buchstaben, span. Orgel-T. in Ziffern, it. u. frz. in Mensuralnotation auf Systemen bis zu sechs Notenlinien; span. u. it. Lauten-T. versehen die Griffbünde über sechs Saiten mit Ziffern, die frz. über fünf Saiten mit Buchstaben; die älteren dt. Lauten-T. geben für leere Saiten u. Spielgriffe Zahlen nebst Einzelzeichen f. Verzierungen u. Fingersätze an; über den Tonhöhen-Ziffern erscheinen f. Tondauer-Einheiten Punkte, Striche, Fähnchen; vereinfachte Griffschriften werden bis heute f. Zither, Mandoline, Akkordeon u. a. Volksinstr. verwendet; auch die gänzl. anderen Regeltafeln f. Dichtung u. Komposition der → Meistersingerschulen im 15.-18. Jh. wurden T. genannt.

tacet, Abk. tac. (lat. = schweigt), Hinweis auf das Aussetzen einer Stimme in einem Instrumental- od. Chorsatz.

tactus (lat. = Schlag), Taktschlag als Bemessung der musikal. Zeit, im 15.-17. Jh. mittels Ab- u. Aufbewegungen der Hand, beim zweiteiligen Takt gleichlang, beim dreiteiligen Takt für die Abwärtsbewegung zweizeitig. → Takt.

Tafelklavier, → Hammerklav. in rechteckiger Tafelform, Saitenverlauf quer zu den Tasten wie beim → Klavichord; seit Mitte des 18. Jhs. als Bürgerklavier gebaut, v. Paris aus über Europa, Engl. aus in den USA verbreitet; seit Mitte des 19. Jhs. v. → Pianino (mit aufrechtem Saitenbezug) abgelöst; zur Interpretation v. Klaviermusik der Biedermeierzeit seit etwa 1970 vereinzelt erneut im Gebrauch.

Tafelmusik, als repräsentativer od. unterhaltsamer Beitrag zu Festmahlen durch Bild- u. Schriftdarstellungen bis in die griech.-röm. Antike u. altägypt. Kultur belegt, seit Renaissance u. Barock in Musikdenkmälern erhalten, Anstellungsverträge f. Hofmusiker schlossen Lieferung u. Aufführung v. T. instrumentaler u. vokaler Art mit ein, die der Kirchen- u. Konzertmusik gleichrangig galt, auch in der seit Mitte des 18. Jhs. aufblühenden bürgerl. Musikkultur; → Divertimenti, Quodlibets u. a. Scherz- u. Tugend-Lieder blieben Hauptstücke höfischer u. bürgerl. T.; im 19. Jh. erhielt sich T. vereinzelt, z. B. zu Hochzeitsmahlen, stand der Kammermusik (Klavier, Streichquartett) jedoch als → Salon- u. Trivialmusik nach. Beispielsammlungen: G. Ph. Telemann, *Musique de table*, 1733; V. Rathgeber, *Ohren-vergnügendes und Gemüth-ergötzende Tafel-Confect*, 1733-46.

Takt (v. lat. tactus = Schlag) regelt den Bewegungsablauf (→ Rhythmus) eines Musikstückes nach Zeitmaß (→ Metrum) u. Betonung (→ Akzent); die Zählzeiteinheit wird durch den → Taktstrich abgegrenzt, ihr Schwerpunkt liegt hinter dem Taktstrich; im langsamen 4/4-Takt gilt das erste Viertel als schwer, das dritte halbschwer, das zweite u. vierte leicht; im 3/4-Takt ist das erste Viertel schwer, das zweite u. dritte leicht; Zweier- u. Dreiertakt leiten sich als Grundschläge aus der → Mensuralmusik her (→ tactus); unregelmäßige Taktbildungen, etwa Dreier- plus Fünfer-Zählzeiten als übergeordnete Einheit, entstammen vorwiegend der osteurop. Folklore (Bartóks → Bulgarische Rhythmen, Strawinskys → Polyrhythmik) u. werden im Westen eher als Kombination gerader u. ungerader Takte empfunden; der Grundschlag eines Stückes od. Teilstückes wird am Beginn in einem numerischen Bruch als Taktart angegeben, der Nenner des Bruches gibt die

Zähleinheiten an (Viertel, Achtel, usw.), der Zähler des Bruches deren Anzahl auf einen Takt (Vierviertel, Sechsachtel usw.); Dehnungen (→ Auftakt) od. Bindungen (→ Synkope) der Taktordnung differenzieren den Bewegungsablauf. Um 1600 entwickelte sich mit Aufkommen der Dur-Moll-Tonalität (→ Dur, Moll) u. Kadenzfunktion (→ Kadenz) der Akzentstufentakt, er folgte den Symmetrieproportionen der Tanzmusik (→ Suite, Tanz, Ballett), hiermit regelten sich auch die Geschwindigkeitsgrade musikal. Vorgänge (→ Tempo, Tempo rubato); die Wiener Klassik führte die Vierertakt-Periodisierung ins Melodisch-Harmonische fort; die Romantik brachte irreguläre Akzente in gekürzte od. gedehnte Taktperioden (→ Musikalische Prosa); die Ultramoderne löste sich seit Mitte des 20. Jhs. weitgehend v. Taktkonventionen (→ Musikalische Graphik).

Taktstock, ein v. → Kapellmeister od. → Chorleiter zum Dirigieren benutzter etwa 30cm langer ursprüngl. zylindrischer Stab aus Holz od. Elfenbein, erstmals 1775 bei J. Fr. Reichardt erwähnt, seit 1817 v. C. M. v. Weber u. Louis Spohr benutzt, seit 1835 durch Mendelssohns Vorbild allgemein angenommen, in der → Militärmusik ab 1860; in MA u. Renaissance wurde mittels Handzeichen dirigiert, im Barock v. Cembalo aus mit einer Notenrolle in der rechten Hand od. mit einem langen, kugelbeschwerten Stab als ›Taktstampfer‹ (Lully zog sich 1682 durch Fehlschlag auf den Fuß eine tödl. Brandwunde zu), noch in Klassik u. Frühromantik v. Konzertmeister mit dem Violinbogen; in neuerer Zeit wird vermehrt mit flexiblen Handzeichen dirigiert, bei Großbesetzungen, Freiluftaufführungen usw. auf den Taktstock aber nicht verzichtet.

Taktstrich, ein senkrecht durch Liniensystem od. → Akkolade gezogener Strich, der die Takte eingrenzt u. T.-Schwerpunkte u. -einheiten anzeigt (→ Takt); um 1600 eingeführte zur besseren Übersicht bei mehrstimmigen Sätzen der Instrumentalmusik (→ Partitur); bei Übertragungen vorbarocker Instrumental- u. Vokalmusik in die neuzeitlicheren Noten- u. Liniensysteme werden statt Taktstrichen Mensurstriche zw. die Liniensysteme gesetzt (→ Mensuralnotation); in zählzeit- u. taktfreier → Serieller Musik dienen T. als Orientierungsmittel eingener Art.

Tâla (ind.), in der → indischen Musik rhythmisch-metrische Ordnungen melodischer Perioden verschiedener Charaktere. → Râga.

Talea (lat. = Strophe) → Isorhythmische Motette.

Talon (frz. =) → Frosch.

Tambour (frz.-arab. =) → Trommel, Schellentrommel, Baskische Tr., Rührtr.

Tambourin (provencal.-arab.), Mehrfachbez.: zylindr. → Trommel, in Südfrankr. zur → Einhandfl. gespielt; Zitherart, quintgestimmte Saiten, mit Plektrum angerissen, zur Einhandfl. gespielt; provencal. Tanzlied in lebhaftem $\frac{2}{4}$-Takt, v. Trommel u. Einhandfl. begleitet.

Tambourmajor, Anführer eines Spielmannszuges.

Tambur, dt. Bez. f. Schellentrommel. → Schellen.

Tamtam (v. malaiisch tammitam = Trommelinstr.), → Gong mit unbestimmter Tonhöhe.

Tanbur → Dutar, Colascione, Laute, Pandura.

Tangente, Metall- od. Holzstift bei besaiteten Tasteninstr., der die Saiten anschlägt (Tangentenklav. um 1800), abteilt (→ Drehleier) od. beides bewirkt (→ Klavichord).

Tango, Paartanz lateinamerikan. Ursprungs in langsamem 2/4-Takt (*T. argentino*) od. 4/4-Takt (*T. milonga*) mit → Synkopen auf dem 1. Viertel im Stil der Begleitfiguren der → Habanera, um 1890 in den Vororten v. Buenos Aires aufgekommen; Schräglage, Knick- u. Kreuzschritte, Stillstand in der Gleitbewegung standen der Verbreitung des T. als Gesellschaftstanz zunächst entgegen, bis er sich seit 1910 in zurückhaltenderer Figuration v. Nordamerika aus rasch über ganz Europa verbreitete (›Tangojahr 1912‹) u. bis heute zu den 5 Standardtänzen der internat. → Tanzturniere zählt; ursprüngl. v. → Git. u. → Harmonika begleitet, in den ersten Jahrzehnten des 20. Jhs. in die Klav.- u. Konzertmusik eingegangen (Albéniz, Strawinsky) wie auch in Operette (Lehár, *Tangokönigin*), Songoper (Brecht/Weill, *Dreigroschenoper*) u. Oper (Egk, *Peer Gynt*).

Tantiemen (frz.), Gewinnanteile des Autors an Einnahmen aus Aufführungen seiner Werke, bei musikal. Bühnenwerken im allgem. 10% der Tageskasseneinnahme (einschl. Abonnentenquote). → GEMA.

Tantum ergo (Tantum ergo sacramentum veneremur, lat. = Darum laßt uns ein so großes Heiligtum verehren), Anfangsworte der 5. Strophe des Fronleichnamshymnus → *Pange lingua* (13. Jh., Thomas v. Aquin zugeschrieben), seit dem 15. Jh. zusammen mit der 6. (letzten) Strophe z. Abschluß v. Sakramentsandachten u. -Prozessionen auf gregorian., in dt. Sprachgebieten auch auf neuere Melodien gesungen, seit dem 17. Jh. mehrstimmig vertont (Mozart, Bruckner, Kodály).

Tanz, elementare bewegungsrhythmische Ausdrucksweise der Menschheit, in Primärkulturen meist mit Werbe-, Kult- od. Kampfhandlungen verbunden (eiszeitl. Felszeichnungen; zentralafrikan., malaiische u. a. Überlieferungen), urzeitl. von Rhythmusinstr. und rhythmisiertem Schreien, in frühen Hochkulturen v. Gesang u. Handlung begleitet (China, Ägypten), seit dem 2. Jt. v. Chr. als Schautanz nachgewiesen (Mesopotamien, Indien), in der griech.-röm. Antike als solistische Tanzwett- od. Unterhaltungsspiele verbreitet (Vasenmalerei); in der ma. europ. T.-Geschichte vorwiegend als → Volkstänze (Gruppentänze), seit dem 13. Jh. als Hoftänze, getrennt- od. gemischtgeschlechtl. → Reigen, seit der → Renaissance Hochblüte nationaler Vielfalt volksläufiger, ständischer u. höfischer Paartänze in vielsätzigen Kontrastformationen, seit dem → Barock verzweigt in → Bühnentänze (→ Ballett, Ballet de cour) u. reine Instrumentaltänze bzw. → Suiten, seit Mitte des 18. Jhs. Ausbreitung in der bürgerl. Musikkultur, vorwiegend → Gesellschaftstänze, im 19. Jh. angereichert durch Tänze der europ. u. außereurop. Tanzfolklore, im 20. Jh. v. a. durch Tänze latein- u. afro-amerikan. Ursprungs einschl. → Jazz; parallel zur Tradierung des klass. akadem. Bühnentanzes entwickelten sich seither v. a. in Dtl. der moderne → Ausdruckstanz u. die → Rhythmik als künstlerisch-pädagogische Bewegung. → Tanzturniere, Gesellschaftstanz. – C. Sachs, *Eine Weltgesch. des Tanzes*, 1933, Nachdr. 1976; O. Schneider, R. Raab, *Tanzlexikon*, 1985; K. H. Taubert, *Höf. Tänze*, 1968; K. Wegner, *Der Tanzlehrer*, 1962; H. Koegler, H. Günther, *Reclams Ballett-Lexikon*, 1984.

Tanzschrift → Choreographie.

Tanzturniere, Wettbewerbe f. → Gesellschaftstanz, seit den 1920er Jahren in verschiedenen Start- u. Turnierklassen f. Junioren, Senioren, Amateur- od. Berufstänzer durchgeführt, v. 3-5 Juroren bewertet nach ›Takt u. Grundrhythmus, Körperlinien, Bewegungsablauf, rhythm. Gestaltung u. Fußarbeit‹; Standardtänze: Langs. → Walzer, Tango, Slowfox, Wiener Walzer, Quickstep, Folkloretänze: → Rumba, Samba, Cha-cha-cha, Pasodoble u. (nur f. Berufstänzer) Jive (Jitterbug-Swing); in der BRD durch den Dt. Tanzsportverband organisiert.

Tap dance (engl. = Poch-Tanz), durch rhythmisierte Zehen- u. Fersenbewegung mittels Metallplättchen an den Schuhsohlen erzeugte Taps od. Sounds, seit Mitte des 19. Jhs. in den USA u. Engl. aus den Schritten des → Jig entwickelt, auch ohne Begleitung ausgeführt.

Tar, persisch-kaukasische Langhalslaute, Holzkorpus, Hautdecke, Breithals, bewegl. Bünde, 5-8 Saiten, mit → Plektrum geschlagen od. mit → Bogen gestrichen.

Tarantella, nach der Stadt Taranto (v. Tarantella = Spinne) benannter südit. Paartanz in schnellem 3/8-, 6/8- od. 12/8-Takt, dreiteilig in Moll-Dur-Moll mit Coda, v. Fl., Tamburin u. Kastagnetten begleitet, als Reihentanz v. langer Dauer u. Ausgelassenheit, vor dem 18. Jh. auch als Heilungstanz verbreitet (Tarantismus, Veitstanz), seit dem 19. Jh. in die virtuose Klaviermusik übernommen (Chopin, Liszt), auch in Oper (Auber, *Die Stumme von Portici*, 1828) u. Unterhaltungsmusik (G. Winkler, *Chianti-Lied*).

tardando → ritardando.

Tarogato (ungar.), Kegeloboe, im 16. Jh. v. den Türken als Militärmusikinstr. in Ungarn eingeführt, Ende des 19. Jhs. durch die ungar. Nationalbewegung verdrängt v. einem in der ungar. Volksmusik bis heute verbreiteten klarinettartigen Holzsaxophon (mit Oboenklappen) gleichen Namens, erfunden v. J. Schunda, dem um die Entwicklung des → Cimbalom verdienten Budapester Instr.bauers.

Tastatur, Tasten → Klaviatur, Tasteninstr.

Tasteninstrumente, alle mit einer Tastatur (→ Klaviatur, Manual, Pedal) ausgerüsteten Musikinstr., z. B. → Klav., Cembalo, Orgel, Harmonium, Celesta sowie einige → elektron. Musikinstr.; Tasten bei Klavierinstr. i. e. S. die Übertragungs- u. Steuerungsglieder in der Umwandlung der Anschlagsenergie des Spielers in Klangenergie, bei → Orgel-, Harmonika- u. elektron. Instr. die Steuerungsglieder anderweitig zugeführter Luft- od. Strom-Energie.

Tastiera (it. =) → Griffbrett; *sulla t.*, nahe am Griffbrett zu spielen.

tasta solo, Abk. t. s. (it. = eine Taste allein), Anweisung im → Generalbaßspiel, einem mit 0 od. 1 bezifferten Baßton ohne Akkordierung auszuführen.

Te Deum (Te Deum laudamus, lat. = Dich, Gott, loben wir), textl. aus dem 5. Jh., melod. seit dem 7. Jh. überlieferter Lob- u. Dank- → Hymnus, im → Offizium der röm.-kath. Liturgie z. Abschluß der → Matutin gesungen, seit dem 16. Jh. auf neueren Melodien Bestandteil kath. u. ev.

Gesangbücher (*Großer Gott, Dich loben wir; Herr Gott, dich loben wir* [Luther]), seit dem → Barock bis in die Moderne zu Kantaten u. Oratorien vertont (Händel, Haydn, Berlioz, Liszt, Bruckner, Dvořák, Verdi, Haas, Pepping u. a.).

Technische Mittler, um 1930 aufgekommener Sammelbegr. f. die v. a. in der Jugend- u. Erwachsenenbildung nutzbar zu machenden ›Massenmedien‹ → Schallplatte, Tonband, Tonfilm u. Fernsehen, auch elektron. Geräte wie Computer u. a. m.

Technik (v. griech. techné = Kunstfertigkeit), in der Antike als *mousiké techné*, im MA als *Ars musica* die Einheit v. Theorie u. Praxis der Musik, seit dem 18. Jh. mit Schwerpunkt auf dem ›mechanisch‹ Erlernbaren in Tonsatzverfahren, Gesangskunst, Instrumentalspiel, Dirigieren usw., im 20. Jh. auch Synonym f. die Gesamtheit der musikal. Massenmedien (→ Techn. Mittler).

Tedesca (it. = deutsch), Danza tedesca, Ballo tedesco = → Deutscher Tanz. → Ländler, Allemande.

Teiltöne → Obertöne (Partialtöne).

Tempelblock (engl. Temple block, Cinese od. Korean block), aus Ostasien stammendes Schlaginstr., mehrere annähernd abgestimmte Hohlkugeln (Durchmesser 10-50 cm, Tonbereich g^1-f^3), aus Kampferholz, mit fischmaulartigem Klangschlitz an der Vorderseite u. rundum Griffloch an der abgeflachten Rückseite, satzweise an einem Ständer befestigt, mit Gummikopfschlegeln traktiert v. vollem rundem Klang; seit den 1920er Jahren über → Jazzbands auch in europ. Tanz-, Opern- u. Sinfonie-Orch. gelangt (Berg, *Lulu*, 1935; Messiaen, *Turangalîla-Sinfonie*, 1948; Ginastera, *Violinkonzert*, 1963).

Temperierte Stimmung, Temperatur (v. lat. temperatura = richtiges Maß, gehörige Mischung), im heutigen Sinne die gleichschwebend temperierte → Stimmung der → Intervalle des → Oktavsystems (als eine unter vielen realisierbaren Temperaturen v. a. der verschiedenartigsten außereurop.-exotischen Ton- u. Musiksysteme), d. h. die seit dem 16. Jh. mit Fortentwicklung der mehrstimmigen Instrumentalmusik f. Laute u. Git. wie f. Orgel, Virginal u. Cembalo bis zum Beginn des 18. Jhs. aus musizierprakt. Gründen v. der naturharmonisch ›reinen‹ über die teilgemischte ›mitteltönige‹ (→ Syntonisches Komma, Wolfsquinte) zur chromatisch gleichschwebend ›temperierten‹ Stimmung gebrachte physikalisch ›gleichmäßige‹ Aufteilung der reinen → Oktave in 12 hörpsychologisch gleichgroße Halbtöne, deren Frequenzverhältnis je etwa bei der 12. Wurzel aus 2 liegt (ca. 100 → Cent), z. B. f. den Halbtonschritt e-f = 330:349 → Hertz); auf den seit Anfang des 18. Jhs. gleichschwebend temperiert gestimmten Musikinstr. (zunächst Chistofori, → Cembalo, Silbermann, → Orgel) lassen sich → Tonarten, → Modulationen u. → enharmonische Verwechslungen ausführen; J. S. Bach favorisierte *Das wohltemperierte Klavier* am Beispiel zweier Zyklen v. je 24 Präludien u. Fugen in chromatischer Fortschreitung durch alle Tonarten aus Dur u. Moll (1722, 1744), Vokalisten u. Streichinstrumentalisten neigen nach wie vor eher zur nicht-temperierten ›natürlichen‹ Intonation. – W. Dupont, *Die Gesch. der musikal. Temperatur*, 1935; H. Pfrogner, *Die Zwölfordnung der Töne*, 1953.

Tempo (it., v. lat. tempus = Zeit), das den Bewegungs- u. Schnelligkeitsgrad eines

Musikstückes bestimmende Zeitmaß, in der europ. Musik seit dem 13. Jh. bezogen auf die Maßeinheit der Zählzeit des jeweils zugrundeliegenden Tempus' bzw. → Taktes durch die seit dem 18. Jh. in der Regel it. Tempovorschriften angegeben (z. B. → Allegro, Moderato), seit Erfindung des Metronoms Anfang des 19. Jhs. auch durch Metronomzahlen (z. B. ein Viertel als M. M. 80 = 1/80 min.), im 20. Jh. auch durch Angabe der Dauer eines Stückes, Satzes od. Teiles einer Komposition in Minuten u. Sekunden (z. B. bei Bartók u. Strawinsky); Tempovorschriften zielen v. der Wortbedeutung her auch auf den Charakter des Musikstückes (z. B. allegro v. allegria = Heiterkeit, Beschwingtheit); Tempoveränderungen im Ablauf eines Stückes werden durch entsprechende Vortragsbez. bzw. Spielanweisung angezeigt (z. B. ritardando = langsamer werdend).

Tempo rubato → Rubato.

Tempus (lat. = Zeit) in der ma. Mensuralmusik das in Relation zum menschl. Pulsschlag gemessene Verhältnis der Zählzeit zw. drei- bzw. zweizähliger → Brevis u. → Semibrevis. → Noten, Notenschrift.

Tenebrae (lat. = Finsternis, Kurzform v. *Matutina tenebrarum*), die nach Auslöschen der Kerzen endenden Nachtgebete an Gründonnerstag, Karfreitag u. Karsamstag → Matutin u. → Laudes, den Lesungen der *Lamentationes Jeremiae* dem AT entnommen; im 18. Jh. v. Charpentier, Couperin u. a. als *Leçons de tenèbres* vertont.

Ténor (lat. tenere = halten), in der einstimmigen → Psalmmodie des → Gregorianischen Gesangs der bes. hervortretende Rezitationston einer Melodie (→ Repercussionston, Tubaton); in der Mehrstimmigkeit des 13.-16. Jhs. die den → Cantus firmus innehaltende, zw. → Altus u. → Bassus liegende Stimme. – *Tenor* (v. lat. tenere), seit dem 15. Jh. gebräuchl. Stimmlagenbez. f. hohe Männerstimmen (Umfang etwa A-c^2), auch Bez. f. Sänger dieser Stimmlage, als Opernfach unterschieden nach Spiel-T., Tenorbuffo (*Pedrillo* in Mozarts *Entführung*), hohem Lyrischen T., (*Tamino* in Mozarts *Zauberflöte*), ›it.‹ T. (*Manrico* in Verdis *Troubadour*), jugendl. Helden-T. (*Florestan* in Beethovens *Fidelio*), Charakter-T. (*Herodes* in Strauss' *Salome*), Helden-T. (*Tristan* in Wagners *Tristan und Isolde*).

Tenora, span. Doppelrohrblattinstr. in Tenorlage mit Pirouette, seit dem 19. Jh. mit Klappen, Hauptinstr. in der → Cobla. → Schalmei.

Tenorgeige, um 1900 v. H. Ritter gebaute, in der Streichquartettbesetzung als 3. Stimme vorgesehene, der Tenorbratsche bei → Stradivari entsprechende, wie das Violoncello zu spielende tiefe Geige, Stimmung G-d-a-e', im Tenorschlüssel notiert; setzte sich in der Spielpraxis nicht durch.

Tenorhorn, → Bügelhorn in B, ovale Rohrwindungen, nach oben gerichteter Schalltrichter; in den USA u. Engl. Baritone genannt, während das engl. T. ein Althorn (Altsaxophon) in Es ist; auch in → Helikon-, Tuba- od. Trompetenform gebaut.

Tenorlied, Liedform mit der Melodie im → Tenor, als Chorlied ohne, als Sololied mit Instrumentalbegl., um 1500 v. a. in Dtl. verbreitet, Vorform des A-capella-Chorliedes (Isaac, Senfl, Hofhaymer), der Liedmotette (Lasso) u. des Choralsatzes.

Tenorschlüssel, C-Schlüssel auf der 4. Notenlinie. → Schlüssel.

Tenso, Tenzone (provenzalisch), von zwei Sängern im Wechsel auf bekannte Melodien vorgetragenes vielstrophiges Streitlied z. B. zu Fragen des Minne- u. Hofdienstes, im 12.-13. Jh. unter den südfrz. → Troubadouren verbreitet, auf antike Vorformen zurückgehend (Vergil, *Eklogen*), im it. Frühbarock wiederbelebt (Monteverdi, *Il combattimento di Tancredi e Clorinda*).

tenuto, Abk. ten. (it. = gehalten), Aushalten eines Tonwertes in voller Stärke (Vortragsbez.).

Terminologie der Musik, neuerer Zweig der → MW, umfaßt Erforschung, Lehre u. Anwendung der musikal. Begriffssprache unter entstehungsgeschichtl., systemat. u. didakt. Aspekten. – H. H. Eggebrecht (Hg.) *Handwörterbuch der musikal. T.*, Mainz 1972ff.

Terpsichore, altgriech. Muse der Tanzkunst. → Musen, Tanz.

Terrassendynamik, abschnittweiser übergangsloser Wechsel musikal. Stärkegrade, Stilmittel der Barockmusik, vokal z. B. im Wechsel v. gem. Chor u. Knaben-Chor, orchestral z. B. im Wechsel v. → Tutti u. → Ripieno im → Concerto grosso, bei Orgel u. Cembalo durch Wechsel v. Forte- u. Piano- od. Echoregister. Dagegen → crescendo-decrescendo.

Terz, 1. v. lat. hora tertia = die 3. Stunde = 9 Uhr vormittags, Stundengebete (→ Horen) der röm.-kath. Liturgie, 2. v. lat. tertia = die dritte, = die 3. Stufe in der diaton. Oktavskala, bzw. das → Intervall im Abstand v. 3 Stufen als gr. T. (c-e), kl. T. (c-es), übermäßige T. (c-eis, klangl. = Quarte), verminderte T. (cis-es, klangl. = gr. Sekunde), bis ins 15. Jh. als unvollkommene, seither als vollkommene → Konsonanz empfunden u. anerkannt, bestimmendes Intervall für → Dur (gr. T.) od. → Moll (kl. T.) v. Bedeutung f. die → Dreiklangsbildung der → Akkordlehre u. die ›ausgeterzte‹ Melodiebildung in Klassik u. Romantik; in der Tonsatz- u. Melodielehre der Moderne bis auf pentatonische Terzstrukturen ausgeklammert. – *Terzlage*, Aufbaulage eines Akkordes mit der Terz des Grundtones in der Oberstimme: → Quintenzirkel.

Terzenzirkel → Quintenzirkel.

Terzett (it. terzetto, v. lat. tertius = drei), Vokalstück f. 3 Solostimmen, mit od. ohne Begleitung, auch Bez. f. das entsprechende Vokalensemble, im dt. Sprachgebrauch ggs. zu → Trio f. 3 Instrumente bzw. Instrumentalisten. → Tricinium.

Terzgeige, Diskantgeige der Barockmusik, mit b-f^1-c^2-g^2 um eine Terz höher gestimmt als die größere Vl. → Violino piccolo, Quartgeige.

Terzquartakkord, die 2. → Umkehrung des Septakkordes mit der Quinte im Baß, im → Generalbaß $\begin{smallmatrix}3\\4\\6\end{smallmatrix}$ beziffert; als → Dominantseptakkord v. bes. Spannungsfunktion.

Testo (it. = Text), der erzählende Textteil eines → Oratoriums bzw. sein Rezitator, in → Passionen z. B. der Evangelist.

Testore, Synonym für Vl.-Instr., Lauten u. Git. aus den Werkstätten der Mailänder Geigenbauerfamilie T. (17.-18. Jh.), bei Violinen u. Bratschen dem Bautyp der → Guarneri nahestehend, -Violincelli u. -Kontrabässe von bes. Sonorität.

Tetrachord (griech. = Viersaiter), v. der Besaitung der griech. → Kithara abgeleitete Viertonfolge im Rahmen einer fallenden reinen Quart, mit variabler Binnentonfolge aus 2 Ganztönen u. 1 Halbton,

Grundlage der antiken und ma. → Tonsysteme bis zum Aufkommen der → Hexachordstruktur → Solmisation um 1000 n. Chr.

Thema (v. griech. thitemi = setzen), in der europ. Musik seit dem 15. Jh. Bez. f. einen verknüpfungs-, ausbau- u. kontrastfähigen mehrgliedrigen (→ Motiv) bzw. mehrteiligen (→ Periode) Grundgedanken einer Komposition, formkonstitutiv insbes. f. → Variation, Fuge, Concerto, Sonate. – *Thematische Arbeit*, Verarbeitung des themat.-motivischen Materials eines Satzes od. Zyklus', je nach stilist. Lage unter kontrapunkt., harmon., rhythm., dynam. instrumentatorischen Aspekten, in der autonom-musikal. klass.-romant. → Sinfonie seit Beethoven, in der programmusikal. hoch- u. spätromant. → Sinfon. Dichtung seit Berlioz bis zu Schönbergs, auf Brahms basierendem Prizip der ›entwickelnden Variation‹ differenziert.

Thematisches Werkverzeichnis, Katalog der Werke eines, seltener auch mehrerer, etwa einer ›Schule‹ angehörender Komponisten mit Angabe der Eingangstakte des jeweiligen Werkes (→ Incipit) od. seiner Einzelsätze; vornehml. chronologisch geordnet, auch nach Werkgattungen, mit Besetzungen ggfs. nach Werkzahlen, ferner mit Satz- u. Tempobez., Angaben z. Aufführungsdauer, zu Entstehungszeit u. -ort, Uraufführungsdaten, Autograph, Erstdruck, Bearbeitungen, Widmungsträger, ggfs. Textdichter u. Textanfänge, z. B. Köchel (Mozart), Kinsky-Halm (Beethoven), → Hoboken (Haydn), → Deutsch (Schubert), BWV (Bach-Werk. Verz. v. W. Schmieder). → RISM.

Theorbe (v. it. tiorba), Baßlaute (Erzlaute) mit gr. Korpus u. oberem 2. Wirbelkasten f. → Bordunsaiten, 8 ein- od. doppelchörige Griffsaiten (E-F-G-c-f-a-d-g), 8 Bordune (diatonisch v. ^{1}D-D gestimmt); im 16.-18. Jh. neben der röm. → Chitarrone als → Generalbaßinstr., weniger als Soloinstr. benutzt. → Angelica.

Theorie → Musiktheorie, Kontrapunkt, Harmonielehre, Formenlehre, Komposition.

Third stream (engl. = dritter Strom), von dem US-amerikan. Komponisten G. A. Schuller (Jg. 1922) um 1960 eingeführte Bez. f. Verbindung zeitgen. (z. B. serieller Musik) mit → Free Jazz u. Elementen afrikan. od. fernöstl. Musik.

Thomanerchor, aus Schülern der Leipziger Thomasschule gebildeter Chor (Knaben- u. Männerstimmen), erstmals 1254 erwähnt (12 Mitglieder), seit Einführung der Reformation in Leipzig (1539) unter dem Patronat der Stadt als dem Dienstherrn des Lehrkörpers, einschl. des *Thomaskantors*; als Thomaskantoren herausragende Komponisten u. Organisten: Rhau, Calvisius, Schein, Kuhnau, J. S. Bach, J. A. Hiller, im 19. Jh. M. Hauptmann, W. Rust, im 20. Jh. K. Straube, G. Ramin, K. Thomas, R. Mauersberger, seit 1972 H.-J. Rotzsch; mit heute bis zu 120 Mitgliedern der Th. führend in der seit Mitte des 19. Jhs. anhaltenden Pflege der Bach-Kantaten, Gesamtaufführung erstmals 1931-37 unter Mitwirkung des → Gewandhausorchesters.

Threnodie (v. griech. = Klagegesang), aus der Antike überlieferte wechselstrophige Totenliedform, zur Beisetzung chorisch vorgetragen (Klageweiber), zum Totenmahl solistisch mit Aulosbegleitung; in der jüd. u. frühchristl. Liturgie in den *Lamentationen* des Propheten Jeremias (AT); in

Renaissance u. Barock als → Dirge-Canons (Engl.) auf außerliturg. Texte, als → Lamento in Opernszenen (Monteverdi), instr. als → Planctus (Plainte); im 20. Jh. vokal-instrumental bei Strawinsky, Křenek, Penderecki, Britten, Blarr. → Sepolcro, Tombeau.

Tibia (lat. = Schienbein), altröm. f. Knochenfl. später f. den v. den Etruskern übernommenen → Aulos, schalmeiartiges Doppelrohrblattinstr. mit 2 ungleich langen gleichzeitig gespielten Röhren; bei Hochzeiten u. Begräbnissen, Wettkämpfen u. Arbeitsvorgängen verwendet.

Tiento (v. span. tentar = tasten), improvisationsartig imitierend-präludierendes Instrumentalstück der span.-portug. Musik des 16. Jhs. f. Laut, Git. (Milán) od. Orgel (Cabezón), in der zeitgen. Musik erneut aufgegriffen (Henze, *T. f. Git.*; Reutter *Caprichios f. Git.*) → Präludium, Toccata, Fantasie, Capriccio, Improvisation.

Timbales (span.), Einfelltrommeln afrokuban. Herkunft, Durchmesser ca. 35 cm, paarweise an einem Ständer befestigt, mit Fingerkuppe od. Rundholzstäben zu schlagen; Vorkommen in Schlagzeuggruppen lateinamerikan. Tanzorch.

Timbre (frz. = Klang, Ton), die Klangfarbe einer Singstimme od. eines Instr.

Timpano (griech.-it.) → Pauke.

tintinnando (it. =) klingelnd; Spielanweisung f. → Triangel, Glöckchen, Zimbeln.

Tiple (span.), Diskant- → Schalmei in der katalan. → Cobla.

Tirade (frz.; it. tirata = Lauf), Verbindung zweier exponierter Töne, meist im Oktavabstand, durch einen diaton. Lauf ab- od. aufwärts, beliebt in der frz. Opern- u. Ballettmusik des 17.-18. Jhs. → Verzierungen.

tirando (it.), tiré (frz. =), → Abstrich, Spielanweisung bei Streichinstr.

Toccata, Tokkata (it. = Schlagstück), formal freies Instrumentalstück, wechselnd zw. Akkordschlägen u. Laufwerk, präludienartig in der Lauten-, Cembalo- u. Orgelmusik des 17.-18. Jhs. (Frescobaldi, Bach), etüdenartig in der Klaviermusik des 19.-20. Jhs. (Schumann, Debussy, Prokofjew).

Tölzer Knabenchor, 1957 in Bad Tölz (Oberbayern) gegr. Chor mit dem Status einer Musikschule, Leiter G. Schmidt-Gaden, breitgefächertes Repertoire, erfolgreich mit chorischen u. solistischen Auftritten bei den Salzburger, Bayreuther, Münchner u. Edinburger Opernfestspielen wie bei den Luzerner, Berliner u. a. Musikfestwochen.

Tombeau (frz. = Grabmal), in der frz. Lauten-, Cembalo-, Orgelmusik des 16.-17. Jhs. verbreitete freie Form v. Kompositionen z. Gedenken an einen Verstorbenen, z. B. bei Couperin, im 20. Jh. bei Debussy, Ravel, Honegger, Strawinsky. → Plainte.

Tom-Tom, zylindr. Zweifelltrommel aus Holz, Durchmesser u. Zarge 15-50 cm, Diskant- bis Baßlage, ohne bestimmte Tonhöhe, mit Paukenschlegel od. Jazztrommelstöcken anzuschlagen (›Jazzpauke‹), chin. Herkunft, seit den 1920er Jahren in europ. Tanzorch., auch in Opern u. Konzertwerken (Hindemith, *Cardillac*, 1926; Henze, *König Hirsch*, 1956; Strawinsky, Orff, Stockhausen u. a.).

Ton (v. griech. tonos = Spannung [der Saite]), physikal. Schallereignis v. sinusförmigem Schwingungsverlauf (→ Sinuston), v. Gehör als *reiner T.* empfunden u. *›harmonischer‹ T.* genannt; ggs. dazu wird der aus Grund- u. → Obertönen zusammengesetzte *musikal. T.* als → Klang bezeichnet, der in → Parametern nach Höhe, Stärke, Dauer, Klangfarbe, Dichte usw. bestimm- u. charakterisierbar ist (Trompeten-T., Cembalo-Klang usw.); in der abendländisch-europ. Musik gilt der T. als kleinster kompositor. Bau- u. Bedeutungsträger. → Gehör, Hören, Geräusch, Knall, Tonus, Tonsystem.

Tonabnehmer → Plattenspieler.

Tonadilla (span. = Liedlein), kurzweilige Zwischenspiele f. Einzel- u. Chorgesang mit Instrumentalbegl. in span. Bühnenstücken.

tonal, auf einen Grundton bzw. eine Grundtonart bezogen, ggs. zu → atonal. → Tonalität, Tonart.

Tonalität, Bezugssystem v. Tönen u. → Akkorden auf ein Ton- u. Tonarten-Zentrum (→ Funktionsharmonik), in der europ. Musik seit Entwicklung der Dur-Moll-Tonalität vorherrschend ab dem 16.-17. Jh., seit Mitte des 19. Jhs. als erweiterte T. (Wagner), im 20. Jh. als schwebende u. ungebundene T. → Atonalität, Polytonalität, Tonsystem, Tonart. – E. Kurth, *Die Voraussetzungen der theoret. Harmonik und der tonalen Darstellungssysteme*, 1913; C. Dahlhaus, *Untersuchungen über die Entstehung der harmon. T.*, 1968, 1988.

Tonart, in der → temperierten Stimmung der europ. Musik des 17.-19. Jhs. die Darstellung des Tongeschlechts als → Dur od. → Moll, melodisch durch die Tonleiter, harmonisch durch die → Kadenz bestimmt; Dur- u. Moll-Tonleitern sind *gleichnamig* bei gleichem Grundton (C-Dur:c-Moll), parallel bei gleichen → Vorzeichen (C-Dur:a-Moll); bestimmend f. Dur ist die gr. → Terz, f. Moll die kl. Terz; → Transpositionen der beiden Grundskalen auf die anderen Töne ergeben je 24 Dur- u. Moll-T., mit den jeweils entsprechenden Kreuz- od. b-Vorzeichen (→ Akzidentien), v. C aus über den → Quintenzirkel aufwärts, in Dur als Kreuztonarten G-D-A-E-H-Fis, abwärts als B-Tonarten F-B-Es-As-Des-Ges, von a aus in Moll aufwärts e-h-fis-cis-gis-dis, abwärts d-g-c-f-b-es, wobei Fis- u. Ges-Dur bzw. dis- u. es-Moll, unterschiedl. geschrieben, gleich klingen (→ Enharmonik). → Tonartencharakter.

Tonartencharakter, den einzelnen → Tonarten, Tongeschlechtern, Kirchentonarten u. → Modi zugeschriebener Ausdrucks- bzw. Wirkungsgehalt; in → Antike (Platon) u. MA eher spekulativ, seit der Spätrenaissance in der Dur-Moll-Tonalität (durum = ›hart‹, molle = weich) eher subjektiv zugeordnet (→ Affektenlehre), seit der Romantik (Schubart, Berlioz, Schumann) stärker v. stimmungs-psychologischen u. klangfarbig-instrumentatorischen Faktoren bestimmt, im 20. Jh. f. Poly- u. A-Tonalität bedeutungslos; Verbindung v. T. u. Personencharakter (Beethoven: c-Moll/Es-Dur; Mozart: g-Moll/B-Dur) problematisch. → Musikpsychologie. – H. Pfrogner, *Musik. Gesch. ihrer Deutung*, 1954; H. Beck, *Die Sprache der Tonart in der Musik von Bach bis Bruckner*, 1937, 3/1977; H. Blümer, *Über den Tonartencharakter bei R. Wagner*, 1958; H. Stephani, *Der Charakter der Tonarten*, 1923; J. Handschin, *Der Toncharakter*, 1948.

Tonband (Magnettonband), Kunststoffband (Acetylcellulose, Polyester u. a.), 8,25 mm breit (Bandkassetten 3,81 mm), bis 540 m lang (Studiobänder bis 1000 m), bestrichen mit magnetisierbarer Eisenoxydschicht (Chromdioxyd, Ferrochrom), dient der Schallaufzeichnung (Musik, Sprache usw.); v. weittragender Bedeutung f. Rundfunk, Fernsehen, Film, Schallplatte, Elektron. Musik: am heutigen Markt als bespieltes T. f. → Kassettenrecorder (seit 1987 Digital-Audio-Tape) od. als unbespieltes T. f. Überspiel- u.a. Zwecke, als Videoband zunehmend auch mit Bild-Ton-Speicherungen.

Tonbandgerät, Gerät z. Aufnahme u. Wiedergabe v. Schallereignissen (Musik, Sprache usw.) über Magnetköpfe; als Studio-T. u. Heim-T. (→ Kassettenrecorder) mit verschiedenen Bandgeschwindigkeiten Dokumentation: H. Schröder, *Hi-Fi-Technik*, 2 Bde., 1981.

Tonbezeichnung, → Buchstaben-Tonschrift, Solmisation, Noten, Notenschrift, Stimmton.

Tondichtung → Sinfonische Dichtung.

Tonfilm → Filmmusik.

Tongedächtnis → Gehörbildung, Musikdiktat.

Tongemisch, Mischung v. → Sinustönen in der → elektron. Musik (→ weißes Rauschen). → Ton.

Tongenerator → Generator.

Tonger, P. J. T. Musikverlag v. J. T. (1801-81) in Köln gegr. u. seither dort ansässiger Noten-, Zeitschriften- u. Buch-Verlag, unter Sohn u. Enkelsohn Erweiterung auf Chor-, Jugend- u. Volksmusik, Verlagsschwerpunkte unter P. J. T. (geb. 1902, genannt Hans T.) Unterrichts- u. Wissenschaftswerke, zeitgen. Kammerlieder, Chormusik, Oratorien, (Knab, Bialas, Bresgen u.a.), *Kontrapunkte*, Schriftenreihe zur dt. Musik des 20. Jhs. (Webern, Fortner, Stockhausen u.a.).

Tongeschlecht → Dur, Moll, Tonsystem.

Tonhaltungspedal, drittes, mittleres → Pedal an neueren Konzertflügeln zur Aufhebung der → Dämpfung bei den mit dem T. niedergedrückten Tasten; zu unterscheiden v. dem ›umweltfreundlichen Moderator‹, einem dritten Pedal an Klav. zur Dauerdämpfung beim Üben z. B. in ›hellhörigen‹ Wohnräumen.

Tonhöhe, fundamentale Eigenschaft des musikal. → Tones, physikal. nach → Frequenzen meßbar, hörpsychologisch in Abhängigkeit auch v. den anderen → Parametern empfunden (Lautstärke, Dauer, Klangfarbe). → Tonigkeit.

Tonic-sol-fa, eine seit Beginn des 19. Jhs. in Engl. gebräuchl. Variante der ma. → Solmisation, um 1900 in Dtl. f. den Schulmusikunterricht als → Tonika-Do übernommene Methode des Tonleiter- u. Intervallsingens. → Eitzsches Tonwortsystem.

Tonigkeit, v. dem dt.-östr. Physiker u. Musikethnologen E. M. v. Hornbostel Anfang des 20. Jhs. geprägter Begriff, der die Möglichkeit des Erkennens der Höhenqualität eines musikal. → Tones aus dem wiederkehrenden → Frequenzverhältnis zw. Grund- u. Oktavton (bzw. Oktav-Quint-Quartton) resultiert; v. dem schweizer.-russ. Musikforscher J. Handschin in seiner Schrift *Der Toncharakter* (1948) als Ton-*Chroma* definiert. → Tonhöhe, Tonqualität, Tonartencharakter.

Tonika, die 1. Stufe u. damit der Grundton einer Dur- od. Moll-Skala bzw. der auf ihr errichtete Dreiklang (Kürzel T).

Tonika-Do, in Anlehnung an die engl. → Tonic-sol-fa um 1900 durch die dt. Musikpädagogin Agnes Hundoegger f. den Grund- u. allgem. Musikschulunterricht entwickelte, um Handzeichen ergänzte

Methode des Tonleiter- u. Intervallsingens auch auf Transpositionsstufen. → Solmisation. → Eitzsches Tonwortsystem.

Tonkunst, Tonkünstler, seit dem 17. Jh. in Anlehnung an die ma. lat. → Ars musica ›eingedeutschte‹ Sammelbegriffe, im 19. Jh. mit musikästhetisch u. berufsständisch geänderter Sinngebung benutzt. → Musik, Musiker.

Tonleiter, im abendländisch-europ. Tonsystem innerhalb der → Oktave stufenweise nach Tonhöhen in bestimmten Intervallabständen auf alle, seit dem 18. Jh. → temperiert gestimmte 12 Tonstufen transponierbare Abfolge v. Tönen, bis um 1600 nach → Kirchentonarten modifiziert, seither nach → Dur- u. → Moll als → Tongeschlechtern unterschieden, spezifiziert auch nach Zigeunertonleiter, → Ganztonleiter u. → Chromatischer Tonleiter; Skalenbildungen in außereurop. Tonsystemen: → Maqam, Pélog, Pentatonik, Raga, Sléndro.

Tonmalerei, Nachahmung außermusikal. akustischer od. optischer Gegebenheiten mit musikal. Darstellungsmitteln; als → Programmusik nach naturalistisch-realistischen Klang(geräusch)eindrücken (Gewittersturm in Beethovens *Pastoral-Sinfonie*, Waldweben in Wagners *Siegfried*, Meeresrauschen in Debussys *La Mer*, Sonnenaufgang in Ravels *Daphnis et Chloë*), meist in Verbindung mit Bewegungsvorgängen (Honeggers Lokomotivportrait *Pacific 231*, Jagdmusik als → Ricercare, als psychologische Programmusik (→ Affekten- u. → Figurenlehre) Darstellung bewegter seelischer Zustände (Chopins *Marcia funèbre*, Monteverdis *Lamento d'Arianna*) in Wort- Ton- u. Textbezogenheiten aller Art. → Oper, Oratorium, Lied, Filmmusik, Inzidenzmusik. – Dokumentation: H. Rösing, *Musikal. Stilisierung akust. Vorbilder in der T.*, 2 Bde., 1977.

Tonmeister, Toningenieur, musikal. u. ingenieurwissenschaftl. an Musikhochschulen bzw. Techn. Universitäten ausgebildete, f. elektroakustische Schallaufzeichnung u. Klangregie verantwortliche Mitarbeiter in Rundfunk u. Fernsehen, bei Oper u. Schauspiel wie in der Film- u. Schallplattenbranche; Berufsbez. T. erstmals 1929 bei der UFA Berlin eingeführt, Studiengänge erstmals 1946 an der damaligen Musikakademie Detmold, 1951/52 gefolgt v. der damaligen Dt. Hochschule f. Musik Berlin (Ost) u. der TU Berlin (West); ein Verband dt. T. u. T. e. V. wurde 1952 gegründet.

Tonnamen → Noten, Notenschrift.

Tonoi, toni, (griech., lat.) in der antiken Musik die Transpositionsskalen der beiden → Tetrachorde, des → Oktavsystems, durch Umstimmen (Verkürzen) der → Kithara-Saiten erreicht; im MA das System der → Kirchentöne (→ Modi) u. der v. diesen abgeleiteten → Tonarten des neuzeitl. → Dur-Moll-Systems.

Tonphysiologie, Tonpsychologie → Akustik, Gehör, Hören, Absolutes Gehör, Musikpsychologie.

Tonqualität (engl. pitch class), Farbqualität (Chroma) eines Tones, durch die seine Oktavidentität begründet wird (C-c-c' usw.); v. Bedeutung f. Empfinden u. Erkennen der → Tonhöhe, grundlegend f. → Reihenbildungen der → Zwölftontechnik. → Tonigkeit.

Tonsatz, → Satz, Satzlehre.

Tonsignet, musikal.-akustisches ›Waren‹- u. Erkennungszeichen, z. B. als Pausenzeichen od. Senderreihenzeichen bei Hörfunk

u. Fernsehen: ›Eurovision‹ mit sinfon. Viertakte-Signet aus dem Vorspiel zu Charpentiers *Te Deum* (17. Jh.); Südwestfunk Baden-Baden mit elektron. produziertem Zweitakt-Signet des Beginns des Terzetts der Knaben in Mozarts *Zauberflöte (Bald prangt, den Morgen zu verkünden)*.

Tonsprache, seit dem 17. Jh. aufgekommene Bez. f. Musik als rhythmisch-metrisch, syntaktisch usw. sprachhaftiges Kommunikations- u. Zeichensystem menschl. Empfindungen u. Gefühle, in der Musik des → Barock zur → Affekten- u. → Figurenlehre verdichtet, in der → Romantik zur → Programmusik erweitert. → Musikal. Prosa, Musikästhetik.

Tonstärke, akustisch als → Lautstärke meßbar, jedoch keine fixierte Größe, da ohne absoluten Bezugspunkt u. bei verschiedenen Instr. v. unterschiedlicher Ausprägung. → Amplitude, Einschwingungsvorgang, Dynamik.

Tonsystem, Ordnung des in den verschiedenen Kulturen u. Kulturepochen unterschiedlichen Tonvorrates nach → Tonleitern, Intervallen, Melodiestrukturen, in Wechselwirkung mit den jeweiligen akustischen → Stimmungen, in der abendländ.-europ. Musik innerhalb des → Oktavsystems bei gleichschwebend → temperierter Stimmung seit dem 17. Jh. als zwölftönehaltiges → Dur- u. Mollsystem. → Pentatonik, Maqam, Pélog, Sléndro.

Tonträger, Sammelbez. f. Mittler (Medien) elektroakustische gespeicherter Schallereignisse, Musik, Sprache usw., seit den 1920er Jahren die → Schallplatte, seit den 1950er Jahren das → Magnettonband, seit den 1970er Jahren auch → Kassettenrecorder; nach Abrufbarkeit u. Verbreitung umwälzend f. den Musikkonsum der Gegenwart, v. Musikforschung u. -Erziehung als → Technische Mittler benutzt.

Tonumfang bei Singstimmen u. Musikinstr. der Bereich zw. tiefstem u. höchstem Ton. → Ambitus, Stimmumfang, Stimmgattungen.

Tonus (lat., v. griech. tonos = Spannung [der Saite]), Bez. f. → Ganzton, in der Antike f. (Teil-)Skalen im Oktavbereich, im MA f. → Kirchentöne, seither gleichbedeutend mit → Tonart. – *Tonus peregrinus* (lat. = Pilgerton), in der ma. Musik zusätzl. 9. → Psalmton mit wechselnder Finalis, ursprüngl. der Vertonung des Ps. 113 *In exitu Israel* vorbehalten, seit der Reformation im dt. *Magnificat* gesungen, v. Mozart im *Requiem* (Sopransolo *Te decet*), v. J. Rheiberger zur 4. Orgelsonate verwendet. → Tonoi, Toni, Ton.

Tonwort → Eitzsches Tonwortsystem.

Topik → Raumkomposition.

Totenmesse → Requiem.

Totentanz, seit dem 14. Jh. bezeugte, v. Symbolfiguren aller Stände unter Anführung des Todes (mit Trommel od. Dudelsack) kettenförmig getanzter, seit dem 16. Jh. auch paarig getanzter Reigen, vielfach nach Bildtafeln od. Reimdichtungen als Tanzzyklen (Hans Holbeins Holzschnittfolge); seit der Romantik in Lied, Bühnentanz u. Konzertmusik aufgegriffen, meist in Variationsform (Schubert, *Der Tod und das Mädchen*, Klavierlied u. Streichquartett; Liszt, *Totentanz*, f. Klav. u. Orch.; Saint Saëns, *Danse macabre*, Sinfon. Dichtung; Honegger, *La danse des morts*, Orat., Text Claudel; W. Kraft, *Lübecker Totentanz* f. 16 Soloinstr., Orgel, Chor, Gesangs- u. Tanzsolisten, 1954), bei Choreographen des → Ausdruckstanzes

(Wigman, Milloss), nach den Weltkriegen des 20. Jhs. fortentwickelt.

Tourdion, Höfischer Frz. Tanz (16. Jh.) in schnellem Dreiertakt, Nachsatz zur langsamen geradtaktigen → Basse danse, im 17. Jh. v. der → Galliarde abgelöst, in der Instrumentalsuite weiterhin vertreten.

Tp, Abk. f. → Tonikaparallele. → Parallelklang.

Track (engl. = Spur) Leerrille auf Schallplatten zw. Einspielungen v. Einzelstükken.

Tractus, Cantus tractus (lat. = hervorgezogener, bewegter Gesang), in der → Messe-Liturgie an Bußtagen nach der → Epistel ein Psalmgesang statt des → Alleluja; seit dem frühen MA bezeugt, im → Graduale Romanum v. 1974 noch mit 25 Melodien vertreten, die meisten auf dem ›klagenden‹ 2. → Kirchenton.

Traditional Jazz (engl. =) traditioneller J., der ursprüngl. J. bis etwa 1918 (→ Blues, Spiritual, Ragtime, Dixieland), im Unterschied zum *Commercial J.* seit den 1920er Jahren.

Tragédie lyrique (frz. = lyrische Tragödie), höfische frz. Oper des 17.-18. Jhs., bevorzugte heroisch-mythologische Stoffe der fünfaktigen frz. Tragödie (Racine, Corneille), Hauptlibrettist Ph. Quinault; → Ouvertüre, rezitativischer Sprechgesang, syllabische → Airs, Chöre, Balletteinlagen, Zwischenaktmusiken, reich gestuftes Barockorchester; Hauptvertreter Cambert u. Lully im 17. Jh., Rameau (*Castor et Pollux*, 1737) u. noch Gluck (*Iphigénie en Tauride*, 1779) im 18. Jh.

Traktur (v. lat. tractus = das Ziehen), bei der → Orgel der Verbindungsmechanismus zw. Tasten u. Ton- bzw. Spielventilen (Spieltraktur) u. die Steuerung der Windzufuhr zu den Pfeifen, als *Mechan. T.* mit Hebelkombination, als *Pneumat. T.* mit zusätzl. Windlade, als *Elektr. T.* mit Magneten zum Öffnen der Ventile, *Register-T.* Verbindung v. Registerzügen u. -Ventilen.

tranquillo (it. =) ruhig, gelassen; Vortragsbez.

Transistor (v. lat. transitio = Übergang), in → elektron. Musikinstr., Plattenspielern, Tonbandgeräten, Kassettenrecordern verwendetes Bauelement zur Stromsteuerung.

Transkription (v. lat. transcribere = umschreiben), Übertragung eines Musikstücks in eine andere als die originale Besetzung (bei Liszt f. seine T. Schubertscher Klavierlieder f. Klavier u./od. ohne Orch. auch Paraphrasen genannt); in der MW Bez. f. das Übertragen einer älteren od. exotischen in eine neuzeitl. europ. Notation; auch das Umsetzen nicht fixierter Musik, meist außereurop. Folklore, v. der Tonbandaufnahme in Noten. Dagegen → Transponieren, Bearbeitung, Arrangement.

Transmission (v. lat. transmittere = hinüberschicken), Umschaltsystem bei der → Orgel, durch welches ein od. mehrere Register ohne Einschaltung der → Koppeln im Pedal od. auf einem anderen Manual mitspielen, Platz ersparend, dabei registermehrend.

transponieren (v. lat. transponere = versetzen), das Versetzen eines Liedes, Chores od. Instrumentalstückes in eine andere als die originale → Tonart unter Beibehaltung der melod.-rhythm. Struktur, meist aus aufführungsprakt. Gründen (Stimmlage, Spieltechnik). Dagegen → Bearbeitung, Arrangement, Transkription.

Transponierende Instrumente, Musikinstr., die in anderer Tonhöhe u. Tonart notiert stehen als sie real erklingen; ausnahmslos Blasinstr., stets im Violinschlüssel mit c^1 als Grundton notiert, sodaß z. B. bei einem Horn *in B* das notierte c^1 als b erklingt, also eine gr. Sekunde tiefer; im Orch. am häufigsten verwendet. Tr. I.: → Horn in F, → Klar. u. Baßklar. in B u. A, → Horn in D, F, Es, → Trp. in B, D, F, Es, → Kornett in B u. A. → Partitur, Einheitspartitur.

Trautonium, v. dem dt. Akustiker F. Trautwein (1889-1956) konstruiertes → elektron. Musikinstr. v. Trautweins Mitarbeiter O. Sala mit Klangteilern f. zweistimmiges Spiel mit Untertonreihen zum *Mixtur-T.* entwickelt; f. Filmmusiken (Hitchcock, *Die Vögel*, 1963) u. Konzertstücke verwendet (Hindemith, Orff, Genzmer, Sala).

Traversflöte → Querfl.

Travestie (v. lat. travestire = verkleiden), bei musikal. Bühnenstücken seit der → Renaissance Verspottung einer (seriösen) Vorlage durch Formverzerrungen. → Parodie.

Treble (engl., v. lat. triplum = drittes), ohne Vokal- od. Instrumentalstimme, in Engl. ursprüngl. f. die oberste Stimme eines dreistimmigen Satzes; als Bez. f. Kinderstimme od. im Zusammenhang mit Instr. bis heute erhalten (*T. recorder* = Altblockf.); *T. clef* engl. f. Violinschlüssel (→ Schlüssel).

Trecento (it. = [1]300), Sammelbez. f. Musik des 14. Jhs. an Residenzen u. in Stadtstaaten Ober- u. Mittelitaliens (Mailand, Verona, Padua, Florenz, Rom), mehrstimmige Liedkunst (→ Ballata, Madrigal, Caccia), auch im Stilaustausch zur frz. Musik (Dufay), v. Nachwirkung auf die → Franko-Flämische Schule des 15.-16. Jhs.

Tredezime (v. lat. tredecim = dreizehn), die 13. Tonstufe in diaton. Tonfolge, Intervallabstand aus → Oktave plus gr. od. kl., übermäßige od. verminderte → Sexte.

Tremolo, tremolando, (it. = zitternd) Abk. trem., rasche gleichmäßige Wiederholung eines Tones, auf Streichinstr. durch schnellen Wechsel kleinster Auf- u. → Abstriche, auf Blasinstr. als → Flatterzunge, auf Schlaginstr. als → Wirbel, auf dem Klav. auch in Oktaven od. Akkorden, auf Zupfinstr. durch raschestmögl. Hin- u. Herstreichen des → Plektrums, Notierung in 16tel- od. 32tel, Kürzel 𝅘𝅥𝅮 od. 𝅘𝅥𝅯, erstmals in Monteverdis *Combattimento* (1624) als Ausdruck kämpferischer Erregung. beim Gesang als Tremolieren vibratoähnl. → Bebung eines Tones mittels (infolge) Intensitätsschwankung, → Trillo.

Tremulant, Wippventil im Windkanal der → Orgel, bringt den Ton durch Druckschwankungen zu gleichmäßiger Bebung, auch durch gegeneinander versetzte Labien zu erzielen, im 19. Jh. v. schwebenden Registern abgelöst (Vox coelestis, Unda maris), im 20. Jh. als regulierbare T. eingebaut.

Trepak (v. russ. trepatij = stampfen), altruss. Bauerntanz, in schnellem Zweiertakt, als Einzel-, Paar- od. Gruppentanz mit Fußestampfen ausgeführt, Vorkommen auch als tanzartige Weihnachtslieder u. Rundgesänge; in der Kunstmusik z. B. bei Mussorgsky (*Lieder und Tänze des Todes*), Tschaikowsky (*Nußknacker, Violinkonzert*), Strawinsky (*Petruschka*).

Triade (griech. = Dreiheit), frz. u. it. Bez. f. Dreiklang, engl. triad. → Trias.

Triangel (v. lat. triangulum = Dreieck), Schlaginstr., zu einem gleichseitigen Dreieck geknickter Stahlstab (Stärke 5-15 mm, Seitenlänge 15-30 cm), an den Enden hakenförmig nach außen gebogen, an einer Schnur hängend mit einem Stahlstäbchen angeschlagen; als Geräusch- u. Rhythmusinstr. seit dem MA auch in Europa bekannt, im Gefolge der türk. → Janitscharenmusik im 18. Jh. in Militärmusikkapellen, Opern- u. Sinfonieorch. v. hellem obertonreichem Klang unbestimmter Tonhöhe in der oberen Diskantlage, einlinig od. im 3.-4. Zwischenraum des Liniensystems notiert; meist solistisch eingesetzt (Mozart, Ouvertüre zur *Entführung aus dem Serail*; Beethoven, Finale der *9. Sinfonie, Missa solemnis*).

Trias (lat. = Dreiheit), → Dreiklang, in der dt. Musiklehre des → Barock als *T. harmonica* Klangsymbol der Göttlichen Dreieinigkeit; T. h. maior = konsonierender Durdreiklang, *T. h. minor* = konson. Molldreiklang. → Triade.

Trichter, → Schallbecher bei Blechblasinstr. → Aufsatz bei Lingualpfeifen → Aufsatz bei Lingualpfeifen der Orgeln, Schallmundstück (→ Mundstück) beim Horn.

Tricinium (lat.), dreistimmiger Vokal- od. Instrumentalsatz im kontrapunktisch-imitatorischen Stil, im 16. Jh. als *Tricinia* in Werkreihen v. Rhau, Othmayr, Franck zu geselligem Musizieren u. zu Lehrzwecken gesammelt; in der → Jugend- u. Kirchenmusikbewegung der 1920er Jahre neubelebt. → Bicinium.

Triller (it. trillo, frz. trille, engl. trill shake), Abk. tr., Sammelbegr. f. schnelle Tonwiederholungen (Trillo, Vibrato), Tonhöhenschwankungen (Bebung), im raschen Wechsel zw. Haupt- u. unterer Nebennote als → Mordent, T. im heutigen Sinne seit dem 17. Jh. als → Verzierung im Wechsel zw. Haupt- u. oberer Nebennote (Halb- od. Ganztonabstand), seit etwa 1820 (Beethoven) Einsetzen v. der Hauptnote aus, wobei Anzahl u. Schnelligkeit der T.-schläge sich nach Länge der Hauptnote u. Charakter des Stückes richten; längere T. können mit → Vor- od. Doppelschlag beginnen u. mit → Nachschlag enden, kürzere T. beginnen u. enden unvorbereitet; *Ketten-T.* bilden sich aus Aufreihungen v. T. in stufenweise auf- u. absteigender Folge v. Haupttönen, etwa zur Schlußsteigerung v. Solokadenzen seit Beethovens Klavierkonzerten (→ Kadenz); *Doppel-T.* treten parallel in zwei Stimmen auf, als *Terzen-T.* in Konzertetüden bei Chopin u. Paganini (vorgebildet in Tartinis *Teufelstrillersonate*); T. erhielten seit Beethovens Spätstil über spieltechnische figurative Funktionen hinaus auch strukturelle Bedeutung, so auch in der Moderne, z. B. bei Messiaen, Berio u. a. m.

Trillo (it. =) Triller, im → Barock eine Verzierungsart der it. Gesangskunst des ›erregten‹ *Stile concitato* (Monteverdi); die immer schneller werdende Wiederholung desselben Tones.

Trio (v. it. tre = drei), Ensemble v. 3 Instrumentalisten bzw. Komposition f. 3 Instr. (Streich-T., Bläser-T, Klav.-T.), als *Orgel-T.* (Bach) Satzart f. 2 Manuale u. Pedal; T. als Formbez. Mittelteil v. Tanzsätzen (z. B. Menuett) des 17.-18. Jhs. od. des → Scherzosatzes zykl. Werke der Klassik u. Romantik (→ Sonate, Sinfonie), auch des → Marsches. → Triosonate.

Triole (v. it. tre = drei), Gruppe v. drei Noten gleichen rhythmischen Wertes, die f. 2 od. 4 ihnen rhythmisch entsprechende Notenwerte eintreten, gekennzeichnet durch Klammer mit Ziff. 3 unter od. über den Noten. → Double, Quartole, Quintole.

Triosonate, aus 2 selbständigen Melodie- u. 1 begleitenden Baßstimme bestehender mehrsätziger Kammermusiktyp des 17.-18. Jhs., Besetzungsarten z. B. 2 Vl. od. Fl. od. Ob. mit Laute od. Cembalo od. Orgel, ggfs. nebst Gambe, Vc. od. Fag.; Formtypen: kontrapunktisch stärker bestimmte → *Kirchensonate* (viersätzig: langs.-schnell, langs.-schnell), tanzsatzbestimmte → *Kammersonate* (dreisätzig: langs.-schneller-schnell); seit Mitte des 18. Jhs. mit Wegfall der → Generalbaßpraxis, abgelöst v. der klass. (Kammer-)Sonate f. 1 od. 2 Melodieinstr. u. thematisch-motivisch selbständig zugeordneten Klavierpart. → Obligates Akkompagnement, Sonate, Klaviertrio.

Tripelfuge (v. lat. triplex = dreifach), → Fuge mit 3 Themen, z. B. Contrapunctus 8 u. 11 in Bachs *Kunst der Fuge*.

Tripelkonzert (v. lat. triplex = dreifach), Instrumentalkonzert f. drei gleiche od. verschiedene Soloinstr. u. Orch., z. B. Bach, *5. Brandenburg. Kzt.*, Vl., Cemb. u. Streichorch., Beethoven, *Tripelkzt. op. 56* f. Vl., Vc., Klav. u. Orch. vgl. auch → Sinfonia concertante f. 2, 3 od. 4 gleiche od. gemischtbesetzte Soloinstr. u. Orch.

Tripeltakt (v. lat. triplex = dreifach), ›ungerade‹ Taktarten mit drei Hauptzählzeiten, 3/1, 3/2, 3/4, 3/8, 9/8, 9/16, wohingegen 6/4, 6/8, 12/8 mit zwei Hauptzählzeiten zu den ›geraden‹ Takten gehören. → Takt.

Tripla, Triplum (v. lat. triplex = dreifach), im ma. Tonsatz die der 2. hinzugefügte 3. Stimme, auch Bez. f. den auf den dupeltaktigen langsamen → Tanz (Dantz) folgenden tripeltaktigen schnellen Nachtanz.

Tristan-Akkord, Akkordschichtung v. spannungsvoller Bedeutung in Wagners Musikdrama *Tristan und Isolde* (1859), funktionstheoretisch nicht eindeutig definierbarer ›vagierender‹ Vierklang, im 2. Takt des 1. Vorspiels f-h-dis^1-gis^1 notiert (im 83. Takt → enharmonisch f^1-ces^2-es^2-as^2); heute als Krisis der klass.-romant. Harmonik (→ Alterationsharmonik) im Vorfeld v. → Quartenakkordik u. Atonalität gewertet.

Tritonus (lat.-griech. = Dreiton), Intervall aus 3 Ganztönen, als übermäßige Quarte od. verminderte Quinte deutbar, in der ma. Musiklehre als dissonierender → *diabolus in musica* gedeutet, bis ins 16. Jh. auch als Zusammenklang in mehrstg. Satz untersagt, als Halbierung der → Oktave des → Temperierten Systems f. die → Zwölftontechnik v. symmetriebildender Bedeutung.

Trivialmusik (v. lat. trivialis = allgemein zugänglich, gewöhnlich), unscharfer Sammelbegr. f. Kompositionen u. Arrangements v. a., aus den Bereichen der → Salon- u. → Unterhaltungsmusik seit Mitte des 19. Jhs., ähnl. auch → Schlager u. Schnulze im 20. Jh. – E. Eggli, *Probleme der musikal. Wertästhetik im 19. Jh. – Ein Versuch über schlechte Musik*, 1965; C. Dahlhaus (Hg.), *Studien zur Trivialmusik des 19. Jhs.*, 1967, 2/1973; Helga de la Motte-Haber (Hg.), *Das Triviale in Literatur, Musik und bildender Kunst*, 1972.

Trivium → Ars musica.

Tromba → Trompete.

Trombone → Posaune.

Trommel (it. tambura, frz. caisse, engl. drum), Sammelbez. f. Schlaginstr. (→ Membranophone), einzuteilen nach Art u. Anzahl der Felle u. der Gestalt des Resonanzkörpers in gr. u. kl. Tr. → Rührtrommel, Bongo, Conga, Tom-Tom. Dagegen Schlitztrommel = → Holzblock.

Trommelbässe → Murkybässe.

Trompe (frz.), hornartiges Blechblasinstr. mit geradem Rohr, seit dem 17. Jh. das eng mensurierte frz. → Jagdhorn.

Trompete (it. tromba, frz. trompette, engl. trompe), Blechblasinstr. aus Messing (Goldmessing, Neusilber, seltener Gold od. Silber): Kesselmundstück auf enger zylindrisch konischer schlaufenförmig gebogener Röhre, knapp ausladende Schallstürze, seit den 1830er Jahren mit 3 → Ventilen (Perinet, Paris; Riedl, Wien) u. verschieden langen U-förmigen Ventilbögen, die beim Öffnen die Röhre verlängern, wodurch sich je nach Ventilbenutzung der Grundton um 1/2, 1 od. 1 1/2 Ton erniedrigen läßt u. verschiedene → Naturtonreihen bzw. chromatische Skalen gespielt werden können; Standardstimmung in B (e-c^1; Jazz-T., mit flachem Mundstück, höher), nach A od. C umstellbar; in F basso (H-f^2), nach Es basso umstellbar; über der C-T. liegende *Kleine T.* in D, Es, F, f. Barockmusik in hoch B (→ *Bach-T.*, Clarino); Baß-T. in Es, C, B; außer der C-T. sämtl. → transponierend notiert im → Violinschlüssel; v. strahlendem Klang, dessen Lautstärkegrade zu dämpfen sind (hist. *Hand-Stopf-T.*), seit dem 19. Jh. durch Einführen v. Zylindern aus Holz, Metall, heute auch Kunststoff in die Stürze. Als → Signal-, Ritual-, Repräsentations-Instr. aus der ägypt. u. griech.-röm. Antike bezeugt, aus dem europ. MA als → Busine, seit dem Barock als Orch.- u. Soloinstr.; Trompeter waren als priviligierter höf. od. reichsstädt. Musikerstand in Dtl. bis ins frühe 19. Jh. in Zünften zusammengeschlossen (→ Zunftwesen); seit der Hoch- u. Spätromantik ist die T. unverzichtbar im Klangbild der Orchestermusik (Strauss, Mahler, Berg), im 20. Jh. ist sie auch als hist. wie als Jazz-T. u. als Experimentier-Instr. im Gebrauch. → Clarino, Aida-T., Fanfare. – E. Tarr, *Die Trompete*, 2/1984.

Tropen (griech. = Wendung), in Musiktheorie u. -praxis des Wiener → Zwölftonkomponisten J. M. Hauer (1883-1959) Bez. f. → Hexachordpaare, deren je 6 + 6 Töne in 44 möglichen Konstellationen nach Tonhöhe u. Tonreihenfolge beliebig gewendet werden können. Dagegen → Tropus.

troppo (it. = zu sehr), bei Tempo- u. Vortragsanweisungen in meist verneinenden Zusammensetzungen gebraucht z. B. *[allegro] ma non troppo* = nicht zu schnell.

Tropus (lat.-griech. = Wendung, Ausdrucksweise), in der KM des 9.-16. Jhs. die nachträgl. Textierung v. melismatisch textlosen Melodieabschnitten → gregorian. Gesänge, auch Einschübe neukomponierter textloser od. den vorgegebenen Text erweiternden Melodieteilen; in der griech. Antike u. im MA auch Bez. f. die Transpositionsskalen der → Oktavgattungen (→ Tonoi) bzw. die → Modi der → Kirchentonarten.

Troubadours, Trobadors (v. frz. trouver = finden), im 12.-13. Jh. die Erfinder einstimmiger Lieder-Texte u. -Melodien, in der Sprache der Provence (Langue d'oc) gedichtet, in Kirchentonarten melodiert, meist mit Begleitung v. Harfe od. Fidel durch ritterl. Dichter-Komponisten od. ihre → Ménestrels vorgetragen; Formtypen: → Aube, Ballade, Estampie, Jeu parti, Kanzone, Pastourelle, Rotrouenge, Virelai. → Trouvères.

Trouvères (v. frz. trouver = [er]finden), nordfrz. Entsprechung zu den südfrz. → Troubadours, seit Mitte des 12. Jhs. unter deren Einfluß höf. Dichter-Komponisten frz. Sprache (Langue d'oil), seit dem 14. Jh. mit Verarbeitungen volksläufiger Refrainformen in Lied u. Tanz hervorgetreten, z. B. mit Liederspielen des buckligen Kanonikus Adam de la Halle (*Robin et Marion*, 1283); seit dem 15. Jh. in die bürgerl. Liedkultur übernommen, vergleichbar der Entwicklung v. dt. → Minnesang zum → Meistersang.

Trugschluß, harmonikale → Kadenz v. der → Dominante (V. Stufe) statt wie beim → Ganzschluß in die → Tonika (I. Stufe) überraschenderweise in die IV. Stufe (bei → Dur in die Tonika-Parallele, bei → Moll in die Tonika-Gegenklang), in der Klassik meist zum Ganzschluß weitergeführt, seit der Romantik verselbständigt u. zu erweiterten Modulationen geführt.

Trumscheit, mannshohes, v. MA bis ins 19. Jh. bezeugtes Streichinstr. mit schmalem, nach oben sich verjüngendem, an der Unterseite offenem, im Querschnitt dreieckigen Schallkörper, bespannt mit nur einer, zw. Wirbel u. Griffhand gestrichenen Saite, deren Flageolettöne zusammen mit dem Schmettergetön des vibrierend auf die Holzdecke aufschlagenden Wackelstegs dem T. die Beinamen Teufelsgeige od. Trompetengeige einbrachten, auch die Necknamen Nonnen- od. Mariengeige (*Tromba marina*, wohl weil in Frauenklöstern gemeinhin keine Trompeten geblasen wurden.

Tschechische Musik: J. Matějček, *Die Musik in der Tschechoslowakei*, 1967. → Slowakische Musik.

Tschechische Philharmonie, das in der ČSSR traditionsreichste u. namhafteste Sinfonieorch., 1896 v. Mitgliedern des Nationaltheaters in Prag gegr., 1904 verselbständigt, 1948 verstaatlicht; zu den international herausragenden Dirigenten zählten Dvořák, Nedbal, Talich, R. Kubelik (1936-48), K. Ančerl, v. Neumann (seit 1968).

Tuba (v. lat. tubus = Röhre), als Blechblasinstr. mit langgestreckter Röhre, Kesselmundstück u. ausladendem Schallstück das wichtigste Blasinstr. der röm. Antike (Kult-, Spiel-, Militärmusik), als neuzeitl. Baßinstr. in der Gruppe der → Bügelhörner mit ovalen Windungen, nach oben stehender Stürze, becherförmigem Mundstück, weiter Mensur, 3-5 Ventilen, seit den 1830er Jahren in versch. Größen gebaut, seit 1840 im Blas-Orch. Nachfolgerin der → Ophikleide, als Baß-T. in F im Sinfonieorch., in Es im Militär-Orch., als Kontrabaß-T. in C od. B od. als Subkontrabaß-T. in B z. Verstärkung der → Kontrabässe im Sinfonieorch. → Helikon, Sousaphon, Wagnertuba, Bariton.

Tubaflöte → Jubalflöte.

Tubaton → Reperkussionston.

Tuning fork (engl. Tongabel) → Stimmgabel.

Tupan, zweifellige zylindrische Röhrentrommel, Oberfell mit Schlegel, Unterfell mit Rute angeschlagen, am Balkan als Rhythmusinstr. bei Volkstänzen verwendet, meist zusammen mit einer → Zurna (Schalmei).

Turbae (lat. = Volksmenge), in → Oratorien, Passionen, Geistl. Opern die in die Handlung eingreifenden Volks- u. Priesterchöre.

turco, alla turca (it. =) türkisch, in der Art der → Janitscharenmusik.

Türkische Musik: G. Oransay, *T. M.* (15.-

19. Jh.), 1968; U. u. K. Reinhard (Hg.), *Türk. Volksliedtexte* 1965, 1968.

Turmmusik → Abblasen, Posaunenchöre.

Turniertanz, um 1910 v. Engl. ausgehender Tanzsport. → Gesellschaftstanz.

tutte le corde (it. = alle Saiten), Pedal-→ Verschiebung beim Klavierspiel.

Tutti (it. = alle), voller Chor, ganzes Orchester, im → Concerto grosso → Ripieno; ggs. zu → Solo, Concertino, Favorit-Chor.

Twist (engl. = Verwicklung), in den 1950er Jahren aus den USA nach Europa gekommener Modetanz in lebhaftem Zweiertakt, heftige Schüttel- u. Drehbewegungen bei Distanz zum Partner. → Rhythm and Blues.

Two beat (engl. = Zweischlag), Grundschlag auf der 1. u. 3. Zählzeit des Vierertaktes im → Traditional Jazz, akzentuiert durch Instr. in Baßlage (gr. Trommel, Schlagbaß).

Twostep (engl. = Zweischritt), um 1900 aus den USA nach Europa gelangter polkaähnlicher Modetanz in schnellem Zweiertakt, seit 1910 v. → Onestep verdrängt. → Foxtrott.

Txistu (span.), bask. Einhand-Schnabelfl. mit 3 Grifflöchern, zusammen mit der Armtrommel z. Begleitung v. Tanzliedern gespielt.

Tympanon, Tympanum (griech., lat. = Handtrommel), in der Antike aus Asien über Griechenland nach Italien gelangte, im MA in ganz Europa verbreitet ein- od. zweifellige kl. Handtrommel mit gewölbtem Resonanzkörper; im 16.-17. Jh. Bez. f. Heerespauke. → Pauke, Militärmusik.

Tyrolienne (frz. = die Tirolerische), um 1810 aufgekommener v. östr. → Ländler abgeleiteter tripeltaktiger, auf dem letzten Viertel punktierter frz. Rundtanz, urspüngl. nach Melodien aus Tirol, auch in Opern u. Ballette aufgenommen (Rossini, *Guillaume Tell*, 1829).

U

Überblasen, bei Blasinstr. durch Verstärkung v. Luftdruck od. Lippenspannung erzieltes Anblasen eines Natur-Teiltones; bei konisch gebohrten Instr. (z. B. Fl., Ob.) Ü. in die Oktave als 1. Oberton, bei zylindr. gebohrten Instr. (z. B. Klar., Fg. Ü. in die Quinte als 2. Oberton (Duodezime); Intervalle zw. den Obertönen werden mit Hilfe von Grifflöchern bzw. Ventilen erzeugt. → Quintieren, Blasquinte.

Übermäßiger Dreiklang, der aus zwei gr. Terzen aufgebaute → Dreiklang im Rahmenintervall einer übermäßigen Quinte, z. B. c-e-gis; *Übermäßiges Intervall*, der gegenüber einem reinen od. gr. → Intervall um einen chromat. Halbton vergrößerte Abstand eines Intervalls, z. B. c-eis statt der gr. Terz c-e; in der → Umkehrung werden Ü. I. zu → verminderten Intervallen.

Überschlagen, bei Orgelpfeifen u. Blasinstr. das Erklingen eines höheren als des beabsichtigten → Teiltones (→ Überblasen); bei Singstimmen das Umschlagen in ein anderes Register, z. B. beim → Jodeln; beim Klavierspiel das Kreuzen der linken Hand in die höhere Oktavlage der in gleicher Lage weiterspielenden rechten Hand (u. umgekehrt) od. das abwechselnde Übergreifen beider Hände beim Spiel von → Arpeggien u. → Passagen.

Übersetzen, im Fingersatz bei Tasteninstr. das Übergreifen eines Fingers über den

Daumen, dagegen → Untersetzen als Daruntergreifen des Daumens unter andere Finger; beim Pedalspiel auf der Orgel das Kreuzen der Füße.

Ud (arab. = Holz), Kurzhalslaute mit 5 Saiten in Quartstimmung (d-e-a-d^1-g^1); pers. Ursprungs, Vorläuferin der europ. → Laute.

Ukulele (hawaiisch = Hüpfefloh), kl. viersaitige → Git. mit langem Griffbrett, Stimmung c-e-a od. a-d^1-fis^1-h^1, mit Metallplektrum angerissen; Ende des 19. Jhs. v. Madeira nach Hawaii gelangt, v. hier seit den 1910er Jahren über Nordamerika auch in europ. Jazz- u. Tanzorch. → Hawaiigitarre.

Umdeutung → Enharmonik.

Umkehrung, als Intervall-U. die Versetzung in die obere od. untere Oktave, z. B. c-h (Sept) zu h-c (Sekunde); als Akkord-U. die Umordnung der Akkordtöne mit einem anderen als dem Ausgangsgrundton als Baßton; als Melodie-, Thema- od. Motiv-U. (Inversion) die Führung der Intervallschritte in die jeweils entgegengesetzte Richtung. → Reihe, Zwölftontechnik, Krebs, Kanon, Fuge.

U-Musik → Unterhaltungsmusik.

Undezime (v. lat. undecima = die elfte), Elfstufenintervall (→ Intervall), die → Quarte über der → Oktave, z. B. c-c^1-f^1 = c-f^1.

Unendliche Melodie, v. R. Wagner stammende Wortprägung (*Zukunftsmusik*, 1860), die formal unbegrenzt fluktuierende Entfaltungs- u. Verknüpfungsfunktion v. ›Vers- u. Orchestermelodie‹ im Sinne des → Leitmotivs. → Musikalische Prosa.

Ungaresca, Sammelname f. ungarische Tänze mit synkopischen u. punktierten Wurfakzenten (*all'ongharese*), z. B. → Hajdútánc (Heiduckentanz), → Vérbunkos (Anwerbetanz), → Csárdás; über ungar. → Cimbalom u. Zigeunermusik mit Rhythmuselementen seit Haydn auch in die Konzertmusik übernommen.

Ungarische Musik: B. Szabolcsi, *Geschichte der ungar. Musik*, dt. 1943; B. Bartók, *Das ungar. Volkslied*, dt. 1925; B. Sárosy, *Die Volksmusikinstrumente Ungarns*, dt. 1967; Ders., *Zigeunermusik*, dt. 1977; F. Bónis (Hg.), *Schriften v. B. Szabolcsi*, 1988 ff. (in Vorbereitung).

Union pipe (engl., gälisch uilliann p.), irisch-schott. → Sackpfeife, kl. Blasbalg, eng mensurierte Melodiepfeife, 3 Bordunpfeifen, Doppelrohrblatt, Klappensystem, 2 Oktaven Umfang.

Unisono, Abk. unis. (it. =) Einklang, bei gleichzeitigem Erklingen desselben Tones od. Melodieabschnittes in mehreren Stimmen im Einklang od. Oktav(en)abstand, aus Bekräftigungs- od. Steigerungsgründen in Chor- u. Orchestersätzen, z. B. bei Themenaufstellung od. in der → Koda.

Universal Edition (UE), 1901 in Wien gegr. östr. Musikverlag; mit Übernahme der Verlagsleitung durch Emil Herzka (1869-1932) entwickelte sich die UE seit 1907 zum internat. führenden Vlg. f. zeitgen. Musik (Mahler, Schönberg, Berg, Webern, Bartók, Kodály, Janáček u. a.), nach zeitweiliger »Entarisierung« (1938) seit 1945 Erweiterung des Katalogs um G. v. Einem, F. Martin, Dallapiccola u. Komponisten der Generation Boulez, Stockhausen, Kagel, Ligeti, Berio; die Verlagszss. *Musikblätter des Anbruch* (seit 1919) u. *Pult und Taktstock* (seit 1924) förderten Ästhetik, Theorie u. Aufführungspraxis der → Neuen Musik; heute bilden Unterrichtswerke, Klassiker- u. Urtext-Ausgaben neue Verlagsschwerpunkte.

Unterdominante → Subdominante.

Unterhaltungsmusik (U-Musik), Sammelbez. f. Musik u. Musikgattungen unterhaltenden Charakters, im 18. Jh. z. B. → Tafelmusik, im 19. Jh. → Salon- u. Caféhaus-Musik, im 20. Jh. Tanz-, Schlager- u. Pop-Musik; terminologisch findet sich U. durch die Produktions- u. Verwertungsindustrie, spätestens seit Bestehen der → GEMA (1947) in Ggs. zu ›Ernster Musik‹ (E-Musik), im Verkaufs- u. Verrechnungswesen auch als ›Klassik‹ bezeichnet, womit z. B. die Jazzszene in einen Zwischenbereich verwiesen erscheint; nach Mitte des 20. Jhs. Annäherungen der Kategorien U- u. E-Musik in → Musical, Bühnentanz u. a.; angewandter, funktionaler od. hintergrundgebender → Techn. Mittler in Arbeits- u. Freizeit. → Trivialmusik. – C. Dahlhaus, *Die Musik des 19. Jhs.*, 1980; H. Danuser, *Die Musik des 20. Jhs.*, 1984; C. Dahlhaus, *Studien zur Trivialmusik im 19. Jh.*, 1967; I. Keldany-Mohr, *Unterhaltungsmusik als soziokulturelles Phänomen des 19. Jhs.*, 1977; Th. W. Adorno, *Einführung in die Musiksoziologie*, 1962, 1981; S. Helms (Hg.), *Schlager in Dtl.*, 1972; W. Mezger, *Schlager*, 1975; Kuhnke u. a. *Geschichte der Pop-Musik* I (1976, 1977).

Untersatz, → Orgelregister, gedackte tiefe Stimme, Manual- od. Pedal-, 32- od. 16-Fuß. → Orgel.

Untersetzen, beim Spiel auf Tasteninstr. das Daruntersetzen des Daumens unterhalb anderer Finger. → Fingersatz, Übersetzen.

Unterstimme, die unterste (tiefste) Stimme eines mehrstimmigen Vokal- od. Instrumentalsatzes.

Untertöne, die v. einem Erzeugerton aus abwärts gericheten → Teiltöne, spiegelbildlich zur aufwärts steigenden Obertonreihe (→ Obertöne); real nicht belegbare experimentelle Grundlage der dualistischen Harmonielehre. (→ Dualismus).

Uraufführung, erste öffentl. Aufführung eines musikal. Bühnenwerkes, (Musik-)Films, Vokal- od. Instrumentalwerkes jeglicher Art; seit 1902 gebräuchl. Begriff, heute abgehoben gegen Erstaufführung (Premiere) an anderen Plätzen als dem der (Welt-)U.

Urheberrecht (engl. → Copyright), Rechtsbestimmungen zum Schutz des geistigen Eigentums in Kunst u. Wissenschaft, das letzterlassene, seit 1965 geltende dt. U.-Gesetz sichert die persönlichkeitsrechtlichen wie die verwaltungsrechtlichen Interessen des Urhebers, der seine Verwertungsrechte einem Verleger od. einer Verwertungsges. einräumen kann; das U. ist vererbbar, die Schutzfrist endet in der BRD 70, in der DDR 50 Jahre nach dem Tod des Urhebers. → GEMA. – E. Schulze, *Urheberrecht in der Musik* 5/1981; V. Movesessian/F. Seifert, *Einführung in das Urheberrecht der Musik*, 1982.

Urtextausgabe, in der Musik die auf → Autograph, Originalausgabe, Erstdruck u. a. Quellen basierende, v. Zusätzen u. Fehlern befreite wissenschaftl. Ausgabe eines kompositorischen Werkes, als U.-Ausgabe f. den prakt. Gebrauch mit kenntlich gemachten Zusätzen des Herausgebers. → Editionspraxis.

US-Amerikan. Musik: G. Chase, *Die Musik Amerikas*, dt. 1958; A. Copland, *Unsere neue Musik*, dt. 1947. → Lateinamerikan. Musik.

ut (lat.), Tonsilbenbez. f. die 1. Tonstufe

der → Solmisation, seit dem 17. Jh. durch → do ersetzt.

ut sopra, ut supra, Abk. u. s., (lat. =) wie oben, wie vorher; Aufführungshinweis.

V

V Abk. f. → Versett, Versus, Violine, Vox

Va, Abk. f. → Viola.

Vagans (lat. = umherziehend), eine den vierstimmigen Chorsatz des 15.-16. Jhs. erweiternde, zw. den Stimmlagen ›wandernde‹ 5. Stimme (→ Quintus), vielfach als 2. Tenor geführt.

Vaganten (v. lat. vagari = umherziehen), fahrende Scholaren des 12.-13. Jhs.; eine Hauptquelle ihrer lat. volkssprachig gemischten Liebes-, Trink-, Spiel- u. Jahreszeitenlieder, Satiren, Spottgedichte sind die → Carmina Burana (1. Hälfte 13. Jh.); V.-Strophe: vier 13silbige rhythmisch gegliederte Zeilen aus steigendem 7- u. fallenden 6-Silblern; Melodien in linienlosen → Neumen notiert, in → Kontrafakturen überliefert.

Vagierender Akkord, in A. Schönbergs *Harmonielehre* (1911) eingeführte Bez. f. enharmonisch u. deutbare alterierte Drei- u. Vierklänge, deren vermehrtes Auftreten über ›schwebende‹ zu freier Tonalität führte (→ Atonalität).

Valse → Walzer.

Variable Metren, um 1950 v. B. Blacher geprägter Begriff f. den nach mathemat. Gesetzen in arithmet. Reihen vorgenommenen Wechsel unterschiedlicher Taktlängen z. Formung übergeordneter metrischer Einheiten; in den 1950-60er Jahren auch u. a. bei Henze u. Hartmann verwendet.

Variante, vom Original in Einzelheiten abweichende Werkfassung (unterschiedl. zu Version als Neufassung), im Falle einer vereinfachenden V. im Notentext durch *ossia* (it. = oder) angezeigt; in der Harmonielehre (Riemann) die nicht durch eine → Modulation erreichte Wendung eines Dur-Dreiklangs nach Moll (*Moll-V.: Variant-Klang*). → Variation; Urtext.

Variation (v. lat. variatio = Verschiedenheit, it. variazione), abwandelnde Veränderung eines gegebenen musikal. Gebildes in melodischem, harmonischem, rhythmischem u. satztechnischem Bezug unter Wahrung des Modellcharakters der vorgegebenen Substanz, in der europ. Musik seit dem 14. Jh. als *melod.* → *Figural-V.*, seit dem 15. Jh. als *kontrapunkt.* → *Cantus-firmus-V.*, seit dem 16. Jh. als → Basso-ostinato-V. (→ Passacaglia, Chaconne, Ground, Folia), im 18. Jh. als *Variations-* → *Suite*, im 19. Jh. die *Charakter-V.* (Beethoven, *Diabelli-V.* f. Klav.), im 20. Jh. die ›*entwickelnde V.*‹ als Verschränkung einer Entwicklung mit einem V.-Prinzip (Schönberg).

Varsovienne (frz. = die Warschauerische), in Frankr. um 1850 aufgekommene Variante der poln. → Mazurka in langs. ¾-Takt mit Anhalt der Tanzbewegung auf dem 1. Viertel jedes 2. Taktes.

Vaticana, Vaticanum → Editio V., Kirchenmusik.

Vaudeville (frz., v. Voix de ville = Stimme der Stadt), seit Ende des 17. Jhs. unter Einfluß der it. → Opera buffa auf den Pariser Jahrmarktsbühnen betriebene komödiantische Stegreifspiele zeitkritischer Art, seit Mitte des 18. Jhs. durch die → Opéra-comique abgelöst, unter Beibehaltung abschließender Rundgesänge auf populäre Melodien; in den USA seit Mitte des 19. Jhs. Bez. f. eine Frühform des → Musicals mit Einlagen akrobat. Zirkusnummern.

Vc, Abk. f. → Violoncello.

VDMK, Verband Deutscher Musiklehrer u. Konzertierender Künstler; → Musikverbände, Musikseminar.

veloce, con velocità (it. =) geschwind, rasch; Tempo- u. Vortragsbez.

Venezianische Schule, Gruppe v. Komponisten, Kapellmeistern, Organisten u. Theoretikern des 16. u. frühen 17. Jhs. in Venedig (San Marco), v. Einfluß auf die Entwicklung der vokalen u. instrumentalen Mehrchörigkeit, → Motette u. Liedkanzone (Chromatik), Sonata, Sinfonia, Orgel-Toccata u. → Ricercar, über die → Camerata Fiorentina des 16. Jhs. hinaus auch auf das → Dramma per Musica des 17. Jhs.; Hauptvertreter A. u. G. Gabrieli, C. Merulo, C. Monteverdi, C. de Rore, G. Zarlino.

Veni Creator Spiritus (lat. = Komm', Schöpfer Geist), Beginn des → Hymnus der 1. u. 2. Pfingst- → Vesper, dem Mainzer Bischof Rhabanus Maurus zugeschrieben (9. Jh.), vierzeilige Textstrophen mit vierteiliger Melodie im 8. → Kirchenton; Übertragung ins Deutsche durch M. Luther, A. Silesius, Goethe u. a.; oft motettisch vertont, von G. Mahler im lat. Text im 1. Teil seiner 8. Sinfonie (1906/07).

Veni Sancte Spiritus (lat. = Komm, Heiliger Geist), Pfingst- → Sequenz der röm.-kath. Liturgie, dem Erzbischof f. Canterbury, Stephen Langton (1150-1228) zugeschrieben, 10strophig, Melodie im 1. → Kirchenton, 1570 neben 3 weiteren Sequenzen im Meßbuch belassen, seit dem 15. Jh. mehrstimmig vertont, z. B. v. Dufay als 4stimmige → isorhythmische Motette mit dem Sequenztext in der Oberstimme u. der Choralmelodie im Tenor.

Ventile (v. lat. ventus = Wind), in der → Orgel mechan. Vorrichtungen z. Regulierung des Luftstroms: mit den durch die Klaviatur geöffneten *Spiel-V.* Luftzufuhr zu den Pfeifen, mit *Fang-*, *Saug-* od. *Schöpf-V.* Zufuhr zum Balg, mit *Kropf-V.* zu den Windkanälen; bei Blechblasinstr. Schaltvorrichtungen z. Veränderung der Gesamtstimmung od. der Höhe einzelner Töne durch *Umschalt- od. Stell-V.* z. Tonvertiefung durch *Verlängerungs-V.* mittels Zusatzbögen (Stimmbögen), heute gebräuchliche, seit den 1820er Jahren entwikkelte V.-Systeme: frz. *Pump-* od. *Kolben-V.* (→ Piston), dt. *Zylinder-* od. *Dreh-V.* in der Anzahl von drei V. z. Erniedrigung um einen Halbton, um einen Ganzton bzw. um eine Kleinterz, bei Baßtuba u. → Trompete ein um 2 1/2 Töne erniedrigendes viertes V.; zusätzl. *Kompensations-V.* z. Korrektur der bei V.-Kombinationen auftretenden Intonationsdifferenzen.

Ventilhorn → Horn.

Ventilposaune, mit 3 bis 4 Ventilen anstelle des ausziehbaren Zuges ausgestattete → Posaune in F. od. B, seit Mitte des 19. Jhs. in it. Opern- u. Blasorch. verwendet, heute auch im → Jazz, nichttransponierend im Baß- od. Tenorschlüssel notiert. → Transpon. Instr., Schlüssel.

Veränderung, f. → Variation; im 18. Jh. auch Register-Bez. bei besaiteten Tasteninstr.

Verbände → Musikerverbände, Musikrat.

Vérbunkos (ungar., v. dt. Werbung), Sammelbez. f. eine im frühen 19. Jh. im Umfeld der Anwerbung v. Rekruten aufgekommene ungar. Tanzliedform, verbreitet durch Zigeunerkapellen (→ Zigeunermusik); Formstereotyp: lebhafter 2/4-Takt, Synkopen u. punktierte Rhythmen in binärem Metrum, Triolengirlanden, improvisierend ausgeführt, jedoch mit einer aus der Cambiata (dissonante Wechselnote) übernommenen → Kadenzklausel; in Volkstanzkompositionen von Bihari, Csermák, Lavotta, stilisiert bei F. Erkel (Oper), Liszt, Bartók, Kurtág (Klaviermusik, Orchesterstücke).

Verdeckte Oktaven (Quinten) → Parallelen.

Verdeckung, beim gleichzeitigen Hören zweier Töne in verschiedener Lautstärke u. Höhe die V. des leiseren durch den lauteren Ton, bei hohen Tönen leichter als bei tieferen Tönen, so daß selbst zahlenmäßig schwächer besetzte Blasinstr. eines Orch. die Instr. der Mittel- u. Diskantlage unverhältnismäßig verdecken, welches akust. Phänomen in der → elektron. Musik als kompositionstechn. Mittel genutzt wird. → Hören, Gehör.

Verdoppelung, das gleichzeitige Erklingen eines Tones in Einklang od. Oktave in zwei Stimmen; bei → Dreiklängen im vierstimmigen Satz unerläßlich, jedoch die V. der Terz aus Gründen zwangsläufig entstehender → Parallelen nicht gestattet, desgl. die V. v. dissonanten Akkordtönen, auch v. Tonfolgen (außer → Unisono).

Vereinigte Staaten (USA) → US-amerikan. Musik.

Vergleichende Interpretationskunde → Interpretation.

Vergleichende Musikwissenschaft → Musikethnologie, Musikwissenschaft.

Vergrößerung → Augmentation.

Verismo (v. it. vero = wahr), dem Naturalismus der it. Literatur verwandte Richtung in der it. Oper um 1900 mit sozialer u. exotischer Milieuschilderung (Mascagni, *Cavalleria rusticana*, 1890; Leoncavallo, *I Pagliacci*, *Der Bajazzo*, Einakter, 1897), v. Einfluß auch auf Puccini (*Tosca*, 1900), Charpentier (*Louise*, 1900), d'Albert (*Tiefland*, 1903), Strauss (*Salome*, 1905).

Verkleinerung (Verkürzung) → Diminution.

Verlagsrecht → Urheberrecht.

Verlängerung → Augmentation.

vermindert, als v. Intervall der um einen chromat. Halbton verkleinerte (erniedrigte) Abstand zweier Töne (reines od. kl. Intervall), deren → Umkehrung ein → übermäßiges Intervall ergibt; *verminderter Dreiklang*, aus zwei kl. Terzen aufgebauter → Dreiklang, harmonisch mehrdeutig, z. B. als Dominantseptakkord ohne Grundton; *verminderter Septakkord*, aus drei kl. Terzen aufgebauter Vierklang, harmonisch mehrdeutig, z. B. als Dominantseptakkord ohne Grundton, vielfach zu verkürzten → Modulationen in entfernte Tonarten verwendet.

Vermischter Geschmack (it. stile misto, frz. goût mixte), Begriff u. Forderung der Musikästhetik des 18. Jhs., im Idealfall die Verbindung nationaler Stilelemente zu einem allgemeinen, übernationalen Musikalisch-Schönen.

Verrillon (frz. v. verre = Glas), → Glasharmonika, Glasspiel.

Vers (v. lat. versus = Wendung, Reihe), Bez. f. die durch → Metrum u. → Rhythmus gegliederte Textzeile, quantitierend als Folge v. kurzen u. langen Silben mit den Grundelementen des Daktylus, Jambus, Trochäus, alternierend als Wechsel v. einsilbiger Hebung u. Senkung (→ Arsis-Thesis), akzentuierend mit od. ohne Reimbildung zu → Strophen gebunden; als Zusammenfall v. V.-Metrum u. Wortbetonung, in der Verbindung v. Wort u. Ton (Dichtung u. Musik) stil- u. formgeschichtl. zu vielfältigen Symbiosen gelangt. → Versus, Strophe, Melodie, Cantus, Choral, Lied, Bar, Arie.

Verschiebung, linkes Klavierpedal (→ Pedal, Klavier), das Klaviatur u. Mechanik etwas nach rechts rückt, womit der → Hammer bei voller V. nur eine Saite (una corda), bei halber V. zwei Saiten (due corde) des mehrchörigen Bezugs anschlägt u. somit den Ton in Klangfarbe u. Lautstärke differenziert.

Verschmelzung, hörpsychologisch die Wahrnehmung zweier gleichzeitig erklingender Töne als einzelnen Ton, im Grad der V. abhängig von ihren gemeinsamen Obertönen, vollkommene V. bei Grund- u. Oktavton, gefolgt v. Quinte u. Quarte. → Konsonanz/Dissonanz.

Verschränkung, motivisch-thematisches Ineinandergreifen zweier → Phasen in einer → Periode, typisch im Satzbild der Wiener Klassik, in der musikal. Romantik weiterentwickelt (→ Leitmotiv, Unendliche Melodie).

Versett (v. it. versetto = Kurzvers), Orgelsatz im Wechsel z. versweise vorgetragenen Chorsatz, im 16.-18. Jh. vielverbreitet. → Magnificat-V.; Orgelmesse.

versetzen → transponieren.

Versetzungszeichen → Vorzeichen; Auflösungszeichen, Zeichen.

Versikel (v. lat. versiculum = kleiner Vers), in der kath. u. anglikan. Liturgie Gebetsruf u. Gemeindeantwort im Sprechgesang, z. B. *Dominus vobiscum – Et cum spiritu tuo* (Der Herr sei mit euch – Und mit deinem Geiste).

Verstärker, ein mit Röhren bzw. → Transistoren bestückter Baustein in der Elektroakustik, der die → Amplitude elektr. Signale vergrößert (Spannungs-V.) od. die z. B. f. → Lautsprecher erforderliche Leistung zubringt (Leistungs-V.); in → E-Orgel u. (Moog-)→ Synthesizer ist das Bauelement ein spannungsgesteuerter V. (VCA = Voltage Controlled Amplifier); Kenngröße f. die V.-Leistung ist die in Watt angegebene Sinusleistung; Qualitätskriterien sind: Frequenzgang, → Verzerrungen, Fremdspannung.

Versus (lat. = Wendung, Reihe), Abschnitte im Wechselgesang des → Gregorian. Chorals, auch f. Versikel, versifizierten → Hymnus (z. B. → Ambrosian. Lobgesang) u. → Versett.

Vertreterklänge → Nebendreiklänge.

Verwandlungsmusik, bei Schauspielaufführungen → Bühnenmusik z. Überbrükkung v. Bühnenumbauten.

Verwertungsgesellschaften → Urheberrecht, GEMA.

Verzerrer, elektroakust. Geräte z. Veränderung der Schwingungsform eingegebener Schallsignale; *Verzerrungen*, durch unvollkommene Übertragung bewirkte Veränderung v. Schallsignalen, als *lineare V.* bei Analogsignalen, als *nichtlineare V.* bei Disproportion v. Ein- u. Ausgangssignal (Klirrfaktor).

Verzierungen (it. fioriture, frz. agréments, engl. ornaments), Auszierungen einer Melodie, ursprüngl. improvisiert, seit dem Barock v. a. in it. Lehrbüchern des Ziergesangs (→ Koloratur) schriftl. überliefert, f. die Instrumentalpraxis im 18. Jh. in Klavier-, Flöten- u. Violinschulen tabellarisch exemplifiziert (Fr. Couperin, C. Ph. E. Bach, J. Quantz, L. Mozart u. a.), seit der

Wiener Klassik auskomponiert u. auf wenige V. zurückgenommen (→ Triller, Doppelschlag, Vorschlag, Nachschlag, Vorhalt, Arpeggio, Tremolo). Kenntnis der V.-Praxis z. authent. Interpretation der Vokal- u. Instrumentalmusik des 17.-18. Jhs. unerläßlich; Systeme u. Anwendungen der V. unterschiedl. nach Stilphasen, Schulen, Instr.

Vesper (v. lat. vespera = Abend), liturg. Abendgebet (→ Horen) mit → Psalm- u. a. bibl. Texten auf chorale Melodien; im 16.-18. Jh. zahlr. mehrstg. Vertonungen v. V.-Psalmen (Monteverdi, *Marienvesper*, 1610; W. A. Mozart, V. KV 329 u. 339); V.-Texte u. -Melodien im → *Antiphonale* bzw. *Vesperale*.

Vetter Michel → Rosalie.

Vibraphon, Metallstabspiel, Anfang der 1920er Jahre in den USA entwickelt, zweireihig-klaviaturmäßig auf tischförmigem fahrbaren Gestell angeordnete, mit weichen Schlegeln anzuschlagende Leichtmetallplatten, unter denen sich abgestimmte Aluminiumröhren od. elektromagnet. Tonabnehmer als Resonatoren befinden, die in elektromotorischer Rotation stufenlos schnell geöffnet u. geschlossen werden können, was ein charakterist. → Vibrato erzielt; der weiche nachhallende Klang läßt sich durch einen Dämpfer über Fußpedal mechan. regulieren; Tonumfang f-f^3, nichttransponierend im Violinschlüssel notiert; durch das *Modern Jazz Quartett* (Mill Jackson) u. a. Ensembles bekannt gemacht, seit den 1930er Jahren auch in Bühnen- u. Konzertkompostionen (Berg, *Lulu*, 1935; Milhaud, *Kzt. f. Marimba, V. u. Orch.*, 1947).

Vibrato (it., v. lat. vibrare = beben, schwingen), period. Tonhöhen- u. Lautstärkeschwankungen bei Singstimmen, Streich-, Blas-, Zupf- u. Schlaginstr.; im 16.-17. Jh. im Lauten- u. Gambenspiel entwickelt, in der damaligen Gesangstechnik als → Gruppo u. → Bebung (im 18. Jh.) diese auch auf dem → Klavichord), im 19. Jh. v. a. im Vl., Va.-, Vc.-Spiel zur Ausdruckssteigerung gefördert (Spohr), im 20. Jh. erscheinen V. u. Non-V. oft gegeneinandergestellt (Bartók); Abgrenzungen gegen Bebung u. Tremolo nicht immer gegeben, Differenzierung der Intensitätsgrade des V. als Stil- u. Geschmacksfrage.

Victimae paschali laudes (lat. = dem österl. Opfer sei Lob), Eingangsworte der → Sequenz der Osterliturgie des röm.-kath. Ritus; Text u. Melodie um 1000 entstanden (Wipo v. Burgund), letzte u. 6. Strophe seit dem 16. Jh. als ›antisemitisch‹ weggefallen; in zahlr. volkssprachigen Nachdichtungen v. Bedeutung f. die ma. → Osterspiele (→ Leise: *Christ ist erstanden*, 12. Jh.).

vide (lat. = siehe), in → Partituren u. a. Notenausgaben Hinweis auf einen mögl. Auslassungssprung, im Notenbild am Beginn der Passage mit *vi-*, am Ende mit *-de* bezeichnet.

Videorecorder, Videoclip → Kassettenrecorder, Schallplatte.

Viella, Vielle (it., frz.) → Fidel, Drehleier.

Vierfuß, Tonhöhenregister bei → Orgeln. → Fuß, Register.

viergestrichen, Bez. f. die Töne des Oktavraums v. c^4-h^4 (c''''-h''''); → gestrichen.

Vierstimmigkeit, in der → Dur-Moll-Tonalität des 17.-19. Jhs. vorherrschende polyphone od. homophone Satzart, vokal v. den menschl. → Stimmlagen u. -gattungen, instr. v. den → Stimmfamilien ausgehend. → Verdoppelung, Dreistimmigkeit, Mehrstimmigkeit.

Vierteltonmusik, unter Verwendung v. Vierteltönen eines 24stufigen temperierten Systems (= Halbierung des üblichen 12stufigen → Oktavsystems, → Temperatur) komponierte Musik, theoretisch bei Busoni gefordert (*Entwurf einer neuen Ästhetik der Tonkunst*, 1907), praktisch verwirklicht bei A. Hába (*Die Mutter*, Oper nach Gorki, 1930; auch bei Trujillo, 1875-1965, Wyschnegradsky, 1893-1973, u. a.); setzte sich aus Gründen der Hörgewohnheit, auch mangels ausreichender Instrumentarien nicht durch (→ Jankóklavier), wird jedoch vereinzelt in Kompositionen für Streicher verwendet (Bartók, *4. Streichquartett*, 1928; *Sonate f. Vl. solo*, 1944); v. Bedeutung f. → Clusterkomposition u. Elektron. Musik.

Vietnamisische Musik: W. Laade, *Gegenwartsfragen der Musik in Afrika und Asien*, 1971; Trán van Khê, *V. M.*, in: *Die Musikkulturen Asiens, Afrikas u. Ozeaniens im 19. Jh.*, 1973.

Vigilien (v. lat. vigiliae = Nachtwachen), Nachtgebete der röm.-kath. (klösterl.) Liturgie. → Horen, Matutin.

vigoroso, con vigore (it. =), kraftvoll, mit Nachdruck u. Energie (Spielanweisung).

Vihuela, v. provenz. viula abgeleitete span. Sammelbez. f. → Streichinstr. (→ Fidel, Viola da gamba), i. e. S. → Chitarra u. → Gitarre, als *V. de mano* (Hand-V.) das v. span. Komponisten im 16.-17. Jh. bevorzugtes Zupfinstr. mit 5-7 doppelchörigen Saiten; Sammelausg. mit Spielanweisungen von Milan, Narváez, in it. Lauten- → Tabulatur notiert; Cabezón.

Villancico (span. v. villano = Bauer), volkssprachige, mehrstimmig-homophone Strophenlieder mit Refrain, weltl. u. geistl. Inhalts; im 16. Jh. auch als Sololied mit → Vihuelabegleitung verbreitet, im 17.-18. Jh. zudem als Kirchenkantate (Soli und Chöre), heute Bez. f. volkstüml. Weihnachtslied.

Villanella (it. = Landmädchen), it. Liedform neapolitan. Ursprungs, weitverbreitet im 16.-18. Jh., achtzeilige Strophen mit Refrain, Textinhalte v. ländl. Leben, dreistimmig-homophon, auch vierstimmig (Quintenparallelen), Vorläuferform v. → Madrigal u. → Kanzonette: auch in Dtl. beliebt, Sammlungen v. Regnart, Haßler, Schein.

Villota (it. v. villano = Bauer), venezianisches, durchkomponiert vierstimmiges Tanzlied im Wechsel gerad- u. ungeradtaktiger Abschnitte, im 16. Jh. in der → Villanella aufgegangen.

Vina (Wina), nordindisches, seit dem 15. Jh. belegtes Saiteninstr., Stabzither mit 4 Melodie- u. 3 Resonanzsaiten (Quint-Quart-Stimmung) u. 2 Kürbissen (Kalebassen) als Resonatoren, mit Plektrum od. Fingernägeln angerissen; südind. V. in Form einer → Mandoline.

Viola, Abk. *Va*, bogengestrichenes Saiteninstr. mit Korpus u. Hals, als → *V. da gamba* (Gambe) die in Kniehaltung gespielten Violen, als *V. da braccio* (Bratsche) die in Armhaltung gespielten Violen (neben der aus der ma. → Fidel entwickelten → *Lira da braccio*); die heutige Va. erhielt als Altinstr. zw. → Violoncello u. → Violine ihre Form von der Vl. u. steht mit 4 in Quinten gestimmten Saiten (c-g-d-^{1}-a^1) eine Quinte unter der Vl. u. eine Oktave über dem Vc., Korpuslänge 40-42,5 cm, Zargenhöhe 3,8 cm, v. gedecktem, samtenem, in der Höhe mitunter leicht näselndem Klang; im 17. Jh. auch als größere *Va. tenore* gebaut (→ Stradivaris *Va. medica*, 1690, Länge 47,8 cm, Zargen 4,3 cm), im 18. Jh. als 4-6saitige *Va. da spalla* (Schulter-Va.) od. als 5saitige *Va. pomposa*, beide in Tenor-Baß-Lage, mit Schultertrageband versehen, als *Va. d'amore* (Liebes-V.) mit 5-7 Melodiesaiten in Quint- od. Gamben- od. Dur-Moll-Akkord-Stimmung u. 7-14 unter dem Griffbrett verlaufenden metallenen Resonanzsaiten (im 20. Jh. u. a. durch Hindemith wiederbelebt), im 19.-20. Jh. als *Va. alta* eine v. H. Ritter gebaute Bratsche, Länge bis 48 cm. Seit Mitte des 18. Jhs. (→ Mannheimer Schule, Wiener Klassik) erscheint die Va. mit selbständ. Stimme in der Kammermusik (→ Streichquartett), als Soloinstr. (Kzt. f. Va. u. Orch.) u. als unverzichtbares Klangfarb- u. Stimmelement der Violinenfamilie im Sinfonieorch.

Viola bastarda (it.), im 17. Jh. gebräuchl. 6saitiges Streichinstr. der → Gambenfamilie (Tenor-Baß-Lage).

Viola da gamba (it. = Knieviola), Gambe in Tenor-Baß-Lage, seit dem 15. Jh. v. Spanien über Europa verbreitet, formtypisch f. die Violenfamilie des 16.-18. Jhs.: spitz auslaufender Oberbügel, zum Hals hin abgeschrägter flacher Boden, gewölbte Decke mit c-förmigen Schallöchern, hohe Zargen, breit-flach gerundeter mit 7 Bünden versehener Hals, meist 6 Saiten in Quartstimmung mit Terz in der Mitte (D-G-C-e-a-d'), in Frankr. als *Basse de viole* auch mit 7. Saite, mit untergriffiger Bogenhaltung gespielt; zur Gambenfamilie zählten seit dem 17. Jh. ferner Diskant-G. (d-g-c^1-e^1-a^1-d^2) sowie Alt- u. Tenor-G. (beide A-d-g-h-e^1-a^1); Lehrwerke schrieben im 16. Jh. Ganassi, Ortiz u. a.; bedeutende Kompositionen f. → Consorts entstanden vom 17. bis ins 18. Jh. v. a. in Engl. u. Frankr., Solosonaten schrieben u. a. Buxtehude, Telemann, J. S. u. C. Ph. E. Bach.

Viola di bordone → Baryton.

Viola di fagotto → Fagottgeige.

violento (it. =), heftig, stürmisch; Vortragsbez.

Violetta, Verkleinerungsform v. → Viola, im 16.-17. Jh. Bez. f. kleinere Gamben, im 18. Jh. allgemein f. Bratschen; *V. d'amore* seit 1980 gebaute Kombination v. V. u. Va. (B. Geisel), ähnl. dem *Violino pomposo* (18. Jh.).

Violine (it. Violino), Abk. V., Vl., dt. auch Geige, Diskantinstr. der Streichinstrumentenfamilie (Violine, → Viola, Violoncello, Kontrabaß), aus Formelementen der ma. Fidel u. → Lira da braccio bis um 1600 durchentwickelt (→ Geigenbauer), bestehend aus Decke (Fichtenholz) mit 2 f-förmigen Schallöchern, Boden u. Zargen (Ahorn), Decke u. Boden zunächst meist zweihälftig geleimt, leicht gewölbt, beidseits in der Mitte eingebuchtet, Korpus mit angesetztem Hals (Ahorn) u. bündelosem Griffbrett (Ebenholz), vier quintig gestimmte Saiten aus Darm, Stahl od. metallumsponnenem Kunststoff; Stimmung g-d^1-a^1-e^2; Stimmumfang g-d^5, v. querständigen Wirbeln in der Schnecke über den Sattel am oberen Griffbrett u. zweifüßigen Steg z. Saitenhalter an der Unterzarge gespannt, → Stimmstock u. → Baßbalken im Inneren des Korpus z. Regulierung v. Klang u. Statik, Außenlack v. a. z. Schutz vor Witterungseinflüssen, Klangerzeugung durch Streichen der Saiten mit V. → Bogen in Obergriffhaltung, auch durch Zupfen (→ Pizzicato) der Saiten mit Fingern der Bogen- od. Griffhand; nichttransponierend im *Violin-*

schlüssel notiert (→ Schlüssel); v. a. ihrer Beweglichkeit u. klanglichen Brillanz wegen wurde die Vl. seit der → Klassik unverzichtbar f. Kammerensembles u. Sinfonieorch. → Violinmusik.

Violinmusik, Ensemblestücke in it. u. frz. Frühdrucken des 16. Jhs., seit dem 17. Jh. exemplarisch in Sonatenslg. v. Corelli, Biber, Vivaldi, Bach, seit Bach/Vivaldi herausragende V.-Konzerte v. Mozart, Beethoven, Paganini, Spohr, Vieuxtemps, Wieniawski, Mendelssohn, Brahms, Bruch, Tschaikowsky, Dvořák, Sibelius, im 20. Jh. v. Bartók, Berg, Prokofjew, Schostakowitsch u. a. m. – *Violinspiel*, dokumentarisch in Lehrwerken v. Tartini (1745), Geminiani (1751), L. Mozart (1756), F. David (1872), Sevčik (1883), Flesch (1928), historiographisch bei Wasielewski (1869), A. Moser (1923), Boyden (dt. 1971), Kolneder (1972), Hartnack (biogr. 1967).

Violino piccolo → Quartgeige, Terzgeige, Pochette.

Violon, Violone → Kontrabaß.

Violoncello, Abk. Vc. (it. Diminutiv v. → Violone; Kurzform dt. u. engl. ›Cello‹), Streichinstr. der Violinfamilie in Tenor-Baß-Lage (Stimmung C-G-d-a), seiner Größe wegen zw. den Knien gehalten, Maße in Vergrößerung des Violin-Modells v. A. Stradivari (1716); Korpuslänge 65-75 cm, Zargenhöhe 11,5 cm (Zargenhöhe des v. Bach verwendeten 5saitigen *Vc. piccolo* 8 cm); nichttransponierend im Tenor- u. Violinschlüssel notiert (→ Schlüssel); nach anfängl. Verwendung als (General-) Baßinstr. seit dem 18. Jh. mit Sololiteratur bedacht: Bach, 6 Sonaten; Kzt. v. Vivaldi, C. Ph. E. Bach, Boccherini, Haydn, im 19.-20. Jh. v. Beethoven (Tripelkzt.), Schumann, Brahms (Doppelkzt.), Dvořák, Pfitzner, Hindemith, Schostakowitsch, B. A. Zimmermann, Penderecki, Ligeti; seiner Klangfarbskala u. Tonstärkestufungen wegen wurde das Vc. unverzichtbar f. das neuzeitl. Sinfonieorchester.

Virelai (frz. v. virer = sich drehen und → Lai = Lied), ma. frz. Liedform, in Vers- u. Reimbildung freie 3-teilige Strophen mit einleitendem Refrain, identisch mit dem 3. Strophenteil, einstimmig, im 14.-15. Jh. mehrstimmig; verwandt mit → Rondeau, → Ballade, u. Bergerette.

Virga (lat. = Rute, Dorn), in der früh.-ma. → Neumen-Notation der einfache senkrechte od. leicht geneigte Strich. → Noten.

Virginal (v. lat. virga = Rute, Dorn), auf einem Tischgestell liegendes rechteckiges → Kielinstr. mit quer zur → Klaviatur verlaufendem Saitenbezug, der wie beim → Cembalo anzureißen, in it.-frz.-engl.-flandr.-dt. Formtypen des 15.-17. Jhs. enthalten, aus der 2. Hälfte des 16. Jhs. auch als Doppel-V. in Verbindung mit einem kleineren oktavierenden V.; zentrale Bauwerkstatt im 16.-17. Jh. → Ruckers, Antwerpen; wichtigste engl. *V.-Bücher* der Elisabethan. Zeit als Slg. satz- u. instrumentalspezifischer V.-Musik: → *Fitzwilliam Virginal Book* (1609-19), *My Ladye Nevells Booke* (1591), *Parthenia* (1612-13; erste gedruckte Slg.), mit Variationen über Ostinato- → Grounds, programmusikal. → Charakterstücke, → Fancys u. intavolierten Tanzstücken (→ Tabulaturen) v. den *Virginalisten* Tallis, Byrd, Bull, Gibbons, Morley, Farnaby.

Virtuose, Virtuosin (v. lat. virtus, it. virtù = Tüchtigkeit), seit dem 17. Jh. Bez. f. Musiker mit herausragenden künstlerischen, seit dem 18. Jh. mit bes. spiel- bzw. gesangstechn. Fähigkeiten, im 19. Jh. abgewertet als ›Virtuosengeklimper‹ (R. Schumann), aufgewertet als ›nothwendiges Element der Musik‹ (F. Liszt), in Personalunion v. Komponist u. Interpret unter Klavier-V. des 20. Jhs. etwa Busoni od. Bartók, unter den ›Pult-V.‹ z. B. Furtwängler od. Bernstein.

Vista (it. = Blick) → a prima vista.

vivace; vivacissimo (it. =) lebhaft, schnell; sehr schnell; Tempobez.

Vocalise → Vokalise.

Voce (it. =) Singstimme; *v. alta* = hohe u./od. laute Stimme; v. messa = tiefe u./od. leise Stimme → Colla v., mezza v., sotto v.

Voces aequales → Äquale.

Vocoder (engl. Kurzwort aus voice coder), elektron. Gerät zu sprachähnlicher Klangerzeugung v. Vokalen, Zisch- u. Explosivlauten; meist im Verbund mit einem → Synthesizer eingesetzt.

Vogelstimmen, als Vogelsang bezeichnete Lautäußerungen männl. Vögel nach artgebundenen Grundmustern mit individuell angeborenen od. erlernten Varianten, überwiegend als Werbe- u. Abwehrrufe; klangrealistisch od. strukturell stilisiert in die Volks- u. Kunstmusik aller Zeiten u. Zonen eingegangen; weltbekanntes Beispiel: die rhythmisierten Vogelstimmenrufe in Beethovens *Pastoral-Sinfonie*, 1808 (›mehr Empfindung als Tonmalerei‹, B.), im 20. Jh. bei O. Messiaen ornitholog. u. kompositorisch systematisiert (*Catalogue d'oiseaux*, 1958).

Voix mixte (frz. = gemischte Stimme), die Mischung zw. Brust- u. Kopfregister der menschl. → Stimme.

Vokalise, Übungsstück f. Singstimme auf einen Vokal od. eine Silbe mit od. ohne Instr.-Begleitung (→ Solfeggio, Scat, Koloratur), im 20. Jh. als V.-Etüden auch kompositorisch f. Konzertwerke aufgegriffen, mit Klav. z. B. bei Ravel (*Habanera*, 1907) od. Strawinsky (*Pastorale*, 1908); f. mehrere Stimmen z. B. bei Kagel (in: *Staatstheater*, 1971) od. Schnittke (*V. f. 10 Frauenstimmen und Vibraphon*, 1973).

Vokal (v. lat. vox = Stimme), die mit der menschl. Sprech- od. Singstimme ausgeführten Selbstklinger a-e-i-o-u nebst Umlautern (Diphthonge als Doppel- u. Gleichlaute ei, eu, au); ggs. zum Konsonant als stimmlosen od. stimmhaften geräuschartigem Mitklinger, mit mehreren in den Resonanzhöhlen gebildeten → Teiltönen od. durch die Stimmbänder (→ Kehlkopf) erzeugten obertonarmen → Formanten; im Gesang als Resonanz- u. Klangfarbenausgleich zw. hellen u. dunklen, in der dt. Sprache auch zw. geschlossenen u. offenen V. erforderlich (Vokalisation). → Gesangspädagogik.

Vokalmusik, die Gesamtheit der f. Singstimmen in solistischer od. chorischer, ein- od. mehrstimmiger Besetzung mit od. ohne Instrumentalbegleitung geschriebene textgebundene Musik; in der Stil- u. Formgesch. der europ. V. als eher deklamatorischer ›Sprechgesang‹ od. als eher melodierender ›Ziergesang‹ od. als deren wechselseitige Durchdringung, seit dem 16. Jh. in vielfältiger Korrelation zur Instrumentalmusik, in der dodekaphonischen u. elektron. Musik des 20. Jhs. reduziert auf Phoneme, Sprachgeräusche usw., inner- u. außerhalb instrumenteller Texturen. → Lied, Choral, Kantate, Motette, Messe, Oratorium, Oper, Chormusik.

Vokalquartett, Ensemble mit vier solistisch od. chorisch besetzten Singstimmen,

Männerstimmen-Q. mit od. ohne Knabenstimmen, Frauenstimmen-Q. mit od. ohne Mädchenstimmen, auch gemischtstimmig besetzte V.

Volkshymne → Nationalhymne.

Volkskunde, als musikal. V. (Folklore) Forschungs- u. Lehrgebiet der hist. u. der vergleichenden → MW (*Musikethnologie*), seit den 1950er Jahren auch der → Musiksoziologie.

Volkslied, Teilgebiet der → Volksmusik, v. J.G. Herder 1773 geprägter Sammelbegriff f. vordem gebräuchl. Bez. wie → Gassenhauer, Bänkelsang, Bergreihen, die Gesamtheit der in breiten Volksschichten lebendigen, inhaltl. vielfältig gestuften sprachl. bildhaften, formal einfachen od. gereimten Strophenlieder (mhd. liet = Strophe) mit schlichter Melodie, individuell entstanden, jedoch vielfach ›zersungen‹: seit dem MA in handschriftl., seit dem 16. Jh. in gedruckten Slg. überliefert (→ Liederbücher), bedeutende V.-Slg. des 18.-19. Jhs.: Herder, *Stimmen der Völker in Liedern* (Neuaufl. 1807, mit Goethes *Heidenröslein*), A. v. Arnim u. Cl. Brentano, *Des Knaben Wunderhorn*, 3 Bde. 1806-18, Neuaufl. 1972), L. Uhland, *Alte hoch- u. niederdeutsche Volkslieder*, 2 Bde., 1844-45, Nachdr. 1968), L. Erk u. F. M. Böhme, *Deutscher Liederhort*, 3 Bde., 1893-94, Nachdr. 1963); in jüngster Zeit auch die v. E. Klusen hg. u. eingel. Auswahlslg. *Deutsche Lieder, Texte u. Melodien*, 2 Bde., 1980. → Dt. V.-Archiv, Folksong, Jugendmusikbewegung, Lied – W. Danckert, *Das Volkslied im Abendland*, 1966; W. Suppan, *Volkslied, seine Sammlung u. Erforschung*, 1966; E. Klusen, *Volkslied, Fund u. Erfindung*, 1969.

Volksmusik, Begriffsbildung in Anlehnung an → Volkslied u. → Volkstanz, die zusammen mit instrumentaler Gebrauchsmusik die Hauptbereiche der V. bilden, wobei die Grenzen zw. volksläufiger u. volkstüml. Musik in der vorindustriellen Gesellschaft des 16.-18. Jhs. durchlässig zueinander verliefen, die Fluktuation der Tanzmusik zw. Bauern-, Bürger- u. Hofständen im 15.-18. Jh. einen nahtlosen Stilisierungsprozeß v. Brauchtum z. Bühnentanz- u. Konzertszene darstellen, V. in der europ. Industrie- u. Massengesellschaft des 19. und 20. Jhs. hingegen restaurativ ideologisiert, historistisch nachgeprägt od. medienkommunikativ gesteuert erscheint, während seit den 1950er Jahren in euro-amerikan. Folksong-Bewegung V. ursprunghaft gepflegt u. regional regeneriert zu werden scheint, auch mit Bezugspunkten zur Musikfolklore der Dritten Welt. → Folklore, Folklorismus, Folk-Rock, Folksong. – Lit.: M. Tibbe u. M. Bonson, *Folk-Folklore-Volkslied. Zur Situation in- und ausländischer Volksmusik in der BRD*, 1981; W. Heimann, *Musikalische Interaktion, dargestellt am Beispiel Lied u. Singen*, 1982; W. Wiora, *Europäische Volksmusik u. abendländische Tonkunst*, 1957.

Volkstanz, in Europa die Gesamtheit der nach Form u. Funktion im geselligen Leben volksständischer Unter- u. Mittelschichten entwickelten Tänze, seit dem → MA überliefert, in → Renaissance, Barock u. Klassik vielfach zu Ballett- u. Instrumentaltänzen umgewandelt, in der → Romantik als Heimattänze gepflegt u. zu Nationaltänzen weiterentwickelt, im 20. Jh. international zu tourist. Tanzfolklore wie zu → Gesellschafts- u. Turniertänzen umfunktioniert. → Tanz, Suite. – C. Sachs, *Eine Weltgeschichte des Tanzes*, 1933, Nachdr.

1976; F. M. Böhme, *Die Geschichte des Tanzes in Deutschland*, 1886, Nachdr. 1973; O. Schneider, *Tanzlexikon*, 1985.

Volles Werk → Organo pleno.

Volta, Volte (it., frz. = Drehung), paarig aufgeführter Dreh- u. Springtanz in lebhaftem Dreiertakt, um 1600 europaweit verbreitet, in Lauten- → Tabulaturen u. Tanzbüchern überliefert (M. Praetorius, *Terpsichore*, 1612).

volti subito, Abk. *v. s.* (it. =) wende sofort [das Notenblatt].

Voluntary (engl. = freiwillig), rahmendes, meist improvisiertes Orgelstück zum Ein- od. Ausgang anglikan. Gottesdienste. → Fancy, Service.

Vomblattspiel → a prima vista (Primavista).

Vorausnahme → Antizipation.

Vordersatz → Nachsatz, Periode.

Vorhalt, in einer od. mehreren Stimmen gleichzeitig erscheinender harmoniefremder (dissonanter) Ton auf betontem Taktteil, vorhaltend-verzögernd durch kl. od. gr. Sekundschritt in den jeweils akkordeigenen Ton aufzulösen; als *vorbereiteter V.* aus dem vorausgehenden Akkord übergebunden, als *freier V.* im vorausgehenden Akkord nicht enthalten, als *halbfreier V.* in einer anderen Stimme des vorausgehenden Akkordes enthalten, als *erweiteter V.* mit zusätzlichen Verzögerungstönen zw. V. u. Auflösung.

Vorschlag (it. → Appoggiatura), die im Kleindruck einer Hauptnote zur melod. → Verzierung od. als harmon. → Vorhalt vorangestellte Nebennote(n), meist die obere od. untere Sekunde: als *langer V.* auf dem Schlag einsetzend, die Hauptnote zur Hälfte od. um zwei Drittel verkürzend, bzw. im Falle einer angebundenen Note gleicher Tonhöhe od. einer nachfolgenden Pause den Gesamtwert der Hauptnote annehmend, als *kurzer V.* vor od. auf dem Schlag einsetzend, den Wert der vorausgehenden bzw. Hauptnote nur wenig verkürzend; *Doppel-V.* → Schleifer.

Vorspiel, instrumentales Einleitungsstück, in Renaissance u. Barock z. B. zu → Suiten od. → Fugen als → Präludium, zu → Oper u. → Ballett als → Ouvertüre, bei Wagner das → leitmotivisch bestimmte V. der → Musikdramen seit *Lohengrin*, 1850.

Vortanz → Nachtanz, Tanz, Suite.

Vortrag, als musikal. V. die künstlerische → Interpretation einer Vokal- od. Instrumentalkomposition, durch → Vortragsbezeichnungen zum Notentext hinsichtl. Ausdruck, Stimmungsgehalt u. Aufführungsart(en) hinweisend umschrieben. → Tempo, Lautstärke (Dynamik), Agogik, Phrasierung, Rubato, Artikulation, Deklamation, Verzierungen, Anschlag, Bogenführung, Fingersatz, Aufführungspraxis.

Vortragsbezeichnungen, v. Komponisten od. einem Bearbeiter (→ Editionspraxis) dem Notentext zu Vortrags- u. Aufführungszwecken hinzugesetzte Wörter u. → Zeichen der näheren Angabe v. → Tempo, Lautstärke, Spieltechnik, Artikulation, Phrasierung usw.; im 17. Jh. in It. aufgekommen, international bis heute überwiegend in it. Sprache, mit Modifizierungen u. Ergänzungen seit der ausdrucksdifferenzierten Musik der → Romantik u. dem seither erweiterten Instrumentarium auch in landessprachigen Wendungen der einzelnen Komponisten in Frankr. v. a. für Tempobez., in Dtl. v. Schumann bis Pfitzner v. a. f. Affektbez. → Aufführungspraxis.

Vorwegnahme → Synkope.

Vorzeichen, Versetzungszeichen (Akzidentien), v. Noten gesetzte Zusatzzeichen der chromat. Erhöhung od. Erniedrigung eines Tones, Kreuz (♯) bzw. Doppelkreuz (×) als Erhöhung um einen bzw. zwei Halbtöne, ♭ bzw. ♭♭ als Erniedrigung um einen bzw. zwei Halbtöne, Auflösungszeichen (♮) zur Wiederaufhebung v. Erhöhung od. Erniedrigung; nach Einführung der → Temperierten Stimmung (→ Quintenzirkel) u. der Taktstriche seit dem frühen 17. Jh. gilt jedes V. nur für den jeweiligen Oktavraum u. Einzeltakt; die seither zu Beginn eines Musikstückes u. Liniensystems zw. den Notenschlüsseln u. der Taktvorzeichnung notierten Versetzungszeichen stellen für alle Oktavbereiche *generelle Vorzeichen* der jeweiligen → Tonart dar, sie entfallen bei → Atonaler Musik.

Vox (lat. = Stimme), Mehrfachbez. f. → Ton, f. die Einzelstimme einer mehrstimmigen Komposition, f. die Sing- u. Sprechstimme des Menschen wie f. jede Art kreatürl. Laut (→ Vogelstimmen); in der Orgel als Registerbez. *V. angelica* (lat. = Engelsstimme) f. flötenartiges Zungenreg. zu 4- u. 2-Fuß, *V. coelestis* (Himmelsstimme) f. ›schwebendes‹ Labialreg. zu 8- od. 4-Fuß, *V. humana* (Menschenstimme) f. leicht näselndes Zungenreg. zu 8-Fuß; *V. principalis* = Hauptregister, → Prinzipal.

vuota, corda v. (it. = leere Saite), Spielanweisung bei → Streichinstr. (→ Flageolettspiel).

Vuoto (it. = Leere) → Generalpause.

W

Wagnertuba, auf Anregung v. R. Wagner zur Erstverwendung im *Ring des Nibelungen* (1869) konstruierte Waldhorntuba (→ Tuba) mit engmensurierter ovaler Röhre, Trichtermundstück u. 4 Ventilen; Grundstimmung der Tenor-W. in B, Umfang ^{1}E-b^2, eine gr. Sekunde über dem Klang im Baß- u. Violinschlüssel notiert, Stimmung der Baß-W. in F, ^{1}Es-f^2, eine Quinte über dem Klang; auch bei Bruckner (*7. u. 9. Sinfonie*), Strauss (*Elektra*) vorgeschrieben.

Wah-Wah, lautmalerische Bez. f. einen durch elektr. Verstärker-Pedal erzeugten vokalähnl. gefärbten Ton, in der → Pop-Musik der 1970er Jahre als ›Klangfarbenvibrato‹ verbreitet. → Vibrato.

Walcker, Synonym f. die v. der dt. E. F. Walcker & Cie hergestellten Orgelwerke; 1820 in Ludwigsburg gegr., in vierter Generation v. Werner Walcker-Mayer (Jg. 1923) geleitet; W.-Orgeln gelten mit techn. Neuerungen wie Registermanual, Mixturensetzer, Tastenfessel zu den führenden Orgelwerken der Gegenwart; seit 1965 besteht eine W.-Stiftung f. orgelwissenschaftl. Forschung (Schriftenreihe).

Waldflöte → Orgelregister mit Labialpfeifen zu 4- od. 2-Fuß (→ Fuß), v. sanftem Flötenklang.

Waldhorn, Blechblasinstr., aus dem → Jagdhorn entwickeltes, seit Beginn des 19. Jhs. gebräuchliches → Horn, mit konischem engmensuriertem, mehrfach kreisförmig gewundenem Rohr, trichterförmigem Mundstück, ausladender Stürze u. drei Ventilen nebst Stopfventil; Stimmungen in F u. B, od. F/B bzw. B/F (Doppelhorn), als helleres Diskant-H. in F- u. G-alto (auch Doppelhorn), transponierend im Violin- u. Baßschlüssel notiert; v. weittragend warmem Klang, unverzichtbar im → Sinfonieorch., seit Telemann, Vivaldi, Haydn, Mozart über Weber bis Strauss u. Hindemith als Soloinstr. mit bedeutenden

Kompositionen bedacht (Kzt., Kammermusik).

Walking Bass (engl.), durchgehende Baßbegleitung im → Country-Blues (P. Chambers), aus dem Klavierstil des → Boogie-Woogie entwickelt: rhythmisch gleichmäßig akzentuierte Viertel, akkordische Ostinati in Sekund- od. Terzrückungen.

Wallfahrerlieder → Geißlerlieder, Leisen.

Walze, als Wachszylinder-W. Tonträger des → Phonographen, als Stift-W. Tonerzeuger → mechanischer Musikinstr., als → Rollschweller (Crescendo-W.) Spielhilfe der → Orgel.

Walzer, Paartanz im ¾-Takt, in Sechsschrittdrehungen um die eigene Achse (Dreher) gruppenweise ausgeführt, Ende des 18. Jhs. in Östr. aus dem langsameren → Deutschen Tanz u. → Ländler entstanden (Gschwindwalzer), seit dem Wiener Kongreß (1815) z. → Gesellschaftstanz (*Wiener Walzer*) avanciert u. international verbreitet, Standardtanz der → Turniertänze des 20. Jhs. von Beethoven u. Schubert über Lanner u. J. Strauß Vater zu Fünferfolgen entwickelt (mit Einleitung u. Koda), in Gebrauchs- u. Konzertzwecke eingegangen, als *Pariser W.* in Dreierfolgen, als langsamer W. → Boston u. → English Waltz (Standard); z. Konzert-W. für Klav. stilisiert bei Chopin, Liszt u. a., f. Sinf.-Orch. als W.-Paroxysmen bei Berlioz (*Symphonie fantastique*, 1830) u. Ravel (*La Valse*, 1920). → Tanz.

Wandelkonzert, seit dem 18. Jh. als Promenadenkonzert (→ Blas- u. Salonorch.), in den 1960-70er Jahren als Alternativdarstellung zum traditionellen Konzertbetrieb in → Offenen Formen der → Multimedia- u. Happening-Szene, in Konzert-, Opern-, Schauspiel-, Jugend-Häusern, Fabriken od. Bautrakten usw., auch auf Plätzen, Straßen, Kanälen, spektakuläre Kompositions- → Arrangements z. B. v. Kagel, Stockhausen, Kupkovic, Riedl u. a. in Berlin und Bonn.

Washboard (engl. = Waschbrett), Rhythmus- u. Geräuschinstr. aus Wellblech, mit Metallhütchen auf den Fingerkuppen geraspelt od. mit Stäben geschlagen, in der → Skifflemusik des Revival Jazz verwendet.

Wasserorgel → Hydraulis, Orgel.

Wechseldominante → Doppeldominante, Dominante.

Wechselgesang → Antiphonie, Responsorium, Alternatim.

Wechselklang, Bezug eines Moll-Dreiklangs auf den gleichnamigen Dur-Dreiklang (und umgekehrt), neben → Parallelklang u. → Leittonwechselklang dritte Möglichkeit, einem → Dreiklang durch Wechsel eines Tones das andere Tongeschlecht zu geben; v. H. Erpf eingeführte Bez. (*Studien zur Harmonie- u. Klangtechnik der neueren Musik*, 1927, Nachdr. 1969), bei Riemann als → Variante aus dem → Dualismus-System abgeleitet.

Wechselnote, Wechselton (it. = cambiata), harmoniefremder Ton, der als obere od. untere → Nebennote einer Melodie od. eines Akkordes zum Ausgangston zurückkehrt, wie → Antizipation u. → Durchgang auf unbetonter Zählzeit stehend, der Spannung u. Belebung v. Melodiezügen u. Harmoniefolgen dienend.

Wechseltönigkeit, Ggs. zu → Gleichtönigkeit. → Harmonikainstr.

Weibliche Endung, auf unbetontem Taktteil endende Melodiebildung; in der Wiener Klassik v. a. durch → Vorhalts- od. → Kadenzbildung.

Weihnachtslieder, -spiele, -musiken, Gesamtheit der auf das in den → Evangelien beschriebene Geschehen um die Geburt Christi bezogenen Zeugnisse liturgischer u. außerliturgischer vokaler, instrumentaler wie darstellerischer Art; anknüpfend an Text- u. Melodiepassagen der seit dem frühen MA überlieferten weihnachtl. Messeliturgie (→ Gloria, Credo, Tropen, Hymnen, Sequenzen) insbes. die seit dem 11. Jh. aus dem christianisierten europ. Gesamtraum bekannten Krippen- u. Hirtenlieder, ihrerseits zunächst aus den ursprüngl. liturg. gebundenen dialogisierenden klösterl. W.-Darstellungen entnommen (St. Gallen, 9. Jh.), seit dem 11. Jh. v. a. in alpinen dt.-sprachigen Gebieten zu liturg. ungebundenen lat.-mhdt. gemischt textierten, szenisch erweiterten Krippenspielen entwickelt (Oberuferer Paradeisspiel, 14. Jh. bei L. Weber als *Christgeburt*, 1925; → Carmina burana, 13. Jh., daraus Orffs *Ludus de nato infante mirificus*, 1960); im → Quempassingen örtlich bis heute erhalten (Dreikönigsspiele); seit dem 17. Jh. in Choralbearbeitungen eingegangen (Bach, Kanonische Veränderungen über Luthers *Vom Himmel hoch* v. Orgel, 1747), seit dem 17. Jh. zu *W.-Historien* (Schütz, 1664) u. *W.-Oratorien* (Bach, 1734) als erweiterte Vertonungen der Evangelienberichte, in Händels *Messias* (1742) nach Texten aus dem AT und NT auf die Gesamtheit des Heilsgeschehens projiziert; im 19. Jh. textl.-melod.-satztechn. romantisierte W.-Lieder (Mohr/Gruber, *Stille Nacht*, 1818), weiterhin neben instrumentalen → Pastoralen auf → Siciliano-Rhythmen; im 20. Jh. Neuansätze zu stilistisch herausragenden Gattungsbeiträgen v. Haas, Schroeder, Distler, Pepping, Honegger, F. Martin, Dallapiccola, Messiaen, Britten u. a. m. → Carol, Noëls, Colindă, Pastorale.

Weise (v. ahdt. wisa = Art), die Text-Weise im Minne- u. Meistersang, als Sing-Weise heute allgemein f. Lied-Melodie gebraucht.

Weißes Rauschen, Höreindruck des Grenzfalls eines → Geräusches, das aus der Verteilung nichtperiodischer dicht beieinanderliegender Schwingungsvorgänge auf das Gesamtspektrum des → Hörfelds entsteht, als stimmloses ›sch‹ empfunden; in der → elektron. Musik mittels Rauschgeneratoren als Klangmaterial verwendet, bei Tonbandgeräten, Verstärkern u. Empfängern als Fremdspannungs-Störsignal auftretend.

Weite Lage → Lage.

Wellen, physikal. → Schwingungen in zeiträuml. Ausbreitungsform, als *Schallwellen* period. Dichteschwankungen v. Luft, Flüssigkeit od. Festkörpern, die mit Schallgeschwindigkeit auch → Schallenergie transportieren (→ Schall).

Welte-Rollen, von der Freiburger Spielwerkefirma Welte & Söhne (1882 gegr., 1954 erloschen) f. *W.-Mignon-Reproduktionspiano* (1904) bzw. *W.-Philharmonie-Orgel* (1913) hergestellte Papierrollen z. Lochwalzen-Einspielung v. Klavier- u. Orgelmusik (z. Wiedergabe auf den o. a. mechan. elektro-automat. Instr.); Interpretationen eigener Werke auf W.-R. v. Reger, Debussy, Busoni, Grieg erhalten, auf neuzeitl. Tonträger überspielt rezeptionskundlich verwertbar.

Welturheberrechtsabkommen (WUA), 1952 in Genf (UNESCO) abgeschlossener, 1955 in Kraft getretener, 1971 in der Pariser Fassung revid. völkerrechtl. Vertrag

zum Schutz des → Urheberrechts. → Copyright, GEMA.
Werbemusik, → Tonsignet, Funktionale Musik.
Werk → Opus Themat. Werkverzeichnis (→ Deutsch, Hoboken, Kinsky, Köchel).
West-Coast-Jazz (engl. = Westküstenjazz), während der 1950er Jahre in den Jazz-Zentren an der Westküste der USA (San Francisco, Los Angeles) v. weißen Musikern der Filmstudios betriebener, zw. Cool- u. Modern-Jazz anzusiedelnder, von europ. Einflüssen überlagerter → Jazz.
Western Music → Country and Western.
Wettbewerbe → Musikwettbewerbe.
Widerspiegelungstheorie → Intonationstheorie, → Semiotik.
Wiederholung, musikal. als Formprinzip der Wiederkehr in → Bar, Fuge, Lied, Permutation, Refrain, Reihe, Ricercar, Ritornell, Rondo (Rondeau), Sonatensatz, Variation.
Wiederholungszeichen, das am Anfang u. Ende eines zu wiederholenden (Teil-)Tonstückes stehende Zeichen |::|; → da capo, dal segno, bis.
Wiegenlied → Berceuse, Siciliano.
Wiener Besetzung → Salonorchester.
Wiener Festwochen, seit 1951 organisierte, seit 1960 vierwöchig im Mai-Juni veranstaltete Opern-, Konzert-, Schauspielreihen u. Kunstausstellungen. → Musikfestspiele.
Wiener Klassik → Klassik.
Wiener Philharmoniker, 1842 auf Initiative v. O. Nicolai gegr., aus Musikern der Wiener Hofoper zusammengesetztes Orchester, im 19. Jh. zu Weltrang entwickelt, bis 1933 unter Chefdirigenten wie H. Richter, G. Mahler, F. Weingartner, C. Krauss, seither unter Gastdirigenten wie Furtwängler, B. Walter, Toscanini, Böhm, v. Karajan, Maazel, Bernstein; neben Konzerttourneen u. Mitwirkung bei → Musikfestspielen in Salzburg (Oper u. Konzert) u. Luzern in Diensten der Wiener Staatsoper. – Dokumentation: H. Weigel, *Das Buch der W. Ph.*, 1967.
Wiener Sängerknaben, in Wien angesiedelter östr. Knabenchor; als Teil der Wiener Hofmusikkapelle bereits unter Maximilian I. urkundl. genannt, 1918 aufgelöst, neugegr. durch J. Schmitt als Institut W. S. mit Internatsschule, seither auch auf Konzerttourneen erfolgreich, in Wien auch bei Opernaufführungen; Repertoire: überwiegend A-capella-Chormusik des 16.-20. Jhs., aber auch Jugend- u. Schulopern (Schallplattenproduktion); seit 1950 in vier Chören, jeweils zwei auf Reisen mit je 24-28 Stimmen; v. a. aus Konzerterlösen unterhalten.
Wiener Schule, Wiener Komponisten des 18.-19. Jhs. (→ Klassik); auch *1. W. Sch.* genannt, ggs. zur *2.* od. *Neuen W. Sch.* (Schönbergschule) des 20. Jhs. → Neue Musik, Zwölftontechnik.
Wiener Symphoniker, 1900 v. F. Löwe (Brucknerschüler u. -interpret) als Wiener Konzertverein gegr. Orch., nach 1918 vereinigt mit dem Wiener Tonkünstlerverein; Gastdirigenten Furtwängler, Knappertsbusch, Böhm, v. Karajan, Chefdirigenten nach 1945 Sawallisch, Giulini, Roschdestwendski u. a.
Wiener Walzer → Walzer.
Wina → Vina.
Windharfe → Äolsharfe.
Windkapsel, Schutzkapsel f. das Doppelrohrblatt bei hist. Blasinstr. (→ Krummhorn, Schalmei), auch zum Schutz der Kernspalte v. Blockflöten der tieferen

Stimmlagen; *W.-Ansatz* bei Blasinstrumentalisten aus der Mundhöhle, ohne Lippenansatz.

Windlade, Windkasten, Behälter v. die Zufuhr der Druckluft zu den Orgelpfeifen, als Schleifladen in Kanzellen je Ton eingeteilt, als *Kegellade* f. alle Pfeifen auf nur eine Kanzelle gestellt, als *Springlade* mit Ventilen unter den Pfeifenfüßen. → Orgel.

Windmaschine, mit Handkurbel versehenes Holzgerüstrad, das beim Drehen gegen eine Stoffbahn od. dicke Saite streicht; in programmusikal. Werken des 19.-20. Jhs. (Strauss, *Don Quichote*, 1897) u. erneut in der ›Ausdrucksmusik‹ der 1970-80er Jahre eingesetztes Effektinstr. z. Nachahmung v. Windesbrausen u. Sturmgeheul; v. Abbé Vogler Ende des 18. Jhs. in transportable → Orchestrions, v. → Wurlitzer im 20. Jh. in Kinoorgeln eingebaut.

Windwaage, beim Orgelbau benutztes Werkzeug z. Bestimmung des Winddrucks (Richtwerte f. Tonstärke u. Klangfarbe) in den Bälgen u. Zufuhrkanälen zu den Pfeifen.

Wirbel, bei → Pauken, Trommeln, Tom-Tom, Becken u. a. Schlaginstr. rasche Schlagfolgen im Wechsel beider Schlegel, als → Tremolo notiert; bei Saiteninstr. (Violininstr.) drehbare Holz- od. Metallstifte mit od. ohne Griffknopf, auch Schrauben (Git., Mandoline), um die ein Saitenende aufgewickelt u. die Saite somit gestimmt wird (bei den Stimmnägeln v. Klav., Cembalo, Zither mit → Stimmschlüssel); bei W.-Kästen (Violininstr.) seitenständige W., bei W.-Platten (Git.) hinterständige W.

Wirbeltrommel (Rolliertrommel) → Rührtrommel, Trommel.

Wohltemperiertes Klavier → Temperierte Stimmung.

Wolf, Wolfsquinte → Temperierte Stimmung.

Work in progress, v. Urheber grundsätzl. als nicht abschließbar begriffene Werkkategorie gebräuchlich in den 1950-60er Jahren. → Offene Form, Aleatorik.

Worksong (engl. =) → Arbeitslied, Song, Blues, Funktionale Musik.

Wurlitzer Orgel, elektromechan. Orgelwerke der 1856 v. R. W. gegr., seit 1910 mit Orgelbau beschäftigten amerikan. *W. International Ltd.*; charakteristische Register zur Nachbildung v. Blas-, Streich- u. Schlaginstr., ferner Tremulanten, Schwellkästen, hufeisenförmiger Spieltisch, zweistufiger Tastenfall; in den 1920-40er Jahren als Theater- u. → Kinoorgeln verbreitet, seit den 1950er Jahren in elektr. Orgelmodellen gebaut; eine *Dt. Wurlitzer GmbH* besteht seit 1960 in Hüllforst/Westf., – Niederlassung seit 1971 Levern.

X

Xylomarimba, Xylorimba, Schlaginstr. mittelamerikan. Herkunft, Mischform aus den chromatisch abgestimmten doppelreihig angeordneten, mit Klöppeln angeschlagenen Holzplättchen eines → Xylophons im Verbund mit den metallenen Resonanzröhrchen eines → Marimbaphons (→ Vibraphon), Stimmumfang c^1-c^5, in der oberen Lage v. schärferem, in der unteren v. weichem Klang; Xylophon-Notation; Vorkommen in Tanz- u. Unterhaltungsorchestern.

Xylophon (griech. = Holzklinger), Klangstabspiel mit verschieden langen diaton.

abgestimmten Holzplatten, auf Schnüre aufgefädelt, mit löffelartigen od. kugelköpfigen Holzschlegeln angeschlagen, mit od. ohne Resonatoren; ozeanisch-indonesisch-indioamerikan. Ursprungs, seit dem 15. Jh. auch in Europa bekannt, auch Strohfidel genannt, als *Hültzen Glechter* (Hölzernes Gelächter) in A. Schlicks *Spiegel der Orgelmacher*, 1511; noch im 19. Jh. als Volksmusik- od. Artisteninstr. verbreitet, seither als Orch.-X. benutzt, zunächst in der verschränkt vierreihigen alpenländler. Trapezform, heute in quer vor dem Spieler klaviaturmäßig angeordneter Doppelreihe der Klangstäbe, die chromat. Halbtöne im 2. Glied; als Normal-X. c^2-c^5, Sopran-X. c^2-g^3, Tenor-X. a-d^3; die X. des → Orff-Schulwerks sind Sopran-X., Alt-X. (c^1-a^2), Alt-Sopran-X. (c^1-f^3), Tenor-Alt-X. (c^1-c^3), Baß-X. (c-a^1), sämtl. im Violinschlüssel notiert, klangentsprechend od. in der Unteroktave; in der europ. Konzertmusik erstmals seit *Danse macabre*, 1875, u. *Le carnaval des animaux*, 1886, f. X. u. Orch. v. C. Saint-Saëns, im 20. Jh. als fernöstl. Klangkoloristik in Puccinis *Madame Butterfly* (1904) u. *Turandot* (1926), formkonstitutiv in Strawinskys *Les noces* (1923) u. Bartóks *Sonate für 2 Klaviere u. Schlagzeug* (1937), Boulez' *Le marteau sans maître* (1955) u. Messiaens *Chronochromie* (1960); X. u. → Xylorimba vielfach auch in Jazz-Ensembles eingesetzt.

Xylosistron, Anfang des 19. Jhs. v. Uthe-Sandershausen konstruiertes Friktions-Xylophon, dessen halbrunde Klangstäbe mit harzbestrichenen Handschuhen überrieben wurden u. wie Tasten des Klaviers in zweierlei Farbe horizontal vor dem Spieler angeordnet waren; der ätherische Klang kam dem der → Glasharmonika nahe, auch der → Äolsharfe als dem Klangideal v. → Empfindsamkeit u. Früh- → Romantik.

Y

Ya-Koto, Yakumo-Koto, birmesisches → Koto, mit Doppelsaiten bzw. mit Schallkörper aus halbiertem Bambus.

Yamada-Koto, neueres japanisches → Koto mit 13 Saiten (Seide) über hohem (Elfenbein-)Steg, v. hellem, intensiven Klang, ggs. zum 6-saitigen quasi moll-dur-stimmigen zarttönenden Wa-Gong-Koto.

Yamaha, Handelsname eine japan. Instrumentenbaukonzerns, zurückgehend auf eine 1887 von Torakusu Y. gegr. Orgelbaumanufaktur, heute mit Konzertflügeln, Klavieren, Harmonium- u. Akkordeon-Instr., Keyboards, E-Orgeln, maschinell gefertigten Blas-, Zupf- u. Schlaginstr. weltweit verbreitet; Sitz der Y. Europa GmbH (seit 1966) Hamburg-Rellingen. – *Y.-Methode*, musikal.-instrumentale Ausbildungsmethode in Früherziehung u. Erwachsenenbildung, in Japan seit 1954, in Europa seit 1964 schulisch in Gruppen- u. Einzelunterricht angewandt.

Yankee-Doodle (engl.) in den 1770er Jahren entstandenes witzig-humorvolles amerikan. Volkslied, in den Unabhängigkeitskriegen als nationales Lied gesungen, mehrfach zu Liedburlesken umtextiert; Variationen über die Y.-D.-Melodie schrieben A. Rubinstein, H. Vieuxtemps, D. Gr. Mason (im Stil versch. Komponisten); Dvořák verwertete die Melodie 1904 im Finale seiner 9. Sinfonie, e-Moll, op. 96, *Aus der neuen Welt*.

Yaravi (indian.), tangoartige Tanzliedform peruan. Ursprungs, mit Strophentexten v.

M. Melgar (1791-1814) in Südamerika verbreitet.

Yü, altchin. Schrapinstr. in Form eines auf einem Resonanzkasten kauernden Holztigers, über dessen ausgezackten Rückenkamm mit einem aufgeschlitzten Bambusrohr kräftig entlanggestrichen wird; bis heute als Signalinstr. zum Ende v. Lesungen u. Zeremonien in konfuzianischen Tempeln benutzt, in hängender Fischform früher auch in Klosterhöfen u. Straßenwachthäusern.

Yün-Lo, altchin. Tempel- u. Palast-Instr., → Gongspiel aus 10-24 verschieden abgestimmten bronzenen Klangscheiben, an Seidenschnüren symmetrisch in Holzrahmen aufgehängt.

Z

Zahlensymbolik, nach musikal. Frühkulturen (China, Ägypten) in der griech. Antike (Pythagoras) entwickelte, physikalisch begründete, im christl. MA theozentrisch bezogene Theorie u. Ästhetik der Sinnhaltigkeit musikal. Klang-, Intervall- u. Rhythmusstrukturen. → Symbolik, Musikästhetik.

Zambacuëca (span.), nationalchilen. Tanzlied in lebhaftem Dreiertakt, wechselnd zw. 6/8 u. 3/4; Ableitungen: die argent. *Zamba* (in langsamerem 6/8-Takt) u. die chilen. → Cuëca; dagegen → Samba.

Zambomba, Zambumbria (span.), tönerner ›Brummtopf‹, membranbespannt, durch indirekte Stabreibung zu Klanggeräuschen zu bringen, ähnl. in der guatemaltekischen Form mit felldurchdringendem Reibknochen; bei Fruchtbarkeitsriten verwendet. → Reibtrommel.

Zampogna (it., v. griech. symphonia), in Südit. beheimatete Hirtenschalmei, Doppelrohrblattinstr., → Sackpfeife mit je 2 Melodie- u. Bordunpfeifen (Quart- u. Oktavabstand); *Zampagnero*, Z.-spielender Hirte, der zusammen mit einem → Pifferaro zur Weihnachtszeit vor Christgeburtkrippen od. Madonnenbildern spielt.

Zansa, Zapharousa, Zupfinstr. afrikan. Herkunft, im 19. Jh. nach Mittel- u. Südamerika gelangt: 3 bis zu 20 einem rechteckigen od. rhomboiden ausgehöhlten Holzkorpus vorderseits eingesteckte Bambus-, Holz- od. Eisenblätterzungen verschiedener Länge u. Stärke, die am frei schwingenden oberen Ende mit 3 Fingern anzuzupfen sind; rückseits mit 2-3 Schnarrsaiten versehen; in rhythmischer u. penta- od. heptatonischer Mehrschichtigkeit auch gruppenweise gespielt.

Zapateado (v. span. zapata = Halbstiefel), v. Frauen ausgeführter andalusischer Solotanz in lebhaftem 6/8-Takt, dessen synkopierter Rhythmus durch Händeklatschen u. Schlagen auf die Schuhsohlen geschärft wird, als Tanzlied auch mit Gitarrenbegleitung vorgetragen; Vorform der → Guaracha für Männer u. des paarigen Grotesktanzes Jarabe. → Schuhplattler.

Zapfenstreich, seit dem MA in Söldnerheeren überliefertes soldatisches Abendsignal, benannt nach dem in den Feldlagern als Zeichen zum Aufbruch in die Schlafzelte vorgenommenen Verschließen der Schankfässer mit den Zapfen, heute Bez. f. das Ende der Ausgehzeit kasernierter Truppen; ursprüngl. Trommelsignal, im 16. Jh. um Hornsignale, im 17. Jh. um eine → Fanfare, im 18. Jh. um einen kurzen Marsch, seit 1813 in Preußen nach russ. Vorbild um ein Geistl. Lied erweitert, entwickelte sich (variierend nach Ländern u. Waffengattungen) v. Preußen her die Zeremonie eines sechsteiligen *Großen Zapfenstreiches* (W. F. Wieprecht, Berlin 1838) mit Fanfaren, dem Danklied *Wir beten an die Macht der Liebe* (Text Tersteegen, Melodie u. Satz Bortnjanskij) u. abschließender vaterländischer Hymne (heute → Deutschlandlied; → Nationalhymne); *Gr. Z.* auch Bez. f. Militärkonzerte z. Abschluß v. Manövern, ferner, auf bes. Anordnung, zu feierl. Vereidigungen, Staatsempfängen, Staatsfeiertagen. → Militärmusik.

Zargen, svw. Einfassungsränder, im Musikinstrumentenbau Bez. f. senkrecht verlaufende Wandungen, z. B. bei → Violininstr. die den Boden u. die Decke zu einem Resonanzkörper verbindenden Z., bei → Trommeln der die Ober- u. Untermembran verbindende Korpus des Zylinderkessels.

Zartbaß, Zart- od. Zauberflöte, → Orgelregister: Subbaß, Labialpfeifen in 8- od. 4-Fuß.

Zarzuela (span., v. zarza = Brombeerstrauch), span. → Singspiel, benannt nach dem Palacio Royal de la Z., im Prado v. Madrid, dem Aufführungsort der ältestüberlieferten Z. (17. Jh.), ursprüngl. als Einakter auf Alltagshandlungen mit Solo- u. Chorgesang, landschaftl. variierenden Tänzen u. gesprochenen Dialogen, seit Mitte des 19. Jhs. nach Verdrängung des it. Operneinflusses Wiederbelebung als *Z. Grande* (Dreiakter im Stil des → Género chico; seither die in Spanien, Mittel- u. Südamerika meistverbreitete musikal. Bühnengattung.

Zäsur (v. lat. caesura = Schnitt), sinngliedernde Verdeutlichung einzelner Abschnitte im vokal- od. instrumentalmusikal. Notentext (→ Perioden, Themen, Motive) durch → Pausen, Fermate, Artikulation, Phrasierung.

Zeichen (lat. nota), in der Musik die zur → Notenschrift hinzutretenden graph. Bedeutungszeichen des Vortrags wie der Satz-, Formen- u. Harmonielehre, meist Abkürzungszeichen, verdeutlicht durch hist. entwickelte Notationsarten (Buchstaben, Ziffern usw.), insbes. durch → Neumen, Liniensystem, Schlüssel, Takt, Mensuralnotation, Tabulatur, Generalbaßbezifferung, Stufenbezeichnungen, Vorzeichen, Vortragszeichen (Tempo, Dynamik), Pausen, Bögen u. Linien (portato, legato, arpeggio; Phrasierung), Punkte (staccato; Artikulation), Verzierungen (Triller, Doppelschlag, Vorschlag, Mordent), (Teil-)Satzmarkierungen u. a. m.

Zeitmaß → Tempo.

Zeitschriften → Musikzeitschriften.

Zeitoper, Form des Musiktheaters der 1920-30er Jahre mit zeitbezogenen, meist sozialkritischen Stoffen, z. B. Brecht/Weill, *Mahagonny*, 1930. → Lehrstück, Episches Musiktheater, Musiktheater, Musical.

Zeitungslied, Avisenlied, im 15. Jh. handschriftl., im 16.-17. Jh. meist gedruckt in Flugblattform verbreitete Volksliedgattung, als ›Neue Zeitung‹ zu Stoffthemen eines in Strophenreimform dargestellten u. im ›Leierton‹ vorgetragenen ›erschröcklichen‹ Zeitgeschehens, im 17. Jh. abgelöst durch die anhand von Bildtafeln vorgetragenen Schauerballaden der → Bänkelsänger.

Ziegfeld Follies, nach ihrem Begründer Florenz Ziegfeld (1867-1932) benannte Broadway-Revuen der Idolatrie des ›American Girl‹ (Superstar: Fanny Brice; 1964 verherrlicht in dem Musical *Funny Girl* v. J. Styne u. I. Lennart, Titelpartie Barbara Streisand), unter den Shubert Brothers in den 1930-50er Jahren in Filmrevue-Versionen weltweit verbreitet; f. die im Zeichen der Z. F. entstandenen Zirkusrevuen der Ringling Brothers New York (Barnum & Baily) schrieb Strawinsky 1942 die Musikfarce *Circus Polka* f. 5 Tänzerinnen auf 5 jungen Elefanten.

Ziehharmonika, 1-3-reihige kleinere Form der → Handharmonika, ggs. zu → Akkordeon.

Ziergesang → Koloratur.

Zigeunermusik, seit dem Spätmittelalter aus Ungarn u. Südslawien, seit dem 19. Jh. auch aus Spanien bekannte, vielfach improvisierte Tanz- u. Liedmusik fahrender Zigeunermusikanten mit Vl., Klar., Zupfbaß u. → Cimbalom (Hackbrett), rhythmisch-harmonisch-melodisch (→ Zigeunertonleiter) in Ungarn v. Einfluß auf Schubert, Liszt, Brahms, Bartók, in Spanien auf Sarasate, de Falla, Ravel, in Rußland auf Tschaikowsky, Rimsky-Korssakow; mit ungar. Elementen gemischt in → Verbunkos, Csárdás, Ungaresca, Rubatostil, Rhapsodie, mit spanischen in Cante jondo, → Flamenco; Darstellungen zur Z. aus unterschiedl. Positionen bei Liszt (1859, dt. 1883) u. Bartók (1925, 1935), zusammenfassend bei B. Sárosi (*Zigeunermusik*, 1977).

Zigeunertonleiter, in → Zigeunermusik u. v. ihr beeinflußter ungar.-span.-slaw. Musik verwendete siebentönige Tonskala mit zwei übermäßigen Sekundschritten, als *Zigeuner-Moll* z. B. c-d-es-fis-g-as-h-c^1, als *Z.-Dur* z. B. c-des-e-f-g-as-h-c^1.

Zimbal → Cimbalom, Hackbrett.

Zimbel (Zymbel, Cymbalum), hochliegende → gemischte Stimme in der → Orgel.

Zimbeln, im neuzeitl. Orch. Schlaginstr. aus 2 tellerartigen Bronzescheiben. → Crotales.

Zimbelspiel, chromat. abgestimmt, im Umfang einer Oktave klaviaturmäßig auf Stiften eines Brettes angeordnet; *Zimbelstern*, Nebenregister in der Orgel. Dagegen → Cymbala.

zingarese, alla z., in der Art der → Zigeunermusik.

Zink (it. cornetto), 6-8-kantiges, konisch gebohrtes mit trompetenartigem Ansatz geblasenes Griffloch-Horn aus Bein od. Holz, ohne Schallbecher, leicht geschwungen od. als Baß-Z. s-förmig gebaut (→ Serpent), im 16.-18. Jh. bei → Stadtpfeifereien verbreitet, im 20. Jh. zur Darstellung hist. Bläsersätze rekonstruiert; auch Bez. f. ein nichtrepetierendes gemischtes Register der → Orgel.

Zirkel → Quintenzirkel; *Zirkelkanon* → Kanon.

Zitat (v. lat. citatum = das Aufgerufene), in der griech.-röm. Antike auf Rede u. Schrift bezogene Wiederholung einer Textpassage in neuem, anderem Kontext, seit der Renaissance als musikal. Z. Zeichen der Huldigung, Erläuterung od. Persiflage (→ Chanson, Parodiemesse, Ricercare), in Barock, Klassik, Romantik als Variativ-Z. (Bach, Quodlibet-Finale *Goldberg-Variationen*; Mozart, *Don Giovanni*, Nachmahlszene; Beethoven, *Diabelli-Variationen*; Schumann, *C-Dur-Fantasie*; Liszt, *Wagner-Verdi-Paraphrasen*, in der Moderne Z.- → Collage (Berg, *Lyrische Suite*; Zimmermann, *Die Soldaten*; Kagel, *Ludwig van*).

Zither (v. griech. → Kithara, lat. citara),

Sammelbez. f. besaitete Zupfinstr. mit od. ohne Resonanzkörper, als Kasten-Z. → Koto, Psalterium, Scheitholz, Hackbrett, Äolsharfe mit ausgebuchtetem Korpus, als *Tisch-Z.* mit Melodie- u. Begleitsaiten, mit Fingern u./od. Schlagring gezupft, als *Konzert-Z.* seit 1869 in Diskant-, Alt- od. Baßlage entwickelt mit 5 Spielsaiten (Wiener Stimmung a^1-d^1-g^1-g-c), Griffsaiten der linken Hand neben 24-39 Begleitsaiten über einem Griffbrett mit 29 Bünden, als griffbrettlose Akkord-Z. mit über 2 Oktaven Melodiesaiten neben akkordisch zusammengestellten Begleitsaiten; seit dem 19. Jh. bevorzugtes älplerisches Volksinstr. unterschiedl. Bauformen (Mittenwalder Z., Salzburger Z.).

Zoppa (it. = hinkend), it. Volkstanz in lebhaftem 6/8-Takt mit regelmäßig wiederkehrenden ›nachhinkendem‹ synkopierten Rhythmus.

Zortziko (span.), baskisches Tanzlied in schnellem 5/8-Takt mit Betonung des 2. u. 4. Achtels, auf dem → Txistu u. Tamboril begleitet.

Zufallsmusik → Aleatorik.

Zugposaune, Zugtrompete → Posaune, Trompete.

Zukunftsmusik, mit Blick auf Wagners Streitschrift *Das Kunstwerk der Zukunft* (1850) geprägter Begriff, polemisch erstmals bei A. F. Riccius (1852), positiv übernommen v. den Komponisten der → Neudeutschen Schule um Liszt; als eher ironisch gemeinte Redewendung in den allgem. Sprachgebrauch eingegangen. → Sinfon. Dichtung, Musikdrama.

Zunftwesen (v. ahd. zumpft = geziemend), ma. Zusammenschlüsse handwerkl. Berufsgruppen, seit dem 14. Jh. auch solche v. → Spielleuten zu Brüderschaften u. → Stadtpfeifereien, v. Sängern in → Meistersinger-Zünften, mit rechtkräftigen Satzungen betr. Ausbildung, Lebenshaltung, Mitwirkung bei Rats- u. Kirchenmusiken, abgegrenzt gegen die Zünfte der Trompeter u. Paukenisten in höfischen od. reichsstädt. Repräsentations- u. Militärmusikdiensten; im 19. Jh. aufgelöst u. in neuzeitl. berufsständische Organisationen übergegangen. → Musikverbände, Musikrat.

Zungen, dünne elastische Plättchen aus Schilfrohr bzw. Metall, die, auf einem Blasinstr. befestigt, beim Anblasen im Luftstrom schwingen u. diesen periodisch unterbrechen, wobei die → Frequenz v. der Größe, Masse u. Elastizität der Z., bei weichen Z. (Rohrblatt) auch v. der Eigenfrequenz des Resonators abhängig ist; als *aufschlagende Z.* bei Klar. od. Saxophon mit einfachem Rohrblatt auf die Rahmenkante des Schnabels aufschlagend, als *gegenschlagende Z.* bei Oboe, Engl. Horn, Fag. mit Doppelrohrblatt, bei Blechbläsern mit den Zungen (Lippenpolster) gegeneinanderschlagend, als *durchschlagende Z.* in → Harmonium, Hand- u. Ziehharmonika durch einen Rahmen hindurchschwingend.

Zungenpfeife, durchschlagende → Lingualpfeifen in der → Orgel; *Zungenregister*, aus → Labialpfeifen bestehendes Orgelregister, als *Zungenchor* bes. in frz. Orgelwerken. → Zungen.

Zungenstoß, Zungenschlag, Zungenbewegung beim Blechblasinstr.: Artikulationstechnik schneller Folgen v. Silben u. Verschlußlauten, Ansatzstellen der Zungenspitze, Belastung der Zungenmuskulatur variabel je nach Instr. u. Technik (Rohrblatt, Mundstück od. Gaumen, Zähne, Lippen), Artikulationssilben u. -Silbenwechsel je nach Instr. u. Stil, z. B. di, du, da f. einfache Zunge, te-ke, dike, tu-rù für Doppelzunge, t-k-t f. Tripelzunge, t f. → Flatterzunge. → Tremolo.

Zupfbaß, gezupfter → Kontrabaß, Schlagbaß. → Jazz.

Zupfgeige, süddt. f. Harfe (gr. Z.) u. Git. (kl. Z.).

Zupfgeigenhansl, Slg. v. Volksliedern mit Git.-Begleitung, für den Wandervogelbund hg. v. H. Breuer, seit 1909 in über 100 Auflagen.

Zupfinstrumente, Gruppe v. Musikinstr., deren Tonerreger – Saiten bei Chordophonen, Zungen bei Idiophonen – durch Zupfen, ›Schlagen‹ (Laute), Anreißen mit bloßem Finger od. mit → Plektrum zum Schwingen kommen (unverlängerbar); zu den Z. außereurop. Kulturen zählen → Koto, Sitar, Harfe, Zanza, zu den europ. Z. Harfe, Kithara, Lyra, Leier, Zither, Laute, Theorbe, Gitarre, Mandoline, auch Virginal, Cembalo, Maultrommel, Spieldose.

Zurna (arab.), Schalmeiart vorderasiat. Herkunft, seit dem 10. Jh. belegt, Volksinstr., v. a. in den arab.-islam. Ländern u. auf dem Balkan verbreitet; Doppelrohrblattinstr. mit zylindr. Röhre, ausladender Stürze, 6-8 Grifflöchern, Daumenloch u. mehreren Schallöchern, → Windkapselansatz als Lippenstütze zum Anblasen; v. durchdringend lautem Klang, als Freiluftinstr. mit Trommelbegl. gespielt.

zweigestrichen, Bez. f. die Töne des Oktavraumes v. c^2-h^2 (c''-h''); → gestrichen.

Zwerchpfeife (v. mhd. twerch = quer), im 15.-16. Jh. Name der → Querpfeife.

Zwiebelflöte → Mirliton.

Zwiefache, Zwiefaltige, alpenländler. Volkstänze mit wechselnden Schritt- u. Taktarten aus Dreher (Zweier) u. Ländler (Dreier), seit dem 15. Jh. als Wechselrhythmen innerhalb einer Melodiezeile bekannt, seit den 1820er Jahren bis heute v. a. in Bayern verbreitet, Vorkommen auch in Bühnentänzen u. Opern (Egk, *Die Zaubergeige*, 1935, nach Pocci; Orff, *Carmina burana*, 1937).

Zwischenaktmusik → Entreakt, Intermezzo, Bühnenmusik.

Zwischendominante (Nebendominante), als Doppel- od. Wechseldominante auftretender → Sept- od. → Nonenakkord, meist in Ausweichungen kadenzartiger Zwischenharmonien.

Zwischensatz, Mittelteil einer dreiteiligen Form, z. B. in der (Da capo)→ Arie als B-Teil zw. A u. A', in → Menuett, Scherzo, Marsch als → Trioteil, im → Sonatenhauptsatz als → Durchführung, harmonisch im Dominantbereich od. in der Moll- bzw. Dur-Parallele; i. w. S. Einschub vor der Wiederholung eines Abschnitts.

Zwischenspiel, in Oper u. Ballett als → Intermedium (→ Entreakt) zw. Einzel-Akten, -szenen, -Nummern, in Chorälen zw. den Einzelstrophen, in Fugenzyklen zw. den Einzelfugen als → Interludium (→ Versetten), in der → Fuge als Episode zw. zwei → Durchführungen, in mehrteiligen Vokalkompositionen → Ritornell zw. Einzelstrophen od. Textabschnitten.

Zwölftontechnik, Zwölftonmusik (Dodekaphonie), um 1920 bei Schönberg (1874-1951) u. J. M. Hauer (1883-1959) verschiedenartig entwickelte Kompositionstechnik, in der die Tonhöhenorganisation der 12 chromatischen Halbtöne des → temperierten Oktavsystems nach → Reihen

(A.Sch.) bzw. nach → Tropen (J.M.H.) eine einheitsbildende formkonstitutive Funktion erhalten soll; Schönbergs ›Methode der Komposition mit 12 nur aufeinander bezogenen Tönen‹ basiert als ›gebundene → Atonalität‹ auf tonartfreien Zwölftöne-Reihen, in ihrer Grundgestalt (G), deren Umkehrung (U), Krebsläufigkeit (K) u. Umkehrung des Krebses (KU), einschl. ihrer Plazierungen auf allen 12 Tonstufen mit insgesamt viermal 12 Gestalt-Abwandlungen, v. denen in horizontal-melodischen, vertikal-harmonischen od. horizontal-vertikal gemischten Anordnungen die Klangkonstellation einer Komposition abgeleitet werden; bei Alban Berg (1885-1935) u. Anton Webern (1883-1945) modifiziert, mündete die Z. um 1950 in die → serielle Musik (Messiaen u.a.). – J.M.Hauer, *Vom Wesen des Musikalischen*, 1920, Neuaufl. 1966; A.Schönberg, *Komposition mit 12Tönen*, in: *Stil u. Gedanke, Aufsätze zur Musik*, Bd.1, 1976; H.Eimert, *Lehrbuch der Zwölftontechnik*, 1950, 7/1973; J.Rufer, *Die Komposition mit 12Tönen*, 1952, 2/1966; H.Jelinek, *Anleitung zur Zwölftonkomposition*, 2Bde., 1952/1958.

Zyklus (v. griech. kyklós = Kreis), als musikal. Form die Reihung od. Zusammenfassung aufeinander bezogener in sich geschlossener Sätze, als Vokalzyklen z.B. Klavierliederzyklen (→ Lied) bei Beethoven, Schubert, Schumann, Brahms, Wolf, Schönberg, Mahler, Pfitzner, Reutter od. Kantaten (z.B. *Weihnachtsoratorium*), auch → Messekompositionen bei thematisch-motivischer Verbindung der Teile des → *Ordinarium Missae*, als Instrumentalzyklen z.B. → Suite, Concerto, Konzert, Sonate, Sinfonie; zyklische Formierungen auch bei → Variationen, Fugen, Etüden, Reihen.

zylindrisches Rohr, Rohrbohrung gleichbleibenden Durchmessers bei Blasinstr. u. → Labialpfeifen der Orgel; erzeugt beim → Überblasen den 3.Naturton (→ Duodezime).

Zymbal → Hackbrett; dagegen → Cimbalom.

* Die politischen und landeskundlichen Veränderungen ab 1990 sind in diesem Lexikon noch nicht berücksichtigt.

Weitere interessante und günstige Titel aus dem Bechtermünz-Verlagsprogramm:

Heinrich Hussmann:

Das kleine Buch der Schrift
176 Seiten, Format 16,0 x 25,0 cm,
Leinen mit Schutzumschlag,
durchgehend s/w-Abbildungen
Best.-Nr. 313 924
Sonderausgabe nur DM 25,–

Don Hedgpeth

Walt Reed:

Die Kunst von Tom Lovell
160 Seiten, Format 22,8 x 30,5 cm,
gebunden mit Schutzumschlag,
durchgehend farbige Bebilderung
Best.-Nr. 269 928
Deutsche Erstausgabe nur DM 29,80

Lisa Schirmer:

Carl Spitzweg
148 Seiten, Format 24,5 x 30,5 cm,
gebunden, durchgehend farbige Bebilderung
Best.-Nr. 176 800
Sonderausgabe nur DM 19,80

Salvadore Dali
464 Seiten, Format 21,0 x 29,5 cm,
französische Broschur,
durchgehend meist farbige Bebilderung
Best.-Nr. 196 444
Sonderausgabe nur DM 29,80

Hans-Joachim Neidhardt:

Ludwig Richter
216 Seiten, Format 24,5 x 30,5 cm,
gebunden, durchgehende Bebilderung
Best.-Nr. 116 624
Sonderausgabe nur DM 19,80

Franz Herre:

Sissi – Kaiserin von Österreich
480 Seiten, Format 12,5 x 18,7 cm,
gebunden mit Schutzumschlag
Best.-Nr. 336 834
Sonderausgabe nur DM 19,80

Franz Herre:

Kaiser Franz Josef von Österreich
512 Seiten, Format 12,5 x 18,7 cm,
gebunden mit Schutzumschlag
Best.-Nr. 336 842
Sonderausgabe nur DM 19,80

Isaac Deutscher:

Stalin – Eine politische Biographie
864 Seiten, Format 13,0 x 20,5 cm,
gebunden mit Schutzumschlag
Best.-Nr. 323 493
Sonderausgabe nur DM 24,80

Vladimir F. Nekrassow (Hrsg.):

Berija – Henker in Stalins Diensten
511 Seiten, Format 14,0 x 21,0 cm,
gebunden
Best.-Nr. 283 374
Sonderausgabe nur DM 19,95

Michael Grant:

Die klassischen Griechen
496 Seiten, Format 13,5 x 21,5 cm,
gebunden mit Schutzumschlag
Best.-Nr. 336 677
Sonderausgabe nur DM 19,80

James Clengh:

Die Medici
432 Seiten, Format 18,0 x 23,0 cm,
gebunden mit Schutzumschlag
Best.-Nr. 264 853
Sonderausgabe nur DM 25,–

Hermann Schreiber:

Die Hunnen
352 Seiten, Format 13,5 x 21,5 cm,
gebunden, 24 Seiten Bildteil
Best.-Nr. 160 390
Sonderausgabe nur DM 19,80

Albert Martin Steffe:

Die Hugenotten
564 Seiten, Format 12,5 x 21,5 cm,
gebunden, zahlreichen s/w-Abbildungen
Best.-Nr. 228 098
Sonderausgabe nur DM 10,–

Frank und Doris Brenner:

Teste deine Allgemeinbildung
192 Seiten, Format 13,0 x 19,0 cm,
gebunden
Best.-Nr. 235 952
Sonderausgabe nur DM 14,80

Marco Meirovitz
Paul I. Jacobs:

Fitneßtraining für kluge Köpfe
268 Seiten, Format 13,8 x 21,0 cm,
gebunden, durchgehend s/w-Abbildungen
Best.-Nr. 170 902
Sonderausgabe nur DM 19,80

William Davidson:

Der Zimmerpflanzendoktor
192 Seiten, Format 19,5 x 25,0 cm,
gebunden, zahlreiche Farbfotos und Zeichnungen
Best.-Nr. 303 503
Sonderausgabe nur DM 19,80

Hertha Grünacker:

Fleck weg ohne Gift
100 Seiten, Format 13,0 x 21,0 cm,
gebunden
Best.-Nr. 182 097
Sonderausgabe nur DM 12,95

Sally Norton:

Make-Up

128 Seiten, Format 22,8 x 29,7 cm,
gebunden mit Schutzumschlag,
durchgehend farbige Abbildungen
Best.-Nr. 300 707
Deutsche Erstausgabe nur DM 25,–

Jacki Wadeson:

Frisuren

128 Seiten, Format 22,8 x 29,5 cm,
gebunden mit Schutzumschlag,
durchgehend farbige Abbildungen
Best.-Nr. 269 761
Deutsche Erstausgabe nur DM 25,–

Menschen, die die Welt veränderten

352 Seiten, Format 22,5 x 30,0 cm,
gebunden, durchgehend bebildert
Best.-Nr. 209 536
Sonderausgabe nur DM 29,80

Curt Riess:

Prozesse, die unsere Welt bewegten

600 Seiten, Format 13,0 x 21,0 cm,
gebunden mit Schutzumschlag,
durchgehend s/w-Bebilderung
Best.-Nr. 323 105
Sonderausgabe nur DM 19,80

Wolf Schneider:

Mythos Titanic

192 Seiten, Format 17,0 x 24,0 cm,
gebunden, durchgehend authentisches
s/w-Bildmaterial, Poster
Best.-Nr. 293 126
Sonderausgabe nur DM 16,80

Eberhard Zangger:

Atlantis – Eine Legende wird entziffert

336 Seiten, Format 13,0 x 21,0 cm,
gebunden mit Schutzumschlag,
durchgehend s/w-Bebilderung
Best.-Nr. 295 592
Sonderausgabe nur DM 19,80